Hans E. Latzke
mit Beiträgen von Peter Daners, Volker Ohl und Wolfgang Dorn

Türkei

Westtürkei · Zentralanatolien

REISE-HANDBUCH

Inhalt

Wissenswertes über die Türkei

Wissenswertes für die Reise

Unterwegs in der Türkei

Kapitel 1 – İstanbul und Umgebung

Kapitel 2 – Thrakien und Marmara-Meer

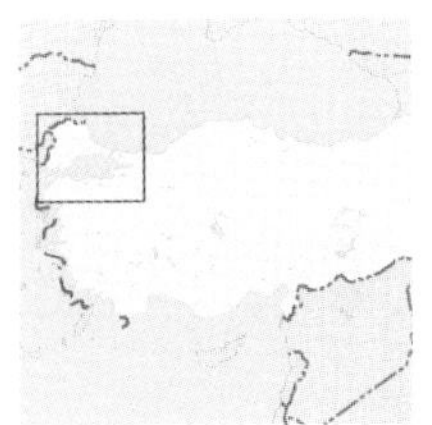

Kapitel 3 – Die Ägäisküste

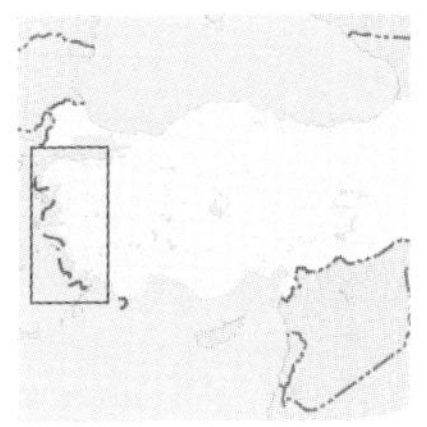

Kapitel 4 – Die Mittelmeerküste

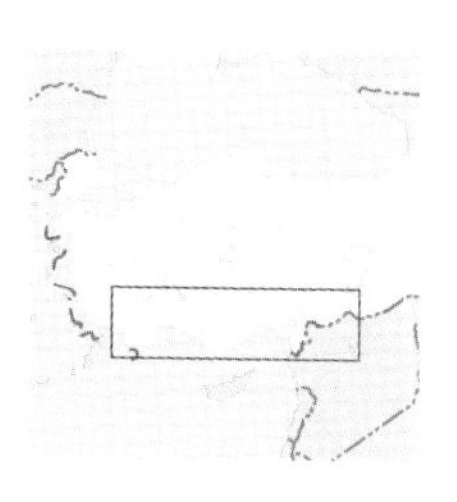

Kapitel 5 – Zentralanatolien und Schwarzmeerküste

Kapitel 6 – Kappadokien

Themen

Alle Karten auf einen Blick

REISEN UND KLIMAWANDEL

Wir sehen Reisen als Bereicherung. Es verbindet Menschen und Kulturen und kann einen wichtigen Beitrag zur wirtschaftlichen Entwicklung eines Landes leisten. Reisen bringt aber auch die Verantwortung mit sich, darüber nachzudenken, was wir tun können, um die Umweltschäden auszugleichen, die wir mit unseren Reisen verursachen.

Atmosfair ist eine gemeinnützige Klimaschutzorganisation. Die Idee: Über den Emissionsrechner auf ***www.atmosfair.de*** berechnen Flugpassagiere, wie viel CO_2 der Flug produziert und was es kostet, eine vergleichbare Menge Klimagase einzusparen. Finanziert werden Projekte in Entwicklungsländern, die den Ausstoß von Klimagasen verringern helfen. ***Atmosfair*** garantiert die sorgfältige Verwendung Ihres Beitrags.

atmosfair

Zwischen Orient und Globalisierung

Türkei – dieses Wort löst immer noch Assoziationen an Sultane und Haremsdamen, an verschleierte Frauen und orientalische Basare aus: Schlagworte wie »Die Türken vor Wien« (17. Jh.) sind bis heute geläufig. Obwohl derzeit gut 3 Mio. Menschen aus der Türkei in Deutschland heimisch sind, erscheint das Land vielen noch fremd und sogar bedrohlich.

Dabei ist die Türkei tatsächlich ein recht ›modernes‹ Land, das in der letzten Dekade partiell eine enorme Entwicklung erlebt hat und vom ›Schwellenland‹ in den Club der 20 größten Industrienationen aufsteigen konnte. Partiell insoweit, dass sich die industrielle und technologische Entwicklung auf die dicht besiedelten Regionen des Westens beschränkte. Die Weiten des anatolischen Hochlands konnten dagegen von dem Tourismus- und Industrialisierungsboom kaum profitieren. Partiell aber auch insoweit, als dass der wirtschaftliche Aufschwung eng mit einer zunehmenden Islamisierung verbunden ist, die ›modernen‹ Lebensstil mit einem traditionalistischen Kulturstil verbindet. Dieses Ungleichgewicht lässt eine Türkei-Reise zu einem Wechselbad der Eindrücke werden.

Der Küstenstreifen am Mittelmeer liegt schon im subtropischen Klima, das dem Land den Reiz des Südens verleiht – doch typisch für das ganze Land ist das nicht. Das merkt aber erst der, der einmal ins steppenhafte, wüstenähnliche Landesinnere aufbricht oder die Schwarzmeerküste besucht, wo auch im Sommer tagelange Dauerregen zum Alltag gehören. Während im Inland die Zeit stehen geblieben scheint, wird an den Küsten mittlerweile jede idyllische Bucht mit Urlaubssiedlungen zugepflastert, wo eine kosmopolitische Szene den drei großen S – Sonne, Saufen, Sex – frönt. Mit der echten Türkei hat das wenig zu tun; lediglich die Schickeria und die Studenten aus İstanbul, İzmir oder Eskişehir mischen hier mit – die einen, weil es ›in‹ ist, die anderen, weil sie hier in einem Monat als Kellner so viel Geld verdienen wie ein Arzt in einem halben Jahr. Für die anatolischen Bauern, und deren ›Reich‹ beginnt oftmals schon wenige Kilometer hinter den Küstenstädten, ist diese Welt so weit entfernt wie Europa, und unerschwinglich dazu.

Der, der nicht nur zwischen Pool und Disco pendelt, muss sich also auf einen Spagat zwischen den Kulturen einstellen. Nur wenige Kilometer von den glitzernden Hotelpalästen entfernt kommt man in Dörfer, wo die Frauen wie seit Jahrtausenden den Tag bei harter Feldarbeit verbringen, wo die Teehäuser noch reine Männerdomänen sind. Und überall sind es die Märkte und Basarviertel, wo man am besten und leichtesten mit den einfachen Menschen in Kontakt kommt. Nur bei ihnen wird man die berühmte herzliche Gastfreundschaft als echte Tradition erleben können – soweit man nicht in Shorts und Trägerhemdchen daherkommt und sich auch den Sitten und Gebräuchen ein wenig anzupassen vermag. Denn hier ist man wirklich im Orient, in dem westlicher Lebensstil keinesfalls immer als Vorbild oder erstrebenswerte ›Befreiung‹ gilt.

Probleme mit dieser gesellschaftlichen Spaltung haben freilich nicht nur die Urlauber, auch für den inneren Frieden der Türkei selbst stellt sie eine Bedrohung dar. Die Kluft zwischen denen, die vom ökonomischen Aufschwung unter der Erdoğan-Regierung profitieren, und der liberalen Minderheit, die sich immer mehr eingeschränkt sieht, zwischen den westlich geprägten Republikanern und den islamisch Orientierten vergrößert sich von Jahr zu Jahr. Hier liegt letztlich der Grund für all die politischen Querelen, die die Türkei immer wieder in die Schlagzeilen bringen: von der zunehmenden Durchsetzung islamischer Verhaltensgebote bis hin zu Internetsperren und der Verfolgung kritischer Journalisten.

Das Motto der ungleichzeitigen Kultur schlägt auch den Bogen zu den bedeutendsten Sehenswürdigkeiten: Es sind keine türkischen, sondern griechische bzw. römische. Kein anderes Land am Mittelmeer kann einen solchen Reichtum antiker Stätten vorweisen – Troia, Ephesos und Pergamon sind nur die bekanntesten Namen. Betrachtet man die Karte, stellt man erstaunt fest, dass es tatsächlich mehr antike Stätten gibt als moderne Großstädte. Die Türkei ist als eine doppelte Kulturlandschaft daher treffend beschrieben: eine abendländisch-antike unter einer türkisch-modernen, und allzu oft vermischen sie sich sogar, wenn sich ein türkisches Dorf in den Ruinen einer untergegangenen Metropole eingenistet hat.

Aber auch der, den die untergegangene Antike nicht reizt, kommt an der türkischen Küste auf seine Kosten. Die Schönheit der Strände – endlos lang im Süden, in kleinen Buchten versteckt im Westen – ist legendär, zumal die Türkei stolz die beste Wasserqualität im ganzen Mittelmeer vorweisen kann. Wassersport wird fast überall groß geschrieben: Tauchen, Segeln, Parasailing, Surfen sind die Stichworte für den Aktivurlaub. Selbst passionierten Wanderern oder Ski-Fans bieten die Gebirge der Türkei, der Taurus im Süden, der Köroğlu-Zug im Norden oder die Karasu Aras Dağları im Osten, unbekanntes Neuland. Es gibt viel Abenteuerliches zu entdecken in der Türkei, nicht nur an den Küsten, sondern vor allem im Inland.

Der Autor

Hans E. Latzke
www.dumontreise.de/magazin/autoren

Seit 20 Jahren schreibt der Reisejournalist über die Türkei. Angefangen hat alles mit Backpackerreisen durch Südeuropa; bereits während seines Studiums der Soziologie und Politologie reiste er mehrmals für ein Forschungsprojekt quer durch die Türkei. Und auch jetzt ist er jedes Jahr zwischen Bosporus und Ararat unterwegs, besucht Freunde und kehrt stets mit neuen Tipps zurück. Co-Autor Volker Ohl lebt als Freiberufler in Bonn und ist der Autor des Kapitels zu Istanbul, Edirne und der Bursa-Region. Der Archäologe Peter Daners hat das Kappadokienkapitel geschrieben, er arbeitet heute in der Museumspädagogik des Museum Folkwang in Essen. Wolfgang Dorn, für Zentralanatolien zuständig, leitet auch als Pensionär noch Studienreisen in der Region zwischen Afyon und Sivas.

Die Türkei als Reiseland

Wer in der Türkei Urlaub macht, bucht natürlich an der Küste, denn hier bekommt man bei gutem Komfort all das, was man sich verspricht: Sonne, Meer und viel griechisch-römische Kunst.

Während in den Küstenorten Discos, Bars, Restaurants und tolle Hotels zahlreich um Kundschaft werben, ist man im Binnenland auf die traditionellen Angebote verwiesen: einfache Lokantalar, Konditoreien, Business-Hotels. Auch kulturell sind die Unterschiede beträchtlich. Zum Essen ist meist nur Cola, Wasser oder Ayran zu bekommen, die meisten Frauen tragen Kopftuch, kein Mann läuft mehr in kurzen Hosen herum. Es sind zwei ganz verschiedene Welten, die man da bereist, und man tut gut daran, sich in der traditionellen an die dortigen Gepflogenheiten anzupassen.

Was ist sehenswert?

An Sehenswürdigkeiten, seien es Kulturgüter oder Naturschönheiten, ist die Türkei überaus reich und wird weltweit darin nur selten übertroffen. Einerseits gibt es kein weiteres Land, in dem so viele antike Stätten der Römerzeit zu finden sind. Dazu kommen noch Relikte früherer Hochkulturen – schließlich waren heute türkische Gebiete Teil des fruchtbaren Halbmonds, und auch der gesamte Zivilisationstransfer nach Europa vollzog sich über diese Landbrücke. İstanbul schließlich ist mit Bursa und Edirne Zentrum und Residenzstadt der Osmanischen Sultansdynastie gewesen – deren Denkmäler sind mit den zeitgleichen Bauten in Wien, Paris oder Madrid zu vergleichen.

Auf der anderen Seite gibt es wunderbare Naturlandschaften zu entdecken, auch sie weltweit einzigartig in ihrer Vielfalt auf engem Raum: die Kappadokischen Felskegel, die einsamen Kiefernwälder des Taurus, spektakuläre Erosionswüsten und Salzseen im Landesinnern, die borealen Regenwälder der Nordküste am Schwarzen Meer … Dazu natürlich die wunderbaren Strände der Mediterran-Region, die auch interessante Rafting-Flüsse, Wanderstrecken und sogar noch einsame Meeresküsten vorweisen kann.

Museen

In der Regel sind alle staatlichen Museen ganzjährig Di–So 9–17 Uhr geöffnet und montags geschlossen; im Sommer gibt es mitunter verlängerte Zeiten. Vor bedeutenden Museen haben sich bis 11 Uhr lange Schlangen gebildet; wer früher kommt, hat mehr Ruhe.

Archäologische Stätten

Die antiken Stätten sind gebührenpflichtig, die berühmten sogar ziemlich teuer. Die Preise liegen zwischen 5 (im Inland) und 20 TL, für die bedeutenden antiken Stätten sind bis zu 30 TL fällig. Wer mit einem Türken zusammen reist, zahlt übrigens deutlich weniger, denn für Einheimische gelten reduzierte Tarife. Studenten und Schüler zahlen bei Vorlage des ISIC-Ausweises die Hälfte.

In den antiken Ruinen fehlt häufig eine Beschilderung, die man auf den teils ausgedehnten Arealen zu missen lernt; für seine Sicherheit in schwierigem Gelände ist der Besucher oft allein verantwortlich. Da Zisternen und Keller nicht gesichert sind, auf Kinder besonders gut aufpassen! Auch sollte man ruhig die Dienste von **Führern** annehmen, auch wenn die Erläuterungen nicht immer sachkundig sind; hinterher gibt man 5 oder 10 Lira Trinkgeld. Dass man die Ruinen nicht erklettert und im Wald keine Abfälle liegen lässt, dürfte sich von selbst verstehen.

Naturparks

Auch für viele Naturparks muss inzwischen Eintritt bezahlt werden, nicht nur für den berühmten Ölüdeniz-Strand, auch in den schönsten Tälern Kappadokiens oder die Sinterterrassen von Pamukkale. Auf Exkursionen in den Naturparks sollte man trittfeste Schuhe, eine Kopfbedeckung und Wasser mitnehmen. Nehmen Sie auch die Telefonnummer des Hotels mit und teilen Sie an der Rezeption Ihren Ausflugsplan mit.

Tipps für die Reiseorganisation

Rund neun von zehn Türkei-Besuchern sind in Form einer Pauschalreise im Land unterwegs, davon ein zunehmend wachsender Anteil (vor allem der deutschen und russischen Touristen) in luxuriösen Großanlagen auf All-inclusive-Basis. Die Versprechen dieser Angebote – man ist wunderschön untergebracht und muss nichts sonst mehr zahlen – erweisen sich allerdings nicht selten als uneinlösbar. Die Luxus-Anlage liegt kilometerweit im Abseits und direkt neben der nächsten, der Luxus-Teppichboden erweist sich als sperrmüllreif, schon morgens sitzen die meisten mit dem frei erhältlichen lokalen Bier am Pool und sind mittags sturztrunken … aber dann heißt es, wie eigentlich immer, anstehen für das Mittagessen. Alles Weitere kann sich jeder selbst vorstellen – oder besser in den Hotelcheck-Foren im Internet nachlesen.

Individualreisen

Die Alternative sind kleinere Häuser in den historischen Orten, wo man das typische Mittelmeerflair aus erster Hand bekommt und zugleich Türken nicht nur als Kellner kennenlernen kann. Natürlich kann man das auch noch pauschal buchen, doch auch als Individualreisender hat man nicht die geringsten Probleme, eine Unterkunft zu finden. Die Kapazitäten bei Pensionen und Kleinhotels sind überall an den Küsten ausreichend groß. Auch im Inland gibt es in den

Unterwegs im anatolischen Hochland

Orten und an schönen Überlandstrecken genügend Hotels. Das Angebot an Mietwagen ist riesig und mit Preisen zwischen 25 und 35 € auch durchaus bezahlbar. Das Bussystem, Hauptverkehrsmittel im öffentlichen Sektor, ist ebenfalls verlässlich, günstig und komfortabel – auch wenn man damit die touristischen Sehenswürdigkeiten oft nur ziemlich umständlich erreichen kann.

Rundreisen

... im Inland: Die pauschal buchbaren Rundreisen kombinieren immer die Highlights, also İstanbul, Ankara mit Hattuscha, Sivas, Kappadokien, Konya, um die wichtigsten zu nennen. Dabei steht İstanbul in der Regel am Beginn der Reise. Um eine eigene Rundreise zu planen, ist es dagegen günstiger, von einem preiswerten Flug zu einem der Charter-Airports auszugehen, also Antalya oder İzmir.

Von beiden Städten erschließen zwei gut ausgebaute Pass-Straßen das zentralanatolische Hochland. Von Antalya aus liegt Konya und Kappadokien näher, von İzmir das phrygische Hochland und Bursa. Soll eine solche Tour bis hin nach Hattuscha bzw. sogar nach Sivas führen, sollte man mindestens drei Wochen einplanen. Andernfalls wird wohl der Erlebnischarakter der Reise zu kurz kommen.

... an der Küste: Kleinere Rundreisen entlang der Küste sind auch in zwei Wochen gut zu meistern. Wer nicht hauptsächlich die großen antiken Städte besuchen will, sollte sich keine allzu lange Strecke vornehmen. Schöne Erlebnisse bekommt man nur mit Zeit für ein abseits gelegenes Ausflugsziel oder einen Badestopp. Als schönste Strecke empfehlen wir die ›Türkis-Küste‹, also die Region zwischen Bodrum und Fethiye bzw. die lykische Küste östlich von Fethiye. Am besten macht man das in der Nebensaison, wenn es noch nicht über 35 °C heiß ist und die Preise um bis zu 40 % unter den August-Werten liegen. Die Nordägäis und das Inland besucht man hingegen besser im Sommer.

Das Beste zum Schluss: Eine der schönsten Formen eines Türkei-Aufenthalts ist der in der 3-Meilen-Zone: Als ›Blaue Reise‹ sind die Bootstouren entlang der Küste berühmt geworden, und heute kann man sie bereits aus dem Katalog und in jedem Ort der Türkis-Küste buchen (s. S. 268).

WICHTIGE FRAGEN VOR DER REISE

Welche **Einreisedokumente** sind für die Türkei nötig? **s. S. 68**

Reicht die **Kreditkarte** aus, um unterwegs immer flüssig zu sein? **s. S. 96**

Welches ist die beste **Reisezeit? s. S. 99**

Sollten Hotels und andere **Unterkünfte** vorgebucht werden? **s. S. 76**

Wie geht das mit einem **Mietwagen? s. S. 72**

Welche **Kleidung** muss in den Koffer? **s. S. 99**

Gibt es in der Türkei gefährliche **Tiere** oder **Krankheiten? s. S. 96**

Was muss ich bei der Nutzung meines **Handys** beachten? **s. S. 107**

Wie steht es mit der **Sicherheit** im Land? **s. S. 106**

Kamm man einfach eine **Moschee** besuchen? **s. S. 102**

Planungshilfe für Ihre Reise

Angaben zur Zeitplanung

Bei den folgenden Zeitangaben für die Reise handelt es sich um Empfehlungswerte für Reisende, die ihr Zeitbudget eher knapp kalkulieren.

Die Kapitel in diesem Buch

1. İstanbul und Umgebung

Die mythenumwobene Sultansstadt İstanbul, das alte Konstantinopel, ist seit jeher das Tor zur Türkei, ihre größte Metropole und das wichtigste Verkehrsdrehkreuz. Hier bekommt man alles, was die Türkei ausmacht, Intensivtourismus, westliche Moderne und islamischen Konservatismus, auf engstem Raum. Die Stadt auf europäischem und kleinasiatischem Boden, malerisch durchzogen von der Wasserstraße des Bosporus, bewahrt grandiose Bauten aus der Zeit der byzantinischen Kaiser wie der osmanischen Sultane. Sie ist die heimliche Hauptstadt der Türkei, Zentrum des Kulturlebens wie Berlin, ein Shopping-Mekka wie Paris, dem Meer zugewandt wie Hamburg. Für einen Kurztrip zu den historischen Bauten zwischen Topkapı-Palast und der Kirche Hagia Sophia ist die Stadt eigentlich zu schade. Sie bietet genug für zwei Wochen.

Gut zu wissen: Vom alten Atatürk-Flughafen auf europäischem Boden ist die Altstadt einfacher und günstiger zu erreichen als von dem auf kleinasiatischen Boden. In die Stadt fährt man am besten mit einem Havataş-Shuttlebus. Nach Edirne oder Bursa kommt man per Bus ab dem Esenler Otogar, vorteilhafter ist aber ein Mietwagen. Wer die Türkeireise in İstanbul beginnt, bucht für die Rückfahrt besser einen Flug ab Antalya oder İzmir.

Zeitplanung

İstanbul:	mind. 3 Tage
Edirne:	2 Tage
Bursa, İznik, Fahrt zur Westküste:	3–4 Tage

---

2. Thrakien und Marmara-Meer

Die Region Thrakien nördlich von İstanbul bietet touristisch nicht viel. Nur die Stadt **Edirne** im Norden, vor der Eroberung Konstinopels Hauptstadt des Osmanen-Reichs, ist wegen der Selimiye-Moschee ein häufiger besuchtes kunsthistorisches Reiseziel. Die Route nach Süden, über **Bursa und İznik** zur Westküste, bietet ebenfalls bedeutende Bauten aus der frühen Osmanenzeit, aber auch Gelegenheit zu ruhigen Badetagen an der Südküste des **Marmara-Meeres,** evtl. bei einer kleinen Inseltour ab Erdek.

Gut zu wissen: Nach Edirne kommt man ab İstanbul gut per Bus oder Bahn; für die Südtour sollte man besser einen Mietwagen nehmen und dann in Bursa, İznik und Erdek übernachten. Fähren nach Avsa Adasi starten in Erdek. Wer dann auch noch gleich die Gallipoli-Halbinsel besuchen will, kann in Lapseki auf die europäische Seite übersetzen und nach dem Abstecher ab Eceabat zurück.

Zeitplanung

Edirne:	2 Tage
Bursa:	2 Tage
Über Erdek zur Westküste:	2 Tage
Inselabstecher:	2 Tage

---

3. Die Ägäisküste

Ist die nördliche Ägäisküste noch relativ traditionell, so beginnt im Süden ab Kuşadası die Costa Turistica. Abgesehen von den Topzielen **Troia und Pergamon** ist der Norden fest in türkischer Hand geblieben, zahlreiche Ferienanlagen für den innertürkischen Tourismus säumen die Küste am **Golf von Edremit.** Dagegen bilden die Urlaubsstädte **Kuşadası, Bodrum und Marmaris** an der Südägäis mittlerweile regelrechte Enklaven der internationalen Sun & Fun-Industrie. Die ›Türkisküste‹ bietet jedoch noch große, unbesiedelte Naturareale. Die einsamen Buchten, z. B. der **Bozburun-Halbinsel,** sind Ziele der Blauen Reise mit der Yacht; auch an vielen abgelegenen Buchten zwischen Bodrum und Marmaris gibt es kleinere Hotels.

Gut zu wissen: Eine Reise mit Bus und Dolmuş wäre zeitraubend, besser nimmt man einen Mietwagen. Die Metropole İzmir kann man überspringen, sie lohnt eher mal einen Städtetrip für 4 Tage. Wer von Ephesos direkt in den Süden will, kann über die ländliche Strecke durchs Çine-Tal abkürzen. Von Marmaris aus lohnt eine Rundfahrt über Datça, Bodrum (per Fähre), Muğla und zurück.

Zeitplanung

Çanakkale bis İzmir:	5 Tage
İzmir:	3 Tage
İzmir bis Bodrum:	5 Tage
Bodrum bis Marmaris:	4 Tage

---

4. Die Mittelmeerküste

Mit **Fethiye,** berühmt für den **Ölüdeniz-Strand,** beginnt die **lykische Küste,** die bis

Planungshilfe für Ihre Reise

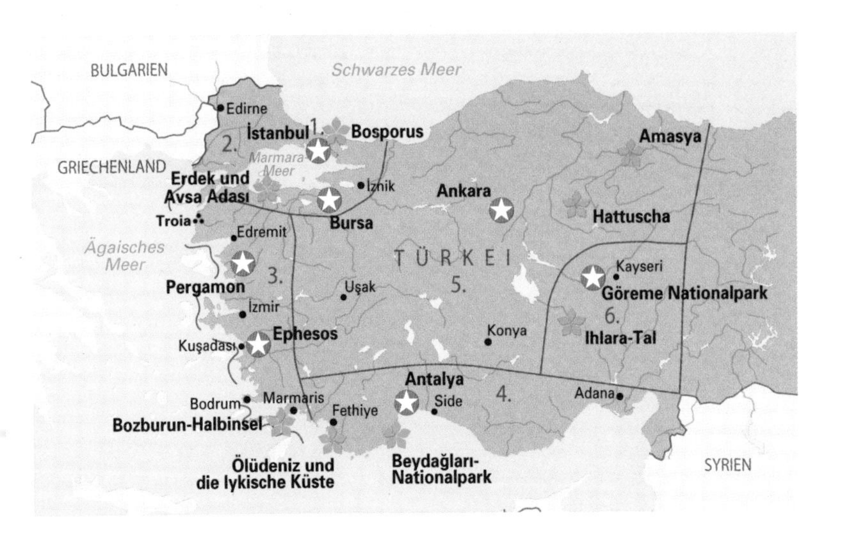

Angaben zur Zeitplanung

Bei den folgenden Zeitangaben für die Reise handelt es sich um Empfehlungswerte für Reisende, die ihr Zeitbudget eher knapp kalkulieren.

Die Kapitel in diesem Buch

1. İstanbul und Umgebung

Die mythenumwobene Sultansstadt İstanbul, das alte Konstantinopel, ist seit jeher das Tor zur Türkei, ihre größte Metropole und das wichtigste Verkehrsdrehkreuz. Hier bekommt man alles, was die Türkei ausmacht, Intensivtourismus, westliche Moderne und islamischen Konservatismus, auf engstem Raum. Die Stadt auf europäischem und kleinasiatischem Boden, malerisch durchzogen von der Wasserstraße des Bosporus, bewahrt grandiose Bauten aus der Zeit der byzantinischen Kaiser wie der osmanischen Sultane. Sie ist die heimliche Hauptstadt der Türkei, Zentrum des Kulturlebens wie Berlin, ein Shopping-Mekka wie Paris, dem Meer zugewandt wie Hamburg. Für einen Kurztrip zu den historischen Bauten zwischen Topkapı-Palast und der Kirche Hagia Sophia ist die Stadt eigentlich zu schade. Sie bietet genug für zwei Wochen.

Gut zu wissen: Vom alten Atatürk-Flughafen auf europäischem Boden ist die Altstadt einfacher und günstiger zu erreichen als von dem auf kleinasiatischen Boden. In die Stadt fährt man am besten mit einem Havataş-Shuttlebus. Nach Edirne oder Bursa kommt man per Bus ab dem Esenler Otogar, vorteilhafter ist aber ein Mietwagen. Wer die Türkeireise in İstanbul beginnt, bucht für die Rückfahrt besser einen Flug ab Antalya oder İzmir.

Zeitplanung

İstanbul: mind. 3 Tage
Edirne: 2 Tage
Bursa, İznik, Fahrt zur Westküste: 3–4 Tage

2. Thrakien und Marmara-Meer

Die Region Thrakien nördlich von İstanbul bietet touristisch nicht viel. Nur die Stadt **Edirne** im Norden, vor der Eroberung Konstinopels Hauptstadt des Osmanen-Reichs, ist wegen der Selimiye-Moschee ein häufiger besuchtes kunsthistorisches Reiseziel. Die Route nach Süden, über **Bursa und İznik** zur Westküste, bietet ebenfalls bedeutende Bauten aus der frühen Osmanenzeit, aber auch Gelegenheit zu ruhigen Badetagen an der Südküste des **Marmara-Meeres,** evtl. bei einer kleinen Inseltour ab Erdek.

Bursa

Erdek und Avsa Adası

Gut zu wissen: Nach Edirne kommt man ab İstanbul gut per Bus oder Bahn; für die Südtour sollte man besser einen Mietwagen nehmen und dann in Bursa, İznik und Erdek übernachten. Fähren nach Avsa Adasi starten in Erdek. Wer dann auch noch gleich die Gallipoli-Halbinsel besuchen will, kann in Lapseki auf die europäische Seite übersetzen und nach dem Abstecher ab Eceabat zurück.

Zeitplanung

Edirne: 2 Tage
Bursa: 2 Tage
Über Erdek zur Westküste: 2 Tage
Inselabstecher: 2 Tage

3. Die Ägäisküste

Ist die nördliche Ägäisküste noch relativ traditionell, so beginnt im Süden ab Kuşadası die Costa Turistica. Abgesehen von den Topzielen **Troia und Pergamon** ist der Norden fest in türkischer Hand geblieben, zahlreiche Ferienanlagen für den innertürkischen Tourismus säumen die Küste am **Golf von Edremit.** Dagegen bilden die Urlaubsstädte **Kuşadası, Bodrum und Marmaris** an der Südägäis mittlerweile regelrechte Enklaven der internationalen Sun & Fun-Industrie. Die ›Türkisküste‹ bietet jedoch noch große, unbesiedelte Naturareale. Die einsamen Buchten, z. B. der **Bozburun-Halbinsel,** sind Ziele der Blauen Reise mit der Yacht; auch an vielen abgelegenen Buchten zwischen Bodrum und Marmaris gibt es kleinere Hotels.

• Pergamon
• Ephesos

Bozburun-Halbinsel

Gut zu wissen: Eine Reise mit Bus und Dolmuş wäre zeitraubend, besser nimmt man einen Mietwagen. Die Metropole İzmir kann man überspringen, sie lohnt eher mal einen Städtetrip für 4 Tage. Wer von Ephesos direkt in den Süden will, kann über die ländliche Strecke durchs Çine-Tal abkürzen. Von Marmaris aus lohnt eine Rundfahrt über Datça, Bodrum (per Fähre), Muğla und zurück.

Zeitplanung

Çanakkale bis İzmir: 5 Tage
İzmir: 3 Tage
İzmir bis Bodrum: 5 Tage
Bodrum bis Marmaris: 4 Tage

4. Die Mittelmeerküste

Mit **Fethiye,** berühmt für den **Ölüdeniz-Strand,** beginnt die **lykische Küste,** die bis nach Kemer noch sehr ruhig ist. Die zumeist schroffe Felsküste mit ihren Waldarealen ist ein ideales Revier für Wanderer, die mit dem markierten **Lykischen Weg** auch eine gute Infrastruktur vorfinden. An der **türkischen Riviera** zwischen Kemer und Alanya wird es wieder betriebsamer: Die Küste ist gesäumt von All-in-Hotels. Für Individualreisende gibt es nur wenige beschauliche Ecken, etwa Adrasan oder Çiralı südlich von Kemer, die Altstadt von **Antalya.** Deutsche Hochburgen an der Südküste sind Belek, Side und Alanya, Briten sind viel in Fethiye und Kalkan vertreten, Russen in Kemer. Touristisch spielt die **östliche Südküste** (mit Ausnahme von Kızkalesi) kaum eine Rolle, hat aber interessante Sehenswürdigkeiten, v. a. aus der Zeit des frühen Christentums.

Antalya

- *Ölüdeniz und die lykische Küste*
- *Beydağları-Nationalpark*

Gut zu wissen: Für die lykische Küste empfiehlt sich ein Mietwagen. Die Küstenstraße an der Riviera ist gut mit Bussen versorgt; organisierte Ausflüge erschließen die Sehenswürdigkeiten. Per Mietwagen lohnt ein Ausflug nach Kappadokien; auch für die östliche Südküste ist ein Auto erforderlich.

Zeitplanung

Lykische Küste:	5 Tage
Kemer, Antalya:	4 Tage
Side, Alanya:	4 Tage
Östliche Südküste:	5 Tage

5. Zentralanatolien und Schwarzmeerküste

Im **anatolischen Binnenland** schlagen die Uhren noch nach alter Zeit. Abseits der industriellen Zentren von z. B. Ankara, Bursa, Eskişehir und İzmit hat sich noch die traditionelle, ländliche Türkei erhalten. Die großen Kunststätten wie Aizanoi, Gordion, Hattuscha oder Sivas werden überwiegend mit organisierten Rundreisen besucht, die man in den Katalogen buchen kann. Auf eigene Faust lohnen Abstecher zu den historischen Bilderbuchstädtchen Amasya oder Safranbolu. Tages- und Zweitagesausflüge zu bedeutenden Stätten wie Pamukkale oder Konya kann man an den Küsten buchen. Die Schwarzmeerküste hat hingegen kaum Tourismus zu verzeichnen. Das Kapitel beschreibt Routen, die man nach Interesse kombinieren kann.

- *Ankara*
- *Hattuscha*

Amasya

Gut zu wissen: Ein Mietwagen ist zwingend erforderlich, größere Strecken fliegt man besser. Wer immer wieder in die ›Zivilisation‹ zurückkehren möchte, kann Ankara als Zentralquartier wählen. Sonst ist ein Gabelflug (hin Ankara, zurück ab Antalya) vorteilhaft.

Zeitplanung

Antalya – Adana:	4 Tage
Afyon und Phryger-Land:	5 Tage
Ankara:	2 Tage
Hattuscha, Amasya, Sivas:	7 Tage

5. Kappadokien

Die Zauberlandschaft Kappadokiens lohnt auf jeden Fall eine Reise. Unzählige Monumente sind zu entdecken, Hotels in den alten Wohnhöhlen, Kamelritte und Ballonflüge sorgen für ein einzigartiges Flair. Zu ausgiebigen Wanderungen ist man in den unerschlossenen Tälern und Canyons geradezu gezwungen.

Göreme-Nationalpark

Ihlara-Tal

Gut zu wissen: Rund um Göreme kann man wandern oder mit dem Bus fahren, für das Umland ist ein Mietwagen erforderlich. Der direkte Anflughafen ist Kayseri, über İstanbul erreichbar.

Zeitplanung

Göreme:	3–4 Tage
Umland:	7 Tage

Vorschläge für Rundreisen

Rundreise West-Türkei (2 Wochen)

1. Tag: Ankunft in İzmir, Spaziergang durch den Kemeraltı-Basar; Abendessen am Kordon; danach ins Bar-Viertel Alsancak. Wer viel Zeit hat, besucht noch das History and Art Museum im Kültürpark.

2. Tag: Weiterfahrt Richtung Norden nach Bergama, Besuch von Pergamon. Übernachtung in Assos in einem der Karawanserei-Hotels.

3. Tag: Fahrt nach Troia; Übernachtung in Çanakkale; Besuch des Museums dort.

4. Tag: Weiterfahrt nach Bursa, ausgiebiger Besuch des Basarviertels und der frühosmanischen Moscheen.

5. Tag: Über Eskişehir – dort Besuch des Viertels der Meerschaumschnitzer und Mittagessen am Porsuk Çayı – geht es nach Kütahya, die Fayencen-Stadt.

6. Tag: Über Aizanoi (römische Ruinen) nach Uşak (Schatz des Krösus im Museum, Teppichknüpfereien) und weiter nach Afyon; dort Altstadtbummel.

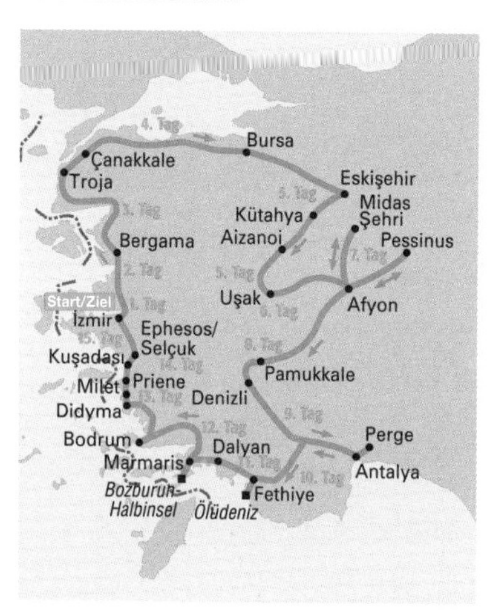

7. Tag: Dieser Tag ist für eine Fahrt zu den Felsmonumenten der Phryger reserviert. Planen Sie nicht zu viel ein, die Strecken sind lang; man muss viel wandern. Midas Şehri *oder* Pessinus, das reicht.

8. Tag: Weiterfahrt nach Pamukkale bei Denizli, nachmittags Besichtigung der Kalkterrassen und der antiken Ruinen – ein Bad im antiken Quellpool nicht zu vergessen.

9. Tag: Fahrt nach Antalya, wer sehr früh startet, kann auch noch die antike Ruinenstadt Sagalassos besuchen. Abends Rundgang durch Antalyas Altstadt auf der Suche nach dem schönsten Lokal zum Essen.

10. Tag: Besuch des antiken Perge, dann Weiterfahrt über Korkuteli nach Fethiye: endlich baden am Ölüdeniz-Strand.

11. Tag: Über Dalyan (Besichtigung Kaunos plus Essen ca. 5 Std.) nach Marmaris, dort Basar-Shopping. Alternativ Übernachtung im kleinen Badeort Turunç oder im Fischerdorf Selimiye (Bozburun-Halbinsel).

12. Tag: Früher Aufbruch nach Bodrum, dort Besichtigung des Museums für Unterwasserarchäologie.

13. Tag: Weiterfahrt nach Norden, vorbei am Bafa-See mit Stopp in Herakleia. Besuch der antiken Ruinen von Didyma, Milet, Priene; Übernachtung in Kuşadası.

14. Tag: Ein ganzer Tag für Ephesos und Selçuk, abends Rückkehr nach İzmir.

15. Tag: Fahrt zum Airport und Rückflug.

Durch Anatolien (9 Tage)

1. Tag: Ankunft in Ankara; abends Spaziergang im Basarviertel und in der Zitadelle, dort gibt es schöne Lokale zum Essen.

2. Tag: Besichtigung des Hethiter-Museums (›Anatolische Zivilisationen‹) mit zahlreichen Fundstücken aus der Bronzezeit, dann Fahrt nach Hattuscha (2,5 Std.).

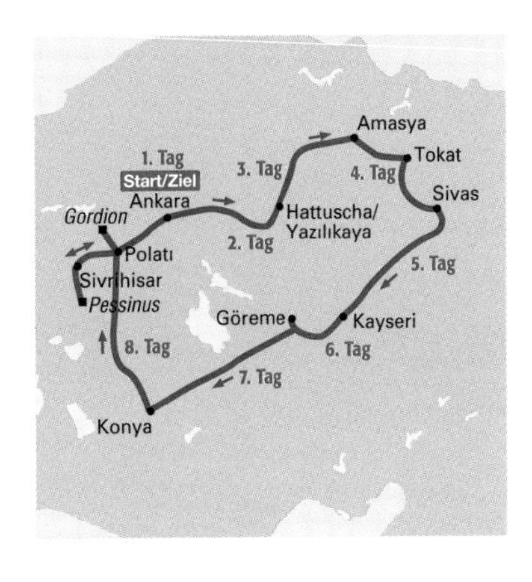

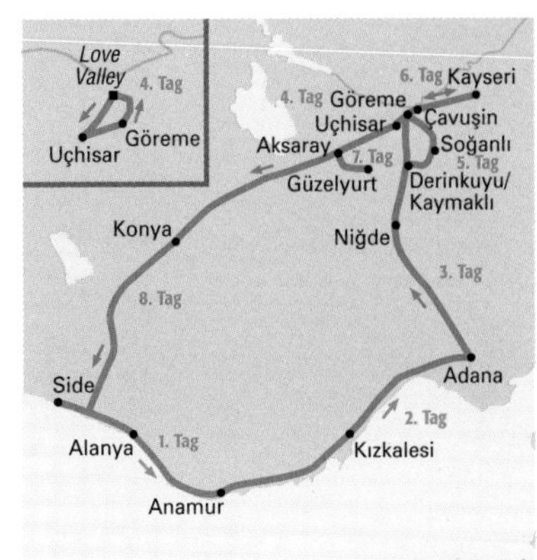

3. Tag: Besichtigung der ausgedehnten Hethiter-Hauptstadt und Wanderung zum Felsheiligtum Yazılıkaya, Weiterfahrt nach Amasya (2,5 Std.).

4. Tag: Besichtigung des idyllischen Städtchens Amasya am malerischen Fluss, Weiterfahrt über Tokat (1,5 Std.), dort Stadtrundgang, Weiterfahrt nach Sivas (1,5 Std.).

5. Tag: Besichtigung der seldschukischen Bauten von Sivas, dort auch Mittagessen; Weiterfahrt nach Kayseri (2,5 Std.).

6. Tag: Altstadt und Basarviertel von Kayseri. Fahrt nach Göreme (1 Std.); nachmittags Besichtigung des Museumstals, abends evtl. Ballonflug über die Tuffkegel. Hier kann man die Reise auf Route 3 fortsetzen.

7. Tag: Weiterfahrt nach Konya (3 Std.), Besichtigung des Mevlana-Klosters und der Zitadelle; Basarbummel.

8. Tag: Früher Start nach Polatlı (3 Std.), Besichtigung von Gordion, dann nach Pessinus bei Sivrihisar (1 Std. Fahrt). Anschließend zurück nach Ankara.

9. Tag: Evtl. noch Besuch am Atatürk-Grabmal. Fahrt zum Airport und Rückflug.

Von Alanya nach Kappadokien (8 Tage)

1. Tag: Frühmorgens Start in Alanya (oder Side) zur Fahrt (2.30 Std.) entlang der Küste bis Anamur; Besichtigung von Anemourion, Essen in Anamur, Besuch Mamure Kalesi. Dann weiter über Silifke nach Kızkalesi (3 Std.); Hotelsuche.

2. Tag: Vormittags Besichtigung der Korykos-Ruinen, nachmittags Strandpause mit Tretbootfahrt zur Mädchenburg. Danach weiter nach Adana (2 Std.); Hotelsuche.

3. Tag: Besichtigung in Adana, nachmittags Fahrt auf der D750 durch die Kilikische Pforte Richtung Niğde (3 Std.), Hotel in Gümüşler.

4. Tag: Vom Standquartier in Göreme (oder Ürgüp) vormittags Wanderung ins Museumstal, nachmittags durchs Love Valley mit den phallischen Felsnadeln nach Uçhisar. Ab 16 Uhr evtl. Ballonflug.

5. Tag: Vom Standquartier Ausflug nach Soğanlı (s. Routentipp, 1 Std.) mit Rückfahrt über Derinkuyu und Kaymaklı, den beiden bekanntesten unterirdischen Städten. Über Nevşehir zurück.

6. Tag: Vom Standquartier Fahrt nach Çavuşin mit seinen Onyx-Werkstätten, Besuch von Paşabağ; Wanderung durchs Zelve-Tal. Weiterfahrt nach Avanos, Besichtigung der Töpfereien. Evtl. Abstecher nach Kayseri mit Besuch des Basarviertels.

7. Tag: Fahrt über Aksaray und das romantische Dorf Güzelyurt ins Ihlara-Tal (2 Std.), die Wanderung durch den Canyon dauert rund 4 Std. Weiterfahrt nach Konya (2.30 Std.).

8. Tag: Vormittags Besichtigung von Konya und des Mevlana-Klosters. Rückfahrt zur Südküste über D696 und D695 (ca. 4 Std.).

Wissenswertes über die Türkei

»Ein Jahrhundert hat hier immer seine Denkmäler erbaut aus den Trümmern der vorhergehenden; in der christlich-römischen Zeit riss man die Tempel ein, um Kirchen zu bauen; die Moslems verwandelten die Kirchen in Moscheen … Du siehst heidnische Altäre, christliche Grabsteine … ohne andere Rücksicht eingefügt in spätere Bauwerke.«
Helmuth von Moltke, Unter dem Halbmond, 1835–1839

Flagge des Fährboots vor dem Haydarpaşa-Bahnhof in Kadıköy, İstanbul

Steckbrief Türkei

Daten und Fakten

Name: Türkiye Cumhuriyeti (Türkische Republik)

Fläche: 780 576 km^2, davon 3 % in Europa
Hauptstadt: Ankara
Sprachen: Türkisch als Amtssprache, an den Küsten vielfach Deutsch, Englisch, Russisch

Einwohner: 78 Mio. (2015), Türken ca. 75 %, Kurden ca. 20%, Araber ca. 2 %; viele Angehörige von Minderheiten sind nach Europa ausgewandert
Religion: über 99 % Muslime, davon ca. 85 % Sunniten, ca. 15 % Aleviten, dazu kleine christliche Minderheiten in İstanbul und im Südosten
Lebenserwartung: 70 Jahre für Männer, 75 Jahre für Frauen
Fertilitätsrate: ca. 2,1 % (Geburten pro Frau)

Währung: *Türk Lirası* (TL, TRY) zu 100 *Kuruş*
Zeitzone: Osteuropäische Zeit (OEZ); Zeitverschiebung zur mitteleuropäischen Zeit ist plus eine Stunde. Es gilt EU-Sommerzeit.
Landesvorwahl: + 90

Kfz-Kennzeichen: TR
Internet-Kennung: .tr

Landesflagge: Die türkische Nationalflagge zeigt einen weißen Halbmond und einen weißen Stern auf rotem Grund. Die Fahne wurde in der jetzigen Form 1936 offiziell eingeführt, geht jedoch auf eine bereits seit 1844 verwendete Flagge zurück. Halbmond und Stern sind die antiken Symbole für Konstantinopel, die von den Osmanen-Kaisern übernommen wurden – es gibt aber viele andere Legenden, um die Symbolik zu erklären.

Geografie

Die Türkei steht im Weltvergleich nach der Größe auf Rang 37, bis auf Russland ist sie größer als jedes andere europäische Land. Von der Gesamtfläche von 780 000 Quadratkilometern sind 1,3 % Wasser, 26 % Wald, 36 % Kulturland, 26 % sonstiges Land. Die maximale Ost-West-Ausdehnung beträgt 1660 km, die maximale Strecke von Norden nach Süden 600 km.

Da im Norden, Westen und Süden von Meeren umspült, kommen die türkischen Küsten auf eine Länge von 8272 km, das entspricht in etwa der Entfernung von Berlin nach Dallas. Allein an der buchtenreichen Ägäis werden immerhin 2805 km Küstenlinie gemessen.

Die Türkei grenzt im Westen an Griechenland und Bulgarien, im Osten an Georgien, Armenien und Aserbaidschan, im Südosten an Iran, Irak und Syrien. Das Land erstreckt sich zwischen 35° 51′ und 42° 6′ nördlicher Breite sowie 25° 40′ und 44° 48′ östlicher Länge.

Die **höchste Erhebung** der Türkei ist der Ararat (Büyük Ağrı Dağı) mit 5165 m ganz im Osten des Landes an der Grenze zu Armenien bzw. Iran. Alpine Höhen erreichen die Taurus-Gipfel mit dem Erciyes Dağı bei Kayseri (3916 m) als höchstem Gipfel; im Westpontischen Gebirge am Schwarzen Meer kommt der Ilgaz Dağı noch auf 2587 m.

Das mit Abstand größte **Ballungszentrum** ist der Großraum İstanbul mit geschätzt zwischen 16 und 20 Mio. Menschen; das eigentliche Stadtgebiet kommt auf 14,3 Mio. Einwohner. Die Hauptstadt Ankara hat seit der Zusammenlegung von Provinz und Provinzhauptstadt 2014 etwa 5,1 Mio., Nzmir ca. 4,1 Mio., Bursa ca. 2,8 Mio. und Adana ca. 2,1 Mio. Einwohner.

Bevölkerung

Mit ca. 2,1 % ist die Geburtenrate relativ hoch; dies entspricht einem Einwohnerzuwachs um knapp 1,3 Mio. Menschen pro Jahr. Da gut 45 % der Bevölkerung unter 30 Jahren sind, ist zu erwarten, dass die Türkei in etwa 10 Jahren über 100 Mio. Einwohner besitzt. Die landesweite Bevölkerungsdichte ist mit 98 Einw./km² zwar nicht sehr hoch, doch konzentrieren sich die Einwohner auf wenige Ballungszentren. Neben den Agglomerationen von İstanbul, Ankara und İzmir konnten die Küstenprovinzen am Mittelmeer mehr als eine Verdreifachung der Bevölkerung in den letzten 30 Jahren verzeichnen. Nach Osten hin nimmt die Bevölkerungsdichte immer mehr ab. Der Urbanisierungsgrad ist aufgrund ausgeprägter Landflucht mit 73 % städtischer Bevölkerung sehr hoch.

Staatsform

Die Türkei ist eine parlamentarische Republik; das Parlament, Türkiye Büyük Millet Meclisi (Große Türkische Nationalversammlung) mit 550 Abgeordneten, wird für jeweils vier Jahre gewählt (es besteht Wahlpflicht). Die Nationalversammlung wählt den Ministerpräsidenten (derzeit Ahmet Davutoğlu, AKP) auf Vorschlag des Staatspräsidenten (seit 2014 Recep Tayipp Erdoğan), der für fünf Jahre direkt vom Volk gewählt wird (erstmals 2014).

Verwaltung

An der Spitze der 81 Provinzen *(il)* steht jeweils ein vom Innenminister ernannter Gouverneur *(vali)*; ihm untersteht auch die Jandarma (Gendarmerie), eine paramilitärische Streitmacht unter Aufsicht des Innenministers, die die Polizeigewalt auf dem Land ausübt. Die Provinzen sind in Bezirke *(ilçe)* untergliedert, denen je ein *kaymakam* vorsteht. Alle Städte, die Sitz eines Vali oder Kaymakam sind, besitzen eine eigene Verwaltung *(belediye)* und sind durch Ratsversammlungen repräsentiert, während die Dörfer der Bezirksverwaltung unterstehen.

Wirtschaft

Während die Landwirtschaft weiterhin rückständig, aber kostengünstig produziert, verbuchte die gewerbliche Wirtschaft (v. a. Bau, Textil, Automobil, Elektronik) in den 2000er-Jahren ein überproportionales Wachstum (Raten über 5 %). Seit 2012 sind die Raten allerdings auf 2 bis 3 % gefallen. Die Steigerung des Bruttoinlandprodukts führte zu einer deutlichen Verbesserung des Pro-Kopf-Einkommens (BIP pro Kopf 2014: 11 000 US-$, Deutschland: 44 900 US-$). Allerdings leben immer noch fast 20 % der Türken, vor allem in ländlichen Gebieten, unterhalb der Armutsgrenze. Die Inflation liegt nach extremen Werten von bis zu 150 % nach 1990 derzeit um 8 %, Tendenz steigend.

Hauptanteil des Imports machen Maschinen, Konsum- und Hightech-Güter aus, exportiert werden Industrieprodukte und verarbeitete Agrargüter. Das Handelsbilanzdefizit ist strukturell sehr hoch. Trotz der immensen Einnahmen aus dem Tourismus übersteigt die Summe der Importe die Summe der Einnahmen. Handelspartner sind Russland, China, Deutschland, andere EU-Staaten, die USA sowie osteuropäische Länder, gute Chancen erwartet man von der Lockerung des Handelsembargos gegenüber dem Iran (2015).

Natur und Umwelt

Die Landschaften und die Naturräume der Türkei können zu den spektakulärsten der Welt zählen – von den türkisblauen Badebuchten der Ägäisküste bis zu den glattgeschliffenen Erosionskegeln Kappadokiens. Doch das reinste Paradies ist es nicht: Auch hier haben Industrialisierung und ein enormes Stadtwachstum in den Ballungsräumen ihre Spuren hinterlassen.

Die Landschaften

Das Staatsgebiet der Türkischen Republik, das mit 780 576 km^2 etwa doppelt so groß ist wie Deutschland, erstreckt sich zu etwas mehr als 3 % auf Europa, den südöstlichen Zipfel des alten Kulturlands Thrakien. Der Rest verteilt sich auf jene Landmasse zwischen Europa und Asien, die **Kleinasien** nach dem lateinischen *Asia Minor* oder nach dem türkischen *Anadolu* (von griech. *Anatolikon,* ›Land des Sonnenaufgangs‹) **Anatolien** genannt wird. Diese Halbinsel ist Teil des alpidischen Gebirgsbogens, der sich von den Alpen über das Balkan-Gebirge bis zum Himalaya zieht. Durch die Norddrift der Arabischen Scholle wurden zwei große Gebirgszüge aufgefaltet: im Norden das **Pontische Gebirge** *(Köroğlu Dağları, Küredağları* und *Doğu Karadeniz Dağları),* im Süden das **Taurus-Gebirge** *(Toros Dağları);* dazwischen folgt eine mittlere Gebirgsbildungszone dem Bogen Balıkesir–Nevşehir–Sivas.

Flüsse und Relief

Was Landkarten kaum erkennen lassen, aus dem Flugzeug aber gut sichtbar wird, ist die Zersplitterung der Landschaft durch Bergrücken, zwischen denen flache Ebenen liegen, im Türkischen nennt man eine solche Ebene *ova.* Sie bilden die typische Landschaftsform, nämlich eine geschlossene geografische Einheit, meist auf eine größere Stadt bezogen und selbst heute noch nur durch kurvenreiche Pass-Straßen mit der nächsten verbunden. Diese Struktur, an den Küsten durch das Schwemm-Material der Flüsse, im Landesinneren durch Erosion der Gebirge aufgebaut, hatte auch weitreichende Auswirkungen für die Geschichte Kleinasiens (s. S. 33).

Vorherrschend ist ein west-östlich streichendes Relief, das vom Bergland in der Osttürkei (mit einer mittleren Höhe von 1800 m) nach Westen hin abfällt. Daher entwässert die gesamte westliche Region zum Ägäischen Meer hin, längster Strom dort ist der **Büyükmenderes,** in der Antike Maiandros genannt, Zentralanatolien hingegen durch den **Sakarya Nehri** westlich von Ankara und den **Kızılırmak** (in der Antike Halys) östlich von Ankara ins Schwarze Meer.

Zwischen ihren Quellgebieten und dem Taurus liegt das abflusslose Becken um den **Tuz Gölü,** einen von Steppen umgebenen Salzsee. Südlich der Wasserscheide des Taurus gibt es (bis auf den Göksu Nehri bei Silifke und den Ceyhan Nehri bei Adana) nur kurze, aber wasserreiche Flüsse mit den für ein Kalksteingebirge typischen Karstphänomenen.

Große politische Bedeutung haben die Nahtstellen zwischen Europa und Kleinasien, die sog. **Meerengen.** Damit ist zum einen der Bosporus bei İstanbul gemeint (Breite 600 m bis 1,5 km), zum anderen die Dardanellen (Breite 1,2 bis 7 km). Um die Kontrolle dieser Wasserstraße zwischen dem Schwarzen Meer und dem Mittelmeer ist es seit fast 4500 Jahren immer wieder zu Kriegen gekommen – beginnend mit dem Trojanischen Krieg der Bronzezeit.

Vegetationszonen

Nach der geografischen Breite liegt das Land zwar gänzlich in der **mediterranen Subtropenzone,** doch entspricht das Klima des durch die alpinen Randgebirge vom Meer abgeschlossenen Inneranatolien ganz dem **Kontinentalklima** Zentralasiens. Während an den Küsten heiße (im Süden) bis warme (im Norden) Sommer und regenreiche, aber frostlose Winter herrschen, verzeichnet das Landesinnere sehr kalte Winter und insgesamt äußerst spärliche Niederschläge.

Die regenreichsten Gebiete sind die **Schwarzmeerküste,** wo sich unter vollhumiden Klimabedingungen eine der mitteleuropäischen vergleichbare Vegetation entwickeln kann. Aber auch die Südküste erlebt trotz äußerst trockener Sommer in den Wintermonaten reiche Niederschläge mit teils dramatischen Überflutungen.

Auf dem ariden **anatolischen Hochland** liegt die Regenmenge dagegen unter 400 mm im Jahresmittel; zwischen März und Mai wird dort Wintergetreide angebaut (wenn auch unter Dürrerisiko), die Landschaftsgestalt ist jedoch steppenhaft.

Erdbebengefahr

Das große Erdbeben von 1999 mit etwa 45 000 Toten hat gezeigt, auf welch instabilem Fundament Kleinasien ruht. Der Grund ist die kleinteilige Plattentektonik dieses Gebiets, sodass aktive Erdbebenzonen sowohl entlang der Nord- und der Westküste als auch im Landesinneren hinter dem Taurus-Gebirge verlaufen (nicht zuletzt bildet das Gebiet der Türkei die kleinste bekannte Kontinentalplatte). Die Plattenbewegungen sorgen im Landesinneren für einen untergründigen Vulkanismus, der vierlerorts vor

Erosion formte die bizarren Bergflanken im Tal des Sakarya Nehri

allem in Form heißer Thermalquellen bemerkbar ist.

Die größte Gefahr droht an der Nordküste; Wissenschaftler meinen sogar, den Punkt recht genau bestimmen zu können: Das Epizentrum des nächsten Monster-Bebens soll im Marmara-Meer liegen, 60 km von İstanbul entfernt. Es kann noch 10 oder auch 50 Jahre dauern, aber dann wird die Stadt nicht nur von einem Beben der Stärke 6 oder 7 erschüttert, sondern muss auch mit einem gewaltigen Tsunami rechnen. Keine guten Aussichten für İstanbuls Kunstschätze also!

Flora und Fauna

Die niederschlagsreichen Küstengebiete weisen bis zu den Hochkämmen der Gebirge in der Regel üppigen Pflanzenwuchs auf: ausgedehnte Kiefernwälder an den Berghängen, in tieferen Bereichen finden sich im Süden Palmen, Korkeichen, Ölbäume und Eukalyptus, dazu die typischen Hartlaubgewächse der Macchia wie Kermeseiche, Erdbeerbaum, Lorbeer und Zistrosen.

Im Norden sind Buchen und Eichen, dazu Ulme, Linde, Edelkastanie und Walnuss verbreitet; bis hoch zur Waldgrenze bei 2200 m wachsen Tannenwälder mit einem Unterholz aus Rhododendren.

Die anatolische Hochsteppe

Das Bild wandelt sich jedoch schlagartig, wenn man die Gebirge überquert und nach Zentralanatolien fährt, das in deren Regenschatten liegt. Weite, waldlose Steppenlandschaften, teilweise sogar Halbwüsten mit Dornpolstergewächsen und Disteln, kahle, stark erodierte Bergflanken bilden hier den üblichen Landschaftstyp.

Kleine Reste eines Trockenwaldes aus immergrünen Eichen und Kiefern zeigen jedoch, dass diese Versteppung nicht natürlich, sondern das Resultat menschlicher Übernutzung ist. Einschlag von Brennholz, Überweidung und seit den 1950er-Jahren die extreme Ausweitung von Ackerflächen sind die Ursache.

Das Ägäis-Gebiet

Eine Sonderstellung nimmt der Westen des Landes ein, der mit seinen vielen Quertälern diese deutliche Scheidung nicht aufweist. Subtropische Vegetationsformen ziehen sich entlang der Flussläufe bis tief ins Landesinnere hinein; die Höhenrücken sind zumeist bewaldet: recht üppig im Norden, etwa im regenreichen, den Nordwinden besonders ausgesetzten Bithynischen Gebirge (Ala Dağları) zwischen Bursa und Bolu oder dem Ida-Gebirge (Kaz Dağı) südlich der Dardanellen.

In der mittleren Ägäis wechseln natürliche Restwälder wie im Nationalpark Samsun Dağı, Forstwälder wie bei Marmaris und Fethiye und waldlose Höhen – teils aufgrund von Verkarstung wie die Yuntdağı bei Bergama, teils aufgrund von Übernutzung wie die Boz Dağları östlich von İzmir.

Exotische Nutzpflanzen

Die agrarische Nutzung des Landes ist relativ intensiv; die Türkei gehört zu den wenigen Ländern der Welt, die nicht auf Nahrungsmittelimporte angewiesen sind. In den zentralen Steppengebieten werden vor allem Wintergetreide, aber auch Zuckerrüben, Sonnenblumen, Obst und sogar Wein (im Kızılırmak-Bogen), am Schwarzen Meer Tee und Haselnüsse erzeugt. An den Küsten südlich von İzmir finden sich zahlreiche exotische Nutzpflanzen, die der Reisende hier vielleicht zum ersten Mal zu Gesicht bekommt: Baumwolle, Tabak, Zitrusfrüchte, Oliven; in den Feuchtniederungen des Asi Nehri bei Antakya werden auch Hirse und Reis angebaut.

Auffällig an den Südküsten ist der hohe Anteil der Gemüseproduktion in Gewächshäusern, die drei Ernten im Jahr ermöglichen. Zentrum des Baumwollanbaus ist die Çukurova-Ebene bei Adana an der Südostküste, aber auch bei Antalya und in der Ebe-

Beim Baumwollpflücken

ne des Büyükmenderes bildet Baumwolle den Produktionsschwerpunkt.

Tierwelt unter Druck

Entwaldung und landwirtschaftliche Inwertsetzung fast aller ebenen Flächen haben zu einem dramatischen Rückgang der Tierwelt geführt. Der in Kleinasien noch in der Antike beheimatete Löwe ist natürlich längst verschwunden, doch auch sonst dezimiert starke Bejagung auch den Bestand von Fuchs, Wildschwein, Dachs und Mufflon (Bergschaf) in den verbliebenen Wäldern.

Während das weitere Vorkommen von Braunbär und Wolf eher zweifelhaft ist, sind immer noch Kamele zu sehen, die aber meist nur als Touristenattraktionen gehalten werden. Groß ist hingegen die Zahl von Schafen und Ziegen, die (neben Rindern) den Hauptteil der Fleischversorgung sichern. Schweinefleisch gilt im Islam hingegen als unrein und wird in der Türkei nicht angeboten.

Unter den Vögeln, die auch mit Adler, Geier, Milan, Bussard und einigen Falkenarten vertreten sind, verdienen vor allem Storch und Taube Erwähnung. Letztere, weil sie als eine Art ›heiliger‹ Vogel an den Moscheen gefüttert wird und große Schwärme bildet. Der Storch hingegen ist an den Flussläufen der Küsten zahlreich zu sehen (etwa bei Selçuk, im Mäander-Delta und bei Silifke). Über die Türkei bzw. die Bosporus-Landbrücke verläuft die Migration fast der gesamten mitteleuropäischen Storch-Populationen.

Die Türkei besitzt für Ornithologen interessante, sehr artenreiche Vogelreservate, die wichtige Raststation der osteuropäischen Zugvogelrouten sind, etwa den Kuşcenneti-Park am Marmara-Meer, das Mäander-Delta und die Sultan-Sümpfe Kappadokiens, wo sogar Rosaflamingos beobachtet werden.

Wirtschaft, Soziales und aktuelle Politik

Seit der Umwälzung der Weltwirtschaft durch die Globalisierung hat sich die Türkei vom rückständigen Orientstaat zu einem ökonomisch durchaus erfolgreichen Schwellenland mit enormen Wachstumsraten entwickelt. Allerdings betreffen diese Modernisierungsimpulse nur einige wenige Zentren, die ländlichen Teile des Landes können an dem Boom nur in geringem Maß teilhaben.

Ökonomie im Aufbruch

Trotz der Finanzkrise hat sich die Türkei bis 2012 wirtschaftlich aufgrund hoher Wachstumsraten sehr positiv entwickelt und konnte ihr Kredit-Rating sogar verbessern. Analysten prägten das Wort vom ›Anatolischen Tiger‹. Der Anteil der Erwerbstätigen in der Agrarwirtschaft ist von knapp 50 auf nur noch 24 % gesunken, Dienstleistungssektor und Industrie erwirtschaften inzwischen 88 % des Inlandeinkommens. Im tertiären Sektor macht sich vor allem die ökonomisch enorm wichtige Tourismusindustrie bemerkbar. Die gewerbliche Wirtschaft, die etwa 30 % des Bruttoinlandprodukts erwirtschaftet, konzentriert sich im Großraum İstanbul, bei Ankara, an der Ägäis bei İzmir und an der Südküste – dort vor allem in den Freihandelszonen von Mersin und Antalya sowie rund um Adana.

Seit 2013 schwächelt die türkische Wirtschaft jedoch wieder. Abschwächung des Konsumklimas als Folge der Überschuldung der Verbraucher im Konsumboom der 2000er-Jahre, eine dramatisch hohe Jugendarbeitslosigkeit, rechtsstaatliche Unsicherheit verbunden mit der brutalen Niederschlagung der Gezi-Park-Proteste und Eingriffen in die Presse-Freiheit, Abfluss von Auslandskapital und eine weiterhin hochnegative Handelsbilanz – all das ließ die Wachstumsraten 2014 und 2015 auf 3 % fallen. Und ebenso die Zustimmung zu Erdoğans Erfolgsmodell.

Industrieller Aufschwung

Wichtigste Industriezweige sind die Textilverarbeitung und die Elektroindustrie – über ein Drittel aller in der EU verkauften Farb-TVs werden in der Türkei gefertigt. Große Bedeutung hat darüber hinaus die Automobilindustrie, die nicht nur den einheimischen Markt versorgt, sondern auch in die EU Nutzfahrzeuge und Pkw liefert. Aus Deutschland produzieren Magirus-Deutz Busse und MAN Lkw in der Türkei, während die deutsche Pkw-Industrie die Entwicklung verschlafen und das Geschäft Fiat und Renault überlassen hat. Mit Abstand folgen das Baugewerbe, das von der großen Nachfrage junger Familien profitiert, sowie die chemische Industrie, die die Selbstversorgung mit Düngemitteln sichert.

Die ersten Schritte zur Modernisierung der türkischen Wirtschaft gehen auf die Reformen des 1992 verstorbenen Turgut Özal zurück. Dabei lavierte die Türkei jedoch stets am Abgrund, die Erfolge wurden durch hohe Arbeitslosigkeit und eine galoppierende Inflation gefährdet. Die Handelsbilanz war notorisch negativ, im Jahr 1999 stand die Türkei vor dem Staatsbankrott.

Die Regierungsübernahme der AKP 2001, die den Kontrollzugriff der alten Politikseilschaften beendete und auch die sich daraus ergebenden Korruptionsprobleme, führte zu einer deutlichen Verbesserung der Lage. Die 2000er-Jahre waren geprägt durch hohe Auslandsinvestitionen und intensive wirtschaftliche Beziehungen zu den angrenzenden muslimischen Staaten Asiens und der Arabischen Halbinsel. Die Einkommen verdreifachten sich, die Türkei stieg zu den 20 wirtschaftlich stärksten Ländern der Welt auf. Doch dann verunsicherte der immer autoritärer werdende Regierungsstil Erdoğans die Anleger, weitere Probleme traten mit der Russlandkrise und dem Erstarken des IS in Syrien und Irak auf. Inzwischen werden vor allem die 700 000 Jugendlichen, die jährlich neu auf den Arbeitsmarkt drängen, zum größten Problem für die türkische Wirtschaftspolitik. Sie finden nicht nur kaum noch Jobs, sondern fühlen sich zudem vom Regime gegängelt.

EU-Beitritt

Seit Oktober 2005 gilt die Türkei offiziell als Beitrittskandidat. Zuvor hatte die Regierung Erdoğan viele Reformforderungen der EU erfüllt. Dennoch sind die Widerstände gegen einen Beitritt weiterhin groß, und zwar sowohl von konservativen Europäern wie von national orientierten Türken. Inzwischen ist auch das Interesse der AKP-Regierung gegenüber Europa gesunken – größere Vorteile verspricht sie sich von Russland, dem Iran und den zentralasiatischen Republiken. Jedoch sichert die EU-Perspektive weiterhin innenpolitisch die Position der westlich orientierten Politiker und Bevölkerungsschichten in dem Land an der höchst sensiblen Grenze zum Mittleren Osten. Und sollte Europas Bevölkerung tatsächlich vor dem Überalterungskollaps stehen, wäre eine Zuwanderung aus der Türkei vielleicht die letzte Rettung.

Schutz der Ressourcen

Das Wirtschaftswachstum und die Anstrengungen, auf gegebenen Flächen immer mehr Menschen zu ernähren, führen auch in der Türkei zu einer Reihe gravierender Umweltprobleme. Die bedeutendsten darun-

Nationaler Stolz: die Türme des İstanbuler Finanzdistrikts Maslak

ter sind Bodenerosion aufgrund mangelnder Bewaldung, Versalzung der Böden durch künstliche Bewässerung und generell das Wassermanagement in der Euphrat-Region. Besonders die GAP-Staudämme im Südosten, von der Türkei geplant zur Entwicklung dieser rückständigen Region, schneiden den Anrainern Syrien und Irak das Wasser ab und führen zu einer erhöhten Kriegsgefahr. Die Agrarproduktion im Haran konnte zwar gesteigert werden, doch sind für die Zukunft gravierende Probleme durch Bodenversalzung zu erwarten. Daneben haben alle großen Ballungsräume, etwa İstanbul, Bursa/İzmit und Adana, im Sommer mit einer enormen Luftverschmutzung zu kämpfen.

Darüber hinaus ist man auch als Tourist mit einer Reihe von Problemen konfrontiert, die sich aus der großen gesellschaftlichen Dynamik ergeben. Insgesamt hat die Pflege der Landschaft, wie in allen Mittelmeerländern, schon traditionell keinen besonders hohen Stellenwert; umso problematischer stellt sich die Situation in den von hohem Urbanisierungsdruck gekennzeichneten Regionen um İstanbul sowie an der Ägäis- und Südküste dar. Ungeplante Zersiedlung, mangelhafte Abwasser- und Müllentsorgung, Kraftwerke und Industrien ohne Abgasreinigung sind nur die Spitze des Eisbergs.

Anzuerkennen ist zwar, dass die mit erheblichen Mitteln durchgeführten Aufforstungsprogramme recht gute Erfolge zeigen, auch werden die Kinder heute schon früh an die Aufgabe des Schutzes der Wälder herangeführt. Doch wenn man die (oft sehr kleinen) Nationalparks betrachtet, kann man sich des Gefühls nicht erwehren, hier würde eher die Natur *für* den Tourismus als *vor* diesem geschützt: Der größte Nationalpark, rund um Kemer, ist gleichzeitig eines der wichtigsten ›Ferienparadiese‹ der Türkei.

Für den Schutz der Umwelt vor allem im Bereich der besonders belasteten Mittelmeerküste setzt sich die AKÇEP (Akdeniz Çevre Platformu) verschiedener Umweltgruppen ein, gefördert wird sie von der Grünen-nahen Heinrich-Böll-Stiftung. Doch nicht eines der Großprojekte, vom Bau des AKW Akkuyu bei Silifke bis zum Großflughafen bei İstanbul, konnte verhindert werden.

Landflucht und Urbanisierung

Die Einwohnerzahl der Türkei hat sich in den letzten 60 Jahren ungefähr vervierfacht und nimmt bei konstant hohen Wachstumsraten um etwas unter 1 Mio. Menschen pro Jahr zu. Als Resultat sind knapp die Hälfte aller Türken unter 25 Jahre alt. Einerseits sind damit große Arbeitsmarktprobleme vorgezeichnet, andererseits aber auch eine erstaunliche gesellschaftliche Dynamik, etwa im Hinblick auf Urbanisierung (Stadtwachstum) und Migration (Binnenwanderung). Tatsächlich ist die Bevölkerungsentwicklung im regionalen Vergleich besonders auffällig. »Auf den Straßen liegt das Gold ...« sagt ein türkisches Sprichwort. Gemeint sind natürlich die Straßen der Stadt, und das ist zuerst İstanbul, zur Not auch Ankara, İzmir, Bursa, İzmit, Eskişehir, Konya, Adana ... Dorthin wollen alle, sodass diese Städte zu Millionenmetropolen geworden sind – zu Agglomerationen mit weit überdurchschnittlichen Zuwachsraten.

Unter Bevölkerungsverlusten leiden dagegen die ohnehin schwach besiedelten Hochlandgebiete Inneranatoliens und die östlichen Gebirgsregionen. Dort zwingen Besitzzersplitterung und ein unzureichendes Arbeitsplatzangebot die Menschen zur Abwanderung in die prosperierenden Regionen. Diese Landflucht der bäuerlichen Bevölkerung hat mittlerweile dazu geführt, dass gut 75 % der Türken in Städten leben.

Ethnische Gruppen

Im Vergleich zu den 1960er-Jahren spielt die einst ausgeprägte ethnische Differenzierung der türkischen Staatsbürger heute eine geringere Rolle. **Griechen,** die früher die Bevölkerungsmehrheit in den Dörfern im Westen stellten, mussten das Land 1923 verlassen (s. S. 44). Auch die **Armenier,** einst in der Çukurova-Ebene bei Adana und zwischen

Kayseri und dem Van-See im Osten ansässig, bezahlten den Anspruch auf einen eigenen Staat mit der Vertreibung.

Arabische Einflüsse sind an der syrischen Grenze (Hatay, Şanlıurfa, Mardin) spürbar. Dort leben auch noch einige Hundert syrisch-orthodoxe **Aramäer,** türkisch *Süryaniler* genannt. Sie sind Angehörige eines orthodox-christlichen, monophysitischen Bekenntnisses, das seine Lehre auf die Zeit Christi zurückführt. Die meisten türkischen Aramäer sind seit den 1980er-Jahren jedoch ausgewandert, die meisten nach Schweden, viele nach Bayern (Region Augsburg).

Um Bursa haben zahlreiche Einwohner **Tscherkessen** als Vorfahren, im Hinterland der Ägäis reichen die ethnischen Traditionen bis auf den Balkan **(Bosnier, Albaner),** sogar Nachkommen afrikanischer Sklaven sind hier vertreten. **Pomaken** (muslimische Bulgaren) sind in Thrakien, **Lasen** (muslimische Georgier, die übrigens oft blond sind) in der östlichen Schwarzmeerregion zu finden.

Allerdings gilt für alle diese Gruppen, dass die weitreichenden Integrationsangebote der türkischen Gesellschaft das Bewusstsein fremder Volkszugehörigkeit mehr oder minder völlig aufgelöst hat, alle diese Menschen fühlen sich heute als Türken und sind (nach Atatürks Diktum, s. S. 46) stolz darauf.

Als größte ethnische Gruppe mit eigener Muttersprache treten die **Kurden** (türk. *kürt)* auf, deren Zahl geschätzt um die 25 Mio. beträgt. Die alten kurdischen Siedlungsgebiete reichen von Südostanatolien bis in den Irak und den Iran. Ihr Anteil in den Millionenstädten im Westen ist jedoch durch Zuwanderung immens gewachsen. Jahrzehntelang verfolgt, als ›Bergtürken‹ diffamiert und unterdrückt, erhielten die Kurden unter der AKP-Regierung mehr Rechte, vor allem können sie nun ihre Sprache benutzen. Erdoğan begann 2013 sogar einen hoffnungsvollen Friedensprozess, der im Sommer 2015, nach dem Wahlerfolg der kurdischen HDP-Partei, allerdings wieder abrupt beendet wurde. Seither wird wieder gekämpft, scheint der innertürkische Frieden ein Kollateralschaden des Kriegs gegen den IS zu werden.

Reform und Islamisierung

Seit 2002 hat die politische Entwicklung der Türkei zwar an Stabilität gewonnen, doch zeigte sich 10 Jahre später, dass die schleichende Islamisierung des Landes unter der AKP das Ende des westlich orientierten anti-religiös fundierten Kemalismus (s. S. 46) eingeläutet und die Gesellschaft wie nie zuvor in eine religiöse Mehrheit und eine nicht-religiöse Minderheit gespalten hat.

Die Parteienlandschaft

Die islamisch-orientierte *Adalet ve Kalkınma Partisi* (Partei für Wohlstand und Entwicklung, AKP), die 2002 erstmals die absolute Mehrheit im Parlament gewann, geht zurück auf die in den 1990er-Jahren mehrfach verbotenen Islamistenparteien von Necmettin Erbakan. Nach dessen Abspaltung mitsamt dem radikalen Flügel verkörpert sie jetzt eine technokratische, islamisch orientierte Modernisierungsideologie, in der das Wort Reform durchaus vergleichbare Bedeutung hat wie bei europäischen Konservativen. 2015 verlor sie erstmals seit drei Wahlperioden die absolute Mehrheit, was Beobachter auf den zunehmend autoritären Regierungsstil zurückführen.

Die bürgerlichen Parteien der Mitte – in den 1990ern noch Regierungsparteien – scheiterten auch bei den daraufhin angesetzten Neuwahlen wie schon 2007 und 2011 an der 10-Prozent-Hürde. Einzig die republikanische Linke, vertreten in der von Atatürk gegründeten *Cumhuriyet Halkçı Partisi* (Republikanische Volkspartei, CHP), konnte mit 25 % der Stimmen ins Parlament einziehen, ebenso die Rechte mit der *Milliyetçi Hareket Partisi* (Partei der Nationalistischen Bewegung, MHP) mit 12 %. Den Ausschlag gab der überraschende Erfolg der Demokratischen Partei der Völker (*Halkların Demokratik Partisi,* HDP). Sie vertritt die kurdische Minderheit der Türkei, wurde aber auch von alternativen, linken und liberalen Wählern unterstützt, sodass ihr auch bei der wieder-

Präsident Erdoğan fordert eine neue religiöse Gesellschaft

holten Wahl mit 11 % der Sprung über die 10-Prozent-Hürde gelang.

Aktuelle Politiktendenzen

Während der Absturz der bürgerlichen Mitte seit 2002 das Scheitern des westlichen Lebensmodells in der Türkei verdeutlichte, zeigt sich aktuell ein Scheitern des demokratischen Konsensmodells generell. Große Bevölkerungskreise haben sich in eine islamische Orientierung geflüchtet, deren grundlegendes Konzept als das einer gerechten Weltordnung verstanden wird. 10 Jahre lang konnte die AKP Wohlstand für alle und eine neue wirtschaftliche Stärke der Türkei versprechen; der islamische Konservativismus beförderte mit seinen ›calvinistischen‹ Grundwerten wie Sparsamkeit, Verpflichtung dem Gemeinwohl, Risikofreude und Chancensuche harte Arbeit und erfolgreiches Unternehmertum.

Auf der anderen Seite erlebte in den letzten Jahren jede Form von Opposition eine extrem rigide Unterdrückung. Hunderte von Journalisten sitzen auf der Anklagebank, Demonstrationen werden brutal aufgelöst, Universitäten gegängelt. Dazu kommt eine subtile Bedrohungssituation, der sich klar westlich-säkular orientierte Türken auch im Alltag ausgesetzt sehen, sei es beim Fasten im Ramadan, sei es an gewissen fundamentalistisch besetzten Stränden, sei es, was spezielle popkulturelle ›Outfits‹ angeht.

Präsident Erdoğan hingegen stilisiert sich als Staatschef mit stark autoritären Zügen, als eine Art neuer Atatürk. Er verspricht wirtschaftlichen Erfolg und verlangt dafür Unterwerfung unter das religiöse Lebensmodell. Kritische Journalisten bezeichnen sein Regime als ›Neo-Osmanismus‹: autoritär nach innen, liberal in Wirtschaftsfragen, hegemonial in der Außenpolitik Richtung Balkan, Nahost und Zentralasien.

Die nach den regulären Wahlen von 2015 überdeutliche Koalitionsunfähigkeit der nunmehr vier parlamentarischen Parteien spiegelt dramatisch die Zerrissenheit einer Gesellschaft, die sich in großen Teilen nach wirtschaftlicher Prosperität durch autoritäre Führung sehnt.

Geschichte

Die Entwicklung des geografischen Raums der heutigen Türkei – Schnittpunkt zwischen Mesopotamien, den asiatischen Steppen und Europa – gestaltete sich durch die gesamte Geschichte sehr differenziert. Nur über vergleichsweise wenige Jahrhunderte war dieses durch das Relief in viele kleine Siedlungsräume aufgesplitterte Gebiet unter einer Herrschaft zusammengefasst. Daher entstanden je nach geografischer Lage – angrenzend zur Ägäis, in den Steppen Anatoliens, im Gebirge Kaukasiens – sehr unterschiedliche Kulturen.

Frühgeschichte

Für die jüngere Altsteinzeit (vor ca. 40 000 Jahren) sind im Gebiet von Antalya Jägerkulturen von Neandertalern nachgewiesen (Höhlen von Karain und Beldibi). Der Siegeszug des neuen Menschen, des *Homo sapiens*, ist nach dem Stand der Forschung nicht sicher darzustellen; man kann aber davon ausgehen, dass die anatolische Hochebene in den Glazialperioden kaum bewohnbar war und die Siedlungsräume auf jetzt vom Meer überfluteten Arealen lagen. Erst vor etwa 13 000 Jahren trennte der Anstieg des Meeresspiegels (bis heute um etwa 100 m) die Ägäischen Inseln vom Festland.

Im 7. Jahrtausend v. Chr. bildeten sich erste ›städtische‹ Siedlungen aus eng aneinander gelehnten Lehmbauten, die indianischen Pueblos glichen. Die Funde in den *höyüks* (Siedlungshügeln) von Çatal Höyük bei Konya, Hacılar bei Burdur und Yümüktepe bei Mersin spiegeln die Kultur von Jägern und Sammlern an der Schwelle der neolithischen Revolution, der Entwicklung von Sesshaftigkeit und Ackerbau. Neben geometrisch verzierter Keramik und Kultstatuetten fand man Wandbilder mit Jagdszenen, in Çatal Höyük sogar eines, das die Stadt bei einem Vulkanausbruch zeigt. Sehr früh, im 6. Jahrtausend, wurde hier auch die Metallverarbeitung entwickelt.

Bronzezeit (3. Jt. v. Chr.)

Seit dem 3. Jahrtausend v. Chr. wandelten sich solche Siedlungen zu Herrschaftssitzen von ›Regionalfürsten‹, deren durch Handel und Metallverarbeitung gewachsener Wohlstand sich in künstlerisch gestalteten Schmuck- und Gerätfunden zeigt. Troia II, Beycesultan bei Uşak, Alaca Höyük bei Hattuscha, Horoztepe an der Schwarzmeerküste oder Kültepe bei Kayseri sind die wichtigsten Siedlungen dieser altanatolischen Bauernkultur.

Über die weitere Entwicklung gibt es eine ungelöste Kontroverse: Um etwa 2300 v. Chr. stießen aus dem Gebiet der Ukraine nomadische Gruppen nach Kleinasien vor, die die Stadtsiedlungen eroberten. Nach ihrer Sprache werden sie Luwier genannt, andere Forscher sprechen sie als Träger der proto-indogermanischen Kurgan-Kultur an, die als Erste das Pferd domestiziert hatte und charakteristische Grabhügel errichtete. Die Gruppen drangen teils von Thrakien, teils vom Kaukasus vor, Sprachforscher unterscheiden sie nach den drei verwandten Sprachen Palaisch, Luwisch und Hattisch (Hethitisch).

Seit Anfang des 2. Jahrtausends v. Chr. unterhielten assyrische Kaufleute Handelskontore in Anatolien, etwa in Kaneš (Kültepe), aber auch an anderen Fürstensitzen wie dem von Hattuscha. Sie brachten auch die Keilschrift mit, die die Hethiter später übernahmen.

Hethiter (2000–1200 v. Chr.)

Mit Fürst Anitta von Kuššar begann um 1720 v. Chr. das Alte Reich der Hethiter. Er unterwarf Hattuscha (Hattuša), die Hauptstadt des Regionalkönigs der Hatti. Als ›Hatti‹ bzw. ›Fürsten von Hatti‹ bezeichneten sich die Könige fortan in ihrem gewaltigen Tontafelarchiv (s. S. 446) selbst, der Name ›Hethiter‹ stammt aus der Bibel, hat sich aber auch in der Forschung durchgesetzt.

100 Jahre später verlegte die Dynastie ihren Sitz nach Hattuscha, wenig später schon stießen ihre Truppen siegreich bis Syrien und Babylon vor. Der Aufstieg der Mitanni in Syrien beschränkte das Reich auf das Kernland in Zentralanatolien. Erst unter König Šuppiluliuma I. (1380–1354 v. Chr.) entstand durch Unterwerfung ganz Kleinasiens und Nordsyriens das Großreich der Hethiter.

Für die folgenden zwei Jahrhunderte stand auch die Ägäis-Küste, wo Troia im Handel mit dem mykenischen Griechenland seine große Zeit erlebte, im Schatten dieser Macht; bei den ›Amazonen‹ des Trojanischen Kriegs dürfte es sich tatsächlich um glattrasierte, langhaarige Hethiter gehandelt haben. Nach der Schlacht von Kadeš 1285 v. Chr. wurde König Muwatalliš von Pharao Ramses II. sogar als gleichberechtigt anerkannt. Doch nur ein Jahrhundert später, kurz nach 1200 v. Chr., wurde das hethitische Reich durch den ›Seevölkersturm‹ aus dem italisch-ägäischen Raum zerstört, bei dem auch Troia niedergebrannt wurde.

Während die hethitische Großreichszeit durch die Aufzeichnungen in den Keilschriftarchiven von Hattuscha relativ gut dokumentiert ist, brachen nach den Zerstörungszügen der Seevölker die ›Dunklen Jahrhunderte‹ an. Im Südosten trugen aramäisch beeinflusste Kleinreiche die hethitische Kultur weiter, bis sie im 8. Jh. den Assyrern erlagen. In Ostanatolien waren es die Hurriter, Gegenspieler und Lehrmeister der Hethiter im gesamten 2. Jahrtausend v. Chr., die im 9. Jh. v. Chr. das Reich Urartu gründeten und deren metallurgische Techniken bis nach Griechenland wirkten. Urartu wurde im 7. Jh. v. Chr. von den Medern (Persern) zerstört. In die Weiten des westlichen Anatolien drangen hingegen andere Völker ein.

Griechische Kolonisation (1100–600 v. Chr.)

In der griechischen Völkerwanderung, die durch den Zug der dorischen Griechen aus dem albanischen Raum auf die Peloponnes ausgelöst wurde, geriet die gesamte Ägäis in Unruhe. Griechische Stämme aus Thessalien (Äoler, in der Nordägäis), Attika (Ionier, in der mittleren Ägäis) und in einer Endphase auch Dorer selbst (in der Südägäis) drängten nach Osten und gründeten Kolonien. Unbekannt und nur durch die Mythologie zu erschließen sind Einzelheiten dieser Kolonisierung, die in der Regel mit der Verdrängung oder Unterwerfung der einheimischen Bevölkerung einherging.

Die neuen Städte, die ganz typisch nahe der Küste auf Felshügeln über fruchtbaren Ebenen gebaut wurden, schlossen sich zu lockeren Bünden je nach Stammeszugehörigkeit zusammen. Historisch die bedeutendste Rolle spielten die Ionier, vor allem in der großen Kolonisation des 7./6. Jh. v. Chr. Sie entwickelten eine erstaunlich ›moderne‹ Philosophie, Mathematik und Astronomie und galten als Vorreiter der Ausformung des griechischen Alphabets auf Grundlage der phönikischen Schrift (im 7. Jh. v. Chr.). Auch die ionische Ordnung des Tempelbaus entwickelte sich stilbildend an der kleinasiatischen Küste: Auf das 8. Jh. v. Chr. gehen die ersten Steinbauten zurück, die frühere Holz-

Lykischer Sarkophag und römisches Prunktor in Patara

bauten nach dem Vorbild des bronzezeitlichen Megaron-Gebäudes als Antentempel nachbildeten, bald aber zu monumentaler vielsäuliger Architektur erweiterten. Um 560 v. Chr. entstand schließlich mit dem Artemision von Ephesos das erste Heiligtum der Welt ganz aus Marmor.

Phryger (8.–7. Jh. v. Chr.)

Schon Ende des 12. Jh. v. Chr. war das thrakisch-makedonische Volk der Phryger (die Muški der assyrischen Quellen) nach Anatolien eingewandert. Als wandernde Kriegerhorden stießen sie bis in den syrischen Raum vor, wurden dort aber zurückgeworfen. Sie gründeten schließlich im 8. Jh. v. Chr. mit der Hauptstadt Gordion ein Reich, das die Kerngebiete des Hethiter-Reichs umfasste. Bereits um 690 v. Chr. erlag dieses Reich unter dem ›Goldkönig‹ Midas (s. S. 406) dem Ansturm des Reitervolks der Kimmerer, die das Land bis nach Milet hin brandschatzten. Erst unter lydischer Oberhoheit entstanden die berühmten Felsheiligtümer im Bergland zwischen Afyon und Eskişehir, die sämtlichst Kybele, der einzigen Göttin der Phryger, gewidmet waren – jener großen Muttergöttin, die bereits die Hurriter als Kubaba verehrt hatten und die Griechen mit ihrer Artemis verschmolzen.

Lyder (7.–6. Jh. v. Chr.)

Nach dem Untergang der Phryger-Macht stieg das Reich der Lyder mit der Hauptstadt Sardis östlich von İzmir zur beherrschenden Kraft Inneranatoliens auf. Nach Vernichtung der Kimmerer weiteten die Könige Gyges (ca. 680–652 v. Chr.) und Alyattes (605–560 v. Chr.) die Grenzen bis an den Hellespont (Dardanellen) und bis zum Halys (Kızılırmak) aus. Kulturhistorisch bedeutsam wurde der enorme Goldreichtum Lydiens: Im Austausch mit den Griechenstädten der

Küste, in denen sich zu dieser Zeit der archaische Stil entfaltete, wurde das Geld ›erfunden‹, einfache Tropfen von Elektron (einer Schmelzlegierung aus Gold und Silber), die mit einer Prägung als Zeichen staatlicher Wertgarantie versehen waren. In der ersten Hälfte des 6. Jh. v. Chr. erreichte das Reich unter König Kroisos (›Krösus‹, 560–546 v. Chr.) durch Unterwerfung der Griechenstädte (außer Milet) den Höhepunkt seiner Macht. Kroisos war jedoch der griechischen Kultur sehr zugetan und förderte den Tempelbau der Griechen mit erheblichen Mitteln. Bestärkt durch das Delphi-Orakel »Du wirst ein großes Reich zerstören, wenn du den Halys überschreitest«, zog Kroisos 547 v. Chr. gegen Persien – und zerstörte sein eigenes Reich.

Perser (546–334 v. Chr.)

Das Lyder-Reich, die Griechenstädte, aber auch die in dynastische Kleinreiche zersplitterten Siedlungsgebiete der Karier und der Lykier wurden 546 v. Chr. von den Persern unter König Kyros II. erobert. Mit Ausnahme von Sardis standen die Städte nur unter nomineller persischer Oberhoheit, die von einem als Satrap eingesetzten einheimischen Fürsten ausgeübt wurde. Kulturell erlebten die Griechenstädte des Ostens, die durch die Perser mit den Traditionen Babylons in Berührung kamen, ihre Blütezeit, ebenso Karien und Lykien. Der Ursprung dieser beiden Völker ist ungeklärt (Karier siedelten im 2. Jt. v. Chr. auf den Ägäis-Inseln; Lykier werden aufgrund ihrer luwisch-hethitischen Sprache für indogermanische Einwanderer des 2. Jt. v. Chr. gehalten), beide entwickelten jedoch durch die Verschmelzung von griechischen und orientalischen Einflüssen eigenständige Bauformen (vor allem monumentale Grabarchitekturen).

Einen politischen Bruch bedeutete der Ionische Aufstand gegen die Perser im Jahr 499 v. Chr. Unter Führung von Milet, das seinen Schwarzmeerhandel durch die persische Kontrolle über den Hellespont (seit 514 v. Chr.) gefährdet sah, erhoben sich die Griechen an der Westküste, der Satrapen-Sitz Sardis wurde niedergebrannt. In der entscheidenden Seeschlacht bei Lade 495 v. Chr. siegten aber die Perser; Milet und Priene wurden bis auf die Fundamente zerstört. Die folgenden Feldzüge der Perser unter Dareios I. und Xerxes konnten die vereinten Festlandgriechen jedoch bei Marathon (490 v. Chr.), Salamis (480 v. Chr.) und Plataia (479 v. Chr.) zurückschlagen, mit dem Delisch-Attischen Seebund aller Griechenstädte der Ägäis unter Führung Athens sogar bis zur Südküste Anatoliens ausgreifen (Seesieg bei Aspendos 465 v. Chr.). Dieser Erfolg zerrann jedoch wieder im Peloponnesischen Krieg (431–404 v. Chr.), in den sich auch die Städte Kleinasiens verwickelt sahen. Der Sieger, Sparta, unterlag den Persern schließlich in der Seeschlacht vor Knidos (394 v. Chr.).

Aber auch danach war das Perser-Regime nicht unangefochten. Fürsten wie Maussollos in Karien oder Perikles (lyk. Pirekli) in Lykien konnten sich Mitte des 4. Jh. v. Chr. im ›Satrapen-Aufstand‹ ihrer Herrschaft entziehen, die ökonomisch potenten Städte in Pamphylien an der Südküste zumindest so weit, dass sie eigene Münzen schlugen.

Alexander und der Hellenismus

Ab 334 v. Chr. eroberte Alexander der Große in einem beispiellosen militärischen Siegeszug das Persische Reich. Zwischen seinem ersten großen Sieg bei Granikos am Hellespont und dem zweiten bei Issos nahe İskenderun ›befreite‹ der 21-jährige Aristoteles-Schüler in Eilmärschen – persischen wie griechischen Widerstand brechend – in wenig mehr als einem Jahr ganz Kleinasien. Die Epoche zwischen seinem frühen Tod 323 v. Chr. und dem Beginn der römischen Kaiserzeit wird als hellenistische Zeit bezeichnet. Kulturell erreichte die griechische Plastik im Hellenismus ihren Höhepunkt (Pergamon-Altar, Nike von Samothrake, Laokoon-Gruppe); die großen Herrschersit-

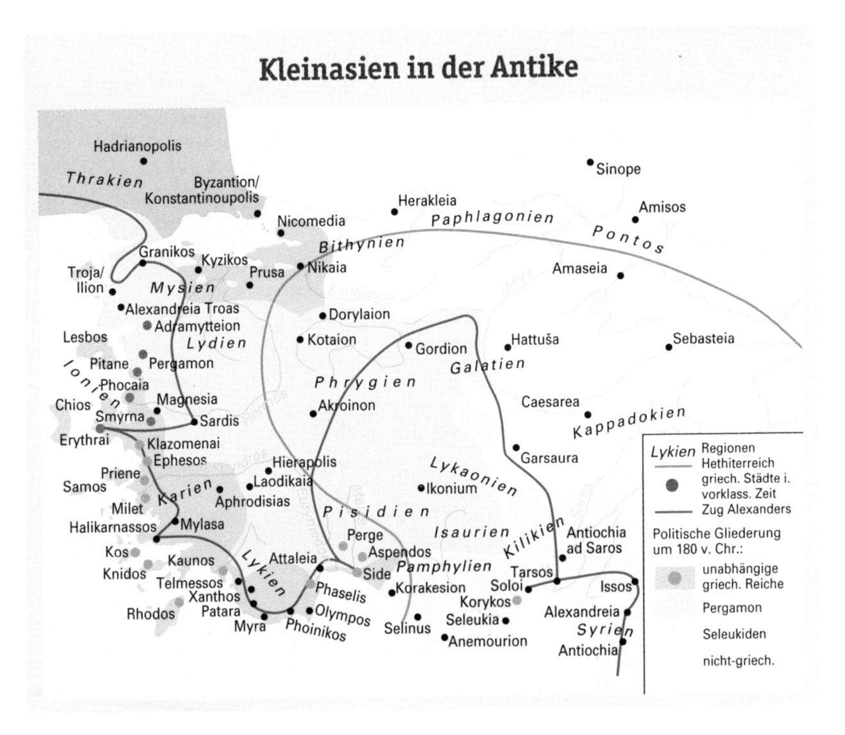

Kleinasien in der Antike

ze wurden mit Tempeln und monumentalen öffentlichen Gebäuden ausgestattet.

Der Beginn dieser Epoche war durch die Kämpfe der makedonischen Feldherrn, der Diadochen, um die Nachfolge gekennzeichnet; Kleinasien wurde dabei mehrfach aufgeteilt. Antigonos Monophtalmos, der ›Einäugige‹, herrschte für 20 Jahre unangefochten; er fiel aber 301 v. Chr. im Kampf gegen Lysimachos, den König von Thrakien, der Anatolien bis zum Taurus zugewann. 281 v. Chr. verlor Lysimachos Reich und Leben im Kampf gegen Seleukos, den König von Syrien, der so die Oberherrschaft über den größten Teil Anatoliens übernehmen konnte, sich aber an den Südwestküsten einer starken Präsenz von Ptolemaios, dem König von Ägypten, gegenübersah.

Neben diesen Großmächten entstand nach 280 v. Chr. das Reich von Pergamon; der Norden Anatoliens, den der Alexander-Zug nicht berührt hatte, war in das Königreich Bithynien in der Gegend von Prusa (Bursa) und Nikomedia (İzmit) sowie das Reich Pontos an der Schwarzmeerküste zersplittert, östlich schloss Armenien als Erbe des alten Urartäer-Reichs an. Daneben gab es zahlreiche Kleinstaaten, die in der Regel in einem Tributverhältnis zu den Diadochen-Reichen standen, etwa die Kommagene-Dynastie östlich des seleukidischen Kilikien und ›Tempelstaaten‹ wie Olba nahe Silifke oder Pessinus zwischen Eskişehir und Ankara.

Ab 250 v. Chr. fielen keltische Stämme, die die Griechen Galater nannten, plündernd in Kleinasien ein. Der Sieg des Pergamon-Königs Attalos I. beschränkte sie auf Siedlungsplätze im kargen zentralen Hochland um Ankyra (Ankara), das seither Galatien genannt wurde – Pergamon begann mit diesem Erfolg seinen Aufstieg zur größten Macht im westlichen Kleinasien. Als König Eumenes II. schließlich den Römern entscheidend beim Sieg über den Seleukiden Antiochos III. bei

Magnesia (Manisa) half, erhielt Pergamon Gebiete bis Ankara im Osten, bis Pamphylien im Süden – zugleich aber hatte sich Rom als neue Ordnungsmacht in Kleinasien etabliert.

Römer (133 v. Chr. – 3. Jh. n. Chr.)

Als Attalos III. die pergamenischen Besitzungen 133 v. Chr. den Römern testamentarisch vererbte, wurden deren Kerngebiete zur ersten Provinz der neuen Großmacht in Asien. Doch gerieten die Städte der Südküste, denen die Römer ihre Unabhängigkeit belassen hatten, bald in die Hände von Seeräubern, die von den isaurischen und kilikischen Küsten kamen. Für gut 50 Jahre hatte der Handelsverkehr nach Osten, bei gewiss guten Profiten der Piratenmärkte von Side und Phaselis, unter den gesetzlosen Zuständen zu leiden. Das wenig energische Auftreten der Römer bereitete zuletzt den Boden für den Aufstand des Pontos-Königs Mithradates VI. (88 v. Chr.), der – verbündet mit den anderen Reichen und Fürsten Kleinasiens – in die Provinz Asia einfiel. Fast alle römisch besetzten Städte waren von der ›Asianischen Vesper‹ betroffen, bei der fast 80 000 römische Steuereintreiber, Soldaten und Kaufleute niedergemetzelt worden sein sollen.

Durch die Feldzüge des Sulla, vor allem aber des Pompeius (67 v. Chr.) wurde daraufhin die Eingliederung Kleinasiens in das Imperium abgeschlossen. Nach dem Sieg über die kilikischen Piraten bei Korakesion (Alanya) und über Mithradates und den Armenier-König Tigranes richtete Pompeius im Osten die Provinzen Cilicia und Syria, im Norden die Provinzen Bithynia und Pontus ein. Während des römischen Bürgerkriegs nach der Ermordung Caesars erhielt Antonius nach dem Sieg über Cassius und Brutus den Oberbefehl über den Osten; in Tarsus verbündete und verbandelte er sich mit Kleopatra, der griechisch-ptolemäischen Königin von Ägypten. Doch erst mit Octavians, des späteren Kaisers Augustus, Sieg über das Paar brach für die kleinasiatischen Städte die fast 300-jährige Blütezeit der *Pax Romana* an.

In dieser von Augustus als ›Weltfrieden‹ proklamierten Epoche entstand der Großteil der heute noch sichtbaren antiken Gebäude, in der Regel durch Überbauung der älteren hellenistischen Substanz. Theater wurden durch ein mehrstöckiges Bühnenhaus geschlossen, Fassaden zu Kolossalordnungen getürmt, Agoren mit säulengesäumten Kolonnaden umgeben. Genuin römische Neuerungen waren die Erfindung des Ziegelmauerwerks, mit dem gigantische Gewölbesubstruktionen aufgemauert wurden, der Technik der Verkleidung dieses billigen Mauerwerks (oder auch von Beton) mit teurerem Stein oder Marmorplatten, der ›Heizung‹ mittels des Hypokaustensystems, bei dem erhitzte Luft unter Böden und hinter Wänden zirkulierte, und der Aquädukte, die Wasser aus großen Entfernungen in die Städte leiten konnten.

Nicht zuletzt wurden nun auch die Stadtmauern überflüssig, und die Städte breiteten sich in die Ebenen unterhalb der griechischen Burgsiedlungen aus. Das Ende dieser Friedenszeit mit den Einfällen von Goten und Herulern im Jahr 253, Vorboten der Völkerwanderung, war ein Schock: Fast ungeschützt sahen sich die Städte den Plünderungen der Barbaren ausgesetzt – und seit dem 4. Jh., dem Höhepunkt der spätantiken Wirtschaftskrise, begann man wieder mit dem Bau von Mauern, die die Stadtzentren schützen sollten.

Schon nach dem Jahr 46 erlebte Kleinasien mit der ersten Reise des Apostels Paulus den Beginn der christlichen Mission; bis zum Ende des 1. Jh. vollzog sie sich jedoch mehr als Reform bestehender jüdischer Gemeinden und deren Öffnung für ›Unbeschnittene‹ denn als Neugründung. Erst im 2. Jh. führten die Übernahme hellenistisch-antiker Elemente (Kontemplation, Mysterium, die platonische Logos-Idee und die Stoa) zu einer eigenständigen Lehre. Jedoch blieb das Christentum – sporadisch verfolgt (zuletzt unter Diokletian ab 299), im Wesentlichen aber ungestört – neben ägyptischen und persischen Kulten nur eine der zahlreichen orientalischen Erlösungsreligionen, die das Imperium geistig zersplitterten. Erst als Kaiser Konstantin I. unter der Kreuz-Standarte siegte, begann eine neue Zeit, in der Kleinasien zum Zentrum des Frühchristentums wurde.

Byzantinisches Reich (330–1453)

Die Wandlung des römischen Imperiums in das Oströmische oder Byzantinische Reich war ein langer Prozess, der nicht vor dem 7. Jh., als Kaiser Heraklios Griechisch zur Verwaltungssprache erklärte, abgeschlossen war. 330, als Kaiser Konstantin I. (324–337) den Regierungssitz ins nun Nova Roma genannte Byzantion am Bosporus (später Konstantinopel oder Tin Polis, ›Die Stadt‹, daraus heute İstanbul) verlegte, begann die Etablierung des Christentums als Staatsreligion. Doch wurde die neue Stadt baulich (auf sieben Hügeln), verwaltungsmäßig (14 Bezirke) und staatlich (Umzug der Senatoren) noch ganz nach dem Vorbild des paganen Roms angelegt. Und auch als die westliche Reichsherrschaft durch die Einfälle der Germanen-Stämme untergegangen war, gab der Kaiser seinen Suprematieanspruch gegenüber den Barbarenkönigen im Westen nie auf.

In seiner über 1000-jährigen Geschichte erlebte das Byzantinische Reich Expansionsphasen, etwa unter Kaiser Justinian (527–565), der Italien und Nordafrika zurückgewann, und schwere Bedrohungen: Die von Norden gegen die uneinnehmbare Mauer des Kaisers Theodosius II. (408–450) heranflutenden Scharen der Goten, Germanen, Awaren und Slawen konnten zwar noch neutralisiert werden, indem man sie ins Heer aufnahm und ihnen Siedlungsgebiete zuwies, sodass sie sesshaft werden konnten. Doch im Osten stießen die Heere der persischen Sassaniden tief ins Innere Kleinasiens vor. Ihre Flotten plünderten die Städte der Südküste; 540 erlag ihnen mit

Kaiser Theodosius II. und sein Hofstaat beim Wagenrennen im Hippodrom

Antiochia (Antakya) eine großen Metropolen des Reichs.

Gerade als Heraklios (610–641) die Sassaniden-Gefahr durch mehrere Feldzüge wieder gebannt hatte, begann der Vorstoß der Araber unter der grünen Fahne des Islam. 636 ging Kilikien an die Omayyaden verloren, 30 Jahre später standen Araber vor den Mauern von Konstantinopel. Im 7. und 8. Jh. waren nicht nur der gesamte Osten und Nordafrika verloren, auch viele Städte der kleinasiatischen Küsten mussten aufgegeben werden oder wurden zu verkleinerten Wehrsiedlungen umgebaut. Unter den Kaisern der makedonischen Dynastie nach 950 konnte Kilikien zwar noch einmal zurückgewonnen und unter Basileios II. (976–1025) das Bulgaren-Reich vernichtet werden, doch bedrohten nun schon türkische Reiternomaden aus Zentralasien die Grenzen im Osten.

Die innere Entwicklung des Byzantinischen Reichs war eng mit der des Christentums verknüpft, das sich endgültig 392 durch die ›Tempelschließung‹ unter Kaiser Theodosius I. (379–395) gegen die heidnischen Kulte als Staatsreligion durchsetzte. Quasi als Kollateralschaden waren dabei auch bereits seit Kaiser Constantius II. (337–361) die neuplatonischen Philosophenschulen verboten, ja sogar der Besitz wissenschaftlicher Bücher ›heidnischer‹ Gelehrter mit Strafe der Enteignung belegt worden. Der Sieg des Christentums ging einher mit der Vernichtung des antiken Wissens.

Die großen ökumenischen Konzilien auf kleinasiatischem Boden formten in dieser Zeit die christliche Dogmatik: 325 wurde in Nicaia (İznik) der Arianismus, 431 in Ephesos der Nestorianismus, 451 in Chalcedon der Monophysitismus verworfen. Seit 751, der Bedrohung des römischen Papsttums durch die Langobarden und dessen Hinwendung an das Frankenreich, verschlechterten sich aber die Beziehungen zwischen Ost- und Westkirche beständig, was schließlich 1054 im Schisma gipfelte, dem Bruch zwischen dem lateinischen Katholizismus und der griechischen Orthodoxie.

Seldschuken und Kreuzfahrer (1071 – 14. Jh.)

Als die Byzantiner 1071 in der Schlacht bei Mantzikert (Malazgirt) eine vernichtende Niederlage gegen das Heer der Seldschuken hinnehmen mussten, schien das Ende des Reichs gekommen. Die Seldschuken waren eine Stammesdynastie der türkischen Nomadenvölker, die vor den Mongolen aus Zentralasien geflohen waren, Mitte des 10. Jh. den Islam angenommen hatten und seit 1055 als Schutzmacht des sunnitischen Kalifen in Bagdad residierten. Nach 1071 drangen türkische Nomadentrupps unter dem Befehl von Sulayman ibn Kutulmuş, eines Neffen des Seldschuken-Sultans Malik Şah, in das anatolische Hochland vor. Nur fünf Jahre später waren die Türken bis an die Ägäis vorgestoßen und hatten Smyrna (İzmir) erobert. 1078 machte Sulayman Nicaia (İznik) zur Hauptstadt (bis 1097) des Reichs der Rûm-Seldschuken, wie der anatolische Zweig zur Unterscheidung zu den persischen Großseldschuken nun genannt wurde.

In den folgenden Jahren, unter Kaiser Alexios I. (1081–1118), dem ersten der Komnenen-Dynastie, konnte sich das Reich zwar stabilisieren und die westlichen Küstenprovinzen zurückgewinnen, doch war die byzantinische Macht über Anatolien dauerhaft verloren. Zugleich traten ernsthafte Gegenspieler aus dem Abendland auf den Plan.

Gegen die Normannen, die von ihrem Königreich Sizilien gegen Byzanz operierten, musste der Kaiser 1083 die Venezianer um Hilfe ersuchen, die dafür (wie später auch die Seerepublik Genua) weitreichende Handelsprivilegien erhielten und Stützpunkte an den Küsten errichteten. Nicht zuletzt war Mantzikert (neben der Einnahme von Jerusalem durch die Seldschuken) auch Auslöser der Kreuzzüge, die mehrfach Kleinasien durchquerten und zur Gründung selbstständiger Kreuzfahrerstaaten im Osten führten, etwa des Fürstentums Antiochia (Antakya),

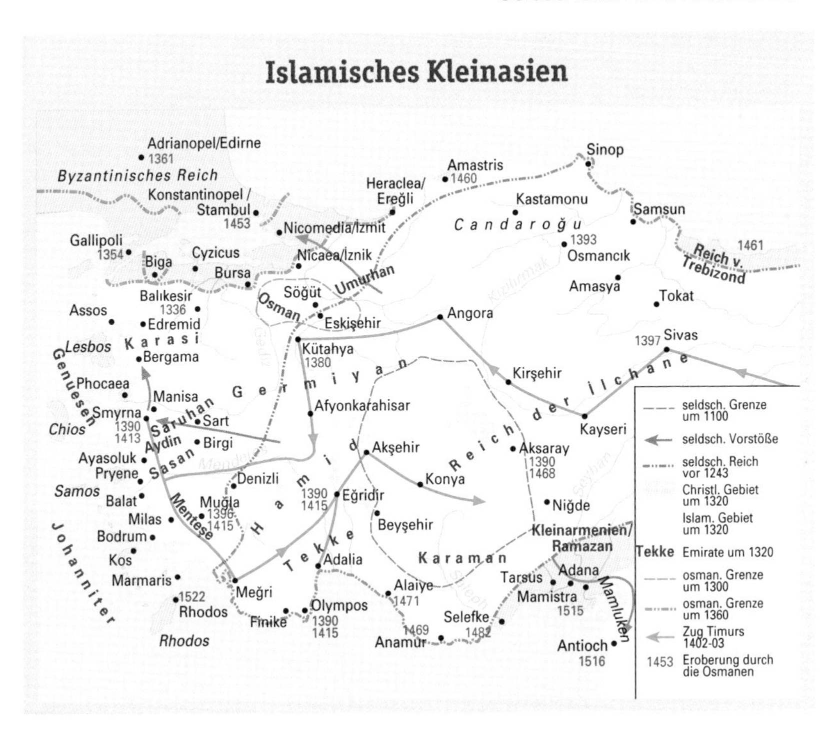

des Kleinarmenischen Reichs in Kilikien oder des Königreichs der Lusignan auf Zypern.

Erst die Einnahme und Plünderung von Konstantinopel während des Vierten Kreuzzugs (1204) gab den Seldschuken wieder den Raum zu weiterer Expansion. Auf Betreiben von Venezianern und Franken (Franzosen) wurde das Lateinische Kaiserreich ausgerufen, das bis 1261 bestand und hauptsächlich die Ägäis-Inseln und Küstenfestungen in Griechenland umfasste; das byzantinische Kaisertum überdauerte derweil im Exil in Westkleinasien. Der größte Seldschuken-Sultan, Alaeddin Keykubat I. (1219–36) gebot schließlich von seiner Hauptstadt Konya (dem früheren Ikonium) über ein Gebiet, das von Sinop und Samsun an der Schwarzmeerküste bis Adalia (früher Attaleia, heute Antalya) und Alaiye (früher Korakesion, heute Alanya) am Mittelmeer reichte.

Mitte des 13. Jh. gerieten die Seldschuken jedoch von Osten und Süden her in Bedrängnis. 1243 schlug das Heer des von Dschingis Chan (gest. 1228) begründeten Mongolen-Reichs die Seldschuken östlich von Sivas und begründete die Herrschaft der Ilchane, die von Persien bis Zentralanatolien reichte. Die Seldschuken-Dynastie bestand zwar in einem Vasallenverhältnis bis Anfang des 14. Jh. fort, doch konnten sich nun zahlreiche türkische Kleinfürsten selbstständig machen: In der Zeit der Emirate, als deren mächtigste die Karamanen aus den Bergen südlich von Konya und die Menteşe im Gebiet um Milas zu nennen sind, fielen nun auch die Küstenregionen (mit Ausnahme weniger Stützpunkte, etwa der Genuesen und des Johanniter-Ordens) endgültig unter türkische Herrschaft. Zugleich hatten in Ägypten die Mamluken, eine von den Ayyubiden-Kalifen ins Land gerufene türkische Kriegerkaste, die Macht übernommen und stießen über Palästina und Syrien, wo sie 1299 die letzten Kreuzritter vertrieben, nach Anatolien vor.

Trotz seiner ausgefeilten Burgenbautechnik konnte sich das Kleinarmenische Reich nicht behaupten (obwohl es erst 1375 nach der Einnahme der Königsburgen Anazarbus und Sis endete). Auch die Mongolen mussten vor den mit den Emiraten verbündeten Mamluken nach Ostanatolien weichen. Als einzige Festung der Südküste blieb nur Korykos (bei Kızkalesi) in christlicher Hand, das bis 1448 von Zypern aus gehalten wurde.

Neben dem Lusignan-Reich auf Zypern widerstand im Westen noch ein weiterer Kreuzfahrerstaat: Die Kreuzritter des Ordens vom Hospital des hl. Johannes zu Jerusalem (Johanniter), die schon seit dem 12. Jh. zahlreiche Burgen entlang der Küsten kontrolliert hatten, eroberten 1309 die Insel Rhodos; in Bodrum bauten sie bis 1522, als sie von den Osmanen nach Malta vertrieben wurden, die schönste Burg der Türkei.

Kulturell war diese Zeit ganz von den Seldschuken geprägt. Das Hofleben in Konya blieb persisch beeinflusst. Erstaunlich groß war – wie insgesamt beim sunnitischen Islam dieser Zeit – die Toleranz gegenüber Juden, Christen und nichtorthodoxen Muslimen.

Osmanen (1326–1923)

Eines der Emirate der nachseldschukischen Zeit sollte Geschichte machen. Mitte des 13. Jh. hatte sich der Clan des Ertoğrul bei Söğüt an der Grenze zum Byzantinischen Reich niedergelassen. Sein Sohn Osman (1289–1326), verheiratet mit der Tochter eines eifernden Imams, tat sich als *gazi* (Streiter für den Islam) hervor, scharte eine Kriegertruppe um sich und konnte das Siedlungsgebiet ausdehnen. Kurz vor Osmans Tod eroberte sein Sohn Orhan die bedeutende byzantinische Stadt Brussa (heute Bursa) – das bedeutete den Aufstieg zur Regionalmacht.

Orhan, der sich schon als Sultan bezeichnete, richtete ein stehendes Heer ein und gründete das Corps der *yeniçeri,* der aus christlichen Knaben rekrutierten Militärsklaven, die bei den Griechen bald unter dem Namen Janitscharen gefürchtet waren. Sein Expansionsdrang wendete sich naturgemäß gegen die christlichen Gebiete, nach Europa also. 1331 nahm er Nicaia (İznik), wenig später Nicomedia (İzmit/Kocaeli) ein. 1354 war mit der Eroberung von Gallipoli (Gelibolu) der erste Brückenkopf in Thrakien in osmanischer Hand und kurz vor Orhans Tod (1362) auch Adrianopel (Edirne), das zur zweiten Hauptstadt der Dynastie nach Bursa wurde.

Unter Sultan Orhan war bereits Konstantinopel vollständig von türkischem Territorium umringt, doch blieb die Stadt bis zur Entwicklung der gefürchteten osmanischen Artillerie 100 Jahre später uneinnehmbar. Die beiden nächsten Sultane, Murat I. (1362–89) und Beyazıt I., drangen weit auf den Balkan und nach Griechenland vor, auch in Anatolien konnten zahlreiche Emirate tributpflichtig gemacht werden. Der Einfall der Mongolen unter dem grausamen Timur Lenk, der vor den eroberten Städten Schädelpyramiden aufzutürmen pflegte, stoppte ihren Siegeszug jedoch 1402. Sultan Yıldırım (›Blitz‹) Beyazıt I. wurde von Timur gefangen genommen und monatelang in einem Käfig mitgeschleppt; große Teile Anatoliens schüttelten die osmanische Herrschaft ab. Erst mit Murat II. (1421–51) errangen die Osmanen die verlorenen Positionen zurück; dieser Sultan führte auch das System der *devşirme* (›Knabenlese‹) ein, der gezielten Rekrutierung christlicher Kinder, die für die Verwaltung des Reichs ausbildet wurden. Seinem Sohn Mehmet II. (1451–81), genannt Fatih (›Eroberer‹), gelang schließlich die Einnahme der Kaiserstadt, mit der das Griechen-Reich unterging. Konstantinopel (das erst unter Atatürk 1923 den Namen İstanbul erhielt) aber wurde zum Zentrum eines neuen Weltreichs und mit einer großartigen Architektur völlig umgestaltet.

Sultan Selim I. (1512–20), genannt Yavuz, der ›Gestrenge‹, weil er jeden seiner Wesire nach spätestens acht Monaten köpfen ließ, eroberte Persien und Ägypten; sein Nachfolger Süleyman I. (1520–66) drang bis kurz vor Wien vor und dehnte das Reich bis nach Tunesien aus. Mit diesem Sultan, den das Abendland

Sultan Selim I. genannt Yavuz, der Gestrenge (Postkarte von 1910)

den Prächtigen, die Türken aber Kanuni (›Gesetzgeber‹) nennen, weil er die Gesetze des Reichs niederschreiben ließ, erreichten die Osmanen im 16. Jh. den Gipfel ihrer Macht.

Doch dieser Sultan war es auch, unter dem der Harem in den Topkapı-Serail, vormals der Palast des Herrschers und seiner Soldaten, verlegt wurde – was weitreichende Folgen hatte: Die folgenden Sultane genossen lieber das süße Leben und überließen zunächst die Kriegsführung, dann auch die Herrschaft ihren Wesiren; Hofintrigen bestimmten das Leben im Serail. In den Provinzen wurden die Paşas, Beys und Ağas, also Statthalter und Landlords, zu praktisch unabhängigen Herrschern. Das wirtschaftlich von Viehzüchternomaden und Kleinbauern geprägte Innere Anatoliens wurde vernachlässigt und erlebte einen fortschreitenden Zerfall der spätantiken Kulturlandschaft. Lediglich manche Küstenstädte, in der Regel mit hohem griechischen Bevölkerungsanteil, konnten die frühere Handelsfunktion auf verringertem Niveau beibehalten.

Mit Süleymans Nachfolger Selim II. hatte das Reich seinen Höhepunkt aber überschritten. Zwar konnten noch Kreta und Zypern gewonnen werden, doch machten 1571 die Niederlage zur See bei Lepanto und später dann 1683 der gescheiterte zweite Angriff auf Wien deutlich, dass die Osmanen nicht länger die überlegene Militärmacht Europas waren. Territoriale Verluste musste das Reich jedoch erst gegen Ende des 17. Jh. hinnehmen, als sich Venedig, Habsburg und Russland zu einer anti-osmanischen Koalition formierten.

Der Schrumpfungsprozess wurde beschleunigt, als die im Vielvölkerstaat zusammengeschlossenen Ethnien nach Unabhängigkeit zu streben begannen. Schon im russisch-türkischen Krieg, der zur Vernichtung der osmanischen Flotte bei Çeşme (1770) führte, ging es auch um die Unabhängigkeit der Griechen, die dann 1821 bis 1830 mit Hilfe von Engländern, Franzosen und Bayern auf dem Festland einen eigenen Staat erfochten. Zur gleichen Zeit brachte der Pascha *(paşa)* von Ägypten, Mehmet Ali, das alte Kilikien und Palästina in seine Gewalt; auch auf dem Balkan, wo Serben, Bulgaren und Rumänen bis 1877 unabhängig wurden, gärte es.

Innenpolitisch kam es im 18. Jh. zu einem Kulturaustausch mit Europa, der sich in der *Lâle Devri*, der ›Tulpenära‹ seit Ahmet III. (1703–30) niederschlug. Die vormals strenge Architektur wurde barockisiert, es begann der Aufstieg der Phanarioten, der reichen griechischen Händleraristokratie von İstanbul, in den diplomatischen Dienst, zugleich keimten erste Reformideen auf. Doch Ahmet III. wurde bei einem Janitscharen-Aufstand getötet, und erst 100 Jahre später, nach der blutigen Vernichtung des Elitecorps 1826 unter Mahmut II. (1808–39), war der Weg für eine Reform von Armee und Verwaltung frei.

Die *Tanzimat* (›Anordnungen‹) von Abdülmecit (1839–61) gaben dem Versuch, zu einer konstitutionellen Monarchie mit geregelter öffentlicher Rechtsprechung überzugehen, den Namen. Doch schon Abdülhamit (1876–1909) suspendierte Verfassung und Parlament und regierte das Land mit Hilfe seiner allgegenwärtigen Geheimpolizisten.

Der Widerstand gegen die Reaktion formierte sich in der Armee, die teils aufgrund des Wirkens europäischer Militärberater in der Mitte des 19. Jh. (wie Helmuth von Moltke, später Generalfeldmarschall der Preußen-Armee), mehr aber aufgrund der Überlegenheit europäischer Militärtechnik westlich orientiert und stark an Reformen interessiert war. Die Gründung des ›Komitees für Einheit und Fortschritt‹ war der Beginn der ›Jungtürkischen Bewegung‹ einerseits, andererseits aber auch eines türkischen Nationalismus, der für die Geschichte der Türkei bis heute bestimmend blieb. 1908 konnten die Jungtürken die Wiedereinsetzung der Verfassung erzwingen, 1909 sogar die Ablösung von Abdülhamit II. durch Mehmet V. (1909–18). Doch der Versuch, das Reich zu modernisieren, kam zu spät.

Der Erste Weltkrieg, in den die Jungtürken das Reich an der Seite Deutschlands führten, endete mit der vollständigen Niederlage. Während die Alliierten 1919 Mehmet VI., dem letzten Sultan der Dynastie, die Zerstückelung des Reichs diktierten, Franzosen den Südosten, Italiener den Südwesten und Griechen die Westküste Kleinasiens okkupierten, setzte sich General Mustafa Kemal Paşa, später Atatürk genannt, nach Samsun ab.

Dort sammelte der seit der Dardanellen-Schlacht bekannteste Kriegsheld der Türkei versprengte Truppen und rief als Präsident der Nationalversammlungen in Sivas (1919) und Ankara (1920) zum Unabhängigkeitskrieg auf. Die Alliierten, die noch 1920 Kanonenboote vor dem Dolmabahçe-Palast in İstanbul hatten auffahren lassen, um den Sultan zur Unterzeichnung des Aufteilungsvertrags von Sèvres zu zwingen, zogen sich nach ersten Erfolgen der türkischen Nationalarmee (August 1921, Schlacht am Sakarya kurz vor Ankara) zurück.

So wurde der Unabhängigkeitskrieg ein türkisch-griechischer Krieg, der mit äußerster Brutalität geführt wurde und am Ende zahlreiche zerstörte Städte hinterließ: Afyon, Bursa, Balıkesir und zuletzt Smyrna (İzmir), das in einem Massaker mit mehreren 10 000 Toten erobert wurde, gingen 1922 in Flammen auf – der letzte Sultan floh auf einem britischen Kriegsschiff nach Malta. Der Vertrag von Lausanne, die Revision von Sèvres, schrieb die Anerkennung der Türkischen Republik als Nationalstaat fest, zugleich wurde ein ›Bevölkerungsaustausch‹ vereinbart: Alle kleinasiatischen Griechen (ca. 1,3 Mio.) mussten das Land verlassen, 600 000 Türken siedelten aus Griechenland um.

Türkische Republik (ab 1923)

Nach der Gründung der Türkischen Republik wurde Atatürk Staatspräsident. Er verlegte die Hauptstadt nach Ankara und begann mit einer umwälzenden Reformpolitik. Auf der Grundlage der ›sechs Prinzipen des Kemalismus‹ (Republikanismus, Nationalismus, Populismus [meint Volkstümlichkeit], Etatismus [meint staatliche Wirtschaftslenkung], Reformismus und Laizismus) wollte er die Türkei zu einem Staat westlicher Prägung machen. Ab 1924 setzte er die Abschaffung des Kalifats, der islamischen Scharia-Gesetze und die Auflösung der Derwisch-Orden auch gegen den Widerstand vor allem kurdischer Stammesführer aus dem Osten durch. Verboten wurde auch der Fez (als Symbol des Osmanentums) und die Mehrehe, dazu kam die Einführung des gregorianischen Kalenders und der lateinischen Schrift, 1934 erhielten die Frauen das Wahlrecht.

Nach anfänglicher Nähe zur UdSSR kam es 1936 zu einer Annäherung an die Westmächte, die der Türkei die Kontrolle über die Dardanellen und die Südostprovinz Hatay zurückgaben. So blieb die Türkei im Zweiten Weltkrieg neutral – belieferte Hitlerdeutschlands Rüstungsindustrie zwar mit Chrom, bot aber auch vielen Emigranten sicheres Asyl. Atatürk starb schon 1938, doch endet die Einparteienherrschaft seiner Republikanischen Volkspartei (CHP), die nun sein Kampfgefährte İsmet İnönü weiterführte, erst 1950, als die konservative Demokratische Partei die Regierung übernehmen konnte.

Eine erste Abkehr von den ›kemalistischen‹ (staatssozialistischen) Idealen Atatürks, der Beitritt zur NATO und eine wachsende Wirtschaftskrise mit explodierender Inflation prägten die 1950er-Jahre, die 1960 mit einem Staatsstreich links-kemalistischer Offiziere endeten; Ministerpräsident Adnan Menderes wurde hingerichtet. Wie bei allen weiteren Eingriffen der Militärs handelte es sich um den letztlich erfolglosen Versuch, die soziale Einheit der zerrissenen Nation zu erzwingen: Doch der Bruch zwischen wenigen, die immer reicher werden (ob durch staatlich geförderte Industrialisierung wie in den 1950er-Jahren, den Tourismus seit den 1980er-Jahren oder durch den Bauboom wie heute) und der Masse der Bevölkerung ließ sich nicht kitten. Einem ›angedrohten‹ zweiten Staatsstreich 1971 folgte in den 1970er-Jahren eine zunehmende Radikalisierung nach links wie nach rechts, die schließlich 1979 in bürgerkriegsähnlichen Unruhen kulminierte. Die dem dritten Militärputsch 1980 folgende Dekade prägte der neoliberale Ökonom Turgut Özal (ANAP), der Wirtschaftsreformen einleitete und den Ausbau des Tourismussektors forcierte. Doch wiederum förderten seine Reformen nur den Wohlstand einer sehr kleinen Geldelite. Ende der 1980er-Jahre setzte die Inflation die Bevölkerung bis hinauf in die Mittelschichten erneut so unter Druck, dass 1995 die islamistische Wohlfahrtspartei (RP) zur stärksten Kraft wurde.

In den folgenden Jahren vollzog die Türkei innenpolitisch eine stete Islamisierung, während der die bürgerlichen Parteien dramatisch an Stimmen verloren: Seit den Wahlen 2001 sind sie gar nicht mehr im Parlament vertreten; die Regierung stellt seither die konservativ-islamische Partei AKP. Diese nutzte ihre absolute Mehrheit geschickt zu einer schleichenden Veränderung von Gesellschaft und Politik. Vor allem die von der EU geforderten Reformen führten zur Entmachtung der bislang stabilitätssichernden Militärs. Höhepunkt des Konflikts war die Verhaftung zahlreicher hochrangiger Militärs im Februar 2010, denen die Bildung einer Geheimorganisation namens Ergenekon und Vorbereitung eines Putschversuchs im Jahr 2004 vorgeworfen wurde.

Damit hat die kemalistische Elite, die noch 2008 versucht hatte, die AKP zu verbieten, den Kampf um die Türkei wohl endgültig verloren. Selbst die erste Wahl 2015, in der der AKP erstmalig seit 15 Jahren die absolute Mehrheit verloren ging, brachte kein besseres Ergebnis für die kemalistische CHP, der charismatische Führer und alternative Konzepte fehlen. Lediglich der Erfolg der HDP, ein Sammelbecken von Kurden und linksalternativen Strömungen, erschütterte kurzfristig die Macht des AKP-Führers Recep Erdoğan, der seit 2001 unangefochten die Türkei regiert und 2014 Staatspräsident wurde. Nach einer Dekade großer wirtschaftlicher Erfolge führte sein Eifer beim Umbau der Türkei zu einer »religiösen Gesellschaft« zu drastischen Eingriffen in die Presse-, Internet- und TV-Freiheit und wachsenden Protesten westlich orientierter Minderheiten.

Atatürk – Vater der Türken

Das Gesicht mit den stechenden Augen fällt schon am Flughafen auf, da hängt sein Bild nämlich über jedem Passbeamten, in jedem Bankbüro – und fortan wird man ihm überall begegnen. Wohl selten hat ein Politiker ein Land so sehr geprägt und so nachhaltigen Einfluss hinterlassen wie Mustafa Kemal Atatürk, Gründungsvater und 1923 bis 1938 Präsident der Türkischen Republik.

Als Atatürk am 10. November 1938 an einer durch Alkohol zerstörten Leber starb, hatte er mehr bewirkt als jeder andere im 20. Jh.: Er hatte einen verlorenen Weltkrieg doch noch gewonnen und aus dem Nichts einen Nationalstaat begründet, hatte eine in islamischem Traditionalismus gefangene Bevölkerung auf den Weg in eine moderne Gesellschaft nach europäischem Vorbild geführt.

1881 in Saloniki (Thessaloniki) geboren, begann Mustafa Kemal seine Karriere beim Militär und schloss sich dort der modernistisch und zugleich pantürkisch (gesamttürkisch) orientierten ›Jungtürkischen Bewegung‹ gegen Sultan Abdülhamit II. an, deren Führer 1909 die Regierung übernahmen. Nach seiner ebenso glänzenden wie brutalen Verteidigung der Gallipoli-Höhen 1915 (s. S. 206) wurde er General, seine große Stunde kam aber erst, als das Osmanische Reich nach Ende des Ersten Weltkriegs unter den Siegermächten und Griechenland aufgeteilt werden sollte. Die Jungtürken waren aufgrund der Niederlage politisch desavouiert, doch Kemal, der seinen Beinamen Atatürk erst 1934 erhielt, setzte nun auf den ›kleintürkischen‹ Nationalismus: den Aufbau eines säkularen, republikanischen Staats der Türken auf dem Kerngebiet des untergegangenen Osmanen-Reichs.

1919 und 1920 bewahrte er die Armee in Ost- und Mittelanatolien vor der Entwaffnung und organisierte auf den Kongressen von Erzurum und Sivas sowie dann auf der ersten Nationalversammlung in Ankara ab dem 23. April 1920 die Verteidigung des Landes. Betrachtet man nur die militärischen Erfolge (Sieg über die Armenier bis Ende 1919, über die Griechen bis 1922), verliert man leicht die tatsächliche Leistung aus den Augen: Ausgehend von den Organisationsstrukturen des von Perspektivlosigkeit bedrohten Offizierkorps gelang es ihm zunächst, die türkischen Großgrundbesitzer, die begehrlich auf die Ländereien der zu osmanischer Zeit besonders erfolgreichen Griechen und Armenier blickten, für seine Nationalbewegung zu gewinnen. Die türkischen Bauern hingegen waren kriegsmüde; sie konnten erst mobilisiert werden, als die griechische Okkupation Westkleinasiens begann.

Das, was der Republikgründung am 28. Oktober 1923 folgte, war programmatisch durchaus vergleichbar mit der Umstrukturierung und Entfeudalisierung Russlands. Als tragende Kräfte agierten in der ›neuen‹ Türkei jedoch das Großbürgertum und die Armee, jene Kräfte also, die bis zur Regierungsübernahme durch die islamisch-orientierte AKP im Jahr 2001 die politische Entwicklung fest im Griff hielten. Vollzog sich die Umverteilung des Landbesitzes in den ersten Jahren der Republikgründung nahezu geräuschlos, so entfachte die anti-islamische Reformpolitik Kemals umso größeren Widerstand. Die Abschaffung des Kalifats 1924, mit der die gesamte islamische Welt ihres geistigen Führers beraubt wurde (vergleichbar mit der Abschaffung des Papsttums), war Auslöser zahlreicher Aufstände in Ostanatolien, die vor allem von Kurden getragen wurden. Deren blutige Niederschlagung legte dann den Grundstein je-

Schulkinder vor der Wachsfigur des Staatsgründers Atatürk

nes Konflikts, der die Türkei bis heute nicht zur Ruhe kommen lässt – wenn auch inzwischen unter entgegengesetzten Vorzeichen. Heute streiten Kurden für den säkularen Staat gegen die Islamisierung durch die AKP.

Auch wenn die ›sechs Prinzipien des Kemalismus‹ (s. S. 44) immer noch durch die Verfassung geschützt sind, wurde das ideologische Konzept Atatürks doch inzwischen nahezu vollständig ausgehöhlt. Erst zog sich der Staat seit Anfang der 1980er-Jahre fast vollständig aus der Wirtschaftslenkung zurück, die wachsende Kluft zwischen Volk und Regierenden führte zu einer weitgehenden Re-Islamisierung der Gesellschaft. Inzwischen lenkt die AKP die Wirtschaft, zwar durchaus erfolgreich, aber doch mithilfe einer ausgeprägt nepotistischen Klientelpolitk, alle liberalen Bestrebungen werden ebenso wie jede kritische Berichterstattung zunehmend verdächtig. Derweil AKP-Führer Erdoğan sich als ›neuer Sultan‹ verspotten lassen muss, versucht er sich als neuer Atatürk zu stilisieren, der die Türkei zur Hegemonie osmanischer Zeiten zurückführt.

Geblieben ist ein ausgeprägter Nationalismus, den man in der Türkei noch vor dem Dreisatz lernt: Atatürks Diktum *Ne mutlu Türküm diyene* (›Glücklich ist, wer sich Türke nennen darf‹) skandieren die Schulkinder vor jeder Unterrichtsstunde, und darin bleiben sich Rechte und Linke, Islamisten und Bürgerliche auch später einig – was auch der Grund ist, warum die in Deutschland aufgewachsenen Türken so enorme Anpassungsschwierigkeiten bei der Rückkehr haben. Atatürks Vermächtnis wiegt also schwer. Wer aber den Modernisierer der Türkei modernisieren kann, ist leider nicht erkennbar.

Zeittafel

6000–3000 v. Chr.	Erste Ackerbaukulturen und aus Lehm gebaute Städte
3000 v. Chr.	Im Osten städtische Kultur unter Einfluss von Akkad; im Westen Aufstieg von Troia, in Zentralanatolien ab 2300 v. Chr. Völker aus Mitteleuropa; Beginn der Metallverarbeitung
1800 v. Chr.	Beginn des Hethiter-Reichs, im Westen Niederlassungen der Minoer
11. Jh. v. Chr.	Griechen besiedeln die westlichen Küsten, im Osten späthethitische Kleinreiche
8./7. Jh. v. Chr.	Reich der Phryger, an den Küsten weitere griechische Kolonisation
7./6. Jh. v. Chr.	Reich der Lyder
546 v. Chr.	Die Perser (Meder) erobern Kleinasien
334/333 v. Chr.	Alexander zerschlägt das Perserreich; Beginn des Hellenismus
281 v. Chr.	Kleinasien unter Dominanz des Seleukidenreichs, dazu Kleinreiche wie Armenien, Bithynien, Pontos und Pergamon
133 v. Chr.	Rom erbt das Reich Pergamon
63 v. Chr.	Neuordnung Kleinasiens durch Pompeius: den römischen Provinzen *wird ein* Kranz von Vasallenstaaten vorgelagert
27 v. Chr.	Schlacht bei Actium; Tod von Marcus Antonius und Kleopatra; Octavian wird als Augustus Herrscher des Reichs
1./2. Jh. n. Chr.	Pax Romana, Kleinasien wird ein kulturelles Kernland des Römischen Reichs
330	Konstantin der Große macht Byzanz am Bosporus, das spätere Konstantinopel, zur neuen Hauptstadt des Reichs
638	Der Arabersturm erreicht Kleinasien, ab 672 Belagerung Konstantinopels, Südostanatolien geht verloren
867	Mit Basileos I. Beginn der Makedonendynastie (mittelbyzantinische Zeit); militärische Erfolge und kulturelle Blüte
1071	Niederlage der Byzantiner gegen die Seldschuken bei Mantzikert; Beginn des seldschukischen Sultanats von Rûm (Rom)

1. Kreuzzug, Bildung ›lateinischer‹ (d.h. dem Westkaiser untergeordneter) Kleinreiche, z. B. der Armenier in Kilikien	**1096**
Eroberung und Plünderung Konstantinopels durch den 4. Kreuzzug; Gründung eines lateinischen Kaiserreichs in Konstantinopel	**1204**
Sultan Alaeddin Keykubat I., größte Ausdehnung der Seldschuken	**1220–36**
Nach Einfall der Mongolen, Öffnung der Reisewege nach China für etwa 60 Jahre, der Handel blüht (Marco Polos Reise 1260)	**1243**
Osman Gazi, Fürst eines türkischen Nomadenstammes, erobert das griechische Bilecik und die Grenzfeste Karacahisar – das gilt als Gründung des Osmanischen Reichs	**1299**
Orhan, Sohn Osmans, nimmt nach der Eroberung von Brussa (heute Bursa) den Sultanstitel an	**1326**
Sultan Fatih Mehmet II. erobert Konstantinopel (İstanbul)	**1453**
Sultan Süleyman I. verdoppelt das Reichsgebiet, seine Flotte beherrscht fast das gesamte Mittelmeer und die Arabische See	**1520–66**
Wien wird vergeblich belagert, Niedergang des Reichs beginnt	**1683**
Nach Gebietsverlusten in den Balkankriegen (1912/13) Zerfall des Reichs durch Niederlage im Weltkrieg, ab 1920 Beginn des Unabhängigkeitskriegs unter Atatürk gegen Westmächte und Griechen	**1918**
Gründung der Türkischen Republik, Beginn der Reformen Atatürks	**1923**
Tansu Çiller (DYP) als erste Frau Ministerpräsidentin	**1992**
Die gemäßigt islamistische AKP erringt die absolute Mehrheit	**2001**
Eurokrise lässt Beitrittsverhandlungen mit der EU stocken	**2010**
Neuwahlen, Ministerpräsident Erdoğan verpasst Zwei-Drittel-Mehrheit nur knapp	**2011**
Trotz der Gezi-Park-Proteste und drastischer Internet-Zensur wird Erdoğan zum Staatspräsidenten gewählt.	**2014**
Die AKP erreicht erneut die absolute Mehrheit, Erdoğan muss dazu aber zweimal wählen lassen.	**2015**

Gesellschaft und Alltagskultur

Kulturell changiert die Türkei zwischen zwei Polen: den traditionellen Werten auf der einen Seite steht eine Übernahme moderner Lebensstile gegenüber. Diese Brüche sind nicht leicht zu bewältigen, doch scheint sich zunehmend eine eigenständige Synthese zu entwickeln, die Traditionen und islamische Werte mit einem modern geprägten Lebensstil verbindet.

Zerrissene Gesellschaft

Für viele Touristen, die aus ihren Luxushotels in die Bergdörfer oder ins Binnenland fahren, wirken die extremen Unterschiede zwischen dem Leben in den Städten und in den Dörfern wie ein Schock. Kaum eine Autostunde von den komfortablen Hotelburgen entfernt, findet man sich in Dörfern wieder, wo ein Kühlschrank noch ein Luxusgut ist, zwischen Holzhütten, vor denen die Frauen auf offenem Feuer das *sac böreği* backen, das hauchdünne Fladenbrot der Nomaden. Es ist ein Sprung in eine Armut, die den reichen ›Gast‹ oft genug durch entwaffnende Freigebigkeit zu beschämen weiß.

Nicht viel besser sieht es aber auch in den *gecekondular* (s. S. 415), den Elendsvierteln am Rand der Metropolen, aus. Dort sammeln sich Landflüchtige in ›Dörfern in der Stadt‹, in der Regel Menschen aus jeweils einem Heimatdorf, die so das gewohnte System der Nachbarschaftshilfe aufrechterhalten können. Feste Arbeit finden die wenigsten, und so suchen die Männer Tagelöhnerjobs, die Kinder werden nach der Schule als Schuhputzer oder Süßigkeitenverkäufer bis spätnachts auf die Straßen geschickt.

Kinderarbeit und Armut der Landbevölkerung sind besonders augenfällige Erscheinungen und konstrastieren scharf mit dem steigenden Wohlstand der städtischen, gut ausgebildeten Mittelschichtsbevölkerung. Vor allem gut ausgebildete Angestellte der Banken mit Abitur oder Studium verdienen mit Gehältern zwischen 2500 und 5000 TL recht gut und können auch relativ schnell eine Anstellung bekommen. Mit solchen Jobs gehört man schon zu denen, die von dem erstaunlichen Wirtschaftsboom der letzten Jahre profitieren: Industrielle, die in wenigen Jahren ein Vermögen machten, ebenso wie die leitenden Angestellten der global positionierten Wirtschaftsunternehmen der Türkei, deren Gehälter im internationalen Vergleich an der Spitze stehen – vor Indien, weit abgeschlagen am Ende folgen die europäischen Staaten. Insgesamt heimsen dabei nur 20 % der Bevölkerung fast zwei Drittel der Gesamteinkommen ein.

In der türkischen Statistik ist die Mittelschicht jedoch deutlich größer (definiert durch ein Jahreseinkommen über 7700 €) und machte 2011 rund 44 Mio. Menschen aus, also ca. 60 % der Bevölkerung. Sie wohnt in den großen Wohnungsblocks der Neubauviertel am Rand der Städte, fährt trotz der astronomisch hohen Benzinpreise ein eigenes Auto und pflegt ein durch das Fernsehen gesteuertes Markenbewusstsein. Zum überwiegenden Teil (zu 85 % laut der liberalen türkischen Zeitung Radikal) sind sie islamisch orientiert, modernen Entwicklungen gegenüber aufgeschlossen, aber nur soweit sie mit den Regeln des Islam in Übereinstimmung gebracht werden können.

Diese Menschen lassen den Markt für importierte Luxusgüter boomen und garantieren gleichzeitig als AKP-Wähler die ökonomisch-politische Stabilität des Landes. Allerdings warnen viele Ökonomen, dass der neue Konsum sehr stark kreditfinanziert ist, der aktuelle Absturz (Mitte 2015) der Türkischen Lira könnte auch den Hoffnungen der religiösen Mittelschicht einen empfindlichen Dämpfer verpassen.

Islam als Konzept der Modernisierung?

Zur Religionsgruppe der Muslime gehören offiziell 99 % der türkischen Staatsbürger. Überwiegend zählen sie zur sunnitisch-hanefitischen Richtung, die als eher gemäßigt gilt. Allerdings ist der rigidere wahabitische Islam durch zahlreiche, aus Saudi-Arabien finanzierte Stiftungen auf dem Vormarsch. Etwa ein Drittel der Bevölkerung gehört der eher liberalen alevitischen Strömung an, darunter namhafte Intellektuelle und Künstler (Alevit war auch Aziz Nesin, der 1995 verstorbene große alte Mann der türkischen Literatur). Da es keine ›Kirche‹ gibt, aus der man austreten könnte, lässt sich die Zahl der Nichtreligiösen nur schätzen, vermutlich liegt sie bei ca. 10 bis zu 30 %.

Besonders seit Mitte der 1990er-Jahre sind, verbunden mit der dramatischen Verarmung der Bevölkerung durch die damalige Hyperinflation, islamisch geprägte Einstellungen auf dem Vormarsch. Sammelbecken all derer, die die Verwestlichung der Türkei als Wurzel aller Übel empfinden, war die islamistische Partei, die mehrfach verboten und unter neuen Namen immer wieder neu gegründet wurde. Unter ihrem Führer Erdoğan stellen ihre Kader, jetzt in der AKP organisiert (s. S. 45), seit 2001 eine absolute Mehrheit im Parlament.

Ihre Wähler waren anfänglich die ›vergessenen‹, verarmten Menschen abseits der modernisierten Zentren. Durch ihre politischen und wirtschaftlichen Erfolge gewann

Junge Mädchen beim Shopping-Bummel

Der Islam

Der Islam ist durch den internationalen Terrorismus wieder so verdächtig und suspekt geworden, wie er im 19. Jh. durch den Mahdi-Aufstand war. Für den modernen Weltbürger besonders unverständlich ist dabei wohl, dass der Glaube für Muslime gerade eben nicht Privatsache sein kann, sondern sich in der öffentlichen Befolgung der Glaubensregeln erweist.

Islam, das bedeutet nichts anderes als ›Hingebung in den Willen Gottes‹ – gemeint ist ein soziales Regelwerk, durch das der Glaube das gesamte weltliche Handeln bestimmt. Ein fester Kodex von Gebetsregeln und Pflichten muss täglich öffentlich bewiesen werden. Im Mittelpunkt steht der Glaube an den EINEN Gott, der auch der der Juden und Christen ist. Fünf zentrale Gebote, die **›Fünf Säulen‹,** muss der Muslim befolgen:

– **Bekenntnis** *(şahadet)* in der Formel *Eşhedü en la ilahe ill Allah ve Muhammeden resul ullah* (›Ich bezeuge, dass es keinen Gott gibt außer Allah, und Mohammed ist sein Prophet‹). Diese Worte sind auch Bestandteil des *ezan,* mit dem der *müezzin* die Gläubigen fünfmal am Tag zum Gebet ruft.
– **Gebet** *(namaz),* das fünfmal am Tag vollzogen werden soll. Nach der Reinigung am *şadırvan* (dem Brunnen, den es vor jeder Moschee gibt) wendet sich der Muslim in Richtung der *kıble* (Qibla), also zur heiligen Stadt Mekka hin. Der Gebetsritus beginnt zunächst im Stehen mit der Formel *Allahu ekber* (›Gott ist groß‹), darauf folgt eine Verbeugung, bis die Hände auf den Knien liegen. Anschließend wirft der Gläubige sich nieder, sodass die Stirn den Boden berührt, setzt sich wieder auf, spricht die *şahadet* und wirft sich erneut nieder. Das wichtigste Gebet ist das am Freitagmittag, das unter Leitung eines höheren Geistlichen *(imam)* stattfindet.
– **Fastengebot:** Im *ramazan* (Ramadan) soll der Gläubige vom Aufgang der Sonne bis zu ihrem Untergang nicht essen, nicht trinken, nicht rauchen, keine Musik hören und keinen Sex haben.
– **Almosengabe** *(zekat)* reinigt von Sünden und lässt reiche Belohnung im Paradies erwarten. Das Zekat fließt heute zumeist in den Bau von Moscheen, der als das frömmste aller frommen Werke gilt, historisch diente die Almosengabe der Milderung sozialen Elends.
– **Wallfahrt nach Mekka** *(hac,* sprich Hadsch), soll der Muslim einmal im Leben unternehmen. Der Besuch der Ka'aba, des höchsten Heiligtums des Islam, wurde im Zeitalter des Tourismus viel einfacher; früher war diese lange, gefährliche Reise durch die große Wüste ein entscheidender Lebenseinschnitt. Wer zurückkehrte, durfte anschließend den Ehrennamen ›Hacı‹ tragen.

Die großen religiösen **Feste** des Islam (s. S. 89) sind das *Ramazan Bayramı,* volkstümlich *Şeker Bayramı* (›Zuckerfest‹) genannt, und das *Kurban Bayramı,* das Opferfest zur Erinnerung an das Opfer Abrahams (der in Erfüllung des Willen Gottes seinen Sohn töten wollte). Üblicherweise feiert die ganze Großfamilie gemeinsam. Man schlachtet ein Schaf oder zu mehreren eine Kuh, von dem Fleisch werden Teile auch an die Armen verteilt – für die meisten Türken sind das die nicht mehr erwerbstätigen Eltern.

die AKP dann auch die Mittelschichten mit hoher Wohlstandserwartung. Von den religiösen Normen erwarten sich die Wähler eine neue gesellschaftliche Solidarität – zumindest aber gleichverteilte Chancen aus der Modernisierung des Landes. Soziologisch betrachtet übernimmt der Islam in der Türkei also die Rolle einer Reformideologie, der es freilich nicht um Freiheit, sondern vielmehr um Wohlstand geht.

Islam in der Türkei

Der Umgang mit den islamischen Geboten hat sich in der letzten Dekade sehr verändert. Überwog in den 1990er-Jahren eine tolerante, kaum bemerkbare Religiosität, werden die Regeln heute strenger beachtet und von Fanatikern teilweise mit offener Gewalt durchgesetzt. Trauriger Höhepunkt: 2009 wurde jemand, der während des Ramadans auf offener Straße rauchte, wie ein Hund erschlagen. Auch das Alkoholverbot gewinnt mehr und mehr ›Anhänger‹ – selbst die große Brauerei Efes musste massive Umsatzeinbrüche beklagen. Nur in den bedeutenden Touristenorten gibt es noch keine Einschränkungen, diese liberalen Enklaven drohen jedoch auf die Hotelzonen eingeschränkt zu werden.

Beim Freitagsgebet platzen die Moscheen *(cami,* gesprochen Dschami) aus allen Nähten. Doch auch an den anderen Wochentagen zeigt der Ruf des *müezzin,* der die Gläubigen zum Gebet auffordert, die starke soziale Präsenz des Islam. Sobald sein Gesang, das *ezan*, ertönt, erstirbt in den Restaurants jede Musik (eine Ausnahme bilden Touristenorte und die Treffpunkte der Oberschicht).

Der Volksislam der einfachen Bevölkerung ist noch stark durch vorislamische, schamanistische Züge geprägt. Weitverbreitet ist die Verehrung heiliger Steine, Quellen und vor allem lokaler Heiliger (Sufis), zu deren Grabstätten regelrechte Wallfahrten stattfinden. Besonders beliebt (und inzwischen auch oft als Souvenir verkauft) ist das Blaue Auge *(mavi boncuk),* das als Symbol für Glück und Wohlstand gilt.

Pluderhose oder Mini?

Auch das ist eine Frage, die die Türkei zu spalten scheint. Fast alles, was man zu diesem Thema sagen kann, ist immer nur die halbe Wahrheit. Ganz in Schwarz gehüllte Frauen wie in Konya und anderen inneranatolischen Städten gehören ebenso zur Türkei wie die Bikinimädchen aus İstanbul an den Stränden der Südküste. Zwar wurden die Frauen schon durch Atatürks Reformen als Rechtspersönlichkeit voll anerkannt, doch steht die Gleichheit in den ländlichen Gebieten bis heute nur auf dem Papier. Frauen aus den Oberschichten sind dagegen oft sehr selbstbewusst und haben bessere Chancen; ihr Anteil an den akademischen Berufen und im Management ist sogar deutlich größer als in Europa. Die ehemalige Ministerpräsidentin Tansu Çiller ist nur ein Beispiel.

Die traditionelle Großfamilie findet man zwar nur noch selten, doch bestimmt der Vater als Familienoberhaupt fast überall, was gemacht wird – und wer es macht. Nach wie vor wohnen viele Kinder bis ins Erwachsenenalter bei den Eltern und führen ihr Einkommen bis auf ein Taschengeld an die Haushaltskasse ab – das gewährleistet die soziale Absicherung aller Familienmitglieder, denn Renten- und Krankenversicherung helfen kaum. Und nach wie vor gilt die häusliche Sphäre als ›natürlicher‹ Lebensbereich der Frau, ist ihre Erwerbstätigkeit von der Erlaubnis des Mannes abhängig (bis 2001 war das sogar noch gültige Gesetzeslage).

Frauen allein zu Haus

Die traditionellen Regeln jedoch sind zäh, und sie sind umso lebendiger, je weiter man ins Inland, je weiter man nach Osten und je höher man ins Bergland fährt. Dabei fällt am meisten die strikte Scheidung der Welten auf: Männer sind auf Straßen und Plätzen und im Teehaus präsent und dominieren das öffentliche Leben. Das *çayevi,* den Mittelpunkt der Männerwelt, wo nicht nur *tavla* (Backgammon) gespielt und Geschäfte abgeschlossen werden, sondern auch geraucht und geflucht wird, würde eine Frau nie betreten.

Andererseits haben die Männer tagsüber in den privaten Räumen des Hauses nichts zu suchen. Dort treffen sich die Nachbarinnen, um bei einem Schwatz gemeinsam zu arbeiten, nur hier können Frauen sich frei bewegen. In dieser weiblichen Welt sind die Beziehungen persönlicher und solidarischer als unter den Männern, die ihre Ehre permanent beweisen müssen.

Zwischen diesen Welten gibt es traditionell wenig Gemeinsamkeit. Zärtlichkeit und Verständnis spielen im Verhältnis der Geschlechter kaum eine Rolle. Zwar ist die charmante Art türkischer Männer gegenüber europäischer Weiblichkeit legendär, doch hat man erst einmal geheiratet, greifen die Regeln der Familie und des Freundeskreises – und da wird oft ein ausgeprägtes Macho-Verhalten als Beweis der eigenen Ehre erwartet.

Das *kızkaçirma,* die ›Jungfrau-Entführung‹, bei der ein Mädchen – ob mit Zustimmung oder gegen ihren Willen – ›entehrt‹ wird, um die Familie zum Einverständnis mit der Heirat oder zur Senkung des verlangten Brautpreises (für die Arbeitskraft der Braut) zu zwingen, ist zwar kaum noch verbreitet. Doch in vielen Regionen gleicht eine Heirat häufig noch einem ›Handel‹ zwischen den Familien. Geschätzt gehen immer noch über ein Drittel der Frauen minderjährig in die Ehe, wobei nicht selten sogar das gesetzliche Ausnahmealter von 16 Jahren unterschritten wird.

Beschneidungshochzeit

Auch die traditionellen Unterschiede in der Erziehung von Jungen und Mädchen haben sich in weiten Teilen der Bevölkerung gehalten. Den Höhepunkt und gleichzeitig das Ende des Knabenlebens bildet die *sünnet düğünü,* wörtlich ›Beschneidungshochzeit‹, im Alter von etwa 7 Jahren.

Der angehende Mann trägt eine Festuniform mit roter Schärpe und wird wie bei einer Hochzeit durch den Ort geführt. Der *Hoca,* der Dorfgeistliche, versieht die durchaus schmerzhafte Operation mit dem entsprechenden religiösen Gepräge, als Lohn der Tapferkeit winken reiche Geschenke. Mit diesem Tag ist der Junge in die Welt der Männergesellschaft aufgenommen.

Eine Frage der Ehre

Einen solchen klar markierten Übergang in den Erwachsenenstatus wie bei den Jungen erleben Mädchen nicht. Sie müssen sich ihren Zugang zur Öffentlichkeit erkämpfen und werden im Gegenteil eher misstrauisch dabei beobachtet. Männliche Jugendliche können sich nicht nur ungehemmt ›die Hörner abstoßen‹ (mit Prostituierten oder Touristinnen), sondern insgesamt mit einer weit größeren Nachsichtigkeit rechnen als Mädchen, für die schon bei einem längeren Gespräch mit einem Klassenkameraden die Ehre, und das ist zuallererst natürlich die Jungfräulichkeit, auf dem Spiel steht. Nicht selten führt dies zu ›Ehrenmorden‹, der Tötung des Mädchens durch das Familienoberhaupt, um die ›Familienehre‹ wiederherzustellen. Zwar wurde auf Druck der EU die Strafe für Ehrenmorde auf lebenslänglich hochgesetzt, doch gilt dies nicht für Minderjährige, sodass häufig die Brüder den Mord durchführen müssen.

Letztlich ist das Leben türkischer Frauen, soweit sie nicht der Oberschicht angehören, vollständig einer rigiden Kontrolle durch die Männerwelt – Vater, Brüder, Ehemann – unterworfen. Doch fremde Männer üben, was häufig übersehen wird, eine kaum weniger starke Kontrolle aus. In ihrem Verhalten gegenüber Frauen klingt unterschwellig immer auch der Versuch durch, herauszufinden, ob sie ›zu haben ist‹, ob es sich um eine ›ehrbare‹ Frau handelt oder nicht. Eine Frau, die sich nicht in jeder Situation korrekt, d. h. abweisend verhält, wird insgeheim verachtet – trotz aller lockeren Sprüche und Liebesschwüre. Diese Denk- und Verhaltensmuster gelten in allen Teilen der Türkei. Modische Kleidung, greller Nagellack, erfolgreiche Berufstätigkeit, luxuriöse Freizeitgestaltung – hinter dieser augenscheinlich so westlichen Fassade sieht es oft ganz anders aus.

Im Hamam – das türkische Bad

Die Einrichtung des ›türkischen Bades‹ geht zurück auf die Thermen-Tradition der alten Römer. Wer das immer schon mal erleben wollte, findet in der Türkei reichlich Gelegenheit, oft sogar – wie in İstanbul – in wunderbaren historischen Anlagen. Man muss nur wissen, wie es geht.

Ein *hamam,* so nennen die Türken ihre Badeanlagen, findet man in allen etwas größeren Orten. Schließlich hat man in der Türkei schon der Reinlichkeit gefrönt, als man in Europa höchstens einmal im Jahr mit Seife und Wasser an sich zu Werke ging. Nicht zuletzt spielte das Hamam auch eine große Rolle wegen der peniblen Reinigungsvorschriften des Islam.

Klar, dass es also sittsam und nach festen Regeln zugeht. Traditionell baden Männer und Frauen nie zusammen, das ist nur in den Hamams der Luxushotels und heute zu speziellen Touristenbadezeiten möglich. In großen Städten gibt es oft Doppel-Hamams *(çifte hamam)* mit getrennten Männer- und Frauenabteilungen, sonst baden Frauen meist vormittags an einzelnen Wochentagen. Der Freitagvormittag ist jedoch immer für Männer reserviert – mittags geht es dann zum islamischen Hauptgebet in die Moschee.

Zugleich ist das Hamam einer der beliebtesten Treffpunkte der Geschlechter. Die Männer besprechen dort Geschäfte oder verhandeln Verträge, die Frauen tratschen oder suchen nach einer Braut für ihre Söhne. Allerdings verliert das Hamam durch die Modernisierung immer mehr an Bedeutung, vor allem seitdem ein eigenes Bad in der Wohnung zum Standard gehört. Viele traditionelle Hamams sind daher von der Schließung bedroht, soweit sie nicht durch die Touristen neue Kundschaft gewinnen können.

Wie die antiken Thermen besteht ein Hamam aus drei Raumkomplexen: dem Ruheraum *(camekan),* dem Abkühlraum *(soğukluk)* und dem Schwitzraum *(hararet).* Die Mitte des Schwitzraums wird vom *göbek taşı,* einem erwärmten Marmorpodest, eingenommen. An den Wänden, oft in Nischen, kann man kaltes und heißes Wasser in Becken fließen lassen, um sich zu waschen. Es wird mit einer Schüssel geschöpft und über den Körper gegossen, denn nach türkischer Tradition wäscht man sich nicht in stehendem Wasser – es handelt sich also um eine Art Duschenersatz.

Als besonderen Service kann man sich vom Bademeister (bei Frauen natürlich der Badefrau) mit der *kese,* einer rauen Bürste, abseifen und abscheuern lassen. Das kostet zusätzliche Gebühr, ebenso die Massage mit sehr viel Seifenschaum (die übrigens ziemlich rabiat ausfallen kann, obwohl man Touristen in der Regel sanfter behandelt. Man erhält zwei Handtücher, eines schlingt man um die Hüften. Vor allem bei den Männern wird peinlich genau darauf geachtet, nie ganz nackt zu sein (selbst beim Waschen nicht).

Kunst und Kultur

Die Türkei ist eines der bedeutendsten Kunstreiseziele der Welt. Auf recht engem Raum sind hier die wichtigsten Ausgrabungen zur griechisch-römischen Antike versammelt. İstanbul bewahrt die kaiserliche Architektur von Byzantinern und Osmanen. Dazu kommt eine reiche Volkskultur, entstanden aus der Vermischung byzantinischer, persischer und genuin türkischer Elemente.

Architektur

In Kleinasien, der wertvollsten römischen Eroberung, liegt ein großer Teil der berühmten Wurzeln des Abendlandes, die man in Griechenland vergebens sucht. Hier vermischte sich griechische Philosophie mit den bereits jahrtausendealten Erfahrungen des Orients, sodass sie über die Römer in unsere Zeit gelangen konnten. Und hier konnten die großen Städte der Antike ungestörter überdauern als anderswo am Mittelmeer.

Aber auch die Baukunst der Byzantiner wurde stilbildend für das Abendland, während ihre Nachfolger, die Türken, persisch-sassanidische Einflüsse mitbrachten.

Die antike Stadt

Die große Zeit Kleinasiens war die hellenistisch-römische Antike, jene 300 Jahre vor und nach der Zeitenwende, die mit der Integration des vormals persisch besetzten Gebiets in die Mittelmeerökonomie durch den Alexanderzug begannen und mit der großen Wirtschaftskrise des Römischen Reichs Anfang des 4. Jh. n. Chr. endeten. Vergleichbar mit dem Europa nach dem 30-jährigen Krieg kam es auf der Grundlage verbesserter Produktionstechniken, einer Ausweitung des Handels und – nach Actium – des ›römischen Weltfriedens‹ zu deutlichem Bevölkerungswachstum und einer enormen Bautätigkeit. Tatsächlich gab es in Kleinasien mehr antike Städte, als es moderne gibt; untergegangen im Arabersturm und der türkischen Landnahme, sind sie heute die bedeutendsten Sehenswürdigkeiten der Türkei. So reist man denn durch eine doppelte Kulturlandschaft, eine abendländisch-antike unter einer türkisch-modernen, und allzu oft vermischen sie sich sogar, wenn sich die Holzkaten von Bauernweilern zwischen die mächtigen Trümmer einstiger Großstädte schmiegen.

Eine zentrale Unterscheidung ist die zwischen hellenistischer (d. h. vorrömischer) und römischer Bausubstanz. Baureste aus den grauen Vorzeiten, als die Siedlungen als Ackerbaukolonien auf Felsspornen oder Hügelrücken über fruchtbaren Ebenen gegründet wurden, sind hingegen wenig spektakulär und nur für den Archäologen interessant.

Trotz des kulturellen Aufschwungs während des Hellenismus blieben die Zeiten unsicher: Die Städte dehnten sich aus, benötigten aber weiterhin starke Wehr gegen Feinde. Die neuen Stadtmauern, besonders imposant heute noch in Pergamon, Perge oder Side, machten die alte **Akropolis** überflüssig, die in vorhellenistischer Zeit als hoch gelegene Schutzburg diente, in die sich die Bevölkerung im Angriffsfall flüchtete. Als Gründungsplatz blieb die Akropolis jedoch Ort der Verehrung der Stadtgötter und der mythischen Helden der Vorzeit und wird daher oft mit einer monumentalen Tempelanlage überbaut.

Zu einem erneuten Bruch kam es mit der *Pax Romana:* die Städte dehnten sich in die Ebene weit außerhalb der nun überflüssig gewordenen Mauern aus, die nun teilweise niedergerissen, teils durch prunkvolle offene Triumphtore zu Ehren von Kaisern aufgebrochen wurden. Erst in der Spätantike ab Ende des 3. Jh. reparierte man wieder die alten Mauern; die hastig aus altem Baumaterial aufgeführten Schutzwälle, die im 5. Jh. weit hinter den hellenistischen Wehranlagen entstanden, bezeugen den dramatischen Bevölkerungsverlust dieser Zeit.

Eine ganz besondere Bedeutung innerhalb der Städte hatte die **Agora,** deren Funktion sich am besten bei einem Blick auf türkische (und natürlich griechische) Plätze erschließt. Man kauft ein, man isst und trinkt, vor allem aber redet man miteinander. Das Wort leitet sich von *ageirein,* ›versammeln‹ ab, meint also eher eine Versammlungsstätte als einen Marktplatz. Dieser Platz, in der Frühzeit außerhalb gelegen, wurde im Hellenismus in die Stadt integriert und mit öffentlichen Bauten und Tempeln umgeben. Zu dieser Zeit war auch das im 5. Jh. v. Chr. entwickelte hippodamische Straßenraster (nach Hippodamos von Milet) allgemein verbreitet, das die Stadt in rechtwinklige, gleich große Häuserviertel (röm. *insulae)* gliederte. Die Agora nahm meist drei Insulae ein und erhielt folglich ebenfalls rechteckige Gestalt (eine durch das Relief erzwungene Ausnahme bildet jedoch z. B. die trapezförmige Agora von Assos). Während in Priene der hellenistische Typ gut erhalten ist, zeigt Ephesos das beste römerzeitliche Beispiel: Der Platz wurde gegenüber den Straßen durch Tore geschlossen, allseitig mit Säulenhallen gerahmt und war jetzt nur noch für Befugte, d. h. die wirtschaftliche und politische Elite, zugänglich.

Die große Kolonnadenstraße von Perge

Die politische Architektur ist dagegen, trotz der Einbindung der Städte in die römische Provinzverwaltung, von erstaunlicher Konstanz geprägt. Während die Volksversammlung oft in den Theatern stattfand, versammelte sich der Rat (zwischen 300 und 1500 Personen) im **Buleuterion,** einem quadratischen, überdachten Hallenbau mit ansteigenden Sitzreihen. Die spezialisierten Beamten (für Finanzwesen, Wasserbau, Rechts- oder Militärwesen etc.), Prytanen genannt, waren im **Prytaneion** zu finden, wo gleichzeitig die ewige Flamme des heiligen Herdes brannte. Auch in römischer Zeit bestanden diese Einrichtungen fort, wenn auch ihre Bedeutung sich verändert hatte (ähnlich der ›Kämmerei‹ heutiger Kommunalverwaltungen).

Die Verquickung aller gesellschaftlichen Aspekte mit religiösen ist ein ganz typischer Zug antiken Städtelebens. In den Häusern gab es **Schreine** zur Verehrung der Familiengötter und der Ahnen, auf der Agora wurde die oberste Gottheit der Stadt (meist Artemis, Athene oder Zeus), aber auch die Tyche, die Göttin des Schicksals, verehrt, und die Brunnenhäuser waren mit dem Kult der Quellnymphen oder des Flussgottes verbunden.

Aus dem orgiastischen Dionysos-Kult hervorgegangen und stets mit ihm eng verbunden war auch das **Theater.** Nachdem an der Wende des 6. zum 5. Jh. v. Chr. die beiden Formen des abendländischen Dramas, die Tragödie und die Komödie (und damit auch Witz und Läuterung), erfunden worden waren, fanden die Aufführungen auf einem runden Tanzplatz vor einer hölzernen Bühne statt; die Zuschauer saßen auf an einem Hang gestaffelten Sitzbänken. Diese Elemente wurden später in Stein nachgebaut. Die typisch hellenische Form war: die an Berghänge gelehnte **Cavea** (Zuschauerraum), deren Rund den exakten Halbkreis überschritt und die durch das **Diazoma** (Umgang) horizontal, vertikal durch Treppenaufgänge in einzelne **Kerkides** (keilförmige Abschnitte) gegliedert war. Die **Orchestra** (Spielplatz) blieb kreisförmig, erst nach 150 v. Chr. wurde ein erhöhtes **Proskenion** vor die **Skene,** die Bühnenwand gesetzt – damit ist die erhöhte Theaterbühne geboren.

In der römischen Kaiserzeit, als nun auch Gladiatorenkämpfe und Tierhatzen stattfanden, wurde die Gestalt zu einem allseitig geschlossenen Bau verändert. Die seitlichen **Parodoi** (Eingänge) wurden überwölbt und damit die Cavea auf den exakten Halbkreis beschränkt. Besondere Pracht entfaltete sich an der **Skene,** die zum monumentalen, mit Ziergiebeln verzierten Bühnengebäude erweitert wurde. An Masten befestigte Segel schützten die Schaulustigen vor Sonne und Hitze. Eine Sonderform bildete das **Odeion,** ein überdachtes, kleineres Theater, das für Musik und andere Aufführungen diente.

Die Monumentalisierung, die im hellenistischen Konzept der Verbindung von Natur und Architektur (beispielhaft Pergamon) bereits angelegt war, ist ein prägender Zug des römischen Städtebaus. Zwar ist die typische Struktur der durch zwei Achsen, dem west-östlich verlaufenden **Decumanus maximus** und dem nord-südlichen **Cardo maximus** in identische Viertel geteilten Stadt im Osten selten und nur bei römischen Neugründungen zu beobachten (etwa in İznik). Die alten hellenistischen Städte erhielten aber zumindest eine Hauptachse, die als säulengerahmte **Kolonnadenstraße** den urbanen Raum strukturierten. Beherrschendes städtebauliches Prinzip wurde die Ausrichtung dieser Achsen auf repräsentative Fassadenbauten wie **Nymphäen** (Brunnenhäuser), **Triumphbögen** oder **Stiftungsbauten** wie die Celsus-Bibliothek von Ephesos – solche Lösungen kennt der nachantike Städtebau erst wieder seit dem großen Pariser Umbau unter Hausmann.

Vor allem das 2. Jh., verbunden mit Kaisernamen wie Trajanus, Hadrianus, Marcus Aurelius, Septimius Severus, war die große Zeit des Neu- und Umbaus. Wohlhabende Provinzbeamte stifteten öffentliche Bauten, oft eine **Stoa** (Säulenhalle); Reichtum und Luxus zeigten sich auch in der Verbreitung großzügiger Badehäuser, der **Thermen,** die ebenso wie die Privatvillen der Oberschicht mit Mosaik-Fußböden ausgestaltet wurden.

Auch der **Tempelbau** blühte, hielten doch zahlreiche neue Religionen Einzug: der Mithras-Kult aus Persien, der Serapis-Kult aus Ägypten, nicht zuletzt der Kaiserkult. Doch bevorzugte die römische Zeit im Sakralbau, dem einzigen Bereich, wo die Griechen monumentale Entwürfe vorlegten (Artemision von Ephesos, Didyma), eher kleine Lösungen. Und als das Christentum die Antike niedergerungen hatte, bildeten nicht Tempel (obwohl viele zu Kirchen umgebaut wurden), sondern die profane römische **Basilika** (Markthalle) das Vorbild der neuen heiligen Stätten.

Noch lange weitergenutzt auch unter dem Zeichen des Kreuzes wurden die **Nekropolen** (›Totenstädte‹), die immer außerhalb und in der Regel entlang den Zufahrtsstraßen lagen. Unterirdische Katakomben sind in Kleinasien selten; auch nach dem Leben suchte man sich – zumal in römischer Zeit – Repräsentation zu sichern: etwa durch aufwendige Grabhäuser und -tempel möglichst nahe der Straße, sodass jeder Ankömmling die Namen der großen Familien nicht übersehen konnte.

Byzantiner

Bis zum Großen Schisma 1054 blieb der griechisch-byzantinische Kirchenbau auch in Europa stilbildend. Der früheste Typ, direkt zurückgehend auf die römische Markthalle, war die **Basilika,** ein lang gestreckter, von Säulen in Schiffe unterteilter Hallenbau mit erhöhtem Dach des Mittelschiffs. Seit dem 6. Jh. kam die **Kreuzkuppelkirche** auf, ein Zentralbau über dem Grundriss eines griechischen Kreuzes (mit gleich langen Armen), über deren Vierung sich die Kuppel erhob. Durch Schließung der Viertel zwischen den Armen wurde schließlich ein quadratischer Grundriss erreicht.

Bautechnisch charakterisiert byzantinische Kirchen der Wechsel von Ziegel- und Hausteinlagen (was die Türken bei den ersten Moscheen übernahmen), in der Ausstattung vor allem die kostbare Verkleidung der Wandflächen mit Mosaiken (dessen beste Beispiele die Hagia Sophia und die Chora-Kirche in İstanbul bieten) oder mit Fresken, die in den kappadokischen Höhlenkirchen besonders reich erhalten sind.

Nach der türkischen Eroberung wurden die christlichen Hauptkirchen in Moscheen umgewandelt, nur selten blieben Elemente der einstigen Ausstattung unter der Übertünchung erhalten. Die griechischen Kirchen der Westküste und Kappadokiens hingegen verfallen seit dem Bevölkerungsaustausch 1923.

Türkische Bauten

Bautechnisch orientierte sich das erste türkische Reich in Kleinasien, das Seldschuken-Reich, an Vorbildern der Sassaniden. Gemeinsames Merkmal aller Gebäude ist ein sehr strenger, rechteckiger Baukörper und ein überaus aufwendig mit Steinschneidearbeit verzierter Portalbereich. Beim Bau von **Moscheen** wurde der offene Innenhof überdacht, das flache Holzdach von Säulen (meist aus Holz, s. S. 375, seltener wiederverwendete antike Säulen) getragen. Der **Mihrab,** die Qibla-Nische, ist von der Gebetshalle abgetrennt, nur er ist mit einer Kuppel bedeckt, die ganz typisch die Gestalt einer achteckigen Pyramide hat.

Einen bloß schwachen, doch immer noch großartigen Eindruck von der fast überall sonst untergegangenen Palastarchitektur bieten die **Karawansereien,** die die Seldschuken entlang der großen Handelsstraßen von Konya über Sivas nach Persien und Asien, aber auch von den Küsten zur Hauptstadt bauen ließen. Jeweils stark bewehrt und mit dem typischen Portalschmuck ausgestattet, bot so ein *han* den Reisenden (zu denen übrigens auch Marco Polo auf seinem Weg nach China gehörte) und den Händlern Unterkunft, Schutz vor Räubern, Bad, Moschee und Küche.

Als Grabbau wurde der Typus der **Türbe** entwickelt, der entweder zylindrisch mit Kegelkuppel oder achteckig mit konischer Bedachung sein kann. Auch hier besticht das Dekor, das teils persischen, teils omayyadi-

Die Süleymaniye Camii in İstanbul, Prototyp einer osmanischen Moschee

schen Vorbildern folgt und im Formenreichtum schier unerschöpflich scheint.

Die frühe osmanische Zeit basierte noch auf seldschukischen Traditionen. Bereits Sultan Orhan begann Mitte des 14. Jh. eine Tradition, der spätere Sultane mit enormen Bauprogrammen folgten: Zur Erfüllung der religiös begründeten sozialen Verpflichtung der Herrscher stiftete er Moscheen verbunden mit Koranschulen, Armenküchen, Hospitälern und öffentlichen Bädern, die als umfriedeter Komplex *(külliye)* zum Zentrum des religiösen und gesellschaftlichen Lebens wurden.

Typologisch wurde die Portalzone im Gegensatz zur seldschukischen schlichter, die Bauten, vor allem Moscheen, jedoch monumentaler: Die grandiose Pfeilerhalle der Ulu Cami von Bursa, 1396 von Beyazıt I. gestiftet, ist ein Beispiel für einen noch den seldschukischen Säulenmoscheen verhafteten Baustil, der aber schon die typische äußere Gestalt zeigt: ein kubischer Baukörper, überwölbt von Kuppeln.

Das 16. Jh. wurde dann zum goldenen Zeitalter der Osmanen, das architekturhistorisch fast gänzlich im Werk des Baumeisters (türk. Mimar) Koca Sinan (1497–1588) verkörpert ist. Dieser kam als Christ (griechischer oder armenischer Abstammung) durch die *devşirme* (Knabenlese) in die Armee Süleymans, diente als Militäringenieur und wurde mit 49 Jahren zum Hofarchitekten ernannt. Bis zu seinem Tod entwarf Sinan über 100 Bauten und entwickelte den (heute in Stahlbeton nachgebauten) Typus der von schlanken Minaretten flankierten Kuppelmoschee.

Das 16. Jh. war zudem die große Zeit der osmanischen **Fliesenproduktion** aus den Werkstätten von İznik und Kütahya (s. S. 186). Sie entstanden, als Sultan Selim I. Handwerker aus dem armenischen Kaukasus-Gebiet in die Türkei deportieren ließ. Bald schon brannte man dort glasierte Kacheln mit den Scharffeuerfarben Rot, Gelb und Violett auf türkis-grünem Grund, als in Europa noch die blau-weiße Delfter Ware als Spitze des Fortschritts galt. Auch hier war es wieder Sinan, der die İznik-Ware meisterhaft zur großflächigen Auskleidung seiner Moscheen einzusetzen verstand.

Begriffe zur türkischen Architektur

Bedesten Markthalle im Basar, wo kostbare Güter verkauft wurden
Cami Moschee, in der das Freitagsgebet stattfindet
Eyvan zum Hof mit großem Bogen geöffnete Halle (auch Iwan oder Liwan)
Hallenmoschee frühe Form des islamischen Kultbaus mit weiträumigem Hof und einem oft vielsäuligen Betsaal
Hamam türkisches Bad nach dem Vorbild antiker Thermen
Han Herberge, Karawanserei
İmaret Armenküche bei Moscheen
Konak Haus eines Würdenträgers, Regierungsgebäude
Köşk Pavillon, Schlösschen
Külliye Stiftungskomplex mit Moschee, Medrese, İmaret, Hospital
Medrese islamische Hochschule
Mescit kleineres islamisches Gebetshaus (im Gegensatz zur Cami)
Mihrab nach Mekka gerichtete Nische in der Moschee
Minarett Turm der Moschee
Minbar Predigtkanzel der Moschee
Mukarnas wabenartiges Dekor als gestufte Nischenausfüllung
Tekke Derwischkloster
Türbe runder oder oktogoner Grabbau mit spitzkegeligem Dach

Tradition und Kultur

Mit der überlieferten Volkskultur in der Türkei ist es wie mit der in Bayern: Touristen wollen sehen, was die (meisten) Einheimischen nicht mehr leben wollen. Kultur also nur noch als Zitat, als Attraktion? In den Hotels der Costa turistica gewiss: nachgestellte Hochzeiten, ein paar Nasreddin-Hoca-Witze, vor allem aber Show und Belly Dance – den berühmten **Bauchtanz** also.

Der wird heute vorgeführt von Mädchen, die den Damen den Atem stocken lassen und den Herren … na ja, für die wurde die älteste aller Verführungskünste ja erfunden. Der traditionellen Volkskultur entstammt der Bauchtanz jedoch nicht: Er kam aus dem Arabischen ins Programm der prunkvollen Feste am Sultanshof. Später dann führte er in zwielichtigen Nachtklubs ein schillerndes Eigenleben als Vorform der Prostitution. Den echten Bauchtanz *(oryantal)* erlebt man auch heute noch im Rotlichtmilieu İstanbuls. Die Mädchen sind oft Zigeunerinnen, denn für eine ›ehrbare‹ türkische Frau ist so etwas gänzlich undenkbar – eher lässt sich bei ausgelassener Stimmung schon mal ein Mann dazu verleiten, unter anfeuerndem Klatschen der Zuschauer die Hüften zu schwingen.

Volkstänze

Echte türkische Volkstänze und Volksmusik kann man dagegen sehr viel seltener erleben. Die beste Gelegenheit ist der ›Tag der Kinder‹, der Nationalfeiertag am 23. April, wo sie von Kindergruppen aufgeführt werden.

Regional sehr unterschiedlich sind Figuren und Trachten der vier großen Gruppen, in die türkische Tänze untergliedert werden: den Reihentanz *zeybek* in West- und Südanatolien, die Kreistänze *halay* und *bar* in Mittel- und Ostanatolien und der Rundtanz *horon* im Schwarzmeergebiet. Im ganzen Land verbreitet sind die *oyun*-Tänze (›Spiel‹-Tänze) wie der *kılıç kalkan oyunu* (›Säbel-und-Schild-Spiel‹) oder die *kaşık oyunları* (›Löffelspiele‹), bei denen die Tänzer den Rhythmus mit Holzlöffeln schlagen.

Volksmusik

Die beiden typischen Instrumente der türkischen Volksmusik sind die *davul*, eine große Pauke, und die *zurna*, eine Kegeloboe, die mit ihrem schrillen Klang eine erstaunliche Lautstärke erreicht. Man hört sie oft bei Dorfhochzeiten und dem Umzug der Beschneidung der Jungen. Die *saz*, eine Langhalslaute, ist das häufigste Begleitinstrument der Tanzmusiker. Sie besitzt einen kleinen, bauchigen Korpus, einen schmalen, langen Hals mit drei Wirbeln, die doppelchörig bespannt sind.

Die alte Volksmusik hat jedoch eine ähnliche Entwicklung wie die deutsche erlebt. Die *bozlak* (Liebeslieder) oder *ağıt* (Totenklagen), früher zumeist das Metier wandernder Zigeunermusiker, fristen ein Schattendasein – selbst für Touristenaufführungen hält man diese Musik mit ihren für europäische Ohren ungewohnten Halb- und Vierteltonschritten und untemperierten Harmonien kaum geeignet (ein typisches Beispiel ist übrigens der *ezan*, der Gebetsruf).

Arabesk und Türk-Pop

Das, was man hingegen als ›türkische‹ Musik überall hört, hat einen langen Weg hinter sich. Am Anfang stand die regierungsamtlich verordnete Verwestlichung in den ›kemalistischen‹ Zeiten der 1930er Jahre, als die staatlichen Radiosender nur europäische Musik spielen durften. Das Volk hörte daraufhin arabische Sender, und bald entstand eine subproletarische Musikrichtung, die man *arabesk* nannte. Seit den 1960er-Jahren wurde diese um Elemente der Pop-Musik, vor allem deren Harmonie und Instrumentalisierung, bereichert.

Seit Anfang der 1990er-Jahre jedoch darf die türkische Musik-Szene zu den produktivsten der Welt zählen – heute durch die Mischung westlicher Strömungen wie vor allem Techno, Rap und Ethno-Pop mit türkischen Texten und Melodien. Eine bedeutende Rolle spielen dabei die *almancı*, die Deutschtürken der zweiten oder dritten Generation, die ihre musikalische Prägung in Deutschland erlebten.

Bauchtanz auf dem Tisch, der Herr darf Scheine in den Slip stopfen

Mal reinhören

Wer sich ein wenig umhören will – bei günstigen Preise für CDs kein Problem –, kann es mit folgenden Namen versuchen: Der 1996 verstorbene **Zeki Müren** war in den 1970ern der bekannteste Vertreter des Arabesk (und der berühmteste Transvestit der İstanbuler Schwulenszene) – in seine Fußstapfen trat **Ersoy,** früher ein Er, später eine Sie. Daneben verkörpert vor allem **İbrahim Tatlises** das traditionelle Arabesk.

Durch sein İstanbul-Konzert 1986 mit dem Griechen Mikis Theodorakis wurde **Zülfü Livaneli** international bekannt, der eine sozialkritische Strömung vertritt. Eine Nachfolge hat er in **Sezen Aksu** gefunden, die durch Konzerte mit armenischen, griechischen und kurdischen Gruppen für Völkerverständigung warb. Zugleich gilt Aksu als ›Seele des TürkPop‹, hat sie doch über 1000 Songs für Dutzende Sänger geschrieben und über 100 Hits gelandet.

Berühmte Pop-Größen sind **Tarkan** (gebürtig aus Heidelberg) und **Mustafa Sandal,** beide haben auch schon die deutschen Charts erobert. Das gilt ebenso für **Sertab Erener,** die 2003 für die Türkei den Eurovisions-Wettbewerb gewann und mit »Everyway That I Can« (türk. »En üzülme diye«) auch in die deutschen Charts einrückte. Auch sie wurde von Sezen Aksu gefördert und hat Versöhnungsprojekte wie das Duett mit der griechischen Sängerin Mando (»Aşk/Fos«, 1999) unternommen.

Weiblicher Shooting-Star der 2000er-Jahre war **Hande Yener,** die mit ihren knappen Shorts und sehr doppeldeutigen Videoclips für die Türkei eine ähnliche Rolle wie Madonna in den späten 1980ern für den Westen spielte. Ihr bestes Album ist »Nasil Delirdim« (Wie verrückt bin ich) aus dem Jahr 2007.

Ein bedeutender Name aus der Rock-Szene ist die Gruppe **Duman,** die durch ihren Punkrock gegen den Irak-Krieg international Aufsehen erregte (»Özgürlüğün Ülkesi«). Im April 2010 stand Duman mit »Elleri Ellerime« (Hände in meiner Hand) in den Top Ten. Sowohl Duman wie auch Sertab Erener hatten einen Auftritt in dem erfolreichen Film **»Crossing the Bridge«** des Deutschtürken Fatih Akın über die Musik İstanbuls (2005).

Theater und Film

Theater spielte im Osmanischen Reich kaum eine Rolle, der wandernde Märchenerzähler *(medda)* oder burleske Volksbelustiger mit Tanzbären zogen von Stadt zu Stadt. Erst in der frühen Republikzeit kam es zum Aufbau des **Darülbedayı,** des İstanbuler Stadttheaters, für das europäische Stücke übersetzt wurden. Das **Staatstheater Ankara** wurde dann seit den 1940er-Jahren aufgebaut, das ebenso wie die seit den 1960er-Jahren gegründeten privaten Theater unter intensiver staatlicher Zensuraufsicht stand. Ein genuin türkisches Theater ist das **Schattenspiel** um den gewitzten Volkshelden Karagöz (s. S. 193). Durch den Siegeszug des Fernsehens ist es jedoch fast vollständig verschwunden.

Böse Zungen können durchaus behaupten, der **türkische Film** und die TV-Soaps der Türkei stünden in der burlesken Karagöz-Tradition. Ganz wesentlich überwiegen seichte Herz-Schmerz-Novelas und Actionfilme. Berühmtester Schauspieler dieses Genres war Kemal Sunal, der meist den sympathischen Verlierer aus der Unterschicht gibt, der sich trotz aller Widrigkeiten ehrenhaft verhält.

Der ernsthafte Film wird vor allem im Westen gefeiert, etwa Yilmaz Güneys Film »Yol« (Der Weg, 1982), der in Bildern von beängstigender Statik die schonungslose Brutalität des traditionellen Verhältnisses von Mann und Frau in der türkischen Kultur darstellt. Der Film musste aufgrund der Zensur im Ausland fertiggeschnitten werden und erhielt 1983 die Goldene Palme von Cannes. Quasi eine Antwort darauf war der Film »Uzak« (Weit, 2002) von Nuri Bilge Ceylan, der 2003 den Jury-Preis in Cannes erhielt. Behandelt wird die Situation des türkischen Mannes in der Großstadt, der an der Moderne scheitert. Für seine neueste Produktion, »Kış Uykusu« (Winterschlaf, 2014), ein Drama über Schuld und Moral, erhielt er die Goldene Palme von Cannes.

Teppich und Kelim

Der älteste bekannte Knüpfteppich der Welt stammt aus dem 5. Jh. v. Chr. und wurde in einem Grab im zentralasiatischen Altai-Gebirge gefunden. Aus griechischen Quellen sind aber auch schon Teppiche aus Babylon bekannt. Nach Anatolien kam der Teppich spätestens mit den Seldschuken im 13. Jh.

Ursprünglich wurden die Knüpfteppiche, türkisch *halı* genannt, hauptsächlich von Nomaden und Bauern angefertigt. In Europa wurden sie mit der Gesandtschaft des Kalifen Harun al-Raschid am Hof Kaiser Karls des Großen um 800 bekannt; mit den Kreuzzügen kamen nach dem 12. Jh. weitere Stücke ins Abendland. Unter Sultan Süleyman dem Prächtigen wurde die Region Uşak, zwischen İzmir und Afyon, zum berühmtesten Zentrum der türkischen Teppichweberei für den Hof. ›Uschak-Teppiche‹ tauchen als besonders kostbare Einrichtungsgegenstände auf den Bildern europäischer Maler des 16. Jh. wie Holbein und Vermeer auf. Mit dem wachsenden Interesse der Europäer für orientalische Teppiche seit dem 18. Jh. stieg auch die Zahl der Manufakturen. Mitte des 19. Jh. gründete Sultan Abdül Mescit I. die berühmte Hofmanufaktur Hereke, um den Dolmabahçe-Palast in İstanbul mit den feinsten Teppichen der Welt auszustatten. Sie wurden aus reiner Seide geknüpft; die frühe Produktion dieser Manufaktur im Umfang von insgesamt 4454 m^2 Teppich zählt, immer noch vollständig erhalten, zu den kostbarsten Sammlungen der Welt. Heute stellen zahlreiche Betriebe an West- und Südküste Teppiche mit Mustern aus den unterschiedlichsten Gebieten her.

Die Nomaden verwendeten zur Herstellung der Knüpfteppiche das Material, das ihnen hauptsächlich zur Verfügung stand, die Wolle, daneben auch zusätzlich Baumwolle oder Ziegen- und Kamelhaare. Bis zur Erfindung der Anilin-Farben im 19. Jh. dienten ausschließlich Naturprodukte zur Färbung der Wolle: Schildlaus oder Krappwurzel für die verschiedenen Rottönungen, das kostbare Safran für ein besonders leuchtendes Gelb, Indigo für Blau und vieles andere. Das Eisenoxyd für die Schwarzfärbung griff mit der Zeit die Wolle an und hinterließ durch partielle Zerstörung des Materials reliefartige Spuren im Teppich.

Das Färben und das Aufspannen der Kette am Knüpfstuhl blieb den Männern vorbehalten, während das Verspinnen der Wolle ebenso wie das Knüpfen Frauensache war. Eine gute Knüpferin schafft 5000–10 000 Knoten pro Tag. Für einen Quadratmeter Teppich rechnet man 100 Knüpftage. Die Knoten können über einen, zwei oder vier Kettfäden gehen. Am bekanntesten sind der Gördes- oder türkische Knoten, der bei ›Anatol‹-Teppichen üblich ist, und der persische oder Senneh-Knoten, der u. a. den Teppichen aus Isparta oder Kayseri ihren Handelsnamen gibt.

Gebetsteppiche, die seit dem 18. Jh. vornehmlich in der Türkei hergestellt wurden, zeigen die übliche Gebetsnische, die als architektonisches Motiv in die Textilkunst übernommen wurde und häufig mit einer Wasserkanne, einer Ampel oder einem Blumenbukett verziert ist oder ganz leer bleibt. Bei nicht-religiöser Nutzung der Knüpfteppiche stellen Blumen und Früchte die häufigsten Muster dar, hinzu kommen geometrische Motive wie Rauten, Quadrate, Oktogone. Die versetzte Reihe von Oktogonen, die Quadrierung des Musters oder das Überziehen des Teppichs mit einem unendlichen Muster, etwa Arabeskenranken, ist typisch für den türkischen Teppich, im Gegensatz zur Medaillonbildung, die bei Perserteppichen beliebt ist. Die

Teppichladen in Antalyas Altstadt

willkürliche Beschneidung solcher Endlosmuster durch die Rahmung betont die Zufälligkeit und Nichtigkeit des Dargestellten, wie es der islamischen Auffassung entspricht.

Im Gegensatz zu Knüpfteppichen sind Webteppiche (Kelim, türkisch *kilim)* einfache, leinwandbindige Erzeugnisse mit einer Kette und verschiedenfarbigen Schüssen, zumeist aus Wolle, manchmal unter Verwendung von Ziegenhaar oder Baumwolle. Bei den Nomaden fanden sie als Bodenbeläge, Decken, Behänge, Kissenbezüge, Satteldecken u. a. Verwendung. Obwohl man Kenntnis von türkischen Flachgeweben schon aus einer sehr frühen Zeit hat, sind die ältesten erhaltenen Kelims nur etwa 200 Jahre alt.

Da die Flachweberei von den türkischen Nomaden niemals industriell betrieben wurde, charakterisiert eine stark individuelle Prägung die einzelnen Stücke. Andererseits sind Herstellungsweise und die meisten Motive seit Jahrhunderten gleich geblieben, sodass eine genaue Datierung der Textilien nur schwer möglich ist. Aufgrund der einfachen Webtechnik sind die Muster vielfach geometrisch und stellen bestimmte, auch naturalistische Motive in stark stilisierter Form dar. Häufig findet sich die Rose, ein rautenförmiges Medaillon, das oft mit zahlreichen Haken verziert ist. Überhaupt tauchen Hakenformen oft auf, u. a. als Vogel, als Elibeli-Motiv (›Hände auf den Hüften‹; das Sinnbild für die Frau) oder als Widderhörner.

Bekannt sind auch die Spitzarkadenformen, die als Gebetsnische (Mihrab) den Gebetsteppich kennzeichnen. Zu den religiösen Motiven gehört auch der Kamm, der, manchmal zusammen mit einer Wasserkanne, die Reinigung vor der Andacht symbolisieren soll. Im nicht-religiösen Bereich dürfte der Kamm eher als Webkamm zu deuten sein, der auf die Herstellung des Teppichs verweist. Glückssymbole wie das liegende oder stehende S, das Swastika-Motiv, das Oktogon oder der achtzackige Stern Salomons, kurzerhand als Juwel Mohammeds umgedeutet, tauchen auf neben einfachen Stilisierungen von Blumen, Augen oder anderen Mustern, die vor Unheil und dem bösen Blick der Neider schützen sollen.

Brigitte Tietzel

Wissenswertes für die Reise

Anreise und Verkehr
Übernachten
Essen und Trinken
Outdoor
Feste und Veranstaltungen
Reiseinfos von A bis Z

Eisverkäufer in osmanischer Tracht

Yacht vor der einsamen Türkis-Küste bei Fethiye

Blick durch die Tür eines in den Fels gehöhlten Wohnhauses im Göreme-Nationalpark, Kappadokien

Anreise und Verkehr

Einreisebestimmungen

Personalpapiere

Bürger von Deutschland und der Schweiz benötigen für einen Aufenthalt bis zu drei Monaten einen gültigen Reisepass oder Personalausweis (Identitätskarte). Letzterer wird im Land nicht immer akzeptiert, auch verlangen manche Hotelwirte einen Pass als Kaution – nehmen Sie daher besser beide Papiere mit. Auch Kinder brauchen ein Ausweispapier! Österreicher benötigen einen Pass und müssen ein Visum über die Website www.evisa.gov.tr/en erwerben. Bei Aufenthalt über 90 Tagen in einem Zeitraum von 180 Tagen müssen alle Touristen bei der Ortspolizei eine Aufenthaltserlaubnis beantragen.

Fahrzeugpapiere

Kraftfahrzeuge müssen das Nationalitätskennzeichen tragen, das Fahrzeug wird in den **Reisepass** eingetragen (Achtung: bei Diebstahl oder Totalverlust Eintragung bei der Polizei löschen lassen). Benötigt werden neben dem Kfz-Schein die **Grüne Versicherungskarte,** die auch für den asiatischen Teil der Türkei gültig sein muss, sowie der nationale **Führerschein** (am besten die neue EU-Version). Nur bei Einreise mit einem Mietwagen braucht man den internationalen Führerschein.

Da türkische Haftpflichtversicherungen nicht immer ausreichend entschädigen, ist der Abschluss einer **Kurzzeit-Vollkaskoversicherung** ratsam.

Zoll bei der Einreise

Gegenstände des persönlichen Bedarfs dürfen zollfrei eingeführt werden, dazu Geschenke im Wert bis zu 300 €. Sonderbestimmungen gelten für Wertgegenstände oder Antiquitäten (s. Kasten oben rechts). Streng verboten ist die Einfuhr von Waffen (auch stehender Messer) und Drogen (siehe dort). Für Tiere benötigt man ein Veterinäramtszeugnis, eine Tollwutimpfbescheinigung, dazu muss ein Chip implantiert sein.

Zoll bei der Ausreise

Bei der Ausfuhr von Wertgegenständen muss nachgewiesen werden können, dass man sie eingeführt hat (Eintragung im Reisepass) oder dass sie mit offiziell umgetauschtem Geld erstanden wurden (Wechselquittungen aufbewahren). Insbesondere Teppiche dürfen nur bei Vorlage einer Quittung mit Angabe des Alters ausgeführt werden, Antiquitäten (älter als 1918) überhaupt nicht.

Beim Kauf von Gegenständen über 150 TL können Sie bei Ausreise Rückerstattung der Mehrwertsteuer beantragen. Die Ware muss jedoch in ›berechtigten‹ Geschäften gekauft worden sein. Näherere Infos beim Fremdenverkehrsamt. Beachten Sie bitte auch die Einfuhrbestimmungen des einheimischen Zolls (pro Person über 17 Jahren 200 Zigaretten, 1 l Spirituosen über 22 % Vol. etc. sowie Waren bis zu einem Wert von 300 €).

Anreise

... mit dem Flugzeug

Von allen größeren und mittleren Flughäfen Deutschlands, Österreichs und der Schweiz gibt es Flüge zu den touristisch bedeutenden Destinationen İzmir, Bodrum und Dalaman an der Westküste, Antalya an der Südküste, der Hauptstadt Ankara und zu den beiden İstanbuler Flughäfen. Die Flugzeit von Frankfurt nach İstanbul beträgt ca. 2,5 Std., nach İzmir 3 Std., nach Antalya ca. 3 Std. 20 Min. İstanbul, İzmir, Ankara und Antalya werden ganzjährig, Bodrum-Milas und Dalaman nur in der Reisesaison Mai bis Oktober angeflogen. Im Sommer gibt es auch Direktverbindungen nach Adana, am besten zu buchen über türkische Reisebüros.

Die Charterflüge sind zwar zumeist mit Pauschalreisenden belegt, man kann aber auch ohne Hotel buchen und dann auf eigene Faust eine Unterkunft suchen. Vor allem bei türkischen Gesellschaften wie z. B. der Lufthansa-Tochter **Sunexpress** (www.sunexpress.com) oder der zur besten Fluglinie Europas gewählten **Turkish Airlines** (www.turkishairlines.com) bieten außerhalb der Ferienzeiten günstige Flüge an. Auch ›Gabelflüge‹ (zurück von einem anderen als dem Landeflughafen) sind hier problemlos zu buchen.

Mit beiden Gesellschaften kommt man auch ganzjährig von den größeren Flughäfen täglich bis mehrmals wöchentlich nach İstanbul, İzmir und Ankara. Von dort geht es mit mit den Inlandsflügen der Turkish Airlines oder privaten Flugsellschaften wie Pegasus (www.flypgs.com/de) oder Onur Air (www.onurair.com.tr) mit Anschlussflügen weiter zu allen Provinzflughäfen der Türkei. Turkish Airlines übernimmt in der Regel auch die Flüge für Lufthansa und Austria Airlines.

ACHTUNG:

Das Gesetz zum Schutz türkischer Altertümer wird sehr streng ausgelegt. Es verbietet den illegalen Export jeglicher Dinge, die vor 1918 entstanden sind. Darunter fallen nicht nur jede Art antiker Scherben, Steine oder Münzen, sondern sogar Fossilien (!). Vor allem am Flughafen Antalya wurden Leute, die Steine im Gepäck hatten, verhaftet und konnten erst nach Zahlung einer Kaution von mehreren Tausend Euro wieder ausreisen.

Flughäfen

In allen Flughäfen mit internationalem Verkehr findet man eine Tourist Information, Wechselstuben (aber schlechte Kurse!), Büros von Mietwagenagenturen und (im Abfluggebäude) die Büros der Fluggesellschaften.

İstanbul: zwei Airports, der zentrumsnähere **Atatürk International Airport (IST)** liegt ca. 25 km nordwestlich im Vorort Yeşilköy. Hier landen nur noch die Maschinen der Turkish Airlines. Ein Flughafenbus (Havataş Otobüs) fährt von 7 bis 1 Uhr nachts halbstündlich über Aksaray und Şişhane zum Taksim-Platz in Beyoğlu (ca. 10 TL). Nach Sultanahmet steigt man in Aksaray in die Tram um. Auch die Hafif Metro fährt nach Aksaray, nach Sultanahmet steigt man am besten in Zeytinburnu in die Tram um. Die Taxi-Fahrt vom Flughafen ins Zentrum (Aksaray) kostet ca. 50 TL.

Der **Sabiha Gökçen Airport (SAW)** auf der asiatischen Seite ist weiter vom Zentrum entfernt (45 km über die erste Bosporus-Brücke); hier landen neben Flügen aus dem Inland oder dem arabischen Raum z. B. SunExpress und die Billigflieger von Germanwings. Alle 30 Min. fährt ein Havataş-Bus; Taxis kosten ca. 100 TL inkl. Maut für die Brücke.

Ankara (ESB): Eşenboğa Airport, befindet sich etwa 30 km nordöstlich der Hauptstadt. Es gibt Zubringerbusse ins Zentrum und zurück (Havaş, ca. 10 TL, 4–24 Uhr), die Taxifahrt kostet ca. 60 TL.

İzmir (ADB): Adnan Menderes Airport, liegt etwa 25 km südlich vom Zentrum. Havaş-Busse fahren stündlich von/bis Büyük Efes Oteli (Swissotel Grand Efes) im Zentrum für 10 TL; ein Taxi ins Stadtzentrum kostet ca. 45 TL. Die neue S-Bahn İZBAN fährt alle 15 Min. von/bis Bahnhof Alsancak für 5 TL.

Antalya (AYT): etwa 15 km östlich der Stadt mit drei Terminals, davon 2 für internationale Flüge. Havaş-Busse ins touristische Zentrum und nach Konyaaltı starten nur ab dem Inlandsterminal (9 TL); Taxis fahren für ca. 45–60 TL ins Zentrum. Die Stadtbuslinie 202 fährt zwischen 6 und 22 Uhr von allen drei Terminals zum Busbahnhof (Haltestelle ist mit weißem D auf blauem Schild gekennzeichnet).

Bodrum-Milas (BXN): zwischen Milas und Bodrum, 36 km bis Bodrum). Havaş-Busse fahren zu den Ankünften der Inlandsflüge für 15 TL nach Bodrum; per Taxi kommt man für ca. 100 TL dorthin.

Dalaman (DLM): etwa 70 km von Fethiye, ca. 110 km von Marmaris. Havaş-Busse ca. 8 x tgl. vom Inland-Terminal nach Fethiye und Marmaris (ca. 30 TL). Reguläre Busse ab Dalaman Yeni Otogar, bis dahin per Taxi (ca. 15 TL). Direktfahrt per Taxi zu festen Tarifen (am Taxistand ausgeschildert) oder man mietet einen Wagen.

... mit dem Auto

Von Frankfurt nach İstanbul sind es etwa 2400 km, von dort nach Antalya rund 730 km, nach İzmir rund 570 bzw. 830 km entlang der Küste. Bei sehr guten Busverbindungen und einem guten Angebot an Mietwagen (s. S. 72) spricht an sich nichts für die Anreise mit dem eigenen Fahrzeug.

Wer die viertägige Tortur trotzdem nicht scheut, hat zwei Routen zur Auswahl. Die ›jugoslawische‹ Route über Zagreb – Belgrad – Niš – Sofia – Edirne ist wenig empfehlenswert, da man mehrere Visa braucht und mit langen Wartezeiten an den Grenzen rechnen muss. Die Route über Budapest und Bukarest führt nur durch EU-Länder, ist hingegen noch etwas länger. Aktuelle Informationen zu den jeweiligen Transitbestimmungen geben die Automobilklubs.

Ab Villach (Österreich) geht jedoch ein **Autoreisezug** nach Edirne: Juni–Okt., einfache Fahrt Pkw ab 289 €, Pers. ab 149 € (2015); über Optima Tours, München, Tel. 089 548 80 11, www.optimatours.de). Grenzdokumente für den Pkw: s. S. 68; bei Einreise wird der Reisepass benötigt, in den das Fahrzeug eingetragen wird.

... mit dem Schiff

Alle Verbindungen ab Venedig oder Ancona waren 2012 eingestellt. Bei Interesse gibt's aktuelle Info bei RECA, Neckarstr. 37, 71065 Sindelfingen, Tel. 07031 86 60 10, Fax 87 65 68, www.reca.de).

Öffentliche Verkehrsmittel

Bus

Das landesweit wichtigste öffentliche Verkehrsmittel ist der Bus. Die Fernbuslinien (InterCity-Busse) verbinden alle größeren

Im **Last-Minute-Verkauf** gibt es heute die meisten Angebote über das Internet. Richtig günstige Schnäppchen sind aber besser direkt an den Flughäfen zu bekommen, am günstigsten, wenn man flexibel ist und erst wenige Tage vorher buchen kann.

Städte in recht häufigem Takt. Die Preise für die auf den Hauptstrecken durchweg komfortablen und gut gewarteten Busse sind vergleichsweise recht günstig. Nach jeweils zwei bis drei Stunden werden längere Pausen eingelegt, nur Langstreckenfahrten in der Nacht gehen nonstop. Ein Fahrtbegleiter verstaut das Gepäck und bietet regelmäßig Eau de Cologne zur Erfrischung an.

Der Fernbusverkehr wird von mehreren privaten Gesellschaften organisiert, die die Hauptlinien zu unterschiedlichen Zeiten abfahren. Wer längere Fahrten plant, sollte mit der Gesellschaft Varan fahren, die in puncto Komfort und Sicherheit einen guten Ruf hat. Die **Fahrkarten** werden in den Büros der Busunternehmen auf den Busstationen verkauft und gelten normalerweise auch als Platzkarten.

Tipp: Da die Busse sehr selten ausverkauft sind, kann man, um längere Wartezeiten zu vermeiden, einen Bus zum gewünschten Ziel suchen, der schon teilweise besetzt ist. Das ist zumeist der, der als Nächster startet; man kann ohne Probleme zusteigen und während der Fahrt zahlen. In den Hauptreisezeiten, vor allem vor und während der religiösen Feiertage (s. S. 89), empfiehlt es sich jedoch dringend, im Voraus zu buchen.

Die **Fernbusstationen** *(otogar)* der Städte liegen meist außerhalb und sind per Taxi- oder Dolmuş-Verkehr mit den Stadtzentren *(şehir merkezi)* verbunden. Auf den Busstationen wird häufig versucht, dem Ankömmling eine Pension zu vermitteln (die Provision kann jeder gebrauchen). Meist sind diese Häuser nicht sehr ansprechend, doch billig.

Wenn man den Fahrer frühzeitig bittet, stoppen Kurzstreckenbusse auch bei den Sehenswürdigkeiten; in der Regel kann man die Busse auch auf freier Strecke per Handzeichen anhalten.

Dolmuş (Minibus)

Der Busverkehr auf den Nebenstrecken zu den abgelegenen Orten wird von Kleinbussen übernommen. Für sie hat sich die Bezeichnung *Dolmuş* (sprich dolmusch) eingebürgert. Das bedeutet auf Türkisch ›gefüllt‹, und tatsächlich wartet der Fahrer solange, bis er genügend Fahrgäste beisammen hat. Heute sagt man aber oft auch nur *Minibüs*.

Die Fahrzeuge werden meist privat betrieben, doch sind die Preise staatlich festgelegt und wesentlich billiger als die der Taxis. Dolmuş bzw. Minibusse halten überall auf Zuruf oder Handzeichen an. Die Fahrtziele werden auf einem Schild an der Windschutzscheibe angezeigt. Die Kleinbusse findet man in kleinen Orten auf dem Hauptplatz oder bei der Bushaltestelle; in größeren Orten meist auf einer innenstadtnahen Minibus-Station *(Garaj)*.

Taxi

Die zumeist gelben Taxis sind im Vergleich mit Dolmuş teurer, verglichen mit europäischen Verhältnissen jedoch noch recht billig. Offiziell muss jedes Taxi nach Taxameter abrechnen, doch wundersamerweise sind die Geräte bei Ausländern häufig gerade ›kaputt‹, vor allem in İstanbul. Nur im Notfall oder bei ganztägiger Buchung einer Ausflugsfahrt sollten Sie sich auf ein Aushandeln des Preises einlassen. Bestehen Sie auf Taxameterabrechnung und nehmen Sie andernfalls ein anderes Taxi. Übrigens: Seit 2009 ist der erhöhte Nachttarif (Taxameteranzeige: *gece)* abgeschafft, es gibt jetzt nur noch einen Einheitstarif. Üblicherweise wird die Taxametersumme etwas aufgerundet.

Nützliche Sätze: schließen Sie das Fenster, bitte – *camı kapatın lütfen* (dscháme kábaten lütfen); hier anhalten – *burada durun* (búrada dúrun); bitte hier warten – *burada bekleyin lütfen* (búrada béklejin lütfen).

Bahn

Das Streckennetz der Staatsbahn TCDD umfasst nur ca. 8500 km; an der West- und Südküste, zwischen İzmir und Mersin, gibt es überhaupt keine Bahnlinien. Allerdings sind inzwischen die ersten Hochgeschwindigkeitsstrecken eröffnet worden, das Netz soll weiterhin ausgebaut werden. In Betrieb sind inzwischen die Strecken İstanbul – Eskişehir – Ankara – Konya, die Linien nach Sivas und İzmir (über Afyon) sollen folgen.

Info: www.tcdd.gov.tr; nützliche Worte: *varış* = Ankunft, *kalkış* = Abfahrt, *duruş* = Halt, *her gün* = täglich, *tarife* = Preis). İstanbul taucht in den Fahrplänen nicht als Stadt, sondern nur mit den Namen der Bahnhöfe auf: Yenikapı für die europäische Seite, Selamiçeşme für die asiatische. İzmir findet man unter Basmane.

Flugzeug

Das bequemste und schnellste Verkehrsmittel in der Türkei ist das Flugzeug. Das Land ist flächendeckend mit Flughäfen bei den größten Städten ausgestattet, doch gibt es kaum Querverbindungen. Um von Antalya z. B. nach Adana zu fliegen, muss man also via Ankara oder via İstanbul reisen. Die Gesellschaften SunExpress und Pegasus (s. u.) bedienen jedoch manche Regionalflughäfen auch von İzmir aus, dem neuen Drehkreuz im Westen des Landes.

Info: www.turkishairlines.com
www.flypgs.com (Pegasus)
www.onurair.com.tr (Onur Air)
www.anadolujet.com (Anadolu Jet)
www.borajet.com.tr (Bora Jet)

Wichtige Fährverbindungen

İstanbul-Fähren:

IDO (İstanbul Deniz Otobüsleri) bietet zahlreiche Verbindungen auf dem Bosporus und im Marmara-Meer, z. B. Büyükada/Prinzeninseln (etwa alle 90 Min.), Üsküdar, die Bosporus-Orte, Bandırma und die Inseln im Marmara-Meer. Info und Fahrpläne über www.ido.com.tr.

Küstenfähren ab İstanbul: Die Fähren entlang der türkischen Küste nach İzmir, Bodrum oder Samsun sind inzwischen eingestellt.

Autofähren über den İzmit-Golf: Um den Weg rund um den Golf von İzmit (Kocaeli) abzukürzen, gibt es verschiedenen Fähren:
Yenikapı/Pendik – Yalova: Nach Yalova von der Fährstation Yenikapı (Kennedy Caddesi) tgl. alle 2 Std., tgl. stündlich von Pendik auf der asiatischen Seite, per Schnell-Catamaran, nur begrenzter Autotransport.
Gebze/Eskihisar – Topçular: Autofähre, Abfahrt ca. alle 30 Min.; Dauer etwa 45 Min. Zu Stoßzeiten längere Wartezeiten möglich.
Dardanellen-Fähre: Zu jeder vollen Stunde zwischen 6 und 24 Uhr pendeln große Autofähren zwischen Çanakkale und Eceabat bzw. Lapseki und Gelibolu (etwas östlich, weniger Wartezeit). Im Sommer alle 30 Minuten.
Bodrum–Datça: Kleine Autofähre über den Gökova-Golf, in der Saison tgl. 10.30 Uhr ab Bodrum, retour jeweils 17 Uhr, in der Hochsaison auch 8.30 Uhr ab Datça, 15 Uhr zurück. Beschränkt auch Autotransport (ca. 10 Pkw). Ankunft in Körmen İskelesi, ca. 5 km nördlich von Datça; Buszubringer in den Ort inklusive.

Bodrum Express Lines fährt 2 x wöchentlich mit schnellen Hydrofoils nach Marmaris (über Gelibolu-Hafen) sowie täglich zur griechischen Inseln Kos und 2 x wöchentlich nach Rhodos. In der Saison auch Touren nach Dalyan, Datça und Didim. Info: www.bodrumexpresslines.com

HINWEISSCHILDER

Bozuk Satih	Schlechte Straße
Dikkat	Achtung
Dur	Stopp
Inşaat	Baustelle
Tehlikeli Viraj	Gefährliche Kurve
Taşit Giremez	Gesperrt
Yavaş	Langsam
Park Yapılmaz	Parkverbot
Tek Yön	Einbahnstraße
Şehir Merkezi	Stadtzentrum
Sollamayın	Überholverbot
Hastane	Hospital

Autofahren

Seit den 1980er-Jahren hat die Türkei v. a. in den westlichen Landesteilen zahlreiche Straßen ausgebaut oder befestigt. Fast alle touristischen Attraktionen sind heutzutage auf Asphalt erreichbar. In Bergregionen muss man aber weiterhin mit sehr schmalen, kurvigen und an Steilabstürzen völlig ungesicherten Strecken rechnen. Bei den Nebenstrecken zu abgelegenen Dörfern (auch zu weniger bekannten Ruinenstätten) handelt es sich sogar oft nur um grob stabilisierte Pisten. Die Türken selbst fahren zwar erfrischend unkonventionell, aber im Prinzip sehr defensiv (bis auf Fahrer von Lkw und Luxus-Limousinen). Zur Rush-Hour ist in den Städten mit chaotischen Verhältnissen zu rechnen – da wird eine Dreispurstraße einfach sechsspurig genutzt.

Mietwagen

An den Küsten werden in allen Städten und selbst in kleineren touristischen Orten Mietwagen vermietet. Die internationalen Agenturen Europcar, Avis, Hertz sind oft teurer als die lokalen, bieten jedoch besseren Notfallservice. Am einfachsten bucht man den Wagen über die Hotels. Günstige Konditionen und guten Service haben die mit Filialen in der gesamten Türkei vertretenen Anbieter Car Rental Turkey (İstanbul, www.carrentalturkey.com) oder First (Antalya, www.firstrentacar.info).

Die Tagespreise liegen um 25–40 € für einen Kleinwagen und um 50 € für einen Jeep. Bei längerer Mietdauer werden Rabatte eingeräumt. In der Nebensaison kann man den Preis häufig herunterhandeln, in der Hauptsaison ist die Nachfrage hingegen so groß, dass man frühzeitig buchen sollte. Vorlegen muss man Führerschein und Reisepass; das Mindestalter beträgt 20 Jahre, Mindestfahrpraxis 1 Jahr. Gezahlt wird zumeist vorab, dazu wird noch eine Kaution *(deposit)* verlangt. Eine Kreditkarte erleichtert die Abwicklung erheblich. Versichern Sie sich, dass Kaskoversicherung und Steuer im Preis eingeschlossen sind. Überprüfen Sie vor Fahrtantritt das Reserverad und den Wagenheber!

Verkehrsregeln

Innerorts darf nicht schneller als 50 km/h gefahren werden, auf den Staatsstraßen nur 90 km/h, auf Autobahnen nur 120 km/h. Radarkontrollen gibt es vor allem an gefährlichen Punkten, sie sind aber zumeist angekündigt. Es besteht Gurtpflicht sowie Helmpflicht bei Motorradfahrern, das Alkohollimit liegt für Privatfahrer bei 0,5 Promille. Wenn aber unter Alkoholeinfluss etwas passiert, kann es erhebliche versicherungstechnische Probleme geben (s. auch ›Unfälle‹). Die Verkehrsschilder entsprechen im Wesentlichen der europäischen Norm.

Straßenkontrollen

Straßenkontrollen finden recht häufig statt, vor allem Richtung Südosten. Auch wenn man sich stets etwas an alte DDR-Zeiten erinnert fühlt (die vorgehaltenen MPs sind entsichert): Das alles dient nur zu Ihrer Sicherheit ... Die Soldaten können selten Englisch, man zeigt die Papiere und hofft auf das Beste.

Tankstellen

haben in der Regel auch sonntags geöffnet, an den Überlandstraßen einige auch durchgehend 24 Std. lang. Es gibt Bleifrei *(kurşunsuz,* spr. kurschunssus), Super *(süper)* und Diesel *(motorin* oder *mazot);* Super kostet um 1,95 € (5,60 TL), Diesel 1,45 € (4,60 TL).

Praxistipps für Autofahrer

Türkische Autofahrer hupen gern. Lassen Sie sich davon nicht irritieren. Man will nur auf sich aufmerksam machen, beispielsweise bei einem Überholmanöver. Am besten beherzigt man als goldene Regel: Wenn jemand vorbei will, lässt man ihn! Dazu gibt es das ›Dreispursystem‹: Wer langsam fährt, fährt jeweils ganz außen, die Schnelleren auf der Mittelspur. Provozieren Sie lieber keinen Unfall durch stures Blockieren der Straße!

Bei Fahrten in abgelegenen Bergregionen muss man sich auf sehr schlechte Schotterpisten mit Schlaglöchern und nicht selten mehr als 10 % Gefälle einstellen. Steile Abfahrten lassen sich am besten im 1. Gang mit ständiger Motorbremse meistern, bei stark holprigem Gelände sollte man zur ›Schonung‹ der Ölwanne mit den Reifen über die hohen Steine fahren, nicht aber in den Spurrillen.

Steine werfende Kinder, für die der Osten der Türkei berüchtigt ist, gibt es im Westen kaum – allerdings sollte man sich in Bergregionen allen Fußgängern mit verhaltenem Tempo nähern, ebenso, wenn die Überlandschnellstraßen durch besiedeltes Gebiet führen. Häufig kommt es zu tödlichen Unfällen mit Kindern und anderen Fußgängern. Achtung auch vor Kurven: Im Bergland können frei laufende Ziegenherden die Straßen blockieren. Vorsicht vor allem bei längeren Nachtfahrten im Inland: Manche Autos fahren nur mit Standlicht, Maultierkarren sogar gänzlich unbeleuchtet, auch gibt es eine Straßenbeleuchtung im Inland nur selten.

In den Städten sind alle großen Straßen mit einem befestigten Mittelstreifen ausgestattet, der Wenden oder Seitenwechsel unmöglich macht. Es hat sich eingebürgert, dass Anwohner am Straßenrand in beide Richtungen fahren – also keine Panik, wenn Ihnen ein Lkw als Geisterfahrer entgegenkommt.

Unfälle

Bei jedem Unfallschaden, der über die Haftpflicht- oder Kaskoversicherung zu regulieren ist, muss ein Polizeibericht aufgenommen werden, der immer einen (sehr zeitraubenden) Alkoholtest einschließt – andernfalls zahlt die türkische Versicherung nicht. Bei größeren Unfällen oder gar Personenschäden lassen Sie sich auf jeden Fall einen Deutsch sprechenden Anwalt durch die Botschaft ihres Staates oder die Konsulate (s. S. 91) vermitteln.
Hilfe bei Unfall oder Panne bietet auch der:

TTOK (Türkischer Automobilklub)
Türkiye Turing ve Otomobil Kurumu
Seyrantepe Yolu
1. Oto Sanayı Sitesi yanı
4. Levent, İstanbul
Tel. 0212 282 81 40
Fax 0212 282 80 42
www.turing.org.tr

Für Individualtouristen gibt es überall …

… viele kleine Hotelpensionen in historischen Gebäuden

Übernachten

Hotelkategorien

Aufgrund des Baubooms an der Ägäis- und Mittelmeerküste (bis Alanya) ist das Angebot an Unterkünften dort inzwischen fast unüberschaubar. Neben ›normalen‹ Hotels gibt es hier zahlreiche riesige Luxus-Anlagen mit bis zu 2500 Betten, die teils wie Lager abgesichert und abgeschottet sind. Besonders in Belek, Side und İncekum finden sich solche Luxus-Häuser. Besonders spektakulär sind die neuen ›Themenhotels‹ in Antalya-Kundu, die den Kreml, den Topkapı-Palast oder das Weiße Haus nachempfinden.

Weniger gute Auswahl und Ausstattung erwartet den Reisenden im Inland, hier ist man nicht selten auf einfache Stadthotels angewiesen, wo zumeist Geschäftsleute logieren. Touristische Zentren wie İstanbul, Pamukkale, Amasya, Kappadokien und Ankara stellen dabei Ausnahmen dar, denn hier gibt es wiederum zahlreiche akzeptable Pensionen und sogar regelrechte Luxushotels.

Die Kategorien der Tourismusverwaltung umfassen Hotels *(otel)* mit 5 bis 1 Sternen, dazu Pensionen *(pansiyon)*, Feriendörfer *(tatil köyü)*, Motels *(motel)*. Spezielle Lizenzen werden für Unterkünfte in restaurierten historischen Bauten vergeben (›S‹ wie *spesial)*; dort wohnt man meist sehr romantisch, zahlt aber meist überdurchschnittliche Preise.

Sehr kritisiert werden im Land die quasi geschlossenen All-inclusive-Anlagen, aus denen die Urlauber kaum mehr herauskommen – zahlreiche kleine Geschäftsleute verlieren dadurch ihre Kundschaft (s. S. 13).

Im Inland kann man bei günstigeren Unterkünften nicht immer mit Dusche/WC im Zimmer rechnen, sollte sich auch vor dem Einchecken vergewissern, dass die Bettwäsche frisch ist (am besten nimmt man einen leichten Leinenschlafsack mit). Dafür sinken die Preise bei Pensionen z. T. auch unter die 15-€-Grenze.

Unterkünfte

Ab drei Sternen sind internationale Standards anzutreffen wie heute überall am Mittelmeer. Ein Pool gehört zum Standard, das Frühstück gibt es als Büffet, die Sprache der Gäste spricht man mehr oder weniger perfekt. Fünf-Sterne-Anlagen werden wie Clubhotels geführt (s. u.), doch entsprechen der Service und die Buffets letztlich dem westlichen Niveau nicht wirklich, vor allem nicht, wenn es sich um All-in-Anlagen handelt. Einschätzungen anderer Gäste kann man bei Foren im Web nachlesen, z. B. bei www.holidaycheck.de. Häuser unter drei Sternen entsprechen den Pensionen.

Pensionen

In Großstädten im Inland ist der Standard nicht selten katastrophal: durchgelegene Betten, Ungeziefer, zerschlissenes Bettzeug. In allen Ferienstädtchen an der Küste jedoch gibt es zahlreiche ansprechende Pensionen *(pansiyon)*, die meist eine nette familiäre Atmosphäre bieten und hin und wieder sogar einen Pool besitzen. Wichtig jedoch: Immer erst das Zimmer prüfen, bevor man einbucht (Betten, Dusche, WC-Spülung!).

Anders als in Griechenland servieren die Wirte fast immer Frühstück, das in der Regel im Zimmerpreis eingeschlossen ist. Nach türkischer Sitte erhält man Gurke, Tomate, Schafskäse, Oliven und Brot, oft auch Ei und Honig oder Marmelade. Für Mückenschutz (Fensternetze) ist aber nur selten gesorgt; chemische Mittel oder besser ein Moskitonetz können sich in den Monaten Juni bis September als sehr nützlich erweisen.

Apartments & Studios

In fast allen Ferienorten vermieten Privatleute in kleineren Bauten auch Apartments: meist ein Schlafzimmer, ein Wohn-/Schlafzimmer mit einfacher Kücheneinrichtung und

Dusche/WC. Familien mit 1–2 Kindern können sich damit arrangieren, für 4 Erwachsene ist das eher nicht geeignet. Die Preise in einfachen Anlagen liegen in der Regel um 50 €/Tag (um 150 TL). Man bekommt zwar kein Frühstück, kann aber selbst kochen. Meist liegen die Häuser ruhig im Grünen, selten aber direkt am Strand. Die meisten haben einen kleinen Garten und oft auch einen Pool.

Etwa alle drei Tage wird gereinigt. Mit Nebenkosten ist nicht zu rechnen. Bettwäsche und Handtücher werden gestellt, eine Endreinigungsgebühr wird nicht verlangt.

Club-Hotels & Feriendörfer

Vor allem die Zahl der auf riesigen Flächen angelegten Club-Hotels ist in den letzten fünf Jahren enorm angestiegen. Die meisten bieten neben der Rundum-Animation auch All-inclusive-Versorgung: Man bekommt ein Plastikarmband und kann die gesamte Verpflegung inkl. Nachmittagskuchen ohne weitere Zahlung erhalten (was meist aber ständiges Schlange-Stehen bedeutet). Wer hauptsächlich Erholung und Sonne sucht, ist hier richtig, vom Land bekommt man allerdings wenig mit. Fazit: Luxus ist schön, doch wer in die Türkei will, sollte auch mal den Ausgang suchen. Das gilt übrigens besonders für Freunde guten Essens, denn die Großküchenverpflegung ist nicht selten eine Zumutung.

KLEINE HOTELS – ROMANTISCH

In der Kategorie kleinerer Edelhotels in historischen Altbauten hat sich das Angebot in jüngster Zeit erheblich erhöht. Neben den Altstadthäusern in Antalya oder Safranbolu sind viele weitere **›Butik-Hotels‹** zwischen İstanbul und Gaziantep entstanden. Eine Gesamtübersicht bietet das Buch ›Small Hotels of Turkey‹, das es übersetzt auch im Reise Know-How Verlag gibt. Einfacher übers Web: smallhotelsofturkey.net (in Englisch).

Camping

Viele schön gelegene Plätze an der Südägäis und am Mittelmeer sind mittlerweile in Hotelanlagen umgewandelt worden. Im Inland sind die Campingplätze meist mit einfachen Bungalow-Motels kombiniert und liegen oft an den Hauptverkehrstraßen an den Stadträndern. Adressen und Hinweise findet man im Web unter tr.camping.info/türkiye.

Reservieren und Preise

Außer in der Hochsaison zu den türkischen Sommerferien von Mitte Juli bis Ende August bekommt man stets überall noch ein freies Zimmer. Will man aber sichergehen, in einem bestimmten Hotel unterzukommen, sollte man besser reservieren. So gut wie alle Hoteliers sprechen Englisch, viele auch Deutsch. Am Telefon melden sich Türken fast nie mit dem Namen, sondern sagen nur Efendim (›Bitte?‹).

Über zahlreiche Hotelportale kann man auch direkt buchen; die meisten Hotels sind unter www.booking.com vertreten. Viele Privathotels haben eigene Websites und sind per E-Mail erreichbar. Vorbuchen ist aber selten wirklich günstig, denn vor Ort kann man meist erfolgreich um den Preis handeln. Viele Hotels geben zudem Preise im Web nur auf Nachfrage an – da variiert der Preis je nachdem, ob man als Europäer oder als Türke anfragt.

Oberklassehotels haben dabei zumeist erheblich über dem Pauschalreisepreis liegende Straßenpreise (DZ/F ab 480 TL, ca. 160 €); kleine Pensionen und einfache Mittelklassehäuser liegen bei 75–150 TL (ca. 25–50 €) fürs Doppelzimmer. Aber allein saisonabhängig schwanken die Preise um bis zu 40 %. Der Standardpreis gilt stets bei Zweierbelegung, als Single erhält man einen geringen Abschlag (um 20 %), für ein Zustellbett zahlt man etwa 30 % mehr. Für Kleinkinder im Zimmer und Bett der Eltern wird meist nichts berechnet.

Essen und Trinken

Die türkische Küche ist bis heute ein lebendiges Spiegelbild der ethnischen Zusammensetzung des Osmanischen Reichs: alte Nomadentraditionen mischen sich mit arabischen, tscherkessischen und griechischen Kochkünsten. Da gibt es natürlich viel zu probieren – und das sollte man sich nicht entgehen lassen.

Dabei wird so mancher eine ganze Reihe von Klischees revidieren müssen. Bis auf ganz wenige Ausnahmen sind türkische Gerichte eher mild und auf die Bewahrung des Eigengeschmacks der Zutaten bedacht. Dazu ist die türkische Küche, wie die Ernährungswissenschaft herausgefunden hat, auch sehr gesund durch die typische Kombination mit frischem Gemüse und Salat.

Leider passen sich aber die Hotels und auch viele Restaurants in den Touristenorten dem internationalen Geschmack an bzw. servieren lediglich türkische Grillgerichte. Weitaus abwechslungsreicher isst man daher in einem einfachen Lokanta, womit eine Art bodenständiges Lokal wie die griechische Taverne gemeint ist.

Essen gehen

Da das Mittagessen wegen der Hitze meist weniger üppig ausfällt, nehmen die Türken die Hauptmahlzeit am Abend zum Anlass, mit Freunden in großer Runde zu feiern. Auf eine Speisenkarte ist man nicht unbedingt angewiesen, denn in vielen Lokalen ist es üblich, die Speisen an einer Glasvitrine auszuwählen. In den meisten Lokalen an der touristischen Küste kann man sich auch gut in Deutsch oder Englisch verständigen. Zu allen Mahlzeiten wird Weißbrot *(ekmek)* und traditionell auch frisches Wasser *(su)* gereicht.

Normalerweise bringt der Kellner alle bestellten Gerichte gleichzeitig; wollen Sie sie in mehrere Gänge aufteilen, müssen Sie das ausdrücklich sagen. Noch ein Wort zur Rechnung: Üblicherweise zahlt man in der Türkei nicht getrennt, sondern alle legen zusammen – Türken streiten sogar um die Ehre, die Rechnung übernehmen zu dürfen. Ein Trinkgeld wird gern gesehen, mit einem zu geringen Betrag drückt man jedoch eher seine Unzufriedenheit aus.

Türkische Küche

Frühstück

Das typisch türkische Frühstück *(kahvaltı)* mutet zunächst vielleicht etwas ungewohnt an. Es besteht aus frischem Weißbrot, Butter, Tomaten und Gurken sowie gekochtem Ei, Schafskäse und Oliven, als Konzession an den europäischen Geschmack auch Marmelade oder Honig. Dazu wird Tee *(çay)* oder Nescafé gereicht. In ländlichen Gebieten ist auch das selten, denn dort beginnt man den Tag üblicherweise mit einer Suppe.

In den Touristenorten servieren aber zahlreiche Restaurants ab 9 Uhr morgens auch ein opulentes englisches Frühstück mit Eiern und Speck; in den Großhotels gibt es das Frühstück zumeist als üppiges Buffet mit verschiedenen Müsli-Sorten und Eierspeisen.

Vorspeisen

Traditionell wurde nur wenig Fleisch gegessen, sodass viele Gerichte reine, dabei sehr variationsreiche Gemüsezubereitungen sind. Dies gilt vor allem für die vielen abwechslungsreichen **Mezeler**, worunter man in der Türkei das zusammenfasst, was man in Spanien Tapas nennt. In den großen Hotels und mittlerweile auch in vielen Restaurants an der Küste kann man sich diese Appetithappen vom Buffet selbst aussuchen.

Die Auswahl ist groß, s. S. 508. Auch hier sind Einflüsse aus Griechenland (die Joghurtcreme *cacık, also Tsatsiki)*, aus Zypern *(humus und tahin) oder* tscherkessischer Köche *(çerkez tavuğu,* tscherkessisches Huhn) bzw. auch der syrischen Küche *(Antep ezme, ein scharfes Chilipüree)* unverkennbar. Im Restaurant werden die Mezeler in kleinen Schälchen serviert, üblich unter Türken ist es, dass man je nach Personenzahl eine Auswahl bestellt und alle nach Lust und Laune davon kosten.

Fleischgerichte

Die Touristenrestaurants sind ganz auf Hauptgerichte mit Fleisch (Huhn, Lamm, Rind) und Fisch spezialisiert, die allerdings fast ausschließlich gegrillt serviert werden. Die große Palette der Schmorgerichte ist dort leider fast nie zu finden. Was etwa vollmundig als ›osmanische Pfanne‹ auf der Speisekarte erscheint, entpuppt sich allzu oft als rasch mit Zwiebeln zusammengebrutzeltes Grillfleisch in Instantsauce – präsentiert freilich mit großartigem Feuerzauber.

Gewürzt wird im Westen eher sparsam (das gilt auch für die Verwendung von Knoblauch). Mehr oder minder scharf wird nur der *Adana Kebap,* Hackfleisch am Spieß gegrillt, zubereitet, sonst finden vor allem Minze oder Petersilie Verwendung. Oft drängt sich auch der Verdacht auf, dass die *Köfte* (Hackfleischbällchen) oder der *Şiş Kebap* (Lammspieß) gänzlich ungewürzt sind.

Ganz anders sieht die Situation im *lokanta,* einer Garstube, aus: Stilecht werden dort Schmorgerichte wie *Türlü* oder *Tas Kebap* in Stahlwannen vorgekocht und dann den Kunden in Warmhaltevitrinen präsentiert – das ist in der Regel dann auch richtig lecker. *Köfte* in verschiedenen Saucen geizen nicht mit der reichen Palette orientalischer Gewürze (z. B. *İzmir Köfte* in Tomaten-Kreuzkümmel-Sauce).

Das bekannte *Döner Kebap* ist in der Türkei etwas schärfer und wird oft als *İskender Kebap* (›Alexander-Kebap‹) mit Joghurt auf Fladenbrot serviert. *Dolmalar,* ›gefüllte‹ Gemüse, werden mit einer Mischung aus Reis, Pinienker-

Köstlichkeiten aus dem Meer fangfrisch auf den Grill

nen und Korinthen meist nur lauwarm serviert. Ein Beispiel ist das Gericht *İmam Bayıldı,* mit Zwiebeln und Tomaten gefüllte Auberginen, dessen Name, ›Der Imam fiel in Ohnmacht‹, auf die Reaktion des sparsamen Geistlichen zurückgeht, als seine Frau zur Zubereitung einen ganzen Liter Olivenöl verbrauchte. Heute wird das Gericht aus Respekt vor der Religion unter dem Namen *Karnı Yarık* angeboten.

Lahmacun, Peynirli Pide (Brotfladen mit Schafskäse) und Suppen (vor allem *Mercimek Çorbası,* pürierte Linsensuppe mit Koriander) sind weitere Köstlichkeiten solcher einfachen Lokale. Eine Spezialität der Nordwesttürkei ist der *Çöp Şiş* (›Abfall-Spieß‹): sehr kleine Lammfleischstückchen kross gegrillt und trotz des Namens eine feine Mittagsmahlzeit.

Fisch, Meeresfrüchte

In den Küstenorten ist das Angebot an Meeresfrüchten verlockend. Oktopus-Salat, gegrillte Calamari, die rote Meerbarbe, aber auch Seebarsch, Schwertfisch und frischer Thunfisch sind Köstlichkeiten, die man so nur direkt am Meer bekommt.

Allerdings sind diese Gerichte oft recht teuer, sodass es sich empfiehlt, vorher den Fisch selbst auszusuchen und den Preis zu erfragen, um keine böse Überraschung bei der Rechnung zu erleben. In den Touristenlokalen wird der Fisch meist auf Eis ausgelegt, sodass man vorher genau sieht, was man auf den Teller bekommt. In einfacheren Lokalen kann man sich den Fisch an der Gefriertruhe aussuchen. Man sollte auch die Zubereitung besprechen, manchmal wird er nicht gegrillt, sondern frittiert oder erst filetiert und wie ein Steak gebraten. Nach türkischer Sitte muss man alle Beilagen zum Fisch extra bestellen.

Süßspeisen

Zum Dessert wird im Sommer vor allem Obst gereicht, etwa Honigmelone *(kavun)* oder Wassermelone *(karpuz),* Weintrauben *(üzüm)* oder Orangen *(portakal).* Aber auch die türkischen Süßspeisen lohnen in jedem Fall einen Versuch. Viele Backwaren sind berüchtigte Kalorienbomben, die mit Walnüssen oder Pistazien und viel, viel Honigsirup hergestellt werden wie etwa *Baklava* oder *Bülbül Yuvası* (›Nachtigallennest‹).

Andere haben Namen, die die Fantasie beflügeln, wie *Hanım Göbeği* (Frauennabel), *Dilber Dudağı* (Schöne Lippen) oder *Kız Memsi* (Mädchenbrüste). Bekannt und beliebt sind auch Kompotte wie das *Aşure* aus Trockenobst, Nüssen und Bohnen in sämiger Zuckersauce. Bei Kindern beliebt: *Sütlaç,* ein Pudding aus Reismehl mit Kokosraspel oder *Hoşmarim* (Pfannkuchen).

Quasi der Vorläufer des ›Gummibären‹ ist das *Lokum,* das meist englisch Turkish Delight genannt wird. Hergestellt wird es aus Gelatine, Reismehl und Geschmacksstoffen sowie oft auch Nüssen, man schneidet die Masse in Würfel, wälzt sie in Puderzucker, für den Verkauf – auf Märkten oder vor Konditoreien – werden diese dann zu Pyramiden gestapelt.

Getränke

Tee und Kaffee

Als ›Nationalgetränk‹ wird der **Tee** *(çay,* sprich Tschai) bezeichnet. Er wird aus einem starken Aufguss zubereitet und portionsweise mit heißem Wasser verdünnt. In guten Teegärten bekommt man auf Wunsch auch einen Samowar *(çay semaver)* und kann die Prozedur selbst versuchen. Wem der Schwarztee zu bitter ist, der kann auch den süßen synthetischen Apfeltee *(elma çay)* wählen.

Der türkische **Mokka** *(kahve)* wird jeweils frisch aufgekocht und mit dem Satz serviert – zuerst vielleicht etwas ungewohnt. Schon bei der Bestellung muss man angeben, ob der Kaffee süß *(şekerli),* mittelsüß *(orta)* oder ohne Zucker *(sade)* gewünscht wird.

Rakı – die Löwenmilch

Zur Blue-Hour, aber auch zum Fisch oder zu Mezeler trinkt man gerne den Anisschnaps Rakı, der sonst oft mit einer Schale gemischter Knabbereien *(çerez karışık)* mit Nüssen, Pistazien, Kichererbsen und Korinthen serviert wird. Er wird nicht eiskalt genossen, sondern mit etwas Wasser vermischt, wodurch er eine milchige Farbe erhält. In der Türkei sagt man dazu treffend *aslan sütüsü*, ›Löwenmilch‹: Der Alkohol ist kaum spürbar, doch wirft der süffige Stoff den stärksten Löwen um. Übrigens: Der türkische Trinkspruch lautet *şerefe!*

Bier und Wein

Das häufigste **Bier** *(bira)* ist das der türkischen Efes-Brauerei, gefolgt von den Lizenzproduktionen Tuborg oder Karlsberg; auch deutsche Biere sind oft im Angebot.

Der türkische **Wein** *(şarap)* ist an sich nicht zu verachten. Die Haupterzeugergebiete sind die nördliche Westküste (Label: Çanakkale) oder Kappadokien. Rotwein *(kırmızı şarap)* wird allerdings nur selten passend temperiert serviert: Bestellt man ihn gekühlt *(soğuk)*, kommt er aus dem Kühlschrank, verlangt man ihn ungekühlt *(soğuk olmasın, lütfen)*, hat er Lufttemperatur, im Sommer weit über 25 °C. Weißwein *(beyaz şarap)* ist in der Regel trocken und kalt noch am besten trinkbar.

Wird **Mineralwasser** gewünscht, bestellt man *maden suyu* oder einfach *soda*. Beliebt und gesund ist das erfrischende **Ayran,** ein Getränk aus leicht gesalzenem, verdünntem Joghurt. Groß ist die Palette der **Fruchtsäfte,** Kirsche *(vişne)* und Pfirsich *(şeftalı)* sind besonders beliebt. In den Städten im Westen verkaufen Straßenstände frisch gepressten Orangensaft *(portakal suyu)* oder Granatapfelsaft *(narlı suyu)*. Weiter im Osten lohnt die von fliegenden Händlern angebotene säuerliche *aşlama*-Limonade einen Versuch.

Türkische Lokale

Die einfachen türkischen Lokale haben sich oft auf bestimmte Gerichte spezialisiert. So erhält man im **Kebap Salonu** Grillfleisch vom Drehspieß, im **Pide Salonu** die dünnen türkischen Pizzen und andere Teigfladen, im **Köfteçi** gibt es Köfte-Gerichte. Allen gemeinsam ist, dass es oft keinen Alkoholausschank gibt und dass man sich die meisten Gerichte an großen Kühl- oder Warmhaltetruhen aussuchen kann. Im **Büfe** verzehrt man Essen und Getränke im Stehen, das **Çayevi** ist ein meist eher schmuddeliges ›Teehaus‹, wo sich die Männer mit *tavla* (Backgammon) oder *okey* (eine Art Rommé mit Spielsteinen) die Zeit vertreiben. **Meyhanı** oder **Birahanı** nennt man Bierkneipen, die traditionell ebenfalls ausschließlich von Männern besucht werden.

Viele Lokale haben für Frauen bzw. Männer mit weiblicher Begleitung einen **Aile Salonu,** den ›Familiensalon‹, wo meist eine ruhigere, gemütlichere Atmosphäre herrscht als in dem von Zigarettenrauch geschwängerten Männerbereich. Dort werden Frauen zwar auch bedient, türkische Frauen würden diese Lokale jedoch freiwillig nie betreten. Anders die **Çay Bahçesi** (›Teegärten‹): Hier treffen sich die beiden sonst so strikt geschiedenen Welten von Männern und Frauen. Wer will, zieht sich mit einer *nargile* (Wasserpfeife) in die Männerecke zurück; ansonsten sitzen Familien oder Pärchen bei einer Teezeremonie zusammen.

In einem **Pastane** – einer Art Konditoreicafé – erhält man Süßes und Backwaren. In den Großstädten Anatoliens sind solche Lokale immer auch eine gute Adresse, wo man in halbwegs ›europäischem Ambiente‹ einen Mittagssnack einnehmen kann.

ALKOHOLVERBOT

Da das Alkoholverbot des Islam mittlerweile immer mehr Beachtung findet, servieren viele Restauarants, vor allem einfache *lokantalar* und Restaurants im Inland, zum Essen keine alkoholischen Getränke mehr. In den besseren Restaurants an den Küsten und in den Touristenorten gibt es jedoch weiterhin Bier, Wein oder Rakı. Aber auch hier erhalten vor allem einfache Lokale inzwischen kaum mehr die notwendigen Lizenzen; die Vergabe wird sehr rigide gehandhabt. Wer darauf Wert legt, sollte auf das Wort *içkili* achten – dann wird Alkohol ausgeschenkt.

Gözleme: Pfannkuchen gefüllt mit Petersilie und Schafskäse

Die echte türkische Küche: Schmorgerichte aus dem Ofen

Tee ist das türkische Nationalgetränk

Outdoor

Die Türkei hat ihre Karriere als Reiseland mit dem Kulturtourismus begonnen, doch spielt dieser heute längst nicht mehr die Hauptrolle. Mit ihren buchtenreichen, über 8000 km langen Küsten, der weiten, fast menschenleeren Gebirgswelt bis zu alpinen Höhen und zahlreichen Wildwasserflüssen ist die Türkei ein Paradies für den Aktivurlaub. Zwar ist die Infrastruktur vor allem im Landesinneren erst unzureichend entwickelt, nicht aber an den Küsten, wo spezialisierte Anbieter wie Pilze aus dem Boden schießen. An erster Stelle stehen natürlich die Wassersportarten (s. S. 328), aber auch sonst gibt es viel Auswahl. In den letzten Jahren erleben auch die **Aqua Parks** genannten ›Spaßbäder‹ einen Boom. Jedes Städtchen, das auf sich hält, baut so eine Anlage mit unterschiedlichen, oft extrem steilen Wasserrutschen.

Biking und Motocross

Für Touren in den türkischen Bergen mit ihren Schotterpisten sind geländegängige Mountainbikes die beste Wahl. Gute Kondition und Fahrvermögen sind natürlich Voraussetzung. In den Monaten März bis Mai ist es auch noch nicht zu heiß, später wird es in der Hitze sehr anstrengend. In vielen Urlauberzentren an den Küsten, aber auch in Kappadokien, kann man Räder leihen, die man aber vor dem Aufbruch genau prüfen sollte.

Geführte Touren bieten im Kemer-Gebiet viele große Hotels an, in Side das **Biketeam Türkei** (www.biketeam-tuerkei.de), das man über Öger Tours buchen kann, in Alanya die deutschsprachige Agentur **Martin Türkay**, die auch gutes Equipment verleiht (Atatürk Cad., Neslihan Sok. 3/a, Tel. 0242 511 57 21, www.martin-tuerkay.com).

Ganz Sportliche können sich beim **Alanya Triathlon** melden, der jedes Jahr zwischen Ende September und Ende Oktober mit internationaler Beteiligung stattfindet (gilt als ETU-Wettkampf). Man muss jedoch kein ›Iron Man‹ sein, denn die Länge der Teilstrecken liegt noch im unteren Bereich.

Info: www.triathlonalanya.com

Motocross: Auf der anderen Seite finden in den Bergen und in ausgetrockneten Flussbetten auch Motorbiker und Enduro-Fans gute Reviere. Spezialisierte Anbieter:

Martin Türkay, www.martin-tuerkay.com

Yoshimoto, www.yoshimoto.de

Golf

Beim Ferienort Belek, östlich von Antalya, gibt es ein Dutzend Golfplätze direkt an der Mittelmeerküste, die von internationalen Platzarchitekten gestaltet wurden und angenehmes Spiel auch im Winter erlauben (www.golfturkei.com, s. auch s. S. 321). Weitere Plätze gibt es bei İstanbul (in Seğmen und Kemerburgaz) sowie in Ankara.

Paragliding

Der 1970 m hohe Babadağı über Ölüdeniz bei Fethiye gilt als einer der besten Spots für Fallschirmgleiter. Der Blick hinunter zur Lagune ist wahrlich atemberaubend – Profis üben hier gern gefährliche Moves, denn wenn etwas schief geht, landet man mit dem Notschirm sicher auf dem Wasser. Aber auch Anfänger können den Adrenalinschub genießen, nämlich im Tandem mit erfahrenen Profi-Springern. Nach dem Erfolg von Ölüdeniz (und v. a. den enormen Kostensteigerungen für jeden Sprung dort) kann man jetzt auch in Kaş springen. Weitere Absprungplätze gibt es am Gökova-Golf (an der Straße nach Muğla) oder auch beim Tünektepe-Drehrestaurant zwischen Antalya und Kemer.

Anbieter in Fethiye und Kaş:
Sky Sports, Ölüdeniz, Fethiye, Tel. 0252 617 05 11, www.skysports-turkey.com
Focus Paragliding, Ölüdeniz, Fethiye, Tel. 0252 617 04 01, www.focusparagliding.com
Hector Tandem Paragliding, Ölüdeniz, Fethiye, Tel. 0252 617 05 12, Mob. 0535 651 84 76, www.hectorparagliding.com
Nautilus, Kaş, Tel. 0252 836 20 85, www.kas-tuerkei.de/168.0.html
BT Adventure, Kaş, Tel. 0252 836 37 37, www.bt-turkey.com

Rafting

Im Taurus über der Riviera-Küste bei Side, einem typischen Karstgebirge, entspringen zahlreiche Flüsse, die sich schmale Canyons gegraben haben. Sie zählen zu den besten Rafting-Revieren Europas. Am bekanntesten ist der Köprülü Kanyon westlich von Side (s. S. 319). In der Saison kann man am Forellenrestaurant hinter Beşkonak zu geführten Touren durch zwei Canyons starten, die auch für Anfänger geeignet sind.

Abenteuerlicher noch sind Abfahrten auf dem Manavgat-Fluss nördlich von Side. Die beste Strecke beginnt bei der Şahap-Brücke zwischen Aydınkent und Akseki, wo der Fluss durch drei Canyons mit Fällen der 5. Klasse strömt.

Achtung: Starten Sie nie ohne Führer, denn die Flüsse entwickeln teils sehr gefährliche Strömungen oder fließen über Schlucklöcher mit starkem Tiefensog!

Spezialisierte Anbieter:
Köprülü Kanyon Rafting, Antalya, Tel. 0554 410 08 19, www.raftingantalya.com, Rafting-Tagestouren auf dem Köprülü-Fluss nahe Beşkonak (zwischen Antalya und Side), aber auch Canyoning und MTB-Touren.
Alternatif outdoor, Marmaris, 133. Sok. 10/1, Tel. 0252 417 27 20, www.alternatifraft.com. Rafting-Touren auf dem Dalaman mit Camp-Übernachtung, Sea Kayaking (Kajak-

Adrenalinkick pur: Paragliding über dem Ölüdeniz-Strand

wandern), Canyoning (Toparlar Canyon), aber auch ganze Outdoor-Wochen.

Reiten

Noch vor 30 Jahren waren Esel, Maultiere und Pferde ein gängiges Fortbewegungsmittel in der Türkei. Heute werden Reittiere nur noch für sportlich Zwecke gehalten. Reiterhöfe, wo man Pferde stundenweise für Tagesausritte mieten kann, gibt es bei Side, bei Bodrum und bei Marmaris.

Ein besonders schönes Gelände sind die Ruinen von Patara bei Kaş. Hier bietet **Patara Horse Riding,** Gelemiş, Tel. 0242 843 52 98, www.patarahorseriding.com, Ausritte in der vom Sand begrabenen antiken Stadt.

Aber auch ein **Urlaub auf dem Reiterhof** ist möglich, z. B. bei der Berke Ranch bei Kemer, Akçasaz Mevkii, Çamyuva, Tel. 0242 818 03 33, www.hotelberkeranch.com.

Reitexkursionen in Kappadokien für einen Nachmittag oder mehrere Tage organisiert z. B. die Kapadokya Ranch, Ortahisar, Ürgüp, Tel. 0531 299 81 31, www.horseriding-kapadokya.com.

Surfen

Echte Surfspots auf Top-Niveau bietet die südwestliche Küste, die vom ägäischen Windsystem profitiert und nicht durch Hochgebirge abgeschirmt ist. Für Starkwindsurfer sind die Orte Turgutreis auf der Bodrum-Halbinsel, Alaçatı auf der Çeşme-Halbinsel und die Datça-Region gute Reviere. Tagsüber herrschen fast konstante Nordwestwinde um 5–6 Beaufort (hier *meltem* oder *imbat* genannt), die erst am späten Nachmittag abschwächen. Die Boards kann man zwar auch im Flugzeug mitnehmen, doch werden sie an den Stränden aller Urlaubsorte relativ günstig verliehen.

Spezialisierte Veranstalter ist **Sun and Fun Sportreisen** (www.sunandfun.com) oder Surf-Reisen (www.surfreisen.at). die speziell die Çeşme-Halbinsel im Programm haben. In Turgutreis bei Bodrum gibt es eine Profi Surfstation vor dem Hotel Club Armonia Village und Spa. Windsurfen in Datça s. S. 278.

Segeln – Blaue Reise

Für Segler (oder solche, die schon immer davon träumten) ist die buchtenreiche Ägäis-Küste ein Paradies. Auf der *mavi yolculuk,* der ›Blauen Reise‹, schippert man von einer blau schimmernden Bucht zur nächsten (s. S. 268). Buchen kann man solche Törns ganz einfach über das heimatliche Reisebüro (Öger, TUI etc.), ebenso auch direkt in den großen Yachtmarinas von Kuşadası, Bodrum, Marmaris und Fethiye.

In den meisten Urlaubsorten gibt es auch die Möglichkeit zu Tagesausflügen per Yacht: Das feste Programm lässt zwar kaum Platz für eigene Entdeckungen, aber die Schönheit der Küste, ihre von Land unerreichbaren Buchten sind lohnend genug. Achten sollte man nur darauf, dass nicht zu viele an Bord sind und dass die Fahrt – was gar nicht so selten ist – nicht zur Disco-Sause ausartet – es sei denn, man sucht selbst einen Sonne-und-Wasser-Rave.

TAUCHZENTRUM KAŞ

Das beliebteste Tauchzentrum ist das kleine Örtchen Kaş an der lykischen Küste. Hier haben sich eine ganze Reihe Hotels auf Tauchferien spezialisiert und bieten Tauchschulen direkt im Haus an. Und der gesamte Ort mit seinem durchaus regen, aber nicht wie sonst üblich lauten Nachtleben ist zu wesentlichen Teilen in den Händen der Taucherszene.

Deutschsprachige Tauchschulen:
Kaş Diving, www.kas-diving.com
Likya Diving, www.likyadiving.de
Mavi Diving, www.mavidiving.com
Sirena Diving Center,
www. sirenadive.com

Strände

İstanbul und Marmara-Meer

Die Strandorte Kilyos und Şile an der Schwarzmeerküste und die Prinzeninseln sind – da noch fast dem Stadtrand der Metropole zuzurechnen – beliebte Ferienziele der İstanbuler und in der nicht allzu langen Sommersaison restlos überlaufen.

Ähnlich sieht es im Westteil des **Marmara-Meers** aus, das vor in der Region um Yalova großflächig mit riesigen Ferienhauskolonien zugebaut ist. Ein beschaulicher und im Sommer auch angenehmer Badeort ist aber Erdek an der Südküste des Marmara-Meers und die vorgelagerten Inseln Türkeli und Avşa Adası.

Die Ägäisküste

Der erste Abschnitt der Nordägäis, die Biga-Halbinsel, liegt im Einflussbereich sehr kalter Strömungen aus dem Schwarzen Meer. Eine touristische Hochburg, aber fest in türkischer Hand, sind die schönen Strände im Golf von Edremit, die heute als Oliven-Riviera vermarktet wird. Als reizvollster Badeort ist das unter grünen Kiefernwipfeln versteckte Ören zu empfehlen.

In Foça beginnt dann die Küstenstrecke des ›internationalen‹ Tourismus, die bis Alanya reicht. Ab hier bis hinunter nach Fethiye bestimmen vor allem kleinere Buchten in einer stark zerlappten Küstenlinie das Bild. Um Hot-Spots wie das eher ruhige Çeşme, das britisch-laute Kuşadası, das kosmopolitische Bodrum und Marmaris haben sich zahlreiche Strandsiedlungen entwickelt. Fast alle diese Orte haben eines gemeinsam: schön (oder gar einsam) sind ihre Strände schon lange nicht mehr.

So ist man hier, im Bereich der Südägäis, darauf angewiesen, per Boot zum Meer, und das heißt hier: zu kleinen Badebuchten, zu fahren. Tagesausflüge als ›Mini-Blaue-Reisen‹ gibt es in allen Hafenorten. Die besten unbebauten Strände des Gebiets sind Altınkum bei Çeşme, Değirmenbükü bei Datça, İztuzu bei Dalyan, Ölü Deniz bei Fethiye und der Patara-Strand bei Kaş.

TOP OUTDOOR-VERANSTALTER

Einer der besten Spezialveranstalter mit großem Programm in der Südtürkei ist **Dragoman.** Die Möglichkeiten reichen von der 9-Tage-Multi-Aktivität mit Wandern, See-Kajak-Touren und Tauchen bis zu 5-tägigen Paddeltouren entlang der Küste. Für Konditionsstarke: 9 Tage mit Mountainbikes am Köprüçay (bei Aspendos) entlang – von der Quelle bis zum Meer. Info: www.dragoman-turkey.com, mit englischer Version.

Die Mittelmeerküste

Die Mittelmeerküste der Türkei ist sehr unterschiedlich. Sie beginnt mit der lykischen Küste, die bislang nur individualtouristisch eine Rolle spielt, da sie recht steil ins Meer abfällt und es nur ganz wenige Strände gibt. Das anschließende Kemer-Gebiet kann wohl ohne allzu große Übertreibung als schönstes Urlaubsgebiet am Mittelmeer bezeichnet werden: Hotels der Spitzenklasse zwischen langen Strandbuchten und einsamen, landschaftlich sehr schönen Bergwäldern. Zwischen Antalya und Alanya

Wandern auf dem Lykischen Weg

Ölü Deniz, der Traumstrand der Türkei

dann reihen sich an endlosen Sandstränden die Hotels, dieses Gebiet ist nicht ohne Grund als ›Türkische Riviera‹ bekannt geworden.

Weiter im Osten, zwischen Alanya und Silifke, hat man das Meer an kleinen Buchten fast für sich allein, muss zum nächsten Restaurant aber häufig lange Fahrten unternehmen. Wirklich schön ist vor allem der Strand von Kızkalesi. Noch weiter östlich werden Wasser und Luft durch die starke Industrialisierung der Region Adana sehr belastet, die Küste ist über Kilometer mit Betonbauten zugestellt. Noch die besten Badeorte sind Yumurtalık südlich von Adana und Uluçınar südlich von İskenderun, die gerne von arabischen Touristenaus Syrien besucht wurden.

Tauchen

Die Zahl der Tauchschulen ist enorm gewachsen. In den 1980er-Jahren hatten die spektakulären Funde antiker Schiffswracks (bei Finike und am Uluburun bei Kaş) und die Sorge vor Schatztauchern ein generelles Tauchverbot zur Folge. Heute ist das Tauchen mit Pressluftgeräten (Scuba Diving) fast überall an West- und Südküste erlaubt, allerdings nur in Begleitung autorisierter Tauchführer. Wer antike Amphoren etc. findet, muss die türkischen Behörden benachrichtigen und darf nichts anrühren; andernfalls drohen sogar Gefängnisstrafen.

In Urlaubsorten wie Çeşme, Bodrum, Marmaris, Kaş und Alanya bieten Tauchschulen Schnupperkurse sowie Kurse zum Erwerb der **Padi-CMSA-Brevets** an (um 350 €). Fortgeschrittene können Ausrüstung leihen und Tauchexkursionen machen. In den Tauch-Shops bekommt man zudem Marken-Ausrüstung zu günstigen Preisen.

Wandern und Trekking

Auf abenteuerlichen Trekking-Touren kann man abgelegene Dörfer und grandiose Landschaften entdecken. Die beste Zeit für Wanderungen in den Mittelgebirgen sind die Monate März und April, für Hochgebirgstouren Juli und August. Leider gibt es – außer für den berühmten Lykischen Weg – so gut wie keine Infrastruktur (Berghütten, markierte Wanderwege), nicht einmal exakte Wanderkarten liegen vor. Ohne einen kundigen Führer sollten daher nur sehr erfahrene Trekker aufbrechen. Feste Wanderschuhe, Kompass, Handy, ausreichender Trinkwasservorrat und für den Notfall auch Trockenproviant sind unerlässlich. In jedem Fall sollte man vor dem Aufbruch auch zu einfachen Wanderungen im Hotel das Ziel und die geplante Route angeben, um eventuell erforderliche Suchaktionen zu erleichtern.

Für einfache Wanderungen eignen sich besonders die bewaldeten Randgebirge Anatoliens, während die Höhen im Inland meist völlig kahl sind. Schöne Wanderareale nahe den Badeorten sind die Mittelgebirgshöhen des bewaldeten Samsun Dağı nahe Kuşadası oder des felsigen Tekke Dağı (Latmos) nahe Bodrum und die Küstenhänge des lykischen Taurus zwischen Fethiye und Kemer, die vom gut markierten Lykischen Weg (s. S. 291) erschlossen werden. Aber auch der Nationalpark am Ulu Dağ bei Bursa und die Bergwälder des Köroğlu Dağları westlich von Ankara bieten eine ansprechende Vegetation – auch wenn es dort mit der Infrastuktur nicht so gut bestellt ist. Besonderen Reiz haben natürlich auch Wanderungen in der vulkanischen ›Mondlandschaft‹ des kappadokischen Göreme-Nationalparks.

Wer hochalpines Trekking bevorzugt, kann auf abenteuerlichen Pfaden Bergtouren im Baydağları-Gebirge unternehmen. In Soğukpınar bei Kemer beginnt der Pfad auf den 2375 m hohen Tahtalı Dağı; von Elmalı erreicht man den Kızlarsivrisi, den mit 3070 m höchsten Gipfel der Beydağları. Weitere bekannte Bergsteigerziele sind die erloschenen Vulkane Erciyes Dağı südlich von Kayseri, der mit 3917 m höchste Gipfel Zentralanatoliens, und Hasan Dağı (3250m) südlich von Aksaray über dem Ilhara-Tal.

Geführte Hochgebirgstouren im Taurus, an der lykischen Küste und auf dem Ararat veranstalten Spezialanbieter wie Terra Anatolia (www.terra-anatolia.com) oder Explorer (www.explorer.com.tr).

Wintersport

Ein Bereich, von dem sich die Türkei in Zukunft noch große Wachstumschancen verspricht, ist der Wintersport. Die Voraussetzungen sind in der Tat einzigartig: Im März und April und teils sogar noch Anfang Mai kann man an der Südküste bei Antalya/Kemer nämlich Ski- und Badeurlaub miteinander verbinden. Obwohl türkische Skiorte verglichen mit denen in den Alpen derzeit noch eher bescheiden ausgebaut sind, soll sich das bald ändern: In diesem Bereich bereitet die Türkei eine neue ›Infrastrukturoffensive‹ vor. Das Skigebiet von **Saklıkent bei Antalya** ist aber auch heute schon interessant, da man es von den Badehotels an der Küste in etwa 45 Min. erreicht. Das größte Skizentrum der Türkei liegt am **Ulu Dağ bei Bursa:** dort stehen 2300 Betten zur Verfügung; 11 Lifte erschließen Pisten auf 1900–2500 m Höhe.

Feste und Feiertage

Die Staatsfeiertage, die allesamt an Ereignisse der Republikgründung erinnern, haben neben dem offiziellen auch einen volksfestähnlichen Charakter. So geht man meist vormittags zum Atatürk-Denkmal, danach wird gefeiert.

Neben den religiösen Hauptfesten kennt der Islam auch noch Feiern zu Mohammeds Geburtstag oder der ›Nacht der Offenbarung‹ (des Koran), die aber in der Türkei kaum eine Rolle spielen. Da der offizielle Islam keinerlei Heiligenverehrung kennt, gibt es auch keine lokalen Festtraditionen wie in christlichen Mittelmeerländern. Dafür veranstalten die Orte und Städte Kulturfestivals mit Folkloreveranstaltungen, Kunstevents und Auftritten der Kinder- und Schulgruppen.

Nationale Feiertage

1. Januar: Neujahr; nur in großen Städten wird Silvester gefeiert.

23. April: Tag der nationalen Souveränität und der Kinder (Ulusal Egemenlik ve Çocuk Bayramı); erinnert an die Einberufung der Nationalversammlung 1920, Tanzaufführungen von Kindergruppen in historischen Kostümen.

19. Mai: Atatürk-Gedenktag und Tag der Jugend und des Sports (Gençlik ve Spor Bayramı); erinnert an die Ankunft Atatürks in Samsun 1919 und gilt als Gründungstag der Unabhängigkeitsbewegung. Wird mit Auftritten von Jugendgruppen und Sportvereinen gefeiert.

30. August: Tag des Sieges (Zafer Bayramı); erinnert an den entscheidenden Sieg Atatürks im Krieg gegen die Griechen 1922, wird mit Aufmärschen und Paraden gefeiert.

29. Oktober: Tag der Republik (Cumhuriyet Bayramı); erinnert an die Gründung der türkischen Republik durch Atatürk 1923.

Festivals, Konzerte, Kulturevents – auch in der Türkei versteht man zu feiern

Festivals und Events

Januar

Efes Deve Güreşi, Kamelkämpfe in Selçuk

März

Filmfest Ankara (www.filmfestankara.org.tr)

April

ANZAC-Gedenkfeiern in Çanakkale
Überall Tanzauftritte von Kindergruppen zum ›Kinderfest‹ am 23. April
Filmfestival İstanbul (www.iksv.org)
Ankara-Festival (www.ankarafestival.com)

Mai

Folklore-Festival in Silifke
Kilim-Festival in Uşak
İstanbul Festival (www.iksv.org), bis Juni

Juni

İzmir Festival (www.iksev.org) mit Aufführungen in Ephesos, bis September
Marmaris Festival
Amasya-Festival
Antalya Sand Festival, am Lara-Strand
One Love Festival, İstanbul (www.oneloveistanbul.com)
Kemer Altın Nar Festival
Aspendos Oper- und Ballett-Festival, bis September (www.aspendosfestival.gov.tr)

Juli

Kırkpınar-Ölringkämpfe in Edirne
Bursa-Festival (www.bursafestivali.org)
Ihlara-Festival in Aksaray
Nasreddin Hoca-Festival in Akşehir
Rock'n Coke Festival, İstanbul

August

Musikfestival in Foça
Troia Festival in Çanakkale
Kunsthandwerksfest in Avanos
Side-Festival, bis September

September

SunSplah Music Festival, Bodrum (www.sunsplash-festival.com)
Selçuk-Ephesus Festival in Selçuk
Weinfest in Ürgüp

Oktober

Filmfestival Altın Portakal in Antalya
Triathlon in Alanya

Dezember

St. Nikolaus-Symposium in Kale/Demre

Religiöse Feiertage

Die islamischen Feiertage Şeker Bayramı und Kurban Bayramı sind von der Bedeutung her mit unserem Ostern und Weihnachten vergleichbar. Sie werden mehrtägig und in der Regel im Kreis der Familie begangen, sodass viele Türken dann in ihre Heimatorte fahren.

Şeker Bayramı
Das ›Zuckerfest‹ feiert das Ende des Ramadan. Man beschenkt die Kinder mit Süßigkeiten, kauft neue Kleider und tafelt daheim mit allen lukullischen Genüssen. Das Fest dauert drei Tage, das öffentliche Leben kommt aber schon am Vortag zum Erliegen.

Kurban Bayramı
Das ›Opferfest‹ wird in Erinnerung an das Opfer Abrahams begangen, das den Muslimen als Symbol der Unterwerfung unter Gottes Willen heilig ist. Wer es sich leisten kann, schlachtet ein Tier für das Festmahl, zu dem die ganze Familie zusammenkommt. Das Fest markiert den Höhepunkt des Wallfahrtsmonats, wenn die Zeremonien in Mekka stattfinden.

Termine

Da die religiösen Feste und der Fastenmonat Ramadan *(Ramazan)* nach dem islamischen Mondkalender festgelegt werden, verschieben sich die Termine jedes Jahr um 11 Tage nach vorn (www.allaboutturkey.com/ bayram.htm).

Ramadan: 2016 ab 6. Juni, 2017 ab 27. Mai, 2018 ab 16. Mai

Şeker Bayramı: 2016 ab 5. Juli, 2017 ab 25. Juni, 2018 ab 15. Juni

Kurban Bayramı: 2016 ab 12. September, 2017 ab 1. September, 2018 ab 21. August

Reiseinfos von A bis Z

Adressen

In den Großstädten werden neben der Straße und der Hausnummer immer auch das Stadtviertel (XY Mahalle), oft auch das Gebäude oder sogar das Stockwerk angegeben. Bei kleineren Orten hingegen gibt es meist gar keine Straßenangaben, da schreibt man z. B. einfach PTT yanı = nahe der Post oder XY Yolu = Straße nach XY. In vielen Städten, auch und gerade Großstädten, haben die Straßen (Sokak) keine Namen, sondern sind nummeriert.

Übliche Begriffe und Abkürzungen sind:
Bulv. (Bulvar/-ı) = Boulevard
Cad. (Cadde/-si) = Avenue
Sok. (Sokak/Sokağı) = Straße
Mah. (Mahalle) = Stadtviertel
Site/-si = Zentrum, Anlage
Blok = Block, Gebäude
Yapı/-sı = Gebäude
Apt. = Apartment
Kat = Stockwerk, Daire = Raum

Auskunft

Die türkischen Fremdenverkehrsbüros sind für Auskünfte umfassend, wenn auch nicht unbedingt tagesaktuell im Internet vertreten. Hilfreich sind oft auch die Webseiten der Orte, die im Reiseteil angegeben sind.

... in Deutschland

Internet: www.goturkey.com
Hauptbüro: 60329 Frankfurt/M.
Baseler Str. 35–37
Tel. 069 23 30 81, frankfurt@goturkey.com

... in Österreich

Internet: www.turkinfo.at
Büro: 1010 Wien, Singerstr. 2/VIII
Tel. 01 512 21 28, office@turkinfo.at

... in der Schweiz

Internet: www.goturkey.com
Büro: 8002 Zürich, Stockkerstrasse 55
Tel. 044 221 08 10, zurich@goturkey.com

Info-Büros in der Türkei

Jede größere Stadt und alle Urlaubsorte haben ein Info-Büro *(Turizm Danışma Bürosu)*, das in der Regel 8.30–12 und 13.30–18 Uhr geöffnet ist. Die Mitarbeiter verteilen die staatlichen Prospekte und meist auch einen Stadtplan. Handfestere Informationen liefern die privaten Reiseagenturen (Tourism Agencies, Tour Operators). Sie haben zwar kommerzielle Interessen, informieren aber meist umfassend und auch uneigennützig über allgemeine Fragen. Hilfreich sind auch die Schautafeln an zentralen Plätzen mit einem Stadtplan, in dem Sehenswertes, Hotels und Ämter markiert sind.

Bettler

Sehr häufig wird man erleben, dass gerade die Türken, die selbst nicht allzu viel besitzen, Bettlern etwas Geld zustecken. Meist handelt es sich um alte oder verkrüppelte Menschen, die ohne staatliche Unterstützung leben. Im Islam zählt das Almosengeben zu den heiligen Pflichten, und das Christentum hat wohl auch nichts dagegen. Keinesfalls sollten Sie allerdings bettelnden Kindern Geld geben, die dadurch leicht ein größeres Monatseinkommen als ihre Väter erreichen können – anstatt zur Schule zu gehen.

Barrierefrei reisen

Zwar sind die meisten neuen Komforthotels inzwischen halbwegs behindertengerecht ausgestattet, doch ist die Türkei generell kein behindertenfreundliches Reiseland. Allein schon der große Anteil von Schotterpisten in den Dörfern und die vor jedem Haus unterschiedlich hohen Fußgängerwege lassen jeden Ausflug und Stadtrundgang zum Hindernislauf werden.

Botschaften und Konsulate

... in Deutschland
Botschaft der Türkischen Republik
10179 Berlin, Rungestr. 9
Tel. 030 275 85 0, Fax 030 275 90 91-5
botschaft.berlin@mfa.gov.tr
berlin.be.mfa.gov.tr

... in Österreich
Botschaft der Türkischen Republik
1040 Wien, Prinz-Eugen-Str. 40
Tel. 01 505 73 38, Fax 01 505 36 60
botschaft.wien@mfa.gov.tr
viyana.be.mfa.gov.tr

... in der Schweiz
Botschaft der Türkischen Republik
3006 Bern, Lombachweg 33
Tel. 031 359 70 70, Fax 031 352 88 19
botschaft.bern@mfa.gov.tr

... in der Türkei

Deutsche Botschaft in Ankara
Atatürk Bulv. 114,
06540 Ankara – Kavaklıdere
Tel. 0312 455 51 00, info@ankara.diplo.de
www.ankara.diplo.de
Generalkonsulat in İstanbul
İnönü Cad. 10,
34437 İstanbul – Gümüşsuyu
Tel. 0212 334 61 00, info@istanbul.diplo.de
Generalkonsulat in İzmir
Korutürk Mah., Havuzbaşı Sok. 1,
35330 İzmir – Balçova
Tel. 0232 488 88 88, info@izmir.diplo.de
www.izmir.diplo.de
Außenstelle des GK İzmir in Antalya
Çağlayan Mah., Barınaklar Bulv. 60,
07230 Antalya
Tel. 0242 314 11 01, info@antalya.diplo.de
www.antalya.diplo.de

Österreichische Botschaft
Atatürk Bulv. 189,
06680 Ankara – Kavaklıdere
Tel. 0312 405 51 90,
ankara-ob@bmeia.gv.at
www.aussenministerium.at/ankara
Österreichisches Generalkonsulat in İstanbul
Köybaşı Cad. 46,
34464 İstanbul – Yeniköy
Tel. 0212 363 84 10,
istanbul-gk@bmeia.gv.at

Schweizerische Botschaft in Ankara
Atatürk Bulv. 247,
06680 Ankara – Kavaklıdere
Tel. 0312 457 31 00,
ank.vertretung@eda.admin.ch
www.eda.admin.ch/turkey
Schweizerisches Generalkonsulat in İstanbul
1. Levent Plaza, A Blok, 3. Kat, Büyükdere Cad. 173
34394 İstanbul – Levent-Şişli
Tel. 0212 283 12 82,
ist.vertretung@eda.admin.ch

Dos and Don'ts

Auch wenn man es auf den ersten Blick nicht immer erkennt, ist die türkische Gesellschaft von extremen Gegensätzen geprägt. Traditionelle und moderne Welt prallen hart aufeinander, teils in einer Stadt zwischen dem modernen Zentrum und den Suburb-Siedlungen, teils bei der Fahrt von der Küste ins Inland. Je nach Situation wechseln die Verhaltenserwartungen. In den großen Ferienzentren mag ein jeder sich noch benehmen, wie er will, spätestens an ihren Pforten beginnt aber eine andere Welt. Die Türken sind in aller Regel sehr aufgeschlossen und hilfsbereit. Die herzliche Atmosphäre kann jedoch schnell umkippen, wenn man die üblichen Normen nicht beachtet.

Islam: An den Ferienküsten spielen die religiösen Regeln zwar keine allzu deutlich wahrnehmbare Rolle, dennoch sind die meisten Einheimischen sehr religiös. Auf jeden Fall muss man die Sitten beim Moscheebesuch beachten (s. S. 102). Im Inland ist die Religion weit lebendiger; nur wenige Lokale schenken inzwischen noch Alkohol aus. Man sollte stets Respekt für die heiligen Stätten zeigen und im Ramadan, dem Fastenmonat, nicht provozierend auftreten (z. B. durch Essen, Trinken oder Rauchen in der Öffentlichkeit).

Türkische Frauen: Türkinnen sollte der Besucher mit Zurückhaltung begegnen. So ist es völlig unüblich, dass sich ein Mann neben eine unbegleitete Frau setzt oder diese gar auf der Straße anspricht – und sei es nur, um nach dem Weg zu fragen. Selbstbewusster treten nur klar westlich orientierte Frauen auf.

Mann und Frau: Der Austausch von Zärtlichkeiten in der Öffentlichkeit wirkt immer noch provokant: Auch Europäern sei Zurückhaltung empfohlen. Das Verhältnis türkischer Paare (auch moderner) gestaltet sich vor aller Augen extrem distanziert. Ein Mann, der sich ›seiner‹ Frau gegenüber in der Öffentlichkeit allzu privat zeigt, macht sich lächerlich – so werden auch Touristenpaare gesehen. Wenn möglich, sollte man im Inland als Paar stets den Aile Salonu (›Familiensalon‹, s. S. 80) bevorzugen.

Politik: Viele politische Fragen werden in der Türkei ganz anders beurteilt als im westlichen Ausland bzw. in dessen Presse. Da kontroverse Diskussionen schnell zu unangenehmen, auch aggressiv geführten Auseinandersetzungen werden können, ist es besser, alle Reizthemen (Islam, Erdoğan, Kurden, Armenier) möglichst zu vermeiden.

Drogen

Die türkische Drogengesetzgebung ist überaus hart und erbarmungslos. Es drohen Haftstrafen um die 20 Jahre – in berüchtigten Knästen, wo sexuelle Übergriffe und Folter an der Tagesordnung sind und auch der Arm der europäischen Botschaften nicht hinreicht. Man sollte auch grundsätzlich kein fremdes Gepäck mit in den Flieger nehmen!

Einkaufen

Souvenirs

Textilien machen den größten Teil des Angebots auf den Touristenmärkten aus. Es handelt sich jedoch in der Regel nicht um echte Markenartikel, sondern um Fälschungen; nicht immer ist die Qualität befriedigend. Es gibt zwar noch so gut wie keine Kontrollen bei der Rückreise, aber dennoch ist der Erwerb solcher Produkte nicht legal. Frankreich und Italien erheben beim Kauf gefälschter Markenartikel bereits saftige Bußgelder.

Auch Lederkleidung wird viel angeboten, wobei auch die Möglichkeit besteht, Maßanfertigungen machen zu lassen. Daneben findet man viele osmanisch-orientalische Antiksachen: handgetriebene Messing- und Kupferwaren (Tabletts, Kannen), mit islamischen Motiven bemalte Keramik etc.

Tipps: Handwerklich sind die einfachen Souvenirprodukte nicht immer gut, vieles ist Fabrikware. Goldschmuck sollten Sie nur ab 585 Karat kaufen. Bei Teppichen oder Kelims muss lange und zäh gehandelt werden. Achtung bei alten Teppichen und Antiquitäten – diese darf man nicht ausführen (s. S. 69), auch wenn man sie im Land natürlich erwerben kann.

Gute Handwerksprodukte mit türkischem Flair sind Strickwaren mit Nomadenmustern, Gegenstände aus Onyx oder Alabaster, Pfeifen aus dem bei Eskişehir gewonnenen Meerschaum sowie Gewürze, Honig und Konfitüren.

Feilschen

Auf dem Basar, bei Straßenhändlern und bei Souvenirläden ist es durchaus üblich um den Preis zu feilschen, ebenso aber auch bei Hotels aller Kategorien, wenn man auf eigene Faust eine Unterkunft sucht, oder bei Mietwagen.

Gewürze kaufen! In der Türkei bekommt man alles kiloweise für kleines Geld

Altes Kunsthandwerk im Basar von Antalya

WOCHENMÄRKTE

Die großen, von den Küsten leicht erreichbaren Wochenmärkte sind in Bergama am Montag, in Söke am Mittwoch, in Milas am Dienstag, in Muğla am Donnerstag, in Elmalı am Samstag und in Burdur am Mittwoch. Milas, Muğla und Burdur waren seit seldschukischer Zeit Residenzen von Emiren und später osmanischen Paschas. Alte Moscheen und Konaks (Herrenhäuser) und der bröselnde Charme der Geschichte lassen auch einen ziellosen Stadtbummel zu einem besonderen Erlebnis werden.

In Supermärkten, Kaufhäusern und Lebensmittelgeschäften gelten hingegen feste Preise, die ausgezeichnet sind. Allerdings kann es vorkommen, dass ein höherer Preis kassiert wird, als an der Ware steht – da muss man ein bisschen aufpassen!

Man sollte aber nur feilschen, wenn man auch kaufen möchte. Wenn der Händler ein Preisgebot akzeptiert, verlangen die Regeln, dass der Kauf auch zustande kommt. Am besten nennen Sie also zunächst keinen Preis, sondern ziehen sich mit Sätzen wie ›Sehr schön, doch zu teuer‹ (Çok güzel, çok pahalı [gesprochen *tschok güsel, tschok pachale*]) aus der Affaire. Wenn der Preis dann fällt, sollte ihr Angebot mindestens ein Drittel unter dem Einstiegspreis liegen. Ein Viertel Abschlag sollte man nach längerem Hin und Her mindestens schaffen – dabei hilft es enorm, wenn man sich nach einiger Zeit einfach verabschiedet und zum Gehen abwendet, dann fällt der Preis plötzlich.

Im Handel mit Touristen werden die Preise aber zunehmend durch den Zeitmangel der Käufer verdorben. Denn für einen guten Handel und ordentliches Feilschen benötigt man viel Zeit – wenn der Reisebus wartet, braucht man es eigentlich gar nicht erst zu versuchen.

Öffnungszeiten

Eine feste Ladenschlussregelung gibt es in der Türkei nicht. **Geschäfte** haben in der Regel Mo–Sa 8.30–19 Uhr geöffnet, meist mit einer längeren Mittagspause bis ca. 16.30 Uhr.

Große **Supermärkte** haben meist bis gegen 22 Uhr geöffnet. Auch in den Touristenzentren schließen Souvenirläden und die Geschäfte der Nachtmärkte erst nach 22 Uhr, dort haben die meisten Läden auch am Sonntag geöffnet.

Schlepper

In der touristischen Türkei leben bis zu 30 % der Bevölkerung von der Urlaubsindustrie, die meisten allerdings in nebengeordneten Bereichen wie dem Souvenir- und Teppichhandel. Grundlage ist üblicherweise eine Kommission bei Geschäftsabschluss. Vor allem aus diesem Grund wird man beim Abendbummel so häufig angesprochen und in Ali Babas Teppichladen eingeladen. Will man die Schlepper loswerden, hilft schimpfen nichts, Kopfschütteln auch nicht: In der Türkei hebt man für ›Nein‹ die Kinnspitze etwas an und schnalzt leicht mit der Zunge. Da die meisten ziemlich gut Deutsch können und viel Spaß verstehen, kann man sich auch vielerlei Ausreden ausdenken. Todsicher wirksam: Ich habe kein Geld.

Wochenmärkte

Einmal in der Woche ist in allen Orten Markt. An den touristischen Küsten sind die Märkte meist viel von Urlaubern besucht, viele Händler haben sich darauf eingestellt. Besonders lohnend sind aber die ursprünglichen Bauernmärkte im Binnenland: Da sieht man noch Messerschmiede und Korbflechter, selbst Kupferschmiede; die Bauern, die teils noch mit Pferdefuhrwerken aus den abgelegenen Dörfern gekommen sind, verkaufen selbstgemachten Ziegenkäse, Honig und Olivenöl.

Duty Free Shops

Die zollfreien Läden auf den Flughäfen bieten ein relativ großes Angebot an Spirituosen, Parfüms und Zigaretten. Allerdings ist zu bedenken, dass türkische Produkte (auch in der Türkei produzierte Markenzigaretten, im Land billiger sind als im Duty Free. Das gilt auch für die ›zollfreien‹ Verkäufe im Flugzeug. Deutlich günstiger sind nur internationale Luxuswaren wie Parfüms oder Uhren etc.

Elektrizität

Die Netzspannung beträgt 220 Volt – wenn die Stromversorgung nicht gerade zusammengebrochen ist. In kleineren Urlaubsorten kommt das zur Hochsaison manchmal vor. Aber keine Sorge, der Ausfall dauert meist nur kurze Zeit. Für Schuko-Stecker braucht man mitunter einen Adapter, vor allem in einfachen Hotels und Pensionen.

Fotografieren

Digitales Material ist in den größeren Urlaubsorten zu bekommen; analoges muss man in ausreichender Menge mitbringen. Bei Digitalkameras sollte man bei Fotos in der Sonne ein bis zwei Blenden abblenden. Es ist streng verboten, militärische Objekte abzulichten (bzw. alles, was die Militärs dafür halten). In den Urlaubsorten kann man seine Schnappschüsse schnell, gut und günstiger als in Deutschland abziehen lassen.

Bevor Sie Personen fotografieren, sollten Sie durch eine Geste um Einverständnis bitten. Sehr häufig wird man dann im Gegenzug gebeten, einen Abzug zu schicken. Bei stark religiösen Personen sollte man es gar nicht erst versuchen. Auf keinen Fall sollten Sie Geld anbieten – auch wenn Kinder mitunter darum betteln. Andererseits verlangen besonders pittoreske Originale wie auch alle Kamelführer im Touristengeschäft eine Gebühr für das Foto.

Frauen

Im ›Touristen-Ghetto‹ haben allein reisende Frauen nicht mehr und nicht weniger Probleme als woanders auch. In der lästig häufigen ›Anmache‹, die Frauen in den Großhotels erdulden müssen, sehen sich die türkischen Kellner und Sportbetreuer durch zahlreiche Erfolge bestärkt. Abseits der Touristenorte sind die Männer deutlich zurückhaltender, aber auch hier ist man vor unliebsamen Überraschungen nicht geschützt.

Im Falle eines Falles erreicht man die besten Erfolge, wenn man sich möglichst laut schimpfend zur Wehr setzt (rufen Sie: *›Ayıp!‹* = Schande) und damit an die Öffentlichkeit appelliert. Belästigungen bleiben immer dann aus, wenn ›Mann‹ sich nicht aufgefordert fühlen kann, z. B. schon durch einen erwiderten Blickkontakt oder freizügige Kleidung. Bei Fahrten im Binnenland sollten Frauen sich in ihrer Kleidung der Tradition anpassen (lange Hose oder Rock, bedeckte Arme, am besten sogar Kopftuch) oder eine Art Business-Schick wie die modernen Türkinnen tragen.

In Bussen haben Frauen das Recht, nicht neben einem Mann sitzen zu müssen! Alleinreisende Frauen wenden sich bei Fragen am besten an eine einheimische Frau – die überaus herzliche Hilfe ist allein schon ein ganz überraschendes Erlebnis.

Gastfreundschaft

Die Türken sind als ein Volk bekannt, das traditionell sehr die Gastfreundschaft pflegt. Wer auf das Territorium eines der Nomadenstämme kam, wurde stets bewirtet und stand unter besonderem Schutz. Heute wird das natürlich nur noch symbolisch gepflegt, aber sehr oft bekommt man daher, vor allem im Basar, ein Glas Schwarztee *(çay,* gespr. tschai) oder Apfeltee *(elma çay)* angeboten – wenn auch nur noch als Lockmittel, um ein längeres Gespräch über einen Teppichkauf zu führen.

Die Gastfreundschaft abzulehnen war traditionell das Zeichen zur Eröffnung von Kampfhandlungen – heute sollte man bei einer Einladung zumindest sehr höflich danken und anderweitige Verpflichtungen vorschieben. Wenn man das Haus eines Türken betritt, muss man übrigens wie in der Moschee die Schuhe ausziehen.

SPERRUNG VON BANK- UND KREDITKARTEN *

0049-116 116

oder 0049-30 4050 4050
(* Gilt nur, wenn das ausstellende Geldinstitut angeschlossen ist, Übersicht: www.sperr-notruf.de)
Weitere Sperrnummern:
– MasterCard: 0049-69-79 33 19 10
– VISA: 0049-69-79 33 19 10
– American Express: 0049-69-97 97 2000
– Diners Club: 0049-69-66 16 61 23
Bitte halten Sie Ihre Kreditkartennummer, Kontonummer und Bankleitzahl bereit!

Auch auf eine persönliche Begrüßung legt man viel Wert: Küsschen wie im westlichen Mittelmeer sind zwar nur unter engen Freunden üblich, doch gibt man sich unter Bekannten und Geschäftspartnern zur Begrüßung stets die Hand.

Geld

Währung

Die Türkische Lira *(Türk Lirası)* wird international TRY, im Land TL (sprich *tällä)* abgekürzt. Derzeit gibt es Münzen zu 10, 20 und 50 Kuruş sowie 1 und 2 TL und Scheine zu 5, 10, 20 und 50 TL. Große Scheine können im Hinterland oft nicht gewechselt werden: Sammeln Sie daher für diesen Fall eine gewisse ›Kleingeldreserve‹.

Geldwechsel

Wechselkurs Stand 2015:
1 TL = ca. 0,29 € = ca. 0,32 CHF
1 € = ca. 3,35 TL, 1 CHF = ca. 3,10 TL
(aktuelle Angaben auf www.oanda.com)
Es ist völlig unnötig, vor der Reise Geld zu tauschen. An allen Einreisestellen und Flughäfen kann man bei Wechselbüros Geld tauschen (wenn auch zu leicht schlechterem Kurs). Bewahren Sie stets Umtausch- und Automatenquittungen auf, um bei der Ausreise Probleme mit dem Zoll zu vermeiden.

Kreditkarten

In allen Orten der Westtürkei und auch in den großen Städten des Ostens gibt es **Geldautomaten** für Bank-, die neue V-Pay-Karte oder Kreditkarten (PIN-Nummer erforderlich!). Allerdings begrenzen viele Banken das tägliche Limit aufgrund der zahlreiche Missbrauchsfälle – fragen Sie Ihre Bank vor der Abreise!

Alle größeren Hotels, moderne Geschäfte und Reise- und Mietwagenagenturen akzeptieren **Kreditkarten** (v. a. Master, AmEx, Visa). Vor allem aus İstanbul sind Betrügereien durch Kopieren der Karte und Ausspähen der PIN bekannt geworden – vor allem in Restaurants oder Bars. Verdecken Sie daher die PIN-Eingabe sorgfältig und geben Sie die Karte nie aus der Hand. Ins Binnenland sollte man auf jeden Fall mit einer ausreichenden Bargeldreserve fahren!

In den Haupttouristenzentren (Bodrum, Marmaris, Fethiye, Side, Alanya etc.) ist auch fast überall möglich, in Euro zu bezahlen, wenn auch zu einem sehr schlechten Kurs. In vielen Touristenurbanisationen kann man sich in privaten sogenannten ›Wechselstuben‹ auch auf Bankkarten Geld in Euro auszahlen lassen. Aber Achtung: diese Büros berechnen bei der Transaktion in der Regel um 15 % Gebühr, die erst bei der Abbuchung auf dem Konto auftaucht!

Gesundheit

Offiziell sind keine Impfungen erforderlich, jedoch empfiehlt es sich, den Polio-, Diphterie und Tetanus-Schutz überprüfen zu lassen. Bei Reisen durch Zentralanatolien kann man unter Umständen auch über eine Cholera- und Typhus-Impfung nachdenken. Da die Türkei Tollwut-Risikogebiet ist, sollte man Tierkontakt vermeiden und nach jeden Kontakt mit Biss- oder Kratzwunden *sofort* einen türkischen Arzt aufsuchen.

Malaria-Fälle sind in der potenziell gefährdeten Region im Südosten (Çukurova-Ebene um Adana, Gebiet der GAP-Stauseen) schon länger nicht mehr aufgetreten (Auskunft bei den kommunalen Gesundheitsämtern; Info auch unter www.cdc.gov). Zur Sicherheit reicht ein Expositionsschutz mit Anti-Mücken-Mittel (z. B. Autan) und langärmeliger Kleidung des Abends aus.

Im **Krankheitsfall** kann man sich die Kosten zuhause von der Krankenkasse nach den Quittungen mit Angaben zu den jeweiligen Leistungen erstatten lassen, nachdem man den Arzt oder das Krankenhaus zunächst bar bezahlt hat. Für den absoluten Notfall sollten gesetzlich Versicherte von ihrer Kasse einen **Auslandskrankenschein** T/A 11 mitnehmen, über den längere Krankenhausaufenthalte abgerechnet werden können. Bei Abschluss einer **Reisekrankenversicherung** (z. B. im Reisebüro) werden auch Leistung wie Rücktransport bei Tod und medizinisch notwendige Rückführungen übernommen.

Ärzte und Apotheken

Die staatlichen Krankenhäuser *(devlet hastanesi)* erscheinen auf den ersten Blick nicht besonders gut organisiert. Sie behandeln jedoch sehr preiswert und durchaus kompetent; nicht das Pflegepersonal, doch die Ärzte sprechen gut Englisch. Bei der Arztvermittlung hilft das Hotelpersonal. Vorsicht aber bei den zahlreichen **Privatkliniken** *(özel hastanesi)* an den touristischen Küsten: sie sind modern, behandeln aber sehr übereifrig und oftmals mehr als nötig – und das zu Preisen, die die Kassen nicht übernehmen. Andererseits kann man in solchen Kliniken Eingriffe wie Augenlasern, Zahnersatz oder kosmetische Operationen zu deutlich günstigeren Preisen bekommen als daheim. Über die Qualität dieser Arbeiten lässt sich allgemein nichts sagen, wie überall gilt: Es kann gut werden, muss aber nicht.

Apotheken *(eczane)* sind zu den üblichen Geschäftszeiten geöffnet (ca. 8.30–19 Uhr, in Touristenzentren auch länger bis 21 Uhr); sie führen neben Arzneien auch Drogerieartikel und das zu generell günstigen Preisen. Da die wenigsten Medikamente in der Türkei rezeptpflichtig sind, kann der Apotheker auch beratende Aufgaben wahrnehmen. Mit kleineren Blessuren muss man also gar nicht erst zum Arzt gehen.

Vor allem in den Touristenurbanisationen gibt es viele Apotheken, die gefragte Medikamente (etwa Pillen-Präparate oder Viagra) zum Schnäppchenpreis anbieten. Standardmittel gegen allgemeine Erkrankungen sind oft unter gleichem Namen erhältlich, bei speziellen Mitteln muss man den Namen des Wirkstoffs angeben.

Tipps zur Vorbeugung

Die häufigsten Erkrankungen sind massive **Sonnenbrände** und leichtere **Darmprobleme.** Einerseits sollte man daher nie die intensive UV-Strahlung unterschätzen, Sonnencremes mit Lichtschutzfaktor über 30 werden von Ärzten dringend empfohlen, vor allem für Kinder sollte es besser Faktor 60 sein.

Vorsichtsregeln gegen **Durchfall** sind: Nicht allzu große Mengen eisgekühlter Getränke zu sich nehmen – das ist die häufigste Ursache! Auch empfehlen sich hygienische Maßnahmen wie z. B. häufiges Händewaschen. Leitungswasser ist in den Städten durchaus trinkbar (weil gechlort), auf dem Land sollte man jedoch nur abgefülltes Wasser benutzen (auch zum Zähneputzen). Bei leichteren Beschwerden hilft eine Diät aus ungesüßtem Tee, lauwarmer Cola und Salzstangen für zwei Tage. Halten die Beschwerden länger an, erhält man in der Apotheke rezeptfreie Medikamente. Tritt Fieber hinzu, sollte man sofort einen Arzt aufsuchen.

Vorsicht ist auch geboten beim **Baden:** Die Pools sind unter Vollbelastung in der Hochsaison oft nicht keimfrei, Entzündungen z. B. des Gehörgangs, der Genitalien können die Folge sein. Besser badet man im Meer, das ist zumeist sauberer als der Pool.

Und zuletzt, immer noch aktuell: Mit **AIDS** ist nicht zu spaßen! Kondome heißen *prezervatif* (volkstümlich *kapot)* und sind in den Apotheken und Supermärkten erhältlich.

Internetzugang

Internet-Cafés gibt es kaum noch, da alle Hotels und fast alle Lokale freies WLAN (WiFi) bieten. Nur in Luxus-Hotels zahlt man oft noch absurd hohe Gebühren. WiFi-Spots findet man auch in Shopping-Malls und Flughäfen.

Karten

Im deutschen Handel gibt es eine ganze Reihe handlicher Reisekarten im Maßstab zwischen 1:800000/1:750000, die die Westtürkei mit der Ägäis- und der Mittelmeerküste zeigen. Die komplette Türkei gibt es u. a. vom Falk Verlag. Besonders hilfreich ist die Marco-Polo Autokarte mit zahlreichen praktischen Tipps im ›Reiseguide‹.

Die Karte ›Türkei Mittelmeerküste‹ ist mit Höhenschichten-Relief und Gradnetz ausgestattet und damit GPS-tauglich. Den besten Maßstab bietet die halb-offizielle Generalkarte vom Ryborsch-Verlag im Maßstab 1:500000 (in 7 Blättern).

In der Türkei selbst sind gute Karten so gut wie nicht zu bekommen. Es lohnt aber immer an Kiosken nach Stadtplänen Ausschau zu halten. Eine exakte Wiedergabe darf man bei der rasanten Entwicklung der Türkei (wg. Straßenbau, Stadtwachstum, Ortsumbenennungen) jedoch von keiner Karte erwarten.

Reisen mit Kindern

Viele große Hotelanlagen an den touristischen Küsten haben sich ganz auf Familienurlaub spezialisiert – zunehmend werden in den Katalogen auch Apartments oder ›Familienzimmer‹ mit getrennten Schlafbereichen angeboten. In vielen Touristenrestaurants gibt es sogar Kindersitze und spezielle Gerichte für den Nachwuchs. Natürlich gehört in größeren Anlagen ein Kinderclub mit Animationsprogramm dazu, sodass den Eltern genügend Freiraum zur Entspannung bleibt.

Wer mit Kindern in günstigeren Mittelklasehäusern unterkommen will, hat hingegen eher Probleme. Dann bucht man am besten nur Flug und mietet vor Ort ein Apartment in einem der zahlreichen kleineren Apartho-tels. In einfachen Hotels oder Pensionen übernachten Kinder unter 8 Jahren im Zimmer der Eltern oft kostenlos, darüber für 50 % des vollen Preises.

Babywindeln und Babynahrung sind in Supermärkten erhältlich, am besten fragt man nach dem nächsten Migros-Markt. Als besondere Vorsichtsmaßnahme ist, v. a. bei Kleinkindern, dringend die Mitnahme eines Moskitonetzes anzuraten. Zudem erfordert die starke Sonneneinstrahlung Cremes mit besonders hohem Schutzfaktor; zwischen 12 und 15 Uhr sollte man direkte Sonne grundsätzlich vermeiden.

Türken sind sehr kinderfreundlich, die Kleinen werden auch von Fremden geherzt und mit Süßigkeiten beglückt. Viele Kinder mögen das, manche haben aber Probleme damit, sich plötzlich in den Armen eines schwarzhaarigen Stachelbarts wiederzufinden. Das wiederum passiert gar nicht selten, denn viele Souvenirverkäufer und Kellner haben gelernt, dass der einfachste Weg zur Geldbörse der Touristen über deren Kinder führt ...

Gute **Ausflugsziele** für Kinder sind natürlich die Märkte; für günstiges Geld wird dort auch jede Menge Spielzeug, Klamotten und – besonders beliebt – Schuhe, die im Dunkeln leuchten, angeboten. Daneben sind die Aqua-Parks mit ihren Wasserspielplätzen und Steilrutschen beliebte Ziele, etwas ältere Kinder und Jugendliche finden natürlich auch die antiken Ruinen oder Burgen spannend. An den Stränden locken zahlreiche Wassersportangebote.

Das Inland oder İstanbul fällt für Kinder höchstwahrscheinlich unter die Kategorie ›Survival-Training‹. Verglichen mit der Rundumversorgung in den Großanlagen könnte das aber auch den Horizont weiten und den Blick öffnen, dafür etwa, dass man auch ohne DS-3D und Mutti als Chauffeur leben kann. Sogar ganz spannend!

Kleidung und Ausrüstung

In der Sommersaison reicht leichte Kleidung völlig aus, auch nachts ist es noch über 25 °C warm. Nehmen Sie aber nicht nur Shorts und Trägerhemden mit, wenn sie auch außerhalb der Touristenanlagen unterwegs sein wollen. Modern orientierte Türken legen Wert auf korrekte Business-Kleidung, in traditionellen Kreisen empfiehlt es sich, auf eine gewisse ›Sittsamkeit‹ zu achten. Feste Schuhe sind für die Besichtigung der oft überwachsenen antiken Stätten unerlässlich, ebenso ist eine Kopfbedeckung mit Nackenschutz ratsam. Für die Strände, vielfach mit sehr gerölliger Einstiegszone, Badeschuhe nicht vergessen!

Klima und Reisezeit

Das Klima der Türkei unterscheidet sich je nach Landesteil erheblich (s. Vegetationszonen S. 25). Am wärmsten ist die Südküste mit absoluten Tagesmaximalwerten über 40 °C im Sommer. Im Winter kann es zwar kurzfristig sehr stark regnen, meist ist es aber sonnig mit Tageshöchstwerten um 20 °C.

Wettervorhersage

Die meisten kommerziellen Internet-Portale haben auch Links zu Wetterdiensten. Auf Deutsch bekommt man bei www.wetteronline.de die Zustandsdaten plus Zweiwochenprognose.

Das Klima nach Reisegebiet

Marmara-Meer, İstanbul, Schwarzmeerküste: warme Sommer, kühle Winter mit geringen Schneefällen, an der östlichen Schwarzmeerküste auch im Sommer starke Regenfälle.
Ägäisküste: warme bis heiße Sommer, relativ milde, aber feucht-kalte Winter
Mittelmeerküste: sehr heiße, dunstige Sommer, Bademöglichkeit bis zum November, sehr milde Winter
Zentralanatolien: heiße, trockene Sommer (mit abkühlenden Nächten), kalte Winter
Ostanatolien: heiße Sommer (mit stark abkühlenden Nächten), eisige Winter.

Die **Badesaison** reicht am Schwarzen Meer von Mitte Juni bis Anfang September; an der Ägäisküste von Ende Mai bis Ende September; an der Südküste von Mitte Mai bis Ende Oktober.

Antalya

	J	F	M	A	M	J	J	A	S	O	N	D
Tagestemperaturen in °C	16	17	18	23	27	32	35	35	32	27	22	18
Nachttemperaturen in °C	7	7	8	11	15	19	21	22	19	14	11	8
Wassertemperaturen in °C	16	15	15	17	19	22	24	26	25	23	20	17
Sonnenstd./Tag	4	5	6	8	10	11	12	12	10	8	6	4
Regentage/Monat	11	10	7	4	3	0	0	0	1	5	7	11

Ankara

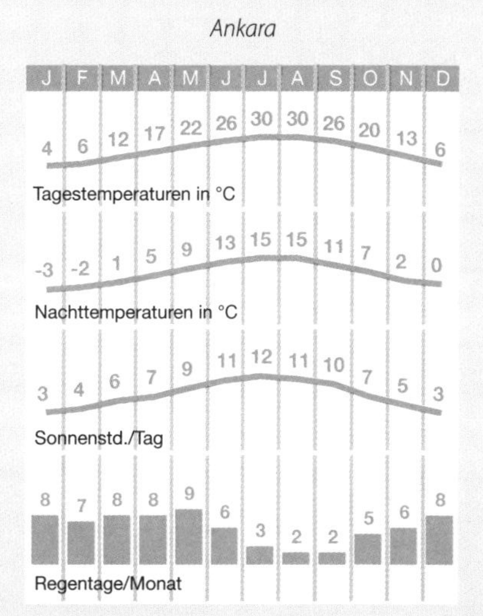

Die günstigste Reisezeit für **Besichtigungsfahrten** sind Mai/Juni und September, im Süden auch noch der Oktober. Im Juli und August kann ein Besuch der Ruinenfelder der West- und Südtürkei recht schweißtreibend sein, für das Inland ist das jedoch die angenehmste Zeit.

Die **Hauptniederschläge** fallen von Oktober bis März, besonders in den Küstenrandgebirgen. Dabei ist die Schwarzmeerküste sehr regenreich, auch im Sommer. Zentralanatolien ist regenarm mit nahezu Wüstenverhältnissen.

Geschichte und Archäologie

Türkei – Achäologie, Kunst, Geschichte, Ekrem Akurgal, Georges Duby et. al., Klett-Cotta 1990. Sehr informative Einführung mit zahlreichen Bildern

Türkei: Wiege der Zivilisation, Michael Zick, Theiss, 2008. Ein renommierter Wissenschaftsjournalist schreibt über die großen Frühkulturen Kleinasiens, vom Neolithikum bis zur Kolonisation durch die Griechen.

Die Hethiter und ihr Reich, Theiss 2002. Ausstellungskatalog zur hethitischen Kultur und Baukunst mit ausführlichen Informationen zu Hattuscha

Geschichte des Hellenismus: Von Alexander bis Kleopatra, Heinz Heinen, Beck 2007. Kleinasien nach dem Tod Alexanders

Der Verrat von 1204, Ernle Bradford, Universitas 1978. Einnahme und Plünderung Konstantinopels durch den vierten Kreuzzug

Die Eroberung von Konstantinopel 1453, Steven Runciman, Beck 1966. Die letzten Tage des Byzantinischen Reichs

Die Rumseldschuken – Gründer der Türkei, Pitty Schöttler, Schillinger 1997. Über das erste türkische Reich in Kleinasien

Das Osmanische Reich, Josef Matuz, Primus Vlg. 1996. Die Entwicklung des Reichs der Osmanen-Dynastie

Verfall und Untergang des Osmanischen Reichs, Alan Palmer, List 1994. Darstellung des türkischen 19. Jahrhunderts

Nach Atatürk. Die Türken, ihr Staat und Europa, Perra Anderson, Berenberg 2009. Entwicklung der Türkei von 1900 bis heute.

Istanbul, John Freely, Hilary Somner-Boyd, Prestel 1975. Das Standardwerk!

Ephesos, Wolfram Letzner, Zabern 2010. Ausführlicher Ephesos-Führer

Hattuša, Peter Neve, Zabern 1992. Werkstattbericht aus der Grabung in Hattuscha

Pergamon, Wolfgang Radt, Primus 1999. Gute Darstellung der letzten Grabungen am Burgberg und der Geschichte der Stadt

Troia – Homer – Schliemann, Michael Siebler, Zabern 1990. Über den Mythos, die Entdeckung und die Grabungskampagnen der 1980er-Jahre

Troia – Traum und Wirklichkeit, Theiss 2001. Ausstellungskatalog mit den Ergebnissen der umfangreichen Grabungen der späten 1990er-Jahre

Links und Apps

Hilfreich ist die **Sicher reisen App** des Auswärtigen Amts, mit der man aktuelle Sicherheitshinweise abfragen kann.

Bei den meisten in diesem Buch genannten touristischen Anbietern sind die Homepages angegeben. Soweit es sich um englischsprachige Seiten handelt, werden dort die türkischen Sonderzeichen (auch Umlaute) einfach weggelassen, bei türkischsprachigen Seiten erscheinen mitunter die falschen Zeichen des Standardschriftsatzes.

www.goturkey.com Seite des Tourismusministeriums in verschiedenen Sprachen, auch Deutsch. Sehr ausführliche Darstellung aller Museen, umfassender Überblick über kulturelle Aspekte incl. Festivals

www.berlin.be.mfa.gov.tr Seite der Türkischen Botschaft Berlin; allgemeine Artikel und offizielle Bestimmungen

www.istanbulpost.net deutschsprachige Internetzeitung mit News zur Türkei; gebührenpflichtig

www.tuerkei-individuell.de Portal, das kleine Hotels und Tour-Anbieter in der Region zwischen Marmaris und Antalya vorstellt – alles abseits vom Massentourismus.

www.kesit.com kommerzielles Portal einer großen Tourismusagentur, Darstellung einzelner Orte, Hotels, Blaue Reisen und Outdoor-Aktivitäten incl. Bergsteigen

www.antalya.de umfassende aktuelle Infos zu den Urlaubsorten zwischen Kalkan und Alanya, Unterkunft, Events, Shopping, Ausflüge, Häuserkauf etc.

... in Englisch

www.hurriyetdailynews.com türkische Zeitungsmeldungen in Englisch, viel zu aktuellen innenpolitischen Entwicklungen

www.istanbul.com Sehenswürdigkeiten sowie umfassende Tipps zu Ausgehen und Kultur in İstanbul

www.turkuaz-guide.net professionelle Tourismus-Site zur Region südliche Ägäis (Kuşadası bis Fethiye); Hotels, Restaurants, Aktivitäten

Literatur

Landeskunde und Reiseberichte

Gebrauchsanweisung für die Türkei, Iris Alanyali, Piper 2004. Lockere, witzige Darstellung der türkischen Sitten, geschrieben von einer Insiderin

Gebrauchsanweisung für Istanbul, Kai Strittmatter, Piper 2010. Ein SZ-Korrespondent schreibt über den Alltag in İstanbul

Land & Leute Türkei, Karl-Heinz Scheffler, München 2003. Eingängige Darstellung der gesellschaftlichen Realität der Türkei und ihrer Hintergründe

Landeskunde Türkei: Geschichte, Gesellschaft und Kultur, Brigitte Moser, Buske 2008. Von Geografie bis Literatur

Wohin geht die türkische Gesellschaft?: Kulturkampf in der Türkei, Rainer Hermann, DTV 2008. Nicht mehr ganz aktuelle Studie zum Aufstieg der AKP

Leben auf Bruchlinien. Die Türkei auf der Suche nach sich selbst, Amalia van Gent, Rotpunkt 2008. Konflikte zwischen Modernisierern und Traditionalisten

Memed mein Falke, Yaşar Kemal, Unionsverlag 1962. Das fulminante Erstlingswerk des großen türkischen Romanciers, dessen Werke eigentlich alle lesenswert sind

Istanbul – Ein historisch-literarischer Stadtführer, Klaus Kreiser (Hg.), C.H. Beck 2001. Spannendes Lesebuch über die Bosporusmetropole

Medien

Zeitungen

In den Touristenzentren sind bedeutende internationale und auch deutschsprachige Zeitungen und Magazine einen Tag nach Erscheinen zu bekommen. Eine ähnlich gute Versorgung findet sich sonst nur in İstanbul und Ankara. An vielen Kiosken ist auch eine türkische Tageszeitung in Englisch erhältlich: Die ›Hürriyet Daily News‹ bringt touristische Informationen und übersetzte Artikel aus türkischen Zeitungen, aber auch internationale Sportnachrichten und eine Wettervorschau.

Veranstaltungszeitungen sind noch eher selten. Für den Bereich Bodrum/Marmaris gibt es eine kostenlose Info-Zeitschrift (›Aegean Sun‹), für İstanbul erscheint eine türkischsprachige ›Time Out‹, die einen kleineren englischen Teil hat (auch mit LGBT-Tipps). Veranstaltungshinweise für İstanbul hat auch die ›Hürriyet‹, eine renommierte türkische Tageszeitung.

Radio & TV

Fernsehen: Die meisten besseren Hotels verfügen inzwischen über Sat-TV, damit sind viele deutsche (aber auch britische und russische) Kanäle zu empfangen. Kurznachrichten in Deutsch und Englisch sendet TV 2, das Zweite Fernsehprogramm des staatlichen Senders TRT (Türkiye Radyo ve Televizyon), tgl. nach den 7-Uhr und 22-Uhr-Nachrichten, TRT International tgl. nach 23 Uhr.

Radio: Radio TRT III bringt tgl. um 9, 12, 14, 17, 19 und 22 Uhr auf der Frequenz 88,2–99 MHz (FM) Kurznachrichten in Englisch, Deutsch und Französisch (nach den türkischen Nachrichten).

Der Feriensender des Radiodienstes (TRT Tourism Radio) informiert tgl. zwischen 7.30–12.45 und 18.30–22.30 Uhr auf UKW in Englisch, Deutsch und anderen Touristensprachen über aktuelle Termine, News und Sehenswürdigkeiten (Ankara: 100,3 MHz, İstanbul 101.6 MHz, İzmir: 101,6 MHz, Kuşadası: 101,9 MHz, Bodrum: 97,4 MHz, Marmaris: 101,0 MHz, Antalya: 92,1 MHz, Alanya: 94,4 MHz).

Die Deutsche Welle wird z. B. tgl. 8–10 Uhr auf 9545 und 13780 kHz (KW) gesendet, weitere Frequenzen über www.dw-world.de.

Moscheebesuch

In der Türkei ist das Betreten einer Moschee *(cami* oder *mescid)* außerhalb der Gebetszeiten auch Nicht-Muslimen gestattet. Die meisten Bauten sind vor- und spätnachmittags bis abends geöffnet, über Mittag aber oft geschlossen. In Ausnahmefällen fragt man nach dem *Hoca* (sprich: hodscha).

Während der Gebetszeiten und am Freitag, dem heiligen Tag des Islam, sollte man von einem Moscheebesuch absehen – vor allem im tief in der Religion verankerten Binnenland, wo ungebührliches Verhalten durchaus ausländerfeindliche Reaktionen hervorrufen kann.

Am Eingang müssen immer die Schuhe abgelegt werden, angemessene Kleidung ist erforderlich: keine Shorts, die Arme sollten bedeckt sein, Frauen müssen ein Tuch um die Haare legen. Bei oft besuchten Moscheen werden am Eingang Tücher ausgegeben.

Nachtleben

Türkeiweit gilt das Nachtleben an der Küste zwischen Bodrum und Alanya als das aufregendste der Türkei. »Lauter blonde Mädchen, die nur das Eine wollen«, so lautet das Klischee, das die Boulevard-Zeitungen verbreiten. Im Inland sieht es dagegen sehr bescheiden aus. Abends trifft man sich mit Freunden oder der Liebsten im Teegarten *(çay bahçesi),* alle anderen Etablissements liegen relativ nah am Rotlichtmilieu. Ausnahmen bilden die Luxushotels und die Großstädte İstanbul, İzmir und Ankara mit ihrer modernen Jugendszene.

Halligalli an der Küste

An der Küste hingegen geht es von Mai bis September rund. Das Nachtleben findet hier natürlich hauptsächlich unter freiem Sternenhimmel statt, vor allem im Sommer, wenn es bis Mitternacht noch über 30 °C warm ist. Um die Lärmentwicklung zu kanalisieren, sind die lauten Music Bars daher an sogenannten ›Bar Streets‹ konzentriert.

In allen Ferienurbanisationen verwandeln sich die Straßen abends in quirlige Bummelmeilen mit dem Flair eines Nachtmarkts. Alle Läden haben geöffnet (zumeist bis 22/23 Uhr) und zahlreiche Kneipen, Restaurants und Bars warten auf Kundschaft, die teils mit speziellen Events wie Großbildschirm-TV, Karaoke-Shows oder Livemusik gelockt wird.

Besonders turbulent geht es in den Altstadtzentren von Orten wie Kuşadası, Bodrum, Marmaris, Kemer, Antalya und Alanya zu, wo man in den Bar-Vierteln bis spät in der Nacht zwischen lauschigen Cafés und lauten Music-Bars pendelt. Bistro, Candle-Light, Irish Pub, American Bar – alle Stilrichtungen sind dort vertreten. Echte türkische Lokantalar hingegen kann man nur noch weit abseits dieser ›Bar Streets‹ finden.

Discos & Clubs

Der Übergang von der Bar zur Disco ist fließend und nennt sich Music-Bar. Ob openair oder in der Halle, die Musik ist stets topaktuell: Rave, TripHop und was gerade die neueste Erfindung ist. Das ist kein Wunder, da die türkische Pop-Szene zum großen Teil aus deutsch-türkischen Musikern besteht und die besten Schuppen DJs aus England einfliegen lassen. Meist ist aber erst nach 24 Uhr etwas los – und selbst dann nicht immer.

Konzerte

Daneben lohnt es sich, auf plakatierte Abendveranstaltungen zu achten. Klassikkonzerte finden bespielsweise in den antiken Theatern

In den ›Bar Streets‹ der großen Urlaubsorte wie Kuşadası, Bodrum, Marmaris oder Alanya geht es bis morgens früh heiß her

DIE BESTEN CLUBS

Zu den berühmtesten Discos der Türkei zählen der ›Catamaran Club‹ in Bodrum, der ›Crazy Daisy Club‹ und der ›Areena Club‹ in Marmaris, das ›Aura‹ in Kemer, das ›Robin Hood‹ in Alanya oder das ›Ally‹ in Antalyas Altstadt. Vor allem der Ally Club ist im Sommer ein Erlebnis, da es dort nur wenig ausländische Touristen gibt und daher vor allem die türkische Jugend zeigen kann, was sie drauf hat.

von Ephesos (türkisch Efes), von Aspendos und von Side statt. Gerade zur türkischen Reisesaison im Sommer treten in den größeren Ferienorten (vor allem Bodrum, Marmaris, Kemer) mitunter berühmte türkische Popgrößen auf: Hande Yener, Mustafa Sandal oder Tarkan in der Türkei live zu sehen ist wirklich ein besonderes Erlebnis.

Folklore-Shows

Eher lästig, aber so gut wie unvermeidlich sind die meist einmal wöchentlich, nicht selten aber täglich stattfindenden Abend-Shows der Hotels. Unter dem Motto ›Türkische Nacht‹ sind meist Bauchtanz (trk. *oryantal*) und eine nachgestellte ›türkische Hochzeit‹ das Standardprogramm, dazu kommt ein bisschen Varieté und ein bisschen Comedy ... Oft darf (oder muss) auch jemand aus dem Publikum mitmachen – das ist meist der eindeutig größte Lacherfolg!

NOTRUFNUMMERN

Feuerwehr	Tel. 110
Erste Hilfe	Tel. 112
Polizei	Tel. 155
Verkehrspolizei	Tel. 154
Jandarma	Tel. 156

Öffnungszeiten

Eine feste Ladenschlussregelung gibt es in der Türkei nicht.

Geschäfte haben Mo–Sa 8.30–19 Uhr geöffnet, oft mit einer längeren Mittagspause bis ca. 16.30 Uhr. Große **Supermärkte** haben meist bis 22 Uhr geöffnet. Auch in den Touristenzentren schließen die Geschäfte der Nachtmärkte erst nach 22 Uhr, dort haben viele Läden auch am Sonntag geöffnet. **Büros** und **Banken** öffnen Mo–Fr 9–12, 13.30–17.30 Uhr. Im Hochsommer sind sie in den südlichen Küstengebieten nachmittags oft geschlossen.

Achtung: Während der mehrtägigen Feste Şeker und Kurban Bayramı (S. 89) schließen Behörden häufig für eine ganze Woche.

Museen s. S. 12; Moscheen s. S. 102.

Polizei/Militär

Polizeikontrollen an den Überlandstraßen sind nicht selten. Ob normale Polizei (trk. *polis,* mit blauer Uniform) oder die Gendarmerie (trk. *jandarma,* mit grüner Uniform und MP): Immer sollten Sie höflich und freundlich bleiben und jedes Verhalten, das überheblich wirken könnte, vermeiden. In der Regel werden Touristen in Mietwagen aber nicht angehalten – jedenfalls im Westen des Landes.

Im Umgang mit Polizei und Behörden ist zudem viel Geduld erforderlich, Fremdsprachenkenntnisse (selbst Englisch) sind eher selten. Proteste gegen ein vermeintliches ›Nichtstun‹ oder endlose Warterei sind zwecklos und verschlimmern allenfalls die Situation. Bei Autounfall oder anderen ernsten Situationen sollte man sich möglichst rasch eines sprachkundigen Vertreters oder Anwalts vergewissern (über die Mietwagenfirma oder die Botschaft (s. S. 91).

Alle militärischen Anlagen sind für Touristen strikt tabu, fotografieren ist dort streng verboten. Die entsprechenden Verbotsschilder sollte man genau beachten, das türkische Militär kann in solchen Dingen sehr unangenehm werden.

Seit den Preiserhöhungen für Alkohol sind Wasserpfeifen auch bei der Jugend beliebt

Post

Postbüros (PTT, www.ptt.gov.tr) gibt es in fast jeder Ortschaft. Hauptpostbüros größerer Städte haben meist Mo–Sa 8–23, So 9–19 Uhr geöffnet. Nebenstellen oder Ortsämter sind Mo–So 8–12.30, 13.30–17.30 Uhr besetzt, in vielen touristischen Orten auch länger.

Briefmarken *(pul)* erhält man am Schalter, häufig wird die Sendung dort einfach freigestempelt. Die Gebühren für Postkarten *(kartpostal)* oder Briefe *(mektup)* liegen per Luftpost um 0,70 € (2 TL); die Sendungen sind dann etwa 3–5 Tage unterwegs. Post nach Europa kommt in Kästen mit der Aufschrift ›Yurtdışı‹.

Auf der Post werden auch Reiseschecks eingelöst sowie Bargeld gewechselt, allerdings sind die Kurse bei Banken meist besser.

Rauchen

Auch in der Türkei ist das Rauchen in allen öffentlichen Innenräumen, auch von Cafés, Bars und Restaurants, verboten. Dies gilt jedoch nicht für die Außenbereiche. Bei Nichtbefolgung zahlen Gäste eine Strafe von ca. 30 €, Wirte müssen deutlich höhere Strafen hinnehmen.

Reisekasse

Im Vergleich zu Westeuropa ist das allgemeine Preisniveau der Türkei noch ziemlich günstig. Soweit es sich nicht um importierte Güter (Benzin!) handelt, liegen die Preise deutlich niedriger, im Fall von Lebensmitteln nur bei etwa 50 %. Günstig sind einfache Restaurants, alle Arten von Dienstleistungen, Medikamente und Unterkünfte (obwohl die Preise hier in den letzten Jahren deutlich angezogen haben).

In den Touristenzentren liegt das Preisniveau allerdings stets deutlich über dem türkischen Inlandniveau. Üblich ist dort auch ein für den Außenstehenden kaum merkliches System doppelter Preise, bei dem Ausländer generell stets mehr zahlen als die Einheimischen.

Reisebudget

Für eine Pension oder ein **Hotel** der unteren Mittelklasse zahlt man im Durchschnitt an den Küsten zwischen 30 und 60 € (90–180 TL), inkl. Frühstück, variierend nach Hoch- und Nebensaison). Apartments für Familien, die es sehr häufig an den Stränden gibt, kosten zwischen 50 und 110 € (150–330 TL), allerdings ohne Frühstück. Bessere Hotels (4 *, Luxus) haben recht hohe Straßenpreise, pauschal gebucht zahlt man aber natürlich deutlich weniger. Im Inland sind die Sätze oft niedriger – in Kappadokien jedoch höher.

Die Unterschiede beim **Essengehen** sind erheblich. In einfachen Lokalen (trk. *lokanta)* kann man bereits für 4 € ein Hauptgericht wie Adana Kebab (s. S. 508) bekommen. Die Touristenrestaurants an den Häfen sind zum Teil doppelt so teuer. Besonders Fisch kann extrem teuer sein – hier sind Fälle bekannt, wo eine Fischplatte für zwei mit über 180 € abgerechnet wurde.

Sehr günstig fährt man mit den **Bussen** oder Minibussen (Dolmuş, s. S. 71, für eine Strecke wie von Kaş nach Muğla (400 km) kostet es ca. 30 TL (10 €). Aber auch Taxis (s. S. 71) sind generell eher günstiger als in Westeuropa, man zahlt man pro km ca. 0,80 TL (0,30 €), im Minibus für 10 km etwa 2,50 TL (0,90 €). 1 Liter Super-Benzin kostet ca. 4,40 TL (1,65 €).

Ermäßigungen

Reduzierte Eintrittspreise für Museen und archäologische Stätten werden gewährt bei Vorlage eines Studentenausweises (ISIC), eines Journalistenausweises oder wenn man glaubhaft machen kann, dass man ein Türke ist. Spezielle Städte- oder Museum-Cards für Touristen gibt es nur für İstanbul (Museum Pass/Müze Kart). Mit einer Daueraufenthaltserlaubnis (İkamet) kann man in den Museen die MüzeKart+ kaufen, mit der alle Stätten der Türkei zu besichtigen sind.

Die berühmten Sehenswürdigkeiten (Hagia Sophia in İstanbul, Ephesos, Pergamon) sind sehr teuer, nicht selten muss man mehrmals Eintritt zahlen, um alles zu sehen. Organisierte Touren sind da die günstigste Alternative – wenn denn auch alle Eintrittsgelder im Preis eingeschlossen sind.

Sicherheit

Kriminalität

Diebstahl ist in der Türkei immer noch selten – so etwas gilt hier als höchst unehrenhaft. Allerdings gilt auch hier, dass man sich auf dem Land sicherer fühlen kann als in den Städten. Vor allem für İstanbul wird in amerikanischen Reiseführern vor Betäubungsdrogen (z. B. im Tee) gewarnt. Die übliche Vorsicht ist in touristischen Zentren geboten, wo man aber eher von Miturlaubern beklaut wird.

Ärgerlich sind die vielen Versuche, dem unerfahrenen Touristen überhöhte Preise abzufordern. Das betrifft Geschäfte im Basar, Taxifahrten oder andere Dienstleistungen, selbst Schuhputzer verlangen erst einmal das Doppelte des üblichen Preises. Betrug ist für Türken allerdings ein Kavaliersdelikt, sich betrügen zu lassen eine Frage von Dummheit: Das verdient kein Mitleid, auch die Polizei zuckt nur die Achseln ...

Also gut aufpassen, nicht zu gutgläubig sein! Vorsicht ist bei größeren Ausgaben, z. B. für Goldschmuck und Teppiche, geboten: Kaufen Sie nichts ohne Sachkenntnis, zähes Handeln (s. S. 64) und Preisvergleich bei anderen Anbietern. Große Vorsicht ist weiterhin angeraten gegenüber Bitten von Fremden, Pakete etc. zu transportieren oder mitzunehmen (s. Drogen, S. 92) sowie vor Betrügereien in İstanbul, vor allem bei Besuchen eher zwielichtiger Bars.

Terrorismus

Landesweit sind die türkischen Sicherheitsmaßnahmen intensiv, ISIS (trk. Daesh) ist v. a. in İstanbul und Gaziantep im Untergrund vertreten, aber noch nicht aktiv. Individualreisen im Südosten sollte man meiden. Aktuelle Hinweise und Reisewarnungen auf www.auswaertiges-amt.de unter Stichwort ›Reisen‹.

Waldbrandschutz

Von April bis Oktober besteht aufgrund von Trockenheit und Hitze erhöhte Waldbrandgefahr. Ob beim Picknick, beim Autofahren oder beim Besuch archäologischer Stätten, immer sind folgende Grundregeln strikt zu beachten: keine Glas- oder Plastikflaschen liegen lassen (denn sie wirken wie Brennspiegel) und natürlich keine brennenden Zigaretten wegwerfen! Offene Feuer sind streng verboten, bitte beachten Sie die entsprechenden Verbotsschilder!

Telefonieren

Von den blauen Telefonkabinen bei den Postbüros kann man nur mit Wertkarten telefonieren. *Telefon Kartı* werden in Supermärkten und den Schaltern der Post und der Türk Telekom verkauft, eine Karte zu 100 *(bir yüz)* Einheiten reicht etwa für ein 5-Minuten-Gespräch. Bei den meisten Kartentelefonen kann man ein deutsches Sprachmenü auswählen.

Vorwahlnummern

Um eine Verbindung ins Ausland zu bekommen, wählt man 00 oder +, dann für Deutschland 49 (für Österreich 43, für die Schweiz 41), anschließend die Vorwahl ohne Null und die Rufnummer. Vom Heimatland in die Türkei: 00 (oder +) 90 – Provinzvorwahl ohne Null – Teilnehmernummer. Das türkische Telefonsystem arbeitet mit Vorwahlnummern, die jeweils für eine ganze Provinz gelten. Von Bodrum nach Marmaris (beide Provinz Muğla) z. B. braucht man also keine Vorwahl zu wählen! Wer sich hingegen nicht ganz sicher ist, wählt sie einfach immer mit.

Mobiltelefone

Handys heißen auf Türkisch *cep* (sprich: ›dscheb‹). Europäische Geräte funktionieren im GSM-Roaming an den gesamten Küsten und in den Städten des Inlands, in einsamen Bergregionen ist aber oft kein Netz mehr zu bekommen. Bei Anrufen zu einem türkischen Anschluss muss man keine Landesvorwahl wählen. Wer aber ein deutsches Handy anruft, muss immer die internationale Vorwahl (für Deutschland +49) vorwählen, auch wenn der Angerufene im Restaurant um die Ecke sitzt.

Die Roaming-Gebühren in der Türkei sind jedoch deutlich höher als in der EU, zudem muss man immer auch für die Verbindung aus dem Heimatnetz in die Türkei selbst bezahlen, wenn man angerufen wird.

Toiletten

In jedem Ort gibt es mindestens bei der Moschee eine öffentliche Toilette *(Bay* = Herren; *Bayan* = Damen). Die hygienischen Bedingungen auf den traditionellen türkischen Steh- oder besser Hocktoiletten sind aber nicht die besten. Doch scheinen die Türken offensichtlich mehr Wert auf die Sauberkeit des Benutzers als auf die des ›stillen Örtchens‹ zu legen, weshalb sie sich auch mit Wasser statt mit Papier reinigen. Dieses muss man für den Notfall also bei sich tragen.

Restaurants, Pensionen und Hotels sind inzwischen landesweit mit WCs in europäischem Stil ausgestattet; dort wirft man Papier, Binden etc. jedoch nicht in die Spülung, sondern wegen der Verstopfungsgefahr und oft fehlender Kläranlagen in einen Abfalleimer.

Trinkgeld

Das ist ein heikles Thema. Zu viel wirkt beleidigend, zu wenig wirkt auch beleidigend, gibt man dem Chef, wirkt es erst recht beleidigend, gibt man es wie eine Bestechung, wirkt es auch beleidigend – gibt man gar nichts, ist man selbst blamiert.

Am besten lässt man im Restaurant – wenn man besonders zufrieden mit dem Service war – nach dem Zahlen einfach umgerechnet 1–3 € auf dem Tisch liegen. In besseren Hotels gibt man dem Zimmermädchen 20 Lira, am besten aber zu Beginn des Aufenthalts, dann bekommt man eventuell sogar Blumen aufs Bett gelegt. Im Taxi rundet man auf.

Zeit

Die Türkei liegt in der osteuropäischen Zeitzone (OEZ). Man stellt die Uhr eine Stunde vor, auch in der Sommerzeit, auf die die Türkei gleichzeitig mit der EU wechselt.

Unterwegs in der Türkei

»Montag, den 21. Oktober 1850: Ebene von Ephesos – Ach, ist das schön! Orientalisch und antik prächtig! Das erinnert an vergangenen Glanz, an goldgestickte Purpurmäntel. Herostrat! Wie hat er das genießen müssen. Die Diana von Ephesos! Zu meiner Linken haben rundliche Berghügel die Gestalt birnenförmiger Frauenbrüste.«
Gustave Flaubert, Reisetagebücher

Reiter am Dünenstrand von Patara an der Lykischen Küste

TURYO
Schwarzes Meer
İstanbul
Mittelmeer

Kapitel 1

İstanbul und Umgebung

İstanbul, Konstantinopel oder Byzanz – die Stadt am Bosporus hat viele Namen und Gesichter. Nähert man sich der Landzunge zwischen Marmara-Meer, Bosporus und Goldenem Horn mit dem Kreuzfahrtschiff, wird der Besucher von einer atemberaubenden Silhouette begrüßt. Aus dem Gewirr der Häuser und Gassen erheben sich unzählige Kuppeln und Minarette islamischer Moscheen. Dieses märchenhafte Panorama inspirierte zu allen Zeiten Literaten, Künstler und Reisende zu Hymnen auf die Stadt der byzantinischen Kaiser und osmanischen Sultane. Hier und anderswo protzt die Stadt mit ihrer Schönheit, an anderen Stellen zeigt sich jedoch auch überdeutlich, wie schwer es ist, infrastrukturelle Notwendigkeiten mit Lebensqualität in Einklang zu bringen.

Die 18-Millionen-Megacity (im Ballungsraum, offiziell 2014 14,3 Mio. Ew.) platzt an ihren Rändern aus allen Nähten. Dennoch strahlt die Metropole eine Faszination aus, der man sich nur schwer entziehen kann. Zahlreiche Festivals und kulturelle Veranstaltungen unterstreichen den Anspruch İstanbuls, die heimliche Hauptstadt der Türkischen Republik zu sein. Die Stadt ist seit jeher Drehscheibe zwischen West und Ost, Orient und Europa gewesen, heute steigt die Zahl der sogenannten Deutsch-Türken, die gut ausgebildet in die Heimat ihrer Väter zurückkehren, von Jahr zu Jahr.

İstanbul ist eine pulsierende und lebendige Metropole, in der die Gegensätze zwischen westlichem Lifestyle und anatolischer und zunehmend auch islamischer Tradition gewiss gewaltig sind, aber gerade dadurch zum Flair der Stadt beitragen. Offen für Neuankömmlinge war die Stadt schon immer, und Unterschiede zwischen Ethnien oder Sprachen spielten hier nur selten eine Rolle.

Blick von der Galata-Brücke zur Moschee Süleymans des Prächtigen

Auf einen Blick: İstanbul und Umgebung

Sehenswert

İstanbul: Die Bauten der byzantinischen Kaiser und osmanischen Sultane, allen voran der märchenhafte Topkapı-Serail (s. S. 117) und die grandiose Hagia Sophia (s. S. 122), zählen zu den bedeutendsten Sehenswürdigkeiten der Türkei. Weitere Highlights sind die Süleymaniye-Moschee (s. S. 136) und der Große Basar (s. S. 134) mit seinem unüberschaubaren Gassenlabyrinth.

Bosporus: Wer sich nach anstrengenden Besichtigungstagen mal entspannen will, macht einen Bootsausflug über den Bosporus. Man genießt die Skyline der Stadt und kann in idyllischen Städtchen Pause machen (s. S. 158).

Schöne Routen

Auf der İstiklal Caddesi: Die ›Straße der Unabhängigkeit‹ ist mit ihren Jahrhundertwendebauten ist seit über 100 Jahren die berühmteste Flaniermeile der Stadt (s. S. 143).

Von der Süleymaniye zum Goldenen Horn: Von der Süleymaniye Camii (s. S. 136) führen kleine Gassen hangabwärts zum Goldenen Horn. Das noch recht traditionelle Viertel wird von Kleinhandwerk geprägt, am Weg liegen günstige Lädchen für alles Erdenkliche.

Von Karaköy nach Ortaköy: Erst mit der Tramvay, dann per Bus fährt man am Bosporus entlang. Am Weg lohnen das Museum İstanbul Modern (s. S. 141), der Dolmabahçe-Palast (s. S. 147) und der Yıldız-Park einen Stopp (s. S. 147). Das schönste Panorama gibt's in Ortaköy vor der gigantischen Brücke nach Asien (s. S. 147).

Unsere Tipps

Französische Straße: Beyoğlu macht sich schön: Um das Flair der französisch geprägten Belle Époque wieder aufleben zu lassen, wurde nahe der İstiklal Caddesi eine Gasse mit Cafés, Bars und Restaurants *à la française* umgebaut (s. S. 142).

Galata-Turm: Das Wahrzeichen der Stadt bietet überwältigende 360°-Panoramasicht. Im Schatten des Galata Kulesi liegen Restaurants, in den umliegenden Gassen findet man schöne Läden für Schmuck, Klamotten und allerlei Secondhand-Ware (s. S. 142).

Bilder-Kunst: Das Pera-Museum (s. S. 143) an der Meşrutiyet Caddesi stellt orientalisierende Malerei des 17. bis 19. Jh. aus. Einen Blick in die zeitgenössische türkische Kunst präsentiert das Museum İstanbul Modern in Karaköy (s. S. 141).

Blick in die Kuppel der Hagia Sophia

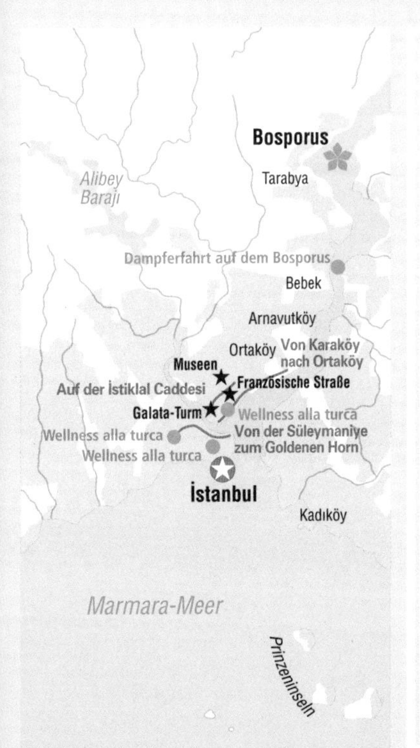

Wellness alla turca im Cağaloğlu Hamamı: Die berühmten türkischen Bäder mit ihrer historischen Marmorausstattung lassen sich nur nackt, mit einem Handtuch um die Hüften, besichtigen. Die private Schaumparty mit Massage gibt's inklusive: Cağaloğlu Hamamı (s. S. 130), Çemberlitaş Hamamı (s. S. 134), Süleymaniye Hamamı und Galatasaray Hamamı (s. S. 154).

Dampferfahrt auf dem Bosporus: Die berühmte Meerenge ist seit jeher das Naherholungsgebiet der İstanbuler. Man kann mit dem Dampfer an den Ufern entlangschippern, sollte sich aber auch einen Nachmittag Zeit für ein relaxtes Chill-out in einem dieser Orte nehmen (s. S. 159).

✪ İstanbul – das Zentrum

▶ D 4

Byzanz, Konstantinopel, İstanbul – jeder Namenswechsel bedeutete epochale Umwälzungen für die Stadt, deren strategisch und wirtschaftlich günstige Lage bis heute ihre Geschicke bestimmt. Griechen, Römer, Lateiner, Byzantiner und Osmanen drückten dem sich stetig ändernden Siedlungsgebilde ihren Stempel auf und erschufen Bauwerke, die zu den Meilensteinen der Architekturgeschichte gehören.

Stadtstruktur und Orientierung

Seit jeher war İstanbul in unterschiedliche Subzentren mit je eigenem Charakter gegliedert. Das ist auch heute noch deutlich erkennbar, obwohl sich die Stadt inzwischen in eine kaum überschaubare Megacity mit neuen modernen Zentren wie Nişantaşı, Şişli oder Levent verwandelt hat.

Die Halbinsel zwischen Marmara-Meer und Goldenem Horn war fast immer Sitz der Machtzentrale, sei es der Byzantiner, sei es der Osmanen. Das Viertel **Sultanahmet** mit der **Hagia Sophia,** der **Sultan-Ahmet-Moschee** am Hippodrom und dem **Topkapı-Palast** der Sultane samt Harem ist der Höhepunkt eines İstanbul-Besuchs. Das **Archäologische Museum** im Palast-Areal besitzt eine der weltweit wichtigsten Sammlungen zu den Frühkulturen des Orients ebenso wie zur klassischen Antike.

Landeinwärts liegt das Viertel **Beyazıt,** benannt nach der gleichnamigen Moschee; hier befindet sich der berühmte **Große Basar** mit seinem verwinkelten Labyrinth von Gassen und Läden. Angrenzend überragt auf einem Hügel die gewaltige **Süleymaniye-Moschee** das gesamte Stadtgebiet.

In den über Jahrhunderte organisch gewachsenen Stadtteilen **Fatih** und **Fener** blieben sehenswerte Monumente der Byzantiner erhalten. Die berühmte **Kariye Camii,** die ehemalige **Chora-Kirche,** nahe der Landmauer gilt wegen ihrer Mosaikausstattung als eine der schönsten byzantinischen Kirchen überhaupt (s. S. 139). Heute ist Fatih wie auch das benachbarte **Eyüp** ein sehr stark religiös geprägter und wertkonservativer Stadtteil, in dem Touristen toleriert, aber nicht immer gern gesehen werden.

In **Beyoğlu** jenseits des Goldenen Horns lebten stets die europäischen Gesandten, die Jugendstilfassaden an der Einkaufsstraße **İstiklal Caddesi** zeugen noch heute vom Bauboom im Stil der französischen Belle Époque. Besonders sehenswert ist auch der überaus prachtvolle **Dolmabahçe-Palast** am Bosporus-Ufer.

Das am Bosporus gelegene Ausgehviertel **Ortaköy** hat noch ein klein wenig dörflichen Charakter bewahrt. Besonders abends und am Wochenende sind die Cafés, Bars und Restaurants der idyllischen Uferpromenade überfüllt. Die auf der asiatischen Seite gelegenen Orte **Üsküdar** und **Kadıköy** sind heute weitläufige Wohnstädte mit modernen Einkaufsstraßen.

Geschichte

Die Ursprünge der Stadt gehen auf eine griechische Handelskolonie zurück, die nach dem mythischen Gründer Byzas den Namen Byzantion trug. Seit dem 2. Jh. v. Chr. gehörte sie zum römischen Reich, weltpolitische Bedeutung erlangte sie aber erst, als

Kaiser Konstantin den Regierungssitz von Rom hierher verlegte. Unter dem Namen Nova Roma wurde die neue Hauptstadt ab 330 mit prächtigen Palästen und Foren ausgebaut und erhielt nach dem Tod des Kaisers den Namen Konstantinopel. Theodosius II. (408–450) erweiterte das Siedlungsgebiet durch den Bau einer gewaltigen Landmauer, die die Stadt über 1000 Jahre lang zur uneinnehmbaren Festung machte. Begehrlich blickten die Barbarenstämme, die Europa überfluteten, auf den ungeheuren Luxus dieser Metropole, sie alle scheiterten aber vor der glanzvollsten Stadt der Welt.

Selbst als dem Vierten Kreuzzug unter Führung der Venezianer 1204 die Einnahme aufgrund eines Thronstreits gelang und Konstantinopel Hauptstadt eines lateinischen Kaiserreichs wurde, war die Geschichte der griechischen Metropole noch nicht beendet. Zahlreiche Schätze der Stadt wurden zwar durch plündernde Kreuzritter geraubt, doch nach der Rückeroberung 1261 begann die letzte byzantinische Blütezeit unter den Paläologen-Kaisern. Das Reichsgebiet allerdings schrumpfte immer mehr, und als Konstantinopel am 29. Mai 1453 in die Hände der Osmanen fiel, war das einstige Großreich fast auf das Stadtgebiet zusammengeschmolzen. Sultan Fatih (›Eroberer‹) Mehmet II. zog in die Stadt ein und ließ sich dort zum neuen Kaiser krönen.

Unter osmanischer Herrschaft erlebte die Metropole Glanz und Niedergang, behielt aber ihren kosmopolitischen Charakter – Griechen (in Fener), Armenier (in Kumkapı), Juden (in Balat) und Europäer (in Beyoğlu) lebten in ethnisch geprägten Vierteln, selbst in der Reichsregierung waren Türken gegenüber Albanern, Armeniern und Griechen in

REISEPLANUNG

Im Sommer kann das İstanbuler Klima recht strapaziös sein: Bei Südwind *(lodos)* ist es dumpf-schwül und bis zu 35 °C heiß, bei Nordwind *(poyraz)* dagegen auch heiß, aber angenehmer. September und Oktober sind klimatisch angenehmer. Der Winter ist feuchtkalt und dauert nicht selten bis Ende April. Da immer noch mit Kohle geheizt wird, liegt dann mitunter Smog über der Stadt. Schnee fällt selten, versetzt die Stadt aber in den Ausnahmezustand. Von Oktober bis Mai ist es immer angebracht, eine Regenjacke im Gepäck zu haben (Schirme sind wegen der oft starken Windböen ungeeignet).

Um das an Sehenswürdigkeiten nicht gerade arme İstanbul wirklich intensiv zu erkunden, muss man sich einige Wochen Zeit nehmen. Während eines viertägigen Kurztrips ist höchstens ein erster Eindruck möglich. Bei schönem Wetter sollte man ruhig mal eine der üblichen Sehenswürdigkeiten auslassen und statt dessen lieber den Bosporus hoch oder auf die Prinzeninseln fahren.

Die Unterkunftsmöglichkeiten in İstanbul sind vielfältig, von der Luxussuite für 2000 € bis zur Absteige für 15 €. Insgesamt hat das Preisniveau in den letzten Jahren kräftig angezogen. Sofern man mit einem Pauschalpaket reist, spielt der offizielle Hotelpreis aber nur eine statistische Rolle. Bis zu 50 % Rabatt gewähren die Hotels in İstanbul auch in den nicht so beliebten Wintermonaten.

İstanbul baut um – neue Projekte der Megacity

İstanbul hat seit jeher mit großen städtebaulichen und verkehrstechnischen Problemen zu kämpfen. Im historischen Zentrum kollidiert jede Neuplanung mit dem Schutz des historischen Erbes.

Täglich droht İstanbul am Verkehrsinfarkt zu ersticken, und zu Rush-Hour-Zeiten fahren Taxis erst gar nicht mehr los. Zu Fuß ist man dann sowieso schneller. Umstritten war einst der Bau der Ringstraße *(sahil yolu)* über den Fundamenten der Seemauern, umstritten auch der Tarlabaşı Bulvarı in Beyoğlu oder die in den Bospurus gestelzte Uferstraße bei Arnavutköy. Das ehrgeizige MarmaRay-Projekt, die Bahnlinie durch den Bosporus nach Asien, stellt einen ähnlichen Umbruch dar. Lange war es durch archäologische Grabung in dem bei Yenikapı entdeckten antiken Hafen unterbrochen, erst 2013 wurde es fertiggestellt und in das Nahverkehrsnetz eingebunden. Yenikapı wurde zum Umsteigebahnhof, in dem sich die Hafif Metro vom Flughafen, die Metro vom Taksim und die MarmaRay-Bahn treffen. Denn nur mit Schienenverkehr kann die Mega-Metropole die Transportprobleme in den Griff bekommen.

Aktuelle Neuprojekte sind der Bau der Dritten Bosporusbrücke (Fertigstellung 2015/16) sowie eines neuen Flughafens, des größten der Welt (Fertigstellung 2017/18). Die neue Brücke im Norden soll die Verbindung der aufstrebenden türkischen Industrie mit Europa verbessern, mit dem Flughafen an der Schwarzmeerküste will Erdoğan Frankfurt als Drehkreuz des eurasischen Flugverkehrs ablösen. In der Planungsphase ist der Bau eines ›zweiten Bosporus‹, eines 150 m breiten Kanals westlich der Stadt, der zur Hundertjahrfeier der Türkischen Republik 2023 eröffnet werden soll.

Auch die historische Bausubstanz wird zunehmend besser umsorgt. Im Zuge der Stadtbildpflege für das Kulturhauptstadtjahr 2010 floss viel Geld für die Instandhaltung der Sehenswürdigkeiten, u. a. wurde die Süleymaniye-Moschee glanzvoll renoviert. Ein Vorreiter in der Pflege historischer Bauten war der Türkische Touringclub (TTOK), der die Soğukçeşme Sokağı hinter der Hagia Sophia (heute das Hotel Ayasofya Konakları) oder das Yeşil Ev unterhalb der Sultan Ahmet-Moschee (ebenfalls ein exklusives Haus) renovieren ließ. Weitere Projekte wurden im Yıldız-Park (der Malta Köşkü), bei der Chora-Kirche (das Kariye Hotel) sowie auf dem Çamlıca-Hügel (türkisches Café) verwirklicht.

Zuletzt wurden die alten, schönen Holzhäuser auch von der gut verdienenden Mittelschicht entdeckt. Statt in Betonkästen weit außerhalb wohnt man heute lieber wieder in schicken historischen Häusern in der Altstadt. Ein Beispiel ist die von jungen Architekten restaurierte Ayrancı Sokak unterhalb der Süleymaniye-Moschee. Ein größeres Projekt dieser Art soll das Viertel Kumkapı werden, das wegen seiner Fischrestaurants beliebt war. Wie auch in Sulukule, Tarlabaşı oder Fener/Balat dürfte die Stadterneuerung durch die TOKİ-Behörde neben der Verschönerung jedoch auch die Vertreibung der alteingesessenen Bevölkerung bedeuten.

der Minderzahl. Diese ›untürkische‹ Stadt lehnte Atatürk als Hauptstadt der modernen Türkischen Republik ab, Ankara wurde Regierungssitz. Die ›Hauptstadt aus der Retorte‹ konnte dem historisch gewachsenen İstanbul jedoch nie den Rang ablaufen.

Und İstanbul wächst weiter. Jedes Jahr strömen in die Region zehntausende zumeist junger Menschen aus dem Inland, aber auch viele Rückkehrer aus Europa. Sie werden gelockt durch die Aussicht auf Arbeit und Lebenschancen, denn die Megacity bildet ökonomisch den dynamischsten Pol der Türkei und übertrifft darin auch die meisten Regionen Europas. Mit den Armutsflüchtlingen der 1980/90er-Jahre begannen zwar die Wahlerfolge islamisch-konservativer Parteien, doch leistet gerade İstanbul der Islamisierung unter der AKP-Regierung Widerstand, wie zuletzt 2013 die Gezi-Park-Proteste gegen den Nachbau einer von Atatürk abgerissenen osmanischen Kaserne zeigten.

Ein Wachstum um das Dreifache in 25 Jahren (1991: 4,7 Mio. Ew.) bedeutet natürlich enorme infrastrukturelle Probleme. Gewaltige Summen wurden und werden in neue Straßen und vor allem öffentliche Transportsysteme investiert. Dabei kann nicht immer auf historische Idylle Rücksicht genommen werden, nicht selten wirkt Altes wie erdrückt vor modernen Hochstraßen und Glasfassaden.

Ein weiteres Problem der Stadt ist ihre unmittelbare Nähe zu tektonischen Bruchstellen. Seit dem großen Erdbeben 1999 in der Marmararegion macht man sich auch verstärkt Gedanken über den Katastrophenschutz. Wann der nächste ›Big Bang‹ kommt, weiß niemand, er dürfte jedoch verheerende Folgen haben.

Sultanahmet

Cityplan: S. 129

Auf der grünen Landzunge zwischen Bosporus und Marmara-Meer schlägt seit jeher das zivilisatorische Herz İstanbuls. Von der byzantinischen Hagia Sophia zum osmanischen Topkapı-Palast spannt sich der Bogen repräsentativer Bauwerke als Zeugen herrscherlicher Macht. Dabei überrascht das Zentrum, das Stadtviertel **Sultanahmet,** den Besucher mit sprudelnder Lebensfülle: Händler (auch Nepper), Wasserverkäufer und flanierende türkische Familien prägen das Bild.

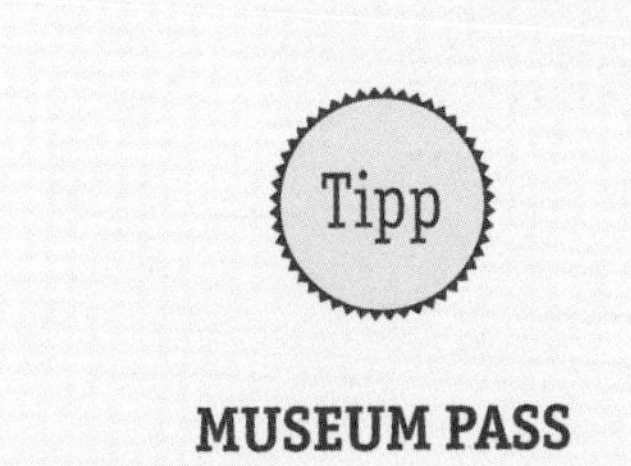

MUSEUM PASS

Mit dem Museum Pass (trk. Müze Kart) erhält man für 85 TL/3 Tage (ca. 30 €) oder 105 TL/5 Tage (ca. 37 €) Eintritt zu allen wichtigen Museen: Hagia Sophia, Topkapı-Palast, Chora-Kirche, Museum für türk. Kunst, Archäologisches und Mosaiken-Museum. Info: www.muzekart.com/en.

Topkapı-Palast 1

Sommer Mi–Mo 9–19 Uhr, letzter Einlass 18 Uhr, sonst Mi–Mo 9–17 Uhr, Eintritt: 30 TL; Harem: 9–16 Uhr, Eintritt 15 TL, Audioguides an der Kasse erhältlich, www.topkapisarayi.gov.tr.

Der ›Serail‹, der Palast der osmanischen Sultane, wirkt im Vergleich zu den Palästen westlicher Herrscher eher bescheiden: eine Folge pavillonartiger Bauten, die sich um vier Höfe gruppieren. Der Zugang zum ersten Hof ist frei; erst ab dem zweiten Hof muss Entritt gezahlt werden. Meist ist die Warteschlange extrem lang, besser sehr früh kommen! Hinter dem zweiten Tor gibt es zudem Sicherheitsschleusen wie am Flughafen.

Nach der Einnahme Konstantinopels 1453 wohnte der Sultan mit seinem Harem zuerst im Eski Saray (›Alter Palast‹) auf dem Areal der İstanbul-Universität. Als dieser

1541 abbrannte, verlegte Sultan Süleyman den Harem in den Topkapı Sarayı (›Kanonentor-Palast‹) auf der antiken Akropolis, wo die Sultane bereits zuvor die meiste Zeit inmitten ihrer dort stationierten Truppen verbracht hatten. Das Areal wurde anschließend zu einer ausgedehnten Residenzstadt umgestaltet, bis die Osmanen im 19. Jh. in den Dolmabahçe-Palast umzogen.

Vor dem Eingang zum ersten Hof des Topkapı Sarayı steht der **Brunnen Ahmets III.** (III. Ahmet Çeşmesi), der 1728 im Stil des türkischen Rokoko erbaut wurde. Aus den seitlichen Erkern neben den Brunnenschalen wurden einst Trinkbecher gereicht.

Hinter dem ersten Tor, dem **Bâb-i-Hümayun** (›Tor des Reichs‹), liegt links die nur zu Veranstaltungen zugängliche Kirche **Hagia Eirene** (Aya Irini), eine konstantinische Gründung. Die ›Irenenkirche‹ wurde unter den Osmanen als Waffenarsenal genutzt, heute dient sie beim İstanbul-Festival als Konzertsaal. Nebenan schließen sich die Gebäude des **Darphane** an, der Münze der Sultane, erbaut 1727.

Während sich im ersten Hof das Lager der Janitscharen ausbreitete, begann hinter dem **Bâb-üs-Selâm** (›Tor der Begrüßung‹, auch **Orta Kapı,** ›Mitteltor‹) die eigentliche Sultansresidenz. Der zweite Hof war einst eine von Tieren bevölkerte Parklandschaft. Auf der rechten Seite befindet sich der **Küchentrakt,** leicht an den vielen Schornsteinen zu erkennen, dort wird heute eine wertvolle Porzellansammlung gezeigt. Gegenüber liegt das **Kubbe Altı** mit einer offenen Vorhalle. In drei überkuppelten Räumen mit prachtvoll vergoldeten Gittertoren tagte der osmanische Staatsrat *(Divan)* und auch die Finanzverwaltung *(Iç Hazine)* war hier untergebracht.

Hinter dem 41 m hohen **Turm der Gerechtigkeit** liegt der Haupteingang des Harems (s. S. 121). Links schließt auf tieferem Niveau der **Hof der Beilträger** an, wo die Leibgarde des Sultans ihr Quartier hatte. Dort lagen auch die Stallungen, in denen jetzt kaiserliche Kutschen gezeigt werden.

Den dritten Hof betritt man durch das **Bâb-üs-Saadet** (›Tor der Glückseligkeit‹).

Der Topkapı Sarayı, der Palast der Sultane

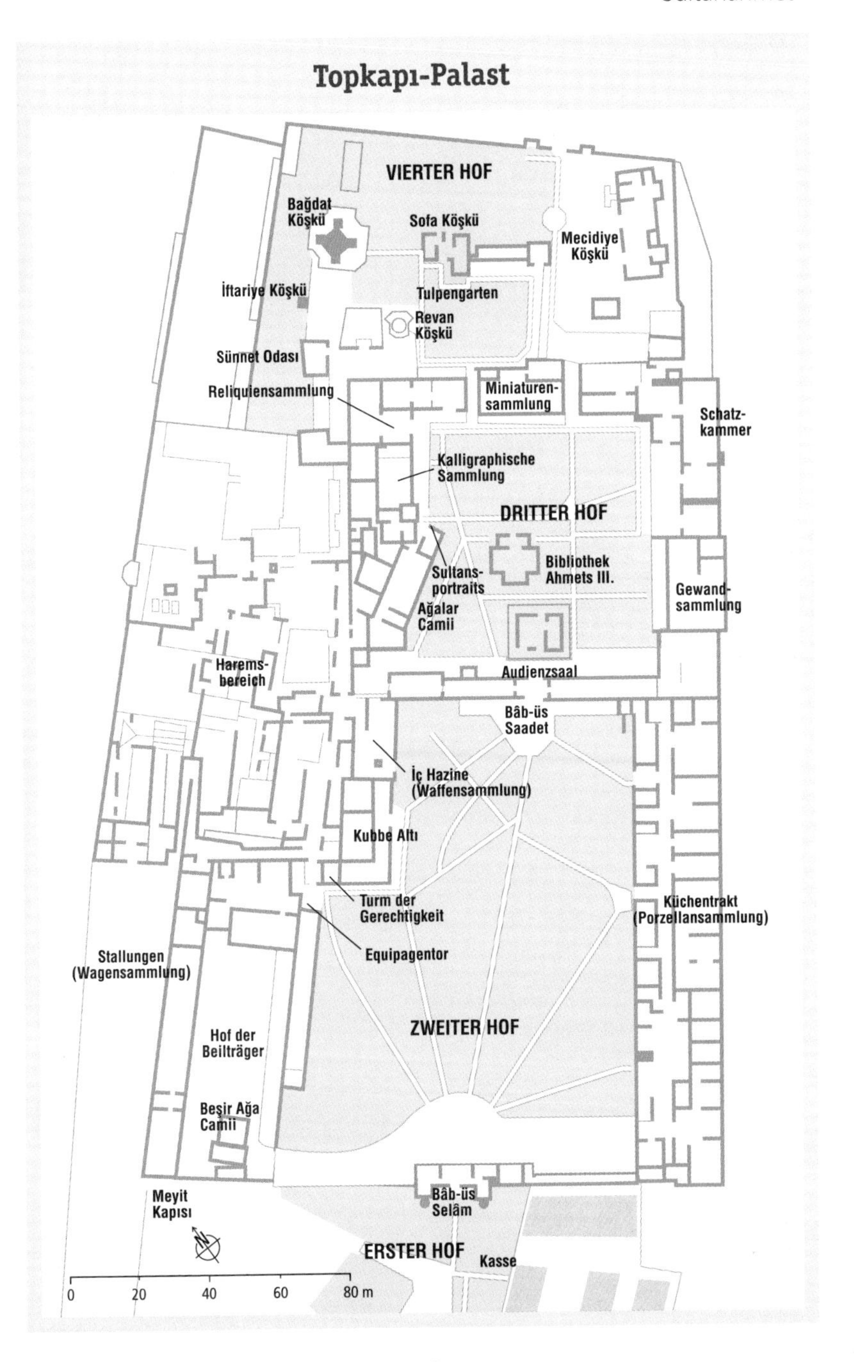
Topkapı-Palast
VIERTER HOF
Bağdat Köşkü
Sofa Köşkü
Mecidiye Köşkü
İftariye Köşkü
Tulpengarten
Revan Köşkü
Sünnet Odası
Reliquiensammlung
Miniaturensammlung
Schatzkammer
Kalligraphische Sammlung
DRITTER HOF
Sultansportraits
Bibliothek Ahmets III.
Gewandsammlung
Ağalar Camii
Haremsbereich
Audienzsaal
Bâb-üs Saadet
İç Hazine (Waffensammlung)
Kubbe Altı
Turm der Gerechtigkeit
Küchentrakt (Porzellansammlung)
Equipagentor
Stallungen (Wagensammlung)
ZWEITER HOF
Hof der Beilträger
Beşir Ağa Camii
Meyit Kapısı
Bâb-üs Selâm
ERSTER HOF
Kasse
0
20
40
60
80 m

Unter seinem vorspringenden Dach inthronisierte man den neuen Sultan, der an dieser Stelle regelmäßig zu den großen islamischen Feiertagen Glückwünsche entgegennahm. Hinter dem Tor versperrt der **Audienzpavillon** (Arz Odası) den Blick auf den dritten Hof, dessen Gebäude zu großen Teilen als Palastschule dienten. Im Zug der Knabenlese *(devşirme)* kamen hauptsächlich Kinder christlicher Eltern hierher. Weiße Eunuchen übernahmen die Erziehung der 12- bis 18-jährigen Jungen und bildeten sie zu Staatsbeamten (türk. *ağa,* davon ist das Wort Page abgeleitet) aus. Für sie war die quer im Hofgelände stehende **Ağalar Camii** bestimmt. Im **Seferli Koğuşu**, dem ersten Gebäude rechts, lebten die Pagen, jetzt sind hier osmanische Gewänder ausgestellt. Sultansportraits sind im benachbarten **Hasodalı Koğuşu** zu sehen. In der angrenzenden Schatzkammer, der **Hazine Dairesi** wurden die Reichtümer der Herrscher verwahrt. Glanzpunkte der Sammlung sind die Thronsessel, das Schwert Osmans sowie der filmbekannte Topkapı-Dolch.

Im **Hırka-i Saadet Dairesi** an der Nordecke des Hofs kann man die heiligsten Reliquien des Islam besichtigen, die Sultan Selim I. 1517 von seinem Ägyptenfeldzug mitbrachte: Mohammeds Mantel und Banner werden in einem silbernen Schrein aufbewahrt, in Vitrinen sind Schwert, Barthaar, Zahn, Siegel und ein Fußabdruck des Propheten ausgestellt. Unter den christlichen Reliquien ist das in Gold und Silber ausgeführte Armreliquiar Johannes des Täufers hervorzuheben.

Der vierte Hof war einst das Privatareal der Sultane. Den **Revan Köşkü,** einen Pavillon neben dem ehemaligen Tulpengarten, ließ Murat IV. nach der Eroberung Eriwans 1635 errichten. Über eine Terrasse mit Wasserbassin und eine Wandelhalle gelangt man zum **Sünnet Odası,** wo die Beschneidung der Prinzen vollzogen wurde. Markanter Blickpunkt ist der **İftariye Köşkü** Ibrahims I. Unter dem goldenen Dach nahm der Sultan das *iftar* zu sich, die abendliche Mahlzeit des Fastenmonats Ramadan. Anlässlich der Eroberung Bagdads ließ sein Vorgänger Murat IV. an der Nordecke des Hofs den **Bağdat Köşkü** mit einem ausladenden Dach erbauen. Vom **Mecidiye Köşkü** aus gelangt man zum tiefer liegenden Restaurant Konyalı mit schöner Aussicht auf den Bosporus.

Ein Rundgang durch den **Harem** beginnt am Equipagentor des zweiten Hofs. Schätzungen zufolge beherbergte die labyrinthartige Anlage in Blütezeiten bis zu 1600 Bewohner, neben dem Sultan und seiner Familie etwa 1000 Frauen und 600 Eunuchen. Auf einer Wohnfläche von ca. 6700 m² sind in dem drei- bis fünfgeschossigen Komplex an die 300 Räume verteilt.

Die imposantesten Räume des Harems befinden sich im Sultanstrakt. Im Hünkar Sofası (›Herrscher-Salon‹) saß der Sultan unter einem Baldachin, während auf der Empore Musikanten zur Unterhaltung aufspielten. Durch einen Brunnenraum gelangt man in den III. Murat Sofası, dessen Wände mit kostbaren İznik-Fliesen gekachelt sind.

Archäologisches Museum 2

Di–So 9–19 Uhr, letzter Eintritt 18 Uhr, 15 TL, erm. für Schüler und Studenten, www.istanbul arkeoloji.gov.tr

Im Areal des Topkapı Sarayı liegt eines der bedeutendsten archäologischen Museen der Türkei, das **Arkeoloji Müzesi İstanbul**. Als Zentralmuseum des Reichs erhielt es seit dem 19. Jh. die spektakulären Großfunde aus den Grabungen in Mesopotamien und Anatolien (Babylon, Mitanni, Urartu, Hethiter), die heute im **Eski Şark Eserleri Müzesi** (Museum Altorientalischer Kunst) links vom Eingang gezeigt werden. Die besten Stücke sind die berühmten mesopotamischen Königsstatuen und der in Stein gemeißelte Vertrag zwischen Pharao Ramses II. und dem Hethiterkönig Hattusili III. (ca. 1270 v. Chr.), der als ältester überlieferter Friedensvertrag der Welt gilt und als Replik in der Lobby der UN in New York aufgestellt ist.

Im Hof beeindrucken die monumentalen Porphyr-Sarkophage der byzantinischen Kaiser. Im **Çinili Köşk** (›Fliesenpavillon‹) sind wertvolle Beispiele der seldschukischen und osmanischen Fliesenkunst zu sehen. Der Bau

Im goldenen Käfig – der Harem

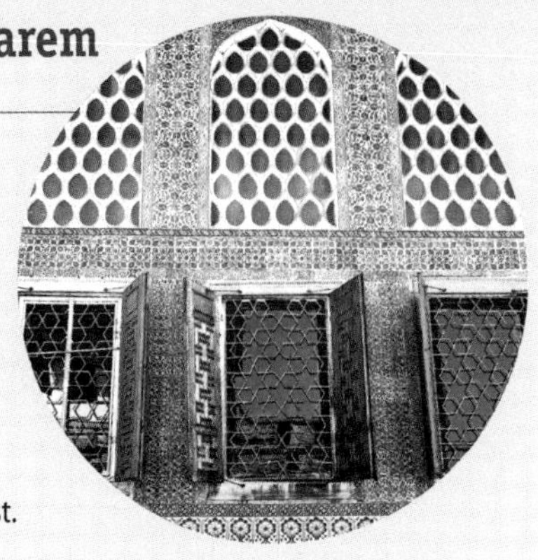

Der Sultansharem im Topkapı Sarayı war von der Außenwelt fast vollständig isoliert. Außer dem Herrscher, seiner Familie, den Frauen, Kindern und Sklaven hatte niemand Zutritt in die legendenumrankten Privatgemächer. Noch immer umweht den Harem ein Hauch von schwüler Erotik, mittlerweile weiß man aber recht gut, wie es wirklich hinter seinen Mauern zugegangen ist.

Da man seinerzeit nur auf Spekulationen und Vermutungen angewiesen war, mutierte der Harem in den Köpfen abendländischer Chronisten zu einem Hort sexueller Ausschweifungen. Im prüden 19. Jh. bedienten sich Maler des Harems, um ihre erotischen Fantasien auf die Leinwand zu bringen – Chassériau, Ingres, Gérôme u. a. schufen zu dieser Zeit orientalisierende Gemälde, auf denen sich blutjunge Odalisken unbekleidet auf Fellen räkeln, während sinnliche Sklavinnen die Bäder des Palasts bevölkern.

Erst seit der Auflösung des Harems und der Öffnung der Palastarchive gewann man ein genaueres Bild vom Leben im Serail, das strengen Regeln unterworfen war. Oberste Institutionen waren die Sultansmutter *(valide sultan)* sowie der Oberaufseher der Schwarzen Eunuchen, der *kızlar ağası*. Während die Schwarzen Eunuchen für die Frauen zuständig waren, sorgten die Weißen Eunuchen für das leibliche Wohl des Sultans. Alle Haremsfrauen – teils Kriegsbeute, teils Töchter ärmerer Familien, die man dem Sultan zum Geschenk gemacht hatte – waren Sklavinnen. Neue Odalisken (eingedeutscht aus *odakızlar*, ›Frauen des Zimmers‹) mussten zum islamischen Glauben übertreten. Die Mädchen, bei denen man eine besondere Begabung erkannte, erhielten Unterricht in den schönen Künsten. So bekamen sie die Möglichkeit, in den Dienst des Sultans übernommen zu werden, der mit seinen vier Hauptfrauen *(kadınlar*, Sing. *kadın)* in einem gesonderten Trakt des Harems lebte.

Das tägliche Leben in der drangvollen Enge des Serails war von Müßiggang und Langeweile bestimmt. Da die Frauen den Harem nie ohne Begleitung verlassen durften, sorgte vor allem das Intrigen- und Ränkespiel der Sultansmutter, der Favoritinnen und der Konkubinen für Gesprächsstoff. Häufig gab es unter den Hauptfrauen des Herrschers eine gnadenlose Konkurrenz, da jede *kadın* ihren Sohn zum Thronfolger – und damit sich selbst zur *valide* erhoben sehen wollte. Prominentestes Beispiel war Haseki Hürrem (Roxelane), die Favoritin Sultan Süleymans des Prächtigen. Die aus Russland verschleppte Tochter eines Tataren avancierte durch ihre zielstrebige und rücksichtslose Art schnell zur Hauptfrau des Sultans. Durch ein Komplott brachte sie ihn dazu, seinen erstgeborenen Sohn und rechtmäßigen Thronfolger hinrichten zu lassen, um so ihren eigenen Sohn, den späteren Selim II., auf den Thron zu bringen. Mit diesem Verhalten befand sich Roxelane in bester Gesellschaft, denn schon seit Mehmet II. (1451–81) gehörte es zur Tradition osmanischer Herrscher, Brüder und Thronanwärter ermorden zu lassen. Zog dann der Sultan in den Palast ein, wurde die komplette Belegschaft des Harems ausgetauscht, die Frauen seines Vorgängers kamen in den Eski Saray, den alten Palast.

entstand als Thronhalle für Mehmet II. bald nach der Einnahme der Stadt.

Im **Hauptgebäude** zählen die Funde aus der Nekropole von Sidon (heute Libanon) zu den wichtigsten Exponaten, die durch effektvolle Beleuchtung und roten Teppich in Szene gesetzt werden. Das bedeutendste Stück ist der Alexander-Sarkophag, dessen Reliefs Szenen eines Kampfes zwischen Persern und Makedonen zeigen – darunter Alexander der Große hoch zu Ross – und eine Löwenjagd. Der Sarkophag wurde im letzten Viertel des 4. Jh. v. Chr. für einen hellenistischen Lokalfürsten im heutigen Libanon hergestellt, der sich mit den heroischen Taten des Makedonenkönigs zu indentifizieren suchte. Der benachbarte Klagefrauen-Sarkophag (Mitte des 4. Jh. v. Chr.) ist wie ein Tempel gestaltet und zeigt in seinen Relieffeldern Darstellungen trauernder Frauen. Den Sarkophagdeckel schmückt ein umlaufender Trauerzug.

Im Erdgeschoss hält die Sammlung weitere Highlights der griechischen und römischen Plastik der Antike bereit: Architekturfragmente aus dem dorischen Tempel von Assos (Nordägäisküste), Statuen aus den Thermen von Milet oder den berühmten Epheben von Tralles, die Darstellung eines jungen Mannes. In der römischen Kaisergalerie sind u. a. eindrucksvolle Porträtköpfe von Marcus Aurelius, Diocletianus oder dem oströmischen Herrscher Arcadius (4. Jh.) ausgestellt. Im gleichen Saal stehen die spätantiken Beamtenstatuen aus Aphrodisias. Spannend ist auch die Abteilung zur byzantinischen Kunst: Skulpturen, Ikonen, Sarkophage und Kleinkunst vermitteln ein lebendiges Bild des alten Konstantinopel. Eine große Sonderausstellung zeigt neuere Funde aus der Grabung im antiken Hafen nahe Yenikapı. Nach der Besichtigung lädt der baumbestandene Teegarten zwischen antiken Skulpturen und Kapitellen zu einer Pause ein.

Gülhane-Park

Der **Gülhane Parkı** gehörte einst zu den Gärten des Topkapı-Palastes. Er kann durch das **Soğukçeşme Kapısı** (›Tor des kühlen Brunnens‹) unterhalb des Archäologischen Museums betreten werden. Der Park erstreckt sich bis zur Spitze der Halbinsel (Saray Burnu). Dort steht die **Gotensäule,** die vermutlich 332 von Kaiser Konstantin zur Erinnerung an den Gotenzug seines Sohns Constantinus II. errichtet wurde. Auf dem Kapitell, das den 15 m hohen Granitschaft bekrönt, soll einst die Statue des Stadtgründers Byzas gestanden haben. Dahinter kommt man zu einem kleinen, ruhigen Teegarten mit tollem Bosporus-Blick.

Die **Hohe Pforte** 3, das Bâb-ı-Ali, liegt gegenüber dem Eingang zum Gülhane-Park. Als Verwaltungssitz des Großwesirs war es das politische Zentrum des osmanischen Reichs und bildete für Unterhändler westlicher Herrscher die erste Anlaufstelle.

Hagia Sophia 4

Sommer Di–So 9–19 Uhr, sonst Di–So 9–17 Uhr, letzter Einlass jew. 1 Std. vor Schließung, Eintritt 30 TL, www.ayasofyamuzesi.gov.tr

Von dem gewaltigen Bau der **Hagia Sophia** sprach man einst als *megale ekklesia,* der ›großen Kirche‹ der Christenheit, als achtes Weltwunder, mit dem Kaiser Justinian selbst den Tempel Salomons übertroffen habe: Zu allen Zeiten hat die Architektur dieser der Heiligen Weisheit geweihten Kirche Bewunderung erfahren. Schon spätantike Autoren bemühten Superlative, um die Leistung der Ingenieure Anthemios von Tralles und Isidoros von Milet und die Vision ihres Bauherrn Kaiser Justinian angemessen zu würdigen.

Vor dem Bau der justinianischen Kirche existierten an dieser Stelle bereits zwei Vorgängerbauten. Die erste Kirche ließ Stadtgründer Konstantin ab 326 errichten. Ihrer Zerstörung durch Feuer folgte unter Kaiser Theodosius II. 415 ein vergrößerter Wiederaufbau, der jedoch beim Nika-Aufstand 532 (s. S. 121) schwere Zerstörungen erlitt. In nur fünf Jahren Bauzeit entstand danach die justinianische Kirche. Bis zum Untergang

Islamische und christliche Ausstattung prägt die Hagia Sophia

محمد عليه السلام

des Byzantinischen Reichs 1453 war die Hagia Sophia Bischofs- und Staatskirche, wobei man die Hauptfeste des Kirchenjahrs stets in Anwesenheit des Kaisers und des Patriarchen beging.

Nach der Eroberung der Stadt durch Sultan Fatih Mehmet II. wandelte man die Hagia Sophia in eine Moschee um *(Aya Sofya Camii)*. Danach wurden die vier Minarette und mehrere Grab-Türben verstorbener Sultane auf dem Gelände errichtet. Mehrfach waren Restaurierungsarbeiten notwendig, wobei die umfangreichsten Eingriffe 1847/49 durchgeführt wurden. Atatürk beendete die Ausübung des islamischen Kults in der Hagia Sophia, die seit 1934 als Museum dient.

Man betritt die Hagia Sophia durch die äußere Vorhalle (Exonarthex) und kommt in den **inneren Narthex,** wo sich neun Durchgänge mit bronzenen Türflügeln zum Hauptraum öffnen. Neben Marmorvertäfelungen und ornamentalen Goldmosaiken fällt ein figürliches Mosaik über der Kaisertür aus dem 9. Jh. auf, das Kaiser Leon VI. im Beisein Marias und Johannes des Täufers demütig vor dem thronenden Christus zeigt. Im Süden der Vorhalle lag die Orea Porta (›Schöne Tür‹), durch die der Kaiser in einer feierlichen Prozession von den Kaiserpalästen her in die Kirche einzog. An die historische Funktion der Tür erinnert das Lünettenmosaik aus dem 10. Jh.: die Gottesmutter mit Kind als Schutzpatronin Konstantinopels, Kaiser Justinian präsentiert das Modell der Hagia Sophia, Konstantin bringt die Stadt Konstantinopel dar.

Beim Betreten des **Innenraums** ist der Eindruck der fast frei im Raum zu schweben scheinenden Kuppel überwältigend. Die justinianischen Architekten entwarfen hier eine der genialsten Raumschöpfungen der Architekturgeschichte. Das Kuppelquadrat wird durch vier Pfeiler gebildet. Über vier darauf ruhenden Bögen erhebt sich die rundherum durchfensterte, lichtdurchflutete Kuppel mit einer Scheitelhöhe von 56 m. Im Norden, Süden und Westen liegen Emporen über den Seitenräumen und öffnen sich mit Arkaden zum Kuppelraum hin.

Die überwältigende Wirkung der Hagia Sophia beruht auch auf ihrer überaus kostbaren **Ausstattung.** Die Wände sind bis zum Gewölbeansatz mit Marmor- und Porphyrplatten verkleidet, die aus einem einzigen Steinblock gesägt und so angebracht wurden, dass sich die Musterung spiegelbildlich verdoppelt. Der Fußboden besteht aus prokonnesischem Marmor; davon abgesetzt ist das Omphalion vor dem zweiten Pfeiler der rechten Seite. Dieses rechteckige Bodenstück aus grünen, roten und schwarzen Marmorscheiben markierte einst den Platz des Kaisers im liturgischen Zeremoniell.

Eine besondere Attraktion ist die ›schwitzende Säule‹ am ersten Pfeiler der linken Seite. Der Legende nach verlieh der hl. Gregorios Thaumaturgos dem Stein heilende Wirkung: Er soll u. a. Augenkrankheiten lindern und erschlafften Zeitgenossen ihre Manneskraft zurückgeben. Im 19. Jh. wurden die Rundschilde an den Pfeilern angebracht, die in kalligraphischen Schriftzügen Allah und Mohammed sowie die ersten vier Kalifen nennen. Sultan Ahmet III. ließ im 18. Jh. vor der Apsis eine Sultanstribüne errichten.

Wahrscheinlich schmückten bis in die Zeit nach dem byzantinischen Bilderstreit (729–843) nur unfigürliche **Mosaiken** die Wände und Gewölbe der Hagia Sophia. Diese ornamentalen Mosaiken auf Goldgrund blieben in den Seitenräumen und auf der Empore vielfach erhalten und bilden den Rahmen, in den später ab dem 9./10. Jh. religiöse Szenen und Kaiserdarstellungen eingefügt wurden: Darstellungen von Kirchenvätern bzw. Patriarchen (9. Jh.) in den Nischen unterhalb der Schildbögen, mehrflügelige Engel (Seraphim) an den Pendentifzwickeln des Gewölbes. Die Engel rahmten einst eine Büste des segnenden Pantokrators in der Kuppel ein. Im Apsismosaik sitzt Maria auf einem Thron und hält den Christusknaben auf ihrem Schoß.

Über eine Rampe im Narthex erreicht man das **Emporengeschoss** und stößt zunächst auf ein mosaiziertes Porträt des byzantinischen Kaisers Alexandros, eines Bruders und Mitregenten Leons VI., das um 912/13 ausgeführt wurde. Gleich mehrere großformatige Mosaikfelder sind auf der Südempore erhalten. Im Mosaik mit Konstantin IX. Monomachos und Zoë flankiert das Kaiserpaar den thronenden Christus. Konstantin bringt eine Geldspende dar, die von Kaiserin Zoë mit der Schenkungsurkunde bestätigt wird. Man sieht deutlich, dass der Kaiserkopf mehrfach ausgetauscht wurde. Denn im Gegensatz zu ihren Ehemännern genoss die Kaiserin Zoë (1028–56) trotz kurzzeitiger Verbannung ein langes Leben. Dreimal war sie verheiratet, zwei Ehemänner – Romanos und Michael – starben aus nicht ganz geklärten Gründen und verloren daher im Mosaik ihr Gesicht. Aber auch das jugendliche Antlitz der Kaiserin entpuppt sich als Manipulation: Zum Zeitpunkt der Hochzeit mit Konstantin IX. war sie bereits weit über 60 Jahre alt. Das benachbarte Mosaik zeigt Johannes II. Komnenos (1118–43), seine Frau, die ungarische Königstochter Eirene-Piroska, und deren Sohn Alexios, die der Gottesmutter mit Kind eine Geldspende darbringen.

Das kunstvollste Mosaik ist jedoch die **Große Deesis** im Mittelteil der Südempore. Das Bild gehört in die Spätzeit der byzantinischen Kunst und könnte nach 1261 entstanden sein. Von dem segnenden Christus mit Buch und den Fürbittsprechern Johannes dem Täufer und Maria sind nur noch die Büsten erhalten. Allein diese reichen aber aus, um die ganze Meisterschaft der Mosaikkünstler zu erfassen: Der Faltenwurf ist in antiker Weise am Körpervolumen orientiert, Gestik bzw. Mienenspiel sind individuell verschieden und die fein abgestufte Farbigkeit lässt die Figuren fast lebendig erscheinen.

Ausschnitt der Großen Deesis auf der Empore der Hagia Sophia

Der Besuch der Hagia Sophia endet im idyllischen **Teegarten** vor der Kirche zwischen verschiedenen Architekturfragmenten. Getränke, Ayran und Toast werden stilvoll auf spätantiken Kapitellen serviert.

Cisterna Basilica (Yerebatan-Zisterne) 5

Sommer 9–18.30, sonst tgl. 9–17.30 Uhr, Eintritt 20 TL

Gegenüber der Hagia Sophia (Yerebatan Cad., Ecke Alemdar Cad.) befindet sich die größte unterirdische Zisterne der Stadt. Die **Cisterna Basilica**, der die Türken im 19. Jh. den Namen *Yerebatan Sarayı*, ›Versunkener Palast‹, gaben, konnte auf einem Areal von 138 x 65 m ca. 80 000 m³ Wasser fassen. Die ursprünglich konstantinische Anlage ließ Justinian I. (527–565) als Substruktion für eine Hallenbasilika ausbauen.

Auf Stegen kann man heute die 336 Säulen, die ein Ziegelgewölbe tragen, bewundern. Vielfach finden sich wiederverwendete römische Bauteile, meist fehlerhafte Stücke, die aussortiert worden waren. Als Sockel dienen oft kopfstehende oder seitlich liegende Medusen-Häupter, die wohl aus einem älteren Tempel stammten. Bekannt wurde die Anlage in den 1960er-Jahren, nachdem hier der Agent 007 im Streifen »Liebesgrüße aus Moskau« unterwegs gewesen war.

Vom Hippodrom nach Kumkapı

Cityplan: s. S. 129

Hippodrom 6

Schon Kaiser Septimius Severus wusste um die psychologische Wirkung von Brot und Spielen. Er legte im 2. Jh. den Grundstein für das **Hippodrom** (heute türk. At Meydanı). Dort, wo früher die Wagenlenker in halsbrecherischen Rennen um Ruhm und Ehre kämpften, umkreisen nun Fußgänger die antiken Monumente. Nach dem Vorbild des Circus Maximus in Rom umfuhren die Kontrahenten eine mit Ehrenmonumenten bestandene Wendemarke, die Spina. Das Renngelände ruhte im Südwesten auf einem erhaltenen Unterbau, das die Stallungen für Pferde und Wagen aufnahm. Die nordwestliche Seite schloss mit der Porta Triumphalis ab. Dort, wo nun die Sultan Ahmet-Moschee liegt, befand sich die Kaiserloge, die direkt mit dem Palast verbunden war. Auf den nicht mehr erhaltenen, zweistöckigen Zuschauerrängen fanden bis zu 100 000 Schaulustige Platz.

Den Wagenlenkern wurde von ihren Anhängern höchste Verehrung zuteil. Die Fan-Gemeinden unterschieden sich nach Farben (Rote, Blaue, Grüne) und bildeten eingeschworene Gruppen, ähnlich wie heute die Anhänger von Fußballvereinen. Sie waren aber auch politisch einflussreich, daher versuchte Kaiser Justinian 532, die untereinander zerstrittenen Parteien zu liquidieren. Die ›Hooligans‹ quittierten diesen Versuch mit dem Kampfruf ›Nika!‹ (Siege!) und initiierten einen Aufstand, bei dem die halbe Stadt in Schutt und Asche gelegt wurde. Das Imperium schlug jedoch zurück und erstickte die Revolte in einem Blutbad. Unter den osmanischen Sultanen wurde das Hippodrom als Paradeplatz weiter genutzt.

Neben dem **Alman Çeşmesi** (›Deutscher Brunnen‹), den Kaiser Wilhelm II. 1900 stiftete, stehen auf dem Hippodrom drei bedeutende Monumente der Antike: Den aus Rosengranit skulptierten **Theodosius-Obelisk** ließ Kaiser Theodosius I. um 390 aus dem ägyptischen Karnak nach Konstantinopel schaffen; interessant die Reliefs am Sockel, die die Aufstellung der Säule im Beisein des kaiserlichen Hofs zeigen. Die **Schlangensäule** stammt aus dem Apollo-Heiligtum in Delphi. Sie besteht aus drei verschlungenen Schlangenleibern und erinnerte an die Siege über die Perser; die Köpfe fehlen leider. Den **Gemauerten Obelisken** ließ Konstantin VII. Porphyrogennetos im 10. Jh. mit vergoldeten Bronzeplatten verzieren, die das Leben Kaiser Basileos I. schilderten. Die Platten wurde 1204 von den Kreuzfahrern geplündert, die Konstantinopel unter Führung Venedigs eingenommen hatten.

Museum für türkische und islamische Kunst 7

Sommer Di–So 9–19 Uhr, sonst Di–So 9–17 Uhr, Eintritt 20 TL

Das **Türk ve İslam Eserleri Müzesi** ist im **Atmeydan Sarayı,** dem größten osmanischen Verwaltungspalast, an der Nordseite des Hippodroms untergebracht. Bis zum Bau der Hohen Pforte residierten dort die Großwesire. Nach dem Hausherrn mit der tragischsten Geschichte wird der Bau auch **İbrahim Paşa-Palast** genannt: İbrahim war ein Jugendfreund Sultan Süleymans, sein Großwesir und Schwager; nach einer Intrige ließ ihn der Sultan jedoch nach dem gemeinsamen Abendessen erdrosseln.

Der ausgedehnte Bau mit vier Innenhöfen wurde 1523 fertiggestellt, geht aber wahrscheinlich auf byzantinische Palastbauten zurück. Objekte unterschiedlichster Herkunft begleiten den Besucher auf einer Zeitreise durch nahezu zwölf Jahrhunderte. Gezeigt werden Teppiche und Kelims, Kalligraphien, Manuskripte, Skulpturen aus Stein und Holz,

Die Sultan Ahmet-Moschee, die berühmte ›Blaue Moschee‹

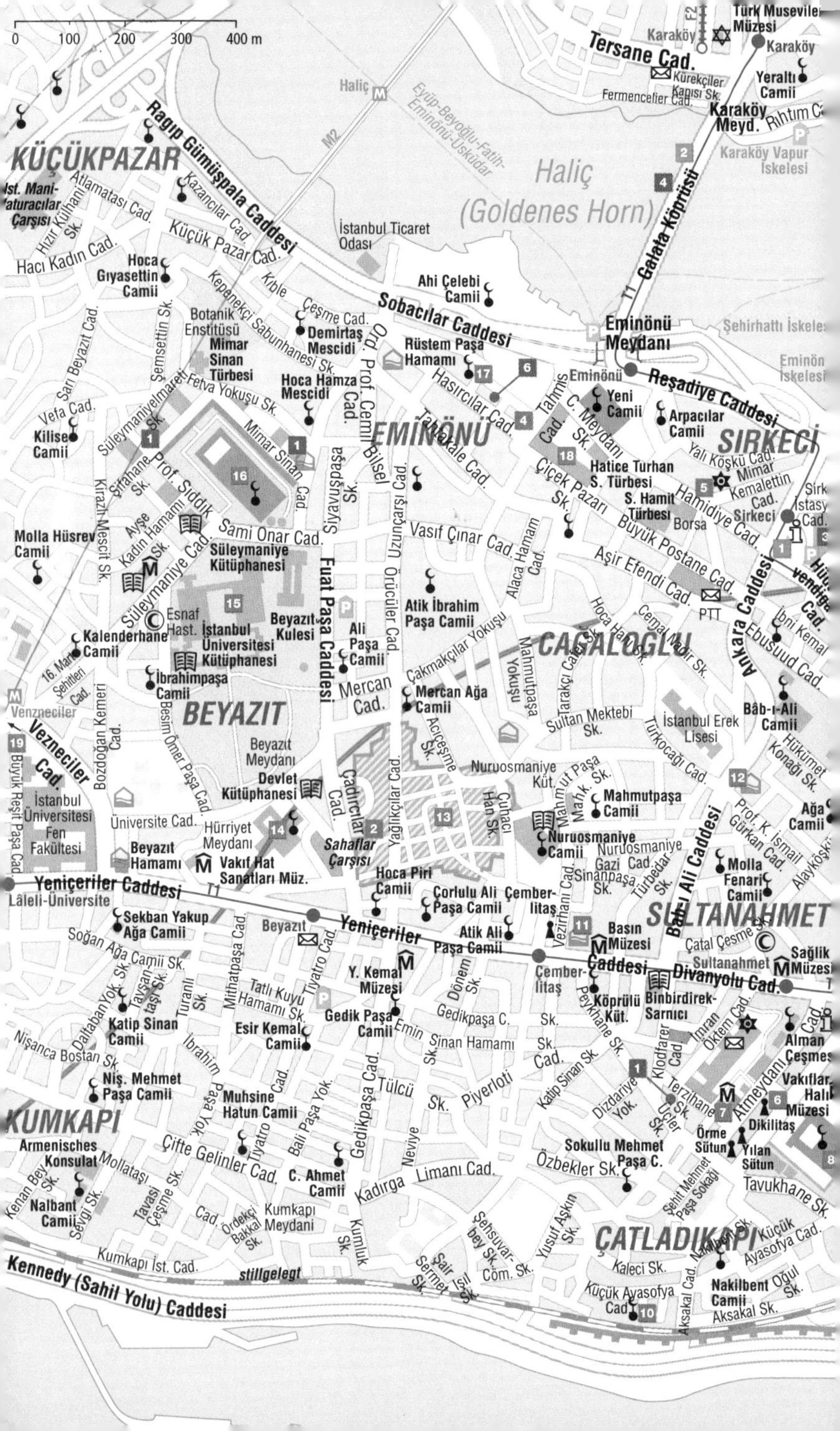

0 100 200 300 400 m
KÜÇÜKPAZAR
Ragıp Gümüşpala Caddesi
Haliç
Eyüp-Beyoğlu-Fatih-Eminönü-Üsküdar
M2
Haliç
(Goldenes Horn)
Galata Köprüsü
Tersane Cad.
Karaköy
Türk Museviler Müzesi
Kürekçiler Kapısı Sk.
Fermenceler Cad.
Yeraltı Camii
Karaköy Meyd.
Rıhtım Cad.
Karaköy Vapur İskelesi
İst. Manifaturacılar Çarşısı
Atlamatası Cad.
Kazancılar Cad.
Hızır Külhani Sk.
Küçük Pazar Cad.
Hacı Kadın Cad.
Hoca Gıyasettin Camii
İstanbul Ticaret Odası
Ahi Çelebi Camii
Kıble
Kepenekçi Sabunhanesi Sk.
Çeşme Cad.
Demirtaş Mescidi
Sobacılar Caddesi
Eminönü Meydanı
Şehirhattı İskelesi
Eminönü İskelesi
Botanik Enstitüsü
Mimar Sinan Türbesi
Ord. Prof. Cemil Bilsel Cad.
Rüstem Paşa Hamamı
Eminönü
Reşadiye Caddesi
Sarı Beyazıt Cad.
Şemsettin Sk.
Fetva Yokuşu Sk.
Hoca Hamza Mescidi
Hasırcılar Cad.
Tahmis Cad.
C. Meydanı Sk.
Yeni Camii
Arpacılar Camii
SIRKECI
Vefa Cad.
Kilise Camii
Süleymaniyelmareti Sk.
Mimar Sinan Cad.
EMINÖNÜ
Tahtakale Cad.
Yalı Köşkü Cad.
Mimar Kemalettin Cad.
Hatice Turhan S. Türbesi
S. Hamit Türbesi
Sirkeci İstasyonu
Şifahane Sk.
Prof. Sıddık Sami Onar Cad.
Siyavuşpaşa Sk.
Uzunçarşı Cad.
Çiçek Pazarı Sk.
Hamidiye Cad.
Sirkeci
Borsa
Molla Hüsrev Camii
Ayşe Kadın Hamamı Sk.
Kirazlı Mescit Sk.
Süleymaniye Kütüphanesi
Vasıf Çınar Cad.
Alaca Hamam Cad.
Büyük Postane Cad.
Aşir Efendi Cad.
Ankara Caddesi
Hüdavendigar Cad.
Süleymaniye Cad.
Fuat Paşa Caddesi
Örücüler Cad.
Atik İbrahim Paşa Camii
PTT
Esnaf Hast.
Beyazıt Kulesi
Ali Paşa Camii
Hoca Han Sk.
Cemal Nadir Sk.
İbni Kemal
Ebussuud Cad.
Kalenderhane Camii
İstanbul Üniversitesi Kütüphanesi
Çakmakçılar Yokuşu
Mahmutpaşa Yokuşu
CAGALOĞLU
Tarakçı Cafer Sk.
16. Mart Şehitleri Cad.
İbrahimpaşa Camii
Mercan Cad.
Mercan Ağa Camii
Bâb-ı-Ali Camii
Venzneciler
BEYAZIT
Besim Ömer Paşa Cad.
Sultan Mektebi Sk.
İstanbul Erek Lisesi
Vezneciler Cad.
Bozdoğan Kemeri Cad.
Beyazıt Meydanı
Acıçeşme Sk.
Türkocağı Cad.
Hükümet Konağı Sk.
Devlet Kütüphanesi
Çadırcılar Cad.
Yağlıkçılar Cad.
Nuruosmaniye Küt.
Mahmut Paşa Mahk. Sk.
Çuhacı Han Sk.
Büyük Reşit Paşa Cad.
İstanbul Üniversitesi Fen Fakültesi
Üniversite Cad.
Mahmutpaşa Camii
Prof. K. İsmail Gürkan Cad.
Ağa Camii
Hürriyet Meydanı
Sahaflar Çarşısı
Nuruosmaniye Camii
Nuruosmaniye Cad.
Beyazıt Hamamı
Vakıf Hat Sanatları Müz.
Hoca Piri Camii
Gazi Sinanpaşa Sk.
Türbedar Sk.
Babıali Caddesi
Molla Fenari Camii
Alayköşkü
Yeniçeriler Caddesi
T1
Lâleli-Üniversite
Çorlulu Ali Paşa Camii
Çemberlitaş
Vezirhanı Cad.
SULTANAHMET
Sekban Yakup Ağa Camii
Mithatpaşa Cad.
Beyazıt
Tiyatro Cad.
Yeniçeriler
Atik Ali Paşa Camii
Basın Müzesi
Çatal Çeşme Sk.
Sağlık Müzesi
Soğan Ağa Camii Sk.
Y. Kemal Müzesi
Dönem Sk.
Çemberlitaş
Caddesi
Divanyolu Cad.
Sultanahmet
Daltaban Yok. Sk.
Tavşantaşı Sk.
Turanlı Sk.
Tatlı Kuyu Hamamı Sk.
Gedik Paşa Camii
Gedikpaşa C.
Köprülü Küt.
Binbirdirek Sarnıcı
Peykhane Sk.
Katip Sinan Camii
Esir Kemal Camii
Emin Sinan Hamamı Sk.
İmran Öktem Cad.
Alman Çeşmesi
Nişanca Bostan Sk.
İbrahim Paşa Yok.
Klodfarer Cad.
Niş. Mehmet Paşa Camii
Muhsine Hatun Camii
Gedikpaşa Cad.
Tülcü Sk.
Piyerloti Cad.
Katip Sinan Sk.
Dizdariye Yok.
Terzihane Sk.
Üçler Sk.
Atmeydanı Sk.
Vakıflar Halı Müzesi
KUMKAPI
Dikilitaş
Örme Sütun
Yılan Sütun
Armenisches Konsulat
Çifte Gelinler Cad.
Tiyatro Cad.
Bali Paşa Yok.
Neviye Sk.
Sokullu Mehmet Paşa C.
Özbekler Sk.
Mollataşı Cad.
C. Ahmet Camii
Kadırga Limanı Cad.
Şehit Mehmet Paşa Sokağı
Tavukhane Sk.
Kenan Bey Sk.
Nalbant Camii
Sevgi Sk.
Tavaşi Çeşme Sk.
Ördekçi Bakkal Sk.
Kumkapı Meydanı
Kumluk Sk.
Şehsuvar-bey Sk.
Yusuf Aşkın Sk.
ÇATLADIKAPI
Küçük Ayasofya Cad.
Kumkapı İst. Cad.
stillgelegt
Şair Sermet Sk.
Işıl Sk.
Cöm. Sk.
Kaleci Sk.
Nakilbent Sk.
Kennedy (Sahil Yolu) Caddesi
Küçük Ayasofya Cad.
Aksakal Cad.
Nakilbent Oğul Camii
Aksakal Sk.

İstanbul: Sultanahmet

Sehenswert

1 Topkapı Sarayı
2 Archäologisches Museum (Arkeoloji Müzesi İstanbul)
3 Hohe Pforte (Bab-i-Ali)
4 Hagia Sophia (Aya Sofya Müzesi)
5 Cisterna Basilica (Yerebatan-Zisterne)
6 Hippodrom (At Meydanı)
7 Museum für türkische und islamische Kunst
8 Sultan Ahmet Camii (›Blaue Moschee‹)
9 Mosaiken-Museum (Mozaik Müzesi) / Kaiserpalast
10 Küçük Ayasofya Camii
11 Çemberlitaş Hamamı
12 Cağaloğlu Hamamı
13 Kapalı Çarşı (Großer Basar)
14 Beyazıt Camii
15 İstanbul Üniversitesi
16 Süleymaniye Camii
17 Rüstem Paşa Camii
18 Mısır Çarşısı (Ägyptischer Basar)
19 Şehzade Camii (Prinzenmoschee)

Übernachten

1 İbrahim Paşa Hotel
2 Sarı Konak Oteli
3 Uyan Hotel
4 Azade Hotel
5 Aşkın Hotel

Essen & Trinken

1 Darüzziyafe
2 Matbah Restaurant
3 Orient Express
4 Sirena
5 Balıkçı Sabahattin
6 Hamdi Restoran

Einkaufen

1 Arasta Bazaar
2 Bazaar Alibaba
3 Yilmaz İpekçilik
4 Kurukahveci Mehmet Efendi
5 Hacı Bekir

Abends & Nachts

1 Hodjapasha Theater
2 Maxigala

Aktiv

1 Süleymaniye Hamamı

Alle anderen Nummern s. Karte S. 145

WELLNESS ALLA TURCA IM CAĞALOĞLU HAMAMI

Tour-Infos

Adresse: Prof. K. İsmail Gürkan Caddesi 34, www.cagalogluhamami.com.tr
Geöffnet: tgl. 8–22 Uhr, Frauen 8–20 Uhr
Dauer: mind. 1,5 Std., ca. 150 TL mit komplettem Service (Schrubben, Massage)
Wichtige Hinweise: Handtücher zum Abtrocknen, Sandalen und die Tücher zum Verhüllen werden vom Haus gestellt.

Wer glaubt, der aktuelle Wellnesstrend sei eine Erfindung der Badezubehörindustrie, der irrt. Schon Griechen und Römer wussten um die entspannende und heilsame Wirkung von heißer Luft, kaltem Wasser und kräftigen Händen. Die Osmanen traten ihr würdiges Erbe an; die antike Therme wurden zum türkischen Bad *(hamam)*. Eines der schönsten historischen Hamams İstanbuls ist das **Cağaloğlu Hamamı** 12 am Ostende der Nuruosmaniye Caddesi, das für seine wunderbare Marmorausstattung berühmt ist.
Dieses Bad wurde 1741 unter Sultan Mahmut I. gebaut; seine Einnahmen sollten die neu eingerichtete Bibliothek des Sultans in der Hagia Sophia finanzieren. Es handelt sich um ein sog. *çifte hamam,* ein Doppelbad, in dem Männer und Frauen zur gleichen Zeit baden können – getrennt aber in zwei unterschiedlichen Trakten. Bis heute ist in der Türkei der gemeinsame Besuch eines Bades unter Freunden oder auch Geschäftspartnern üblich, vor allem Frauen finden im Hamam einen weiblichen Rückzugsraum, um ungestört unter sich sein und unkontrolliert reden zu können.
Der Zugang zum Bad führt zunächst über einige Stufen in den Keller. Der erste Trakt, der *Camekan,* besitzt die höchste und größte Kuppel des Baus; Holzeinbauten trennen die Umkleideräume vom Café-Bereich mit einem plätschernden Brunnen und der Kasse ab. Das Cağaloğlu-Bad hat zudem einen richtigen Pub, der allerdings auch Gays zur Kontaktanbahnung dient. Denn wo man nur gleichgeschlechtlich baden kann, ist wie auch in arabischen Ländern der gleichgeschlechtliche Sex nicht weit. Der nächste Trakt ist der *Soğukluk,* der hier von sieben Tonnengewölben überdeckt wird und als sog. Kaltbaderaum zur Vorreinigung dient. Herzstück des Hamams ist aber das danach folgende *Hararet,* der Schwitzraum.
Über dem marmornen, achteckigen Liegepodest in der Mitte, trk. *göbek taşı,* wölbt sich eine flache Kuppel, in der zahlreiche Glaslinsen eingelassen sind: Tagsüber lassen diese Linsen schräge Lichtstrahlen in den nur spärlich beleuchteten Raum fallen. Die Kuppel ruht auf schlanken Säulchen; in die Wänden dahinter sind Nischen und Bänke eingelassen, wo man sich aus Waschbecken mit Blechschalen kaltes Wasser über den Körper gießen kann.
Die Liste der gekrönten und ungekrönten VIPs, deren Schweiß sich bereits über den altehrwürdigen Marmor der osmanischen Sauna ergoss, ist beachtlich: Neben König Edward VIII. von England und dem deutschen Kaiser Wilhelm II. sollen hier z. B. auch Franz Liszt, Florence Nightingale, Omar Sharif, Tony Curtis, Cameron Diaz gebadet haben. Sie alle erlitten auf dem

Mittelpodest die doch ziemlich rabiate Massage mit Unmengen an Schaum, gefolgt von einer noch unsanfteren Peeling-Behandlung mit der *kese*, dem Kratzhandschuh (s. S 45).
Am schönsten ist es, auf dem warmen Marmor in die Strahlen der Kuppel zu träumen und das Ambiente zu genießen. Die romantische Kulisse tauchte schon in einer Werbung für Visa und in einem Indiana Jones-Films auf. Aufgrund seiner Architektur kann man dieses Bad besuchen, der Touristenansturm hat allerdings zu überhöhten Preisen für nur kurzen Massagegenuss geführt.

Fayencen und vieles mehr; von der Café-Terrasse überblickt man schön das Hippodrom.

Sultan-Ahmet-Moschee 8

Die **Sultan Ahmet Camii,** auch ›Blaue Moschee‹ genannt, sollte nach dem Willen ihres Auftraggebers zur neuen Hauptmoschee des Reichs werden. Der Architekt Mehmet Ağa, ein Schüler Sinans, konzipierte auf schwierigem Baugelände über den eingeebneten Resten der Kaiserpaläste ein Bethaus, das sich neben der Hagia Sophia im Stadtbild behaupten musste. Mit sechs Minaretten übertraf es damals nicht nur alle İstanbuler Moscheen, sondern geriet auch in Konkurrenz zum Hauptheiligtum in Mekka. Der Legende zufolge zwang man Ahmet I. daher, für die Kaaba ein siebtes Minarett zu stiften.

Das Innere ist als Zentralraum mit mächtigen Rundpfeilern gestaltet, wobei der Architekt versuchte, den Raum mittels eines durchlaufenden Gesimses mit Mukarnas-Werk optisch zusammenzuhalten. Auf den Galerien schmücken bis zu 21 000 Fliesen die Wände. Zeitweilig arbeiteten die Ateliers in İznik ausschließlich für diesen Großauftrag. Weniger qualitätvoll ist hingegen die Ausmalung in blauen Farbtönen aus dem 19. Jh., mit der große Teile der Wandflächen und Gewölbe verziert sind. In die Mihrab-Nische ließ Ahmet I. ein Bruchstück des schwarzen Kaaba-Steins aus Mekka einsetzen.

Im Komplex der Sultan Ahmet Camii befindet sich das Teppichmuseum **Vakıflar Halı ve Kilim Müzesi.** Ausgestellt sind schöne, teils sehr alte Beispiele der jahrtausendealten Knüpfkunst der Turkvölker (Di–So 9–16 Uhr, Eintritt 8 TL).

Mosaiken-Museum 9

Tgl. 9.30–17 Uhr, Eintritt 10 TL

Direkt unterhalb der Sultan Ahmet-Moschee erreicht man durch den Arasta Bazaar (s. S. 151) das **Mosaiken-Museum** (Büyük Saray Mozaik Müzesi). Es zeigt an ursprünglicher Fundstelle das Fußbodenmosaik eines der 8 m tiefen Empfangssäle an einem der Peristylhöfe der alten Kaiserpaläste. Tiere, Fabelwesen, Hirtenszenen und Jagddarstellungen bestimmen die Thematik der im 5./6. Jh. entstandenen Mosaikbilder. Ihre feine technische Ausführung und farbliche Brillanz zählen zum Besten, was an Dekorationen der Spätantike aus dem Oströmischen Reich überliefert ist.

Kücük-Ayasofya-Moschee 10

Die **Küçük Ayasofya Camii** entstand im 6. Jh. als Kirche Hagioi Sergios kai Bakchos. Im Innern liegt auf den Säulen ein durchgehender Architrav mit der Stiftungsinschrift des Kaiserpaars Justinian und Theodora. Die originale Ausstattung ist verloren, Wände und Gewölbe sind weiß getüncht. Allein die durchbrochenen, kunstvollen Kapitelle vermitteln noch einen Eindruck vom verschwenderischen Ausstattungsluxus der byzantinischen Zeit. 2007 wurde der Bau als Moschee renoviert, ohne auf byzantinische Elemente Rücksicht zu nehmen.

Kumkapı

Das historische Viertel Kumkapı (›Sandtor‹), wird vom Meer durch eine stark befahrene Schnellstraße getrennt. Die verwinkelten Gassen führen hangabwärts zum Wasser, gesäumt von zahlreichen Fischrestaurants. Noch liegt vor den Resten der byzantini-

EINKAUFEN IN İSTANBUL

Shopping in İstanbul, das ist geradezu sprichwörtlich. Erstes Anlaufziel ist ganz klar der **Große Basar** (trk. *Kapalı Çarşı*) (s. unten). In den endlosen überwölbten Gassen und Gewerbehöfen kann man nicht nur viel Geld ausgeben, sondern sich sogar regelrecht verirren. Neben Geschäften für Souvenirs im orientalischen Stil haben sich hier Hunderte von Textilläden angesiedelt, die (fast immer gefälschte) Edelmarken anbieten. Daneben gibt es noch wie früher Bereiche nur für Teppichläden oder für Gold- bzw. auch Silberschmuck. Vom Basar aus ziehen sich die Geschäftsstraßen bis zum Goldenen Horn hinunter. Dort verkauft man oft die gleichen Waren, aber für den halben Preis.

Der **Ägyptische Basar** (trk. *Mısır Çarşısı*, s. S. 136) an der Galata-Brücke ist bekannter unter dem Namen Gewürzbasar – die Düfte des Orients liegen schwer in den Gängen. Neben Gewürzen, Nüssen und Trockenfrüchten werden auch *lokum* (türkischer Fruchtgelee) und *cevizli sucuk* (Walnüsse in geliertem Traubenmost) verkauft.

Deutlich authentischer sind die kaum jemals in Reiseführern erwähnten Märkte von **Aksaray.** Der Stadtteil, einst ein gutes Hotelviertel, ist seit dem Fall des Eisernen Vorhangs zu einem Umschlagplatz zwischen Ost, Süd und West geworden. Neben **Russenmärkten** und Rotlichtkneipen gibt es hinter dem Atatürk Bulvarı in der Kırma Tulumba Sokağı den **Horhor Bit Pazarı.** Auf diesem festen Flohmarkt in einem alten Parkhaus lohnt das Stöbern. Massenhaft Antiquitäten verkauft man auch im Viertel **Çukurcuma** in Beyoğlu, dort jedoch zu völlig überzogenen Fantasiepreisen.

Kunsthandwerk, von Kalligraphen bis zu Glasbläsern vor Ort gefertigt, gibt es im **İstanbul Handicrafts Center:** Neben dem Hotel Yeşil Ev unterhalb des Haseki Hürrem Hamamı führt ein Torbogen in den Hof einer alten Medrese. Unter den Arkaden wurden verschiedene Ateliers eingerichtet.

Modern und westlich präsentiert sich die **İstiklal Caddesi** in Beyoğlu (s. S. 143). Nach Büroschluss und am Wochenende ist die von Jugendstilbauten gesäumte Fußgängerzone dicht mit Menschen bevölkert. Hier finden sich die spiegelnden Fenster großer Textilketten, von Banken, Buchhandlungen und Edel-Kneipen für die Jeunesse dorée.

Noch exklusiver shoppt man im Stadtteil **Nişantaşı** nördlich vom Taksim; an der **Valı Konağı Caddesi** und der **Abdi İpekçi Caddesi** bieten türkische Designer wie Beymen heute Qualität wie einst die Italiener. Aber auch internationale Modeimperien haben dort Niederlassungen.

schen Seemauer ein traditionelles Quartier, doch aktuell droht auch hier eine umfassende Stadterneuerung, die es als Wohnquartier der Gutverdienenden herausputzen soll. Durch die Maßnahmen wird sich sein Charakter vermutlich völlig verändern.

Kumkapı ist seit dem 15. Jh. Sitz des Patriarchen der Türkei-Armenier, heute wohnen hier noch viele Armenien-Armenier, die mit verschiedenen Jobs die Haushaltskasse der Daheimgebliebenen aufzubessern versuchen. Traditionell war Kumkapı ein Viertel der Fischer, deren Boote vor dem nicht mehr erhaltenen Stadttor ankerten. Der alte Hafen wurde durch eine moderne Marina ersetzt. Die Fischrestaurants rund um den Kumkapı Meydanı, den Hauptplatz, bilden abends ein beliebtes Ausgehviertel. Um das Geschäft zu fördern, stehen viele ›Touristenflüsterer‹ vor den Lokalen – freundliche, aber hartnäckige Einweiser, die mit mehr oder weniger originellen Sprüchen versuchen, Passanten zum Einkehren zu bewegen. Aber Achtung: Fisch wird meist per Kilogramm abgerechnet, am besten erkundigt man sich bei der Bestellung nach dem Preis.

Vom Divanyolu zur Universität

Dort, wo heute die Straßenbahn über die Divanyolu Caddesi vom Zentrum in die Außenbezirke fährt, flanierten früher byzantinische Bürger durch marmorne Säulenhallen,

Der Beyazıt-Platz mit dem Tor der Universität

die eine gepflasterte Prachtstraße säumten. Diese auch für Triumphzüge genutzte Straße verband das Hippodrom mit der Porta Aurea an der Landmauer. Von dort aus führte die Via Egnatia – wie bekanntlich alle Wege – ins ferne Rom. Die Straße öffnete sich immer wieder in große innerstädtische Platzanlagen, deren Ehrenmonumente und Säulen der Selbstdarstellung der Kaiser dienten. Auch in islamischer Zeit behielt die Achse als ›Weg zum Diwan‹ ihre urbane Bedeutung.

Çemberlitaş (Konstantinssäule)

Die Konstantinssäule, heute **Çemberlitaş** genannt, markiert den Mittelpunkt des ehemaligen Konstantin-Forums. Kaiser Konstantin ließ das Monument um 328 errichten. Auf einer ummauerten Basis sitzen noch sechs der originalen Porphyrsäulentrommeln, die seit dem Mittelalter mit Eisenmanschetten zusammengeklammert sind. Den Schaft bekrönte einst die goldene Statue Konstantins als Sol Invictus (›Unbesiegbarer Sonnengott‹). Der Kaiser, der erst auf dem Sterbebett getauft wurde, übte sich im religiösen Spagat. In die Basis seines Denkmals ließ er Reliquien des Christentums und des alten Glaubens einmauern (z. B. das Palladium des Aeneas und ein Stück der Arche Noah).

Çemberlitaş Hamamı 11

Tgl. 6–24 Uhr, Eintritt: ab 60 TL, plus Kese-Behandlung und Massage 150 TL, www.cemberlitashamami.com.tr

Das Hamam wurde vom Architekten Sinan im 16. Jh. als Doppelbad entworfen und hat bis heute einen Frauen- und einen Männertrakt bewahrt. Zentraler Bereich ist jeweils ein überkuppelter Raum, in dessen Mitte sich ein Liegeplatz aus beheizten Marmorplatten ausbreitet. Dort findet auch die Massage statt. In Nischen ringsum befinden sich Waschbecken, aus denen man sich zur Reinigung mit flachen Schöpfbechern Wasser über den Körper gießt. Das Bad zeigt im Wesentlichen noch den Originalzustand, wird heute aber fast nur von Touristen besucht. Leserbriefen zufolge lässt der Service jedoch zu wünschen übrig.

Der Große Basar 13

Mo–Sa 9–19 Uhr

Das gewaltige Labyrinth von überdachten Ladenstraßen des **Kapalı Çarşı,** des sog. ›Bedeckten Basars‹, umfasst ein ca. 30 000 m² großes Areal. Der Komplex bestand ursprünglich aus zwei Markthallen (Bedesten), zwischen denen sich weitere kleine Läden oder Werkstätten ansiedelten. Er besitzt heute 22 Eingangstore; 64 Straßen mit einer Gesamtlänge von ca. 8 km beherbergen etwa 3500 Läden.

Noch vor hundert Jahren war dies einer der größten Märkte der Welt, und nach traditioneller Sitte streng nach Handelsgruppen gegliedert. Noch heute ist dies an den Straßennamen im Basar erkennbar. Um 1880 waren über 2000 Werkstätten im Basar ansässig, doch heute ist die Produktion fast vollständig ausgelagert worden.

Kurz nach der Eroberung Konstantinopels (1453) ordnete Fatih Mehmet II. den Bau eines überdachten Basars an. Der **Eski Bedesten** (›Alte Tuchhalle‹), auch heute noch Kern der gesamten Anlage, besteht aus einer mit 15 Kuppeln überwölbten Halle, die von acht Pfeilern getragen wird. Die Halle, in der man wertvolle Stoffe und Teppiche sowie Schmuck und Waffen kaufen konnte, wurde nachts von Soldaten bewacht und war mit vier schweren Eisentüren verschlossen.

Nicht weit entfernt, in der Südostecke des Areals, ließ Sultan Süleyman ein zweites größeres Gebäude errichten. Der vor kurzem restaurierte **Sandal Bedesten** trägt über 12 Pfeilern ein Dach mit 20 Kuppeln. Da die meisten anderen Bauten ursprünglich aus Holzkonstruktionen bestanden, waren sie sehr anfällig für Brände, immer wieder kam es zu schweren Feuersbrünsten. Nach einem besonders verheerenden Brand, der das ganze Zentrum in Mitleidenschaft zog, ließ Mahmut II. (1695–1703) große Teile des Areals neu in Stein errichten.

Westlich des Basars erreicht man über die Fesçiler Sokağı und eine kurze Treppe den **Sahhaflar Çarşısı.** Der Platz, auf dem ehemals die Turbanmacher ansässig waren, dient heute als Büchermarkt. Neben aktu-

Osmanische Lämpchen im Großen Basar

ellen türkischen und internationalen Veröffentlichungen findet man hier auch Antiquarisches sowie Miniaturmalereien.

Beyazıt-Moschee und Universität

Vom Büchermarkt gelangt man über den Beyazıt Meydanı direkt auf den belebten **Hürriyet Meydanı** (›Freiheitsplatz‹). In der Antike lag hier das nach dem Vorbild des Traianus-Forums in Rom entstandene **Theodosius-Forum.** Baureste dieser Platzanlage, die 393 von Kaiser Theodosius I. unter dem Namen **Forum Tauri** eingeweiht wurde, finden sich mehrfach am Platz. Entlang der Ordu Caddesi liegen Säulenfragmente und Postamente, an der Außenwand des Beyazıt-Hamams sind noch Soldatenreliefs der zerstörten Theodosius-Säule zu sehen.

Der Hürriyet Meydanı wird gerahmt vom orientalisierenden Tor der İstanbuler Universität und der **Beyazıt Camii** 14 . Diese älteste noch erhaltene Sultansmoschee İstanbuls (fertiggestellt 1506 unter Beyazıt II.) lag in direkter Nähe zum Eski Saray, der sich über das Gelände der heutigen Universität bis hin zur Süleymaniye erstreckte. Zur Anlage gehören ein Bad, eine Armenküche sowie eine Koranschule. In einem umfriedeten Garten südlich der Moschee bergen drei Türben die Gebeine Sultan Beyazıts II., die seiner Tochter Selçuk Hatun sowie die des Großwesirs Reşit Paşa, der in der Mitte des 19. Jh. die Tanzimat-Reformen initiierte.

Das alte Gebäude der **İstanbul Üniversitesi** 15 mit seinem markanten Monumentaltor liegt inmitten eines großen Gartens. Das Gebäude wurde 1866 bis 1870 zuerst als Kriegsministerium errichtet, bevor es 1924 die Universität aufnahm. Heute sind auf dem Campus nur noch das Rektorat und die Verwaltung untergebracht.

Der im Park stehende 50 m hohe Turm **Beyazıt Kulesi** diente als Feuerwache; seine markante Spitze ist nachts illuminiert und sagt, wie das Wetter wird: blau = Sonne, gelb = Nebel, grün = Regen, rot = Schnee.

Von der Süleymaniye nach Eminönü

Süleymaniye-Moschee 16

Tgl. 9–19 Uhr außer zu Gebetszeiten

Die **Süleymaniye Camii** bekrönt den dritten Hügel der Stadt. An derart exponierter Stelle errichtete Sinan (s. S. 177) 1550 bis 1557 einen der monumentalsten Kuppelräume der osmanischen Architektur. Der berühmte Erbauer nannte diese Moschee sein ›Gesellenstück‹ (im Vergleich zur Selimiye in Edirne, seinem ›Meisterstück‹). An den Straßen, die im Viereck um das zentrale Areal der Süleymaniye herumlaufen, gruppieren sich Medresen, Armenküche, Medizinschule, Krankenhaus, Karawanserei und Hamam (s. S. 154).

Der Zutritt zur Moschee erfolgt über den Vorhof auf der Westseite. Über seinen Arkadengängen erheben sich vier Minarette, seine Mitte markiert ein kleiner Brunnen *(şadırvan)*. Die Zentralkuppel ruht, mit einer Scheitelhöhe von 53 m, auf vier mächtigen Stützpfeilern. Auf der Nordostseite liegt der **Friedhof,** dessen Terrasse schön das Goldene Horn überblickt. Im Zentrum stehen die Türben Sultan Süleymans und seiner Lieblingsfrau Haseki Hürrem (Roxelane). Auch Sinan ist unweit seines größten Auftraggebers begraben: Die bescheidene Türbe liegt an der nördlichen Ecke des Komplexes (Mimar Sinan Caddesi).

Rüstem-Paşa-Moschee 17

Von der Süleymaniye aus gelangt man hangabwärts durch ein Gewirr von Straßen und Gassen zum Goldenen Horn und nach Eminönü. Auf einem hohen Untergeschoss für Läden und Lagerhallen erbaut, ist die **Rüstem Paşa Camii** dem geschäftigen Treiben des durch Kleinhandel geprägten Stadtteils enthoben. Baumeister Sinan entwarf hier wie später in der Selimiye-Moschee in Edirne eine rundherum mit Fenstern versehene Kuppelkonstruktion.

Nicht allein wegen ihrer Architektur, sondern auch aufgrund der Ausstattung gilt die Moschee als besonderes Kleinod: Nahezu alle glatten Flächen und Teile der Gewölbe sind mit İznik-Fayencen verziert. Die Fliesen mit weißblauem Grundton und zumeist floralen Motiven wie Tulpen oder Granatäpfeln sind dabei nach ihren Mustern achsensymmetrisch angeordnet und erzeugen so einen geschlossenen Raumeindruck. Baubeginn war nach der Stiftungsurkunde das Jahr 1561, das Todesjahr Rüstem Paşas: Der Großwesir erlebte die Vollendung seiner Moschee nicht mehr.

Ägyptischer Basar 18

Tgl. außer So 9–19 Uhr

Die L-förmige Ladenhalle des **Mısır Çaşısı,** des Ägyptischen Basars, ist wegen ihrer zahlreichen Gewürzhändler berühmt. In dichter Kette bieten die Geschäfte offene, schön präsentierte Gewürze, Hülsenfrüchte, Trockenobst, Parfümstoffe und andere Spezialitäten aus den arabischen Ländern an – empfehlenswert sind zum Beispiel Süßwaren wie etwa Lokum (türkisches Gelee), das es in allen erdenklichen Geschmacksrichtungen gibt. Der Basar wurde 1660 zusammen mit der benachbarten **Yeni (Valide) Camii** errichtet und war eine fromme Stiftung der Sultanmutter Turhan Hatice.

Eminönü

Seit Jahrhunderten ist der Eminönü-Platz einer der Hauptverkehrsknotenpunkte der Stadt. Hier quält sich der innerstädtische Autoverkehr über eine Art Stadtautobahn zur Galata-Brücke, hier legen täglich Hunderte von Personenfähren aus Üsküdar und den Bosporus-Vororten an, dazu kommen ein Busbahnhof und eine Tram-Station.

Inmitten der dichten, hastenden Menge versuchen fliegende Händler, Wasser-, Obst- und Losverkäufer ihr Geschäft zu machen. In der unterirdischen Passage, mit der man die Stadtautobahn kreuzt, werden äußerst günstige Textilien und Schuhe verkauft. Dichtes Gedränge herrscht auch am Kai, wo osmanisch gestylte Fischerboote liegen, auf denen frisch gegrillte Fische angeboten werden.

Zwischen Eminönü und dem Stadtteil Beyoğlu überspannt die **Galata-Brücke** das Goldene Horn, türkisch *Haliç*. Diese moderne Drehklappenbrücke wurde unter Beteiligung von Thyssen errichtet und ersetzte die berühmte alte Galata-Brücke, eines der beliebtesten Postkartenmotive früherer Zeit. Wie bei der alten Brücke stehen oben immer noch die Angler dicht an dicht, während sich im Untergeschoss Fischrestaurants und Bierlokale aneinanderreihen: Im Sommer ist es auf der Bosporus-Seite angenehm schattig, sonst sitzt man auf der Nordwestseite nachmittags schön in der Sonne. Und noch immer gilt, was der Italiener Edmondo De Amicis im 18. Jh. schrieb: »Wer eine Stunde dort steht, könnte meinen, ganz İstanbul habe die Brücke passiert.«

Aksaray, Fatih und Fener

Cityplan: S. 129
Die Ordu Caddesi ist die Verlängerung der Divanyolu Caddesi und damit ein Teil der alten Prachtstraße nach Westen. In den letzten Jahren hat das geschäftige und mit Hotels durchsetzte Viertel **Aksaray** zu beiden Seiten der Straße einschneidende Veränderungen erfahren. Jenseits des Atatürk Bulvarı folgen die volkstümlichen Viertel Alt-İstanbuls, die inzwischen zu Hochburgen der fundamentalistischen Bevölkerung geworden sind. Angepasste Kleidung sei daher bei einem Besuch von Fatih und Fener, aber auch in anderen Vierteln vor der Landmauer, besonders empfohlen.

Hafengrabung Yenikapı

Südlich der Ordu Caddesi liegt der Hafen Yenikapı, wo jetzt ein moderner Bahnhof als Knotenpunkt der Metrolinien entstanden ist. Die Bauarbeiten begannen schon 2004, dabei wurde jedoch der byzantinische Südhafen aus der Zeit des Kaisers Theodosius entdeckt. Zu den sensationellen Funden gehören 35 Schiffswracks, teils Handels-, teils Militärschiffe, Reste steinerner Bauten sowie zahlreiche Funde zum Wirtschaftsleben der Stadt. Der Hafen war in der Spätantike bis in byzantinische Zeit ein Ausweichziel, wenn Nordwinde das Umfahren der Saray-

Sehr traditionell geht das Leben im Stadtteil Fatih zu

spitze und die Einfahrt ins Goldene Horn erschwerten, und ein ›globales Drehkreuz‹ für den damaligen Welthandel. Das Gelände mit den Fundamenten ist jetzt als Yenikapı Arkeoparkı zugänglich, ein großes Museum für 30 000 Exponate inkl. der restaurierten Schiffswracks ist geplant.

Şehzade-Moschee 19

Nördlich der Ordu Caddesi gelangt man – vorbei am monumentalen Gebäude der Neuen Universität (1942) – zur **Şehzade Camii** (›Prinzenmoschee‹). Dies war die erste große Moschee des Baumeisters Sinan. Die 1544 bis 1548 errichtete Stiftung, zu der auch eine Külliye mit Schule, Karawanserei und Armenküche gehörte, ließ Sultan Süleyman für den früh verstorbenen Prinzen (türk. *şehzade*) Mehmet, seinen Lieblingssohn, errichten. Dessen Türbe liegt zusammen mit denen seiner Geschwister im Garten der Anlage.

Fatih-Moschee

Der sechsspurige Atatürk Bulvarı, wo jeden Abend die Taxis im Dauerstau stehen, wird fotogen vom 368–373 errichteten **Valens-Aquädukt** (Bozdoğan Kemeri) überspannt. Die Wasserleitung verlief einst über den vierten Hügel der Stadt, auf dem bis zur islamischen Eroberung die Apostelkirche mit der Grablege der Kaiser stand.

An dieser Stelle erhebt sich jetzt die **Fatih Camii** mit großem Stiftungskomplex. Der Eroberer Sultan Fatih Mehmet II. wählte den Bauplatz, um an die Stelle des wichtigsten Sakralbaus des Byzantinischen Reichs die erste Sultansmoschee İstanbuls zu setzen. Der Vorhof wurde mit Säulen und anderen Spolien aus der abgerissenen Apostelkirche gestaltet. Die ursprüngliche Moschee brach jedoch 1766 durch ein Erdbeben komplett zusammen und wurde 1771 unter Sultan Mustafa III. neu gebaut.

In symmetrischer Anlage umschließen Medresen das Gebetshaus, wo einst die bedeutendsten islamischen Gelehrten ihrer Zeit unterrichteten. Als Stifter ließ sich Mehmet II. zusammen mit seiner Lieblingsfrau Gülbahar (Gerüchten zufolge eine gefangene französische Prinzessin, die eigentlich den letzten Kaiser heiraten sollte) in den Türben des Moscheegartens beisetzen.

Pantokrator-Kloster

Die **Zeyrek Kilise Camii** erinnert an eines der aufwendigsten byzantinischen Kirchen- und Klosterbauprojekte. Die Anlage wurde als Pantokrator-Kloster von Kaiser Johannes II. Komnenos und seiner Frau Eirene, die beide im Mosaik auf der Empore der Hagia Sophia dargestellt sind, vor 1137 gestiftet. Die Stiftungsurkunde beschreibt bis ins Detail die karitativen Aufgaben des Klosters, das auch ein Krankenhaus sowie gesonderte Räume für Geisteskranke umfasste.

Der älteste Teil ist die Südkirche. Nach dem Tod seiner Frau ließ Johannes II. Komnenos die kleinere Nordkirche anbauen. Die verbindende Grabkapelle wurde als Gedenkstätte der komnenischen Dynastie kostbar ausgestattet. Unter den Gebetsteppichen von Südkirche und Kapelle verbergen sich beeindruckende Reste von Marmorfußböden, u. a. mit Tierkreiszeichen und den Taten Samsons. Gewölbe und Kuppeln waren mit Mosaiken bzw. Wandmalereien geschmückt; die Fenster mit farbig-figürlichen Scheiben verglast. Restaurierungsarbeiten haben unter dem Verputz der Südkirche etliche Mosaikfragmente zum Vorschein gebracht. Schön ist Blick auf das Goldene Horn von der Terrasse des Cafés Zeyrekhane hinter der Kirche.

Fethiye-Moschee

Erlaubnis zur Besichtigung bei der Direktion der Hagia Sophia erfragen

Die **Fethiye Camii** in Fener, die ehemalige Pammakaristos-Kirche, war mit dem heute zerstörten Kloster bis 1591 Sitz des orthodoxen Patriarchen von Konstantinopel. Anlässlich der Eroberung Georgiens unter Murat III. wurde sie zur ›Eroberungsmoschee‹ umgewandelt, wobei die Mosaiken des Parekklesions jedoch erhalten blieben. Dieses Parekklesion war 1315 als Grabkapelle an die komnenische Kuppelkirche angefügt worden. Die großartigen Mosaiken gehören zu den wenigen erhaltenen Dekorationen der Paläologenzeit.

Ein Abstecher führt hinunter ans Goldene Horn, vorbei am Sitz des **griechisch-orthodoxen Patriarchats** und zu verschiedenen Synagogen – letzte Spuren des einst regen griechischen und jüdischen Lebens in İstanbul. Die ausgedehnte Parkanlage am Ufer des **Goldenen Horns** entstand erst in den 1980er-Jahren, als man das frühere Gassengewirr abriss und die ansässigen Handwerksbetriebe, die den Meeresarm mit ihren Abwässern verschmutzten, umsiedelte.

Kariye Müzesi (Chora-Kirche)

Do–Di 9–16.30, im Sommer bis 19 Uhr, Eintritt 15 TL, erm. für Schüler/Studenten

Farbiger Goldglanz, soweit das Auge reicht – das **Kariye Müzesi,** die ehemalige Kirche des Chora-Klosters, besitzt die schönsten byzantinischen Mosaiken İstanbuls. Die Baugeschichte gliedert sich in mehrere Phasen, heute steht zum Teil noch die Kirche des 12. Jh. Im 14. Jh. trug die Neugestaltung dem verfeinerten Geschmack der paläologischen Zeit Rechnung; Auftraggeber war Theodoros Metochites, der Großlogothet (Stellvertreter) des Kaisers war. Der Mosaikzyklus beginnt im äußeren Narthex mit Kindheit, Wirken und Wundertaten Jesu. In den drei nördlichen Jochen des inneren Narthex ist in Analogie dazu das Marienleben dargestellt. Beide Zyklen sind jeweils im Uhrzeigersinn zu lesen.

Im Zenit der Kuppeln befinden sich eindrucksvolle Porträts des thronenden Christus Pantokrator und im Norden der Gottesmutter mit dem Kind. Die Lamellen der Hängekuppeln zeigen Christi Vorfahren und symbolisieren ihn als den in der Bibel angekündigten ›neuen Adam aus dem Hause Davids‹.

Die Stifter der kostspieligen Ausstattung (u. a. Isaak Komnenos, der Bruder des damaligen Kaisers) ließen sich in großen Mosaikbildern auf den Wänden verewigen: Theodoros Metochites, nach höfischer Mode der Zeit mit einem Turban bekleidet, bringt dem thronenden Christus das Kirchenmodell dar. Aus dem Festbildzyklus stammt die Szene über der inneren Eingangstür des Naos: Die Gottesmutter entschläft im Beisein der Apostel. Christus geleitet ihre Seele – in Gestalt eines Kindes – gen Himmel. Zwei gerahmte Mosaikbilder mit Christus und der Gottesmutter flankieren den erhöhten Altarraum an der Stelle, wo vermutlich einst eine Bilderwand die Sicht auf die Apsis versperrte.

Themen der Wandmalereien im Parekklesion sind die Auferstehung in der Apsiskonche und das Jüngste Gericht, das die Kuppelzonen einnimmt. Besonders prachtvoll gestaltete Wandnischen verweisen darauf, dass der Raum als Grabkapelle genutzt wurde, wo sich auch Metochites beisetzen ließ.

Die Landmauer

Auch nach fast 1600 Jahren steht die **Theodosianische Landmauer** noch zu großen Teilen, ohne vom monumentalen Erscheinungsbild etwas eingebüßt zu haben. Sie erstreckt sich entlang der modernen Ringschnellstraße gut 5 km von Aksaray entfernt, vom Zentrum führen strahlenförmig autobahnähnliche Straßen dorthin. Von der Kariye Camii aus kann man den nördlichen Teil gut zu Fuß abgehen, zur Yedikule-Festung sollte man besser ein Taxi oder oder die MarmaRay von Sirkeci nach Kazlıçeşme nehmen, von dort 10 Min. Fußweg.

Die Stadtbefestigung Konstantinopels war eine der gewaltigsten Verteidigungsanlagen der spätantiken Zeit. Auf einer Länge von ca. 20 km umschlossen Land- und Seemauern die Hauptstadt des Oströmischen Reichs. Während an den Seeseiten eine einfache Mauer ausreichte, errichtete Kaiser Theodosius II. nach 408 an der Westseite ein Bollwerk, das das damalige Stadtgebiet verdoppelte und ein Jahrtausend lang (bis 1453) allen Angriffen trotzen konnte. Die Außenbezirke waren anfänglich wenig besiedelt, das meiste Land gehörte einflussreichen Klöstern, die in der Regel auch über wundertätige Ikonen verfügten. In mittel- und spätbyzantinischer Zeit verlagerten die Kaiser ihre Residenz vom Zentrum nach Balat an die Landmauer. Nach der Eroberung spielte sich das öffentliche

PANORAMA 1453 AN DER LANDMAUER

Gegenüber dem Topkapı-Tor der Landmauer wurde 2009 ein neues Museum zur Eroberung Konstantinopels eröffnet, das **Panorama 1453 Tarih Müzesi** (panoramikmuze.com, tgl. 8–18 Uhr, Eintritt 10 TL). Auf einer gewaltigen Leinwand von 3000 m², untermalt mit akustischen Effekten, wird die alles entscheidende Schlacht zwischen Byzantinern und Osmanen am 29. Mai 1453 in allen Details dargestellt.
Tonkonserven mit Kanonendonner, Janitscharenmusik, militärischen Befehlen und den Schreien der Verletzten erwecken die gewaltige Szene der durch Beschuss schon arg ramponierten Mauer mit den Truppen von Sultan Mehmet II. Fatih und den sich erbittert verteidigenden Byzantinern zum Leben. Es war ein aussichtsloser Kampf für den letzten Kaiser Konstantin XI. Paläologos und seine Getreuen, die einer zehnfachen Übermacht gegenüberstanden. Bereits gegen 9 Uhr morgens war Kaiser Konstantin mit dem Schwert in der Hand gefallen und Konstantinopel im Besitz der Janitscharen: Eine dreitägige furchtbare Plünderung begann.
Der Sultan wartete derweil vor der Mauer, erst am dritten Tag zog er in die Stadt ein und verrichtete in der Hagia Sophia sein Gebet. Die Adligen konnten zum Islam übertreten: Wer sich weigerte, wurde geköpft, die Frauen nahm Mehmet in seinen Harem. Doch danach verfügte der Sultan einen religiösen Frieden, der sogar Ehen zwischen Muslimen und Christen gestattete.

Leben wieder auf der Landspitze ab; die Außenviertel wurden wie Fener und Balat bevorzugte Quartiere von Juden und Griechen. Traditionelle Holzhäuser bestimmen bis heute das Bild der Gassen.

Die Festungsanlage besteht aus der Hauptmauer, einer Vormauer und aus einem 7 m tiefen Wassergraben davor. Die Wände der Hauptmauer sind 4,80 m dick und 11 m hoch, den oberen Abschluss bildete ein Wehrgang hinter Zinnen. 96 Türme verstärkten das Festungssystem. Die meisten Angreifer scheiterten jedoch schon an der Vormauer, die mit 8 m Höhe eine ›Light-Version‹ der nur 14 m entfernten Hauptmauer repräsentierte.

Durch das restaurierte **Edirnekapı,** das Tor an der höchsten Stelle der Landmauern, zog Mehmet der Eroberer 1453 in die besiegte Stadt ein. Dahinter erhebt sich eine der eindrucksvollsten Moscheen İstanbuls, die um 1560 von Sinan entworfene **Mihrimah Camii.** Aufgrund der hohen, vielfach durchfensterten Schildmauern hat man sie auch ›Moschee der tausend Fenster‹ genannt.

Weiter nördlich, in Richtung zum Goldenen Horn, liegt der **Tekfur Sarayı,** der einen Teil des Blachernen-Palasts bildete. Die Forschung identifiziert den Bau als Palast des Konstantin Palaiologos Porphyrogennetos, der vom 13. Jh. bis zur osmanischen Eroberung den Kaisern der Palaiologen-Dynastie als Residenz diente – in unmittelbarer Nähe zum Blachernen-Kloster, in dem eine berühmte wundertätige Marien-Ikone verehrt wurde. An der mächtigen Ruine und den umliegenden Mauerzügen sind ab 2006 restaurierende Arbeiten unternommen worden.

Restauriert ist auch das **Topkapı** (›Kanonentor‹) im Süden nahe der sechsspurigen Turgut Özal Caddesi, die wie die anderen Mauerdurchbrüche erst nach dem Zweiten Weltkrieg angelegt wurde. Unter den Byzantinern hieß es Romanos-Tor. Nach der Eroberung erhielt es den heutigen Namen zur Erinnerung an die größte Kanone der Zeit (ein Werk des Gießers Urban aus Siebenbürgen), die im Vorfeld in Stellung lag. Von der Wucht dieser Kanone zeugen noch die Zerstörungen des Mauerabschnitts nach Norden.

Hinter den Toren Silivrikapı und Belgratkapı folgt die Festung **Yedikule** (›Sieben Türme‹), die Fatih Mehmet II. 1457/58 vor dem früheren ›Goldenen Tor‹ errichten ließ (tgl. 9–18.30 Uhr). Die Porta Aurea (türk. *Altın Kapı*), war das Haupttor Konstantinopels, von hier führte die Triumphstraße ins Zentrum. Der mittlere Durchgang war allein dem Kaiser und seinem Gefolge vorbehalten; er besaß vergoldete Torflügel.

Nach der Eroberung durch die Osmanen wurde das Tor vermauert und die vier Türme in den Grundriss der Yedikule einbezogen. Die neue Festung diente zunächst als Schatzhaus, später als Kerker für missliebige Staatsfeinde. Als Verlies eignete sich besonders der südliche Turm des ›Goldenen Tors‹. Auf dem Richtblock des Gefängnisses endeten auch hochgestellte Persönlichkeiten. So enthaupteten Janitscharen hier 1622 den abgesetzten Sultan Osman II. und seinen Großwesir Davut Paşa; der Überlieferung zufolge warf man die Köpfe einfach in den Brunnen des Hofs. Im Ostturm sind noch Wandkritzeleien von Inhaftierten erhalten.

Karaköy und Beyoğlu

Cityplan: S. 145

Jenseits der Brücke über das Goldene Horn erstreckt sich unter dem Schatten des wuchtigen Galata-Turms das alte Genuesenviertel Galata. Die Besiedlung des Gebiets geht vor allem auf Michael VIII. Palaiologos zurück. Nach dem Sieg über die Venezianer im Jahr 1261 gründeten die genuesischen Verbündeten des Kaisers hier eine Handelsniederlassung. Auch in den osmanischen Jahrhunderten prägten vor allem Europäer das Bild dieses Stadtteils, der nun mit griechischem Namen Pera (›gegenüber‹) bezeichnet wurde. Franzosen, Italiener und viele andere Europäer errichteten hier ihre Botschaften und bauten Kontore, Banken, Hotels und Schulen – bis heute erinnert Beyoğlu an eine Stadt der Belle Époque und hat nichts von seinem besonderen Flair verloren.

Direkt hinter der Galata-Brücke (s. S. 137) liegt das Viertel Karaköy, das nach den Karaim (Karäern) benannt ist, einer jüdischen Sekte, die hier angesiedelt war.

Museum İstanbul Modern 20

Di–So 10–18, Do 10–20 Uhr, www.istanbulmodern.org, Eintritt 15 TL, Kinder unter 12 Jahren kostenlos

In den alten Hafenanlagen von Karaköy hat sich das neue **Museum İstanbul Modern** ganz den Entwicklungen der modernen Kunst in der Türkei verschrieben. Neben der ständigen Präsentation von Werken aus der Sammlung der türkischen Industriellenfamilie Eczacıbaşı, die vor allem türkische Malerei des 20. Jh. erworben hat, wird das Untergeschoss des ehemaligen Lagerhauses für thematische Sonderausstellungen genutzt.

Zum Museum gehören noch eine Bibliothek, ein Shop, Räume für museumspädagogische Aktivitäten sowie ein Kino, das Retrospektiven zeigt und eine Vorführungsstätte des Film-Festivals ist. Vom schicken Restaurant hat man einen wunderbaren Ausblick auf die Serailspitze.

Jüdisches Museum / Zülfaris-Synagoge 21

Mo–Do 10–16, Fr u. So 10–14 Uhr, www.muze500.com, Eintritt frei

Die museale Präsentation in der restaurierten **Zülfaris Havrası** von 1671 dokumentiert die fast 500-jährige Geschichte der sephardischen Juden in der Türkei, die nach Jahrzehnten der Verfolgung in Westeuropa ab

DIE FRANZÖSISCHE STRASSE

2004 fand ein ambitioniertes Projekt südlich des Galatasaray-Gymnasiums seinen erfolgreichen Abschluss. Die Cezayir Sokağı (Algerische Straße) wurde in nur zwei Jahren Bauzeit von einer unansehnlichen Gasse in eine trendige Restaurantmeile umgewandelt. Im Gedenken an die französische Bautätigkeit im westlich geprägten Beyoğlu während der Jahrhundertwende bildete man hier eine Themenstraße nach – historisierende Jugendstilmalereien und ein modernes Soundsystem inklusive. Der inoffizielle Straßenname Fransız Sokağı (›Französische Straße‹) ist Programm. Für die neue Straße hat die Pariser Stadtverwaltung sogar historische Straßenlampen gestiftet.

dem 16. Jh. am Bosporus eine neue, tolerante Heimat fanden. Religion und Alltag werden in Kultgeräten, Gewändern, dokumentarischen Fotografien lebendig. Die Zülfaris-Synagoge (1671) war eines ihrer großen Gebetshäuser in İstanbul.

Tünel-Bahn

Wer den Aufstieg vom Ufer zur İstiklal Caddesi scheut, kann die 62 Höhenmeter auch mit der **Tünel-Bahn** zurücklegen, einer unterirdischen Standseilbahn, die schon 1875 eröffnet wurde und damit immerhin zwölf Jahre älter ist als die erste Strecke der London Underground. Auf der ca. 600 m langen Strecke pendeln bei 26 % maximaler Steigung zwei durch ein Seil miteinander verbundene Waggons auf und ab.

Galata-Turm 22

Tgl. 9–20 Uhr, Eintritt 20 TL

Der **Galata Kulesi,** das Wahrzeichen Beyoğlus, wurde um 1348 als Teil der genuesischen Befestigungsanlagen von Galata errichtet. Der 68 m hohe Turm mit konischem Dach besitzt 3,50 m dicke Wände. Im Obergeschoss befinden sich ein Restaurant und die Aussichtsgalerie mit Rundumblick. Die beste Zeit zum Fotografieren ist morgens oder bei Sonnenuntergang.

Mevlevihane-Museum 23

April bis Okt. tgl. 9–19, Nov. bis März 9–16.30 Uhr, an Wochenenden wg. Aufführungen 40 Min. früher, Eintritt 10 TL, Sema Sa und So 17 Uhr, Eintritt 40 TL

Hat man die Bergstation des Tünel erreicht, liegt an der Galip Dede Caddesi das **Galata Mevlevihane Müzesi** (früher Divan Edebiyatı Müzesi) im ehemaligen Kloster der ›tanzenden‹ oder ›drehenden‹ Mevlevi-Derwische. Der Orden wurde 1284 in Konya von Mevlana Celaleddin Rumi gegründet, seine Bettelmönche strebten durch litaneiartige Gebete, Fasten und meditative Kreiseltänze eine mystische Gotteserfahrung an.

Das Museum zeigt zahlreiche Stücke aus dem kulturellen Leben des Ordens, darunter Musikinstrumente und bestickte Kaftane der Derwische. Links vom Eingang in den Klosterhof steht die Grab-Türbe des Galip Dede, eines Mevlevi-Dichters aus dem 17. Jh. Kulturhistorisch interessant sind die Vorführungen des **Sema,** des Derwischtanzes.

Çukurcuma

Unterhalb des Galatasaray-Gymnasiums an der İstiklal-Straße liegt das Altbauviertel Çukurcuma, das für seine Trödelläden bekannt wurde. Allerdings sind die Preise dort mittlerweile in schwindelnde Höhen gestiegen. Hier hat Literatur-Nobelpreisträger Orhan Pamuk das **Museum der Unschuld** (Masumiyet Müzesi) 24 eingerichtet, das seinen gleichnamigen Roman über eine Liebe im İstanbul der 1950er-Jahre zum Leben erweckt (Çukurcuma Cad., Ecke Dalgıç Çıkm., Di–So 10–18, Do bis 21 Uhr, Eintritt 10 TL).

Auf dem Rückweg lohnt auch der Abstecher zur **Fransız Sokağı** (s. S. 142).

İstiklal-Straße

Die **İstiklal Caddesi** (›Straße der Unabhängigkeit‹) gilt immer noch als beste Flaniermeile İstanbuls. Die im 19. Jh. *Grande Rue de Péra* genannte, von Jugendstilfassaden gesäumte Prachtstraße ist seit Anfang der 1990er-Jahre eine Fußgängerzone. Man hat auch die historische Tram wieder in Betrieb genommen, die bis zum Taksim-Platz verläuft. Am Wochenende und nach Büroschluss drängen sich hier die Leute, und auch abends ist die Straße ein Anlaufpunkt der Nachtschwärmer, die in den Bars, Restaurants, Kneipen und Cafés der Seitenstraßen bis zum Morgengrauen unterwegs sind.

Pera Müzesi 26

Di–Sa 10–19, So 12–18 Uhr, www.peramuzesi.org.tr, Eintritt 20 TL, Fr 18–22 Uhr frei

Ebenso von der Belle Époque geprägt ist die **Meşrutiyet Caddesi,** die westlich parallel zur İstiklal verläuft. Hier hat Suna Kiraç, Tochter des türkischen Industriemilliardärs Vehbi Koç, ein klassizistisches Haus der Jahrhundertwende in das **Pera Müzesi** umbauen lassen. Hinter der Fassade des historischen Bristol-Hotels von 1893 werden neben antiken Meisterwerken vor allem orientalisierende Gemälde des 17. bis 19. Jh., darunter Gemälde des Salonmalers und Archäologen Osman Hamdi Bey, gezeigt. Empfehlenswert ist das Museumscafé. Einen Abstecher lohnt auch ein Besuch der **Patisserie de Pera** im Hotel Pera Palace (s. Tipp S. 146).

Schicke Adresse zum Ausgehen: die ›Französische Straße‹ in Beyoğlu

0
100
200
300
400 m
CUMHURIYET
BEYOĞLU
TAKSİM
TEPEBAŞI
TÜNEL
CİHANGİR
KARAKÖY
Dolapdere Caddesi
Yedi-Kuyular-Caddesi
Cumhuriyet Cad.
Elmadağ Cad.
Asker Ocağı Cad.
Taksim Cad.
Tarlabaşı Bulvarı
Ömer Hayyam Cad.
Hamalbaşı Cad.
Meşrutiyet Cad.
İstiklâl Caddesi
Sıraselviler Cad.
Defterdar Yokuşu Sk.
Boğazkesen Cad.
Necatibey
Necatibey Cad.
Kemeraltı Caddesi
Galip Dede Cad.
Yüksek Kaldırım
Okçu Musa Caddesi
Bankalar Cad.
Tersane Cad.
Rıhtım Cad.
Kemankeş Cad.
Mumhane Cad.
Maliye Cad.
Tophane İskelesi Cad.
Galata Köprüsü
Ermeni Katolik Sırp Agop Hastanesi
Hotel Divan
Hotel Hyatt Regency
Ceylan International
Taksim Gezi Yeri
Taksim Meydanı
Cumhuriyet Abidesi
Tak-ı-Zafer Cad.
Adam M. Müzesi
Tepebaşı Vatan Hastanesi
Kreuz-kirche
Kamer Hatun Camii
Ağa Camii
Aya Triada
Bedreddin Camii
Tepebaşı Parkı
Recep T. Erdoğan Stadyumu
TRT Stüdyolare
Galatasaray
Galatasaray Lisesi
St. Antuan Kilisesi
Odakule
M. Karaca Tiyatro
Fransiz Sokağı
Tomtom Kaptan Camii
Çukurcuma Camii
Firuzağa Camii
Taksim Hast.
Alman Hast.
Hacıpiri Camii
Cihangir Camii
Salıpazarı
Atatürk Kız Lisesi
İtalyan Hast.
Şişhane
Tünel
Özel Alman Lisesi
Santa Maria Kilisesi
Tophane Binası
Tophane
Nusretiye Camii
Antrepolar
Saatkulesi
Kılıç Ali Paşa Camii
Kılıç Ali Ps. Ilamanı
Okçumusu Camii
Hoca Ali Camii
St. Benoit
Beyoğlu Hast.
St. George Hast.
Arap Cami
Denizcilik İsletmeleri Müdürlüğü
Karaköy
Kemankes Must. Ps. Camii
Yeraltı Camii
Karaköy Meyd.
Deniz Otobüsü Iskelesi
Karaköy Vapur Iskelesi
Karaköy-Kabataş
Eminönü-Beşiktaş

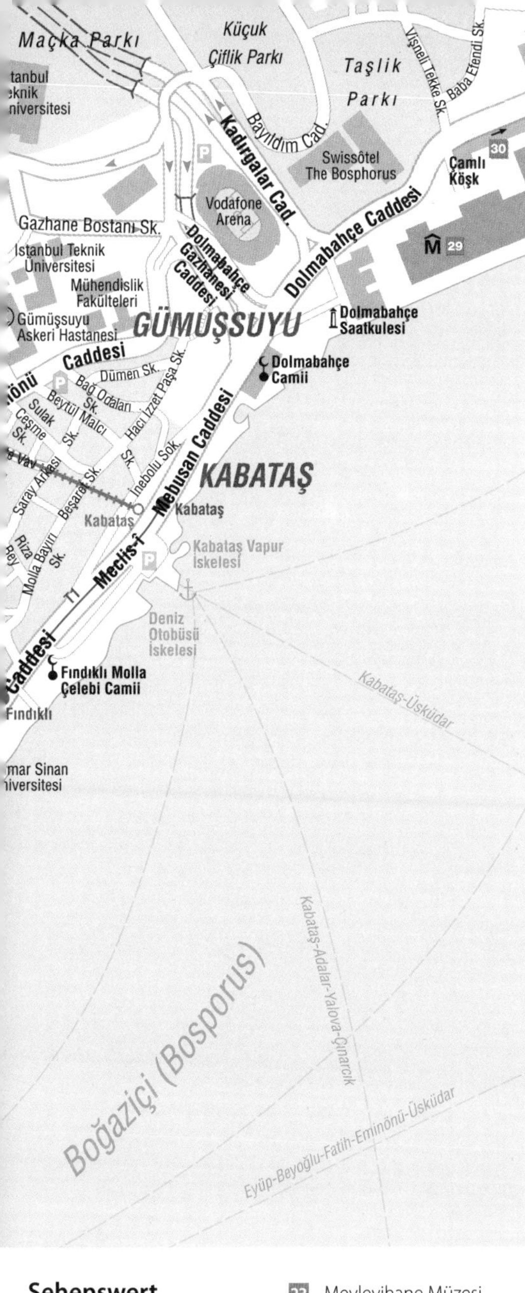

İstanbul: Beyoğlu und Taksim

- 26 Pera Müzesi
- 27 Çiçek Pasajı
- 28 Askeri Müze (Militärmuseum)
- 29 Dolmabahçe Sarayı
- 30 Yıldız Sarayı

Übernachten

- 6 The Public
- 7 Büyük Londra Hotel
- 8 As Hotel

Essen & Trinken

- 7 Changa
- 8 Seviç Restaurant
- 9 Galata Kiva
- 10 Hacı Abdullah
- 11 Krependeki İmroz
- 12 Refik Restoran
- 13 Taksim Sütiş

Einkaufen

- 6 Paşabahçe
- 7 Mado
- 8 Antre Gourmet Shop
- 9 Mavi Jeans
- 10 By Retro
- 11 Ottomania
- 12 İstanbul Kitapçısı

Abends & Nachts

- 3 Zarifi
- 4 5. Kat
- 5 Babylon
- 6 Ghetto
- 7 Peyote
- 8 Nardis Jazz Club
- 9 Roxy

Sehenswert

- 20 İstanbul Modern
- 21 Zülfaris-Synagoge
- 22 Galata Kulesi
- 23 Mevlevihane Müzesi
- 24 Masumiyet Müzesi (Museum der Unschuld)
- 25 Pera Palace Hotel

Aktiv

- 2 Galatasaray Hamamı

Alle übrigen Ziffern s. Cityplan S. 129

Çiçek-Passage 27

Das L-förmige Gebäude der **Çiçek Pasajı** wurde als ›Cité de Péra‹ zwischen 1874 und 1876 von französischen Investoren erbaut. Es war eine der ersten mit Glas überdachten Passagen in İstanbul, wie sie Ende des 19. Jh. in Paris in Mode waren. Hinter der schönen Jugendstilfassade haben sich zahlreiche Lokanta angesiedelt. Abends ist es hier immer voll, laut und sehr authentisch: Musiker ziehen von Tisch zu Tisch, auf den Tischen stehen die Rakı-Flaschen. Jenseits des benachbarten **Balık Pazarı** (›Fischmarkt‹) liegen zahlreiche weitere Lokale in der **Nevizade Sokağı.**

ZUM TEE BEI AGATHA CHRISTIE

Die Krimi-Autorin Agatha Christie ließ sich einst im mondänen **Pera Palace Hotel** 25 zu »Mord im Orientexpress« inspirieren, den Hercule Poirot wieder scharfsinnig aufklären kann. Noch heute wird ihr Eintrag im Gästebuch gezeigt. Das Hotel war seinerzeit bei Diplomaten, Herrschern und auch Spionen vieler Nationen sehr beliebt.

Seit der Wiedereröffnung im Juni 2010 erstrahlt das Hotel in modernisiertem Glanz der Belle Epoque des späten 19. Jh. Auch ohne Übernachtung bekommt man einen Eindruck schon beim Besuch der hauseigenen Gastronomie, sei es in der Patisserie de Pera, der Orient Bar oder dem mondänen Restaurant Agatha, die französische Lebensart und historischen Charme miteinander verbinden.

Pera Palace Hotel: Tepebaşı, Meşrutiyet Cad. 52, Tel. 0212 222 80 90, www.jumeirah.com.

Taksim-Platz

An ihrem östlichen Ende mündet die İstiklal Caddesi in den von Hochhäusern umgebenen **Taksim Meydanı.** Der Platz ist Knotenpunkt der vom Goldenen Horn und vom Bosporus heraufführenden Hauptstraßen, heute aber in weiten Teilen verkehrsfrei. Seinen Namen erhielt der Platz durch den großen, aus dem Belgrader Wald gespeisten Wasserspeicher *(taksim)* an seinem Südende, den Mahmut I. 1732 am höchsten Punkt von Beyoğlu erbauen ließ. Heute beherbergt er eine städtische Ausstellungshalle. Das große **Unabhängigkeitsdenkmal** (errichtet 1928) zeigt Atatürk, der mit seinen Kampfgefährten General İsmet İnönü und Marschall Fevzi Çakmak einen Torbogen durchschreitet – zur İstiklal sind sie in Zivil, zur anderen Seite in Uniform gekleidet. Dieser Platz war und ist das Zentrum der Protestbewegung gegen das AKP-Regime, die in Atatürk ihr Vorbild sieht.

An der Ostseite erhebt sich das in den 1970er-Jahren errichtete **Atatürk Kültür Merkezi,** eine Konzerthalle, die um- oder neu gebaut werden soll. Von hier aus windet sich die İnönü Caddesi abwärts Richtung Dolmabahçe und Beşiktaş. Kurz vor dem Ufer (und dem Dolmabahçe-Palast, s. rechts) liegt die neue **Vodafone-Arena,** in der BJK Beşiktaş seine Heimspiele austrägt.

Askeri Müze 28

Mi–So 9–17 Uhr, Eintritt 4 TL, Janitscharen-Kapelle im Sommer jeweils ab 15 Uhr

Der historische Bestand des Arsenals der Janitscharen, der im 19. Jh. in der Kirche Hagia Eirene deponiert war, bildete die Grundlage des **Askeri Müze** (›Militärmuseum‹) nördlich vom Taksim-Platz an der Cumhuriyet Caddesi. Inzwischen kamen Abteilungen zu den Themen Erster Weltkrieg, Dardanellenkrieg, Unabhängigkeitskrieg und Atatürk dazu.

Höhepunkt eines Besuchs ist der **Auftritt der Janitscharen-Kapelle** *(mehter)* in Originaluniformen. Nicht wundern, wenn es gar nicht so fremdartig klingt: Die osmanische Militärmusik bildete die Grundlage der Marschmusik westlicher Komponisten, die auch Instrumente wie Basstrommel und Schellenbaum von den Türken übernahmen.

Beşiktaş und Ortaköy

Dolmabahçe-Palast 29

Di, Mi, Fr–So 9–16, im Winter bis 15 Uhr, www. millisaraylar.gov.tr, stdl. Führungen, Eintritt 20 TL

Das letzte Aufbäumen des Herrschaftswillens der osmanischen Sultane manifestiert sich in der übersteigerten Architektur des **Dolmabahçe Sarayı** östlich vom Taksim-Platz am Bosporus-Ufer. Den Bau des 1853 fertiggestellten Palasts in einem Stilgemisch von Renaissance bis Rokoko gab Sultan Abdülmecit in Auftrag; die wahrhaft opulente Ausstattung soll für den Staatsbankrott einige Jahre später verantwortlich gewesen sein.

1938 starb der Republikgründer Atatürk in diesem Palast; sein Zimmer ist seitdem unverändert geblieben. Im mittleren Trakt liegt der Thronsaal des Sultans, umgeben von den Regierungsräumen und Privatgemächern. Um diese Haupträume gruppieren sich über zwei Stockwerke fast 200 Zimmer, die alle auf das Kostbarste ausgestattet sind. Ein Blick in das Alabaster-Bad und das maßvolle Durchschreiten des gewaltigen Treppenhauses mit Handläufen aus Kristall gehören zu den Höhepunkten der Führung.

Deniz Müzesi

Di–So 9–17, Sa/So im Sommer 10–18 Uhr, Eintritt 6,50 TL

Im 2013 erheblich erweiterten **Deniz Müzesi** (Marine-Museum) Richtung Beşiktaş-Anleger, sind neben Exponaten zur osmanischen Marinegeschichte auch die vergoldeten Prunkbarken der Sultane ausgestellt. Selbst ein Stück jener Kette, mit der die Byzantiner das Goldene Horn versperrten, ist zu sehen.

Yıldız-Park und Palast

Mi–Mo, im Sommer 9–19, im Winter 9–16 Uhr, Eintritt 10 TL

Das Südtor des **Yıldız Parkı** ist nicht weit vom spätosmanischen **Çırağan-Palast** (1857 fertiggestellt) entfernt, in dem jetzt das vornehme Kempinski-Hotel residiert. Verkehrslärmgeschädigten Touristen sei der Besuch der idyllischen, sich durch eine Bachschlucht ziehenden Parkanlage sehr empfohlen. Einige Sultansvillen wie den **Malta Köşkü** (ein wunderbares Teehaus) und den **Şale Köşkü** im Schweizer Chalet-Stil kann man im Rahmen einer Führung besuchen.

Der sich am nördlichen Ende anschließende **Yıldız Sarayı** 30 war ursprünglich eine ›kleine‹ Residenz der Mutter Sultan Selims III. (Ende 18. Jh., Zugang nur über Barbaros Bulvarı). Hier kann man heute eine Sammlung von Privatgegenständen der Sultane besichtigen.

Ortaköy

Ortaköy gilt als das beliebteste Ausgehviertel der traditionsverbundenen İstanbuler. In allen Lokalen und auch an Dutzenden Kiosken verkauft man *kumpir*, Backkartoffel mit Salatfüllung, die man sich nach Gusto selbst zusammenstellen kann. Die meisten Mädchen tragen Kopftuch, und Bier kann man nur in wenigen Kneipen bekommen. Markanter, oft fotografierter Blickpunkt ist die neobarocke **Ortaköy Camii,** die 1854/55 von Sultan Abdülmecit gestiftet worden ist.

Darüber schwingt sich die Fahrbahn der ersten **Bosporus-Brücke** (Boğaziçi Köprüsü) zwischen zwei 165 m hohen Pylonen mit 1560 m Spannweite über den Bosporus. Am Hang dahinter kann man zwischen Bäumen ein pagodenförmiges Gebäude ausmachen. Das auf Pfeilern errichtete Haus stammt von dem visionären Architekten Bruno Taut, der 1936–1938 im Exil in der Türkei lebte. Unter seiner Mitwirkung entstanden auch zahlreiche Gebäude in der neuen Hauptstadt Ankara.

Infos

Info-Büros (Turizm Danışma): alle meist tgl. 9–17.30 Uhr, Flughafenbüros 8–23 Uhr. Sultanahmet, At Meydanı, Tel. 0212 518 74 54; Taksim-Platz, Tel. 0212 233 05 92; Karaköy, Hafen, Tel. 0212 249 57 76.

TimeOut İstanbul: Monatsmagazin mit Tipps und Events in Englisch.
Vorwahl: europäische Seite 0212, asiatische Seite: 0216
Diplomatische Vertretungen: s. S. 91
Allgemeine Krankenhaus-Hotline: Tel. 0212 444 09 11
Automobilclub TTOK: Tel. 0212 282 81 40

Internet
www.ibb.gov.tr: Stadtverwaltung
www.goethe.de/istanbul: Kulturportal des Goethe-Instituts İstanbul

SICHERHEIT

Die Bombenanschläge religiöser Extremisten haben auch in İstanbul zu stark erhöhten **Sicherheitsmaßnahmen** geführt. Metalldedektoren und Kontrollen gehören inzwischen nicht nur in den Flughäfen, sondern auch in Museen und größeren Einkaufszentren zum Standard.
Obwohl man sich in İstanbul frei und sicher bewegen kann, sollte man die üblichen Verhaltensregeln beachten. Geben Sie auf keinen Fall Ihre **Kreditkarte** aus der Hand und verdecken Sie sorgfältig die PIN-Eingabe!
Erhöhte Vorsicht ist geboten, wenn man Sie freundlich auf ein Getränk in einen **Nachtclub** oder eine Bar einlädt. Einladungen zum Tee sind zwar typisch für die türkische Gastfreundschaft, doch bei Nachtclubs sieht es anders aus. Unabhängig davon, ob Sie selbst etwas bestellt haben oder nicht, kann Ihnen in diesen Rotlicht-Etablissements eine völlig überzogene Rechnung (ab 500 € aufwärts!!!) präsentiert werden. Dies ist nicht illegal, und wenn es passiert ist, muss man zahlen!

www.istanbulpost.net: Deutschsprachiges Internetmagazin mit Veranstaltungskalender
www.timeoutistanbul.com: Das Time Out Magazin zu İstanbul online
www.biletix.com: Ticketverkauf online
www.istanbul.com: Stadtinformation und Veranstaltungskalender

Übernachten

Unterhalb der **Sultanahmet-Moschee** liegt ein größeres Hotelviertel mit einfachen und auch teuren Unterkünften in historischen Gebäuden sowie zahlreichen guten Restaurants. Schön wohnt man auch an der Yerebatan Caddesi. Die funktionalen **Kastenhotels** an der Ordu Cad. und in Aksaray sind zumeist älteren Datums. Internationaler Standard wird in den **Luxushäusern** im weiteren Umkreis des Taksim-Platzes gepflegt.
Ein Tipp: Lieber nicht über die internationalen Booking-Seiten buchen, diese sind oft heillos überteuert. Besser fragt man vor Ort nach einem Zimmer, das man sich dann auch anschauen kann.

... in Sultanahmet (Karte S. 129)
West-östlicher Charme – **İbrahim Paşa Hotel** **1**: Sultanahmet, Terzihane Sok. 5, Tel. 0212 518 03 94, www.ibrahimpasha.com. Exzellent geführtes Hotel gleich hinter dem gleichnamigen Palast, helle, elegante Zimmer (die Standard Rooms aber teilweise etwas arg klein). Von der Dachterrasse ein atemberaubender Blick über den Obelisken auf die Sultan-Ahmet-Moschee. DZ/F 420–500 TL.
Belle-Époque-Flair – **Sarı Konak Oteli** **2**: Sultanahmet, Mimar Mehmetağa Cad. 42/46, Tel. 0212 638 62 58, www.sarikonak.com. Das ›Gelbe Haus‹ mitten im Viertel Sultanahmet ist ein kleineres und mit viel Liebe geführtes Hotel mit familiärer Atmosphäre. Die Zimmer sind historisch eingerichtet, das Dachrestaurant bietet ein tollen Ausblick. DZ/F ab 280 TL, im Winter ab 190 TL.
Klassische Eleganz – **Uyan Hotel** **3**: Sultanahmet, Utangaç Sok. 25, Tel. 0212 518 92 55, www.uyanhotel.com. Ein steinernes Jugendstilhaus direkt unterhalb des Haseki Hürrem Hamamı, jüngst stilvoll renoviert. Die Zim-

Restaurant zu Füßen des Galata-Turms

mer eingerichtet im Stil klassischer Eleganz, das Frühstück gibt es auf der Dachterrasse mit Blick zur Hagia Sophia. DZ/F ab 260 TL, im Winter 190 TL.

Mit Sauna – **Azade Hotel 4:** Sultanahmet, Mimar Mehmet Aga Cad., Amiral Tafdil Sok. 21, Tel. 0212 517 71 73, www.azadehotel.com. Ruhig gelegenes Haus etwas weiter von der Sultan-Ahmet-Moschee entfernt. Zimmer mit Laminatboden und türkischen Teppichen. Etwas weiter in Nr. 31 gibt es auch noch Azade Suites mit poppig-bunten Apartments (www.azadesuites.com). DZ/F 190–290 TL, Suiten ab 400 TL.

Historischer Charme – **Aşkın Hotel 5:** Sultanahmet, Dalbastı Sok. 16, Tel. 0212 638 86 74, www.askinhotel.com. Das Haus stammt aus dem Jahr 1932 und bietet ziemlich kitschig-historisch im Stil des 19. Jh. eingerichtete Zimmer zu moderaten Preisen. Auf dem Dach gibt's Frühstück mit Aussicht. DZ/F 160–270 TL.

… in Beyoğlu (Karte S. 145)

Jugendstil modern – **The Public 6:** İstiklal Cad., Turnacıbaşı Cad. 1 , Tel. 0212 444 33 34, www.hotelthepublic.com. Ein altes Belle-Époque-Haus an der İstiklal-Straße, umgebaut zu einem schicken, sehr modernen Hotel. Zimmer mit Top-Bädern, Pariser Fenstern und Parkett. Unten ein Restaurant. DZ/F 410–540 TL.

Bewohnte Geschichte – **Büyük Londra Hotel 7:** Tepebaşı, Meşrutiyet Cad. 53, Tel. 0212 245 06 70, www.londrahotel.net. In osmanischer Zeit hieß es das Haus ›Grand Hotel de Londres‹, noch heute atmet es den Geist jener Epoche. Die Einrichtung einiger Zimmer ist herrlich altmodisch, andere wurden schick renoviert. Im Londra wurden Szenen für den Film »Gegen die Wand« von Fatih Akin gedreht. DZ/F 170–430 TL.

Hübsches Stadthotel – **As 8:** Beyoğlu, Bekar Sok. 26, Tel. 0212 252 65 25, www.ashotel.net. Sympathisches Haus mit einfachen Zim-

EVENTKALENDER

Die Zeitschriften **İstanbul Life** und **Time Out İstanbul** liegen in Bars oder Cafés aus. Einen aktuellen Überblick über alle Veranstaltungen in der Stadt bieten die Websites **www.istanbulevent.com, www.timeout istanbul.com, www.mymerhaba.com**

mern, zentral nahe der oberen İstiklal Caddesi gelegen. In der Umgebung geht jede Nacht die Post ab, in der Gasse selbst ist es dagegen ruhig. DZ/F um 170 TL.

Essen & Trinken

Website-Tipp: www.istanbuleats.com

... im Stadtzentrum (Karte S. 129)

Sultans Küche – **Darüzziyafe** 1: Süleymaniye, Şifahane Sok. 6, Tel. 0212 511 84 14, www.daruzziyafe.com, tgl. 12–15, 18–22 Uhr Uhr. In der früheren Armenküche der Süleymaniye-Moschee wird traditionelle osmanische und anatolische Küche nach überlieferten Originalrezepten zubereitet. Man sitzt schön im offenen Innenhof oder in osmanisch dekorierten Sälen. Große Auswahl, aber kein Alkohol. Menü um 80 TL.

Osmanische Spezialitäten – **Matbah** 2: Sultanahmet, Caferiye Sok. 6 (im Hotel Ottoman Imperial), Tel. 021 2 514 61 51, www.matbahrestaurant.com, 12–24 Uhr, nahe der Hagia Sophia. Osmanische Palastküche vom Feinsten, im Sommer mit Terrasse, am Wochenende mit türkischer Kunstmusik. 3-Gänge-Menü ohne Getränke um 75 TL.

Agatha-Christie-Flair – **Orient Express** 3: Eminönü, Sirkeci-Bahnhof, Tel. 0212 522 22 80, www.orientexpressrestaurant.net, tgl. 11.30–23 Uhr. Das alte vornehme Bahnhofsrestaurant von Sirkeci bietet feine türkische Küche in stilechtem Flair der Zeit des Orient Express. Man kann auch nur auf einen Drink kommen. Hauptgerichte um 30 TL.

Unter der Brücke – **Sirena** 4: Galata Köprüsü, Tel. 0212 519 11 63, www.sirena restoran.com, tgl. 9–2 Uhr. Die Lokale auf der Galata-Brücke sind bei modernen İstanbulern beliebt. Das Sirena auf der Nordseite liegt abends schön im Sonnenuntergang und bietet türkische Klassiker und viel Fisch. Hauptgerichte um 25 TL.

Beim Fischer – **Balıkçı Sabahattin** 5: Sultanahmet, Seyit Hasan Kuyu Sok. 1, Tel. 0212 458 18 24, www.balikcisabahattin.com, tgl. 12–1 Uhr. Seit 1927 ein traditionelles Fischrestaurant in der Altstadt zwischen Sultan Ahmet-Moschee und Seemauer. Neben einer reichen Auswahl an Vorspeisen gibt's fangfrischen Fisch aus allen Meeresregionen der Türkei. Fisch ab 22 TL, aber unbedingt vorher auswiegen lassen!

Kebab mit Aussicht – **Hamdi Restoran** 6: Eminönü, Kalçın Sok., Tel. 0212 528 03 90, www.hamdi.com.tr, tgl. 9.30– 24 Uhr. Berühmtes Grillrestaurant direkt am großen Eminönü-Platz, vom Obergeschoss tolles Panorama mit dem Galata-Turm. Hauptsächlich Grillkebabs, aber in ungewöhnlicher Auswahl. Hauptgerichte um 20 TL.

... in Beyoğlu (Karte S. 145)

Crossover – **Changa Restaurant** 7: Taksim, Sıraselviler Cad. 47, Tel. 0212 251 70 64, www.changa-istanbul.com, Di–So 18–1 Uhr. Der Name Changa, übersetzt: ›gemischt‹, ist hier Programm. Das in einem Art-Nouveau-Gebäude liegende Restaurant mit futuristischem Design wird von einem Neuseeländer betrieben. Man kreiert eine hervorragende Fusion-Küche. Hauptgerichte 35–70 TL.

Çiçek-Passage – **Seviç Restaurant** 8: İstiklal Cad., Çiçek Pasajı 8, Tel. 0212 244 28 67, www.sevicrestaurant.com. Das Seviç wurde 1948 als eines der ersten Lokale in der berühmten Çiçek-Passage (s. S. 146) gegründet, 2004 hat man umfassend renoviert. Das Lokal serviert eine gute Meyhane-Küche mit vielen Mezeler (Tapas) und türkischen Grill-

gerichten. Für die begehrten Plätze in der Passage muss man reservieren! Mezeler jeweils um 10 TL, Hauptgerichte um 25 TL, Fisch nach Kilopreis.
Anatolische Experimente – **Galata Kiva** 9: Beyoğlu, Galata Kulesi Meyd.4, Tel. 0212 292 98 98, www.galatakivahan.com, tgl. 8–1 Uhr. Das 2008 eröffnete Kiva Han bietet regionale Küche aus der Türkei, darunter fast vergessene ländliche Rezepte, die aus dem üblichen Einerlei hervorstechen. Das Restaurant liegt direkt am Fuß des Galata-Turms – eine absolute Empfehlung. Hauptgerichte 20–30 TL.
Türkische Klassiker – **Hacı Abdullah** 10: Beyoğlu, Atıf Yılmaz Cad. 9/A, Tel. 0212 293 85 61, tgl. 11.30–23 Uhr. Große Auswahl traditioneller Gerichte aus Anatolien, jeden Tag gibt es ein anderes Menü. Die Spezialität ist das *hünkar beğendi*, eine Art Kalbsgulasch auf Auberginenpüree. Sehr originell, auf Alkohol muss man dort allerdings verzichten. Hauptgerichte um 25 TL.
Nevizade-Fressgasse – **Krependeki İmroz** 11: Nevizade Sok. 16, Tel. 0212 249 90 73, tgl. 11.30–23 Uhr. Authentische Mezeler, ein Erlebnis! In der Straße reihen sich etliche Restaurants aneinander – für den Fall, dass kein Platz mehr frei ist. Hauptgerichte um 25 TL, Fisch nach Gewicht.
Authentisch – **Refik Restoran** 12: Tünel, Sofyalı Sok. 10, Tel. 0212 243 28 34, Mo–Sa 12–24, So 18.30–24 Uhr. Typisches türkisches Rakı-Lokal mit reichhaltiger Vorspeisenauswahl. Familiäre Atmosphäre und jede Menge Lokalkolorit. Oft überfüllt. Keine Kreditkarten! Hauptgerichte ab 20 TL.
Die Puddingmacher – **Taksim Sütiş** 13: Taksim, İstiklal Cad. 7, Tel. 0212 251 32 05, tgl. 10–23 Uhr. Das Keşkül (Mandelpudding) ist ein besonderer Genuss, aber auch kleinere warme Speisen werden in diesem Schnellimbiss seit 90 Jahren angeboten.

... am Bosporus

In **Ortaköy** bei der Moschee treffen sich abends die İstanbuler zum Kumpir-Essen (Folienkartoffel mit Salat) – Dutzende Kioske bieten den Snack für ein Picknick an. Wer mehr Geld für Fisch in feinem Ambiente ausgeben möchte, fährt weiter nach **Bebek** oder **Arnavutköy** (s. S. 160).

Einkaufen

... im Stadtzentrum (Karte S. 129)

Teppiche und Handwerkskunst – **Arasta Bazaar** 1: Sultanahmet, Torun Sok., www.arastabazaar.com. In den alten osmanischen Pferdeställen werden heute Teppiche, Saunatücher und Souvenirs verkauft.
Wasserpfeifen – **Bazaar Alibaba** 2: Kapalı Çarşı, Fesçiler Cad. 119 (Ausgang Bücherbasar), www.bazaaralibaba.com. Bauchtanzkostüme und Kaftane für den Herrn, dazu Wasserpfeifen und osmanische Keramik.
Aus Seide – **Yılmaz İpekçilik** 3: Sultanahmet, Ishakpaşa Cad. 36, www.yilmazipekcilik.com. İstanbuler Filiale einer Seidenweberfamilie aus Antakya. Edle Stoffe, Schals, Hemden zu reellen Preisen in ausgezeichneter Qualität – ein besonderer Tipp!
Kaffeetradition – **Kurukahveci Mehmet Efendi** 4: Eminönü, Tahmis Sok. 66, www.mehmetefendi.com. Kaffeegenuss mit Tradition von fast 130 Jahren! Die hübsch gestalteten Dosen sind das ideale Mitbringsel.

İSTANBUL-FESTIVAL

Seit 1973 findet alljährlich zwischen April und September das İstanbul Festival mit den Sparten Klassische Musik, Jazz, Theater und Film statt. Bei der ebenfalls zum Festival gehörenden İstanbul Biennale für zeitgenössische Kunst ergeben sich oft reizvolle Kontraste zwischen junger Kunst und historischem Ausstellungsambiente. Aktuelle Info unter www.iksv.org, Karten gibt es unter www.biletix.com (beide auch in Englisch).

Im Untergeschoss der Galata-Brücke reihen sich die Restaurants aneinander

Türkischer Honig – **Hacı Bekir** 5 : Eminönü, Hamidiye Cad. 33, www.hacibekir.com.tr. Echter türkischer Honig in allen möglichen Varianten. Verschieden sortierte Geschenkpackungen, die man gut mit nach Hause nehmen kann.

... in Beyoğlu (Karte S. 145)

Glasdesign – **Paşabahçe** 6 : Beyoğlu, İstiklal Cad. 150, www.pasabahce.com.tr. Hier gibt's Glaswaren in modern-schickem Design. Aber auch die typischen türkischen Teegläser mit den bunten Untersetzern bekommt man bei Paşabahçe.

Eis aus Maraş – **Mado** 7 : z. B. auf der İstiklal Cad., weitere Filialen in der ganzen Stadt. Mado ist die Abkürzung für *Maraşdondurması*, das sehr zähe Eis aus Maraş – ein spezieller Genuss.

Feinkost – **Antre Gourmet Shop** 8 : Cihangir, Beyoğlu, Akarsu Cad. 40A, www.antregourmet.com. Neben 40 Käsesorten aus der Türkei bietet der Shop auch einheimische Aufschnittsorten, Würste etc. an. Daneben findet man selbstgemachte Marmeladen und Pasten, Honig und Olivenöl.

H&M der Türkei – **Mavi Jeans** 9 : Beyoğlu, İstiklal Cad. 123, www.mavijeans.com. Das türkische Jeanslabel bietet mittlerweile die gesamte Palette cooler Lifestyle-Mode an, so auch hier im İstanbuler Flagship Store. Wer nicht fündig wird, versucht es bei **Colin's,** İstiklal Cad. 79.

Second Hand – **By Retro** 10 : İstiklal Cad. 166, Suriye Pasajı. Im Keller der alten Syrischen Passage kann man in einem der größten Second-Hand-Shops Europas stöbern. Auch wunderbare Theater-Kostüme.

Graphiken – **Ottomania** 11 : Tünel, İstiklal Cad./Sofyalı Sok. 30–32. Historische Ansichten İstanbuls und Graphiken mit Szenen aus

dem osmanischen Volksleben – bei alten Originalstichen Ausfuhrgenehmigung vor dem Kauf abklären!

Kunst und Geschichte – **İstanbul Kitapçısı** 12: İstiklal Cad. 146, www.istanbulkitapcisi.com. Der offizielle Buchladen der Stadtverwaltung bietet spezielle Literatur zu İstanbul und zur türkischen Kunst – auch in englischer Sprache. CDs mit türkischer Musik und Kunstdrucke alter Stadtansichten ergänzen das Angebot.

Abends & Nachts

Größere Viertel zum Ausgehen, wo sich ein Lokal ans andere reiht, liegen vor allem in Beyoğlu: **Sofyalı Sokağı** (Tünel), **Nevizade Sokağı** (Galatasaray), **Cezayır Çıkmazı/Fransiz Sokağı** (Firuzağa). In Sultanahmet kann man im **Hotelviertel** unterhalb der Hagia Sophia, an der **Şeftali Sokağı** vor der Yerebatan-Zisterne oder an der **Alemdar Caddesi** nette Lokale finden. Ein besonderer Tipp ist die Kneipen-Szene beim **Beşiktaş-Fischmarkt** an der Mumcu Bakkal Sokağı. Sehr schön sitzt man auch unter der **Galata-Brücke** am Goldenen Horn!

… im Stadtzentrum (Karte S. 129)

Bauchtanz – **Hodjapasha Dance Theater** 1: Sirkeci, Hocapaşa Hamam Sok. 3B, Tel. 0212 511 46 26, www.hodjapasha.com. Seriöse Aufführungen von Bauchtanz und Volkstänzen (Anatolien, Balkan, Kaukasus), aber auch Derwisch-Tänze.

Restaurant und Club – **Maxigala** 2: Yeni Galata Köprüsü EH 6, Tel. 0212 511 16 66, www.facebook.com. Unter der Galata-Brücke überzeugt das Maxigala tagsüber als beliebte Bierschwemme. Nachts jedoch verwandelt sich der Raum hinter den Bullaugen in einen Club (Acid, Electro, House, Türk-Pop).

… in Beyoğlu (Karte S. 145)

Multifunktional – **Zarifi** 3: Taksim, Çukurlu Çeşme Sok. 13, Tel. 0212 293 54 80, www.zarifi.com.tr, Mo–Do 20–2, Fr/Sa 20–4 Uhr. In einem luftig-stylish restaurierten Altbau mit Türsteher kann man an einem Abend alles haben: Drinks an der Backsteinbar, Vielvölkerküche der Türkei, heimische Livemusik, zu später Stunde dann DJ und Tanz.

Panoramablick – **5. Kat** 4: Cihangir, Sıraselviler Cad., Soğancı Sok. 3, Tel. 0212 293 37 74, www.5kat.com, Mo–Fr 17–1, Sa/So 11–1 Uhr. Der Name ist türkisch für ›5. Stock‹; tatsächlich liegt das Lokal im obersten Stock eines Belle-Époque-Hauses. Von der Terrasse tolle Aussicht über den Bosporus. Tagsüber Café-Restaurant (Welt-Küche), nachts Bar.

Livemusik – **Babylon** 5: Tünel, Asmalımescit, Şehbender Sok. 3, Tel. 0212 292 73 68, Di–Do 21–1.30 Uhr, Fr, Sa 22–3 Uhr, www.babylon.com.tr. Das 1999 gegründete Babylon ist wegen der Auftritte bekannter nationaler und internationaler Live-Acts eine Institution in der Stadt. Das Programm ist ein vielfältiger Crossover von Jazz, Pop, Drum & Bass, Electronica und World Music.

Avantgarde-Club – **Ghetto** 6: Beyoğlu, Kamer Hatun Cad. 10, Tel. 0212 251 75 01, www.ghettoist.com, Do–Sa 20–4 Uhr, bei

Livekonzerten auch an anderen Tagen geöffnet. Schicker Livemusik-Club mit türkischen und internationalen Acts in einer alten Bäckerei, deren dekorierte Gewölbedecke die Location überspannt. Chef ist der Saxophonist İlhan Erşahin, der auch den Nublu Club in New York gemacht hat.

Studentenclub – **Peyote** 7 : Beyoğlu, Kameriye Sok. 4, Tel. 0212 251 43 98, www.peyote.com.tr. Für Experimentelles und Besonderes aus den Bereichen Independent, Elektro und Turntablism ist der Club eine wichtige Adresse in İstanbul.

Jazz vom Feinsten – **Nardis Jazz Club** 8 : Beyoğlu, Kuledibi Sok. 14, Tel. 0212 244 63 27, www.nardisjazz.com, Mo–Sa 20–1.30 Uhr. Zumeist türkische Künstler, aber regelmäßig auch internationale Gigs.

Indie, Alternative, Rock – **Roxy** 9 : Taksim, Sıraselviler Cad., Arslan Yatağı Sok. 7, Tel. 0212 249 13 01, Di–Sa 20–4 Uhr, Eintritt am Wochenende 40 TL, www.roxy.com.tr. Das Roxy gibt es seit 1994. Hier treten oft international bekannte Elektro- und Danceflooracts auf. Die angeschlossene Yan Gastrobar bietet ein Crossover-Küche.

... am Bosporus

In **Kuruçeşme** hinter der ersten Bosporus-Brücke reihen sich Top-Clubs der Promi- und TV-Szene am Ufer. Besonders berühmt sind das **Reina** (s. S. 162) und das **Suada** (www.suadaclub.com.tr) auf einer Miniinsel im Bosporus.

Aktiv

Türkische Bäder – **Süleymaniye Hamamı** 1 : Eminönü, Mimar Sinan Cad. 20, Tel. 0212 520 34 10, www.suleymaniyehamami.com.tr, tgl. 10–23 Uhr. Dieses schöne historische Bad ist bei sehr gutem Service nur für Paare und Familien zugänglich. Eintritt/Massage/Tücher/Bikini pro Pers. um 100 TL.

Galatasaray Hamamı 2 : Galatasaray, Turnacıbaşı Sok. 24, www.galatasarayhamami.com, tgl. 7–22 (Männer), 8–21 Uhr (Frauen). Das Bad stammt von 1481, Betreiber ist das Tourismusministerium. Daher gibt es für Inhaber des Museum Pass (s. S. 117) 25 % Ermäßigung. Eintritt u. Massage 75 TL.

Kılıç Ali Paşa Hamamı 3 : Tophane, Kemankeş Mah., Hamam Sok. 1, Tel. 0212 393 80 10, www.kilicalipasahamami.com, Frauen 8–16, Männer 16.30–23.30 Uhr, Eintritt 120 TL, Massage ab 105 TL. Dieses frisch restaurierte Bad, erbaut 1580, ist heute das schönste der Stadt, wenn auch nicht das günstigste. Unbedingt online reservieren!

Verkehr

Flughafen

Auf dem **Atatürk International Airport** westlich der Stadt (s. S. 69) landen nur noch die Linienflüge der Turkish Airlines. Vom Flughafen fahren bis 1 Uhr nachts Shuttlebusse alle 30/60 Min. bis nach Aksaray und Taksim (10 TL). Nach Sultanahmet steigt man in Aksaray in die Tram um. Taxis nach Sultanahmet kosten um 40 TL.

Auf dem **Sabiha Gökçen Airport** (www.sgairport.com) auf der asiatischen Seite landen Charterlinien wie German Wings und SunExpress. Von dort fahren Shuttlebusse ca. stdl. zum Taksim-Platz oder nach Kadıköy; German Wings betreibt nach Flugankunft (meist gegen 2 Uhr morgens) einen Bus-Shuttle in die Innenstadt.

İstanbul ist die Drehscheibe des **innertürkischen Flugverkehrs,** von hier ist jeder Regionalflughafen mindestens dreimal wöchentlich zu erreichen. Neben der Turkish Airlines (THY) fliegen Onur Air, Bora Jet und Anadolu Jet zu etwas günstigeren Preisen.

Zugverbindungen

Der Kopfbahnhof **Sirkeci** in Eminönü, 1890 von einem preußischen Architekten erbaut, war einst Endstation des Orient-Express aus Europa. Mit Eröffnung des Marma-Ray-Schienentunnels unter dem Bosporus (s. S. 116) starten dort keine Züge mehr, der Zugverkehr ist nach **Yenikapı** verlagert. Auch die Züge nach Anatolien starten jetzt nicht mehr in Haydarpaşa, sondern in **Selamiçeşme** (Info: www.tcdd.gov.tr.).

InterCity Busse

In İstanbul gibt es zwei große Busbahnhöfe: in Esenler auf der europäischen Seite und im

Stadtteil Harem auf der asiatischen Seite. Von hier aus erreicht man zu günstigen Tarifen fast jeden Punkt in der Türkei.

Der **Büyük İstanbul Otogarı** in Esenler hat direkten Anschluss an die Hafif Metro. Bustickets verkaufen z. B. die Reisebüros der großen Busgesellschaften (Kamil Koç, Ulusoy, Varan, Pamukkale) an der İnonü Cad. nahe Taksim.

Auto/Mietwagen

Mietwagen können vor Ort vom Hotel aus angefordert werden. Die großen Agenturen haben zudem Büros in den Flughäfen.

Parkhäuser: In İstanbul einen Parkplatz zu finden ist nicht einfach, abgeschleppt wird gerne. Gut zu erreichen sind die Parkhäuser am Aksaray Meydanı, in Eminönü nahe dem Fähranleger und auf der Rückseite des Atatürk Kültür Merkezi am Taksim-Platz.

Bus, Tram und Metro

Die Preise für den öffentlichen und privaten Personennahverkehr sind unschlagbar günstig (um 2 TL/0,75 €). Der Preis gilt jeweils pro Fahrt ohne Umsteigen; für Einzelfahrten kauft man **Jetons** an den Haltestellen). Wer viel fahren will, erwirbt die **İstanbulkart,** eine Chipkarte zu 10 TL, an den weißen Ticketboxen, die an den Hauptverkehrsknotenpunkten stehen (z. B. Eminönü, Taksim, Kabataş) und kann diese dann an Automaten aufladen. Außerdem gibt es in Haltestellennähe Aufladepunkte (IETT dolum yeri). Die Karte gilt in allen Bussen, Bahnen und Schiffen, Umsteigen ist damit günstiger als eine Einzelfahrt. Info: www.iett.gov.tr.

Stadtbusse: Die städtischen Busse der IETT verkehren zwischen 6 und 24 Uhr. Die beiden Haupt-Busbahnhöfe sind in Eminönü und Kabataş, die Fahrziele sind am Bus ausgewiesen. Es gibt auch privat betriebene Busse *(Özel Halk Otobüsü),* in denen die selben Tarife und die İstanbulKart gelten.

Hafif Metro: Von Yenikapı am Marmara-Ufer über Aksaray, Bayrampaşa, Bakırköy und Yenibosna bis Ataköy verkehrt die Hafif Metro, eine moderne S-Bahn. Sie fährt im 5- bis 20-Minuten-Takt.

Tram: Eine moderne Straßenbahn *(Tramvay)* verkehrt etwa im 10-Minuten-Takt von Topkapı (Landmauer) über Aksaray, Sultanahmet, Eminönü, Karaköy bis Kabataş (7–22 Uhr). An allen Stationen gibt es Jeton-Automaten.

Metro: Die Metro verbindet Yenikapı am Marmarameer über Taksim mit Maslak 6–24 Uhr im 5-Minuten-Takt, die MarmaRay fährt über Sirkeci nach Üsküdar. Schienennetzplan unter www.istanbul-ulasim.com.tr.

Nostalgische Tram: Auf der İstiklal Caddesi (Fußgängerzone) verkehrt eine historische Straßenbahn zwischen oberer Tünel-Station und Taksim-Platz im 15-Minuten-Takt.

Tünel-Bahn: Von Karaköy nahe der Galata-Brücke führt eine unterirdische Standseilbahn zur İstiklal Caddesi und erspart 62 Höhenmeter (7–22 Uhr, 5-Minuten-Takt).

Füniküler: Die Standseilbahn verbindet in 1,5 Min. den Busknotenpunkt Kabataş am Bosporus mit der Bergstation am Taksim-Platz.

Metrobus: Die vom normalen Straßenverkehr getrennte Trasse verläuft über die Stadtautobahn E 5 von Beylikdüzü im äußersten Westen über Topkapı, Şişli und die erste Bosporusbrücke bis Söğütlüçeşme (Kadıköy) auf der asiatischen Seite; der Bus verkehrt wegen der mittigen Lage der Haltestellen und der Bustüren auf der rechten Seite des Fahrzeugs im Linksverkehr und im Minutentakt.

Taxi

Taxis findet man problemlos – die Stadt ist voll davon. Bestehen Sie darauf, dass das Taxameter eingeschaltet wird. Früher gab es einen Tagtarif *(gündüz)* und einen Nachttarif *(gece).* Diese Unterscheidung ist abgeschafft worden, es gilt nur noch der Tagtarif. Die Fahrer kennen die Sehenswürdigkeiten, großen Hotels und Durchgangsstraßen, ansonsten nennt man das Stadtviertel als Ziel.

Wassertaxi: Minikatamarane bieten Platz für zehn Personen, Anlegestellen entlang des Bosporus, am Marmarameer und auf den Prinzeninseln. Der Taxameter beginnt bei 35 TL, pro Seemeile 18 TL. Tel. 0850 222 44 98, deniztaksi.com.tr.

İstanbuls Umgebung

İstanbuls Geschichte und Gegenwart sind eng mit dem Wasser verknüpft. Am Bosporus reihen sich prächtige Holzvillen und pittoreske Dörfchen aneinander, die heute beliebte Ausflugs- und Ausgehviertel der modernen İstanbuler sind. Sommerfrische-Idylle mit Jugendstilvillen und Pferdedroschken prägt die Prinzeninseln im Marmara-Meer. Das Goldene Horn diente zwar über viele Jahrzehnte als Standort für Industriebetriebe, seitdem diese aber verlagert wurden, entwickelt sich auch hier wieder kulturelles Leben.

Eyüp und das Goldene Horn ▸ 3, E 2

Das Vorstädtchen **Eyüp** am Goldenen Horn ist ein bedeutender islamischer Wallfahrtsort und wird stets von zahlreichen frommen Pilgern besucht. Von Eminönü kommt man mit einem IETT-Bus oder der Pendelfähre über das Goldene Horn bequem dorthin. Verehrt wird hier Abu Eyub al-Ansari, ein Bannerträger Mohammeds, der bei einer Belagerung Konstantinopels durch die Araber im 7. Jh. starb. Die 800 Jahre später – nach der Eroberung – wundersam wieder aufgefundenen sterblichen Überreste wurden hier 1458 als Reliquien beigesetzt. Machtpolitisch manifestierten sie nun eine direkte Vebindung der Osmanen zum Religionsstifter Mohammed. Das heutige Bild des Wallfahrtsorts wird von zahlreichen Friedhöfen, Moscheen und Türben geprägt, verspricht doch eine Bestattung nahe dem Heiligen einen kurzen Weg ins Paradies.

Im Vorhof, der die **Eyüp Sultan Camii** und die Türbe des Heiligen miteinander verbindet, legitimierten die Derwische des Mevlana-Ordens einst die Herrschaft eines jeden neuen Sultans, indem sie diesen mit dem Schwert des Dynastiegründers Osman gürteten. Die Türbe des Abu Eyub ist durch eine Wand mit İznik-Fliesen besonders hervorgehoben. Durch ein vergoldetes Gitterfenster kann der Sarkophag betrachtet werden.

In den Gassen Eyüps blüht der Handel mit islamischen Devotionalien: Andenken, Gebetsketten, Koranausgaben etc. werden hier verkauft. Wählt man zudem noch den Freitag als Besuchstag, kann man häufig ganze Gruppen von Jungen in festlichen Prinzenkostümen beobachten. Die so für ihre Beschneidung *(sünnet)* ausstaffierten Knaben erbitten vor dem Eingriff in der heiligsten Moschee İstanbuls den Segen Allahs.

Rahmi Koç-Museum ▸ 3, E 2

Hasköy, Hasköy Cad. 5, www.rmk-museum.org.tr, Di–Fr 10–17, Sa–So 10–19, im Winter bis 18 Uhr, Eintritt 14 TL, U-Boot 7 TL

Wenn die öffentliche Hand weder Geld für noch Interesse an der Geschichte hat, müssen die Großindustriellen einspringen. Der Unternehmer Rahmi M. Koç hat der Stadt mit dem **Rahmi M. Koç Müzesi** eines der schönsten und interessantesten Museen geschenkt.

Anhand von Dampfmaschinen, technischem Gerät, Modellen von Dampfeisenbahnen sowie Seefahrtsobjekten wird die Technik- und Industriegeschichte nachvollziehbar gemacht. Dies ist gerade für Kinder spannend, denn es gibt zahlreiche Exponate, die auch angefasst werden dürfen. Interaktive Bildschirmpräsentationen laden zum spielerischen Lernen ein. Der Besuch des im

Goldenen Horn vor Anker liegenden U-Boots ist die Attraktion der Ausstellung. Der Zutritt ist jedoch erst ab einem Alter von acht Jahren gestattet.

Essen & Trinken

Im Museum – **Café du Levant:** Sütlüce, Hasköy Cad. 5, Tel. 0212 369 66 07, www.divan.com.tr. Eine gute Adresse für internationale Küche mit französischem Einschlag. Das Restaurant ist Teil des Rahmi M. Koç-Museums. Es lohnt aber auch einen Besuch ohne Museumsbesichtigung. Wirklich gute Weinkarte.

Santralistanbul ▶ 3, E 2

Kazım Karabekir Cad. 2, www.santralistanbul.org, Di–Fr 10– 18, Sa, So 10–20 Uhr, Eintritt 25 TL, erm. 15 TL, kostenloser Bus-Shuttle ab Atatürk Kültür Merkezi

Am Ende des Goldenen Horns, auf dem Gelände der privaten Bilgi-Universität, wurde mit dem **Santralistanbul** ein Museum und Kulturzentrum eingerichtet. Das Kraftwerk Silahtarağa war von 1912 bis 1983 in Betrieb und sorgte mit deutschen Siemens- und AEG-Turbinen für Elektrizität. 2007 wurde dieses industriehistorische Schmuckstück – finanziert durch Sponsoren – als Energie-Museum wiedereröffnet.

Das Museum präsentiert sich ganz im historischen Gewand: Neben den riesigen Generatoren und Turbinen verströmt besonders die futuristisch anmutende Schaltzentrale des Kraftwerks den morbiden Charme alter Industrieanlagen. Gut für Kinder: ›Hands-on‹-Stationen erläutern auf spielerische Weise physikalische Phänomene.

Im Kunstmuseum werden gleich auf mehreren Stockwerken alle Register einer zeitgemäßen und räumlich extrem großzügigen Präsentation von moderner und zeitgenössischer Kunst gezogen. Mit einer Bibliothek, einem Kinosaal und auch gastronomischen Angeboten ist mit dem Santralistanbul ein neues kulturelles Highlight İstanbuls entstanden.

CAFÉ PIERRE LOTI

Gehört fast schon zum Pflichtprogramm: ein Abstecher zu einem der reizvollsten Cafés von İstanbul auf dem Hügel oberhalb von Eyüp. Bereits der französische Marineoffizier, Diplomat und Reiseschriftsteller Pierre Loti (eigentlich Julien Viaud, 1850–1923) wusste die Ruhe und Abgeschiedenheit dieser Idylle zu schätzen: Das Goldene Horn und die Toten der Friedhöfe unter sich, das Altstadtpanorama mit Kuppeln und Minaretten von ferne grüßend: Derart ließ es sich trefflich leben – und lieben. So schmachtete der Frauenheld hier 1877 um die Gunst der Haremsdame Aziyadeh, die als geheimnisvolle Frau aus 1001 Nacht zur Titelheldin eines seiner Romane wurde.

Ist das Flair jener Tage mittlerweile auch verflogen, kann man den Charme des nach Loti benannten Cafés und die Aussicht nach einem romantischen Spaziergang bergauf (ausgeschildert) durch den Friedhof von Eyüp noch immer genießen. Wem das zu beschwerlich ist, der kann auch mit der bequemen Seilbahn (Teleferik) hochfahren. Die Talstation liegt hinter dem Moschee-Komplex, tgl. 8–23 Uhr, Jeton einfache Fahrt 2 TL.

Bosporus, Prinzeninseln

Miniaturk ▶ 3, E 2

Tgl. 9–18 Uhr, www.miniaturk.com.tr, Eintritt 10 TL

Der am Goldenen Horn gelegene Freizeitpark **Miniaturk** zeigt hauptsächlich Bauwerke und türkische Landschaften im Maßstab 1:25. Darunter der Galata-Turm, der Leanderturm, die Süleymaniye, die Selimiye, den Atatürk-Flughafen oder die Stadtmauern von İstanbul.

Die etwas verkitschte Zeitreise durch die Geschichte der Architekturkunst auf türkischem Boden wird für Kinder besonders dann zum Erlebnis, wenn sie auf der parkeigenen Miniaturbahn absolviert wird, die sich durch das Gelände schlängelt.

Essen & Trinken

Studentenkneipe – **Papaz:** Kazım Karabekir Cad. 2, Tel. 0212 427 18 89, tgl. 8–22 Uhr. Nachdem 2012 Alkoholausschank auf Universitätsgeländen verboten wurde, hat dieses nun ›trockene‹ Lokal auf dem Areal der Bilgi-Universität, das ehemalige Otto Santral, erschwingliche Sandwiches, Salate, Kaffee und Kuchen im Angebot. Jugendliche Atmo und hippe Einrichtung in aufgepeppter Industriearchitektur.

Bosporus

Karte: S. 158

Der 33 km lange Bosporus (türk. *İstanbul Boğazı*), dessen geopolitischer Bedeutung die Stadt ihre Gründung verdankt, trennt Europa vom asiatischen Kontinent. Nach der Göttersage überquerte an dieser Stelle Io in Gestalt einer Kuh die Wasserstraße – daher ist der Name Bosporus (›Rinderfurt‹) hergeleitet.

Schon im 17. Jh. schätzte man die Schönheiten der bewaldeten, sanften Hügelketten diesseits und jenseits der Wasserstraße zwischen Schwarzem und Marmarameer. Bevorzugt ließ man sich ›an den süßen Wassern Asiens‹ nieder und errichtete an der Uferfront repräsentative Holzvillen *(yalı)*, die den Wohlhabenden und Hochgestellten des osmanischen Reiches als Sommerresidenzen

DAMPFERFAHRT AUF DEM BOSPORUS

Tour-Infos

Start: Eminonü, Bosporus-Pier (Boğaz Hattı), 3 İskelesi
Dauer: mind. 2 Std., besser einen ganzen Nachmittag
Wichtige Hinweise: An passende Kleidung denken, auf dem Schiff kann es kühl werden! Wer auch mal aussteigen will, sollte lieber eine reguläre Pendelfähre nehmen (s. u.).

Selbst wenn man nur wenige Tage in İstanbul verbringt, sollte man eine Bootstour auf dem Bosporus einplanen. Neidisch blickt man dann auf die Mitreisenden, die hier täglich den wohl schönsten Weg von der oder zur Arbeit erleben dürfen: bei einem Glas Tee auf das Wasser blicken, die historischen Bauten wie in einem Schaukasten an sich vorbeiziehen lassen, die hektische Großstadt vergessen und einfach nur genießen. Wer sich die einzelnen Orte und die durchaus beachtlichen Sehenswürdigkeiten genauer ansehen will, fährt allerdings besser mit dem Auto oder dem Bus.
Bei dem Ausflug gibt es zwei Möglichkeiten: Die zweistündige Bosporustour beginnt zwischen April und Ende Oktober täglich um 14.30 Uhr, sie startet und endet in Eminönü und dauert 2 Std. (15 TL). Aussteigen kann man dabei nicht. Alternativ gibt es die audiogeführte ›lange Bosporustour‹ zweimal täglich um 10.35 und 13.35 Uhr ab Eminönü mit nur fünf Haltepunkten (Beşiktaş, Kanlıca, Sarıyer, Rumeli Kavağı, Anadolu Kavağı). Vom Endpunkt geht es um 15 und 17 Uhr zurück, sodass sich ein Aufenthalt in Sariyer oder dem Endpunkt Anadolu Kavağı zum Fischessen anbietet (einfache Fahrt knapp 2 Std., 15 TL, h/z 25 TL. Wer mit einem späteren Boot oder den Pendlerbooten fährt, um abends irgendwo zu essen, muss mit einem Bus zurückfahren (Fahrpläne am Anleger oder unter www.sehirhatlari.com.tr).
Am Bosporus zeigt sich die Stadt von ihrer Schokoladenseite. Malerische Häuserfronten, Burgen und Paläste ziehen vorbei – auch wenn mit dem Glanz vergangener Epochen die Bausünden von heute wetteifern. Über dem europäischen Ufer wachsen die Hochhaustürme von Levent und Maslak in den Himmel. Und dort, wo man sich einst einer unverbaubaren Aussicht sicher wähnte, dröhnt heute der Verkehr über ins Wasser gestelzte Straßen. Doch gerade die gebrochenen Bilder, osmanische Giebelvillen unter der im Himmel hängenden Brückenfahrbahn, machen das faszinierende Flair aus.
Man startet mit dem Blick auf den Dolmabahçe-Palast und etwas später auf das Çirağan-Palast-Hotel, deren Prachtseiten, die jeweiligen Uferfronten, vom Schiff aus besonders gut zur Geltung kommen. Kaum ist die erste Bosporus-Brücke unterquert, folgen in Kuruçeşme die Nightlifepaläste heutiger Zeiten. Über die Uferhänge ziehen sich die Wucherungen der zahlreichen kleinen Ortschaften, die inzwischen mit der Stadt verwachsen sind. Erst wenn man kurz vor den Anlegern ist, wird deutlich, dass diese Orte im Kern ihre traditionelle Struktur behalten haben.

Während Orte wie Bebek oder Emirgan ziemlich überlaufen und auch teuer sind, finden sich auf dem asiatischen Ufer beschauliche Hafenörtchen mit schönen Fischlokalen, wo es sich lohnen würde, auszusteigen. Zum Beispiel in Çengelköy mit dem markanten Gebäude der Militärschule. Oder in Kanlıca, nördlich der Burg Anadolu Hisarı, das für seinen Joghurt mit Puderzucker berühmt ist, der schon gleich auf dem Anleger verkauft wird. Wer eisern sitzen bleibt, landet schließlich in Anadolu Kavağı, dem nördlichsten Dorf mit seinen noch sehr traditionellen Fischrestaurants. Doch wenn es hier später wird, geht es nur mit den Minibussen zurück.

dienten. Mit der Moderne begann aber der Niedergang des einstmals so privilegierten Standorts am Wasser. Es wurde heftig gebaut und zubetoniert, spekuliert und gerodet. Selbst die für die Stadt so ungeheuer wichtigen Bosporus-Brücken schaffen es nicht ohne visuelle Kollateralschäden von Europa nach Asien.

Arnavutköy & Bebek

▸ 3, F 2

Hinter der ersten Bosporusbrücke liegt das Örtchen **Kuruçeşme,** das sich inzwischen zu einem beliebten Treffpunkt für Nachtschwärmer während der Sommermonate entwickelt hat. Unweit davon glänzt **Arnavutköy** zur Meerseite hin mit einer langen Reihe von Holzvillen. Wegen seiner berühmten Fischtavernen in den romantischen Häusern lohnt das ›Albanerdorf‹ auch abends einen Ausflug.

Besonders geschäftig geht es in **Bebek** zu. Der Ort mit seinen zahlreichen Grünanlagen und dem großen Universitätscampus ist eine begehrte Wohngegend reicher İstanbuler. Wer genügend Zeit hat, sollte den in der ›Zuckerbäckerstadt‹ Bebek ansässigen Konditorei-Cafés am Bosporus-Ufer einen Besuch abstatten.

MARZIPAN AUS PISTAZIEN

Eine besondere Leckerei stellt die Konditorei Meşhur Bebek Badem Ezmesi in Bebek her. Das in Stangen gerollte Pistazienmarzipan des traditionsreichen Unternehmens ist zwar sündhaft teuer, aber unbedingt eine Sünde wert. Das Rezept ist natürlich Firmengeheimnis – jedoch wird ganz ohne Konservierungsmittel gearbeitet. Versuchen Sie aber gar nicht erst, diese Spezialität lange aufzubewahren, es wird sowieso nicht gelingen.
Meşhur Bebek Badem Ezmesi: Bebek, Cevdet Paşa Cad. 53 C, Tel. 0212 263 59 84

Rumeli Hisarı ▸ 3, F 1

Do–Di 9.30–16.30 Uhr, Eintritt 10 TL

Gleich nördlich von Bebek, hinter dem Uni-Campus, bewacht die Festung **Rumeli Hisarı** die Küste. 1452 erbauten Soldaten von Sultan Mehmet II. die ›Europäische Burg‹ in nur vier Monaten an der schmalsten Stelle des Bosporus. Zusammen mit der Festung **Anadolu Hisarı** gegenüber konnte so der Schiffsverkehr auf dem Bosporus kontrolliert werden: Neun Monate später hatten die Türken die kaiserliche Stadt erobert. Danach dienten die bis zu 7 m dicken Mauern der Burg als Gefängnis.

Direkt im Hintergrund erhebt sich imposant die zweite Bosporus-Brücke, die 1988 eingeweihte **Fatih Sultan Mehmet Köprüsü,** abgekürzt meist FSM. Als Hänge-

Burg Rumeli Hisarı mit der Fatih-Sultan-Mehmet-Brücke

brücke überspannt sie 1510 m von Ufer zu Ufer. Sie ist mautpflichtig und besitzt acht Fahrspuren, die je nach Verkehrsaufkommen freigegeben werden (meist morgens fünf nach Europa, abends fünf zurück nach Asien).

Essen & Trinken

Edelitaliener – **Antica Locanda:** Arnavutköy, Satış Meyd. 12, Tel. 0212 287 97 45, www.anticalocanda.com.tr. Der beste wirkliche Italiener der Stadt serviert in der ehemaligen Backstube der griechischen Taxiarchis-Kirche im malerischen Ortskern täglich wechselnde Menüs. Mittags gibt es auch Pizza, Abendmenü ab 90 TL mit Getränken, Mo Ruhetag, unbedingt reservieren!

Beste Uferlage – **Deniz Park (Aleko'nun Yeri):** Yeniköy, Köybaşı Cad., Daire Sok. 9, Tel. 0212 262 04 15, tgl. 11–24 Uhr. Ideal im Sommer. Gute Mezeler und vornehmlich Fischgerichte direkt am Ufer des Bosporus.

Kebapträume – **Develi Kebap:** Etiler, Tepecik Yolu 22, Tel. 0212 263 25 71, www.develikebap.com. Meze und Fleischgerichte mit südosttürkischem Einschlag. Bereits 1912 eröffnete das erste Develi-Restaurant in Gaziantep. Im Zeichen des Kamels *(deve)* bieten heute Filialen landesweit gehobene türkische Küche an. Am schönsten tafelt man in İstanbul in der Villa in Etiler mit schöner Gartenterrasse. Menü um 70 TL.

Küche der Ägäisküste – **O Maestros:** Arnavutköy, 1. Cad. 73, Tel. 0212 287 49 61, tgl. 19.30–24 Uhr. Arnavutköy (›Albanerdorf‹) war bis in die 1970er-Jahre ein hauptsächlich von Albanern und Griechen bewohnter Ort (Mega Revma), die Kuppelkirche Aghi Strati Taxiarchi im Ortszentrum zeugt noch heute davon. Die griechische Taverne mit Hauptfiliale in Thessaloniki betreibt Nostalgie mit griechischer Musik, manchmal zu vorgerückter Stunde sind gar Tanz und zerschlagenes Porzellan inbegriffen. Empfehlenswert ist die Vorspeisenpalette. Aus allen Etagen schöner Blick auf den Anleger von Arnavutköy. Hauptgerichte um 60 TL.

Buletten exquisit – **Ali Baba:** Arnavutköy, 1. Cad. 92, Tel. 0212 265 36 12. Hierhin kommt man nur, um die wirklich spektakulären und doch unschlagbar günstigen Köfte zu essen (20 TL). Als Beilage gibt es Salat, das war's. Wenn das Lokal um 22 Uhr schließt, übernimmt einige Meter entfernt in einem Eckhaus eine weitere Ali Baba-Filiale.

RAUS INS GRÜNE

Eine der schönsten Gartenanlagen İstanbuls ist der **Emirgan-Park** im gleichnamigen Vorort am Bosporus. Sonntags ist er derzeit ein überaus beliebtes Ausflugsziel für Stadtfamilien. Wer noch weiter rausfährt, kann sich auch im **Belgrader Wald** *(Belgrat Ormanı)* Richtung Schwarzmeerküste frische Luft um die Nase wehen lassen.

Abends & Nachts

Promi-Club – **Reina:** Kuruçeşme, Muhallim Naci Cad. 44, Tel. 0212 259 59 19, www.reina.com.tr, tgl. 19–4 Uhr (nur im Sommer geöffnet), Eintritt am Wochenende 50 TL. Für alle, die es richtig laut und richtig teuer brauchen. Neben dem **Sortie** gleich nebenan ist die ›Königin‹ der Discoclubs der Tummelplatz der Schönen, Reichen und Möchtegerns mit einem überteuerten Drink in der Hand.

Emirgan ▶ 3, F 1

Weiter nördlich liegt der reizvolle Ort **Emirgan** mit hübschen Lokanta und einer mächtigen Platane am Kai. Der Ortsname erinnert an den persischen Prinzen Emirgune, der Sultan Murat IV. 1638 die Stadt Eriwan kampflos übergeben hatte, daraufhin Asyl benötigte und hier Wohnsitz erhielt. Seine Residenz bildete den Grundstein für den **Emirgan Parkı,** das wohl schönste Gartenparadies der Stadt (tgl. 8–22 Uhr). Unter schattigem alten Baumbestand lässt es sich hervorragend flanieren.

Besonders im Frühjahr lohnt sich ein Besuch des Parks. Dann blühen hier in großen Beeten viele hundert Sorten der aus der Türkei stammenden Tulpe, des ›Wahrzeichens‹ der osmanischen Herrscher.

Die Villa des Gründers der Sabancı Holding (eine Art türkische Krupp AG) beherbergt das **Sakıp Sabancı Müzesi,** das kostbare Kalligraphien, Gemälde mit İstanbuler Szenen des frühen 20. Jh. und wohlkuratierte Wechselausstellungen zeigt (Sakıp Sabancı Cad. 42, Tel. 0212 277 22 00, www.sakipsabancimuzesi.org, Di–So 10–18, Fr, Sa auch bis 20 Uhr, Eintritt 20 TL).

Tarabya & Büyükdere

▶ 3, F 1

In **Tarabya** schaukeln Yachten vor den vornehmen Fischlokalen am Kai, während das Panorama vom imposanten Klotz des Hotels Grand Tarabya geprägt wird. Bis zum Ende des Osmanischen Reichs hatten hier westliche Diplomaten ihre Sommerresidenzen. Darunter ist auch ein weitläufiger Park mit Villen der deutschen Botschaft, eines der Gebäude wurde zu einem Künstlerhaus umgebaut.

Im Örtchen **Büyükdere** ist sogar eine restaurierte Holzvilla aus dem 19. Jh. zugänglich. In dem wunderbaren Bau zeigt das **Sadberk Hanım Müzesi** prähistorische, griechische und römische Antiken sowie Trachten aus osmanischer Zeit (Büyükdere Piyasa Cad., 27–29, Tel. 0212 242 38 13, www.sadberkhanimmuzesi.org.tr, Do–Di 10–17 Uhr).

Die asiatische Seite

Cityplan: S. 165, **Karte:** S. 158

Als der legendäre Byzas vor seiner Fahrt zum Schwarzen Meer beim Orakel in Delphi vorstellig wurde, bekam er die Weisung, seine Kolonie gegenüber der ›Stadt der Blinden‹ zu errichten. Bei der Durchfahrt des Bosporus erkannte er, dass mit den Blinden nur die Bewohner der Siedlung Chalkedon auf der asiatischen Seite (heute Kadıköy) gemeint sein konnten. Diese hatten die strategisch günstige Lage auf der Landzunge beim grandiosen Naturhafen des Goldenen Horns einfach übersehen. So steckte Byzas genau dort das Gelände für seine Stadt ab.

Üsküdar ▶ 3, F 2

Auch heute sollte man nicht blind durch Üsküdar und Kadıköy gehen, allein schon wegen des starken Verkehrs. Wer nach Üsküdar, dem alten Skutari, übersetzt, landet unterhalb der **İskele Camii** **1**, ebenfalls ein Werk des Hofarchitekten Sinan (offiziell Mihrimah Sultan Camii). Der barocke Brunnen neben der Moschee ähnelt dem zur gleichen Zeit (1728) entstandenen Brunnenhaus vor dem Topkapı Sarayı.

Etwas südlich, vor der **Semşi Paşa Camii** **2**, liegt heute der neue Untergrundbahnhof der **MarmaRay** **3**, der spektakulären Bahnverbindung zwischen europäischer und asiatischer Seite (Abfahrtstationen in Europa: Yenikapı und Sirkeci). Der Bau der Bahnverbindung begann 2005, dabei wurden der Bosporus und die gesamte İstanbuler Altstadt untertunnelt. Nach Verzögerungen durch archäologische Grabungen konnte er 2013 in Betrieb genommen werden.

Von der Uferpromenade (Sahil Yolu) mit ihren Schiffsanlegern, Fischverkäufern und auch Wasserpfeifen-Cafés schaut man zu einem Turm auf einer vorgelagerten Insel, der seit dem 18. Jh. die Hafeneinfahrt von Üsküdar bewacht. **Kız Kulesı** **4** (›Mädchenturm‹) nennen ihn die Türken, als **Leanderturm** ist er in Europa bekannt. Der Name erinnert an den unglücklichen Leander, der beim Versuch ertrank, den Hellespont, die heutigen Dardanellen, schwimmend zu durchqueren, um zu seiner Liebsten Hero zu gelangen. In byzantinischer Zeit stand dort ein Leuchtturm, von dem eine schwere Kette zum Kap beim Topkapı-Serail gespannt werden konnte. So sollte der Bosporus für Schiffe unpassierbar gemacht werden. Vor einigen Jahren wurde

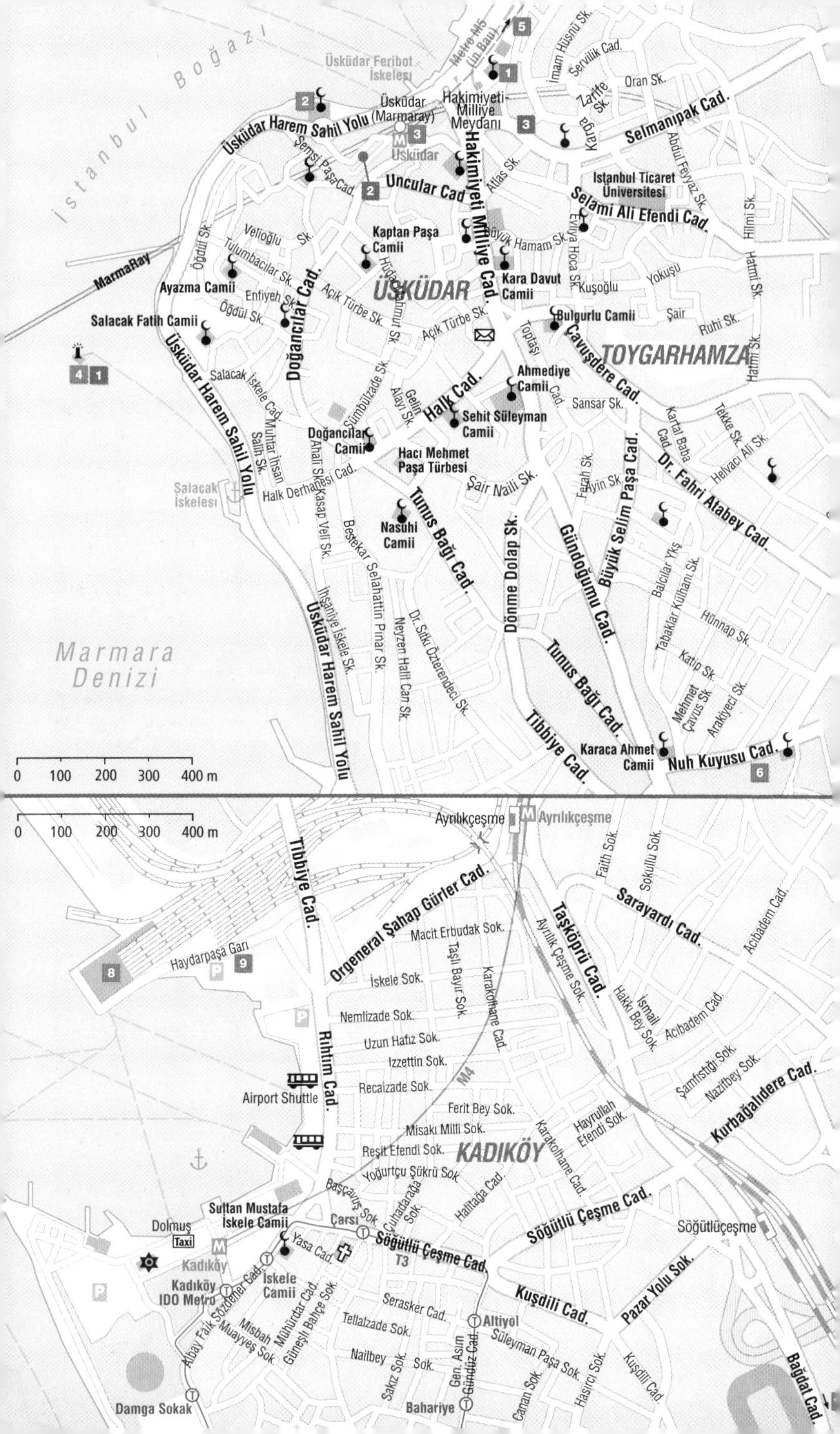

İstanbul Boğazı
Üsküdar Feribot İskelesi
Metro M5 (in Bau)
Üsküdar (Marmaray)
Hakimiyeti-Milliye Meydanı
İmam Hüsnü Sk.
Servilik Cad.
Oran Sk.
Zarife Sk.
Selmanıpak Cad.
Karga
Abdul Feyyaz Sk.
Üsküdar Harem Sahil Yolu
Şemsi Paşa Cad.
Üsküdar
Uncular Cad.
Atlas Sk.
İstanbul Ticaret Üniversitesi
Selami Ali Efendi Cad.
Hilmi Sk.
Hakimiyeti Milliye Cad.
Büyük Hamam Sk.
Evliya Hoca Sk.
Kuşoğlu
Yokuşu
Hatmi Sk.
Öğdül Sk.
Velioğlu Sk.
Kaptan Paşa Camii
Kara Davut Camii
MarmaRay
Tulumbacılar Sk.
Ayazma Camii
ÜSKÜDAR
Enfiyeh Sk.
Doğancılar Cad.
Açık Türbe Sk.
Hüdai Mahmut Sk.
Bulgurlu Camii
Şair
Ruhi Sk.
Salacak Fatih Camii
Öğdül Sk.
Toptaşı Cad.
Çavuşdere Cad.
TOYGARHAMZA
Salacak İskele Cad.
Sümbülzade Sk.
Gelin Alayı Sk.
Halk Cad.
Ahmediye Camii
Sansar Sk.
Sehit Süleyman Camii
Kartal Baba Cad.
Tekke Sk.
Helvacı Ali Sk.
Muhtar İhsan Salih Sk.
Doğancılar Camii
Hacı Mehmet Paşa Türbesi
Dr. Fahri Atabey Cad.
Salacak İskelesi
Halk Derhanesi Cad.
Ahali Sk.
Şair Naili Sk.
Ferah Sk.
Feyyin Sk.
Büyük Selim Paşa Cad.
Kasap Veli Sk.
Bestekar Selahattin Pınar Sk.
Nasuhi Camii
Tunus Bağı Cad.
Dönme Dolap Sk.
Gündoğumu Cad.
Balcılar Ykş.
Tabaklar Külhanı Sk.
Hünnap Sk.
İhsaniye İskele Sk.
Neyzen Halil Can Sk.
Dr. Sıtkı Özferendeci Sk.
Marmara Denizi
Katip Sk.
Mehmet Çavuş Sk.
Arakiyeci Sk.
Tibbiye Cad.
Karaca Ahmet Camii
Nuh Kuyusu Cad.
0 100 200 300 400 m
Ayrılıkçeşme
Faith Sok.
Sokullu Sok.
Tibbiye Cad.
Orgeneral Şahap Gürler Cad.
Taşköprü Cad.
Sarayardı Cad.
Acıbadem Cad.
Macit Erbudak Sok.
Ayrılık Çeşme Sok.
Haydarpaşa Garı
Taşlı Bayır Sok.
İskele Sok.
Karakolhane Cad.
İsmail Hakkı Bey Sok.
Nemlizade Sok.
Uzun Hafız Sok.
Rıhtım Cad.
İzzettin Sok.
Şamfıstığı Sok.
Nazifbey Sok.
M4
Kurbağalıdere Cad.
Airport Shuttle
Recaizade Sok.
Ferit Bey Sok.
Misakı Milli Sok.
Hayrullah Efendi Sok.
Reşit Efendi Sok.
KADIKÖY
Yoğurtçu Şükrü Sok.
Halitağa Cad.
Çuhadarağa Sok.
Başçavuş Sok.
Söğütlü Çeşme Cad.
Söğütlüçeşme
Sultan Mustafa İskele Camii
Çarsı
Dolmuş
Taxi
Yasa Cad.
Kadıköy
T3
Kadıköy IDO Metro
Söğütlü Çeşme Cad.
İskele Camii
Pazar Yolu Sok.
Kuşdili Cad.
Sözdener Cad.
Mühürdar Cad.
Güneşli Bahçe Sok.
Serasker Cad.
Tellalzade Sok.
Altiyol
Misbah Muayyeş Sok.
Süleyman Paşa Sok.
Albay Faik
Nailbey Sok.
Sakız Sok.
Gen. Asım Gündüz Cad.
Canan Sok.
Hasırcı Sok.
Kuşdili Cad.
Bağdat Cad.
Damga Sokak
Bahariye

Üsküdar und Kadıköy

Sehenswert
1 İskele Camii (Mihrimah Sultan Camii)
2 Semşi Paşa Camii
3 MarmaRay-Station Üsküdar
4 Kız Kulesı
5 Beylerbeyi Sarayı
6 Karaca-Ahmet-Friedhof
7 Çamlıca-Hügel
8 Haydarpaşa-Bahnhof
9 Fischmarkt
10 Bağdat Caddesi

Essen & Trinken
1 Kızkulesi
2 Katibim Restaurant
3 Kanaat Lokantası

---

der Turm restauriert und ein Luxusrestaurant eingerichtet. Im Bond-Thriller ›Die Welt ist nicht genug‹ hatte Pierce Brosnan übrigens hier seinen finalen Auftritt.

In **Beylerbeyi** nördlich von Üsküdar steht mit dem **Beylerbeyi Sarayı** 5 ein prunkvoller Sommerpalast der Sultane aus dem 19. Jh. (Abdullahağa Cad., tgl. außer Mo u. Do, 9–17, im Winter bis 16 Uhr, Eintritt 15 TL). Vom Hafen dort, mit zahlreichen Fischrestaurants, hat man einen eindrucksvollen Blick auf die **Bosporus-Brücke** (Boğaziçi Köprüsü), die bei ihrem Bau 1973 die längste Hängebrücke der Welt war.

Der **Karaca-Ahmet-Friedhof** 6 (Karacaahmet Mezarlığı) auf der Anhöhe über Üsküdar lohnt wegen seiner romantischen, Jahrhunderte alten osmanischen Grabstelen und der angrenzenden, innenarchitektonisch von einer Frau konzipierten, modernen Şakirin-Moschee einen Abstecher.

Auf dem **Çamlıca-Hügel** 7 mit dem weithin sichtbaren Fernsehturm İstanbuls erlebt man die garantiert beste Fernsicht über die Metropole am Bosporus – gesetzt den Fall, es herrscht nicht der übliche Dunst. Auf dem Hügel lässt Erdoğan derzeit die größte Moschee der Türkei bauen, Fassungsvermögen 50 000 Gläubige, mit sieben Minaretten, deren Höhe von 107,1 m an den Sieg der Türken über die Byzantiner im Jahr 1071 erinnern soll.

Essen & Trinken

Ein Turm im Meer – **Kızkulesi** 1 **:** Tel. 0216 342 47 47, www.kizkulesi.com.tr, Überfahrt ab Kabataş (Beyoğlu) und Salacak İskelesi (Üsküdar) 15 bzw. 10 TL, abends kostenlos. Der Mädchenturm bietet tgl. ab Mittag unterschiedliches Programm, Sa und So gibt es schon ab 9 Uhr Brunch. Ab 20.15 Uhr gilt die teurere Restaurantkarte (Dresscode ›smart casual‹ beachten!), ab Mitternacht mutiert das Lokal zum Club mit Musik. Abendmenü 130–150 TL.

Blick auf İstanbul – **Katibim Restaurant** 2 **:** Şemsipaşa Sahil Yolu 53, Tel. 0216 310 90 80, www.katibim.com.tr. Ein preiswertes Restaurant an der Küste, vom oberen Speisesaal schöner Blick über den Bosporus. Türkische Traditionsküche, allerdings kein Alkohol. Grillgerichte um 23 TL.

Basarlokal – **Kanaat Lokantası** 3 **:** Selmanipak Cad. 9, Tel. 0216 341 54 44, www.kanaat lokantasi.com.tr, tgl. 6.30–22.30 Uhr. Das 1933 gegründete, mit blauen Kacheln dekorierte Lokal bietet traditionelle Speisen. Morgens löffeln die Leute hier ihre Frühstückssuppe, mittags treffen sich hier die Basarhändler. Kein Alkohol! Hauptgerichte ab 20 TL.

Kadıköy ▶ 3, F 3

Die Küstenstraße beim Kız Kulesi führt südlich durch den Stadtteil Harem, vorbei an der riesigen Selimiye-Kaserne, zum stillgelegten **Haydarpaşa-Bahnhof** 8 **,** dessen imposante Fassade direkt am Ufer der Kadıköy-Bucht steht. Er markierte den Beginn der Ende des 19. Jh. von deutschen Ingenieuren geplanten Bagdad-Bahn bis in den Irak. 2011 brannte der Dachstuhl nieder, seit 2012 starten hier auch keine Züge mehr. Es wird über eine touristische Nutzung oder die Umwandlung in ein Shopping-Center nachgedacht.

Die runde Bucht von **Kadıköy,** dem antiken Chalkedon, ist mit einem großen morgendlichen **Fischmarkt** 9 am Hafen, aber auch vielen Geschäften und Kneipen, eines der schönsten Ausflugsziele auf der asiatischen Seite. Da hier eine große armenische Gemeinde wohnt, macht die Stadt einen deutlich moderneren Eindruck als die europäischen Stadtteile. Zum Shoppen geht man auf die 6 km lange Flaniermeile der **Bağdat Caddesi** 10 mit ihren Markengeschäften für Mode und Lifestyle und zahllosen Straßencafés auf großzügigen Gehsteigen.

Verkehr

Fähren: Von den Anlegern Eminönü und Karaköy (manche Fähren über Haydarpaşa), Beşiktaş und Kabataş nach Kadıköy; von Eminönü, Beşiktaş, Kabataş nach Üsküdar (www.sehirhatlari.com.tr, www.dentura vrasya.com, www.turyol.com). Abfahrt zwischen 6 Uhr und 1 Uhr.

Autofahrt über die Bosporus-Brücken kostet Maut, man benötigt ein OGS-Gerät!

Prinzeninseln (Adalar)

▶ D 2

Karte: S. 158

Etwa 20 km südlich der Metropole İstanbul findet der ruhebedürftige Urlauber auf den **Prinzeninseln** (türk. *Kızıl Adalar* oder einfach *Adalar)* ein einzigartiges Refugium. Inmitten des Marmara-Meers liegen neun Inseln, von denen vier bewohnt sind: Kınalıada, Burgaz Adası, Heybeli Ada und Büyükada.

In byzantinischer Zeit waren die Inseln fast ausschließlich von Mönchen und Nonnen besiedelt, die auf den baumbestandenen Hügeln etliche Klöster errichteten. Die weltlichen Herrscher dieser Epoche nützten die Abgeschiedenheit, um hier ihre Vorgänger oder auch unliebsame Mitbewerber um den Thron in sicheren Gewahrsam zu geben.

Büyükada

Die größte und interessanteste Insel ist **Büyükada.** Autos sind hier bis heute nicht zugelassen, für ein bequemes Fortkommen ist dennoch gesorgt: Pferdedroschken übernehmen den gesamten Transport. Im nördlichen Teil des 5,4 km² großen Eilands stehen schöne Holzvillen, in denen die İstanbuler Oberschicht die Sommerfrische im milden Klima des Marmara-Meers genießt. Viele der Holzhäuser stammen aus der Zeit der Jahrhundertwende und stehen unter Denkmalschutz. Im südlichen Teil Büyükadas erstrecken sich Kiefern- und Pinienwälder.

Während in den Wintermonaten nur etwa 6500 Einwohner die Insel bewohnen, sind es über den Sommer bis zu 40 000. Darunter befinden sich auch Griechen, die in der Zeit, als die Insel noch Prinkipo hieß, den Hauptteil der Bevölkerung ausmachten. Von Norden nach Süden erstreckt sich die Insel über eine Länge von ca. 4 km. Auf ihr gibt es zwei markante Anhöhen: Der Isa Tepesi (Jesus-Hügel) mit einer Höhe von 164 m und der Yüce Tepe (Großer Hügel) im Inselsüden, der mit 202 m die höchste Erhebung aller Prinzeninseln darstellt. Von hier aus kommt man auch zum höher gelegenen **Georgskloster,** dessen Gründungsbau aus dem 10. Jh. stammt. Auf dem Weg hangaufwärts befestigen orthodoxe ebenso wie muslimische Gläubige kleine Stoffbänder an den Sträuchern als Zeugnis für ihre Gebete.

Zurück von dieser ›Pilgerreise‹, kann man in einem der Fischrestaurants an der Uferpromenade einkehren. Einer der bekanntesten Bewohner der Insel war übrigens Leo Trotzki, der hier von 1929 bis 1933 im Exil lebte. Er nutzte die idyllische Ruhe des Orts, um seine Autobiografie und die ›Geschichte der russischen Revolution‹ zu schreiben. Hauptsächlich aber tat er das, was hier alle gerne machen: Er angelte.

Übernachten

Mehr-Blick – **Splendid Palace Hotel:** Büyükada, 23 Nisan Cad., Tel. 0216 382 69 50, Fax 0216 382 67 57, www.splendidhotel.net. Die zwei Kuppeln des charmant altmodischen Hotels grüßen den Besucher schon vom Anleger aus. Die Zimmer des 1908 errichteten Splendid Palace Hotel bieten stilechten Luxus der Belle Époque. Einzigartig! DZ/F um 300 TL.

Prachtvolle Holzhäuser prägen die Insel Büyükada

Baden vorm Haus – **Aya Nikola Hotel:** Büyükada, Yilmaz Türk Cad. 156, Aya Nikola Mevkii, Tel. 0216 382 41 43, www.ayanikolaotel.com. Romantische Unterkunft direkt am Meer an der Ostküste (ca. 1,2 km ins Zentrum). Die Zimmer sind hübsch im ›Country-Stil‹ eingerichtet, von der hauseigenen Badeplattform ist man schnell im Wasser. DZ/F ab 260 TL, Wochenende 370 TL.

Inselschönheit – **Büyükada Princess:** Büyükada, 23 Nisan Cad. 2, Tel. 0216 382 16 28, www.worldofprincess.com. Das aus Holz errichtete Haus mit seinen Balkonen, Nischen und Erkern liegt in unmittelbarer Nähe zum Fähranleger. Beim ersten İstanbul-Aufenthalt ist es aber sinnvoll, nicht so weit außerhalb vom Zentrum zu wohnen. DZ/F um 250 TL.

Essen & Trinken

Entlang der Gülistan Caddesi, der Uferpromenade östlich vom Anleger, reihen sich gute Fischrestaurants mit Meerblick.

Echte Kneipenkultur – **Prinkipo Meyhanesi:** Büyükada, Kumsal Cad. 80, Tel. 0216 382 35 91. Im Grünstreifen östlich des Schiffsanlegers versteckt sich diese Kneipe, deren inselbekannter Besitzer es sich zur Aufgabe gemacht hat, gediegene Kneipenkultur aufrecht zu erhalten. Wunderbare, originelle Vorspeisen. Unbedingt empfehlenswert!

Aktiv

Baden – **Büyükada Beach Resort:** Von der Westseite des Anlegers fahren Badeboote zu verschiedenen Beachclubs, wo Holzstege und Leitern den Weg ins Wasser erleichtern. Naturstrände gibt es nicht, allerdings hat das Büyükada Resort an der Ostküste einen aufgeschütteten Strand.

Verkehr

Nur im Sommer mit dem **Deniz Otobüsü** (Katamaran-Schnellverbindung) von Kabataş aus in 30 Min. elfmal tgl. (Jeton 10 TL): www.ido.com.tr. Mit dem Schiff ganzjährig von Kabataş, Fahrtdauer 90 Min., im Sommer öfter als im Winter, 5 TL, www.sehirhatlari.com.tr, www.denturavrasya.com.

Schwarzes Meer
Edirne
İstanbul
Bursa
Mittelmeer

Kapitel 2

Thrakien und Marmara-Meer

Der türkische Teil Thrakiens mit Edirne gehört zu einer alten, grenzüberschreitenden Kulturlandschaft im heutigen Dreiländereck Türkei, Griechenland und Bulgarien. Die Region ist von sanften unbewaldeten Hügelketten geprägt, zwischen denen sich im Frühjahr Sonnenblumen- und Weizenfelder erstrecken.

Die Marmara-Region im Südosten İstanbuls weist bei Kocaeli (das frühere İzmit) die größte Industrialisierungsrate der Türkei auf. Auch Jahre später sind die Folgen des katastrophalen Erdbebens von 1999 zu sehen. Wesentlich reizvoller präsentiert sich dagegen das Südufer des Marmara-Meeres mit dem Fähr- und Thermalort Yalova, den man auf dem Weg nach Bursa passiert. Bursa schmückt sich mit Monumenten einer fast 800-jährigen Geschichte der Osmanen, die an diesem Ort die Grundlagen für ihr Weltreich legten. Am Marmara-Meer bietet das Städtchen Erdek eine gute touristische Infrastruktur.

Von İstanbul aus ist Edirne gut mit dem Mietwagen über die Autobahn E 80 zu erreichen und mit lohnendem Zwischenstopp im Städtchen Lüleburgaz als Tagesausflug zu erschließen. Bursa und İznik verlangen schon mehr Zeit: Sinnvoll ist eine Tour von drei Tagen. Ähnlich wie in İstanbul sollte man den Hochsommer nicht unterschätzen: Es kann sehr heiß und für Fahrten über Land anstrengend werden. Die beste Reisezeit ist das späte Frühjahr, wenn Bursa sich mit einem grünen Kleid schmückt. Im Winter versinkt das Bergland bei Bursa oft in tiefem Schnee.

Bislang bieten Thrakien und die Marmara-Region nur an den Küsten eine tourische Infrastruktur. Edirne als Grenzstadt und Bursa als Thermalort warten allerdings mit einer Reihe gut gepflegter und auch komfortabler Hotels auf.

Blick in die Ulu Cami von Edirne

Auf einen Blick: Thrakien und Marmara-Meer

Sehenswert

Bursa: Am Fuße des grün bewaldeten Ulu Dağ startete einst der Siegeszug der Osmanen, die der Stadt bedeutende Bauwerke und ein heute sehr lebendiges Basarviertel hinterließen (s. S. 188).

Erdek und Avsa Adası: Das kleine Ferienstädtchen am Marmara-Meer lockt mit sandigen Stränden; noch schöner sind Ausflüge auf die vorgelagerte Insel Avsa Adası (s. S. 197).

Schöne Route

Fahrt nach İznik: Von İstanbul kommend führt die Route durch ein fruchtbares Hügelland am Nordufer des beschaulichen İznik Gölü entlang. Ab Orhangazi fährt man etwa 45 km zwischen Olivenhainen, Obstgärten und Weinbergen; Pinien und Zypressen verleihen der Strecke, die oft den Blick auf das schilfbestandene Seeufer freigibt, ein mediterranes Flair. Beim Baden sollte man allerdings Vorsicht walten lassen, muss der fischreiche See doch an vielen Stellen wegen Überdüngung aus den angrenzenden Feldern als verschmutzt gelten.

Unsere Tipps

Wohnen wie zu Osmans Zeiten: Wer wie die Karawanenführer in alten Zeiten ein Nachtquartier sucht, ist in der Rüstem Paşa Kervansarayı in Edirne richtig. Hier übernachtet man in einer historischen Karawanenstation, die mit viel Liebe zum Detail in ein Mittelklassehotel umgewandelt wurde (s. S. 179).

İzniks Seepromenade: Vor der Kulisse der mächtigen Wehrmauern des alten Nikaia blickt man abends an der Seepromenade in einen langen Sonnenuntergang. In den eher einfachen Fischrestaurants kann man bei Seefisch und Rakı einen romantischen Abend verbringen (s. S. 184).

Baden wie ein Kaiser: Die Region südlich des Golfs von İzmit ist seit der Antike für ihre heißen Quellen bekannt. In Bursas Vorort Çekirge sind einige wunderbare alte Hamams als Thermalbäder geöffnet – Wellness alla Turca (s. S. 193).

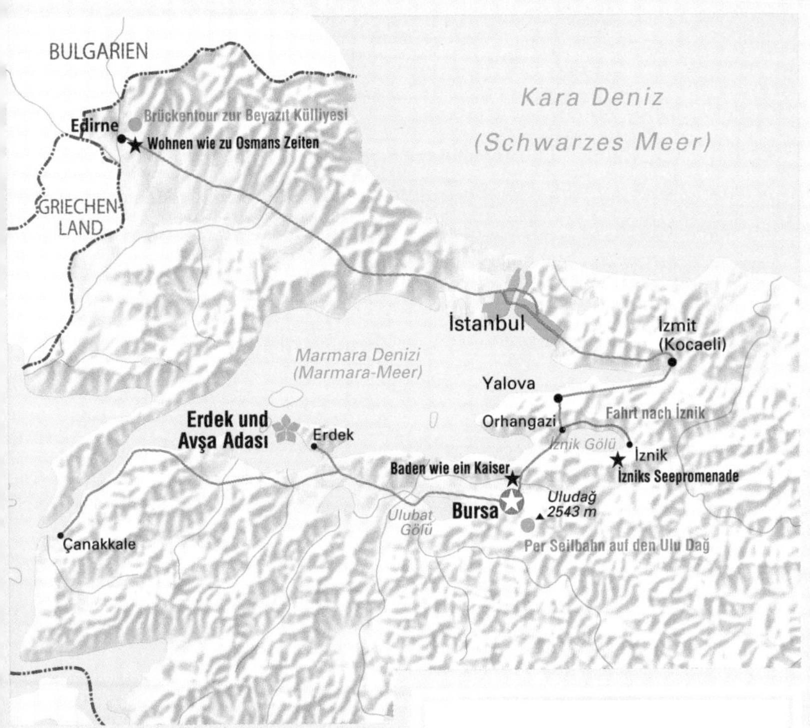

Die Selimiye-Moschee in Edirne

Brückentour zur Beyazıt Külliyesi: Ein Spaziergang über osmanische Brücken, die den Tunca-Fluss überqueren und zum Stiftungskomplex des Sultans Beyazıt führen. Eine der schönsten Bauanlagen der frühen türkischen Architektur (s. S. 178).

Per Seilbahn auf den Ulu Dağ: Mit der Seilbahn geht es auf den 2543 m hohen Ulu Dağ, den Hausberg Bursas. Im Winter ein Paradies für Skifreunde, im Sommer lässt sich hier gut wandern (s. S. 194).

Edirne und Thrakien

Ausgehend von der schnurgerade durch die baumlose thrakische Ebene führenden Autobahn O-3/E80 ergeben sich vielfältige Möglichkeiten, den nördlichsten Zipfel der Türkei kennenzulernen. Ob historische Bauten in Edirne, dem alten Adrianopel, oder Sommerfrische am Meer zwischen Terkirdağ und Şarköy – das oft als spröde beschriebene Thrakien hat durchaus seine Reize.

Edirne ▶B 1

Cityplan: S. 175

Edirne ist eine moderne Grenzstadt mit 140 000 Einwohnern im Dreiländereck zwischen der Türkei, Bulgarien und Griechenland, wobei die Zollposten nur wenige Kilometer vom Stadtzentrum entfernt sind. Die Grenzsituation und der Einfluss verschiedener kultureller Traditionen werden auch im Stadtbild deutlich. Viele Wohnhäuser im Zentrum erinnern eher an die Architektur der Balkanregion denn an die Bauten einer orientalischen Stadt.

MOSCHEE DER SUPERLATIVE

Sinan, der Übervater der türkischen Architektur, schuf Ende des 16. Jh. in Edirne mit der Selimiye Camii sein viel beachtetes und später nie wieder erreichtes Alterswerk – eine Moschee der Superlative. Vorsicht, Schwindelgefahr! Ihre weite Kuppel schwebt fast frei im Raum.

Geschichte

Schon immer lag Edirne aufgrund der besonderen geografischen Lage im begehrlichen Blick von Eroberern und Herrschern: Die strategische Bedeutung einer Stadt am Zusammenfluss von Tunca und Meriç (Maritza) erkannte bereits der römische Kaiser Hadrianus, der an dieser Stelle im Jahr 125 Hadrianopolis (später Adrianopel genannt) gründete. Die neue Stadt lag an der wichtigen Heerstraße, die von Serdica (heute Sofia in Bulgarien) zum Bosporus und weiter nach Kleinasien führte.

324 gelang hier Konstantin der Sieg über seinen Widersacher und Mitkaiser Licinius, der die machtpolitische Grundlage für einen Aufstieg Byzantions als neue Hauptstadt des Reichs schuf. Edirne hingegen sollte über Jahrhunderte die Rolle einer Schutzfestung für die byzantinische Metropole gegen Überfälle barbarischer Völker zukommen. Nachdem Sultan Murat I. die Stadt 1361/62 dann doch erobern konnte, blieb sie unter dem Namen Adrianopel bis zur endgültigen Eroberung Konstantinopels Regierungssitz des Osmanischen Reichs. Von hier aus konnten in aller Ruhe die Feldzüge gegen Byzanz und auf den Balkan vorbereitet werden. Den Namen Edirne, der sich im 19. Jh. einbürgerte, bekam sie offiziell erst unter Atatürk.

Während sich aus römisch-byzantinischer Zeit in Edirne kaum Nennenswertes erhalten hat, prägen die osmanischen Moscheebau-

Die Selimiye Camii in Edirne gilt als schönste Moschee der Türkei

ten, allen voran die Selimiye Camii des Meisterarchitekten Sinan, das Stadtbild. Denn auch nach der Erhebung Konstantinopels zur Hauptstadt kehrten die Sultane aufgrund des kontinentalen Klimas gerne nach Edirne zurück. Bescheidene Reste eines Serails auf einer der kleinen Tunca-Inseln erinnern noch heute an die Rolle Edirnes als Sommer- und Jagdresidenz der Herrscher.

Mehrfach musste die Stadt auch noch in der jüngeren Geschichte Invasionen über sich ergehen lassen und litt unter wechselvollen Besitzverhältnissen: russisch und französisch, dann 1912/13 wieder bulgarisch; zuletzt kamen 1922 die Griechen. Ein Jahr später wurde Edirne im Vertrag von Lausanne jedoch endgültig der Türkei zugeschlagen. Heute ist Edirne Standort der Trakya-Universität mit rund 30 000 Studenten und verschiedener Dienstleister. Die Stadt stellt einen wichtigen wirtschaftlichen und verkehrstechnischen Knotenpunkt dar und hat große Bedeutung für den Warenaustausch zwischen Europa und dem Nahen Osten. Die wichtigsten Produkte der lokalen Industrie sind Weintrauben und Textilien.

Edirne

Sehenswert

1 Selimiye Camii und Türk Islam Eserleri Müzesi
2 Archäologisches Museum
3 Muradiye Camii
4 Eski Cami
5 Üç Şerefeli Camii
6 Saat Kulesi
7 Semiz Ali Paşa Çarşısı
8 Bedesten
9 Gazi Mihal Köprüsü
10 Beyazıt Köprüsü
11 Saray Köprüsü
12 Beyazıt Külliyesi

Übernachten

1 Rüstem Paşa Kervansaray Hotel
2 Hilly Hotel
3 Trakya City Hotel

Essen & Trinken

1 Serhad Köftecisi
2 Villa Restaurant

Selimiye Camii 1

Mit ihren fast 83 m hohen Minaretten ist sie nicht zu übersehen: Die **Selimiye Camii,** die Moschee Sultan Selims II. an der Mimar Sinan Caddesi, bildet auf dem Hügel über dem Stadtzentrum Edirnes den wahrzeichenhaften Blickfang. Am Ort eines Palasts von Beyazıt I. ließ der Sultan durch den Hofarchitekten Sinan 1568–1574 eine Moschee mit Stiftungsgebäuden errichten, die der Baumeister selbst als sein Meisterwerk bezeichnet hat: Die Selimiye ist Höhe- und zugleich Endpunkt in der architektonischen Entwicklung der osmanischen Kuppelmoschee. Sultan Selim dürfte die Begeisterung von Architekturtheoretikern relativ gleichgültig gewesen sein, verbanden ihn doch mit Edirne eher Freizeitinteressen wie die Jagd und ausgiebige Gelage. Doch ist überliefert, dass er auf eine zügige Vollendung gedrängt hat, um durch eine fromme Stiftung *(vakıf)* ein gottgefälliges Leben zu dokumentieren.

Die Gesamtanlage der Külliye umfasst die Moschee, einen weiten Vorhof, eine Medrese (Koranschule) und einen Lesesaal, die beide im Osten der Moschee angegliedert sind. Durch die Einnahmen aus der unterhalb des Hügels gelegenen überdachten Basarstraße sollte der Komplex finanziert werden. Hinter dem mit einer Mukarnas-Nische überfangenen Hauptportal öffnet sich eine der großartigsten Raumlösungen der türkischen Architektur. Anders als bei der Süleymaniye-Moschee in İstanbul verzichtete Sinan auf das System der den Schub der Kuppel entlastenden Halbkuppeln. Stattdessen tragen acht massive Pfeiler, die zu einem Oktogon überleiten und außen an ihren turmartigen Aufbauten zu erkennen sind, die große Kuppelschale, die – mit einer Höhe von 42 m und einem Durchmesser von 31 m – völlig frei im Raum zu schweben scheint. Nirgendwo sonst wird die Weite des Innenraums so zelebriert wie in der Selimiye.

Zur scheinbaren Auflösung des festen Baukörpers tragen auch die vielen Fenster bei, deren Anzahl in der Wand nach oben hin zunimmt. Außen wird dieser Hang zur Schwerelosigkeit von den vier schlanken Minaretten unterstützt, die zu den höchsten des osmanischen Reichsgebiets zählten. Zu den bemerkenswerten Teilen der Innenausstattung zählt die zentrale, hölzerne Muezzin-Tribüne auf zwölf Pfeilern, die sonst üblicherweise seitlich platziert ist. Die Mihrab-Nische besitzt wie die Sultansloge im Nordosten eine Verkleidung aus kostbaren İznik-Fliesen.

Türk Islam Eserleri Müzesi

Zehrimar Cami Sok., Di–So 8.30–17 Uhr, Eintritt 5 TL

In der Dar-ül Hadis Medresesi links hinter der Moschee zeigt ein **Museum für türkisch-islamische Kunst** Antiquitäten aus der Epoche, als Edirne Reichshauptstadt war, sowie Dokumente zu den Ölringkämpfen. Im Stil der Zeit eingerichtete Interieurs und lebensgroße Puppen vermitteln ein anschauliches Bild der osmanischen Glanzzeit. Im Gartenhof stehen osmanische Grabsteine.

Archäologisches Museum 2

Mektep Sok. 7, Di–So 9–12 und 13–17 Uhr, Eintritt 5 TL

Weiter nördlich auf der Mimar Sinan Caddesi zeigt das **Arkeoloji ve Etnografya Müzesi** eine Auswahl an Funden aus der Region wie Bronzefunde aus thrakischen Grabhügeln oder spätrömische Skulpturen. Ethnografische Objekte wie die typischen Rosenwasserfläschchen ergänzen die Präsentation.

Muradiye Camii 3

Einen kurzen Abstecher wert ist die prächtig ausgestattete, nordöstlich der Selimiye gelegene **Muradiye Camii** von 1429, eine Stiftung Sultan Murats II. Die aufwendig mit Fayencen-Dekor verzierte Mihrab-Nische (1436) und der hölzerne Minbar gehören noch zur Originalausstattung. Die erhaltenen Reste von Wandmalereien zeigen großformatige vegetabile Muster, gerahmt von Schriftfriesen.

Eski Cami 4

Nur einen Steinwurf von der Selimiye entfernt steht die **Eski Cami** (›Alte Moschee‹) aus dem 15. Jh. Der schlichte quadratische Bau folgt dem hallenartigen Aufbau der Ulu Cami in Bursa: Neun kleinere Kuppeln werden von vier mächtigen Pfeilern getragen. Eine Neuerung gegenüber dem Bursa-Typus ist dagegen die fünfjochige Vorhalle. Das Gebäude erlitt durch Brand und Erdbeben schwere Schäden, sodass die Innenausstattung im Wesentlichen aus dem 19. Jh. stammt.

Üç Şerefeli Camii

Mit dem Bau der **Üç Şerefeli Camii** 5 (1438–47) gingen die Architekten ein großes Risiko ein. Niemals zuvor hatten es seldschukische oder osmanische Baumeister gewagt, einen Raum mit einer so großen Kuppel (24 m Durchmesser) zu überdecken. Auch der große, vorgelagerte Hof war eine Neuerung in der osmanischen Architektur. Die markanten Minarette bestechen durch ihre fantasievolle Ausgestaltung; das farbige Zickzackmuster des höchsten der vier Türme stammt noch aus der Entstehungszeit. An diesem sind die drei Balkone angebracht, denen die Moschee ihren Namen verdankt. Mit einer Höhe von 67 m galt dieses Minarett bis zum Bau der Selimiye-Minarette als das höchste des Reichs.

Weitaus weniger hoch, aber trotzdem ein weithin sichtbares Zeichen ist der **Saat Kulesi** 6 (Uhrturm), ein ursprünglich byzantinisches Bauwerk aus dem Jahr 1123, der nördlich vom Basarviertel steht.

Das Marktviertel

Vor einigen Jahren wurde der **Semiz Ali Paşa Çarşısı** 7, ein bedeckter Basar in Form einer Ladenstraße *(arasta)*, restauriert und wieder der Öffentlichkeit zugänglich gemacht. Er verläuft parallel zur Einkaufsstraße von Edirne, der **Saraçlar Caddesi,** und mündet nach ca. 250 m in den Fischmarkt (Balık Pazarı), auf dem am Morgen immer geschäftiges Treiben herrscht. Der an den Basar anschließende Stadtbereich im Westen Edirnes nimmt den Platz der antiken Siedlung ein.

Aus osmanischer Zeit stammt der unter Sultan Mehmet I. erbaute **Bedesten** 8 zwischen Eski Camii und Rüstem Paşa Han, in dem Antiquitäten und Trödel angeboten werden. Aufgrund seiner 14 Kuppeln über der zweischiffigen Pfeilerhalle ist das eindrucksvolle Marktgebäude nicht zu übersehen. Mit seiner Architektur gilt es als ein Vorläufer der frühen Basarbauten İstanbuls. Vor der Halle steht ein Bronzedenkmal, das mit der Darstellung zweier sich kraftvoll miteinander messender Ringer den Ölringkämpfen von Kırkpınar Tribut zollt.

Osmanische Brücken

Reizvoll sind in Edirne die alten osmanischen Steinbrücken, die sowohl Tunca als auch Meriç überspannen. Zu den ältesten gehören die **Gazi Mihal Köprüsü** 9 von 1420 und die 1488 errichtete **Beyazıt Köprüsü** 10, die die Külliye Beyazıts II. an die Stadt anbindet. Meisterarchitekt Sinan, der als Brückeningenieur seine Laufbahn begann, konstruierte in Edirne 1554 die **Saray Köprüsü** 11, die die Stadt mit dem heute fast völlig zerstör-

Sinan, eine osmanische Karriere

Die folgenden Worte stammen vom bedeutendsten Architekten der islamischen Welt: »Architekt ist der schwierigste aller Berufe, nur wer erfüllt ist vom Glauben an Allah, kann ihn wirklich ausüben.«

Mimar (›Baumeister‹) Koca Sinan, ein Zeitgenosse Michelangelos, war der Hofarchitekt dreier Sultane. Süleyman der Prächtige, Selim II. und Murat III. hießen seine einflussreichen und finanziell gut ausgestatteten Auftraggeber für sakrale wie weltliche Bauwerke. So waren seiner Kreativität kaum Grenzen gesetzt. In seiner 60-jährigen Schaffenszeit entwarf Sinan weit über 400 Bauten, von denen die meisten – weitgehend im Originalzustand – heute noch existieren. Zu seinem Werk gehören neben den unzähligen Moscheen auch Grabmäler, Koranschulen, Derwischklöster, Karawansereien, Bäder, Paläste, Aquädukte und Brücken.

Der Ende des 15. Jh. geborene Sinan entstammte einer christlichen Familie und wuchs in der Nähe von Kayseri in Anatolien auf. Durch die *devşirme* (›Knabenlese‹) gelangte er unter Sultan Selim I. in die Hauptstadt İstanbul. Während seiner Ausbildung beim Elitekorps der Janitscharen entdeckte man sein ausgeprägtes technisches Talent, das er später als Militäringenieur weiter entwickeln konnte. 1522–1538 nahm er an zahlreichen Feldzügen u. a. auf dem Balkan teil, bevor er dank seiner hervorragenden Leistungen zum Hofarchitekten ernannt wurde. Sinans produktivste Phase fiel also in die politische wie kulturelle Blütezeit des Osmanischen Reichs, in die Zeit Sultan Süleymans des Prächtigen (1520–1566), der nicht nur sein Herrschaftsgebiet bis nach Ägypten, Armenien und Ungarn ausdehnen, sondern auch zahlreiche Gelehrte, Literaten und Künstler zeitweilig an seinen Hof binden konnte.

Ausgehend von seinem großen architektonischen Vorbild, der byzantinischen Hagia Sophia, entwickelte Baumeister Sinan den Gedanken eines zentralen, überkuppelten Raums weiter. Bestimmend für die Moscheebauten Sinans ist ein sich aus geometrischen Grundformen entwickelndes klares Raumgefüge. Neben der Süleymaniye Camii (1550–1557) prägen auch kleinere Gotteshäuser wie die frühe Şehzade Camii (1548), die pittoreske Rüstem Paşa Camii, die gediegene Sokullu Mehmet Paşa Camii oder die stark durchfensterte Mirimah Camii von 1565 bis heute das Panorama der Altstadt İstanbuls mit Kuppeln und Minaretten und sind zu einem Synonym für die islamische Sakralarchitektur schlechthin geworden.

Als Alterswerk des großen Architekten entstand in Edirne die Selimiye Camii (1569–75), deren überragende räumliche Konzeption in der islamischen Welt ihresgleichen sucht. Sinan erreichte hier eine Kuppelspannweite, die sich mit der etwa 1000 Jahre älteren Hagia Sophia nun endlich messen konnte. 1588 starb Mimar Koca Sinan. Mit dem Architekten Mehmet Ağa hinterließ er einen gelehrigen Schüler, der später die berühmte Sultan Ahmet-Moschee (die ›Blaue Moschee‹) plante. Seinen Grabbau hat Sinan, wie es sich für einen Architekten seines Standes gehört, selbst entworfen: eine schlichte Türbe unterhalb der Süleymaniye Camii.

BRÜCKENTOUR ZUR BEYAZIT KÜLLIYESI

Tour-Infos

Start: an der Brücke Gazi Mihal Köprüsü im Westen der Altstadt von Edirne
Länge: 4 km
Dauer: mit Besichtigung ca. 2 Stunden
Wichtige Hinweise: feste Schuhe; Transport vom/ins Zentrum mit Taxi oder Dolmuş

Über sieben Brücken sollst du gehen … bei großzügiger Zählung kommt man locker auf sieben Brücken, die in Edirne über die Flüsse Tunca und Meriç führen. Die meisten sind historische Brücken und heute noch in Benutzung.

Der kleine Spaziergang zur frühosmanischen Architektur startet auf der Gazi Mihal Köprüsü von 1420, die im Westen der Stadt die Tunca überquert. Der Weg führt hinter der Brücke nach rechts durch die Flussaue am Ufer entlang und weiter zur schon in Sichtweite liegenden **Beyazıt Külliyesi** 12. Ohne Übertreibung zählt sie zu den schönsten Stiftungsbauten der gesamten osmanischen Architektur. Die weiträumige Anlage ließ Sultan Beyazıt II. 1484 bis 1488 durch seinen Hofarchitekten Hayreddin errichten. Sie umfasste neben Moschee und İmaret (Armenküche) auch ein Krankenhaus mit angegliederter Medizinschule. Die Moschee bildet dabei den optischen Mittelpunkt des Komplexes.

Im Westen schließt zunächst die Medizinschule *(tıp medresesi)* an. Um einen Arkadenhof gruppieren sich die Zellen der Lehrer und Studenten, während der Lehr- und Vortragsraum *(dersane)* traditionell dem Portal gegenüberliegt. Im rechten Winkel folgt das Krankenhaus *(şifahane)*. Zwei Höfe mit umliegenden, zellenartigen Räumen führen zu einem Zentralbau auf sechseckigem Grundriss. In dessen Mitte befindet sich unter einer Kuppel ein Brunnen. Die einzelnen Krankenzimmer werden jeweils von einer eigenen Kuppel überfangen, wobei der Raum gegenüber dem Eingang als apsidialer Abschluss aus dem Sechseck hervortritt.

Durch den Reiseschriftsteller Evliya Çelebi (17. Jh.) weiß man, dass hier die Beschwerden körperlich wie geistig Kranker durch Musik und Zugabe von ätherischen Düften gelindert werden sollten. Die Kapelle des Krankenhauses griff dabei auf ein erprobtes Repertoire besonderer Tonfolgen zurück, um bestimmten Krankheitsbildern und Gemütszuständen therapeutisch zu begegnen. So berichtet Çelebi von der Tonfolge *ısfehan,* die für die Öffnung des Geistes gedacht war, von *rehavi*, die zur Beruhigung gespielt wurde, und von der Tonfolge *kuçi*, die depressive Zustände oder Niedergeschlagenheit, wie es damals hieß, heilen sollte. Aufgrund der für die Zeit sehr fortschrittlichen Behandlungsmethoden hat man die Anlage zum **Museum zur Geschichte der Medizin und Psychiatrie** (Psikiyatri Tarihi Bölümü, tgl. 8.30–17.30 Uhr, Eintritt 12 TL) erklärt und mit Puppen ausstaffiert, um ein anschauliches Bild dieser besonderen Therapie zu vermitteln.

Südwestlich steht die ansehnliche **Yıldırım Beyazıt Camii** (erbaut um 1390), deren architektonische Form mit den Eyvanen, die den überkuppelten Hauptraum flankieren, auf die Nut-

zung als İmaret zurückzuführen ist. Dem Gebetssaal im frühosmanischen Einkuppeltypus ist ein großer Arkadenhof mit dem Reinigungsbrunnen vorgelagert. Die Wiederverwendung von byzantinischen Säulen und Kapitellen bei der Vorhalle verweist auf die wechselvolle Geschichte Edirnes.
Der schnellere Rückweg ins Zentrum führt über die 1488 errichtete **Beyazıt Köprüsü 0**. Alternativ kann man auch am Fluss weiterwandern und an der nächsten Querstraße rechts über die **Saraçhane Köprüsü** zurückkehren oder noch weiter zur **Saray Köprüsü** 11 auf der Tunca-Insel Sarayiçi gehen, die durch das riesige Kırkpınar-Stadion für die Ölringkämpfe (s. S. 180) nicht zu verfehlen ist.

ten osmanischen Palast-Areal auf der großen Tunca-Insel **Sarayıçı** verbindet.

Infos

Info-Büro: Hürriyet Meydanı 17, Tel. 0284 213 92 08.
Internet: www.edirnemuzesi.gov.tr

Übernachten

Achtung, die Hotelpreise sind beim Kırkpınar-Festival deutlich erhöht; frühzeitige Reservierung ist dann sehr zu empfehlen.
Historisch wohnen – **Rüstem Paşa Kervansaray Hotel** 1 **:** İki Kapılı Han Cad. 57, Tel. 0284 212 61 19, www.edirnekervansaray hotel.com. Im historischen Rüstem Paşa Han gegenüber der Eski Cami, eine Unterkunft für Romantiker, die auf Neubauflair verzichten wollen: Das Kervansaray ist ein Mittelklassehotel mit Hamam, Restaurant und Bar in schönem Ambiente und einer Architektur, die Hofarchitekt Sinan zugeschrieben wird. Aber keine Sorge, die Ausstattung wurde der Jetztzeit angepasst. DZ/F um 180 TL.
Zentrale Lage – **Hilly Hotel** 2 **:** Şükrü Paşa Mah., Kıyık Cad. 254, Tel. 0284 214 45 59, www.hillyhotel.com. Neues modern-elegantes Haus mit Spa-Bereich und freundlichem Service. Die Zimmer sind geräumig und zum Frühstück gibt es einen Rundumblick über die Stadt. DZ/F um 160 TL.
Günstig – **Trakya City Hotel** 3 **:** Sabuni Mah., Mehmetağa Sok. 21, Tel. 0284 214 65 75, www.trakyacityhotel.com. Günstiges und zentral gelegenes neues Hotel. Geräumige Zimmer, hilfsbereites Personal, gutes Preis-Leistungsverhältnis. DZ/F um 120 TL.

Essen & Trinken

Die **Saraçlar Caddesi** ist die Einkaufsstraße von Edirne: Neben Geschäften und Ladenpassagen haben sich hier viele kleine Lokantas und Konditoreien angesiedelt. Eine Spezialität der Stadt ist Tava Ciğer, gebratene Leber, serviert mit Pidebrot und Salat.
Traditionsküche – **Serhad Köftecisi** 1 **:** Tahmis Meydanı 10, Tel. 0284 213 04 29. Beliebtes Lokal im Zentrum, leckere Schmor- und Grillgerichte in großer Auswahl, vor allem Köfte in verschiedenen Variationen. Gerichte ab 12 TL.
Schön am Fluss – **Villa Restaurant** 2 **:** Karaağaç Yolu, Tel. 0284 223 40 77, www.edir nevilla.com. Ein beliebtes Ausflugsziel im Süden der Stadt jenseits des Tunca-Flusses am Südufer des Meriç, wo gute Kebaps und frische Fischgerichte nach alter Tradition zubereitet werden. Auch eine kleinere Weinauswahl. Man sitzt schön direkt am Ufer des Meriç mit Blick auf die osmanische Brücke. Ringsum gibt es noch weitere Lokale.

Termine

Yağlı Güreş: Drei Tage im Juni/Juli Wettkämpfe aller Alters- und Gewichtsklassen im Stadion auf der Tunca-Insel. Durch Händler, Garküchen und Musikgruppen in osmanischer Tracht kommt schnell Volksfeststimmung auf (s. S. 180).

Verkehr

Busstation im Südosten der Stadt (Verlängerung der Talat Paşa Cad.); mehrmals tgl. gibt es Verbindungen nach İstanbul, Çanakkale oder İzmir.

Yağlı Güreş – die Ölringkämpfe

Jedes Jahr Ende Juni treffen sich auf den grünen Wiesen von Sarayiçi auf der Tunca-Insel im Norden Edirneş Hunderte von jungen Männern, um an den Ölringkämpfen von Kırkpınar teilzunehmen.

Diese Ringkämpfe, türkisch Yağlı Güreş, dauern eine knappe Woche und werden seit 1925 als großes Volksfest gefeiert, mit Dutzenden von Kebab-Buden und Souvenirständen. Folkloregruppen und eine Janitscharenkapelle in historischen Kostümen sorgen für ausgelassene Stimmung und vor allem für eine unbeschreibliche Lärmkulisse, die den Zuschauern für das teilweise sehr langwierige Kampfgeschehen richtig einheizen soll. Gekämpft wird nämlich immer bis zum Sieg, heute aber maximal über 40 Minuten.

Die Wettkämpfe beruhen auf einer Legende aus dem 14. Jh.: Als sich 40 Krieger des Sultans Orhan (1326–1359) nach der Eroberung einer Festung langweilten, wollten sie in einem Ausscheidungswettkampf den stärksten Ringer aus ihrem Kreis ermitteln. Die beiden besten Kontrahenten rangen schließlich verbissen, doch konnte bis Einbruch der Nacht kein Sieger ermittelt werden. Am nächsten Morgen fand man sie leblos ineinander verkeilt. Als man sie trennte, entsprang unter ihnen eine Quelle, die dem Ort den Namen Kırkpınar (›Quelle der Vierzig‹) bescherte. Noch heute beten die Kämpfer vor dem Wettkampf am Grab der beiden Krieger.

Im Frühsommer finden in der ganzen Türkei die Ausscheidungswettkämpfe für dieses prestigeträchtige Treffen statt. Die Einteilung der Kämpfer erfolgt dabei nicht nur nach Größe und Gewicht, sondern berücksichtigt in den oberen Klassen auch Erfahrung und Geschicklichkeit der Teilnehmer. Die Meisterklasse heißt *pehlivan.*

Der Schiedsrichter *(cazgir)* eröffnet den Kampf, indem er zu Fairness aufruft und Allah darum bittet, den Aufrichtigsten siegen zu lassen. In der *kispet,* einer eng geschnürten Lederhose, den gesamten Körper mit Olivenöl eingeschmiert, ja geradezu überschüttet, treten die Kontrahenten gegeneinander an. Es gibt nicht viele Regeln, die beachtet werden müssen. Es ist verboten, zu beißen oder die Finger in die Augen oder Körperöffnungen zu drücken, man darf aber in den Bund der Kispet greifen. Das Ziel ist es, den Gegner mir beiden Schultern auf den Rücken zu drücken, alternativ ist auch der Sieg erreicht, wenn man ihn aufhebt und drei Schritte mit dieser Last schafft. Heute wird meist 40 Minuten lang gekämpft, wenn dann noch keine Entscheidung gefallen ist, gibt es eine Verlängerung, in der der nächste Punkt gewinnt. Wem beim Kampf die Hose unter die Hüfte rutscht oder reißt, der erntet Hohn und Spott.

Dem Sieger der Meisterklasse von Kırkpınar, dem *başpehlivan,* werden zahlreiche Ehrungen zuteil – er trägt den begehrten Goldenen Gürtel, der traditionell aus Goldmünzen bestand. Heute bekommt der Sieger aller Klassen Geld und genießt überall im Land höchstes Ansehen. Für viele Başpehlivan wurde der Sieg in Edirne schon zum Sprungbrett für eine Karriere in Politik, Wirtschaft oder Showbiz. Info: www.kirkpinar.com

Der benachbarte **Bahnhof** ist Anschlussstelle für Fernreisen über den Balkan in Richtung Sofia und Budapest und bietet darüber hinaus regionale Zugverbindungen nach İstanbul – die sind allerdings langsamer als die Busse.

Die Nordküste des Marmara-Meers

Lüleburgaz ▶ B 2

Während des Baus der Selimiye-Moschee in Edirne hat Sinan – von İstanbul kommend – sicher öfter in **Lüleburgaz** Rast gemacht. Hier befand sich eine große Karawanserei auf der bedeutenden Route nach Budapest. Durch Sokullu Mehmet Paşa, den aus Serbien stammenden Großwesir unter Sultan Selim II., erhielt der Architekt den Auftrag, die bestehende Handelsstation durch eine Külliye mit Moschee, Hamam und Bibliothek zu ergänzen. 1569 ließ der zu dieser Zeit fast uneingeschränkt herrschende Großwesir dann auch die baufällig gewordene Karawanserei durch einen Neubau nach einem Entwurf Sinans ersetzen, der heute allerdings nicht mehr existiert.

Von der ehemals überdachten Ladenstraße *(arasta)*, die Karawanserei und Sakralbauten verband, führt der Weg durch ein

Reinigungsbrunnen der Sokullu Mehmet Paşa Camii in Lüleburgaz

großes Tor in den Hof der **Sokullu Mehmet Paşa Camii.** Die Räume, die den Hof umgeben, dienten als Medrese (Koranschule). Der Şadırvan (Reinigungsbrunnen, 18. Jh.) nimmt sich mit seinem barock geschwungenen Dach besonders malerisch aus.

Tekirdağ ▶ C 2

Tekirdağ, das antike Rhodestos, ist eine Provinzstadt am nördlichen Ufer des Marmara-Meers, die es durch einen kleinen Handelshafen, von dem landwirtschaftliche Produkte aus dem Hinterland verschifft werden, zu einigem Wohlstand gebracht hat. Auch mit einem guten Anisschnaps *(rakı)*, gebrannt aus dem Trester des Weinanbaus der Region, bringt man Tekirdağ in Verbindung. Der Name bedeutet ›Schieferberg‹ und bezeichnet auch den gleichnamigen Gebirgszug südwestlich der Stadt.

In der Region Tekirdağ hat mittlerweile der Tourismus der Küste seinen Stempel aufgedrückt: Kleine Sandstrände und mit stetig wachsenden innertürkischen Besuchern auch immer mehr Bettenburgen säumen das Ufer des Marmara-Meers – das von wenig sensiblen Wochenendurlaubern aus İstanbul bevölkert wird. Das Wasser ist zudem an vielen Stellen verschmutzt und lädt nicht gerade zum Badeurlaub ein.

Das **Tekirdağ Müzesi** (8.30–12.30, 13.30–17.30 Uhr) zeigt eine Auswahl archäologischer und ethnografischer Exponate aus der Region. Das **Namık Kemal-Denkmal** erinnert an den türkischen Dichter und Bürger der Stadt (1840–88), dessen Überlegungen zu nationaler Einheit und Freiheit das Denken des Staatsgründers Atatürk stark geprägt haben.

Im **Rakoczi'nin Evi** (Di–So 8.30–17 Uhr), einem guten Beispiel türkischer Wohnarchitektur und heute als Museum zugänglich, verbrachte der ungarische Prinz Ferencz II. Rakoczy (1676–1735) unfreiwillig 17 Jahre im Exil. Er hatte den Freiheitskampf gegen die österreichischen Habsburger angeführt und musste nach dessen Scheitern aus der Heimat ins Feindesland fliehen.

Auftraggeber und Architekt der **Rüstem Paşa Camii** von 1554 sind identisch mit denen der gleichnamigen İstanbuler Moschee: Rüstem Paşa als Großwesir Süleymans des Prächtigen und wieder der viel beschäftigte Hofarchitekt Sinan.

Von Tekirdağ aus lässt sich die Marmara-Küste in Richtung der Halbinsel von Gelibolu und weiter nach Çanakkale und Troia (s. S. 204) über eine schöne, allerdings nicht ganz so gut ausgebaute Wegstrecke erschließen (124 km, ca. 2,5 Std. reine Fahrzeit). Das Hinterland wird im Sommer durch einen farbigen Wechsel von Sonnenblumenfeldern, Olivenhainen und Weinbergen geprägt. **Şarköy, Barbaros** und **Kumbağ** sind kleine Fischer- und Weinbaudörfer auf dem Weg, immer wieder ergibt sich Gelegenheit für eine Rast in urigen Restaurants.

Infos

Info-Büro: Tekirdağ, Atatürk Bulv., Eski İskele Yanı 65, Tel. 0282 261 16 98.

Übernachten

Am Meer – **Şeker Kamp:** Gazioğlu Sahilyolu, Mecidiyeköy Sok. 10, östlich von Tekirdağ an der D110, Tel. 0282 293 15 30, www.sekerkamp.com. Moderne, großzügige Anlage am Meerufer in hübschem Garten. Schicke Zimmer und großzügige Suiten, großer, langer Pool, Holzterrasse am Meer. DZ/F um 200 TL, Suite um 270 TL.

Am Hafen – **Golden Yat Otel:** Yalı Cad. 8, Tekirdağ, Tel. 0282 261 10 54, www.goldenyat.com. Das Haus in Hafennähe wurde 2008 schick renoviert. Empfehlung: Nehmen Sie ein Zimmer in den oberen Stockwerken mit Hafenblick. DZ/F um 130 TL, Suite 200 TL.

Verkehr

Busstation am Atatürk Bulv., der Hauptstraße am Ufer. Mehrmals tgl. Verbindung nach Çanakkale und İstanbul.

Fähre: Vom Anleger beim Info-Büro tgl. Personenfähre zur Insel Avşa im Marmara-Meer; vom Akport westlich des Zentrums Autofähre über Avşa und die anderen Marmara-Inseln nach Karabiga (Erdek) am Südufer.

Von İstanbul zur Westküste

Für weite Landstriche dieser Region ist eine traditionelle Landwirtschaft mit Anbau von Mais, Oliven, Maulbeer- und Nussbäumen typisch. Höhepunkte einer Fahrt weiter zur Westküste oder eines mehrtägigen Ausflugs von İstanbul aus sind die Orte İznik und vor allem die alte Osmanenstadt Bursa.

Man kann einen Teil der Strecke ins Hinterland von Bursa durch eine Fährfahrt von Eskihisar nach Topçular um fast 100 km verkürzen. Der İzmit-Golf ist landschaftlich wenig reizvoll, und die moderne Industriestadt **Kocaeli (İzmit),** das antike Nikomedeia, das immerhin zu Beginn des 4. Jh. unter Kaiser Diocletianus die Hauptstadt der östlichen Reichshälfte war, hat keine besondere historische Bausubstanz bewahrt. Am Weg liegt **Hereke,** das durch die seit osmanischer Zeit angesiedelte Produktion wertvoller Seidenteppiche bekannt ist. Zum Einkaufen dorthin zu fahren lohnt aber nicht, denn die Preise sind kaum günstiger als bei spezialisierten Händlern, die ohnehin die besten Stücke bereits aufgekauft haben.

Bei **Gebze** kann man die Reste des Grabmals des karthagischen Feldherrn Hannibal besuchen, der sich als Gast des bithynischen Königs hier selbst das Leben nahm, um der Auslieferung an Rom zu entgehen.

Die Yeşil Cami von İznik, verziert mit türkisfarbenen Fayencen

İznik ▸E 3

Cityplan: oben

Das heutige **İznik,** einst eine bedeutende Stadt der Byzantiner wie der Osmanen, ist eine verschlafene Provinzstadt mit 25 000 Einwohnern, die sich in ihrem beschaulich-ländlichen Charakter nur wenig von anderen Dörfern am Seeufer unterscheiden würde, wären da nicht ihre Bauten und der weithin sichtbare Mauerring. Obwohl die Wasserqualität des İznik Gölü durch Überdüngung und Abwässer mittlerweile gelitten hat, ist die Umgebung der Stadt als Sommerfrische betuchter İstanbuler beliebt: Man merkt es an den Villen außerhalb der Stadt und den Fischrestaurants an der Uferpromenade.

Die Geschichte İzniks geht bis in die Zeit des Hellenismus zurück: 311 v. Chr. von Alexanders erstem Nachfolger Antigonos gegründet, wurde die Stadt zehn Jahre später durch seinen Konkurrenten Lysimachos erobert und in Nikaia (›Siegesstadt‹) umbenannt. In römischer Zeit war sie Hauptstadt der Provinz Bithynia, und der römische Dichter Catull schwärmte von ihrer reizvollen Lage an den Gestaden des fischreichen Sees. Vom Ausbau mit öffentlichen Gebäuden und einem verstärkten Mauerring unter den Kaisern Hadrianus um 123 und Gallienus (253–268) profitierten noch die byzantinischen Kaiser, die sich bei Unruhen und Gefahr gerne nach Nikaia zurückzogen. So residierte die Dynastie der Laskariden nach der Gründung

Sehenswert

1 Hagia Sophia (Aya Sofya Camii)
2 Koimesis-Kirche
3 Hacı Özbek Camii
4 Mahmut Çelebi Camii
5 Yeşil Cami
6 İznik Museum (Nilüfer Hatun İmaret)
7 Römisches Theater

Übernachten

1 Pension Vakıf Konukevi
2 Hotel Zeytin Bahçesi
3 Hotel Aydın

Essen & Trinken

1 Çamlık Restoran
2 Konak Kebap Salonu

Einkaufen

1 İznik Vakıf Çinileri
2 Zeytinci Mustafa Çam

Aktiv

1 Muradiye Hamamı

---

des Lateinischen Kaiserreichs 1204 jahrzehntelang in der Stadt.

Das bedeutendste historische Ereignis war das Erste Ökumenische Konzil der Kirchengeschichte, das an diesem Ort 325 tagte. Unter Vorsitz Kaiser Konstantins konnten sich die Orthodoxen gegen ihre Widersacher, die sog. Arianer, letztlich durchsetzen und im Nikäischen Glaubensbekenntnis, das noch heute im römisch-katholischen Gottesdienst von den Gläubigen gesprochen wird, die Wesensgleichheit und nicht nur die Ähnlichkeit von Gottvater und Christus dogmatisch festlegen. 1331 ergab sich die Stadt nach langen Belagerungen ausgehungert den Truppen des Osmanensultans Orhan.

Als Selim I. im 16. Jh. Handwerker aus persischem Gebiet in İznik ansiedeln ließ, erfuhr die Stadt einen enormen Aufschwung als Manufakturzentrum für künstlerisch wertvolle Fayencen, die sich schon bald im ganzen Osmanischen Reich größter Wertschätzung erfreuten. In diesen Werkstätten entstanden bis ins 18. Jh. Fliesen mit pflanzlichem und geometrischem Dekor in leuchtenden Farben, die in Profan- und Sakralbauten als Wandverkleidung Verwendung fanden.

Nikaias Mauern

Die spektakulärste Sehenswürdigkeit von İznik sind sicher die Reste einer gewaltigen Stadtmauer aus römischer und byzantinischer Zeit, die mit ihren zwei Mauerringen auf einer Länge von 4,5 km erstaunlich gut erhalten ist. Heute wirken die Mauern, an denen Seldschuken und Osmanen immer wieder geflickt haben, fast ein wenig zu groß für die kleine Provinzstadt. Vier Tore führten in die Stadt, die von einer nord-südlichen Hauptachse (heute Atatürk Caddesi) und einer ost-westlichen Achse (heute Kılıçaslan Caddesi) in vier Stadtviertel aufgeteilt war. Besonders sehenswert ist das **İstanbul Kapısı** im Norden, das aus einem römischen Triumphtor mit drei Durchgängen hervorging. Inschriften nennen die römischen Kaiser Vespasianus und Titus und legen somit eine Entstehung in der zweiten Hälfte des 1. Jh. nahe.

Vergleichbar in der schleusenartigen Wirkung mit mächtigem Haupttor und zugehörigem Vortor ist auch das zeitgleich entstandene **Lefke Kapısı** im Osten. Das **Yenişehir Kapısı** im Süden und das zerstörte **Göl Kapısı** (›Seetor‹) an der Ost-West-Achse entstanden später im 3. Jh.

Hagia Sophia 1

Genau im Stadtzentrum steht die **Hagia Sophia** (Kirche der hl. Weisheit), die einst größte Kirche des byzantinischen Nikaia. Kaiser Justinian ließ sie vermutlich im 6. Jh. als dreischiffige Basilika errichten. Der Eroberer Orhan ließ deren Reste nach der Eroberung instandsetzen und in eine Moschee umwandeln, als solche wird sie heute noch genutzt.

Heute zeigt die Aya Sofya Camii noch den Zustand der Sinan zugeschriebenen Restaurierung des 16. Jh. Während zwei Mihrab-Nischen auf die islamische Nutzung verweisen, blieben auch Teile der byzantinischen Originalausstattung erhalten: die halbkreisförmi-

KERAMIK AUS İZNIK

In der Türkei sind sie allgegenwärtig: die bunten, oft türkisfarbenen Fayence-Fliesen mit einem verspielten Blütendekor aus Tulpen, Nelken, Hyazinthen, Lilien oder Päonien, die viele der osmanischen Moscheen in İstanbul schmücken. Auch die Sammlungen zur türkischen Kunst in Europa und Übersee sind voll von erlesenen Stücken in dieser Machart: Wandfliesen als Bauschmuck, Kannen, Schalen und andere Stücke des täglichen Gebrauchs, bei denen ab Mitte des 16. Jh. dann ein leuchtendes Rot im Dekor bestimmend wird, das sogenannte Bolus-Rot. In Europa weckte es den Neid der Könige und Fürsten, denn dort konnte man zu dieser Zeit nur blaugrüne Scharfeuerware wie die Delfter Keramik herstellen.

İznik gilt als wichtigster Herstellungsort für diese fein glasierten und bei hoher Temperatur gebrannten Tonwaren. Am Ufer des İznik-Sees siedelte Sultan Selim I. schon im 16. Jh. nach der Eroberung von Täbris persische und armenische Fachleute an, die die seldschukisch-anatolische Fayencenherstellung zu neuer Blüte führten und damit zu einem begehrten Artikel machten.

Im 18. Jh. wurden die Arbeiten der fast 300 Werkstätten allerdings durch die preiswertere Ware aus Kütahya ersetzt, die jedoch nie an die feine Oberflächenstruktur und den Detailreichtum des İznik-Dekors heranreichen konnte.

So stehen die Ateliers, die heute in İznik und İstanbul wieder Gefäße und Fliesen mit vegetabilen Mustern herstellen, in guter alter osmanischer Tradition: Eine İznik-Stiftung wurde 1995 mit dem Ziel gegründet, die Kunst der Keramikfliesenherstellung weltweit bekannt zu machen und Ausbildungsprogramme für Handwerker zu fördern. Was durch die Stiftung produziert und verkauft wird, genügt höchsten Qualitätsansprüchen an Dekor wie Verarbeitung.

Kaufen kann man die Keramiken im Kunsthandwerkszentrum bei der **Süleyman Paşa Medrese** (Gündem Sokak) oder im **Atelier Eşref Eroğlu** (Eşrefzade Mah., Eşref Eroğlu Sok. 26). Dort wird besonderer Wert auf die Farbgebung gelegt, die den alten İznik-Fayencen möglichst nahe kommen soll. Es gibt auch Wandfliesen; die Firma liefert gegen Aufpreis sogar nach Deutschland.

ge Priesterbank in der Apsis, eine gemalte Deesis-Darstellung in einem Wandgrab im Norden (13. Jh.) und ein Fragment eines vielfarbigen Mosaikbodens im Eingangsbereich.

Kirchen und Moscheen

Die berühmteste Kirche von İznik, die **Koimesis-Kirche** **2** aus dem 8. Jh., erlitt nach der türkischen Invasion keine Schäden, sondern wurde erst 1922 im Unabhängigkeitskrieg durch Kanonenbeschuss dem Erdboden gleichgemacht. Die kümmerlichen Reste lassen nichts mehr von ihrer einstigen Bedeutung erkennen. Immerhin konnten die Architektur und Mosaikausstattung auf Goldgrund vor der barbarischen Zerstörung noch fotografisch dokumentiert werden.

Zwei frühe osmanische Moscheebauten liegen an der Atatürk Caddesi: nördlich die **Hacı Özbek Camii** **3**, die 1333 als Einkuppelmoschee über würfelförmigem Baukörper entstand, im Süden die **Mahmut Çelebi Camii** 4, die ein Großwesir Sultan Murats II. 1442 stiftete.

Yeşil Cami (Grüne Moschee) 5

Der schönste Moscheebau İzniks liegt an der Müze Sokağı in einem idyllischen Parkgelände nördlich der Kılıçaslan Caddesi: Die **Yeşil Cami,** errichtet zwischen 1378 und 1391, trägt ihren Namen ›Grüne Moschee‹ nach ihrem mit Fayencen verkleideten Minarett. Im Baudekor vermischen sich neben seldschukischen Einflüssen im Steinornament auch antike und gotisierende Elemente, die an das europäische Mittelalter erinnern. Der Mihrab aus Marmor mit seinem reichen Ornamentalschmuck gilt als eines der frühesten Beispiele aus osmanischer Zeit.

İznik Museum 6

Di–So 8–12, 13–17 Uhr

Gegenüber der ›Grünen Moschee‹ steht das Nilüfer Hatun İmaret, das Osmanensultan Murat I. zum Andenken an seine Mutter Nilüfer (›Seerose‹) 1388 erbauen ließ. Die einstige Armenküche beherbergt das sehenswerte Stadtmuseum. Neben hellenistisch-römischen Funden (Porträtköpfe, Sidamara-Sarkophage) und byzantinischen Kunstwerken (Alabaster-Reliquiar) wird auch die Fliesenproduktion İzniks präsentiert. Im Garten findet man spätrömische bzw. byzantinische Kapitelle und Schrankenplatten aus der Koimesis-Kirche.

Römisches Theater 7

An İzniks römische Vergangenheit erinnern noch Reste eines monumentalen **Theaters** im südwestlichen Stadtviertel nahe dem Stadttor Saray Kapısı. Erbaut zwischen 111 und 113 n. Chr. unter Plinius dem Jüngeren, damals Statthalter der Region, bot es vermutlich bis zu 15 000 Besuchern Platz. Ausgegraben wurden bislang das Proszenium (der eigentliche Bühnenboden) und Teile der halbrunden Cavea (mit den ansteigenden Zuschauerrängen), die auf mächtigen Substruktionen ruhte.

Infos

Info-Büro: Kılıçaslan Cad. 130, Tel./Fax 0224 757 19 33.

Übernachten

Am See – **Pension Vakıf Konukevi** 1**:** Sahil Yolu Vakıf Sok. 13, Tel. 0224 757 60 25, Fax 0224 757 57 37, www.iznik.com. 1995 begannen Enthusiasten, die Tradition der Herstellung bemalter İznik-Fliesen wieder aufleben zu lassen, und gründeten eine Stiftung. In deren Haus kann man übernachten: Neun Zimmer und ein Pergola-Garten stehen den Gästen zur Verfügung. DZ/F um 170 TL.

Am See – **Hotel Zeytin Bahçesi** 2**:** Selçuk Mah., Kutalmışoğlu Süleymanşah Cad. 119, Tel. 0224 757 24 04, www.hotelzeytinbahcesi.com. Neues geschmackvolles Haus direkt am See, komfortable Zimmer, gutes Restaurant mit Außenbereich im hauseigenen Olivenhain. DZ/F um 140 TL.

›Süße‹ Unterkunft – **Hotel Aydın** 3**:** Kılıçaslan Cad. 65, Tel. 0224 757 76 50, www.iznikhotelaydin.com. Sauberes Stadthotel, für einen Kurzaufenthalt eine gute Unterkunft, ordentlich geführt. Im Erdgeschoss ist eine Konditorei (Pastahane). DZ/F um 80 TL.

Essen & Trinken

Seefisch – **Çamlık Restoran** 1**:** Sahil Cad. 11, Tel. 0224 757 13 62. Beliebtes Fischrestaurant an der Seepromenade; zu den Spezialitäten zählt Wels *(yayınbalağı)* aus dem See, der in Würfeln am Spieß gegrillt wird. Auch Karpfen *(sazan)* kommt auf den Tisch.

Grill und mehr – **Konak** 2**:** Kılıçarslan Cad. 149, Tel. 0224 757 82 30. Unter den Garküchen an der **Kılıçaslan Caddesi** im Stadtzentrum eines der besten mit großer Auswahl an Grill- und Schmorgerichten.

Einkaufen

İznik-Fliesen – **İznik Vakıf Çinileri** 1**:** Sahil Yolu, Vakıf Sok. 13, Tel. 0224 757 60 25. Vasen und Teller etc. im Dekor der osmanischem Iznik-Keramik, zu kaufen im Lädchen der Stiftung, die auch eine Pension betreibt.

Rund um den Ölbaum – **Zeytinci Mustafa Çam** 2**:** İstiklal Cad. 52, Tel. 0224 513 23 75, www.mustafacam.com. Oliven, Olivenholz, Olivenöl.

Aktiv

Historisches Bad – **Muradiye Hamamı** 1: südlich vom Zentralplatz, Tel. 0224 757 14 59, Männer 8–22 Uhr, Frauen Mo, Do, Sa 13–16 Uhr, Eintritt & Massage 25 TL. Ein schönes renoviertes Bad aus dem 15. Jh.

Verkehr

Busstation südlich Süleyman Paşa Sokak, nahe Koimesis-Kirche. Mehrmals tgl. Verbindungen nach Bursa, Kocaeli (İzmit), Sakarya, Bandırma und İstanbul. Per Minibus kommt man auch zum Fähranleger nach Yalova.

Bursa ▶ D 3

Cityplan: S. 190

Die Bezeichnung ›Grüne Stadt‹ verdient **Bursa,** heute Zentrum einer der größten Industrieregionen der Türkei mit 1,4 Mio Einwohnern, trotz Ansiedlung großer Werke der Autoindustrie sicher immer noch. Bis ins Stadtzentrum hinein gedeiht eine üppige Vegetation, die man in anderen türkischen Großstädten oft vergeblich sucht. Bursa schmückt sich mit großzügigen Parkanlagen, und direkt hinter der Stadt erhebt sich mit dem Ulu Dağ der größte Nationalpark des Landes, der seltenen Tierarten einen weitgehend geschützten Lebensraum bietet.

Der Überlieferung nach geht der Name Bursa auf den bithynischen König Prusias I. zurück, der auf Anraten Hannibals an dieser Stelle 186 v. Chr. eine Siedlung mit Namen Prusia gegründet haben soll. Testamentarisch vermachte der letzte Bithynier Nikomedes III. diese Festungsstadt später den Römern. Berühmt wurde der Ort durch seine heißen Thermalquellen. Das eisen- und schwefelhaltige Wasser, das unterhalb des Çekirge-Hügels entspringt, nutzten schon in der Spätantike Kaiser Justinian und seine Gemahlin Theodora; für sie wurde eigens auch ein Palast errichtet. Allerdings stand Bursa in byzantinischer Zeit immer ein wenig im Schatten des damals bedeutenderen İznik.

Aber die Türken, die Anfang des 14. Jh. Bursa belagerten, wussten um den strategischen Wert der Stadt. Osman I. soll auf dem Sterbebett seinem Sohn Orhan den Schwur abverlangt haben, ihn nach der Einnahme Bursas dort zu begraben. Orhan eroberte die Stadt nach zehnjähriger Belagerung und erfüllte sein Versprechen. Er beerdigte seinen Vater, den Namensgeber des osmanischen Geschlechts, auf dem Hügel der Zitadelle. Bis 1368 war Bursa Hauptstadt des Reichs.

Wichtigste Standbeine des wirtschaftlichen Erfolgs waren seit der Antike die Landwirtschaft sowie die Seidenmanufaktur, die der Provinzhauptstadt einen gewissen Wohlstand bescherte. Heute sind die Tofaş-Werke, in denen Fiat in Lizenz Autos fertigen lässt, ei-

Platz vor dem Koza Hanı in der Altstadt von Bursa

ner der größten Arbeitgeber. Auch die Bosch AG hat hier ihren türkischen Hauptsitz.

Ulu Cami 1

Während sich Bursa weit in die Ebene ausgebreitet hat, liegen die Hauptsehenswürdigkeiten am Hügelhang entlang der Ost-West-Verbindung zwischen dem Altstadtzentrum und dem Thermalbadvorort Çekirge. Einen Orientierungspunkt im hektischen Alltag des Marktviertels bildet die **Ulu Cami** (›Große Moschee‹) an der Atatürk Caddesi, die bereits unter Yıldırım Beyazıt I. um 1396 gestiftet, aber erst unter Mehmet I. 1421 fertiggestellt wurde. Die Moschee macht ihrem Namen alle Ehre: Die weite Halle wird von nicht weniger als 20 Trompenkuppeln überwölbt, die von zwölf quadratischen Pfeilern getragen werden. Damit folgt die Ulu Cami dem Vorbild seldschukischer Hallenmoscheen. Die in alten Reiseberichten als besonders kunstvoll beschriebenen Kalligraphien an Wänden und Gewölben wurden im 18. Jh. erneuert. Der holzgeschnitzte Minbar, die Kanzel, mit geometrischem Sternmuster stammt noch aus der Erbauungszeit (um 1399).

Orhan Gazi Camii 2

Die **Orhan Gazi Camii** von 1339/40, die etwas weiter östlich auf der anderen Seite des modern gestalteten Rathausplatzes liegt, zeigt weitgehend die Baugestalt, wie sie nach der Zerstörung der ursprünglichen Moschee durch die Karamaniden unter Mehmet I. 1417 entstand. Der T-förmige Grundriss folgt dem sog. Bursa-Typus: Neben einer fünfjochigen Vorhalle und einem kleinen

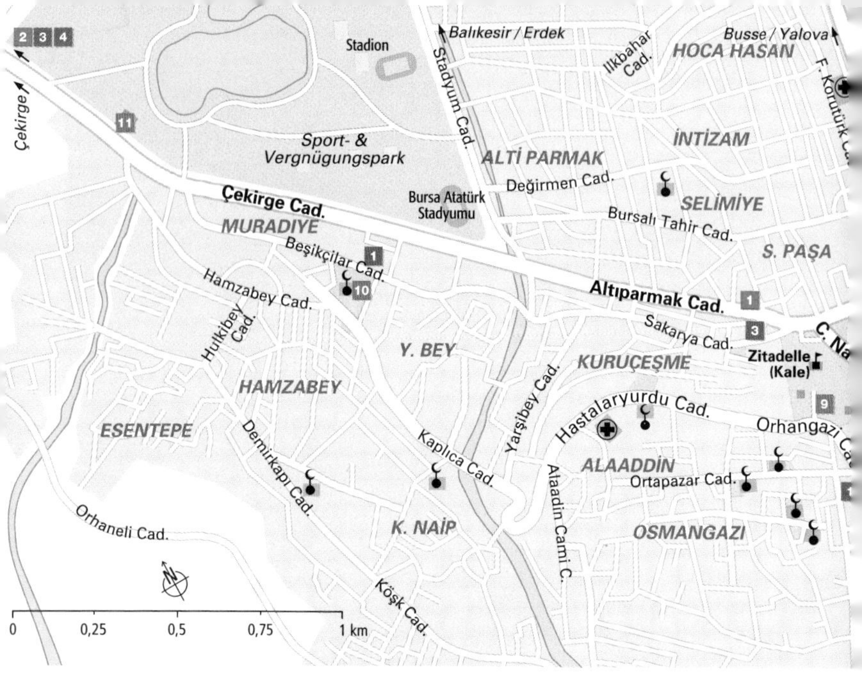

Bursa

Sehenswert

1 Ulu Camı
2 Orhan Gazi Camii
3 Koza Hanı
4 Fidan Hanı
5 Bedesten
6 Yeşil Türbe
7 Yeşil Cami
8 Yıldırım Beyazıt Külliyese
9 Zitadelle mit Osman-Türbe
10 Muradiye Külliyesi
11 Archäologisches Museum

Übernachten

1 Hotel Safran
2 Hotel Efehan
3 Hotel Aloft
4 Hotel Gönlüferah
5 Mavı Boncuk Konukevi

Essen & Trinken

1 Darüzziyafe Restaurant
2 İskender Kebapçısı
3 Arap Şükrü Çetin Restoran

Einkaufen

1 Mor İpek
2 Eski Aynalı Çarşı
3 Zafer Plaza

Abends & Nachts

1 M Pub & Lounge
2 Address Barı

Vorraum besitzt die Moschee zwei gleich große Kuppelräume, wobei dem ersten zwei überkuppelte Annexräume zugeordnet sind.

Basarviertel

Hinter den beiden Moscheen beginnt das geschäftige Treiben der Stadt. Obwohl das alte Basarviertel Bursas bei einem Brand 1955 stark in Mitleidenschaft gezogen wurde, erinnern – neben zahlreichen anderen historischen Marktgebäuden – zwei schön restaurierte Karawansereien an dessen historische Wurzeln:

Der **Koza Hanı** 3 wurde von Sultan Beyazıt II. 1490 erbaut und dient bis heute fast ausschließlich dem Seidenhandel (beeindruckende Auswahl an Krawatten!). Früher versteigerten die Bauern hier ihre Produktion an Seidenkokons (*koza* = Kokon). Ebenso wie der Koza Hanı besitzt auch der

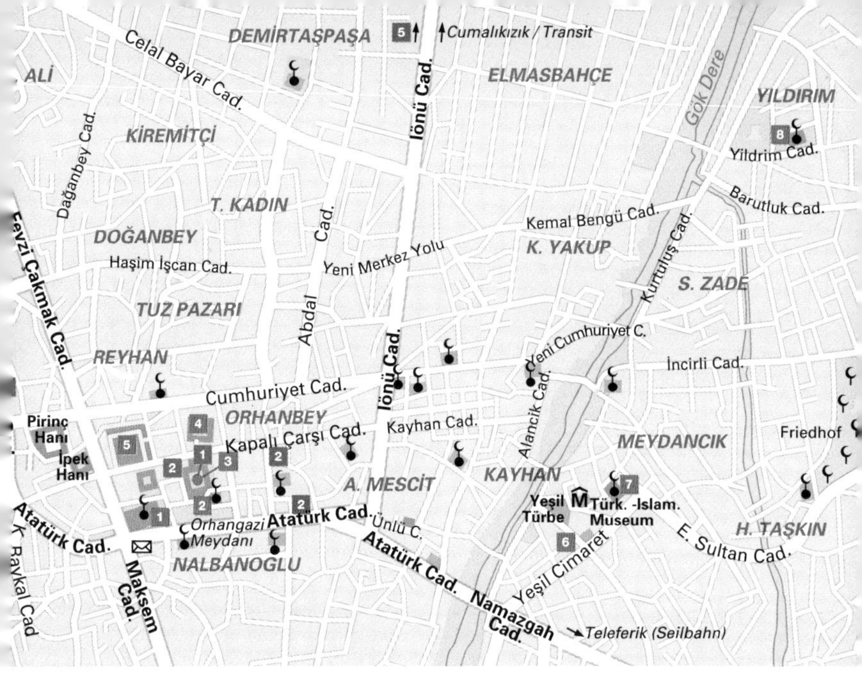

Fidan Hanı 4 von 1470, gegenüber auf der anderen Straßenseite, eine kleine Mescit im Innenhof. Der riesige, heute zweistöckige **Bedesten** 5 (ursprünglich eine Pfeilerhalle mit 14 Kuppeln) ist dagegen ein Erlebnis für sich: In dichtem Gedränge wird alles angeboten, was die türkische Großfamilie heute brauchen kann.

Die Külliye von Mehmet I.

Folgt man der Atatürk Caddesi Richtung Osten und überquert das kleine Flusstal des Gök Dere, kommt man auf ein Plateau mit dem Stiftungskomplex des Sultans Çelebi Mehmet I. Die achteckige **Yeşil Türbe** 6 (›Grünes Grab‹), der das Fliesendekor in Grüntönen ihren Namen gab, wurde 1421 als Grabstätte für den Sultan errichtet. Leider sind die Fayencen innen wie außen bis auf wenige Felder nicht mehr original, sondern im 19. Jh. durch weniger qualitätvolle Massenware aus Kütahya ersetzt worden. Unter der hohen Kuppel stehen die Sarkophage Mehmets und seiner Söhne. Von der originalen Ausstattung blieb nur die fliesengeschmückte Mihrab-Nische erhalten.

Die **Yeşil Cami** 7 (›Grüne Moschee‹) bildet das Herzstück des Komplexes. Der Grundriss zeigt eine kunstvolle Verschmelzung von zwei großen Kuppelräumen mit jeweiligen Annexbauten und beschreibt ein auf dem Kopf stehendes T, wie es für die Architektur Bursas zu dieser Zeit richtungweisend war. Nach der fünfjochigen Vorhalle durchquert man ein großes Portal mit einer hohen Mukarnas-Nische, das in seldschukischer Bautradition steht.

Dem ersten Kuppelraum sind seitliche Räume zugeordnet, die aufgrund ihrer Ausstattung als *tabhane* (Ruheräume für Gäste) interpretiert werden. Von dort aus erfolgt der Zugang zur Sultansloge *(hünkar mahfili)* im Obergeschoss, die dem mit Fayencen geschmückten Mihrab direkt gegenüberliegt. Die Loge ist mit Fliesen in Grün- und Blautönen in geometrischen Formen verziert; die Decke schmückt ein Mukarnas-Gewölbe.

Die unteren Wandflächen des Gebetsraums sind durch dunkelblau bzw. grün glasierte Sechseckfliesen mit Blütenmustern verziert und werden von Kalligraphien eingerahmt.

Külliye von Yıldırım Beyazıt 8

Folgt man dem Lauf des Gök Dere nach Norden, gelangt man zur **Yıldırım Beyazıt Külliyesi,** die bereits außerhalb des historischen Stadtzentrums liegt. Mit ihr entstand zwischen 1390 und 1395 die erste Stiftung in Bursa, die architekturgeschichtlich als rein osmanisch bezeichnet werden kann. Man verzichtete weitgehend auf Anleihen aus der byzantinischen oder auch seldschukischen Architektur, wie sie noch bei der Orhan Gazi Camii zu beobachten sind.

Heute sind von dem Komplex nur wenige Bauteile erhalten: eine Medrese (z. Zt. ein Krankenhaus), die Türbe Beyazıts I. und die Moschee mit Reinigungsbrunnen.

Schon die Gestaltung des Äußeren – ein Wandaufbau aus marmorverkleidetem Quadermauerwerk – zeigt eine neuartige, repräsentative Formensprache, die bei reduzierter Ornamentik auf eine allein durch den Werkstein bestimmte Farbgebung setzt. Die Kuppelräume sind zu beiden Seiten durch kreuzgratgewölbte Seitenräume eingefasst, die so den typischen T-förmigen Grundriss des frühosmanischen Bursa-Schemas bilden.

Auf dem Zitadellenhügel

Auf der anderen Seite des Basarviertels, unmittelbar westlich neben dem Ortskern, erhebt sich auf erhöhtem Plateau die alte **Zitadelle** 9, deren Mauerfragmente die einstige Wehrhaftigkeit erahnen lassen. Der Bau der Festung geht bis in antike Zeit zurück; später lag auf dem Felsplateau das byzantinische *kastron,* ein befestigtes Wohnviertel, das nach der osmanischen Eroberung den Türken vorbehalten war; Juden und Christen mussten sich unterhalb der Zitadelle ansiedeln. Obwohl sich nur selten ein Tourist in dieses malerische Viertel mit seinen romantischen alten Häusern verirrt, lohnt sich ein Abstecher.

Auf dem Felsvorsprung direkt über der Stadt bilden die Türben der Gründer der osmanischen Dynastie – Osman Gazi und sein Sohn Orhan Gazi – heute eine Art Nationalheiligtum. Nach der Zerstörung der Originalbauten durch ein Erdbeben gab Sultan Abdülaziz 1868 den Auftrag, diese komplett neu zu errichten. Die **Orhan-Gazi-Türbe** steht an der Stelle einer byzantinischen Elias-Kirche, deren Fußbodenmosaiken fragmentarisch neben dem Kenotaph Orhans erhalten blieben. Im Sommer treffen sich im Teegarten vor der **Osman-Gazi-Türbe** die Einwohner von Bursa und Pilger zum Tee beim schönen Blick über die Altstadt.

Die Muradiye 10

Tgl. 9–12, 13–17.30 Uhr

Der dritte und jüngste bedeutende Stiftungskomplex Bursas, die **Muradiye Külliyesi,** liegt westlich der Zitadelle. Er wurde von Murat II., dem Vater Mehmets des Eroberers, in Auftrag gegeben. Im Zentrum der 1426–1430 erbauten Anlage steht die Medrese, westlich liegt jenseits der Straße das Muradiye Hamamı, östlich die Moschee. Dass Bursa bis zur Verlegung der Residenz nach Edirne Hauptstadt des Osmanischen Reichs war, offenbart sich dem Besucher besonders im malerischen Gartengelände mit den **Zwölf-Prinzen-Türben.** Gemäß seinem letzten Willen wurde der Leichnam Murats II. aus Edirne nach Bursa überführt und dort 1451 in einer quadratischen Türbe beigesetzt. Die offene Kuppel auf Pfeilern mit eingestellten Säulen byzantinischen Ursprungs geht auf Murats Wunsch zurück, so begraben zu werden, dass er vom Regen ›gebadet‹ werden möge.

In der **Cem Türbesi** ruht ein Prinz, der aus Angst vor seiner Ermordung 1495 zu den Johannitern auf Rhodos geflohen war und dann teils in Frankreich, teils beim Papst lebte und schließlich in Neapel starb. Abgesandte des Sultans sollen dabei nachgeholfen haben. Nach vierjährigen diplomatischen Verhandlungen zur Überführung seines Leichnams wurde er dann doch in seiner Türbe bestattet. Viele andere, die in den Türben der Muradiye begraben wurden, starben ebenfalls keines natürlichen Todes: Brüder, Enkel und Neffen der jeweiligen Regierenden wurden häufig ermordet, um die Regierungsstabilität des Thronfolgers nicht zu gefährden. Eine perfid-erfolgreiche Methode, die auf

DAS KARAGÖZ-SCHATTENSPIEL

Bursa gilt als der Ort, an dem zum ersten Mal das Karagöz-Theater, das türkische Schattenspiel, aufgeführt worden sein soll. Keine Legende ohne Denkmal – in Bursa wurde es an der Verbindungsstraße nach Çekirge errichtet. Dargestellt sind die beiden zentralen Protagonisten dieser Kunstform: Karagöz (›Schwarzauge‹), der schlagfertige Mann aus des Volkes Mitte (eine Art türkischer Kasper), und sein Gegenspieler, der tugendhafte und vornehme Hacıvat, deren Dialoge vor allem durch den Kontrast von Volkssprache und Hochsprache (und den sich daraus ergebenden Missverständissen) ihren Witz beziehen. Daneben bevölkern noch weitere originelle Typen die Szenerie, etwa Matiz, der Säufer, oder Zenne, das leichte Mädchen, und sorgen in den teilweise burlesk improvisierten Geschichten für zusätzliches Kolorit. Da wird gewitzelt und geflucht, geblödelt und geprügelt, was das Zeug hält – man kann die Pointen oft auch nachvollziehen, ohne die Anspielungen der türkischen Dialoge genau zu verstehen.

Die traditionellen Spielpuppen wurden aus dünn abgeschabter Kamelhaut hergestellt und wie beim indonesischen Schattenspiel an langen Stöcken von unten geführt. Ein guter Puppenspieler konnte bis zu drei Figuren gleichzeitig bedienen. Gespielt wurde vor einer weißen Leinwand, flackernde Öllampen spendeten Licht und vermittelten eine Illusion von Bewegung. Seit den 1950er-Jahren, mit der Verbreitung des Fernsehens, setzte der Niedergang ein.

In Bursa hat Şinası Celikkol jedoch 1992 das **Karagöz Art House** ins Leben gerufen (Çekirge Cad., gegenüber vom Karagöz-Denkmal). Dort finden jede Woche Vorführungen statt (Mi, Sa 11, Fr 19.30 Uhr, www.unimabursa.org, Tel. 0224 23218 71). Und im **Karagöz Antique Shop** (Kapalıçarşı, Eski Aynalı Çarşı 12) kann man neben vielem anderen auch die Figuren kaufen.

eine Anweisung Sultan Murats I. zurückgeht. Nach dem Brudermord erfolgte dann die ehrenvolle Beisetzung auf Staatskosten.

Archäologisches Museum 11

Di–So 8–12, 13–17 Uhr, Eintritt 5 TL

Auf dem Weg zum Bädervorort Çekirge liegt im Sport- und Vergnügungspark (Kültür Parkı) das **Archäologische Museum** von Bursa. Prähistorische Funde aus Ton und Bronze (Gefäße, Fibeln) sowie hethitische Keramik (u.a. Tontafeln aus Kültepe) stehen am Anfang des Rundgangs, der von der Vorgeschichte bis in die Zeit der Byzantiner führt. Aus römischer Zeit sind vor allem eine gepanzerte Kaiserstatue und der Kopf einer Herrscherfigur (beide 2. Jh.) sehenswert. Letzterer stellt wahrscheinlich Kaiser Hadrianus dar, dessen Porträt später in Konstantin den Großen umgearbeitet wurde. Ein Silberreliquiar mit Kreuz sowie Pilgerfläschchen und bauplastische Fragmente (Ambo und Schrankenplatten) repräsentieren die byzantinische Zeit Bursas.

Çekirge

Der Stadtteil **Çekirge** ist berühmt für seine Thermalquellen, die die Bäder der umliegen-

PER SEILBAHN AUF DEN ULU DAĞ

Tour-Infos

Start: Bursa, Seilbahn nahe der Yeşil-Türbe (ausgeschildert)
Dauer: Tagesausflug

Wichtige Hinweise: Bis Oteller ca. 20 km, Einfahrt mit Pkw ca. 10 TL. Die Seilbahn (Teleferik) fährt ganzjährig, im Winter alle 30 Min., im Sommer seltener (ca. 20 TL).

Unmittelbar hinter Bursa erhebt sich der 2543 m hohe Ulu Dağ, dessen majestätischer Gipfel den hier siedelnden Griechen als Heimstatt der Götter galt und in der Antike als Bithynischer Olymp bekannt war. Heute ist das 1961 zum Nationalpark erklärte Bergmassiv ein beliebtes Ausflugsziel der Großstädter. Im Winter verwandelt sich das Gebiet in eines der besterschlossenen Skiparadiese der Türkei (mit Preisen wie in den Alpen). Zentrum der alpinen Aktivitäten ist ein Ort, der schlicht Oteller (›Hotels‹) genannt wird. Von hier aus erschließen Skilifte verschiedene Abfahrtspisten.
Von Bursa aus kann man mit einer Seilbahn *(teleferik)* den halben Weg zum Gipfel zurücklegen. Von dort aus übernimmt dann ein Sessellift (nicht ganzjährig in Betrieb) den Weitertransport

in die höher gelegenen Bergregionen. Auch im Sommer warme Kleidung nicht vergessen! Von Çekirge kann man auch über eine gut ausgebaute Straße nach Oteller fahren. Im Sommer bieten Bergbauern auf der Strecke Waldbienenhonig aus eigener Produktion an.
An der Endstation der Seilbahn befindet sich ein großes **Grillgelände,** wo man einen vorgeheizten Grill und mariniertes Fleisch *(et mangal)* bekommen kann. In Oteller gibt es einige Hotels, die aber vor allem auf die Skisaison ausgerichtet sind (im Winter DZ 200–350 TL, im Sommer deutlich darunter).

den Thermal- und Kurhotels speisen. Die imposante Kuppelarchitektur der **Eski Kaplıca** (Alte Thermen) zeugt von osmanischen Badefreuden. Während Umkleide- und Ruheräume im 16. Jh. unter Beyazıt II. entstanden, sind Warmraum und Heißwassersaal der Anlage noch älter und gehen auf die Zeit Murats I. zurück (um 1389). Das zentrale Bassin wird von acht byzantinischen Säulen mit Kapitellen umstanden, die die Kuppel tragen. Dieses Hamam ist heute Teil des Kervansaray Hotels am Çekirge Meydanı (tgl. 7–22 Uhr, Eintritt, Kese (Abschruppen) und Schaummassage 65 TL).

Noch eindrucksvoller ist das **Yeni Kaplıca Hamam** (Neue Thermen), das im Auftrag von Großwesir Rüstem Paşa 1553 errichtet wurde (Yeni Kaplica Cad. 6, kompletter Service mit Massage 55 TL). Vor allem der Männerbereich überzeugt durch edle Ausstattung in Marmor, wo man sich fühlen kann wie weiland der Sultan oder ein römischer Senator. Als Frauenbad dient das **Kaynarca Hamam** auf der anderen Seite des Teegartens (Yeni Kaplica Cad. 8, gleicher Preis), das aber nicht ganz so opulent ausgestattet ist.

Eine ungewöhnliche Badegelegeheit bietet das **Kara Mustafa Paşa Hamam,** wo man auch Anwendungen in Schlammbädern bekommt (Mudanya Cad. 10, kompletter Service 50 TL). Wer es lieber westlich hat, badet im modernen Thermalpool des **Çelik Palas Hotels,** der von einer gläsernen Kuppel überdacht wird (Eintritt 25 TL für Nichtgäste).

Hüdavendigar Camii

»… eine lustige Kirche von einem Griechen nach griechischer Art gebauet, oben mit einem Gang und marmelsteinernen Säulen«, so beschrieb der Reisende Stefan Gerlach 1573 die ungewöhnliche **Hüdavendigar Camii** in Çekirge. In der Tat zeigen viele Baudetails der unter Sultan Murat I. ab 1366 errichteten Moschee eher Bezüge zur byzantinischen bzw. gotischen Architektur als zur osmanischen.

Da auch ein die Fassade beherrschendes, typisches Portal fehlt, fühlt man sich eher an einen italienischen Palazzo erinnert. In der Moschee wurden verschiedene Einflüsse kunstvoll verwoben: das Bursa-Schema der Osmanen, die Hofmedrese der Seldschuken und eine italo-byzantinische Fassade. In der angeschlossenen, opulent ausgestatteten Türbe ist Bauherr Murat I. bestattet.

Cumalıkızık ▶ D 3

Das malerische Dorf, etwa 9 km östlich vom Zentrum, war schon in den 70er-Jahren eine beliebte Filmkulisse, hat sich aber durch eine TV-Serie (»Kınalı Kar«) seit 2002 zu einem Touristenmagnet entwickelt. Im gesamten Dorf hat sich seit alttürkischen Zeiten fast nichts geändert. Romantische Holzhäuser mit den zeittypischen Erkern entlang enger, mit Kieseln gepflasterter Gassen bestimmen das Bild. Vor allem an Wochenenden ist der Ansturm auf das seit 1991 unter Denkmalschutz stehende Dorf gewaltig, fast alle Einwohner bewirten dann die Gäste und verkaufen Souvenirs im osmanischen Stil.

Infos

Info-Büro: Orhangazi Altgeçidi 1, Koza Parkı (nahe Orhan Gazi Camii), Tel./Fax 0224 220 18 48. Hier gibt es einen detaillierten Stadtplan zu kaufen.

Übernachten

Im Grünen – **Hotel Safran 1:** Tophane, Ortapazar Cad., Arka Sok. 4, Tel. 0224 224 72 16, www.safranotel.com. Ruhig gelegenes Hotel, recht zentral nahe der Zitadelle. Nach Architektur und Stil traditionell und geschmackvoll orientiert. Moderne Zimmer, mit Pool; zum Hotel gehört auch ein gutes Restaurant. DZ/ um 230 TL.

Zentral gelegen – **Hotel Efehan 2:** Gümüşceken Cad. 34, Tel. 0224 225 22 60, www.efehan.com.tr. Neues, modern eingerichtetes 3*-Hotel im Altstadtviertel, 35 großzügige Zimmer mit Dachterrassen-Restaurant mit tollem Blick über die osmanischen Bauten. DZ/F um 160 TL.

Bunt und jung – **Hotel Aloft 3:** Nilüfer, Akpınar Mah., 1. Akpınar Sok., Tel. 0224 300 30 30, www.aloftbursa.com. Designhotel im Stadtteil Nilüfer, unkonventionell und cool, mit sehr aufmerksamem Personal, von der Dachterrasse Blick auf das Bäderviertel Çekirge. DZ/F um 140 TL.

... in Çekirge

Luxus in Seide – **Hotel Gönlüferah 4:** Çekirge, Murat Cad. 22, Tel. 0224 233 92 10, www.booking.com. Das am Hügel des Stadtteils Çekirge gelegene Hotel wurde 1890 erbaut und besitzt eine eigene Thermalquelle. Im luxuriösen Zoe Thermal & Spa kann man sehr stilvoll relaxen. In den angenehm eingerichteten Zimmern des Hotels dominieren Seide und Holz. DZ/F um 250 TL.

... in Cumalıkızık

Gemütliche Pension – **Mavi Boncuk Konukevi 5:** Cumalıkızık, Tel. 0224 373 09 55, www.maviboncukkonukevi.com. Einfache, aber romantische Landhauspension im 9 km entfernten Vorort Cumalıkızık, der eine ländliche Idylle mit gepflasterten Gassen und alten Holzhäusern darstellt. Hier wird derzeit viel investiert, wahrscheinlich öffnen bald weitere Hotels im traditionellen Stil. DZ/F um 100 TL.

Essen & Trinken

In der Altstadt gibt es viele kleine Restaurants, wo man *İskender Kebabı* probieren kann (die Stadtspezialität: Döner Kebap auf geröstetem Fladenbrot mit Tomatensoße und Joghurt). Auch *İnegöl Köfte* (gegrillte Hackfleischröllchen, nicht scharf) sind in Bursa beliebt.

Historisches Ambiente – **Darüzziyafe Restaurant 1:** II Murat Cad. 36, Tel. 0224 224 64 40, www.daruzziyafe.com.tr. Ein sehr ordentliches Restaurant in der ehemaligen Armenküche der Muradiye Külliyesi, spezialisiert auf gehobene türkische Küche, auch Plätze im Garten. Kein Alkohol, um 30 TL.

Traditionell – **İskender Kebapçısı 2:** Tayyare Kültür Merkezi. yanı, Atatürk Cad. 60, Tel. 0224 221 10 76, 11–18.30 Uhr. Seit Mitte des 19. Jh. serviert die Familie, jetzt in vierter Generation, leckere Grillgerichte und natürlich Nskender Kebap (ca. 19 TL).

In der Fressmeile – **Arap Şükrü Çetin Restoran 3:** Sakarya Cad. 6, Kuruçeşme Mah., Tel. 0224 221 14 53. An einer romantischen Altstadtfußgängerzone, die von der Altıparmak Caddesi abzweigt, reihen sich zahllose Mezeler-Restaurants und Bars. Çetin Restoran bietet eine große Auswahl, auch Fisch und Schmorgerichte. Ab 14 TL.

Einkaufen

Beliebte Mitbringsel aus Bursa sind *kestane şekeri* (kandierte Esskastanien), die auch mit Schokoladenüberzug erhältlich sind, und natürlich die bekannten **Schattenspielfiguren** des Karagöz, die sich gut als Wanddekoration eigenen.

Seide – **Mor İpek 1:** Koza Hanı, Kapalı Çarşı Cad., im alten Seidenmarkt, Obergeschoss, Nr. 187. Von Künstlern designte Seidenschals, Krawatten und Wandgehänge.

Antiquitäten – **Eski Aynalı Çarşı 2:** Kapalı Çarşı Cad. In dem historischen Hamam gleich neben dem Koza Hanı gibt es viele Antiquitäten-Shops, darunter auch einige mit Karagöz-Figuren, z. B. bei Karagöz Antikacı. Wer kaufen will: Ausfuhrbeschränkungen beachten (s. S. 69)!

Moderne Shoppingwelt – **Zafer Plaza 3:** Cemal Nadir Cad. 22–28, www.zaferplaza.com.tr. Einkaufszentrum unter blauem Pyramidaldach mit modernen Boutiquen und einem Starbucks-Café.

Abends & Nachts

Schicke Bar – **M Pub & Lounge** 1 : Altıparmak Cad. 9, Tel. 0224 220 94 28, www.m-pub.com, tgl. 12–3 Uhr. Mittags gibt's eine reichhaltige Menükarte alla Italia, abends trifft man sich in der stylish eingerichteten Bar im blauen Neonlicht des Tresens auf ein Efes-Pils.

Musik-Café – **Adress Bar** 2 : Tel. 0224 247 01 50, tgl. 10–5 Uhr. Livemusik türkischer Künstler und erschwingliche Drinks ziehen vor allem junges Publikum in diese Bar und Lounge.

Termine

Kultur- und Kunst-Festival im Kulturpark Ende Juni/Anfang Juli: internationale Folklore- und Tanzgruppen sowie Karagöz-Schattenspiele (s. S. 193).

Verkehr

Stadtbuslinien verbinden das Zentrum mit Çekirge sowie von der Atatürk Cad. aus mit der **Fernbusstation** (Şehirlerası Otobüs Terminalı), die außerhalb an der Straße nach Gemlik liegt. Von dort Verbindungen zu allen größeren Städten in der Türkei, nach İstanbul halbstündlich. Von Bursa sind über İzmir und Antalya auch die Ferienzentren an West- und Südküste gut erreichbar.

Die Südküste des Marmara-Meers

Tirilye (Zeytinbağ) ▶ D 3

Auf dem Weg nach **Bandırma** ▶ 2, E 1 (mit Fährverbindung nach İstanbul) lohnt ein Abstecher über Mudanya entlang spektakulärer Steilküste nach **Tirilye** (bis 2012 Zeytinbağı). Der verträumte Ort wurde bis 1922 vornehmlich von Griechen bewohnt. Oliven und Fischfang sind noch heute Haupteinnahmequellen. Die Kirche Panaghia Pantobasilissa aus dem 13. Jh. ist wieder geweiht, das Dorf denkmalgeschützt. Hotels in alten Gemäuern (z. B. Trilyalı, www.trilyali.com) und Fischrestaurants sind an Wochenenden bei Ausflüglern aus Bursa beliebt.

Kuşcenneti-Nationalpark

Kurz vor Bandırma zweigt man Richtung Balıkesir zum **Kuşcenneti-Nationalpark** nach Süden ab. Mit diesem Vogelreservat wurde bereits 1958 ein kleiner Teil des Kuş Gölü (oder Manyas Gölü) unter Schutz gestellt. Kormoranen, Reihern, Pelikanen und zahlreichen anderen Arten (geschätzt etwa 2 Mio. Tiere, vor allem Zugvögel über die ›Bosporus-Brücke‹) bietet der geschützte Teil des nur maximal 8 m tiefen Sees einen ungestörten Lebensraum. Die Stichstraße über einen Damm führt zum Informationszentrum und einem Beobachtungsturm.

Erdek ▶ 2, D 1

Das Kleinstädtchen **Erdek** (34 000 Einwohner) liegt nur 20 km von Bandırma entfernt, wird aber durch die Anhöhe des 807 m hohen Kapı Dağı von dessen Industrie-Emissionen abgeschirmt. Es ist ein noch ganz ursprünglicher türkischer Ort mit kleinem Hafen, immensem Campingareal südlich und nicht minder großem Hotelareal nördlich des Zentrums, über dessen Kopfsteingassen sogar noch Pferdekarren rumpeln.

Gegründet wurde der Ort von Einwohnern des antiken Kyzikos nach der Verlandung ihres Hafens, die Griechen nannten ihn bis 1923 Artaki. Nach der Vertreibung der Griechen siedelten hier vor allem muslimische Pomaken aus Bulgarien, die ihre Kultur besonders in den kleinen Dörfern an der Küste der Halbinsel bewahrt haben. Auf Wanderungen, aber auch mit Bootstouren kann man die dicht bewaldete Halbinsel des Kapı Dağı erkunden.

Kyzikos

Letztlich nur für archäologische Spezialisten interessant sind die Reste des antiken **Kyzikos,** einer miletischen Kolonie. Die Ruinen liegen links der Straße nach Bandırma kurz vor dem Sumpfland, das einst den antiken Hafen bildete. Damals war der Kapı

Dağı noch eine Insel und Kyzikos die Hauptstadt der antiken Region Mysia. Gut erhalten blieben etwa die Substruktionen eines Zeus-Tempels aus hadrianischer Zeit, die hier im Volksmund Bedesten genannt werden.

Marmara-Inseln ▶ 2, D 1

Eine ähnliche touristische Erschließung wie Erdek, doch längst nicht auf dem Komfortniveau der Südküste, bieten die vorgelagerten Inseln Avşa Adası, Paşaliman Adası und Marmara Adası, das seinen Namen den antiken Marmorbrüchen an der schwer zugänglichen Nordseite verdankt.

Der Hauptort Türkeli auf **Avşa Adası** ist im Sommer aufgrund seiner Sandstrände sehr belebt, ansonsten geht das Leben noch einen recht beschaulichen Gang.

Granikos

Über **Biga** (10 km nördlich, an der Straße nach Karabiga lag übrigens das Schlachtfeld am **Granikos,** auf dem Alexander der Große die erste Schlacht gegen die Perser gewann) erreicht man durch nun wieder landwirtschaftlich geprägtes Gebiet Çanakkale (ab Bandırma 200 km).

Infos

Info-Büro Erdek: Kalyoncu Sok. 19, Tel./Fax 0266 835 11 69.

Internet zu Avşa Adası: www.avsa.com; www.avsa-adasi.com.tr

Übernachten

Modern und komfortabel – **Agrigento:** Cuğra Mevkii, Tel. 0266 835 49 73, www.agrigento.com.tr. Modernes Kastenhotel nörd-

Fischer im Hafen von Erdek

lich am Strand mit 120 Zimmern, 44 Suiten, schönem Pool mit Gipsstatuen und Disco. DZ/F um 220 TL.

Am Strand – **Gülplaj:** Büyük Plaj Mevkii, 1 km außerhalb, Tel. 0266 835 10 53, www.gulplajhotel.com. Familiäres Ferienhotel mit Bar und Restaurant direkt am Feinsandstrand. DZ/F 150–190 TL.

Strandhotel – **Arteka:** Cuğra Mevkii, 3 km außerhalb, Tel. 0266 835 21 39, www.hotelarteka.com. Einfache Mittelklasse, hübsch, direkt am Strand gelegen, 37 Zimmer, kein Pool. DZ/F 120–180 TL.

... auf der Insel Avşa (Türkeli)

Insel-Paradies – **Avşa Beyaz Saray:** Avşa Adası, Tel. 0266 896 13 13, www.avsabeyazsaray.com.tr. Familiär geführtes Hotel mit gefliesten, nicht zu kleinen Zimmern in einer

VERSTECKTE INSEL

Von Erdek kann man in einem Tagesausflug auf die kaum bekannte Insel **Avşa Adası** übersetzen. Dieses Eiland besitzt die schönsten Sandstrände aller Marmara-Inseln (Hotelübersicht und Info: www.avsaadasi.com). Seit Avşa per Hydrofoil in unter drei Stunden von İstanbul aus erreicht werden kann, hat sie eine schwunghafte Entwicklung erlebt, bietet aber immer noch idyllische Ecken und Ferienatmosphäre pur.

einsamen Bucht mit feinem Sandstrand, ca. 3 km südlich des Fähranlegers (Taxi). Zum Ausspannen ein Paradies. DZ/HP 180–300 TL.

Essen & Trinken

Fisch und mehr – **Kafkas:** Narlıaltı İskelesi, am Jachthafen. Auf Fisch spezialisiert, internationaler Service, Hauptgerichte 18–35 TL, Fisch kann jedoch deutlich darüber liegen.

Kebap-Küche – **Deniz Kebab:** zwischen Fährhafen (İskele Meyd.) und Cumhuriyet Meyd. Eher einfaches Lokanta mit türkischer Traditionsküche. Hauptgerichte 12–24 TL.

Am Meer – Schön sind auch die **Strandrestaurants** am Campingstreifen im Süden, 5–8 km außerhalb an der Zufahrtsstraße.

Verkehr

Mehrmals tgl. **Busse** nach Bursa und Çanakkale, stündl. Dolmuş nach Bandırma.

Fähre: Juni bis Sept. vormittags Boote zu den Inseln, nachmittags zurück. Von Bandırma Fähren nach İstanbul mit Autotransport (*feribot*, 4,5 Std.) und Hydrofoils (*deniz otobüsü*, nur Personen, 2 Std.), Info www.ido.com.tr (unter Dış Hatlar).

Schwarzes Meer
Çanakkale
Pergamon
İzmir
Bodrum
Marmaris
Mittelmeer

Kapitel 3

Die Ägäisküste

Die ägäische Küste der Türkei zählt zu den kulturell reichsten und interessantesten Regionen am Mittelmeer. Der Küstenstreifen war seit Ende des 2. Jahrtausends Siedlungsgebiet von Griechen, mit Phokeia, Milet und Smyrna lagen hier drei der bedeutendsten Städte der klassischen Antike. Beim großen Bevölkerungsaustausch zwischen der Türkei und Griechenland nach dem Ersten Weltkrieg verschwand das Griechentum vollständig, doch noch immer erinnert viel im Lebensstil der heutigen Bewohner an die griechische Kultur.

Der Bereich der Nordägäis ist nicht sonderlich touristisch, bietet mit den berühmten antiken Stätten Troia und Pergamon aber zwei Höhepunkte einer Türkeireise. Im mittleren Bereich der Ägäis-Küste dominieren Industrie und Landwirtschaft das Bild. İzmir, Metropole heute, war einst wichtigste Handelsstadt des Osmanischen Reichs im 19. Jh. Die Südägäis ist für die beiden Urlaubsorte Bodrum und Marmaris bekannt, landschaftlich ist sie von großen, unberührten Waldgebieten geprägt und besitzt die schönste Küste der Türkei, die wegen ihrer in allen Blautönen schimmernden Buchten auch ›Türkisküste‹ genannt wird.

Für eine ausführliche Erkundung der Westküste – die auch kleineren antiken Stätten Aufmerksamkeit widmet und mitunter einen längeren Badestopp oder einen Abstecher ins Nachtleben gestattet – benötigt man gut drei Wochen. Wer nur zwei Wochen einplanen kann, sollte sich entweder auf die nördliche oder die südliche Hälfte konzentrieren bzw. nur in Ruhe die wichtigen Stätten besuchen. Im Norden wird es deutlich später sommerwarm, nördlich von İzmir können bereits Ende September die ersten Regenfälle einsetzen. Im Süden geht die Saison bis Ende Oktober, im Hochsommer wird es an den windabgeschirmten Buchten von Marmaris und Fethiye sehr heiß, selbst nachts sind es dann in den Zimmern noch an die 30 °C. Die beste Zeit für eine Blaue Reise ist der Frühsommer ab Mitte Juni; auch im Nachtleben ist dann erst etwas los.

Die Celsus-Bibliothek von Ephesos

Auf einen Blick: Die Ägäisküste

Sehenswert

Troia: Mythenumwobene Stadt, Schauplatz des ›Trojanischen Kriegs‹ … eine Zeitreise durch fast zweieinhalbtausend Jahre Geschichte (s. S. 208).

Pergamon: Die antike Herrscherresidenz auf dem steilen Akropolis-Berg war im 3. Jh. v. Chr. das Zentrum griechischer Kultur (s. S. 218).

Ephesos: Einst Hauptstadt der römischen Provinz Kleinasien, heute die sehenswerteste antike Stätte der Türkei (s. S. 245).

Bodrum: Das einstige Fischerdorf ist heute zwar sehr überlaufen, überzeugt aber mit einem interessanten Museum und heißem Nachtleben (s. S. 264).

Bozburun-Halbinsel: Kleine Fischerdörfer, einsame Buchten und große unbesiedelte Naturareale machen den Reiz der abgeschiedenen Halbinsel südlich von Marmaris aus (s. S. 276).

Schöne Routen

Im Tal des Gediz Nehri: Der Streifzug ins Inland führt zu den Sultansmoscheen von Manisa und nach Sardis, der Residenzstadt des Lyderkönigs Krösus (s. S. 233).

Das Çine-Tal: Auch hier geht es ins Inland, ein bisschen Abenteuer ist dabei. Stratonikeia, Alabanda und Alinda sind dabei drei antike Stätten, die ganz einsam im Inland liegen (s. S. 257).

Didyma, Milet, Priene: Dieser Ausflug erschließt drei sehenswerte antike Stätten, dabei durchquert man das endlose Baumwollland der Mäander-Ebene (s. S. 257 f.).

Unsere Tipps

Wohnen in der Karawanserei: Der Hafen bei Assos bietet heute hübsche, ruhige Hotels in historischen Gebäuden (s. S. 212).

Sonnenuntergang am Kordon: İzmir ist eine Millionenmetropole und wird daher nur wenig geliebt (und besucht). Doch vergisst man abends am Kordon, der Meerpromenade mit zahlreichen Lokalen, alle Großstadthektik (s. S. 225).

Ausflug nach Sardis: Die Fahrt ins Inland führt zur einstigen Residenzstadt des Königs Krösus; das Gymnasion zählt zu den prachtvollsten Bauten der Antike. (s. S. 236).

Strandidylle bei Çeşme

Spuren der Gallipoli-Schlacht: Zu den Gräbern einer verlustreichen Schlacht des Ersten Weltkriegs (s. S. 206).

In die Yunt Dağı nach Aigai: Eine unbekannte antike Stadt, die in einer urtümlichen Landschaft versteckt liegt (s. S. 222).

Der Kemeraltı-Basar: Orientalisches Flair im Basar von İzmir, zwischen Moscheen, Synagogen, Karawansereien (s. S. 231).

Griechische Inseln ganz nah: Bootstouren nach Kós, Rhodos, Sými, Sámos, Lésvos und Chíos (s. S. 252).

Die Blaue Reise: Mit der Yacht unterwegs zwischen Bodrum und Fethiye (s. S. 268).

Nordägäische Küste

Die nordägäische Küste von den Dardanellen bis hinunter nach Foça ist ein Refugium für Individualtouristen, große Luxusanlagen gibt es so gut wie nicht. Troia und Pergamon zählen zu den wichtigsten antiken Stätten der Welt. Die Metropole İzmir gilt als zwar eine der westlichsten Städte der Türkei, anstrengend und sehr ›busy‹, doch kann man dort so viel sehen und erleben, dass sie für einen bloßen Zwischenstopp viel zu schade ist.

Çanakkale ▶ 2, B 2

Die Stadt **Çanakkale** auf der asiatischen Seite der Dardanellen ist eine betriebsame Provinzhauptstadt mit 120 000 Einwohnern und einer stark frequentierten Fährverbindung mit dem Örtchen Eceabat auf dem europäischen Ufer. Da Çanakkale an der engsten Stelle der Durchfahrt ins Marmara- und Schwarze Meer liegt, hatte es stets große militärische Bedeutung, und heute noch sind Soldaten im Stadtbild auffällig präsent.

Çanakkale bietet ein sehr lebendiges Flair. Im alten Zentrum – rund um den spätosmanischen Uhrturm links vom Fähranleger – sind zwar noch einige ältere Häuser des 19. Jh. zu sehen, doch wird Çanakkale mehr durch relativ modernes Geschäftsleben geprägt. Da die Stadt auch Sitz einer Universität ist, bestimmen Twens das Straßenbild, vor allem am Kordon, der breiten Meerpromenade, die vom Fähranleger in die östlichen Neubauviertel verläuft.

Festung Çimenlik Kalesi

Tgl. außer Mo, Do 9–12, 13.30–17 Uhr, 5 TL

Die osmanische Burg **Çimenlik Kalesi** (›Rasenplatz-Burg‹) westlich vom Fähranleger verdankt den Namen ihrer ungewöhnlichen Tarnung: Das flache Mauerrechteck fällt zur Meerseite in einer grasbewachsenen Böschung ab, sodass die Festung vom Schiff aus kaum sichtbar ist. Erbaut wurde sie unter Sultan Fatih Mehmet II. kurz vor der Eroberung Konstantinopels, um die Stadt von der Versorgung über das Meer abzuschneiden. Lafettgeschütze ragen noch heute martialisch im nun zum Stadtpark umgewandelten Burghof gen Himmel. In den Bauten zeigt ein Museum Militärgerät aus der Gallipoli-Schlacht. Im Hof steht ein Nachbau des Minenlegers **Nusret,** der eine entscheidende Rolle bei der Abwehr der Gallipoli-Offensive der Alliierten im Ersten Weltkrieg spielte (s. S. 206) – das Original ist jetzt in Tarsus zu sehen. Im früheren Bau der Hafenkommandantur informiert eine Fotoausstellung über diese auf beiden Seiten verlustreiche Schlacht.

Festung Kilitbahir

Mi–So 8–17 Uhr, Eintritt 5 TL

Die Burg **Kilitbahir** (›Meerverschluss‹) auf der europäischen Seite erreicht man rasch mit einer Kleinfähre über die Engstelle (nur 1,2 km). Diese kleeblattförmige Anlage, 1462 unter Sultan Fatih Mehmet gegründet und Mitte des 16. Jh. ausgebaut, überrascht durch ihren mächtigen geschwungenen Mauerring, den man besteigen kann.

Archäologisches Museum

Atatürk Cad., Ecke 100. Yıl Cad., Di–So 8–17 Uhr, Eintritt 5 TL

Wichtigste Sehenswürdigkeit der Stadt ist das **Archäologische Museum,** das seit der neuen Troia-Grabung alle dortigen Funde aufnimmt: Sämtliche Kulturstufen Troias seit dem frühen 3. Jahrtausend sind präsent, sodass der Besuch eine gute Ergänzung zur Erkundung der Stätte selbst ist.

Interessant erscheinen auch die Funde aus dem **Dardanos-Tumulus,** einem unberührt entdeckten Grabhügel 10 km südlich von Çanakkale. Zwar ist der Name tatsächlich eine moderne Schöpfung und bezieht sich auf den legendären Priamos-Großvater, nach dem die Meerenge benannt ist. Doch konnten aus der über mehrere Jahrhunderte, vor allem im Hellenismus, als Dynastiegrab genutzten Anlage goldene Totenkränze, Statuen und Holzmöbel unversehrt geborgen werden.

Infos

Info-Büro: İskele Meyd. 67 (am Fährhafen), Tel./Fax 0286 217 11 87.

Internet: www.canakkaletravel.com

Übernachten

Mittelklasse – **Büyük Truva:** Kayserili Ahmet Paşa Cad., Tel. 0286 217 10 24, www.truvaotel.com. Die Alternative zum etwas verwohnten Anafartalar direkt am Fähranleger; Mittelklassehaus rechts etwas abseits vom Fähranleger und daher auch ruhiger. DZ/F um 200 TL.

Gute Ausstattung – **Anzac Hotel:** Saat Kulesi Meyd. 8, Tel. 0286 217 77 77, www.anzachotel.com. Modern gestyltes Haus beim Uhrturm, zentral gelegen, überdurchschnittliche Ausstattung. DZ/F um 120 TL.

Historisch – **Kervanseray:** Fetvane Sok., links hinter dem Uhrturm, Tel. 0286 217 81 92, www.otelkervansaray.com. Ein historisches Haus mit hübschem Garten. Die Zimmer jedoch eher einfach mit historischen Elementen und den ursprünglichen, fast 4 m hohen Wänden, nur Etagendusche und Etagen-WC. DZ/F um 120 TL.

... in Güzelyalı

Strandhotel – **Tusan Hotel:** in der Ortseinfahrt in Strandnähe, Tel. 0286 232 82 10, www.tusanhotel.com. Schön im Grünen gelegenes Strandhotel in einem kleinen Ort 15 km südlich an der Dardanellen-Küste. Gepflegtes Standquartier für Touren in der nördlichen Troas mit Restaurant, Sportangeboten und Fitness-Center. DZ/F um 150 TL.

... bei Truva (Troia)

Pensionszimmer – **Hisarlık:** direkt vor dem Eingang, Tel. 0286 283 00 26, **www.troyhisarlik.com.** Untere Mittelklasse; der Besitzer Mustafa Aşkın ist lizensierter Troia-Guide und organisiert auch Touren zu den Tumulus-Gräbern der Umgebung. DZ/F 75–120 TL.

Essen & Trinken

Der Kaiabschnitt links vom Anleger der Autofähre ist das Restaurantzentrum von Çanakkale. Spezialität hier ist Fisch, wobei je nach Saison und Schwarmwanderung teils Ägäis-Fische, teils Schwarzmeer-Fische auf der Karte stehen. Beliebt sind auch Midye Tava, frittierte Muscheln, die von fliegenden Händlern angeboten werden.

Spezialität Fisch – **Yalova Liman Restaurant:** Gümrük Sok. 17, am Kilitbahir-Anleger, Tel. 0286 217 10 45, www.yalovarestaurant.com. Gute Vorspeisenauswahl und Fisch schon seit 1940. Hier essen die Touristen gerne. Vorspeise mit Fischgericht um 45 TL.

Kebaps und mehr – **Truva Restaurant:** Saat Kulesi Meydanı 9, Tel. 0286 213 32 81. Türkische Grillgerichte am Platz mit dem Uhrturm. Hauptgerichte um 16 TL.

Verkehr

Von der **Busstation** ca. 1 km südlich vom Fährhafen etwa stdl. Fernbusse nach İstanbul und Richtung İzmir, seltener auch nach Bursa; Minibusverkehr stdl. nach Güzelyalı, seltener nach Truva (Troia), Ezine.

Dardanellen-Fähre: s. S. 72

Kilitbahir-Fähre: ab dem Fischerhafen südl. vom Anleger der Großfähre starten kleine Fährboote (mit Platz für ca. 10 Pkw) alle 30 Min. zur Festung Kilitbahir.

Gökçeada-Fähre: ab Çanakkale und ab Kabatepe İskelesi auf der Gelibolu-Halbinsel; beide Fähren mit (begrenztem) Autotransport. Info s. Gökçeada, S. 207.

Bozcaada-Fähre: Catamaran ab Çanakkale und ab Yükyeri İskelesi (Anfahrt über Ezine und Geyikli) mehrmals tgl., 35 Min. Fahrtdauer, Autotransport möglich. Zahlreiche Hotels im Haupt- und Hafenort (www.bozcaadatenedos.com).

SPUREN DER GALLIPOLI-SCHLACHT

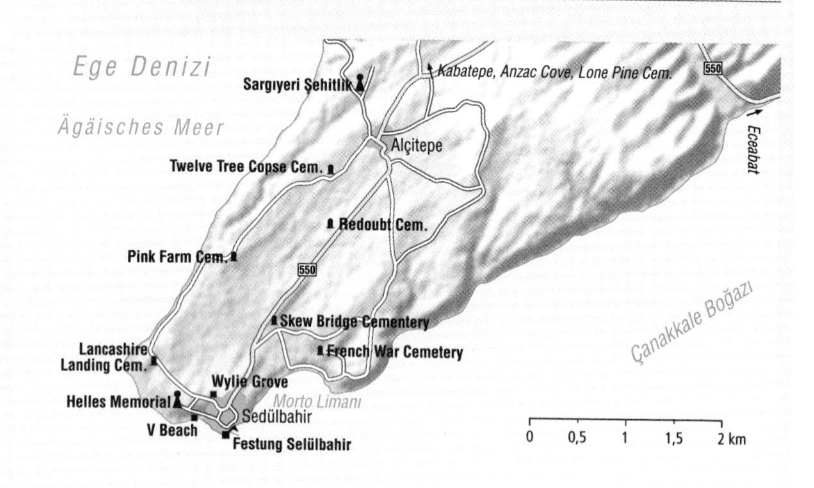

Tour-Infos

Start: Çanakkale
Länge: 5 km Fähre bis Eceabat, 30 km mit Auto etc. bis Sedülbahir
Dauer: ein halber bis ganzer Tag
Wichtige Hinweise: Dardanellen-Fähre s. S. 72; Moped oder Räder kann man nahe dem Fährplatz ausleihen.

Die **Gallipoli-Halbinsel** (Gelibolu Yarımadası, ▶ B 2) war zwischen April 1915 und Januar 1916 Schauplatz eines blutigen Stellungskriegs, der auf jeder Seite rund 50 000 Soldaten das Leben kostete. Zuerst scheiterte der Vorstoß der Alliierten durch die Dardanellen am Sperrfeuer der unter deutschem Kommando stehenden Artillerie und den von der Nusret (s. S. 204) gelegten Treibminen, dann hetzten die Briten ihre ANZAC-Einheiten (Australian and New Zealand Army Corps) in ein Landungsunternehmen, dass aber aufgrund des hartnäckigen osmanischen Widerstands ebenfalls fehlschlug. Eine entscheidende Rolle spielte damals Mustafa Kemal Paşa, später Atatürk genannt. Er zwang die zurückweichenden türkischen Soldaten mit dem berühmten Befehl: »Ihr sollt hier nicht angreifen, ihr sollt hier sterben!«, mit aufgepflanzten Bajonetten den Hügelkamm zu verteidigen. Tatsächlich blieb die August-Offensive stecken – und das große Sterben konnte noch acht Monate weitergehen. Atatürks Rolle in dieser Schlacht wird im Museum in Eceabat gewürdigt, dem europäischen Hafen der Çanakkale-Autofähre.

Heute ist die Halbinsel übersät mit Gedenkstätten und Soldatenfriedhöfen, teils nördlich vom Hafen Kabatepe rund um die berüchtigte Lone Pine-Stellung, teils im Süden bei der Festung Sedülbahir. Mit einem Fahrrad ist die Tour nach Süden eine durchaus anspruchsvolle Tagesfahrt. Man kann die Spitze einmal umfahren, vom French Cemetery (14 300 Tote) zum Helles Memorial (20 800 Tote) und weiter zum Twelve Tree Copse (3500 Tote). Am V Beach kann man baden; 100 m im Inland liegt am Wylie Grove das Grab jenes Offiziers, der an der Spitze der ersten Landungswelle fiel.

Insel Gökçeada ▶ 2, A 2

Kabatepe ist Fährhafen für die Insel **Gökçeada,** das griechische Imbros. Beim ›Bevölkerungsaustausch‹ 1923 durften die Griechen hier zunächst bleiben; seit der Zypern-Krise sind sie jedoch inzwischen fast alle abgewandert. Inzwischen versucht die kleine Griechengemeinde sogar wieder, eine eigene Schule auf der Insel zu eröffnen.

Landschaftlich ähnelt Gökçeada einer typisch griechischen Ägäis-Insel, auch wenn die ausgedehnten Olivenhaine nun zunehmend durch Obstbaumkulturen ersetzt werden. Der alte Fährhafen Kaleköy ist durch einen neuen auf der Ostseite der Insel abgelöst; es gibt auch einen Flughafen unterhalb des Hauptorts İmroz (oder Gökçeada Merkez), wo die meisten türkischen ›Neusiedler‹ leben.

Die besten Strände finden sich an der Südostküste, der Top-Tipp ist der **Aydıncık Beach,** der den Tuz Gölü (Salzsee) vom Meer abtrennt (mit Surf-Zentrum, www.surfgokceada.com, DZ/F um 180 TL).

Info

Allgemein: www.gokceadarehberim.com **Fährüberfahrten:** www.gestasdenizulasim.com.tr, **Tagestrips:** www.truvaturizm.com, **Flüge:** www.borajet.com.tr

Übernachten

Schick mit Aussicht – **The Castle Boutique Hotel:** Yukarı Kaleköy 29/30, Tel. 0554 676 51 55, www.hotelthecastle.com. Schickes Designhotel in einem historischen Gemäuser bei der Burg links über dem Hafen. Romantische Zimmer. DZ/F um 250 TL.

Gelibolu ▶ 2, B 1

Östlich am Marmara-Meer liegt **Gelibolu,** ein Städtchen von 23 000 Einwohnern mit Fischerhafen und Fährverbindung nach Lapseki. Die in der Antike Kallipolis, später Gallipoli genannte Stadt war die erste, die die Osmanen in Europa erobern konnten, und zwar 1356 durch Süleyman Paşa, einen Enkel Osmans.

Im byzantinischen Festungsturm am Hafen, wo morgens ein lebendiger Fischmarkt stattfindet, ist heute das **Piri-Reis-Museum** (Di–So 8.30–12, 14–17 Uhr) untergebracht, das den berühmtesten türkischen Seefahrer ehrt. Dieser Admiral und Geograf, der selbst den Indischen Ozean befuhr und 1513 eine Weltkarte herausgab, in der schon die neu entdeckten Küsten Amerikas verzeichnet waren, verbrachte seine letzten Lebensjahre in Gelibolu. An der nördlichen Steilküste liegt der Azebeler Namazgahı von 1407, ein offener Gebetsplatz mit Kibla-Wand, Mihrab und Minbar – alles aus Marmor und mit kalligrafischen Schriftzügen verziert.

Infos

Info-Kiosk am Liman Meydanı, gegenüber vom Fährhafen.

Übernachten

Flair am Hafen – **Butik Hotel Gelibolu:** Kore Kahramanları Cad. 8, Tel. 0286 566 66 00, www.butikhotelgelibolu.com. Schönes klassizistisches Althaus am Hafen, aufwendig renoviert. Schicke Zimmer, gute Bäder, mit Sauna und Gym. Im Haus auch ein gehobenes Restaurant (ohne Terrasse) und eine Bar. DZ/F um 250 TL.

Verkehr

Von der **Busstation** an der Zufahrtsstraße kurz vor dem Ort etwa stündlich von/nach İstanbul und Çanakkale. Per **Dolmuş** häufig nach Çanakkale, seltener Richtung Şarköy/Tekirdağ.

Dardanellen-Fähre: Tgl. 6–24 Uhr cac. jede volle Stunde eine Autofähre nach Lapseki auf der asiatischen Seite.

Troia ▶ 2, B 2

Karte: S. 211

Trk. Truva, tgl. 9–18, letzter Einlass 16.30 Uhr, Eintritt 20 TL

Beginnen sollte man den Besuch von **Troia** im Informationsbau, wo auch eine gut 12 m hohe Nachbildung des **Trojanischen Pferdes** steht, in die man hineinklettern kann. Den jüngsten Grabungskampagnen der Universität Tübingen ist eine sehr gute Darstellung der zehn unterschiedlichen Kulturstufen zu verdanken, die in dieser Stadt ihre Bauten aufeinander schichteten und so den Hügel »hochwohnten«, wie der 2005 verstorbene Grabungsleiter Manfred Korfmann schrieb.

Die Zählung beginnt mit der frühbronzezeitlichen Siedlung Troia I (3000 v. Chr., die neueren Grabungen haben jedoch noch ein ›Troia 0‹ ab 3700 v. Chr. identifiziert) und endet mit Troia VIII und IX (bis 400 n. Chr.), die in hellenistisch-römischer Zeit als eine Art Heldendenkmal auf die uralten Siedlungsschichten gesetzt wurden. Mal steht man also vor bronzezeitlichen, mal vor hellenistischen, mal vor römischen Ruinen. Um der Vorstellungskraft auf die Sprünge zu helfen, stelle man sich die Schichten einer Zwiebel vor, die oben angeschnitten ist: Der Schnitt sind die späteren hellenistisch-römischen Stufen VII und IX, für die der Hügel großflächig planiert und abgetragen wurde; erhalten blieben nur die Ränder dieser Kulturstufen, also der Mauerring der großen

Im heiligen Bezirk vor Troias Mauern wurde später Achilleus verehrt

Troia und die Archäologie

Kein antiker Ort der Türkei ist so bekannt wie Troia, erst recht, seit Brad Pitt 2005 den besten Helden der griechischen Sagen verkörperte. Doch wer den Platz finden will, wo der 10-jährige Kampf der mykenischen Griechen gegen Volk und Stadt des Königs Priamos zuletzt durch das ›Trojanische Pferd‹ entschieden wurde, wird enttäuscht. Einen Superlativ verdient der Ort nur wegen der Verwirrung, die er hinterlässt: Troia gibt es neun Mal!

Immerhin ist die Frage, ob es Troia wirklich gab, mittlerweile entschieden. Bei der Entzifferung der Archive der Hethiter-Könige tauchten Hinweise auf eine Stadt ›Wilusa‹ im Nordwesten Kleinasiens auf, bei der es sich um jenes (W)Ilios handeln dürfte, das Homer nach dem Volk der Troer nur mit Beinamen Troia nannte. Damit liegen zeitgenössische schriftliche Hinweise auf die mythenumwobene Stadt vor. Als hingegen Heinrich Schliemann vor über 100 Jahren auf dem Hisarlık-Hügel die Ruinen entdeckte, da spottete die Fachwelt über seine Gleichsetzung dieser Stätte mit dem homerischen Troia. Und selbst vor 15 Jahren noch taten viele Altertumswissenschaftler Troia rundheraus als Legende ab.

Auf jeden Fall entdeckte Schliemann den archäologisch bedeutendsten und einen der historisch mächtigsten Fürstensitze der ägäischen Bronzezeit. Diese Stadt beherrschte die Dardanellen-Durchfahrt ins Schwarze Meer, mit dessen Ländern die achäischen Griechen (die ›Mykener‹) schon Handel trieben. Da die Schiffe aber noch nicht gegen die hier häufigen Nordwinde kreuzen konnten, mussten sie auf troianischem Gebiet den Südwind erwarten: Dafür waren Zölle und Abgaben zu entrichten, die Troia reich machten. Fest steht auch, dass der Hügel seit 3000 v. Chr. besiedelt war, wobei verschiedene Kulturstufen aufeinander folgten. Diese Kulturen hinterließen übereinandergelagerte Schichten, was den Archäologen eine Art Zeitreise am selben Ort gestattet. Alle neun in nochmals rund 50 Bauphasen untergliederte Schichten bezeugen durch ihre Fundstücke weit gespannte Handelsbeziehungen.

Besonders bedeutend sind die Stufen Troia II (2500–2300 v. Chr.), das Schliemann fälschlich für das Troia des Priamos hielt und Troia VI (1700–1250 v. Chr.). Um eben dieses ranken sich die Spekulationen, denn das Ende dieser Siedlungsstufe fällt genau in die Zeit der größten Machtentfaltung des mykenischen Griechenland. Diese Stadt jedoch zerstörte höchstwahrscheinlich ein Erdbeben! Ein Untergang in Krieg und Feuersbrunst ist nur für Troia VIIa nachweisbar, doch das geschah erst im 12. Jh. v. Chr., zur selben Zeit, als auch die mykenischen Paläste in Flammen aufgingen.

So könnte das berühmte Pferd, dessen Nachbau man vor der Stätte besteigen kann, auch nur ein Symbol sein – für den ›Erderschütterer‹ Poseidon, den Gott der Rosse und des Erdbebens. Schließlich schrieb Homer das Epos erst über 400 Jahre später.

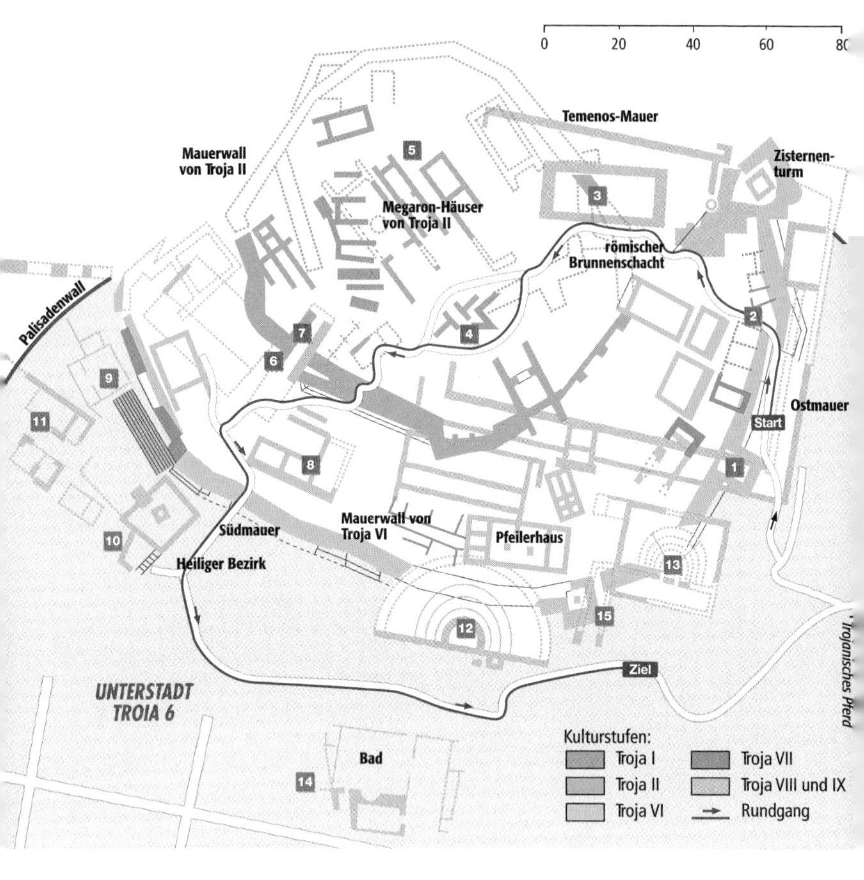

Epoche VI, und die inneren Schichten, hier die Zentren der Epochen I bis V, die aber durch die Grabungen bis auf Niveau II abgetragen wurden.

Rundgang

Der ausgeschilderte Rundgang beginnt an der **Ostmauer** von Troia VI, die noch bis zu 8 m hoch erhalten ist. Ein ursprünglich 15 m hoher, rechteckiger **Ostturm** 1 schützte die Stadt zusammen mit dem Südturm (am Ende des Rundgangs) zur Ebene des Skamander, während auf der gegenüberliegenden Seite, wo sich damals eine Bucht (oder ein Sumpfgebiet) erstreckte, wahrscheinlich der hochgebaute Königspalast die Mauer verstärkte. Das **Osttor** 2 zeigt die typische Form der späten Bronzezeit: der Eingang liegt quer zur Mauer und wird durch einen vorkragenden Mauerversprung geschützt.

Dann steigt man zur Höhe des **Athena-Tempels** 3 auf, der schon in archaischer Zeit begründet wurde. Der Perserkönig Xerxes opferte hier vor der Schlacht bei Salamis, Alexander auf seinem Rachefeldzug ebenfalls. Für die Plattform des unter Lysimachos und noch einmal unter Kaiser Augustus erweiterten Heiligtums trug man den Residenzbereich von Troia VI und VII, also den möglichen ›Palast des Priamos‹, komplett ab; die ›Schliemann-Gräben‹ und spätere Grabungen zerstörten wiederum große Teile dieser Bausubstanz.

Weiter geht es entlang der aus Lehmziegeln rekonstruierten **Mauer von Troia I** 4 (Station 5) unter einem Zeltdach. Gegenüber liegen die kaum noch erkennbaren

Troia

Sehenswert

1 Ostturm
2 Osttor
3 Athena-Tempel
4 Mauer von Troia I
5 Residenzhäuser (Palast)
6 Rampe Troia VI (Bronzezeit)
7 Tor von Troia II
8 Haus VI M
9 Westliches Doppeltor (Skäisches Tor)
10 Altar
11 Hellenistisch-römische Tempel
12 Odeion
13 Bouleuterion
14 Gymnasion
15 Südtor

Residenzhäuser von Troia II 5 (Station 6). Schon die ältesten dieser Bauten entsprechen dem Typus des Megaron (längliche Halle mit Flachdach und offener Vorhalle), aus dem sich später der antike Tempel entwickelte. Es folgt die gepflasterte, 21 m lange **Rampe** 6, mit der Troia VI einen Zugang über die alte Mauer von Troia II zum Palastareal herstellte. Direkt nordwestlich, am **Tor von Troia II** 7, fand Schliemann, der hier das ›Skäische Tor‹ Homers (s. u.) entdeckt zu haben glaubte, übrigens seinen ›Schatz des Priamos‹. Heute ist erwiesen, dass der Fund, der im 2. Weltkrieg als Kriegsbeute nach St. Petersburg kam, wahrscheinlich 1500 Jahre älter ist als der ›Trojanische Krieg‹ und wohl vom Ende der Epoche Troia I stammt. Südöstlich der Rampe folgt das **Haus VI M** 8, in dem man ein Vorratslager des Palastes von Troia VI vermutet. Die Palastbauten dieser Zeit hatten ein geböschtes Untergeschoss aus Stein, über dem ein zweites Geschoss in Holz-Lehm-Bauweise aufsaß.

Südlich verläuft wieder die **Burgmauer von Troia VI,** die hier mit einem zurückspringenden Mauerabschnitt ein **Doppeltor** 9 nach Westen bildet. Die Korfmann-Grabung identifiziert hier das Skäische Tor (übersetzt ›Westliches Tor‹). Dahinter schließt ein **Heiliger Bezirk** an, der schon bei der Wiederbesiedlung im 8./7. Jh. v. Chr. angelegt und bis in römische Zeit genutzt wurde. Einem offenen **Altarbereich** 10 links standen rechts zwei **Tempel** 11 gegenüber.

Davor erstreckte sich ein nur 80 m breiter Restzipfel der neu entdeckten, 27 ha großen **Unterstadt,** die mit einem hölzernen Palisadenwall und einem Graben geschützt war. Die homerischen Dispute zwischen den mykenischen Griechen und den Helden Troias, nicht zuletzt der Tod Hektors und auch Achills wären also hier anzusiedeln. Dies sahen wohl auch schon die Griechen 700 Jahre später so, die im Heiligen Bezirk ihrem Helden Achilleus gedachten.

Entlang der Mauer Troia VI geht es nun durch das Areal der römischen **Agora,** mit Ruinen eines **Theaters (Odeion)** 12, eines **Bouleuterions** 13 (Versammlungshauses) und eines **Gymnasions** 14, einer Sport- und Wettkampfanlage. Wieder von Troia VI stammt das **Südtor** 15 am Ende des Rundgangs, dessen gepflasterter Torweg in römischer Zeit hinauf zum Propylon des Athena-Tempels führte. Es wurde von einem dreistöckigen Turm flankiert, dessen Mauerwerk über 3 m hoch erhalten ist.

Die Troas

Die Landschaft der **Troas** zwischen Troia und Assos ist eine wenig besuchte Region mit ursprünglichen Dörfern. An der Küste nördlich von Troia haben sich frühgeschichtliche **Hügelgräber** erhalten, die schon in der Antike nach den Helden des ›Trojanischen Kriegs‹ benannt wurden (Infos über Troia-Führer Mustafa Aşkın im Hotel Hisarlık).

Insel Bozcaada ▶ 2, A 2

An der Fährstelle Yükyeri İskelesi kann man zur kleinen Insel **Bozcaada,** dem griechischen Tenedos, übersetzen (s. S. 205). In dem Hafenstädtchen unterhalb einer genuesischen Burg lebten wie auf Gökçeada noch bis zur Zypern-Krise 1974 mehrheitlich Griechen. Berühmt ist der Weinanbau, der die Trauben für den Çanakkale-Wein liefert, berühmt ist die Insel heute auch als Strandidylle – kleine Pensionen in den alten Griechenhäusern und romantische Tavernen machen den eigentlichen Reiz der Insel aus.

Alexandreia Troas ▶ 2, B 3

Tgl. 8.30–17 Uhr, Eintritt 5 TL

Südlich der Fährstelle, hinter dem Dörfchen Dalyan, versteckt sich die antike Stadt **Alexandria Troas** in den Feldern. Von der Ende des 4. Jh. v. Chr. durch Synoikismus (Zusammenlegung mehrerer Orte) gegründeten Stadt, die kurzzeitig als Alternativstandort für Kaiser Konstantins ›Neues Rom‹ im Gespräch war, blieb wenig erhalten, etwa Teile der Stadtmauern, Thermenruinen und ein großer Podiumtempel. Im Sommer arbeiten hier immer deutsche Archäologen, die einen Stadtplan erstellen und Reste eines frühhellenistischen Tors mit Rundtürmen freigelegt und teils restauriert haben. Eine Stadtmauer in stiller Macchia-Landschaft bietet auch das antike **Neandria** beim Weiler Kayacık (Anfahrt über Uluköy) im Inland.

Smyntheion-Tempel ▶ 2, A 3

Tgl. 8.30–12.30, 13.30–17 Uhr, Eintritt 5 TL

Ganz im Südwesten der Troas liegt beim Dorf Gülpınar das antike Heiligtum des **Apollon Smyntheion.** Der erstaunlich große, dem Apollon als ›Mäusetöter‹ geweihte Tempel war früher mit einer Olivenölfabrik überbaut, Teile des Podiums wurden restauriert.

Babakale und Sokakağzı

Wer einmal an der westlichsten Westspitze Kleinasiens gestanden haben möchte, fährt 7 km weiter zum Fischerhafen **Babakale** im Schatten einer Burg, die bis ins 17. Jh. den Osmanen als Piratennest trotzte.

Über Bademli fährt man durch karges Weidegebiet nach Behramkale, dem antiken Assos; am Weg liegen beim Dorf Koyunevi die Buchten von **Sokakağzı** mit Pensionen, die bei Studenten aus Çanakkale als Geheimtipp zum Schnorcheln gehandelt werden.

Assos ▶ 2, B 3

Es gibt zwei Eintrittskassen: zum Tempel am oberen Dorfrand von Behramkale und zum Agora-Gelände an der Straße zum Hafen; tgl. 8–17 Uhr, Eintritt für beide 10 TL

Die Ruinen von **Assos** beim Dorf Behramkale (700 Einwohner) sind nach Troia die bedeutendste Sehenswürdigkeit der Troas. Die Anfahrt von der Küstenschnellstraße D550 führt über das Kleinstädtchen **Ayvacık** mit an sich schönen, leider verfallenden traditionellen Holzhäusern und einem pittoresken Wochenmarkt am Freitag.

Besondere historische Bedeutung hatte Assos zwar nie, doch seit der Gründung durch Griechen von der nahen Insel Lésvos (dt. Lesbos) zu Beginn des 1. Jahrtausends v. Chr. war der Stützpunkt, der die Einfahrt

Vom Athena-Tempel in Assos blickt man hinüber zur Insel Lésvos

zum Golf von Edremit kontrollierte, bei allen Mächtigen begehrt. In hellenistischer Zeit gehörte Assos zum pergamenischen Reich, mit dessen Ende büßte es gegenüber Alexandreia Troas (s. S. 212) jedoch an Bedeutung ein.

Behramkale und Athena-Tempel

Vom Parkplatz am Dorfeingang, bei der hohen hellenistischen Stadtmauer, steigt man durch ein seltsames Dorf zum Eingang der Akropolis empor: Es ist tatsächlich komplett aus den Steinen des alten Assos gebaut. Marktstände für Teppiche und Selbstgesticktes begleiten den Weg, und wenn man die Hügelspitze erreicht hat, bietet sich eines der schönsten Panoramen der Türkei.

Neben dem grandiosen Meerblick hinüber nach Lésvos wirkt der **Athena-Tempel,** in dorischer Gestalt vermutlich um 530 v. Chr. gegründet, fast armselig: Was aber auch daran liegt, dass hier kein Marmor zum Einsatz kam – und zur Restaurierung Stahlbeton!

Die Unterstadt

Der Rest der Stadt, die sich auf Terrassen zur Küste hinunter erstreckte, bietet zwar keine aufregenden Baustrukturen, doch faszinieren die Details. Das Zentrum lag auf der zweiten Terrasse, die man über das **Westtor** (an der Straße zum Hafen) betritt. Der Bereich vor dem Tor wurde von Archäologen freigelegt: die Sarkophage der Nekropole, die wie üblich vor dem Stadteingang lag, das sorgfältig gefügte, von Karrenspuren gehöhlte Pflaster der antiken Straße, das bis zur ursprünglichen Höhe erhaltene Tor.

Die Ruinen hinter dem Tor, die dem 3./2. Jh. v. Chr. entstammen, umfassen ein **Gymnasion,** die **Agora** mit einem kleinen Tempel an der Westseite, einem Bouleuterion (Ratshalle) an der Ostseite und einer 111 m langen Säulenhalle vor der Stützmauer an der Nordseite. Zum **Theater,** noch eine Terrasse tiefer, führte ein teils getreppter Weg vom Agora-Tempel her, besser nimmt man aber die moderne Fahrstraße zum Hafen. Der Bau aus dem 3. Jh. ist ebenfalls freigelegt und leider ebenfalls mit Beton restauriert worden.

Das touristische Leben spielt sich am Hafen von Assos ab, wenn auch das Dorf langsam aufholt und nun auch einfache Restaurants und hübsche, bei Backpackern beliebte Pensionen bietet. Unten an der Mole, an der bunte Fischerboote und Yachten dümpeln, drängen sich ein paar Hotels, die mit historischem Ambiente auf edel machen. Weiter nach Osten gibt's auch Campingplätze, die anscheinend vor allem bei Twens aus den USA gewissen Ruhm genießen. Ein stilles Paradies auf kleinstem Raum direkt am Meer, nachts mit Blick auf die fernen Lichter von Lésvos.

Übernachten

Schick und komfortabel – **Kervansaray:** In einer renovierten Karawanserei am Hafenkai, Tel. 0286 721 70 93, www.assoskervansaray.com. Bestes Etablissement am Platz, mit noblem Restaurant, Indoor-Pool, Sauna. Die Zimmer haben teils Klimaanlage, halten aber nicht ganz, was die Lobby verspricht. Ähnlich gut ausgestattet, sogar mit etwas besseren Zimmern, ist das **Nazlıhan** (Tel. 0286 721 73 85, www.assosnazlihan.com). DZ/F für beide um 250 TL.

Einfache Mittelklasse – **Behram:** am Hafen, Tel. 0286 721 70 16, www.assosbehramhotel.com. Etwas weniger edel, doch die Zimmer nach vorn haben Balkon mit Hafenblick. Der Rezeptionist spricht etwas Deutsch und ist sehr hilfsbereit. Von der Halbpension ist nicht abzuraten, denn das Menü bietet gute Auswahl. Vom Preis-Leistungsverhältnis vergleichbar ist das **Assos** (Tel. 0286 721 70 17) nebenan. DZ/F für beide um 180 TL.

Pension im Dorf – **Pegasos Pansiyon:** Im Dorf Behramkale an der Hauptgasse kurz vor dem Platz der Souvenirhändler. Neu (aber natürlich mit Steinen des alten Assos) gebaut und fast mit Hotelkomfort. DZ/F um 100 TL.

Pension am Strand – **Plaj Pansiyon:** ca. 100 m östlich vom Hafen. Unter den Pensionen und Camingplätzen hier die beste Lage: Mit einfachen Zimmern direkt am sauberen Strand ein schönes Plätzchen zum Ausspannen. DZ/F um 75 TL.

Essen & Trinken

Schick essen – **Kervansaray:** Restaurant des Hotels am Hafen. Nobelrestaurant mit exzellentem Service, teuren Fischgerichten und auch internationaler Küche. Abendessen zu zweit mit Wein um 130 TL.

Essen mit Musik – **Fenerlihan:** Assos Hafen, an der Westseite. Modernes Restaurant im Kneipenstil mit Fassbier; angeschlossen eine Dans Bar, in der Saison häufig Livemusik. Hauptgerichte 15–32 TL.

Traditionelle Küche – **Athena Restoran:** Am Ortseingang von Behramkale. Traditionelle türkische Küche; hier gibt es auch schon mal Zicklein vom Rost, um 16 TL.

Am Burgberg – **Kale Restoran:** In Behramkale kurz vor der Moschee. Einfache Bauernküche, dazu wird ein würziger Ayran aus Ziegenmilch ausgeschenkt.

Einkaufen

Teppiche – Im **Dorf Behramkale** werden regionale Teppiche verkauft, z. B. die Yağcıbedir mit roter Zeichnung auf dunklem Blau oder die Edremit-Teppiche in Pastelltönen.

Verkehr

In der Saison etwa alle 2 Std. **Kleinbusverbindung** mit Ayvacık.

Am Golf von Edremit

Der **Edremit Körfezi,** ein tiefeingeschnittener Golf mit der Stadt Edremit im Zentrum, wird im Westen von der Insel Lésvos (Lesbos), im Norden vom 1767 m hohen

Kaz Dağı abgeschlossen; vor allem der Wall der Kaz-Berge schirmt die kalten Nordwinde vom Marmara-Meer ab. Das deutlich mildere Klima ist einerseits Grundlage für den Anbau von Ölbäumen, der als bedeutendster Wirtschaftsfaktor der Region auch den Namen ›Oliven-Riviera‹ eingetragen hat, andererseits aber auch für das erste große Urlaubsgebiet an der Westküste, wenn man von Norden kommt.

Küçükkuyu und Akçay

Schon auf der Serpentinen-Abfahrt aus Richtung Ayvacık wird dies deutlich: Durch Kiefern fährt man auf endlose Ölbaumhänge zu, darunter glitzert das Meer und links schimmern weiß die Ferienanlagen von **Küçükkuyu** durchs Grün. Dieser Ort ist wie **Altınoluk** und **Akçay** eines jener beschaulichen Urlaubsstädtchen, die noch nicht vom europäischen Massentourismus überlaufen sind.

Infos

In **Akçay** am Barbaros Meydanı, Tel./Fax 0266 312 11 13.

Übernachten

Zwischen Küçükkuyu und Akçay gibt es zahlreiche Hotels direkt am Meer mit Restaurants, eine schöne Strandidylle.

Unter Olivenbäumen – **Palace Hotel Olive Odore:** Küçükkuyu, Oststrand, Tel. 0286 752 55 72, www.oliveodore.com. Gepflegtes Strandhotel direkt am Meer mit Pool, Sauna und Gym. Moderne, schicke Zimmer. DZ/F um 160 TL.

Essen & Trinken

Viel Fisch – **Yengec Balık Lokantası:** Küçükkuyu, Cemal Burnaz Cad. 36, Tel. 0286 752 58 59. Gutes Fischrestaurant in einem alten Griechenhaus am Hafen, mit Garten. Hauptgerichte ab 20 TL.

Am Meer – **As Balık Restaurant:** Akçay, Turgut Reis Cad. 29,Tel. 0266 384 40 40, www.asmotel.com.tr. Strandlokal mit Motel, westlich vom Hafen. Man sitzt wunderbar am Meer. Hauptgerichte ab 18 TL.

IN DEN BERGEN

Nördlich über dem Golf von Edremit erhebt sich der **Kaz Dağı,** Homers berühmter Berg Ida, auf dem die olympischen Götter den Krieg um Troia verfolgten. In seinen Ausläufern nach Süden kann man das noch ganz traditionelle Dörfchen **Yeşilyurt** mit seinen komplett erhaltenen historischen Steinhäusern besuchen. In **Adatepe** östlich von Küçükkuyu gibt es ein sehenswertes Oliven-Museum (tgl. 8–17 Uhr); 15 Min. Fußweg führen zum **Zevs Tapanağı,** dem Zeus-Altar mit großartiger Aussicht.

Edremit und Ören ▶ 2, C 3

Das geschäftige **Edremit,** eine Stadt mit 56 000 Einwohnern im Ostzipfel des Golfs, ist die Nachfolgesiedlung des antiken Adramytion, das Adramy, ein Bruder des Lyder-Königs Kroisos, gegründet haben soll. Antike Spuren blieben jedoch nicht erhalten, und so gewinnt das Städtchen seinen Charme in malerischen Altstadtgassen mit historischen Holzhäusern und einigen Moscheen des 14. Jh. mit den typischen Backstein-Minaretten. Mittwoch ist Markttag, dann kann man vormittags einen der ursprünglichsten und größten Basare der Westküste erleben.

1997 wurde hier übrigens ein sehr zweifelhaftes Projekt gestoppt: Ein internationales Konsortium wollte **Goldabbau** betreiben, bei dem Millionen Kubikmeter hochgiftiger Zyanidlösung angefallen wären. Jahrelang blieben alle Proteste unbeachtet, doch dann erreichte die Klage von Birsel Lemke (Chefin des Club Orient in Ören) einen Baustopp – 2000 erhielt sie dafür den alternativen Nobelpreis. Die Diskussion aber geht weiter, denn mittlerweile ist bei Bergama eine solche Goldwaschanlage entstanden.

So lässt sich der unter Kiefernbäumen versteckte Badeort **Ören** an der Küste bei Burhaniye weiterhin empfehlen. Wer mit Kindern Urlaub macht, ist hier in der Saison (der Sommer endet am Golf jedoch schon Mitte September) viel besser aufgehoben als in den Touristen-Agglomerationen des Südens. Und türkisches Flair gibt's am Platz vor dem langen, breiten Sandstrand noch gratis.

Übernachten

Kleines Paradies – **Club Orient:** Ören, am östlichen Strand, Tel. 0266 416 34 45, www.cluborient.de. Große, sehr hübsche Anlage, etwas außerhalb, dafür viel Komfort, Wassersport und eine zeitgemäß umweltbewusste Leitung. Das Hotel mit deutschem Management engagiert sich auch im Kampf gegen den Goldabbau. DZ/HP um 260 TL, Kind um 60 TL.

Essen & Trinken

Am Strand – **Altay Cafe & Pub:** Ören, am Hauptplatz. Traditionshaus mit bestem Blick über den Strand zum Ida-Gebirge auf der anderen Seite des Golfs.

Unter Baumschatten – **Artemis Kale:** Ören, westlich vom Altay. Auf mehreren Terrassen sitzt man hier schön im Baumschatten.

DER TEUFELSTISCH

Das beliebtes Ausflugsziel in der Ayvalık-Region ist der **Şeytan Sofrası** (›Teufelstisch‹), ein Felsplateau Richtung Sarımsaklı, das einen wunderbaren 360°-Blick über die Küstenlandschaft bietet. Wer in eine kleine, mit Hunderten von ***adaks*** (angeknoteten Fetzen als Bittgesuch) behängte Felsspalte hinter dem runden Restaurantbau eine Münze wirft, hat beim Teufel einen Wunsch frei.

Verkehr

Die **Fernbusse** aus Richtung Çanakkale, İzmir und Bursa/Ankara stoppen in Edremit: Busstation im Westen des Ortes, von dort per Minibus zu den Küstenorten.

In der Saison **Bootsverbindung** zwischen Ören und Akçay.

Ayvalık ▶ 2, B 4

Am südlichen Ausgang des Golfs von Edremit ist **Ayvalık** in eine stark zerlappte Küstenlandschaft mit zahlreichen Buchten, Inseln und Halbinseln eingebettet. Touristisch hat in den letzten Jahren vor allem die Hotelsiedlung **Sarımsaklı,** der lange, feinsandige ›Knoblauchstrand‹ 5 km südlich, enormen Aufschwung genommen. Ansonsten ist das traditionsreiche Städtchen mit seinen 40 000 Einwohnern, genauer das Villenviertel Çamlık südlich vom Zentrum, ein beliebtes Ferienquartier reicher İstanbuler. Daher hat Ayvalık in der Saison ein durchaus lebhaftes Nachtleben, dessen Zentrum die Pubs und Discos im Hafenviertel sind. Und auch als Shoppingmeile ist die Fußgängerzone am Cumhuriyet Meydanı, dem Hauptplatz an der Küstenstraße, interessant!

In den meerabgewandten Vierteln hingegen sind die Traditionen noch lebendig. Über Kopfsteinpflaster rumpeln mitunter noch Pferdekarren und unter dem Weinlaub des Teehauses an der Safa Caddesi genießen die Männer die Abendkühle. Überall präsent sind Häuser in der typisch klassizistischen Architektur der kleinasiatischen Griechen. Bis zur großen Vertreibung 1923 war Ayvalık, damals noch Kydonia genannt, überwiegend von Griechen besiedelt, die dann zumeist auf die nahe Insel Lésvos flüchteten.

Aus dieser Zeit sind noch etliche Kirchen erhalten, etwa die **Taksiyarhis Kilise** in der M. Çakmak Caddesi. Die große, früher prachtvoll ausgestattete Kreuzkuppelkirche des frühen 19. Jh. wurde inzwischen baulich gesichert und enthält nun das Museum der Stadt (Di–So 9–12, 13–17 Uhr).

Alibey Adası (Cunda)

Zwar sind auch die Fischrestaurants beim rostroten Hafenamt des 19. Jh. schön, doch schöner noch ist die Hafenidylle auf **Cunda** oder **Alibey Adası.** Dies ist ein Inselchen gegenüber von Ayvalık, dessen einziger Ort Doğaköy in der Saison regelmäßig per Boot angefahren wird und daher schon Vorortcharakter hat. Ein Geheimtipp sind die guten Fischrestaurants am Hafenkai, die man ebenso wie einige Hotels und Pensionen auch über einen Damm mit dem Auto anfahren kann.

Infos

Info-Kiosk: Yat Liman Karşısı, Kiosk am Ableger der Ausflugsboote, Tel. 0266 312 21 22.
Internet: www.ayvaliktayasam.com

Übernachten

Pauschal bucht man in der Regel die Häuser am **Sarımsaklı-Strand,** recht komfortabel ist z. B. das Büyük Berk. Aber auch viele einfache Pensionen lassen sich dort finden.

... im Zentrum

Am Hafen – **Butik Sizmahan:** Gümrük Cad., Tel. 0266 312 77 00, www.butiksizmahan.com. Gepflegtes Hotel in einem alten Griechenhaus mit Terrasse zum Meer. Ordentliche Zimmer, hübsche Lobby, Badeplateaus. DZ/F um 180 TL.

Altes Griechenhaus – **Taksiyarchis Pansiyon:** M. Çakmak Cad. 71, Tel. 0266 312 14 94, www.taksiyarhispension.com. Ein altes Griechenhaus oberhalb der Taxiarchen-Kirche, eingerichtet wie in alter Zeit. Romantisch historische Zimmer, Dachterrasse, beliebt bei Backpackern. B&B pro Pers. 55–75 TL.

... auf Alibey Adası (Cunda)

Inselidylle – **Cunda Deniz Hotel:** Alibey Adası, Mevlana Cad., Sahil Boyu 1, Tel. 0266 327 10 12, www.oteldeniz.com. Strandhotel 300 m östlich der Hafenpromenade, mit Garten und Restaurant am Meer. Einfache Zimmer mit AC und Balkon. DZ/F um 130 TL.

Essen & Trinken

Fisch und mehr – **Öz Canlı Balık:** Sahil Yolu 3, Tel. 0266 312 22 92. Am Ayvalık-Hafen beim Cumhuriyet Meydanı. Fischrestaurant mit großer Auswahl, beliebt bei Einheimischen und den Ferienhausbesitzern. Hauptgerichte ab 20 TL, Fisch ab 28 TL.

Hafenblick – **Deniz Içi Café Bar:** Hinter Öz Canlı Balık. Sehr stilvoll in einem alten Hafengebäude. Nachmittags sitzt man hier mit tollem Hafenblick.

Schick und öko – **Tarlakusu Gurmeko:** Cumhuriyet Cad. 53, Tel. 0266 312 33 12. Rustikales Lokal im Ökostil mit ökologisch angebauten Produkten. Alle gibt es auch zum Einkaufen. Hauptgerichte ab 22 TL.

... auf Alibey Adası

Inselidylle – **Nesos:** Alibey, am Kordon in Doğaköy. Große Fischauswahl und Spezialitäten wie *Ahtapot Böreği,* mit butterzartem Oktopus gefüllte Teigtaschen. Aber auch im Deniz oder im Dalyan nebenan kann man sehr gut Fisch essen. Für ein Abendessen zu zweit kann man um 90 TL rechnen, dazu evtl. noch einen halben Liter Rakı für 40 TL oder eine Flasche Wein ab 45 TL.

Abends & Nachts

Barstraße – **Gümrük Caddesi:** Entlang der Gasse vom Hafen nach Norden reihen sich Pubs und Bars, oft mit jährlich wechselnden Namen. Hier trifft sich die Ferienjugend im Sommer.

Blues & Rock – **Shaft Olivia:** Atatürk Cad., 1. Sok. 7 (nahe İş Bankası), Tel. 0266 31 222 31. Sommer-Ableger eines berühmten İstanbuler Clubs, viel Blues und Jazz.

... in Sarımsaklı

Schick zum Tanzen – **Club Gossip:** Cumhuriyet Cad. 26, Sarımsaklı, nahe der Post, Tel. 0266 324 00 04. Schicker Club, teils unter Kiefern, teils drinnen. Der beste Tanzclub, Elektro, HipHop. Nur Anfang Juli bis September.

Aktiv

Tauchen – **Körfez Diving Center:** Atatürk Bulv. 61, Özaral Pasajı, Tel. 0266 312 49 96, Mob. 0532 266 35 89, www.korfezdiving.com. CMAS-Kurse, Ausfahrten, Spezial-Kurse.

Verkehr

Fernbusse halten nur an der Hauptstraße außerhalb von Ayvalık. Stationen von Nord nach Süd: BP Tankstelle, Ayvalık Plajlar, Sarmısaklı Plajlar: von dort jeweils Minibusse und Taxis ins Zentrum. **Dolmuş-Busse** zu den Stränden von Alibey, Çamlık, Küçükköy und Sarmısaklı. Von Ayvalık-Zentrum Minibusse nach Edremit und Bergama.
Fähre: In der Sommersaison etwa alle 30 Min. von Ayvalık-Hafen nach Doğaköy auf der Insel Alibey sowie fast tgl. eine Autofähre zur griechischen Insel Lésvos.

Pergamon (Bergama) ▶ 2, C 4

Cityplan: S. 221
Bergama, Nachfolgesiedlung der hellenistischen Königsstadt Pergamon, liegt weitab vom Meer, und das macht es unter den Städten der türkischen Küste einzigartig: Unbeeindruckt vom Besucherstrom zu den berühmten Ruinen konnte die Stadt mit 60 000 Einwohnern ihre Traditionen bewahren. So sollte man trotz des tagesfüllenden Besichtigungsprogramms einen Bummel durch den Basar nicht versäumen.

Die Akropolis

Tgl. 8.30–18, letzter Einlass 17 Uhr, Eintritt 25 TL; Seilbahn (Teleferik) 10 TL
Besiedelt war der 330 m hohe Burgberg über Bergama schon seit dem 6. Jh. v. Chr., doch in der Epoche des Hellenismus entstand hier eine antike Weltstadt. Nach dem Tod Alexanders des Großen beherrschte Lysimachos als König von Thrakien den Westen Kleinasiens; er setzte den makedonischen Offizier Philetairos in Pergamon als Statthalter ein und ließ ihn auf dem Mitte des 4. Jh. v. Chr. befestigten Burghügel einen Schatz von 9000 Talenten bewachen. 281 v. Chr. verlor Lysimachos in einer Schlacht gegen Seleukos Reich und Leben; aber auch Seleukos wurde wenig später ermordet. Diese Chance nutzte Philetairos und machte sich mit dem Vermögen von umgerechnet etwa 70 Mio. Euro selbstständig. Unter seinen Nachfolgern (alle mit Namen Eumenes oder Attalos) stieg Pergamon zu einem künstlerischen Zentrum des Hellenismus auf und konnte seinen Einfluss auf ganz Westkleinasien ausdehnen. Unter Eumenes II., der als Verbündeter Roms am Sieg bei Magnesia gegen Antiochos III. beteiligt war, reichte das Gebiet von Pergamon sogar bis nach Ankara. Der letzte Pergamon-König, Attalos III., vererbte das Reich schließlich den Römern, die es zu ihrer ersten Provinz in Kleinasien umformten.

Unter dem erfolgreichen Herrscher Eumenes II. entstand auch der große **Zeus-Altar** **1** unterhalb des Burgtores. Er feierte den Sieg des Königs Attalos I. über die Galater/Gallier 183 v. Chr. und wurde in der Antike zu den Sieben Weltwundern gezählt. Der äußere Fries zeigte die ›Gigantomachie‹, den Sieg der Götter über die das Chaos symbolisierenden Giganten (= Gallier), der innere ›Telephos-Fries‹ bezog sich auf den mythischen Stammvater des Königshauses. Heute ist das Bauwerk im Berliner Pergamonmuseum zu sehen, doch fordert Bergama beharrlich die Rückgabe.

Hinter dem Burgtor kommt man zum Bezirk des **Athena-Tempels** **2**, heute eine weite Fläche, einst jedoch von Säulenhallen umgeben. Vor dem relativ kleinen Tempel standen seit dem Galater-Sieg jene berühmten Statuen sterbender Gallier, die nun Prunkstücke der Museen Roms sind. Den Tempel selbst stiftete wohl die persische Prinzessin Barsine, die sich Alexander der Große nach dem Sieg bei Granikos zur Beute nahm und mitsamt dem daraus entsprossenen Kind in Pergamon ›zwangsverwahren‹ ließ, als er nach Persien weiterzog. Östlich des Heiligen Bezirks erhob sich die **Bibliothek,** die einst über 200 000 Werke besessen haben soll – historisch wichtiger wurde allerdings, dass man hier das ›Pergament‹ aus Tierhaut (und damit das Buch) erfunden hat, als die Bibliothek von Alexandria keine Papyrusrollen mehr liefern wollte. An der Westseite steigt ein Treppenschacht zum **Theater** 3 ab, das als das steilste der antiken Welt gilt. Auf Höhe der Orchestra-Terrasse – über einer mächtigen Stützmauer erbaut – lag rechts der **Dionysos-Tempel** 4, dem Gott des Weins, der Spiele und der orgiastischen Freuden geweiht, nach links führte eine Ladenstraße zur Oberen Agora (s. u.).

Nördlich hinter der Bibliothek erhebt sich strahlend weiß das **Traianeum** 5, der von deutschen Archäologen restaurierte Tempel für den Kult des Kaisers Traianus. Wie heute muss der prunkvolle weiße Marmorbau aus dem 1. Jh. schon damals ein Fremdkörper in der hellenistischen Gesamtanlage gewesen sein, deren bevorzugtes Baumaterial das graue vulkanische Andesitgestein war, aus dem der Hügel sich aufbaut. Von den **Palästen** der Könige an der Nordostseite der Burghöhe blieben nur Fundamente – und eine Zisterne mit Mittelsäule. Wer auf diese so eine Münze wirft, dass sie liegen bleibt, soll vom Glück begünstigt sein.

Spaziergang am Burgberg

Die Bauten unterhalb der Akropolis werden selten besucht, doch ein Spaziergang zurück lohnt sich: Am besten fährt man per Taxi hoch, für den Rückweg ins Zentrum muss man mit Besichtigungen ca. 1 Std. rechnen.

Vom Großen Altar quert man die **Obere Agora** 6 auf der gepflasterten Hauptstraße der Antike. Im Gebiet der ›Stadtgrabung‹ der 1990er-Jahre ist ein kleines **Odeion** mit Sitzbänken und ein **Heroon** zur Ehrung eines verdienten Bürgers zu sehen (beide überdacht). Dann folgt das **Hera-Heiligtum** 7, daneben ein Schutzbau mit drei großen Bodenmosaiken: Dort wird das **Prytaneion** der Stadt vermutet. Unterhalb liegen der **Demeter-Tempel** und daneben das **Gymnasion** 8 zur sportlichen Ertüchtigung, das mit seinen drei Terrassen zu den größten der Antike zählt. Schließlich folgt ein mächtiges **Tor** (hellenistisch im Unterbau, byzantinisch das Treppenhaus). Kurz vor der **Unteren Agora** 9 liegt rechts erhöht das **Haus des Attalos,** benannt nach einem römischen Konsul. Die antike Straße verliert sich dann kurz vor der Kızıl Avlu in türkischer Bebauung.

Kızıl Avlu (Basilika) 10

Tgl. 9–18 Uhr, Eintritt 5 TL

Unübersehbar ist die riesige **›Rote Halle‹ (Kızıl Avlu)** in der Ebene direkt vor dem Akropolis-Berg. Der kolossale Bau entstand unter Kaiser Hadrianus als Tempel für die ägyptischen Götter Serapis, Isis und Harpokrates, ursprünglich war das Ziegelmauerwerk mit Marmorplatten verkleidet. Den Hauptbau betrat man durch ein Tor mit gewaltigen Bronzetüren von 14 m Höhe; der nördliche der beiden Rundbauten dient nun als Moschee.

Ulu Cami und Basarviertel

Aus der türkischen Zeit erwähnenswert ist die 1439 (kurz nach der osmanischen Eroberung) erbaute **Ulu Cami** 11, die direkt neben dem antiken Hippodrom liegt.

Neben den beiden historischen Brücken **Tabak Köprösü** und der antiken **Üç Kemerli Köprüsü** (spr. ütsch-kemerli kö'prüssü, Dreibogenbrücke) kann man hinter dem ausgedehnten Basarviertel die sehr spärlichen Reste eines runden **Amphitheaters** und eines **rö-**

MARKT IN BERGAMA

Das lebhafte Städtchen Bergama ist bis heute sehr ursprünglich geblieben – im Altstadtviertel arbeiten noch Handwerker wie Schuhmacher oder Verzinner. Am besten besucht man Bergama am Freitag, wenn der große Wochenmarkt stattfindet. Dann fahren die Bauern aus der weiten Umgebung mit Maultierkarren in die Stadt ein und Frauen in der alten Tracht verkaufen Gemüse und andere landwirtschaftliche Produkte. Man schaut und staunt.

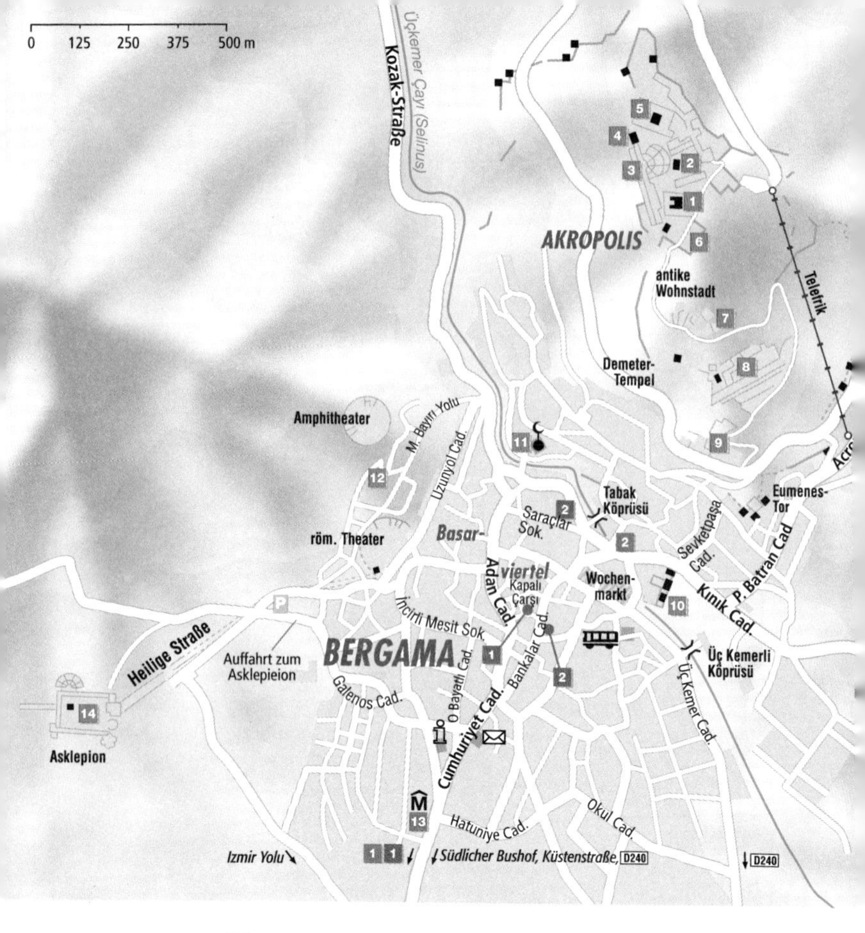

mischen Theaters 12 besuchen. Rechts der Bankalar Caddesi taucht man ein in die Gassen des Basarviertels. Nicht verpassen: den **Kapalı Çarşı,** ein großer überdachter Basar.

Archäologisches Museum 13

Tgl. 8.30–17.30 Uhr, Eintritt 5 TL

Das Museum an der Hauptstraße zeigt zahlreiche Funde aus den Pergamon-Grabungen. Die Statuen von Hadrianus und Sokrates, die Bronzestatuetten von Herakles und Marsyas sowie der Kouros von Pitane (Çandarlı) aus archaischer Zeit gehören neben Kleinfunden und Glaswaren zu den bemerkenswertesten Exponaten. Nicht weniger interessant ist auch ein Besuch des Teegartens nebenan, der mit antiken Werkstücken ›möbliert‹ ist.

Asklepion 14

Tgl. 8.30–17.30 Uhr, Eintritt 20 TL

Das Asklepion am nordwestlichen Stadtrand entstand im 4. Jh. v. Chr. als Kultbezirk des Heilgottes Asklepios und war in der Kaiserzeit das bedeutendste Kurzentrum Kleinasiens. Die Kranken, die selbst aus Rom hierher pilgerten, suchten durch Traumdeutung und Heilschlaf Genesung zu finden. Doch auch Bäder, Kaltwassergüsse und Einnahme stark verdünnter Gifte (z. B. Schierlingssaft) gehörten zum Repertoire der Ärzte, unter denen der Pergamene Claudius Galenus (129–199) der berühmteste war.

Die **Via Tecta,** eine 18 m breite Straße, unter deren Kolonnaden die Devotionalienhändler ihre Buden hatten, erreichte den

Bergama

Sehenswert

1 Platz des Zeus-Altars
2 Athena-Tempel
3 Theater
4 Dionysos-Tempel
5 Trajaneum
6 Obere Agora
7 Hera-Heiligtum
8 Gymnasion
9 Untere Agora
10 Kızıl Avlu (Rote Halle)
11 Ulu Cami
12 Theater
13 Archäologisches Museum
14 Asklepion

Übernachten

1 Berksoy Motel
2 Athena Pansiyon

Essen & Trinken

1 Dostlar Lokantası
2 Bergama Köfte

Einkaufen

1 Bergama Onyx Fabrikası
2 Birol Halı

Kurkomplex vom Burgberg her an einem Festplatz mit den heute zerstörten **Propyläen.** Der Torbau entstand ebenso wie die **Bibliothek** zur Rechten und die rekonstruierte **Säulenhalle,** die zum kleinen Theater führt, unter Kaiser Hadrianus im frühen 2. Jh. Säulenhallen umgaben auch die anderen Seiten des Hofs, in dessen Mitte ein kleiner **Tempel** für den Heilgott stand. Ein **unterirdischer Gang** führt von der Mitte des Hofs zum zweistöckigen **›Kurzentrum‹.** Richtung Eingang liegt das runde Fundament des **Zeus-Asklepios-Tempels,** das um 140 als verkleinerte Kopie des Pantheon in Rom erbaut wurde.

Umgebung von Bergama

Über die mit Pinien bewaldete, felsige Hochebene beim Dorf Kozak (ca. 12 km nördlich) erreicht man die Ruinen von **Perperene** ▶ 2, C 4 beim Dorf Aşağı Beyköy. Die pergamenische Stadt erlebte ihre Blüte zur Zeit des Hellenismus, von der noch Teile der Stadtmauer, ein romantisch überwachsenes Theater und Ruinen von Tempeln zeugen.

In **Soma** ▶ 2, D 4, einer Bergbaustadt 53 km östlich, ist der Markt sehenswert, aber auch die Hızırbey Camii, eine Holzsäulenmoschee mit Fresken im Stil des türkischen Rokoko.

Im Küstengebiet bestimmen bis hinunter nach İzmir Baumwollfelder das Bild; nennenswerte historische Stätten sind rar. In der Antike war dies das Kolonisierungsgebiet äolischer Griechen, die zunächst bis hinunter nach Smyrna (İzmir) siedelten, dann aber das Gebiet um den Golf von İzmir an die Ionier verloren. Sie gründeten Städte wie **Alaia, Myrina** oder **Kyme** ▶ 2, C 5, die noch kein Archäologe ergraben hat, sodass nur spärlicher Baubestand in einsamer Landschaft zu entdecken ist.

Noch nicht allzu überlaufene Ferienorte sind **Dikili** ▶ 2, C 4, ein hübsches, baumgrünes Städtchen mit einem großen Hotelviertel im Norden, das Dorf **Bademli** mit seinen niedrigen, weißgekalkten Häusern oder **Çandarlı** ▶ 2, C 5 auf einer Landzunge am Platz des antiken **Pitane,** wo ein genuesisches Kastell vom Ende des 13. Jh. zu sehen ist.

Infos

Info-Büro: İzmir Cad. 54, Hükümet Konağı, Tel./Fax 0232 631 28 51.

Übernachten

Modern, ruhig, mit Pool – **Berksoy Motel 1:** İzmir Yolu, ca. 1,5 km vor dem Stadtzentrum, Tel. 0232 633 25 95, www.berksoyhotel.com. Großes, gut geführtes Motel mit Pool und angenehmen Zimmern im Grünen, gutes Preis-Leistungsverhältnis. Auch mit Campingareal, allerdings viele Bustouristen. DZ/F ab 150 TL, Familienzimmer 220 TL.

Romantisches Altstadthaus – **Athena-Pansiyon 2:** Imam Çikmazi 5, Tel. 0232 633 34 20, www.booking.com. Ein altes Stadthaus plus Gartenhaus, historisch eingerichtete Zimmer. Großer Gartenhof, gutes Frühstück, bei englischen Backpackern beliebt. DZ/F um 100 TL (mit Privatbad), Familienzimmer um 250 TL.

IN DIE YUNT DAĞI NACH AIGAI

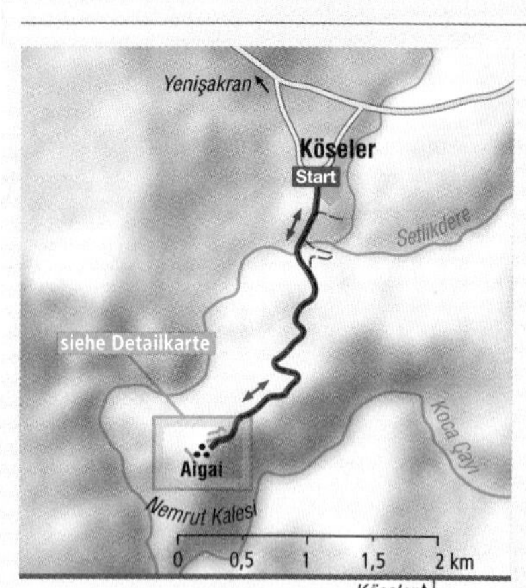

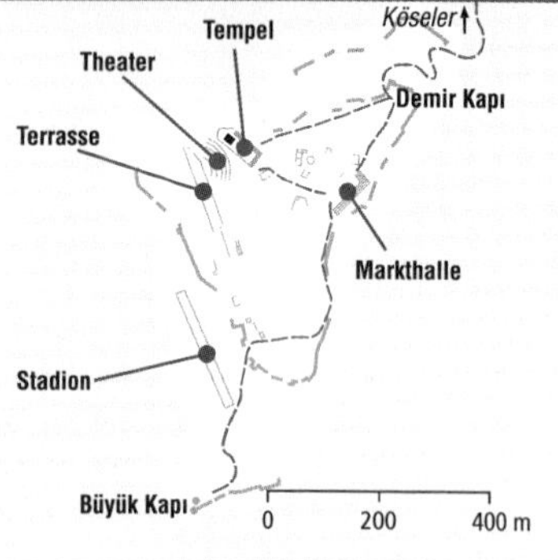

Tour-Infos
Start: Yenişakran, 32 km südl. Bergama
Länge: Anfahrt 12,5 km (1 Std. Fahrt!) plus ca. 2 km Fußweg plus Besichtigung
Dauer: gut 4 Std.
Wichtige Hinweise: Zustand der Piste ist je nach den winterlichen Regenfällen unterschiedlich, bitte vorsichtig fahren. Am besten parkt man im Dorf Yuntdağı Köseler.

Der Abstecher durch die geröllübersäten Trockenweiden der Yunt-Berge zur antiken Stadt **Aigai** (röm. Aegae) ▶ 2, C 5 ist ein kleines Abenteuer. In Yenişakran biegt man von der nach Osten zum Weiler Köseler ab, an dessen Dorfeingang man parkt. Vom südlichen Ortsausgang wandert man in ca. 30 Min. weiter südwärts zum bewaldeten Ruinenhügel (evtl. im Dorf nach einem Führer fragen).

Aigai war eine Stadt des Bundes der äolischen Griechen, zu dem anfänglich auch Smyrna (İzmir) und die Insel Lésvos gehörten und dessen Hauptstadt Kyme an der Küste war. Die Stadt, die gut geschützt auf einem Felssporn zwischen zwei Flusstälern lag, besaß ein bedeutendes Apollon-Orakel und schlug Münzen mit dem Kopf des Apollon und einem Ziegenkopf (dieser wurde später durch einen stehenden Zeus ersetzt). Ihre größte Bedeutung hatte die Siedlung ab dem 2. Jh. v. Chr., als sie zum Reich der Attaliden von Pergamon gehörte, und folgend unter den Römern. Aus der römischen Epoche stammen auch die großen öffentlichen Bauten sowie die Stadterweiterung im Süden mit dem Büyük Kapı. Bei der Wiederentdeckung im 19. Jh. trugen die Ruinen den Namen Nemrut Kalesi, da die Einheimischen sie für eine Burg des Magierkönigs Nimrod hielten.

Beim Aufstieg nach Süden hält man leicht westlich, erreicht eine antike Pflasterstraße und betritt am Demir Kapı (›Eisentor‹) das Stadtgebiet. Entlang dem westlichen Steilhang kommt

man zum Stadtzentrum mit einer ca. 80 m langen, einst dreigeschossigen Markthalle und dem Theater; südlich darunter sind ein Stadion und ganz im Süden das Büyük Kapı (›Großes Tor‹) zu entdecken.
Eine mit Pergamon vergleichbare Pracht konnte sich Aigai, das – wie die Dörfer in diesem Gebiet heute noch – von Schafzucht und Wollhandel lebte, natürlich nicht leisten. Dennoch kann man mit Blick auf das heutige Lebensniveau hier über das antike Leben der Stadt nur staunen.

... in Dikili / Çandarlı
Diese beiden Orte am Meer sind eine gute Alternative für Autotouristen, nicht allzu weit von Bergama entfernt.
Schick am Strand – **Mysia:** Dikili, Çetin Emeç Bulv. 2, Tel. 0232 671 70 10. Schickes 4-Sterne-Hotel direkt am Strand 3 km nördlich vom Zentrum, mit viel Komfort, Sport und schönem Pool. DZ/F 180–250 TL.
Zentral und modern – **Samyeli:** Çandarlı, Sahil Plaj Cad., Tel. 0232 673 34 28, www.otelsamyeli.com. Familienhotel direkt an der Strandstraße im Zentrum des noch ruhigen Örtchens, nahe beim Kastell. Modern renovierte Zimmer, gutes Restaurant, der nette Wirt hat lange in Deutschland gelebt. DZ/F 120–150 TL.

Essen & Trinken

Im Basar – **Dostlar Lokantası 1:** Manifaturacılar Çarşısı 3, Tel. 0232 631 46 33, www.bergamadostlarlokantasi.com. Basarlokal beim Kapalı Çarşı, dem überdachten Basar, mit vielen Schmorgerichten und Kebabs aus dem Holzkohleofen. Auch einige Tische draußen. Hauptgerichte um 18 TL.
Traditionsküche – **Bergama Köfte 2:** Hacıyamak Sok. 1, Seitengasse vor dem Hacı Ekim Hamamı, Tel. 0232 631 44 22. Traditionelles Grill-Lokanta, türkische Küche in netter Atmosphäre; hier treffen sich die Einheimischen.

Einkaufen

Alles aus Onyx – **Bergama Onyx Fabrikası 1:** İzmir Yolu, an der Zufahrt von der Küstenschnellstraße. Schöne Vasen, Teller, Schachspiele und vieles mehr, am Ort hergestellt aus gelblich, bräunlich oder grünlichem Onyx-Marmor (kein echter Onyx!), man kann bei der Bearbeitung zusehen.
Teppiche – **Birol Halı 2:** Kınık Cad. 39. Neue und gebrauchte Teppiche und Kilims im Bergama-Stil nahe Kızıl Avlu.

Verkehr

Fernbusstation etwas außerhalb, von dort **Minibusse** ins Zentrum. Verbindung Richtung İzmir und Çanakkale etwa stündlich. Minibusverbindung nach Dikili und Ayvalık von der Busstation südlich der İzmir Cad. Beim **Taxifahren** Vorsicht, es wird von Nepp berichtet.

Foça ▸ 2, B 5

Mit dem Ferienstädtchen **Foça** (30 000 Einwohner), das abseits der Schnellstraße liegt, erreicht man wieder ›touristischere‹ Gefilde. Das Zentrum ist der ›kleine Hafen‹ (Küçük Deniz) nördlich der Halbinsel mit dem Kastell: an der Meerfront ankern die Yachten und Fischerkähne, dahinter liegt die griechisch geprägte Altstadt mit ihren Bar- und Souvenirgassen. Dem südlichen Büyük Deniz, wo die Trawler ankern, fehlt hingegen der historische Charakter. Wappentier der Stadt ist übrigens die Mittelmeerrobbe (fok) – nicht nur wegen der Namensähnlichkeit, sondern auch, weil es an den Küsten der kleinen Inseln vor Foça noch größere Reviere dieser vom Aussterben bedrohten Art gibt.

Mit Foça beginnt, historisch gesehen, die Kulturlandschaft Ionien, also das Siedlungsgebiet der ionischen Griechen. In der Antike lag in der schmalen Küstenebene rund um den Kastellhügel die Stadt Phokaia, deren

Schiffe weit ins westliche Mittelmeer fuhren und u. a. die Städte Marseille und Nizza gründeten. Spuren aus dieser Zeit sind allerdings selten: zwei **Kybele-Kultstätten** (5./6. Jh. v. Chr.) mit kleinen Opfernischen, Reste eines **Theaters** und ein Teil der archaischen **Stadtmauer,** die nach Herodot 5 km lang war. Auch die beiden Gräber, **Şeytan Hamamı,** ein Ganggrab hoch über dem Südhang der Großen Bucht, und **Taş Evi,** ein Grabmonument 7 km vor dem Ort an der Zufahrtsstraße, beeindrucken nicht gerade sonderlich.

So ist Foça eher ein – ziemlich schönes – Plätzchen, um ägäische Lebensfreude zu genießen. Sei es auf dem bunten **Wochenmarkt** am Samstag, sei es in den teils noch typisch türkischen **Fischrestaurants** am Küçük Deniz. Bei langem Sonnenuntergang sitzt man schön auch an den **Beşkapılar** (›Fünf Tore‹), dem letzten Rest des genuesischen Kastells aus dem 13. Jh., als Foça wie Çeşme und Kuşadası ein Handelskontor der italienischen ›Seerepublik‹ war – quasi ein Außenposten des Inselreichs auf Chíos und Lésvos. Die engen Beziehungen zum Griechentum dauerten auch unter osmanischer Herrschaft seit 1455 an: Bis zur großen Vertreibung 1923 stellten Griechen noch etwa zwei Drittel der Bevölkerung. Spuren aus dieser Zeit sind im Basar- und Barviertel am Ostufer des Küçük Deniz unübersehbar: klassizistische Häuser, verblasste griechische Schriftzüge …

Foças **Strände** liegen außerhalb an der Küste weiter nördlich; die schönsten Buchten sind allerdings von Hotels besetzt. Unbebaute Strände erreicht man mit Bootsausflügen zu den vielen vorgelagerten Inseln, etwa zu den **Siren Rocks,** den mythologischen Felsen der Sirenen, die heute ein Schutzgebiet der Mönchsrobben sind.

Yenifoça ▶ 2, C 5

Yenifoça ist ein Örtchen 12 km nördlich, das inzwischen von Ferienhäusern umlagert ist. Gegründet wurde ›Neu-Foça‹ von den Genuesen, einige ihrer ›Turmhäuser‹ mit den typischen Rundbogenfenstern blieben als Ruinen erhalten. Im alten Kern finden sich noch einige Griechenhäuser, am Hafenkai Restaurants, darunter das gute Troia (Tel. 0232 814 81 91) in einer historischen Lagerhalle am Kai.

Infos

Info-Kiosk: Foça Girisi 1 (gegenüber der Busstation), Tel. 0232 812 55 34.

Übernachten

Schön am Strand – **Hanedan Beach Hotel:** 4. Mersinaki Koyu, Tel. 0232 812 36 50, www.hanedanresort.net. Große hübsche Ferienanlage etwa 4 km nördlich an der Küste. Mediterrane Zimmer und Studios, großer Pool mit Hängematten im Garten, Hamam, zum Strand 5 Min. zu Fuß. DZ/F um 180 TL, Apt. 300 TL.

Mitten im Ort – **Grand Amphora:** 206. Sok. 7, Tel. 0232 812 39 30, www.hotelgrandamphora.com. Komfortable Unterkunft mitten im Ort, in einer stillen Gasse vor dem kleinen Hafen. Mit Pool und Restaurant, moderne, etwas kühle Zimmer. DZ/F um 180 TL.

Mit Meerblick – **Mimoza Hotel:** Aşıklar Cad. 11, Tel. 0232 812 37 21, www.mimozahotelfoca.com. Familiär geführtes Mittelklassehaus, ruhig gelegen am Westkai des Küçük Deniz. Eher schlichte Zimmer, teils mit Meerblick. DZ/F um 150 TL.

Essen & Trinken

Fisch und mehr – **Celep:** Küçük Deniz, Tel. 0232 812 14 95. Oft gelobtes Fischrestaurant mit echt-türkischem Service. Man sitzt am Kai vor den Fischerbooten, beliebt bei Leuten aus İzmir. Fischgerichte ab 25 TL, Flasche Wein 45 TL.

Noch mehr Fisch – **Sahil Balık:** Küçük Deniz, Tel. 0232 812 62 52, an der Promenade zum Kastell. Gute Fischgerichte in eher einfachem Ambiente. Hier essen die Einheimischen gern. Fischgerichte ab 25 TL.

Traditionsküche – **Çarşı:** Küçük Deniz, 210. Sok. 18. Türkische Traditionsküche mit Grilladen, Schmorgerichten und Mezeler in großer Auswahl, der Chef spricht Deutsch. Auch einige Tische auf der Gasse. Fleischgerichte ab 12 TL.

Einkaufen

Sehr betriebsam ist der **Wochenmarkt** am Dienstag nahe der Busstation.

Alles Olive – **Phokaia Zeytinhome:** 210. Sok. 12, Küçük Deniz Çarşısı, www.zeytinhome.com. Das Lädchen in einer Nebengasse der Fußgängerzone vom Bushof zum Küçük Deniz hat sich auf Ölbaumprodukte spezialisiert: Olivenöle, Olivenseife, Holzgeräte aus Olivenholz etc.

Abends & Nachts

Romantisch – **Amphi Bar:** Am Südhafen vor den Beşkapılar. Openair-Café-Bar über mehrere Terrassen mit türkischer Musik und Meerblick.

Für Nachtschwärmer – **Sahne Bar:** Mit Tanzfläche neben Info-Büro; TürkPop, Techno und Hits, tgl. ab 18 Uhr. Der Name spricht sich aber ssaanä und bedeutet ›Bühne‹.

Verkehr

Busstopp der **Fernbusse** nur am Foça-Abzweig auf der Westküstenstraße (von dort Zubringerbusse). Von Foça etwa halbstündlich **Minibusse** nach Menemen, İzmir und Aliağa; ebenso nach Yenifoça und den Strandbuchten nördlich an der Küste.

İzmir ▶ 2, C 6

Cityplan: S. 228

Die nach İstanbul und Ankara drittgrößte Metropole der Türkei mit 3,4 Mio. Einwohnern ist ein Moloch, dessen nach allen Seiten wucherndes Häusermeer man rasch auf Schnellstraßen durchqueren könnte. Denn einen Höhepunkt der Reise bietet **İzmir** nicht, und die Hektik, die oftmals gelb-schmierige Smogglocke und der tägliche Verkehrsinfarkt sind kaum das, was man sich als Urlaub vorstellt. Andererseits ist İzmir auch ein Mythos: nämlich der des alten Smyrna, der Geburtsstadt von Homer und Aristoteles Onassis, der Stadt der Smyrnafeigen und des Smyrnatabaks, der levantinischen Handelsmetropole des 19. Jh., kurz, der Mythos einer griechischen Stadt in Kleinasien.

Dieses Smyrna, seit Ende des 2. Jahrtausends v. Chr. eine Kolonie zunächst äolischer, dann ionischer Griechen, war schon in der römischen Kaiserzeit eine Hafenstadt mit über 100 000 Einwohnern (einem Vielfachen von Athen); unter den Osmanen blühte es ab dem 18. Jh. als wichtigste Handelspforte nach Europa auf. Griechische Reeder beherrschten den Handel, Griechen, Juden und Armenier stellten über zwei Drittel der Bevölkerung. Sie alle wurden 1922/23 im Griechisch-Türkischen Krieg vertrieben, seither ist İzmir eine türkische Stadt. Der große Brand 1922 (s. S. 44) und die Segnungen der modernen Architektur haben zwar das Stadtbild rasant verändert, nicht aber den Stadtcharakter. Gavur İzmir, ›ungläubiges Smyrna‹, wurde es im 19. Jh. genannt, und auch heute noch ist es die liberalste und weltoffenste Stadt der Türkei, deren Jugendszene eher zu Mailand oder Barcelona als zu Kleinasien passt.

Wer sich nach İzmir hineinwagt, sollte sich zur **Orientierung** vorher den Stadtplan gut anschauen: Das eigentliche Stadtgebiet erstreckt sich zwischen dem Fährhafen im Norden und dem Konak im Süden, dem Kordon am Meer und dem Basmane-Bahnhof im Osten. Nördlich vom Kültür Parkı liegt das Kneipen- und Ausgehviertel Alsancak, westlich davon zum Meer hin das Hotelviertel, beim Konak im Süden das Basarviertel. Nur die großen Straßen haben Namen (aber meist keine Straßenschilder), die kleineren sind mit Nummern bezeichnet. Wer seinen Füßen etwas Gutes tun will, nimmt in der Stadt eines der nicht besonders teuren Taxis!

Am Kordon

Mittelpunkt des heutigen İzmir ist der **Cumhuriyet Meydanı** mit dem Atatürk-Standbild. An den sternförmig abgehenden Straßen liegen die großen Hotels und Bürohochhäuser. Am Meeresufer verläuft eine breite Promenade, die offiziell **Atatürk Caddesi** heißt, meist aber nur Kordon (bzw. *Birinci Kordon,* 1. Kordon) genannt wird. Dies ist der schönste Treffpunkt der Stadt, jedenfalls bei Sonnenuntergang und bis spät in die Nacht: In den Bierschwemmen und Nobelrestaurants genießt man die Abendsonne, bis sie im Meer versinkt.

Die neben dem (ehemaligen) deutschen und dem griechischen Konsulat einzige erhaltene Villa aus der großen Zeit am Ende des 19. Jh. ist heute als **Atatürk Museum** 1 zugänglich (Di–So 9–12, 13.30–17 Uhr, Eintritt frei). In diesem klassizistischen Bau residierte Atatürk bei seinen Besuchen in İzmir.

Ein Symbol des modernen İzmir ist die Parallelstraße zum Kordon, der **Cumhuriyet Bulvarı,** der im Volksmund *İkinci Kordon* (2. Kordon) heißt. Hier kauft die bessere Gesellschaft ein: noble Boutiquen bieten türkische und westliche Topmode an, die für Touristen günstig, für viele İzmirer jedoch eher unerschwinglich ist. Ähnliches gilt übrigens auch für die Nobelrestaurants am Kordon: Für ein Abendessen wird dort locker der Monatslohn eines Gelegenheitsarbeiters verlangt.

Alsancak

Wie das levantinische Smyrna einmal ausgesehen hat, lässt sich im ehemaligen Händlerviertel Alsancak im nördlichen Altstadtbereich noch erahnen. Viel Flair zeigen zwei Restaurantgassen, die **1453 Sokak** und die **1482 Sokak** 2 an der Fußgängerzone Kıbrıs Şehitler Caddesi. Aber auch die Straßen weiter zum Meer und zur Universität bieten romantische Gassen mit historischer Achitektur, hier trifft sich gern die Jugend von der nahen Universität am Vasıf Çınar Bulvarı.

Im Norden des Kordon zeigt das **Selçuk Yaşar Müzesi** 3, die Privatsammlung eines Industriellen, zeitgenössische türkische Kunst (Cumhuriyet Bulv. 252, Mo–Sa 9–12, 13–17 Uhr).

Kültür Parkı

24 Std. geöffnet, Eintritt pro Person 2 TL, Autos nur mit Genehmigung

Auch Natur bietet die Stadt: Im Kültür Parkı kann man jeden Großstadtstress hinter sich lassen. Die grüne Lunge des heutigen İzmir ist nebenbei auch ein Mahnmal für den Untergang des alten Smyrna, denn vor 1922 lagen hier die Viertel der Christen (Griechen und Armenier), die beim Einmarsch der Atatürk-Truppen angezündet wurden. Der Feuersbrunst fielen an die 30 000 Häuser zum Opfer; auf der Freifläche entstand in den 1920er-Jahren dann dieser ausgedehnte Park. Heute beherbergt der ›Central Park‹ von İzmir neben den Hallen der Ende August stattfindenden größten Industriemesse der Türkei einen See, eine ständige Abendkirmes (Luna Parkı), ein Openair-Theater (Acıkhava Tiyatrosu), Discos, Teegärten, einen Zoo und ein Hallenbad.

History & Art Museum 4

Kültür Parkı, Eski Italyan Pavyonu, Di–So 8.30–17.30 Uhr, Eintritt 5 TL

In den alten italienischen Messepavillons widmet sich das History & Art Museum der antiken Geschichte und Kunst der Stadt in ei-

ner modernen Ausstellungskonzeption. Viele Exponate aus dem Archäologischen Museum sind jetzt hier ausgestellt, z. B. der liegende Flussgott Kaystros mit Füllhorn aus Ephesos und die Reliefs der Kentaurenschlacht vom Belevi-Mausoleum nahe Selçuk. Weitere Prunkstücke sind skulptierte Marmor-Sarkophage sowie die Bronzefigur eines laufenden Epheben. Im Nebenpavillon sieht man antike und mittelalterliche Münzen, bis hin zum ersten Geld der Lyder aus dem 5. Jh. v. Chr.

Kirche St. Polycarp 5

1354 Sokak, zugänglich auf Nachfrage

An die christliche Tradition der Stadt erinnert die Kirche des hl. Polycarp gegenüber vom Hilton-Turm. Sie stammt aus dem 16. Jh., wurde aber errichtet über dem Grab eines Heiligen, der vom Apostel Johannes zum Bischof ernannt worden war und um 155 im Stadion auf dem Kadifekale-Hügel das Martyrium erlitten hatte. Die damalige frühchristliche Gemeinde Smyrnas zählte zu den sieben (ersten) Kirchen Kleinasiens.

Pasaport

Südlich vom Cumhuriyet-Platz kommt man zum **Pasaport Pier,** zur Zeit der Segelschifffahrt das Handelszentrum des Hafens. Heute dient der Hafen als Yachtmarina, die Gegend ist als neue Ausgehmeile angesagt. Im Gebäude der Handelskammer am Kordon ist ein **Trade History Museum** 6 eröffnet, das der Rolle des Handels für die Stadt seit der Antike gewidmet ist (Atatürk Cad. 126, Mo–Fr 8.30–18 Uhr, Eintritt frei).

Das Südende des Hafens bildet der **Konak Pier** 7 mit dem Alten Zollgebäude

Der Uhrturm am Konak-Platz von İzmir

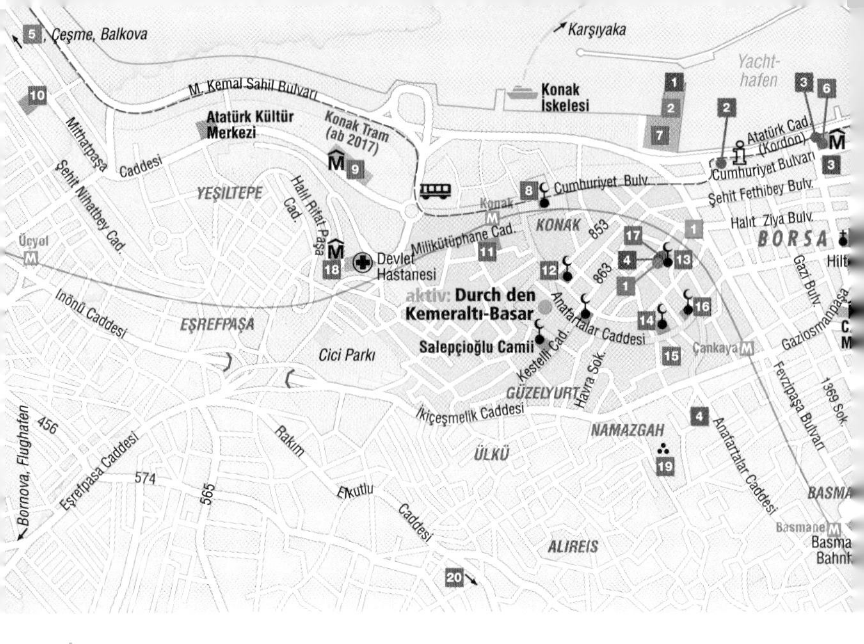

İzmir

Sehenswert

1. Atatürk Museum
2. 1453 und 1482 Sokak
3. Selçuk Yaşar Müzesi
4. History & Art Museum (Kunst und Geschichte)
5. Kirche St. Polycarp
6. Trade History Museum
7. Eski Rıhtım (Altes Zollgebäude)
8. Konak Camii
9. Museum für Malerei und Skulptur (Resim ve Heykel Müzesi)
10. Asansör
11. Elhamra
12. Kemeraltı Camii
13. Hisar Camii
14. Kestanepazarı Camii
15. Sinyora Havrası
16. Şadırvan Camii
17. Kızlarağası Hanı
18. Archäologisches und Ethnografisches Museum
19. Agora
20. Kadifekale

Übernachten

1. Swissôtel Büyük Efes
2. Hotel Key
3. Otel Marla
4. Hotel Antik Han

Essen & Trinken

1. Yuzde Yuz
2. 1444 Sokak
3. Topçu
4. Kızlarağası Köftecisi

Einkaufen

1. Kızlarağası Han
2. Konak Pier
3. Vakko
4. Sevgi Yolu
5. Palmiye Shopping Center

Abends & Nachts

1. Nargile-Cafés
2. Windows on the Bay Bar
3. Kybele Bar
4. 1471 Sokak

(Eski Rıhtım), das ebenfalls restauriert wurde und jetzt als Shopping Center dient. Das Viertel hier war einst das Bankenviertel, der Name ›Borsa‹ leitet sich von der alten Börse an der Fevzi Paşa Caddesi ab (1928, später **Ottoman Bank**).

Konak-Platz

Südlich schließt dann der **Konak Meydanı** an, ein weiter, jetzt von funktionalistischen Verwaltungsbauten und einer großen Busstation verunstalteter Platz, der zudem von der tiefgelegten Stadtautobahn zerschnit-

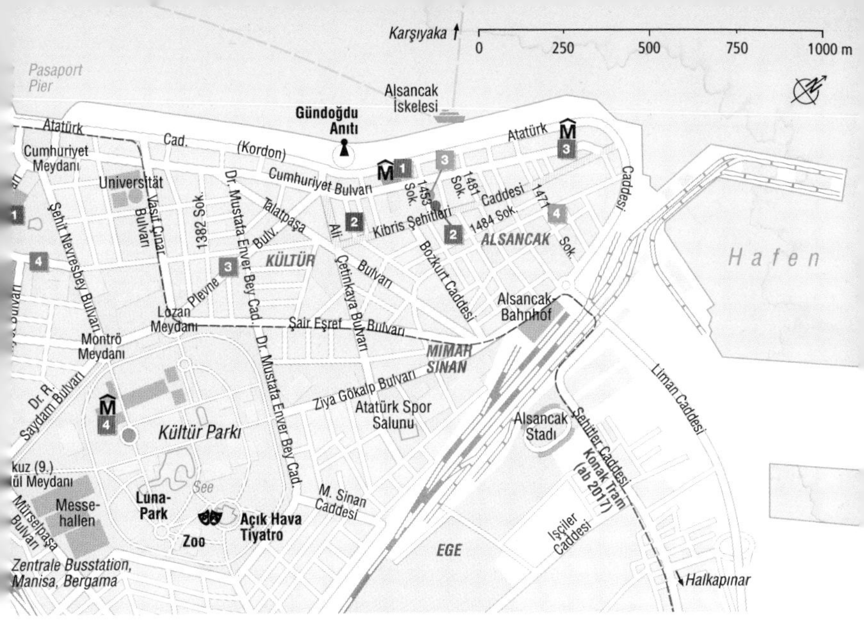

ten wird. Ein wenig Flair geben aber die mit Fayencen verkleidete **Konak Camii** 8 von 1754 und die zahlreichen fliegenden Händler für *simit* (Sesamkringel), geröstete Maiskolben und gekühlte frische Mandeln, die unter den neuen Sonnensegeln ihre Stände haben. Der **Saat Kulesi,** der filigrane Uhrturm, wurde 1901 gebaut (der deutsche Kaiser Wilhelm II. spendete das Uhrwerk) und gilt heute als Wahrzeichen der Stadt.

Das **Museum für Malerei und Skulptur** 9 (Resim ve Heykel Müzesi, Di–So 8.30–17.30 Uhr) südlich an der Mithatpaşa Caddesi zeigt türkische Malerei seit dem 19. Jh., darunter schöne Stadtansichten aus der alten Smyrna-Zeit.

Asansör-Fahrstuhl

Ein Abstecher lohnt auch zum **Asansör** 10 weiter südlich in der **Dario Moreno Sokağı** (Abzweig von der Mithatpaşa Caddesi). Der restaurierte Aufzug vom Ende des 19. Jh. an einem Steilhang im ehemaligen Judenviertel endet nach 50 m Fahrt bei einem Restaurant mit weitem Blick über die Stadt. Die Gasse ist übrigens nach einem berühmten türkischen Sänger benannt, dessen Geburtshaus hier steht.

Archäologisches Museum 18

Birletmit Milletler Cad., tgl. 8.30–17, im Sommer bis 18 Uhr, Eintritt 10 TL

Am Yeşiltepe-Hügel südlich vom Basar liegen die beiden älteren Museen der Stadt, die jedoch durch die Neustrukturierung der Museenlandschaft einige Exponate verloren haben. Das **Archäologische Museum** verwahrt eindrucksvolle Skulpturwerke aus den antiken Stätten Ioniens. Die Schatzkammer (nicht immer geöffnet) enthält Goldschmuck, Münzen und eine Bronzebüste der Göttin Demeter. Das **Ethnografische Museum** gegenüber (Eintritt frei) zeigt in einem historischen Repräsentationsbau Volkstrachten, Teppiche und alte Handwerkstechniken, dazu eine Fotodokumentation über die türkische und levantinische (d. h. griechische) Architektur des 19. und frühen 20. Jh. in Kleinasien.

Nahebei, im **Cici Parkı** an der Eşrefpaşa Caddesi, ist ein Stück der **römischen Straße** zu sehen (Roma Yolu, auch als Altın Yol, ›Goldweg‹, bezeichnet).

Agora 19 und Kadifekale

Gazi Osmanpaşa Bulv., 920 Sok., tgl. 8.30–12, 13–17 Uhr, Eintritt 5 TL

Die hellenistische **Agora** im Stadtviertel Namazgah war der Marktplatz der Stadt, die Alexander als Nachfolgesiedlung des homerischen Smyrna am Hang des Pagos-Bergs gründen ließ. Teile der umlaufenden Säulenhallen, die allerdings erst nach dem Erdbeben von 178 unter Kaiser Marcus Aurelius entstanden, wurden wieder aufgebaut. Später diente der Platz als Friedhof, was zahlreiche osmanische Grabsteine beweisen.

Die Festung auf dem antiken Pagos-Berg heißt heute **Kadifekale** 20 (›Samtburg‹). Von der Ende des 4. Jh. v. Chr. befestigten Akropolis hat man einen schönen Blick über das Häusermeer von İzmir. Nur die untersten Mauerlagen sind allerdings noch antik, denn Byzantiner und Osmanen bauten die Anlage später zu einer Zitadelle aus.

ALT-SMYRNA IN BAYRAKLI

Auf dem Hügel Tepekule im Stadtteil **Bayraklı** ▶ 2, C 6, nördlich Richtung Menemen, lag das ursprüngliche Smyrna, jene Stadt, in der der große Dichter Homer geboren wurde. Die Siedlung geht bis auf 3000 v. Chr. zurück, als ›Tismuma‹ erscheint sie in hethitischen Keilschriften. Um 1000 v. Chr. wurde sie dann von äolischen Griechen übernommen.
Vom Basmane-Bahnhof fährt man erst Richtung Ankara, dann Richtung Çanakkale, bei der Ausfahrt Bayraklı erst über die Nazarbayev Caddesi, dann im Kreisel links in die Ekrem Akurgal Caddesi. Die erhaltenen Ruinen sind zumeist aus archaischer Zeit: Megaronhäuser, das Tantalus-Grab sowie Perystilhäuser, die wahrscheinlich als Lagerhallen dienten. Typisch für die Epoche sind die kunstvoll aus polygonalen Steinen gefügten Mauern.

Balçova und Bornova

Westlich der Stadt erstrecken sich die grünen Hügel von **Balçova** ▶ 2, C 6, das als Ausflugsareal mit Picknicklokalen beliebt ist. Daneben sind die Thermalanlagen von Balçova ein Zentrum des türkischen Wellness-Tourismus (www.balcovatermal.com). Als Bäder des Agamemnon sind die Quellen schon von Strabo erwähnt worden.

Bornova ▶ 2, C 6 östlich vom Zentrum war im 19. Jh. bevorzugtes Viertel der europäischen Kaufleute, die hier prachtvolle Villen im historistischen Stil bauten, einige blieben neben der modernen Neubebauung erhalten. Da hier auch der Hauptsitz der **Ege Universitesi** ist, wird das Bild von jungen, modern orientierten Leuten geprägt.

Infos

Info-Büros: Gazi Osmanpaşa Bulv. (Grand Hotel Efes), Tel. 0232 445 73 90; am Flughafen Tel./Fax 0232 274 22 14.
Internet: www.izmirturizm.gov.tr, www.izmir.gen.tr/eng

Übernachten

Billigunterkünfte liegen im Viertel beim Basmane-Bahnhof am Fevzipaşa Bulv., teure Hotels rund um den Turm des Hilton Hotels, darunter das Luxus-Flagschiff **Swissôtel Büyük Efes** 1 (www.izmir.swissotel.com) mit schönem Gartengelände und ›Amrita Spa‹. Wer viel Geld ausgeben will, tut das am besten hier.
Designhotel – **Hotel Key** 2**:** M. Kemalettin Cad. 1, Tel. 0232 482 11 11, www.keyhotel.com. Schickes Designhotel beim Pasaport Pier. Überall schwarzer Spiegelmarmor, überall Spiegel über den Betten, mit sehr gutem Restaurant und eleganter Bar. DZ/F um 400 TL.
Günstiger Schick – **Otel Marla** 3**:** Kazim Dirik Cad. 7, Pasaport Tel. 0232 441 40 00, www.otelmarla.com. Sehr zentral und dazu ruhig gelegenes 4-Sterne-Hotel zu bezahlbarem Preis. Die Zimmer etwas klein, aber ganz schick eingerichtet, viele mit Meerblick. In der Nähe etliche nette Straßenlokale. DZ/F ab 160 TL.

DER KEMERALTI-BASAR

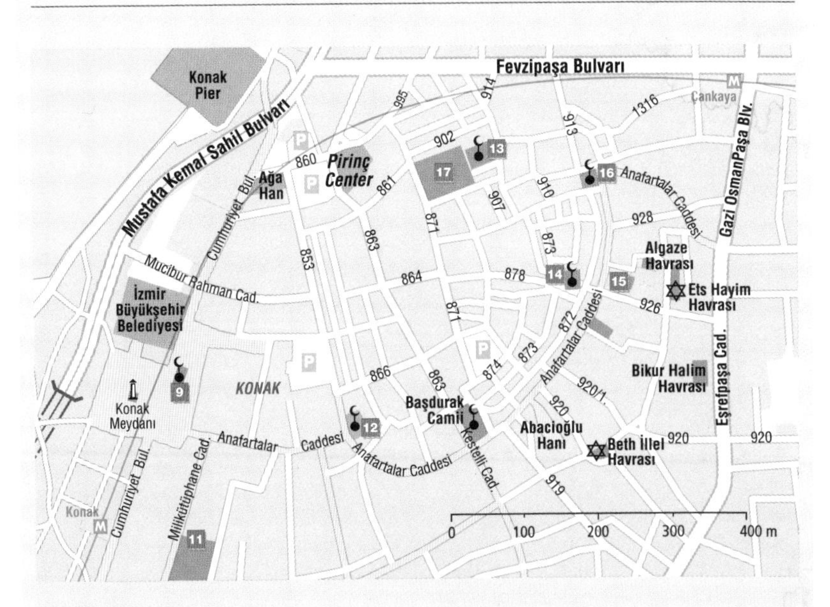

Tour-Infos

Start: Konak-Platz İzmir
Länge: 2–5 km zu Fuß
Dauer: 2 Std. bis ein Tag
Wichtige Hinweise: Am besten vormittags oder ab dem frühen Abend.

An der Ostseite des Konak-Platzes beginnt die Anafartalar Caddesi, die Hauptader des Kemeraltı-Basars, der sich südlich des Fevzipaşa Bulvarı mit einem unüberschaubaren Gassengeflecht ausbreitet.
Noch in Konak-Nähe lohnt die **Elhamra** 11 einen Blick, İzmirs erstes Kino und heute Spielstätte des Opern- und Ballet-Ensembles. Weiter abwärts an der Anafartalar liegt die 1672 gebaut **Kemeraltı Camii** 12, die dem Basarviertel seinen Namen gab. Während die **Hisar Camii** 13 als älteste Moschee der Stadt gilt, soll die **Kestanepazarı Camii** 14 die Gebetsnische der Isa Bey-Moschee aus Selçuk enthalten. Gegenüber der Kastanienmarkt-Moschee kommt man mit der 926 Sokak zum Fischmarkt, nördlich reihen sich in der **Havra Sokagı** (927 Sokak) einige Synagogen der einst großen Judengemeinde von Smyrna. Die meisten sind Ruinen, nur die **Sinyora Havrası** 15 wird noch genutzt.

Als schönste Moschee von İzmir gilt die **Şadırvan Camii** 16 aus dem 17. Jh. Vom hübschen Reinigungsbrunnen mit antiken Säulen und einem schmiedeeisernen Brunnengitter führt eine Treppe in den Betsaal, unter dem einst Ladengeschäfte lagen.
Besonders sehenswert ist auch die restaurierte Karawanserei **Kızlarağası Hanı** 17 aus dem 18. Jh. Der Bau westlich der Şadırvan Camii ist ein gutes Beispiel osmanischer Handelsarchitektur. Er diente als Händlerquartier und Warenlager. In den Ladenzeilen, wo einst auch Sklaven verkauft wurden, ist jetzt ein Touristenbasar eingerichtet, am Platz vor der Moschee reihen sich Restaurants.

Historische Atmosphäre – **Hotel Antik Han** 4: Anafartalar Cad. 600, Cankaya, Tel. 0232 489 27 50, www.otelantikhan.com. Untergebracht in einem Althaus aus osmanischer Zeit, bietet das Antik Han viel Atmosphäre bei gutem Komfort: 30 Zimmer und 6 Suiten mit Aircondition, Heizung, TV – alles rund um einen hübschen Innenhof; mit Restaurant. DZ/F um 130 TL.

Essen & Trinken

Am Kordon, in Alsancak und am Yachthafen liegen die beliebtesten Restaurants. Spezialitäten der Stadt sind Çipura (Goldbrasse) und İzmir Köfte, Fleischbällchen in Kreuzkümmel-Tomatensauce. Wer es preiswerter und authentischer wünscht, findet im Viertel um den Basmane-Bahnhof gute Volkslokale.
Am Meer – **Yuzde Yuz (100 %)** 1: Konak Pier AVM, Tel. 0232 441 55 93, www.yuzdeyuz.info, tgl. 10–0 Uhr. Schickes Lokal auf der Spitze des Konak Pier. Man sitzt direkt am Wasser in der kühlen Brise. Ambitionierte Fusion-Küche, Sushi, türkische Klassiker, Pizza und die vielgerühmten Dry-Aging-Steaks. Pizza um 20 TL, Hauptgerichte 35–65 TL.
›Fressgasse‹ – **1444 Sokak** 2: Zwischen Cumhuriyet und Kıbrıs Şehitler Cad. in Alsancak. Eine ganze ›Fressgasse‹ mit preisgünstigen Fischlokalen. Gerichte ab 20 TL.
Alles vom Grill – **Topçu** 3: Kazım Direk Cad. 3, www.topcununyeri.com.tr, tgl. bis 24 Uhr. Eines der beliebtesten Straßenlokale İzmirs; hier sitzen Geschäftsleute neben Großfamilien und Verliebten. Spezialität ist *Çöp Şiş* (sprich Tschöp Schisch, wörtl. ›Abfallspieß‹), viele kleine Spieße mit kross gegrilltem Lammfleisch (18 TL). Erste Empfehlung!
Köfte im Basar – **Kızlarağası Köftecisi** 4: 902 Sok., hinter Kızlarağası Hanı, Kemeraltı, tgl. bis 23 Uhr. Auf dem Platz vor der Hisar-Moschee haben mehrere Kebab-Restaurants ihre Tische aufgestellt. Dort isst man gut und recht günstig – authentisches Ambiente gibt's obendrein. Hauptgerichte um 18 TL.

Einkaufen

Gold & Teppiche – **Kızlarağası Han** 1: 906 Sok., im Basar. Hochpreisige Souvenirs (Gold, Teppiche, Meerschaum etc.) in der schön restaurierten ›Karawanserei des Herrn der Mädchen‹.
Mode am Meer – **Konak Pier** 2: Atatürk Cad. 19, Tel. 0232 489 10 04, www.konakpier.net. Modernes Einkaufszentrum in alten Hafenhallen, Mode von Hilfiger und Beymen, ein Cinebonus-Kino und Cafés und Restaurants am Meer.
Lifestyle – **Vakko** 3: Plevne Bulv. 17, Alsancak, www.vakko.com.tr. Das beste Kaufhaus der Westküste, mit echter Markenware, Mode Dekor, Lifestyle ... sehr hübsche Sachen. Auch die vielen Boutiquen und Musikläden am İkinçi Kordon lohnen einen Einkaufsbummel.
Souvenirs – **Sevgi Yolu** 4: Hübsch hergerichtete Marktstraße unter Palmen zwischen Hilton und Grand Hotel Efes (1379 Sok.), meist Souvenirwaren, aber nett zum Bummeln. Auch etliche Porträtmaler.
Einkaufszentrum – **Palmiye Shopping Center** 5: Mithatpaşa Cad. 1458, www.palmiyealisverismerkezi.com. Großes, modernes Einkaufszentrum an der Ausfallstraße nach Çeşme. Mit Kino und Supermarkt.

Abends & Nachts

Das Szene-Viertel sind der nördliche Kordon und der Pasaport Pier, dort am Ufer kann man sehr schön in Bierkneipen und Music Bars den langen Sonnenuntergang genießen. Die Clubszene konzentriert sich auf Alsancak, doch ist im Hochsommer relativ wenig los: Die Studenten haben Ferien, die Clubs öffnen Ableger in Bodrum oder im nahen Çeşme.

Ruhiger Abend – **Nargile-Cafés** 1 **:** 900 Sok. u. 899 Sok. Am Nordrand des Basars gibt es etliche ruhige Cafés, wo man wie die Einheimischen mit Tee-Samovar (semaver) und Wasserpfeife (nargile) einen ruhigen Abend verbringen kann. Kein Alkohol!

Hoch über allem – **Windows on the Bay Bar** 2 **:** Hilton Hotel, Gaziosmanpaşa Bulv. 7, tgl. 19–23 Uhr. Bar und Restaurant in der Spitze des Hilton Turms, toller Panoramablick! Dress code ›smart‹, also mit Schlips!

Indie-Szene – **Kybele Bar** 3 **:** 1453 Sok. 28. Treffpunkt der Indie- und Gothic-Szene, Musik von Rock bis Alternative, teils live.

Noch tanzen – **1471 Sokak** 4 **:** Gegen 24 Uhr geht es in den Clubs rund um diese Alsancak-Gasse langsam los (Eintritt jeweils um 30 TL/Pers., Getränke ab 15 TL). Übrigens: Auch Plätze auf der Tanzfläche werden in İzmir reserviert.

Verkehr

Metro: Vom Fahrettin Altay Meydanı (Busstation nach Çeşme) über Konak und Basmane bis hinaus zur Haupt-Busstation İzmir Otogarı (www.izmirmetro.com.tr).

İZBAN: Die S-Bahn (www.izban.com.tr) fährt vom Flughafen über Basmane und Alsancak bis hoch nach Aliağa und hält auch in der Nähe von Bayraklı (s. S. 230); eine Verlängerung bis Selçuk (südlich) und Bergama (nördlich) ist geplant.

Tram: Eine Straßenbahn fährt ab 2017 von der Metro-Station Halkapınar über Kültürparkı und den Kordon bis zum Konak und weiter über die Küstenstraße nach Balcova zum Fahrettin Altay Meydanı (Busstation nach Çeşme). Eine zweite Tram erschließt später Karşıyaka ab İZBAN-Station Alaybey.

Haupt-Busstation Halkapınar für Busse Richtung Norden, Osten und Süden ca. 8 km nordwestlich vom Zentrum, am Ende des Kamil Tunca Bulvarı. Zu den Orten der **Çeşme-Halbinsel** starten die Busse von der Üçkuyular Garaj am Fahrettin Altay Meydanı (Ende Mithatpaşa Cad.). Buchung am besten bei den Busbüros am Basmane-Bahnhof, von dort Zubringerbusse.

Hauptbahnhof *(Basmane İstasyonu)* nahe Dokuz Eylül Meydanı; Züge über Manisa nach Afyon und Ankara.

Flughafen: Vom Adnan Menderes Havaalanı etwa 20 km südlich mehrmals tgl. innertürkische Flüge und internationale Verbindungen. Havaş-Busse ab/bis Büyük Efes Hotel, S-Bahn (İZBAN) bis Bahnhof Alsancak, Taxi ca. 50 TL (s. S. 69).

Mietwagen: Büros am Flughafen; gut gelegen im Zentrum Pratik Car Rental, 1382 Sok. 2-C, Alsancak, Mob. 0532 484 0888, www.pratikcarrental.com.

Im Tal des Gediz Nehri

Das Tal des **Gediz Nehri** ist eine jener fruchtbaren Flussebenen, die sich von der Westküste weit nach Osten ziehen – sie gliedern das westliche Binnenland, bilden seit alter Zeit Siedlungszentren und bestimmten den Verlauf der großen historischen Straßen ins Innere Anatoliens. Manisa und Sardis sind Ziele, die man gemeinhin von der Küste aus besucht, doch bildet das Flusstal des Gediz wie das des Büyükmenderes (s. S. 251) auch touristisch eine der Pforten zu den Stätten Zentralanatoliens.

Manisa ▸ 2, D 5

Cityplan: S. 234

Manisa liegt nur wenig im Inland (40 km von İzmir), doch erreicht man hinter dem Sabuncubeli-Pass (675 m) wieder die ländliche Türkei, weit geht der Blick über die Felder in der Ebene des Gediz Nehri. Ebenso ländlich geprägt wie das Umland ist auch die Stadt selbst, mit 310 000 Einwohnern eine typi-

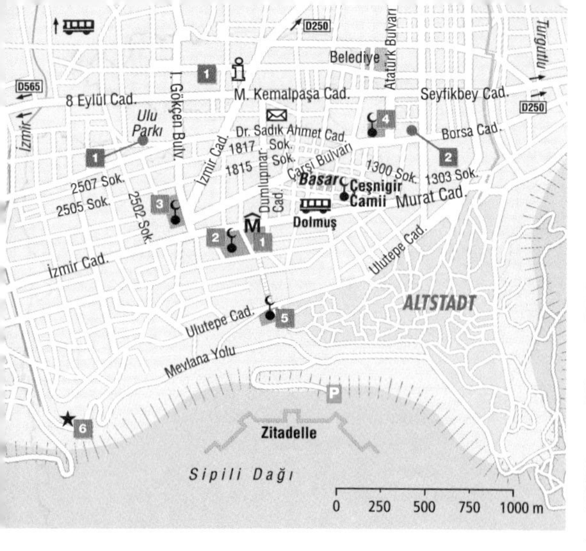

Manisa

Sehenswert

1 Manisa Müzesi
2 Muradiye Camii
3 Sultan Camii
4 Hatuniye Camii
5 Ulu Cami
6 Niobe-Felsen

Übernachten

1 Arma Oteli

Essen & Trinken

1 Ulu Parkı Restoran
2 Tarihi Borsa Kahvesi

sche Provinzstadt der Westtürkei. In der Antike, als der Fluss noch Hermos hieß, thronte über dem Ackerland, am Fuß und im Schutz des 1513 m hohen Sipylos (heute: Sipili oder Manisa Dağı) die Stadt Magnesia, eine ursprünglich griechische Gründung. In der Ebene vor Magnesia schlugen Scipios Legionen 190 v. Chr. das um ein Vielfaches überlegene Heer des Seleukiden-Königs Antiochos III. – damit wurde Rom zur Ordnungsmacht am östlichen Mittelmeer.

Manisa Museum

Di–So 8.30–17 Uhr, 5 TL

Im archäologischen **Manisa Müzesi** 1 in der Medrese der Muradiye Cami sind Skulpturwerke und Sarkophage zu sehen. Der Besuch lohnt aber doch, denn hier werden auch die Fundstücke aus Sardis ausgestellt, darunter ein lydischer Kybele-Schrein aus Marmor (540 v. Chr.) und der große Marmorkrater der Synagoge von Sardis. Die ethnografische Abteilung zeigt neben Teppichen vor allem eine Waffensammlung, zumeist osmanische, aber auch europäische Beutestücke, eine Leihgabe des Topkapı-Museums in İstanbul.

Die Moscheen

Die Verbindung zur Sultansstadt hat lange Tradition. Im 15. und 16. Jh. war Manisa eine der ›Prinzenstädte‹ des Osmanischen Reichs, wo Selim der Gestrenge, Süleyman der Prächtige, aber auch dessen Sohn Mustafa (jener Şehzade, den der Vater aufgrund einer Intrige seiner Favoritin Roxelane hinrichten ließ) und Enkel Murat im Alter von 14 Jahren als Gouverneure das ›Herrschen‹ lernen sollten. Und das ist auch der Grund, warum die Stadt immerhin drei große Bauten nach dem Muster der İstanbuler Sultansmoscheen besitzt. Alle sind meist vormittags und ab spätnachmittags bis zum Abendgebet geöffnet.

Muradiye Camii

Die wichtigste ist die **Muradiye Camii** 2, die am Altstadtrand oberhalb der Teegärten des Belediye Parkı an der Durchgangsstraße liegt. Der Entwurf des 1585 vollendeten Baus stammt noch von Sinan (s. S. 177), Bauherr war Murat III. Ihren Ruhm begründet eine prachtvolle Verkleidung der Kibla-Wand mit İznik-Fliesen, die mit ihrem Farbenreichtum und den großen Kalligrafiebändern (Goldzeichnung auf blauem Grund) der Blütezeit des Stils im 16. Jh. entspricht.

Sultan Camii

Die **Sultan Camii** 3 von 1522, schräg gegenüber an der İzmir Caddesi, wurde aus Anlass der Inthronisation Süleymans von dessen Mutter gestiftet. Sämtliche Bauten dieser großen Külliye (mit Koranschule, Armenküche, Bädern und Hospital) sind noch erhalten.

Im dortigen Krankenhaus wurde übrigens die Mesir-Paste erfunden, die der Imam jedes Jahr im April vor der Moschee unter die Menge wirft. Damals machte die süße, bonbonartige Masse Ayşe Hafsa Sultan, die Stifterin, gesund, heute gilt sie als heilkräftig gegen Schlangenbisse und alle möglichen anderen Malessen.

Hatuniye Camii

Als erste Sultansmoschee entstand die **Hatuniye Camii** 4 am Ende des Çarşı Bulvarı, der Hauptbasarstraße. Sie wurde 1488 von der Mutter des Prinzen Selim, der später als Sultan Selim der Gestrenge in die Geschichte einging, und Favoritin von Beyazıt II. gestiftet. Mit ihrer Kuppel über Pfeilern entspricht sie noch dem frühosmanischen Bauschema.

Ulu Cami

Die älteste Moschee Manisas, die **Ulu Cami** 5, liegt hoch oben am Altstadthang, auf einer Terrasse, die vermutlich schon in der Antike einen Tempel trug. Errichtet wurde sie 1376 von İşak Bey, einem Emir der Saruhan-Dynastie, die vor den Osmanen Ma-

Mihrab-Nische der Muradiye Camii von Manisa

nisa beherrschte. Der Stammvater Saruhan war jener Seldschuken-General, der die Stadt 1313 durch einen ebenso einfachen wie erfolgreichen Trick eroberte: Er ließ nachts Ziegen brennende Talglichter an die Hörner binden, sodass die Verteidiger ein viel größeres Heer vor den Toren wähnten und den Kampf verloren gaben.

Der Bau entspricht mit seinem großen offenen Arkadenhof vor einem überkuppelten Betsaal dem emiratszeitlichen Typus. Besonders schön ist die geschnitzte Predigtkanzel neben der Gebetsnische, die von einem Künstler aus Syrien stammt. Schon der Teegarten auf dem Vorplatz der Moschee mit weiter Aussicht auf Manisa lohnt den Aufstieg.

Übernachten

Schickes Stadthotel – **Arma** **1**: 8 Eylül Cad. 14, Tel. 0236 231 19 80, www.hotelarma.com.tr. Günstig im Stadtzentrum gelegen, allerdings an der Hauptstraße und daher etwas laut. Kürzlich aber schick renoviert, gutes Frühstück. DZ/F um 150 TL.

NIOBE TRAUERT

Am Westrand der Altstadt von Manisa ist der **Niobe-Felsen** **6** ausgeschildert, in dem die Griechen (schon Herodot berichtet) die trauernde Niobe erkannten. Das war jene zwölffache Mutter, die die Göttin Leto für ihre nur zweifache Mutterschaft verspottete, worauf Apollon und Artemis, Letos Kinder, Niobes Nachkommen allesamt töteten. In unermeßlicher Trauer erflehte Niobe daraufhin, zu Stein verwandelt zu werden – so sitzt sie heute noch da …

Essen & Trinken

Das Lokalangebot ist eher provinziell. Einfache, landetypische **Lokanta** finden sich an der Durchgangsstraße und am Rand des Basarviertels nahe der İzmir Caddesi. Die Spezialität *Manisa Kebap* ist sehr gehaltvoll: Grillfleisch mit zerlassener Butter.

Nett im Park – **Ulu Parkı Restoran** **1**: Ulu Parkı, 8 Eylül Cad. Gute Auswahl bei freundlichem Service, eines der besten in Manisa, schönes Ambiente mit viel Grün und Kinderspielplatz.

Alte Börse – **Tarihi Borsa Kahvesi** **2**: Nişancıpaşa Mah., Borsa Cad. 29/A Tel. 0236 232 33 79, nahe Hatuniye Camii. Das ›Kaffeehaus zur Historischen Börse‹ bietet das Ambiente eines alt-türkischen Kaffeesalons der Provinz. Durchaus sehenswert! Auch noch die alte Bühne für das Schattenspiel ist erhalten.

Verkehr

Busstation an der D565 (nördlich über Kumludere Cad.). Von und nach İzmir etwa alle 20 Min., häufige Verbindung auch nach Ankara, Denizli und Balıkesir. Per **Minibus** halbstündlich nach Salihli (Sardis) oder Menemen, Abfahrt am Uluparkı.

Sardis ▶ 2, E 6

Tgl. 8–18 Uhr, Eintritt Tempel 5 TL, Gymnasion 8 TL

Über **Turgutlu,** die Stadt der Ziegelbrennereien, folgt man dem Gediz Nehri Richtung Salihli – und zwar auf jener uralten Trasse, auf der Waren erstmals gegen Münzgeld gehandelt wurden. Das Meer und die Griechenstädte im Rücken, wird hier irgendwo die Grenze des alten Lyder-Reichs überschritten. **Sardis,** auf dessen Gelände heute die Weiler Sart Mustafa und Sart Mahmut liegen, war dessen Königsstadt. Im 7. Jh. v. Chr. begann der Aufstieg der Lyder, die einen großen Teil des phrygischen Reichs beerbten, zur anatolischen Großmacht. Ihr Reichtum, basierend auf dem Orienthandel und dem Goldreichtum des Flusses Patoklos, ist bis heute sprichwörtlich mit dem Namen ihres letzten Königs Kroisos (›Krösus‹, Mitte 6. Jh. v. Chr.)

verbunden. Nach der Eroberung von Sardis durch die Perser war die Stadt Sitz eines Satrapen (Statthalters) und Ziel der ›Königsstraße‹ von Susa quer durch Kleinasien.

Artemis-Tempel

Da die Römer ein neues Stadtviertel nördlich der Akropolis anlegten, gliedern sich die Ruinen heute in zwei Bereiche: die alte Stadt mit dem **Artemis-Tempel** in einem Tal im Westen des Burgbergs (abseits der Straße) und die jüngeren Bauten etwas weiter direkt an der Fernstraße. Die Kultstätte der Artemis wurde unter griechischem Einfluss um 400 begründet und führte die Tradition des lydischen Kybele-Kults fort, dessen Schrein beim Aufstand 499 v. Chr. durch die Ionier niedergebrannt worden war.

Die Seleukiden, Pergamons Könige und Roms Kaiser förderten den Bau, der zu den vier größten Kleinasiens zählen sollte, doch nie fertig gestellt werden konnte. Die beiden noch stehenden Säulen lassen ahnen, wie monumental hier geplant wurde. In christlicher Zeit entstand eine Kapelle neben dem Tempel. Besonders beeindruckend wirkt der aus schwarzem Stein errichtete Bau durch seine Lage vor den ausgewaschenen Höhen der Boz Dağları (›Graue Berge‹).

Gymnasion-Gelände

Auf dem Grabungsgelände beim Gymnasion folgt man vom Parkplatz der **spätantiken Straße,** die genau über der mehr als 1000 Jahre älteren ›Königsstraße‹ aus lydisch-persischer Zeit und neben der 1000 Jahre jüngeren heutigen Fernstraße verläuft. Sie führt zur **Synagoge,** deren prachtvolle Marmorausstattung die herausragende Stellung der jüdischen Diaspora-Gemeinde von Sardis beweist. Um 200 begonnen, zog sich die Fertigstellung bis ins 5. Jh. hin. Im Betsaal sind beidseitig vom Eingang zwei Schreine für die Thorarollen erhalten, gegenüber befindet sich der von Löwen flankierte Altar.

Die Synagoge grenzte an die weite Palästra (Sporthof) des **Gymnasions.** Eindrucksvollster Teil des Komplexes, der 211 n. Chr. fertig gestellt wurde, ist der vollständig rekonstruierte ›Marmorhof‹, eine als zweigeschossige Fassade gestaltete Säulenhalle. Die Feinheit des Marmorschmucks erinnert an Ephesos und Aphrodisias, wobei vor allem die exakte Ausführung der spiralig gedrehten Kanneluren der Säulen erstaunt. Das 8 m hohe Tor öffnete sich zu den Baderäumen der Thermen.

Bintepe-Nekropole

Wer nun Relikte aus der lydischen Königszeit vermisst hat, kann über Salihli Richtung Gölmarmara zur **Nekropole Bintepe** (›Tausend Hügel‹) fahren. Unter den Grabtumuli aus der ersten Hälfte des 1. Jahrtausends werden wohl auch die großen Lyder-Könige ruhen. Der östlichste und höchste Grabhügel wird als Grab des Königs Alyattes bezeichnet, doch hat er sich bei Sondierungen als geplündert erwiesen.

Uşak ▶ 2, G 5

Über das Städtchen **Kula,** das in einer unwirtlichen, landschaftlich sehenswerten Vulkanlandschaft mit vereinzelten Basaltkegeln liegt, erreicht man 130 km östlich von Salihli die Provinzhauptstadt **Uşak** (190 000 Einwohner). Der Ort, der auch ein gutes Hotel besitzt, geht auf das antike Flaviopolis zurück (nur wenige Überreste erhalten) und ist in der Türkei als Teppichzentrum bekannt. Vor allem Kelims werden in der Region hergestellt und auch in Souvenirläden verkauft.

Im örtlichen Museum (Neubau im alten Bahhof geplant) wird der **Karun-Schatz** verwahrt, auch als ›Schatz des Kroisos‹ bekannt, eine kostbare Sammlung lydischer Grabbeigaben aus dem 6. Jh. v. Chr. Er war 1966 bei Raubgrabungen in einem Grabtumulus entdeckt und ins New Yorker Metropolitan Museum verkauft worden. Der Schatz aus 363 Artefakten musste 1993 aber nach einem wegweisenden Rechtsstreit der Türkei zurückgegeben werden.

Infos

Info-Büro: Hükümet Konağı, Tel. 0276 223 39 71, Fax 0276 233 15 70.

Übernachten

Historisches Flair – **Otel Dülgeroğlu,** Cumhuriyet Meyd. 1, Tel. 0276 227 37 73, www.oteldulgeroglu.com. Zentral gelegenes Hotel in einem renovierten Prachtbau vom Ende des 19. Jh. in französischem Stil. Komfortable Zimmer, mit Restaurant und Bar. DZ/F um 140 TL.

Die Çeşme-Halbinsel

Die gut 60 km aus der türkischen Küstenlinie herausgreifende Halbinsel von Çeşme, die sich bis auf 10 km dem griechischen Chíos nähert, erinnert mit ihren felsigen, wasserarmen Hügeln landschaftlich eher an die Ägäis-Inseln. Die meisten Dörfer liegen an der Küste und leben vom Fischfang bzw. heute vom Tourismus; selbst Çeşme, der größte Ort, wäre ohne Fremdenverkehr ein verschlafenes Dorf.

Begonnen hat die touristische Entwicklung bei den 40–50 °C heißen Thermalquellen von Şifne beim Dorf Ilıca, die schon in der Antike und in osmanischer Zeit besucht wurden. Seit dem Bau der Autobahn aber wurde die Halbinsel, vor allem die Badebuchten zwischen Modorğan und Karaburun, das Hafenörtchen Urla mit Fischrestaurants und die

Die Çeşme-Strände sind für ihren feinen Sand bekannt

Küste bei Alaçatı, zum Naherholungsgebiet von İzmir. Vor allem bei den jungen, schönen Reichen läuft Çeşme derzeit Bodrum als ›Feiermeile‹ deutlich den Rang ab.

Çeşme ▶ 2, B 6

Da die meisten Hotels außerhalb liegen, macht **Çeşme** (22 000 Einwohner) tagsüber noch einen sehr ruhigen Eindruck, doch abends wird die İnkilap Caddesi, die zum Hafen führende Hauptstraße, zur Basar- und Nightlife-Meile. Viel Idylle bietet ein Spaziergang durch die alten Wohnviertel hinter dem Kastell. Man kann türkische Erkerhäuser aus Holz, einige mit arabischer Kalligrafie verzierte Brunnen aus dem 18. und 19. Jh. und einen osmanischen Friedhof mit romantischen Grabsteinen entdecken. Dass in der Stadt vor der großen Vertreibung 1923 viele Griechen lebten, bezeugen die klassizistischen Hausfassaden und die orthodoxe Kirche **Ayios Haralambos** an der İnkilap Caddesi, die heute für Ausstellungen und Konzerte genutzt wird.

Kastell und Museum

Di–So 9–12, 13–17.30 Uhr, Eintritt 8 TL

Die Meerpromenade wird von einem **Kastell** überragt, das die Genuesen Ende des 14. Jh. bauten, um die Meerenge zu ihrem Stützpunkt Chíos zu sichern. Das Denkmal vor dem Eingang ehrt einen der Admiräle der Seeschlacht von Çeşme im Jahr 1770, einen gewissen Hasan Paşa, dessen ›Haustier‹ ein Löwe war. Innerhalb der völlig intakten Burgmauern findet Mitte Juli das Çeşme-Festival statt; ein kleines **Museum** zeigt Funde aus dem antiken Erythrai (s. S. 241), als dessen Hafen Çeşme einst gegründet worden war. Gleich neben der Burg steht die 1529 gebaute **Karawanserei Kanuni Sultan Han,** heute ein Hotel.

Strände

Eine größere Rolle als alte Steine spielen die Strände rund um Çeşme. Von Hotels gesäumt ist die gesamte Nordküste zwischen dem Strand von **Boyalık** und dem neuen Sheraton Hotel. Bei Boyalık entspringen an der Küste der Yıldız-Halbinsel bei **Topan** unterseeische warme Quellen, die das Meer in ein natürliches Thermalbad verwandeln.

Mit seinem türkisfarbenen, sehr flachen und ganz langsam ins Meer abfallenden Strand lohnt vor allem der Hauptstrand von **Ilıca** einen Badestopp. Das ehemalige Fischerdorf **Dalyan** mit kleiner Strandbucht und großen Hotels hat im alten Kern noch am meisten Charme bewahrt. Besonders beliebt für einen Badetag ist auch der Strand **Altınkum** (›Goldsand‹) 5 km südlich von Çeşme, wo etliche Beach-Bars Sonnenliegen vermieten und für aktuelle Musik sorgen.

Infos

Info-Büro: İskele Meyd. 8, am Hafen, Tel./Fax 0232 712 66 53.

Übernachten

Die großen **Pauschalhotels** liegen weit außerhalb von Çeşme, es bestehen aber gute Minibusverbindungen. Einfache **Pensionen** findet man hinter dem Kastell, etwas bessere **Mittelklassehotels** vor dem Stadtstrand.

Historisches Ambiente – **Kanuni Kervansaray:** am Hafen, Tel. 0232 712 06 30, www.cesmekervansaray.com.tr. Romantisches Hotel für Individualisten in der Karawanserei aus dem 16. Jh., im Innenhof gibt's einen Pool. 2010 wurde komplett renoviert: Die Standardzimmer elegant, wenn auch klein, die Suiten dagegen sehr opulent im Stil des 18. Jh. DZ/F um 220 TL.

Direkt am Kai – **Kerman:** Çeşme, 3264 Sok. 14, Tel. 0232 712 71 12, www.kermanotel.com. Kurz vor dem Stadtstrand, gute Mittelklasse, Zimmer mit AC, mit Restaurant am Meer. DZ/F 80–130 TL.

Alles Rosa – **Maro:** Hürriyet Cad. 68, Tel. 0232 712 62 52. Nett und familiär geführte Pension nahe dem Stadtstrand, viele Dreibettzimmer, 2 Kleinkindbetten sind vorhanden. Maro bedeutet auf Türkisch rosa, und rosa ist die gesamte Deko. Die Wirtin ist Katzenliebhaberin, das darf kein Problem sein, wenn man hier einbucht. DZ/F um 100 TL.

SURFSPOT ALAÇATI

Die Bucht bei **Alaçatı** an der Südküste der Çeşme-Halbinsel ist zum Top-Ziel für Surfer geworden (Info: www.alacati.info). Im Sommer kommt der Meltemi-Wind meist sideshore mit 4–7 Beaufort, im Herbst hat man oft auflandigen Südwind – fast immer gute Verhältnisse für Anfänger also! Es gibt zahlreiche Verleihstationen für Boards – und die ganze Bucht ist fest in den Händen der Surfer-Community – alles easy! Das beste Hotel direkt an der Bucht ist das Alkoçlar (www.alkoclar.com.tr, 4 Sterne), es gibt aber auch einfachere Unterkünfte am Weg vom Dorf Alaçatı her.

Essen & Trinken

Fisch und mehr – **Sahil Restoran:** Cumhuriyet Meyd. 12, Tel. 712 82 94. Alteingesessenes Restaurant am Hafenkai beim Hotel Ridvan mit schönem Meerblick. Große, ansprechende Auswahl, auch bei Fisch; freundlicher Service. Hauptgerichte ab 25 TL, Fisch ab 30 TL. Weitere Fischrestaurants mit Terrassen direkt am Meer reihen sich Richtung Stadtstrand, z. B. Deniz oder Buhara.

Kebap-Restaurants – An der Inkilap Cad. liegen mehrere Grillrestaurants mit türkischer Traditionsküche, z. B. als beliebtestes das urige **İmren Lokantası** nahe dem Hafenplatz. Hauptgerichte um 18 TL.

... außerhalb

Romantisch – **Paparazzi:** Ayayorgi Bay, südl. Dalyanköy, Tel. 0232 712 67 67. Eine romantische Lido-Anlage an einer Bucht mit befestigter Felsküste. Tagsüber Badebetrieb, abends sitzt man sehr schön am Meer. Eintritt 20 TL (wird auf Verzehr angerechnet), Hauptgerichte 25–56 TL.

Einkaufen

Wie auf Chíos werden bei Çeşme Tausende Mastix-Bäume *(sakız)* kultiviert, aus deren Harz man Kaugummi, Gelee (Sakız Reçeli), Balsam und sogar Eiscreme herstellt. Die Produkte kann man in Lädchen in Çeşme und Alaçatı kaufen.

Abends & Nachts

Im Zentrum – **Star Bar:** İnkilap Cad., Ertürk Sok. 3/A. Music Bar hinter der Kirche im Zentrum mit guter Auswahl an Cocktails. Kleine Tanzfläche.

... außerhalb

Schicke Szene – **Biraver:** Ilıca, Tel. 0232 723 32 43. Openair-Music Bar im Villenviertel von Ilıca. Edel-schickes Publikum, viele Chillout-Lounges, man kann aber auch tanzen. Parkplatz 5 TL, Bier 15 TL.

Bars am Meer – **Ayayorgi Bay:** In der geschützten Bucht südlich von Dalyanköy finden sich im Hochsommer mehrere Beachclubs wie Sole & Mare (www.solemare beachclub.com) oder Babylon Aya Yorgi (www.babylon.com.tr), die abends zu Openair-Discos mutieren.

Aktiv

Tauchen – Tauchfahrten u. Kurse bei **Aquarius Diving Center,** Çeşme-Hafen, Tel. 0232 712 10 50, oder **Dolphin Land Dive Center,** Dalyanköy-Hafen, Mob. 0532 233 70 16.

Verkehr

Von Çeşme etwa stündlich **Busverbindung** mit İzmir (1 Std. Fahrt), Busstation nahe Autobahnauffahrt. **Minibusverkehr** zu Stränden und Hotelorten, Busstation am Hafen.

Fähre: In der Saison mehrmals wöchentlich Ausflugsboote zur griechischen Insel **Chíos** (teils auch mit Bustour über die Insel). Agenturen an der Uferstraße am Hafen; hin und zurück 30 €, Auto ein Weg 140 €.

Erythrai ▶ 2, B 6

Zur ehemaligen ›Mutterstadt‹ von Çeşme, dem antiken **Erythrai,** fährt man durch das Villenviertel von Ilıca und am ›Kurzentrum‹ Şifne vorbei bis Ildır. In diesem Weiler, der zum großen Teil aus antiken Steinen gebaut ist, frage man nach dem Bekçi, dem Aufseher.

Von der Stadt, die einst zum ionischen Bund zählte, blieben vor allem ein Theater und die teils noch 5 m hohen Stadtmauern in hellen und rötlichen Steinen erhalten – beide aus frühhellenistischer Zeit. Groß angelegte Ausgrabungen fanden noch nicht statt, sodass auf der Agora noch Gemüse wächst. Nur die Fundamente einer Villa mit Mosaikböden am Rand der Agora wurden freigelegt.

Sığacık und Teos ▶ 2, B 6

Das antike Teos am südlichen Ansatz der Çeşme-Halbinsel (ca. 80 km von Çeşme) erstreckte sich zwischen zwei Küsten: Den Nordhafen nimmt heute das malerische Dorf **Sığacık** ein. Im 14. Jh. bauten die Genuesen hier eine Faktorei mit einer quadratischen Umwallung. Innerhalb der Mauer hat sich dann das heutige Fischerdorf eingenistet, dessen Restaurants am Hafen sogar in İzmir einen guten Ruf haben. Auf der anderen Seite des Hafens wurde 2010 die große Teos Marina eröffnet (www.teosmarina.net), die für einen gewissen Aufschwung und neue Arbeitsplätze und Pensionen gesorgt hat.

Das Zentrum von **Teos** liegt etwa 30 Min. Fußmarsch weiter südlich (die Straße folgt im großen Bogen der Küste). Wichtigstes Denkmal ist der Dionysos-Tempel nahe dem Fahrweg, von dem noch einige Säulen halbhoch stehen. Er entstand im 2. Jh. v. Chr. und war Sitz des Bundes der ›Techniten des Dionysos‹. Diese wandernden Berufsschauspieler wurden von der Bevölkerung hoch verehrt – bis ihr lockerer Lebenswandel in die Kritik geriet und sie aus Teos vertrieben wurden. Der Tempel wurde ab 2011 geklärt und dokumentiert (www.teosarkeoloji.com). Weiter hinten in den stillen Feldern sind unter Olivenbäumen noch ein Theater (am Akropolis-Hügel), ein Bouleuterion (Versammlungshaus) und Abschnitte der Stadtmauern zu entdecken.

Übernachten

Im Kastell – **Teos Pension:** 126 Sok. 26, Tel. 0232 745 74 63, www.teospension.com.tr. Gepflegte Familienpension am Meer im Kastell Sığacık, mit Restaurant. Schlichte, mediterrane Zimmer, Garten. DZ/F um 120 TL.

Essen & Trinken

Fisch am Hafen – **Liman Restaurant:** Sığacık Liman, Tel. 0232 745 70 11. Eines der großen, beliebten Restaurants am Hafen. Für Plätze draußen am Kai an Wochenenden reservieren! Spezialitäten sind Fisch in Milch gekocht *(sütte balık)*, Fisch in Salzkruste *(tuzda balık)* und Oktopus-Güvec *(güveçte ahtapot)*.

Südägäische Küste

Die Südägäis zählt neben der Riviera-Küste bei Side zu den Haupturlaubsgebieten der Türkei. Bodrum und Marmaris sind die beiden Zentren, beide im Sommer sehr urban, sehr voll, sehr kosmopolitisch, sehr sexy. Die schönste Form des Urlaubs ist hier die Blaue Reise: mit dem Motorsegler von einer Bucht zur anderen.

Im Tal des Küçükmenderes

Das Tal des Küçükmenderes, des ›Kleinen Mäander‹, der in der Antike Kaystros hieß, führt östlich von Selçuk/Ephesos in eine noch sehr traditionelle Türkei. Der Fluss ist mit knapp 130 km Länge im Vergleich zum ›Großen Mäander‹ (Büyükmenderes) weiter südlich relativ kurz, sein Tal, eingefasst von der Kette der Bozdağları und der Aydındağları, zeigt aber die typische Struktur der Landwirtschaft an der Westküste. Die Orte liegen alle am Fuß der Nord- und Südhänge dieser fruchtbaren Landschaft. In den Flussebenen wird hauptsächlich Baumwolle angebaut, auf mittlerer Höhe folgen Tabak-, Gemüse-, Wein- und Getreidekulturen, an den Gebirgshängen ausgedehnte Ölbaumpflanzungen.

Tire und Birgi ▶ 2, D 7, E 6

Sehenswerte Orte im Tal sind **Tire** mit der Yasi Bey Camii von 1441 und einer verfallenen Karawanserei *(Han)*, mehr aber noch **Birgi** östlich von Ödemiş, wo die osmanischen Traditionen bis heute lebendig zu sein scheinen. Hier steht mit der **Aydınoğlu Namet Bey Camii** eine der ältesten Moscheen der Westküste, die 1311 mit Steinen aus dem antiken Pyrgion, etwas weiter nördlich, erbaut wurde. Die Kanzel ist eine schöne Holzschnitzarbeit, die Gebetsnische mit Fliesen verziert; nebenan steht die Grab-Türbe des Moscheebauers Emir Namet Bey aus der Aydınoğlu-Dynastie. Als Museum geöffnet ist der restaurierte **Çakırağa Konağı,** der zweistöckige Palast eines reichen Landbesitzers aus dem 18. Jh. (tgl. 8.30–17 Uhr, Eintritt 5 TL). Dem Erdgeschoss aus Bruchsteinen, dessen Putz und Bemalung Quadermauerwerk vortäuschen, sitzt ein Fachwerkaufbau als Wohnbereich auf. Wände und Decken sind mit Landschaftsmalereien im Stil des türkischen Rokoko geschmückt.

Von Birgi aus kann man über eine ausgebaute Straße das Boz-Gebirge überqueren, um im Tal des Gediz Nehri die sehr sehenswerten Ruinen des antiken Sardis (s. S. 236) zu besuchen.

Selçuk ▶ 2, C 7

Cityplan: S. 246

Das 25 000-Einwohner-Städtchen an der Küstenschnellstraße ist die Nachfolgesiedlung des antiken Ephesos 3 km westlich (s. S. 245) und hat sich durch den enormen touristischen Andrang zu dieser Stätte sprunghaft entwickelt. Da **Selçuk** von Backpackern und Kunstreisenden als Quartier gegenüber Kuşadası bevorzugt wird, gibt es zahlreiche Unterkünfte (von Billigpensionen bis zur Mittelklasse). Letztlich bieten auch die einfachen, aber authentischen Lokanta vor dem Bahnhof (mit Blick auf die von einer ganzen Storchenkolonie bewohnten Aquäduktstümpfe) weitaus mehr Flair als der Rummel in der Badestadt. Auch das Basarareal bietet Gelegenheit zu Entdeckungen.

Johannes-Basilika 1

Tgl. 8.30–18.30 Uhr, Eintritt 10 TL

Selçuk liegt an der Stelle des ›vierten‹ Ephesos, das ab dem 5. Jh. entstand, als die Verlandung des Hafens und grassierendes Sumpffieber die antike Metropole, die heutige Ruinenstätte, unbewohnbar machten. Auf diesem Hügel, auf dem seit frühchristlicher Zeit die Wohn- und Grabhöhle des Apostels Johannes (griech. Ioannis Theologos) verehrt wurde, ließ Kaiser Justinian um 550 eine **Johannes-Basilika** (Hagios Theologos) erbauen, die im Inneren ganz mit Marmor verkleidet war. Als das byzantinische Ephesos 1304 vor den Türken kapitulierte, wurde sie zuerst als Moschee, später bis zur Zerstörung durch Erdbeben als Basarhalle genutzt; ihr Name lebte verschliffen im noch bis 1923 üblichen Ortsnamen Ayasoluk fort.

Hinter dem mächtigen Tor der byzantinischen Festung mit einem antiken Herakles-Relief liegt der einstige Atriumhof der Kirche (schöner Ausblick hinunter zum Artemis-Tempel), rechts die Ruine der Basilika. Sie war kreuzförmig angelegt, wobei sich die Vierung über dem Apostelgrab befand. Nördlich der Kirche schließt ein Baptisterium an. Höher auf der Kuppe thront eine zuletzt in osmanischer Zeit erneuerte Burg.

Ephesos-Museum 2

Kuşadası Yolu, Di–So 8.30–12, 12.30–17 Uhr, Eintritt 10 TL

Das **Efes Müzesi** am Südwestrand Richtung Ephesos zählt zu den besten der Türkei, sowohl was die Präsentation, als auch was die Qualität der Stücke angeht. Der erste Saal dokumentiert die Hanghäuser von Ephesos: Wandfresken (u. a. Sokrates). Möbel und Objekte wie der bronzene Eros auf einem Delfin vermitteln eine Vorstellung von der Ausstattung der vornehmen Wohnhäuser der römischen Zeit. Neben Statuen und Skulpturwerken (etwa die Blendung des Polyphem durch Odysseus vom Pollius-Brunnen) sind Münzen, Glaswaren, Gemmen und vor allem ein Elfenbeinfries bemerkenswert, der früher wohl ein Möbel geziert hat. Der größte Andrang herrscht im Saal mit den beiden Figuren der ›vielbrüstigen‹ Artemis, römischen Marmorkopien des hölzernen Kultbildes aus archaischer Zeit. Dieses wurde mit den Hoden der geopferten Stiere behängt, woraus sich jene rätselhafte Darstellungsform entwickelte.

İsa Bey-Moschee, Artemision

Die **İsabey Camii** 3 unterhalb der Johannes-Basilika wurde 1375 fertig gestellt. Bauherr war der Emir İsa Bey aus der Dynastie der Aydınoğlu, die in der Endphase der Seldschukenherrschaft den mittleren Teil der Westküste Kleinasiens kontrollierte. Der Bau vereint seldschukische und syrisch-omayyadische Traditionen. An erstere erinnert das Backstein-Minarett und das Stalaktiten-Portal, an letztere der Grundriss mit quadratisch ummauertem Hof vor quer liegender Bethalle und das Schmuckfeld aus schwarz-weißem Marmor. Als Stütze für die beiden Kuppeln dienen antike Säulen aus den Hafenthermen von Ephesos, ein Großteil der Bausteine dürfte aus dem Artemis-Tempel stammen.

Vom berühmten **Artemis-Tempel** 4, dem Ephesos Reichtum und Ruhm verdankte, blieben nur spärliche Reste: die im Grundwasser versunkene Plattform mit einer einzigen, wieder aufgerichteten Säule. Der Antike galt das hellenistische Artemision, über einem Vorgängerbau des 6. Jh. errichtet und von den die Goten 263 n. Chr. zerstört, als eines des Sieben Weltwunder. Auf der 2,5 m hohen Plattform von 55 x 115 m umgab eine doppelte Reihe aus 127 Säulen von 18 m Höhe die Cella mit der monumentalen Kultstatue der Artemis Ephesia.

Infos

Info-Büro: Müzesi Karşısı, Tel./Fax 0232 892 69 45.

Übernachten

Neben dem großen **Hotel Hitit** 1 (www.hititotel.com, 4 Sterne, DZ/F um 200 TL) gibt es zahlreiche Pensionen am Osthang des Basilika-Hügels und im Viertel bei der İsabey-Moschee.

ABSTECHER INS WEINDORF ŞIRINÇE

In den Bergen über Selçuk liegt das kleine Dorf Şirinçe, wo früher Griechen vom Weinanbau lebten. Der Ort, etwa 10 km entfernt östlich am Ende eines Oliventals gelegen, soll als Fluchtsiedlung der Epheser nach der türkischen Eroberung 1304 gegründet worden sein. Griechen wohnen hier seit 1923 nicht mehr, doch sind ihre hübschen Häuser gut erhalten. Die Einwohner betreiben noch heute Weinanbau; in der zur Souvenirmeile umfunktionierten Hauptgasse kann man den Rebensaft kosten. In einigen schönen alten Häusern findet man sogar sehr stimmungsvolle Unterkunft, z. B. das Stonehouse (www.byipek.com) oder das Nisayan (www.nisanyan.com).

Osmanischer Stil – **Kale Han 2**: İzmir Yolu, nahe Shell-Tankstelle, Tel. 0232 892 61 54, www.kalehan.com. In einem älteren, restaurierten Haus; hübsche Zimmer, sehr geschmackvoll mit Antiquitäten eingerichtet, hübscher, ruhiger Garten mit Pool. DZ/F um 160 TL.

Kleiner Pool – **Akay 3**: Kallinger Cad., 1054 Sok. 3, Tel. 0232 892 31 72, www.hotel akay .8m.com. Haupthaus der Kategorie untere Mittelklasse plus Anbau mit neueren Zimmern rund um einen Pool. Dachterrasse mit Blick zur Johannes-Kirche. Absolut ruhig gelegen. DZ/F um 110 TL.

Familiär – **Nazar 4**: Eski İzmir Cad. 14, Tel. 0232 892 22 22, www.nazarhotel.com. Einfache, aber nett geführte Pension unterhalb des Ayasoluk-Hügels, familär und ordentlich. Schlichte Zimmer mit Aircondition, luftige Dachterrasse, kleiner Pool im Garten. DZ/F um 100 TL.

Essen & Trinken

Çöp Şiş – Die Spezialität von Selçuk ist *Çöp Şiş*, wörtlich ›Abfallspieß‹: kleine Lammfleischspieße, die gleich bündelweise serviert werden. Die besten bekommt man bei **Yandım Çavuş 1** (www.yandimcavus.com.tr), einem großen, modernen Restaurant an der Durchgangsstraße.

Schick – **Agora Restaurant 2**: Agora Çarşısı 2, Tel. 0232 892 30 53, www.agorarest.com. Schick aufgemachtes Lokal mit guter türkischer Küche, nahe dem Museum. Hauptgerichte um 25 TL.

Traditionsküche – **Seçkin Firuze 3**: Cengiz Topel Cad. 20. Unter den zahlreichen eher einfachen Lokanta in den Gassen vor dem Bahnhof ist dies das mit der besten Auswahl (Hauptgerichte um 20 TL). Abends, wenn die Bustouristen weg sind, findet man hier typisch türkische Kleinstadtatmosphäre. Etliche Bierkneipen reihen sich an der Parallelstraße, der Siegburg Cad., nette Cafés gibt es rund um den Springbrunnen am Bahnhof.

Ephesos-Rast – **Tusan 4**: Kuşadası Yolu, Tel. 0232 892 60 60. Direkt am unteren Eingang zu Ephesos. Das frühere Motel ist inzwischen zu einem modernen Restaurant mit Self-Service-Atmo umgebaut worden. Gute türkische Küche und Snacks ab 15 TL.

Einkaufen

Markt – **Şehir Pazarı 1**: Rund um das Marktgelände an der Şahabettin Dede Caddesi, wo samstags der Wochenmarkt stattfindet, reihen sich kleine Lädchen, die Textilien, Souvenirs und Lebensmittel verkaufen.

Verkehr

Busstation an der Durchgangsstraße im Zentrum. Etwa stündlich Busse nach İzmir, Aydın, Denizli und Richtung Muğla (Çamlık, Söke). **Minibusse** mind. halbstündlich nach Ephesos, Pamucak Beach und Kuşadası, tgl. mehrmals nach Şirinçe, Söke, Altınkum (Didyma) und Richtung Gümüldür.

Cityplan: S. 246

Tgl. 9–19, letzter Einlass 17.30 Uhr, Eintritt 30 TL, Eintritt für die Hanghäuser 15 TL

Das antike **Ephesos** ist die sehenswerteste Ausgrabungsstätte der Türkei. Ionische Griechen gründeten die Stadt Ende des 2. Jahrtausends v. Chr. am Koressos-Hügel, bei dem es sich nach neueren Forschungen wohl um den heutigen Ayasoluk-Hügel in Selçuk handelte, der damals noch vom Meer umspült wurde. Nach 560 v. Chr. erzwang der Lyder-König Kroisos die Umsiedlung ins zweite Ephesos in der Ebene beim Artemis-Tempel. Das dritte Ephesos schließlich, die heutige Ruinenstätte, war eine Gründung des Diadochenkönigs Lysimachos, der die Stadt nach 296 v. Chr. erstmalig durch eine Mauer schützen und einen neuen Hafen anlegen ließ. Diese Metropole erlebte in römischer Zeit als Hauptstadt der Provinz Asia ihre Blütezeit. Im 3. Jh. plünderten die Goten Stadt und Tempel, auch der Hafen begann zu verlanden. Ab dem 5. Jh. verlagerte sich der Siedlungsschwerpunkt ins heutige Selçuk.

Das große Grabungsgelände hat zwei Eingänge, einen an der Kuşadası-Straße, einen nahe der Küstenschnellstraße. Es empfiehlt sich, möglichst früh zu kommen, denn gegen 11 Uhr nimmt der Rummel lästige Ausmaße an. Wer es eilig hat, kann sich von Droschken zum oberen Eingang kutschieren lassen und so den Rückweg sparen.

Zum Theater

Von der Kasse am unteren Eingang führt der Hauptweg Richtung Theater, die durch hohe Macchia abgeschirmte **Marienkirche** 5 lässt er rechts liegen. Dort fand 431 jenes Konzil statt, mit dem Maria als Theotokos (Mutter Gottes) bestätigt wurde – symbolhaft trat sie gerade in der Stadt der Artemis ihre religiöse Nachfolge an. Selten besucht werden auch die riesigen römischen **Hafenthermen** 6 und die (heute abgesperrte) **Arkadiané,** jene 11 m breite, von Säulen gesäumte Prachtstraße, über die schon ägyptische Kaufleute und römische Konsuln vom Hafen ins Stadtzentrum gingen.

An der Marmorstraße

Der erste überwältigende Bau ist das **Große Theater** 7, jener Platz, wo der Silberschmied Demetrios die Epheser gegen den Paulus aufhetzte. »Groß ist die Artemis der Epheser« schrie die Menge: Wenn die 25 000 Plätze, die sich in gigantische Höhe den Hang hochziehen, besetzt waren, dürfte das wirklich beeindruckend genug gewesen sein, um den Apostel zur Flucht zu bewegen.

Vom Bühnenhaus führt die Marmorstraße nach rechts an der **Agora** 8 vorbei, die ein Quadrat von 110 m Seitenlänge zur Rechten einnimmt. Dieser säulengesäumte Platz war seit hellenistischer Zeit einer der bedeutendsten Märkte Kleinasiens.

Die Marmorstraße endet bei der **Celsus-Bibliothek** 9, dem fast gänzlich aus antiken Werkstücken wieder aufgebauten, prächtigsten Gebäude der Stadt. Sie ist benannt nach einem römischen Statthalter der Provinz Asia am Beginn des 2. Jh. Im Innern der mit feinstem Skulpturwerk und Statuen verzierten Bibliothek sieht man noch die Nischen, in denen auf Regalbrettern die Pergamentrollen gelagert wurden.

Rechts von dem Bau konnte man über das heute ebenfalls rekonstruierte **Tor des Mazaeus und Mithradates,** das zwei freigelassene Sklaven stifteten, auf die Handelsagora gelangen. Gegenüber steht das ebenfalls wieder aufgebaute **Hadrianus-Tor,** das in ein von diesem Kaiser gestiftetes neues Stadtviertel führte.

Über die Kuretenstraße

Von der Bibliothek führt nun die Kuretenstraße (benannt nach den Priestern, die das heilige Feuer im Prytaneion an der Staatsagora hüteten) hangaufwärts. Gleich links soll das ›Bordell‹ von Ephesos gelegen haben, dann folgt der **Hadrianus-Tempel** 10, der zu Ehren dieses Kaisers entstand, der 123 n. Chr. Ephesos besuchte. Die Reliefs (Abgüsse) stellen die ephesische Gründungslegende dar, nach der die Stadt entsprechend einem

Selçuk/Ephesos

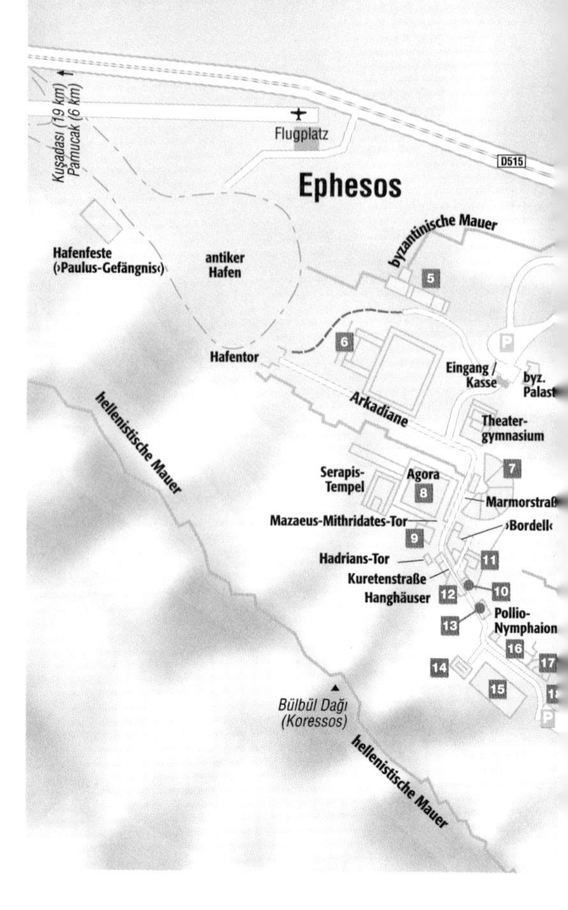

Sehenswert

1 Johannes-Basilika
2 Ephesos Museum
3 İsabey Camii
4 Artemis-Tempel (Artemision)
5 Marienkirche
6 Hafenthermen
7 Großes Theater
8 Agora
9 Celsus-Bibliothek
10 Hadrianus-Tempel
11 Scholasticia-Thermen
12 Hanghäuser
13 Trajanus-Brunnen
14 Domitianus-Tempel
15 Staatsagora
16 Prytaneion
17 Odeion
18 Varius-Thermen
19 Siebenschläfer-Bezirk

Übernachten

1 Hotel Hitit
2 Hotel Kale Han
3 Hotel Akay
4 Nazar Pansiyon

Essen & Trinken

1 Yandım Çavuş
2 Agora Restaurant
3 Seçkin Firuze
4 Tusan

Einkaufen

1 Şehir Pazarı (Markt)

Orakelspruch dort gebaut werden sollte, wo »Fisch und Eber ein Zeichen setzen«.

Beim Tempel führt eine schmale Hanggasse zu den **Scholasticia-Thermen** 11 aus dem 4. Jh. mit einer Sitzstatue der Stifterin. Gegenüber an der Gasse stand vielleicht das Bordell der Stadt, eine dort gefundene Priapos-Statue mit riesigem Penis legt den Gedanken nahe. Die berühmten **Hanghäuser** 12 (Terrace Houses) gegenüber dem Hadrianus-Tempel waren Privathäuser der Oberschicht und vermitteln einen guten Eindruck vom luxuriösen Lebensstil der wohlhabenden Bürger. Nach 250 n. Chr. durch Erdbeben zerstört, birgt vor allem die überdachte Insulae 2 die besten erhaltenen Wandmalereien im Osten des Reichs.

Weiter oberhalb folgt wieder auf der linken Seite der **Traianus-Brunnen** 13, in dessen Mitte eine Statue des Kaisers stand.

Etwas weiter verengt das **Herakles-Tor** die Straße, das im 4. Jh. errichtet, aber mit Reliefs des 2. Jh. ausgestattet wurde.

Das **Memmius-Monument** etwas oberhalb stammt aus augusteischer Zeit und ehrte pikanterweise den römischen Diktator Sulla. Dieser hatte die aufständische Stadt 86 v. Chr. nach der blutigen ›Asianischen Vesper‹ für Rom zurückerobert und ein drakonisches Strafgericht befohlen. Wiederum etwas höher führt ein Abzweig nach rechts zum **Pollio-Brunnen,** wo ein von diesem reichen Römer finanzierter Aquädukt zur Wasserversorgung endete.

Vom **Domitianus-Tempel** 14 schräg gegenüber überdauerte nur der Gewölbeunterbau die Zeiten, in dem Inschriftensteine verwahrt werden; an zwei Säulen sind Reliefs ägyptischer Götter zu erkennen. An einigen Inschriften sind ausgemeißelte Stellen zu erkennen; dort wurde der Name des Kaisers getilgt. Obwohl er die Stadt erheblich gefördert hatte, unterlag er der *damnatio memoriae* des römischen Senats, mit der jede Erinnerung an ihn ausgelöscht werden sollte.

Der folgende Abschnitt der Kuretenstraße durchquert nun das ›Verwaltungsviertel‹: rechts die **Staatsagora** 15 mit einer Fläche von 160 x 73 m, wo politisch-religiöse Veranstaltungen stattfanden, gegenüber das **Prytaneion** 16, wo einige Magistratsbeamte Tag und Nacht über die Geschicke der Stadt wachten. Neben dem Prytaneion, übrigens Fundort der Artemis-Statuen des Selçuk-Museums, stand der Altar der Hestia Boulaia mit dem Heiligen Feuer, das nie verlöschen durfte. Das **Odeion** 17 daneben war ein kleines Theater, wo auch die Ratsversammlungen stattfanden. Hinter dem oberen Eingang endet das Ruinengelände mit den **Varius-Thermen** 18 aus dem 2. Jh.

Siebenschläferbezirk 19

Ein Abstecher an den Osthang des Stadthügels (z. B. per Droschke, sonst ca. 20 Min. zu Fuß) führt zur byzantinischen Nekropole, die unter dem Namen **Siebenschläfer-Bezirk** bekannt ist. Die mit Hunderten von Grabkammern in einen Steilhang gebaute Katakombenanlage wurde nach den sieben Christen benannt, die hier bei der großen Verfolgung unter Kaiser Decius (249–251) in einer Grotte eingemauert worden sein sollen; schlafend überdauerten sie so die Zeiten bis zum Regierungsantritt des Kaisers Theodosios II. (408–450), unter dem das Christentum endgültig Staatsreligion wurde. Die über der Grotte gebaute, verfallene Kirche wurde bis ins Hochmittelalter von den Pilgern ins Heilige Land besucht.

Vor der Anlage gibt es einige einfache Lokale, die türkische Bauerngerichte wie Gözleme (mit Schafskäse und Petersilie gefüllte Crepes) anbieten. Schön für eine Rast und durchaus ein Erlebnis!

Marienhaus

Das Marienhaus (Meryemana) auf dem bewaldeten Ala Dağ, 7 km vom oberen Ephesos-Eingang entfernt, verehren gläubige Christen als den Sterbeort der Muttergottes (Messen jeden So 10.30 Uhr, Andacht jeden Abend 18 Uhr). Dass auch in Jerusalem ein Sterbehaus Mariens von der katholischen Kirche anerkannt wird, tut dem regen Besuch durch die Pilger wenig Abbruch.

Es gibt jedoch eine frühchristliche Überlieferung, nach der der Lieblingsjünger Johannes zusammen mit Maria Magdalena (übersetzt Maria aus Magdala) in die römische Weltstadt Ephesos gereist war, um dort zu missionieren – vielleicht könnte es sich ja um die Klause dieser Maria handeln.

Kuşadası ▶ 2, C 7

Für Romantiker ist das quirlige Urlaubsstädtchen **Kuşadası** nichts, denn moderne Architektur bestimmt das Stadtbild. Nur wenige historische Bauten erinnern an die Genuesen, die den Ort Ende des 13. Jh. unter dem Namen Scala Nova (›Neuer Hafen‹) als Ersatzreede für Ephesos (s. S. 245) gründeten, oder an die Osmanen, die die Italiener im 16./17. Jh. vertrieben. Und doch ist Kuşadası mit 68 000 Einwohnern eines der bedeutendsten Tourismuszentren der Türkei: Etwa 600 Kreuzfahrtschiffe jährlich entlassen hier ihre Passagiere zum Landgang nach Ephesos, dazu kommen die Hotelburgen am Kadınlar-Strand, eine der größten Yacht-Marinas der Ägäis und wuchernde Villensiedlungen bis hinunter nach Güzelçamlı im Süden.

Die touristischen Hauptmeilen sind der Atatürk Bulvarı, eine große, von Hotels gesäumte Uferstraße zwischen der Marina und dem Hafen, und vor allem die Barbaros Caddesi, die als Fußgängerzone vom Hafen landeinwärts verläuft. Als Schutzfeste und Zollstelle bauten die Osmanen dort um 1620 die nach einem türkischen Großadmiral benannte **Karawanserei Öküz Mehmetpaşa Han.** Seine größte Bedeutung hatte der Bau im 19. Jh., als Griechen und Armenier hier einen regen Export von Baumwolle, Tabak und Rosinen betrieben. Das Ende des kleinasiatischen Griechentums 1923 machte dann aus der Stadt ein Fischerdorf – bis die Touristen kamen. Heute beherbergt der Bau ein Hotel mit Restaurant.

In den Gassen gegenüber vom Han, im alten **Basarviertel** hinter der Post, geht es vor allem nachts hoch her. Mit zahlreichen Läden, romantischen Restaurants und auch Music Bars wird hier für jeden Geschmack etwas geboten. In der berüchtigten **Bar Street** oberhalb der Fußgängerzone sind die Bars noch lauter, noch schriller, zu vorgerückter Stunde tanzen hier die britischen Girls auf den Bartresen. Südlich vom Han steigen die Gassen zu den ältesten Stadtvierteln auf; hier sind noch viele osmanische Erkerhäuser aus Holz, entlang der Menekşe Sokağı auch Teile der genuesischen Stadtmauer erhalten.

Ein hübsches Plätzchen ist auch die kleine, mit dem Festland durch einen Damm verbundene Insel **Güvercinada** (›Taubeninsel‹) mit einem genuesisch-osmanischen Kastell, das heute als Teegarten und Bar genutzt wird.

Umgebung von Kuşadası

An den Küsten nördlich fast bis Ephesos, mehr aber noch im Süden wurden riesige Hotelviertel hochgezogen. Der **Kadınlar Plaj** im Süden, früher der beste Strand der Umgebung, ist heute restlos überlaufen. So muss man denn etwas weiter fahren, etwa nach Pamucak oder Notion im Norden oder zum Dilek-Nationalpark im Süden.

Dilek-Nationalpark ▶ 2, C 7

Der **Dilek Milli Parkı,** der Nationalpark auf der Dilek-Halbinsel im Süden, umfasst nicht nur die waldreichen Hänge des 1237 m hohen Samsun Dağı, sondern auch die schönsten Strände in der Kuşadası-Region (tgl. 8–18 Uhr, Eintrittsgebühr am Schlagbaum kurz hinter dem Dorf Güzelcamlı, Extragebühr für Pkw). Besonders beliebt ist der **Kalamaki Beach,** 8 km hinter dem Parkeingang – aber selbst dieser ist unter der Woche noch fast einsam, erst am Wochenende rollt der Ausflugsverkehr zu den Picknickplätzen an. Durch den **›Kanyon‹,** eine bei Kalamaki abzweigende Schlucht, kann man hoch zum Kamm des Gebirges wandern, in dessen Wäldern Wildschweine und verwilderte Pferde leben, auch besteht die Möglichkeit, MTBs zu leihen. Auf der anderen Seite des Sam-

Das Kastell auf der ›Taubeninsel‹ von Kuşadası

sun Dağı liegt in **Eski Doğanbey** das Hauptquartier des Nationalparks (Anfahrt über Priene). Der Ort, früher Domatia genannt, war bis 1923 griechisch besiedelt, die verfallenen Häuser werden heute zu Ferienvillen ausgebaut. Das kleine Museum informiert über Flora und Fauna, wird aber noch sehr selten besucht.

Söke ▶ 2, C 7

Im Hinterland von Kuşadası lohnt sich der Besuch des großen Mittwochsmarkts im Baumwollstädtchen **Söke,** ebenso des antiken **Magnesia ad Maiandros** mit den Ruinen römischer Kasernen und eines ionischen Artemis-Tempels des 3. Jh. v. Chr.

Südlich von Selçuk liegt das Dorf **Çamlık,** dessen Bahnhofsgelände zur letzten ›Ruhestätte‹ von rund 20 Dampflokomotiven aus der Zeit der Bagdad-Bahn geworden ist.

Notion und Klaros ▶ 2, C 7

Nördlich von Kuşadası kommt man gegenüber vom Ephesos-Abzweig zum **Pamucak Beach;** auf dem Hügel südlich liegt mit dem Aqua Fantasy eines der größten Spaßbäder der Türkei. Beim antiken **Notion** mit Resten der Stadtmauer, der Agora und des in römischer Zeit um ein Bühnenhaus erweiterten Theaters findet man noch ruhige Plätzchen und einfache Strandtavernen.

Nur 2 km rechts der Straße nach Menderes versteckt sich in den (im Frühjahr teils sumpfigen) Feldern das Apollon-Orakel von **Klaros,** das einst sogar Pilger aus Rom besuchten. Eindrucksvoll sind die unterirdischen Orakelkammern und die Reste der monumentalen Kultstatue des Apollon: Gut 7 m muss die Sitzfigur des Gottes hoch gewesen sein, allein der Arm ist 3 m lang.

SONNENUNTERGANG AN DER TAUBENINSEL

In Kuşadası ist es voll und laut? Führen Sie Ihre Liebste doch zu einem Drink bei Sonnenuntergang auf die Insel **Güverçinada.** Romantisch schlagen die Wellen an den Strand und die Sonne versinkt glutrot im Meer. Da bekommen Frauen das gewisse Etwas in die Augen.

Infos

Info-Büro: Liman Cad. 13, am Hafen, Tel. 0256 614 11 03, Fax 0256 614 62 95.
Internet: www.kusadasiguide.com, www.kusadasi.com, kusadasihotels.com

Übernachten

Historisches Ambiente – **Kısmet:** Akyar Mevkii, auf der Landzunge nördlich vom Yachthafen, ca. 2 km vom Zentrum, Tel. 0256 618 12 90, www.kismet.com.tr. Eine traditionsreiche Nobelherberge in schöner ruhiger Lage nahe dem Yachthafen. Gegründet von einer Enkelin des letzten Sultans, in der Lobby hängt eine sehenswerte Galerie berühmter Leute, die schon da waren. Mit Pool und privatem Felsstrand. DZ/F um 400 TL.
Romantisch – **Villa Konak:** Yıldırım Cad. 55, am Altstadthügel, Tel. 0256 614 63 18, www.villakonakhotel.com. Ein Haus der Spezialklasse am Altstadthang in zwei schön renovierten osmanischen Holzhäusern, mit Pool. Geschmackvolle Zimmer im alten Stil mit AC. DZ/F um 200 TL.

Essen & Trinken

Im Stadtzentrum gibt es einfache, aber gute **Kebap-Lokale** rund um die Hatice Hanım Camii – dort isst man günstig und oft besser als in den teuren Restaurants rund um den Hafen, die sich häufig englischem Geschmack anpassen!
Fisch und mehr – **Ali Baba Deniz Ürümlü:** Atatürk Bulv., am Hafen. Das Top-Restaurant am Ort. Eine riesige Auswahl an Fisch und Meeresfrüchten, überzeugend die sehens-

wert dekorierte Auslage. Zahlreiche Kellner sorgen für aufmerksamen Service. Oktopus-Salat 25 TL, Fisch pro Kilo zwischen 65 und 140 TL.
Osmanisches Ambiente – **Paşa Restaurant:** Cephane Sok. 21, im Basarviertel. Im großen Gartenhof eines osmanischen Althauses, sehr lauschig. Grillgerichte, internationale Standards. Hauptgerichte um 25 TL.

Einkaufen

Goldschmuck – **Jewelex:** Barbaros Bulv. 7, Tel. 0256 614 19 45. Der Juwelier in einem traditionellen Haus gegenüber der alten Karawanserei überzeugt durch sehr schöne Eigenkreationen.

Abends & Nachts

Bar Street – In der **Barlar Sokağı** (am Ende der Fußgängerzone des Barbaros Bulv. schräg links halten) steht eine Musikkneipe neben der anderen. Dort geht es laut und sehr britisch zu – gespielt wird meist HipHop und RnB.
In der Altstadt – Rund um die **Tuna Sokağı** im ehemaligen Basarviertel ist ein Nightlife-Zentrum entstanden, das bis zur Bahar und zur Sakarya Sokağı reicht.

Aktiv

Spaßbad – **Adaland:** Çamlimanı Mevkii, 11 km nördlich von Kuşadası, www.adaland.com. Riesiges Wasserpark-Spaßbad mit vielen Rutschen und sogar einer künstlichen Rafting-/Kanu-Strecke. Den angeschlossen Delfinpark sollte man aus Tierschutzgründen jedoch boykottieren.
Tauchen – **Seagarden Dive Centre:** Yılancı Burnu, Mob. 0532 211 43 41, www.seagardendiving.com. Die Basis liegt südlich vom Zentrum an der Küste hinter der Taubeninsel. PADI-Kurse und Tauchausfahrten mit Leihausrüstung.

Verkehr

Von der **Busstation** an der Umgehungsstraße (Cevre Yolu) etwa stündlich Verbindung nach İzmir, Aydın oder Muğla. Häufig **Minibusse** nach Selçuk/Ephesos, nach Gümüldür im Norden, nach Güzelcamlı (beim Dilek-Nationalpark) und nach Söke (von dort Verbindung nach Priene und Milet).
Fähre: Zwischen April und Oktober tgl. ein Ausflugsboot zur griechischen Insel Sámos, Abfahrt gegen 10, retour gegen 17 Uhr.

Im Tal des Großen Mäander

Der **Büyükmenderes** ist einer der vier größeren Ströme, die von Osten her die Küste der Ägäis erreichen. Der von den Griechen Maiandros genannte Fluss, der wegen seines windungsreichen Verlaufs einem bekannten Motiv der griechischen Klassik, dem ›Mäanderband‹, seinen Namen gab, hatte seit prähistorischen Zeiten große Bedeutung für Handel ebenso wie für Kriegszüge, denn seinem Tal folgte die wichtigste Ost-West-Straße Kleinasiens.

Bei geringer Fließgeschwindigkeit schiebt der lehmgelbe Strom enorme Massen an Schwemmfrachten Richtung Meer, aus denen sich in den letzten 10 000 Jahren die weite Ebene zwischen Milet und Priene (s. S. 258) aufgebaut hat.

Aydın ▶ 2, D 7

Die Route durch das Flusstal bewältigen die Ausflugsbusse nach Pamukkale nonstop, denn viel Sehenswertes gibt es nicht. Die Provinzhauptstadt **Aydın** (das antike Tralles) nutzt seit gut 3000 Jahren das fruchtbare Ackerland. Landwirtschaft mit Anbau von Sultaninen und Tabak (Produkte, die im 19. Jh. den Ausfuhrhafen Smyrna – heute İzmir – berühmt machten) prägt die Region.

Da durch die häufigen Erdbeben in dem über einer geologischen Bruchzone verlaufenden Tal mehrfach zerstört, blieben aus der Antike nur spärliche Reste auf den Ausläufern der Randberge im Norden der Stadt. Ein kleines Museum im Zentrum von Aydın zeigt archäologische Funde, u. a. aus Milet und Nyssa.

GRIECHISCHE INSELN GANZ NAH

Tour-Infos

Start: Hafenorte der Ägäisküste: Ayvalık, Çeşme, Didim, Bodrum, Datça, Marmaris

Dauer: Tagestouren

Wichtige Hinweise: Personalausweis genügt

Nach Jahrzehnten sehr angespannter Beziehungen zwischen den beiden NATO-Partnern Türkei und Griechenland sorgt ein gewisses Tauwetter nun für ganz neue Möglichkeiten. Mal eben auf ein Souvlaki mit Retsina auf eine der nahen griechischen Inseln? Was früher fast unmöglich schien, ist heute kein Problem mehr. Oft bis zu täglich fahren schnelle Hydrofoils (Tragflügelboote) hinüber. Angeboten werden Tagestouren mit Kurzrundreisen oder auch Trips zur Griechischen Nacht oder einfach nur zum Abendausflug. Und das Angebot, zurück in die ›Eurozone‹, wird gern angenommen.

Das beliebteste Ziel fürs grenzüberschreitende Insel-Hopping ist **Kós,** das von Bodrum nur einen Katzensprung entfernt ist, aber auch aus Didim angefahren wird. Rund um den Hafen hinter dem Kreuzritter-Kastell reihen sich die Restaurants, es bleibt aber auch genug Zeit für die römischen Ausgrabungen oder zum Shopping.

Ähnlich rasch ist man von Kuşadası aus auf **Sámos,** der Heimat des Mathematikers Pythagoras. Elegante klassizistische Fassaden prägen die Inselhauptstadt Vathi, archäologisch Interessierte finden im Museum Fundobjekte aus der früheren Inselhauptstadt an der Südküste, die ihre Blütezeit unter dem Tyrannen Polykrates erlebte.

Aber auch die etwas längere Fahrt (45 Min. per Hydrofoil) von Marmaris nach **Rhodos** lohnt unbedingt. Hier kommt man in eine mittelalterliche Bilderbuchstadt, erbaut von den Kreuzrittern des Johanniterordens. Ein tolles Erlebnis: der Gang durch den Burggraben dieser Festungsstadt. In den Mauern stecken hin und wieder noch die Steinkugeln der osmanischen Artillerie. Vom kleinen Hafenort Datça geht es nach **Sými,** mit einer der schönsten Inselstädte der Ägäis.

Deutlich weniger vom Tourismus geprägt sind die beiden Großinseln **Chíos** und **Lésvos,** die man von Çeşme bzw. Ayvalık aus erreichen kann. Beide haben schöne Altstädte und jeweils ein berühmtes Produkt: Auf Lésvos (das man in Europa Lesbos, in der Türkei Mitilini nennt) dreht sich alles um Olivenöl, Chios ist berühmt für sein Mastix, einen Baumsaft, der zu Kaubonbons oder Paste von pfefferminzähnlichem Geschmack verarbeitet wird.

Im antiken **Nyssa,** das im 3. Jh. v. Chr. von den Seleukiden gegründet wurde, absolvierte Strabo (64 v. bis 23 n. Chr.), der den Standard-Reiseführer der antiken Welt verfasste, seine Studien. Er beschrieb Nyssa als »Doppelstadt« – geteilt durch die Schlucht eines Bachs, der im 2. Jh. v. Chr. durch einen ca. 150 m langen Tunnel kanalisiert und mit einem Platz überbaut wurde (heute der Parkplatz). Gut erhalten ist das Theater aus römischer Zeit; das Bühnenhaus hielt den Erdbeben jedoch nicht stand. Der Wärter zeigt auch die Bibliothek und das bei Strabo als »Haus der Alten« erwähnte Bouleuterion jenseits der Schlucht.

Aphrodisias ▶ 2, F 7

Tgl. 8–18 Uhr, Eintritt inkl. Museum 15 TL

Die antike Stadt **Aphrodisias,** deren Bauten den Vergleich mit den Prachtwerken von Ephesos nicht zu scheuen brauchen, liegt etwas außerhalb des Flusstals. Sie trug ihren Namen zu Ehren der Liebesgöttin Aphrodite, zu deren kleinasiatischen Hauptkultstätte sie sich seit dem 2. Jh. v. Chr. entwickelte. Aufgrund der mythologisch begründeten Beziehung zum julisch-claudischen Kaiserhaus, das seine Wurzeln über den Troer (Trojaner) Änäas auf die griechische Liebesgöttin zurückführte, erhielt sie in der frühen Kaiserzeit umfangreiche Privilegien und wurde bald zu einem Wallfahrtsort, der seinen Ruhm durch ausschweifende Feiern zu Ehren der Aphrodite gewann. Nach dem Sieg des Christentums, als die Tempel geschlossen wurden und hier ein Bischof residierte, tilgte man die Göttin aus dem Namen, die Stadt hieß nun Stavropolis (›Stadt des Kreuzes‹).

Museum

Das **Museum** bewahrt zahlreiche Stücke der berühmten Bildhauerschule der Stadt, die einen sehr filigranen Stil entwickelte und bis nach Rom und Afrika exportierte. Neben zahlreichen Büsten von Mitgliedern der kaiserlichen Familie und Statuen berühmter Dichter sind besonders eindrucksvoll die Penthesilia-Gruppe (Achill trägt die sterbende Amazonenkönigin vom Schlachtfeld) und die Tempelstatue der Aphrodite.

Die Ruinen

Erste Etappe des Rundgangs ist das **Tetrapylon** aus der Zeit des Kaisers Hadrianus, das Zeremonientor des großen Aphrodite-Heiligtums. Das fast vollständig aus Originalstücken wiedererrichtete Tor ist mit seinem üppigen, fast filigranen Skulpturschmuck eines der Prunkstücke der Stadt. Dahinter liegt der Aphrodite-Tempel des 1. Jh. v. Chr., der später zur Kirche umgebaut wurde, wobei nur der äußere Säulenring unversehrt blieb. Das **Stadion** im Norden an der Stadtmauer bot bis zu 30 000 Zuschauern Platz und gilt als besterhaltenes der antiken Welt.

Südlich vom Tempel vermittelt das **Odeion,** ein Konzertsaal aus dem 2. Jh. mit einer Ausstattung mit verschiedenen Marmorsorten, eine gute Vorstellung vom Reichtum der Stadt. Weiter südlich lag die **Agora,** eine doppelte Platzanlage, bestehend aus der Nordagora und der später angefügten Südagora. Diese hatte rein politische Funktion: In den Portiken des Tiberius rund um das lange Wasserbecken diskutierten die Bürger das Neueste vom Tag. Die westliche Stirnseite schließt mit den **Hadrianus-Thermen** (2. Jh.) ab, einer mit Bodenmosaiken geschmückten Bäderanlage, die östliche wiederum mit den Ruinen des monumentalen Agora-Tors.

Von diesem Tor her ersteigt man den Hügel im Rücken des **Theaters**, den ältesten, bis ins 6. Jahrtausend v. Chr. zurückreichenden Siedlungsplatz der Stadt. Vom Theater, das einem hellenistisch-römischen Mischstil entspricht, sind die Ränge und der untere Teil des Bühnenhauses erhalten. Man sieht noch den Tunnel, durch den die Gladiatoren und die wilden Tiere auf die Orchestra gelassen wurden.

Auf dem Rückweg passiert man das **Sebasteion,** eine Prunkstraße aus zwei 80 m langen Kolonnaden, die auf die Nord-Agora führte. Die Anlage wurde zu Ehren von Kaiser Augustus errichtet und diente als Kultstätte seiner Dynastie (bis Nero), aber auch noch der folgenden Kaiser bis ins 2. Jh.

Pamukkale (Hierapolis)

▶ 2, G 7

Das Dorf **Pamukkale** liegt ca. 20 km nördlich der Provinzhauptstadt **Denizli** (960 000 Einwohner) am Ende des großen Grabenbruchs, dem der Mäander folgt.

Aufgrund dessen geothermischer Energie gibt es im oberen Abschnitt zahlreiche Thermalquellen – einzigartig ist jedoch die beim antiken Hierapolis: Das warme Wasser (30–50 °C) enthält gelöstes Kalziumbikarbonat, das beim Abkühlen in Kohlendioxid und Kalziumkarbonat zerfällt – es entsteht Kalk. Der lagert sich ab, bildet dicke Schichten und sintert auch die Abflussrinnen zu, sodass auf natürlichem Wege flache, terrassenförmige Becken und tiefe Tröge entstehen. Der Clou aber ist, dass der Sinterkalk von Pamukkale (wörtlich ›Baumwollschloss‹, übertragen ›Weiße Burg‹) schneeweiß ist. Wie ein vereister Wasserfall erscheint der Abhang bei der Anfahrt. Im Sommer schimmert das Wasser in allen Türkisschattierungen, und im Winter steigen dampfende Schwaden aus den Becken.

Dass die Thermalquellen schon seit der Antike genutzt werden, beweisen die Ruinen von Hierapolis auf dem Plateau vor den Terrassen. König Eumenes II. von Pergamon gründete diese Stadt in der ersten Hälfte des 2. Jh. v. Chr.; auf noch ältere Zeit reicht das Plutonium zurück, ein Heiligtum für den Gott der Unterwelt, das Pilger und Kranke besuchten, um im Wasser und durch die Mysterien der Priester Heilung zu finden.

Terrassen und Grabungsgelände

Tgl. 8.30–20 Uhr, Eintritt 25 TL

In den frühen 1990er-Jahren gehörte Pamukkale zu den meistbesuchten Zielen der Türkei. Die bis zu 1000 Touristen pro Tag hinterließen jedoch deutliche Spuren: Die Sinterterrassen wurden so verdreckt, dass sie seit 1997 gesperrt sind – der Hang darf seither nur stellenweise barfuß betreten werden. Auch die Hotels oberhalb der Terrassen wurden abgebrochen, viel des einstigen Flairs ging dadurch verloren. Das hat zu einem drastischen Rückgang der Individualreisenden in Pamukkale geführt. Die meisten Besucher reisen heute mit organisierten Bustouren an und bleiben nur 2 Stunden vor Ort.

Die weißen Terrassen von Pamukkale

Die Zufahrt direkt vom Dorf aus endet beim Südparkplatz ohne Fahrverbindung zu den Terrassen, von dort geht man etwa 10 Min. Zum Haupteingang für Pkw fährt man Richtung Karahayit weiter.

Thermenmuseum

Tgl. 9–19, letzter Einlass 18 Uhr, Eintritt 5 TL

Mittelpunkt der Kurstadt Hierapolis, die in der römischen Kaiserzeit ihre Blüte erlebte, waren die Thermen und der Tempelbezirk. In einem restaurierten Teil der riesigen Hauptbadeanlagen ist heute das **Thermenmuseum** untergebracht, das wunderbare Skulpturwerke aus Hierapolis und Laodikeia (s. S. 256) zeigt. Besonders die Galerie der Götterstatuen, die kunstvollen Sarkophage sowie der Fries vom Theater gehören zum Besten, was die Museen der Türkei zu bieten haben. Der Theater-Fries zeigt Themen aus dem Sagenkreis um Apollon, sowie auch die Krönungsfeiern des Kaisers Septimius Severus, unter dem die Platten geschaffen wurden – wahrscheinlich durch Steinmetze aus Aphrodisias: Markenzeichen ist das typisch üppige Rankenwerk.

Pamukkale Therme

9–19 Uhr geöffnet, Gebühr 20 TL für Erwachsene, 12 TL für Kinder

Baden kann man heute nur noch im **Pamukkale Termal** oberhalb vom Museum. Dies ist der berühmte ›antike‹ Pool, der Quellteich, in dem man zwischen umgestürzten Säulen badet. Wenn es nicht gar so voll ist, sehr romantisch, also besser den späten Nachmittag dafür einplanen.

Ruinen von Hierapolis

Vom Museum steigt man an der Pamukkale Therme mit dem antiken Quellteich (s. o.) den Hang empor zum Grabungsgelände, dessen besterhaltener Bau das **Theater** ist. Auch hier kann man noch Teile des Frieses vom Bühnenhaus sehen, der von italienischen Archäologen rekonstruiert wurde und den Festzug des Dionysos zeigt.

Tiefer am Hang, aber noch im umzäunten Gelände, liegen die Kultstätten: der nur mit seinem Podium erhaltene **Apollon-Tempel**, ein monumentales **Nymphaion** sowie die Felshöhle des **Plutoniums,** früher die Hauptquelle des ›heiligen Wassers‹. Nach den antiken Chronisten war sie von giftigen Dämpfen erfüllt, nur die Priester, die für die Pilger mit dem Unterweltgott Pluto in Kontakt traten, konnten die Kultstätte betreten. Heute ist die überwölbte Tür versperrt, denn noch immer strömen giftige Gase aus.

Den steilen, ziemlich anstrengenden Aufstieg zum **Martyrium des Philippus** auf der Anhöhe über dem Theater unternimmt man im Sommer am besten abends. Die Pilgeranlage besteht aus einem quadratischen Bau mit 60 m Seitenlänge, dem ein Achteck eingeschrieben ist, sodass sich ein äußerst verwirrender Grundriss ergibt: viereckige Kammern in den äußeren Trakten, dreieckige Kammern im Oktogon.

An der Zufahrtsstraße von Norden erreicht man zunächst das von der Stadtverkleinerung zur Zeit des Niedergangs zeugende **byzantinische Wehrtor.** Dieses unterbrach eine von Kaiser Domitianus gestiftete **Säulenstraße**, die entlang dem **Forum** vom Tempelbezirk bis zum **Frontinus-Tor** mit zwei runden Türmen, dem hellenistischen Stadttor, führte.

Dahinter folgen die Ruinen einer **Thermenanlage,** die im 5. Jh. in eine Kirche umgewandelt wurde. Den Abschluss bildet schließlich die **Nekropole,** eine der schönsten der Türkei. Bei einem Streifzug entdeckt man Tausende von Grabhäusern und Sarkophagen aus der Kaiserzeit und einigen runden Mausoleen aus hellenistischer Zeit.

Infos

Info-Büro: beim Thermenmuseum, Tel./Fax 0258 272 20 77, tgl. 9.30–12, 13–19 Uhr.

Übernachten

Ein gutes Hotel im Ort ist das **Grand Sevgi Hotel** an der Denizli-Straße (www.grandsevgiotel.com). Weitere Mittelklassehäuser am Ortsrand nach Nordwesten.

Gut mit Pool – **Yörük Motel:** Atatürk Cad., an der Hauptstraße mitten im Dorf, Tel. 0258 272 26 74. Älteres Mittelklassehaus; einfache Zimmer im Motelstil rund um den Pool mit Thermalwasser, netter Wirt, der Tipps für Ausflüge gibt. DZ/F um 90 TL.

Hilfsbereit und nett – **Mustafa Pansiyon:** Am Anfang der Hauptgasse, direkt beim Dorfeingang, Tel. 0258 272 22 40. Sehr günstiges, einfaches Haus, wo man von einer echten türkischen Mama versorgt wird. Mit beliebtem Pide-Restaurant. Dorm 25 TL/Pers., DZ/F 45–60 TL.

Essen & Trinken

Grillgerichte und Internet – **Kayaş Wine House:** Atatürk Cad. 3. Grillküche, auch einige asiatische Gerichte. Dazu Wein oder Nargile (Wasserpfeife) und Sat-TV. Hauptgerichte ab 25 TL.

Traditionsküche – **Gürsoy:** Atatürk Cad., gegenüber Yörük Motel. Türkische Küche in einem schattigen Garten an der Dorfhauptstraße mit freundlich-nettem Service. Hauptgerichte 15–30 TL.

Verkehr

Von İzmir, Antalya, Afyon/Ankara und Muğla (Marmaris/Fethiye) etwa stdl. **Fernbusse** bis Denizli, von dort alle 30 Min. **Minibusse** nach Pamukkale.

Laodikeia ▶ 2, G 7

Tgl. 9–18 Uhr, Eintritt 10 TL

Die antike Stadt **Laodikeia** zwischen Pamukkale und Denizli wurde um 261 v. Chr. von König Antiochos gegründet und nach dessen Frau benannt. Die in großen Teilen freigelegte Stadt stieg durch Zuzug vieler Griechen und Juden zu einem Zentrum des hellenistischen Kleinasien auf, besonders nach 188, als sie dem Königreich Pergamon zugeschlagen wurde. Unter den römischen Kaisern erlebte sie besondere Förderung; Hauptprodukt waren knitterfreie Textilien aus Wolle, die überaus beliebt waren.

In der Stadtmitte zwischen dem Syrien-Tor und dem Ephesos-Tor zieht sich der Decumanus mit vielen öffentlichen Bauten entlang. Nördlich liegt das große Theater, südlich eine Agora und ein Stadion. Auch eine der ältesten frühchristlichen Kirchen Kleinasiens (datiert auf Anfang 4. Jh.) wurde freigelegt.

Das Çine-Tal

Die gut ausgebaute Straße von Aydın durch das einsame Tal des **Çine Çayı** nach Süden Richtung Muğla und Marmaris ist eine schnelle Alternative zur längeren Küstenstrecke, aber auch eine gute Möglichkeit für eine große Zwei-Tages-Rundtour von Kuşadası oder Bodrum aus, wenn man Milet, Didyma und Priene besucht. Im mittleren Teil fließt der Çine durch eine fruchtbare Schwemmlandebene, reizvoller ist der Abschnitt zwischen Eskiçine und Yatağan, wo der Fluss einer wilden, felsigen Schlucht folgt, die Tausende blühender Oleanderbüsche im Mai und Juni mit rosa-weißen Farbtupfern schmücken.

Alinda ▶ 2, D 8

Einen Abstecher lohnt die karische Stadt **Alinda,** die etwas abseits in einer einsam-romantischen Hügellandschaft oberhalb des Dorfes Karpuzlu liegt (26 km von Çine). Imposant ist die 100 m lange, zweigeschossige Markthalle an der Agora. Zwischen Ölbäumen lassen sich auch ein Theater, darüber ein Turm der Stadtmauer und zahlreiche Felsgräber in der Nekropole entdecken.

Alabanda ▶ 2, D 8

Çine ist das Zentrum des Tals, eine verschlafene Kleinstadt, die sich nur beim Wochenmarkt etwas belebt. Westlich, beim Dorf Araphisar (9 km), liegen die Ruinen von **Alabanda:** Ein Theater, ein Odeion und die Agora sind noch leidlich in der flachen Hügellandschaft zu erkennen. Weiter südlich kann man als Abstecher von Eskiçine (Alt-Çine), einem Weiler am Hügelhang mit Moschee und Türbe aus der Emiratszeit, den altkarischen Kultplatz **Gerga** besuchen.

Stratonikeia ▶ 2, E 8

Bei **Yatağan**, am Ende des Çine-Tals, lohnt die Fahrt zum antiken Stratonikeia beim Dorf Eskihisar (7 km an der D330 Richtung Milas). Die Landschaft westlich von Yatağan ist jedoch alles andere als schön: Der Braunkohlentagebau im großen Stil hat riesige Abraumhalden hinterlassen; verfeuert wird die Braunkohle in den Kraftwerken bei Yatağan und am Gökova-Golf im Süden – beides sind Staub- und Schwefeldioxidschleudern, gegen die Umweltschützer (und auch die Hotelmanager) seit Jahren Sturm laufen.

Mitten in dieser durch den Tagebau aufgerissenen Landschaft liegen die Häuser des verlassenen Dorfs Eskihisar, dessen Bewohner in neue Bauten weiter westlich umgesiedelt wurden. Das alte Dorf hatte sich in den Ruinen der antiken Stadt **Stratonikeia** eingenistet, die nun zum Teil freigelegt werden konnten. Neben einem hellenistischen Theater, Ruinen eines ionischen Tempels, eines Gymnasions und eines Stadttors ist vor allem das Bouleuterion erwähnenswert: In der Nordwand ist das berühmte Preisedikt des Kaisers Diocletianus (284–305) eingemeißelt, mit dem dieser (auch damals schon erfolglos) gegen die Wirtschaftskrise und die Inflation im Römischen Reich vorgehen wollte.

Priene ▶ 2, C 7

Tgl. 8–18.30 Uhr, Eintritt 5 TL

Die antike Stadt **Priene** auf einem Ausläufer des Samsun Dağı mit weitem Blick über die Ebene des Großen Mäander gehört landschaftlich zu den schönsten der Westtürkei. Berühmt war das Priene der archaischen Zeit, als die Stadt im 6. Jh. von Bias, einem der Sieben Weisen der Antike, regiert wurde – was Platon später zu seinem Modell des Philosophenstaats inspirierte.

Diese Stadt lag irgendwo dort, wo sich jetzt die flache Mäander-Ebene ausbreitet, und wurde in den Perserkriegen zerstört. So errichtete man um 350 v. Chr. ein neues Priene mit dem rechtwinkligen Straßenraster, wie es Hippodamus von Milet (s. S. 258) entworfen hatte. Athen war an diesem Projekt maßgeblich beteiligt, besaß Priene doch auf seinem Areal das Panionion, die wichtigste Kultstätte der ionischen Griechen in Kleinasien (nördlich des Samsun/Mykale-Gebirges bei Güzelçamlı).

Athena-Tempel

Vom Kassenhäuschen folgt man den antiken Pflasterstraßen. Gut zu erkennen ist das hippodamische Raster, das – ungeachtet des Terraingefälles – streng an den Himmelsrichtungen orientiert durchgehalten wurde. Der **Athena-Tempel** überragt auf erhöhter Terrasse die Stadt in der Mitte. Eine aufsteigende Rampe führt zum Platz des Altars, der, wie in der Antike üblich, vor dem Heiligtum der Stadtgöttin lag. Dahinter erheben sich heute noch vier der einst 34 Säulen. Von den Zeitgenossen wurde der Bau aufgrund seiner vollendeten Proportionen als beispielhaft für die ionische Architektur gesehen.

Theater

Im Norden des Stadtgebiets lehnt das **Theater** am Hang, der steil zur Akropolis ansteigt. Es fasste 5000 Zuschauer; Teile des Bühnenbaus und einige Marmorsessel für die Honoratioren blieben erhalten. Die Ruinen einer **Kirche** vor dem Bühnenbau stammen aus dem 6. Jh., als Priene Bischofssitz war.

Auf der Westseite des obersten Thearangs beginnt ein Felssteig zum **Demeter-Heiligtum** aus der hellenistischen Epoche. Die Kultstätte selbst, wo Erdmutter Demeter und ihre Tochter Persephone, Herrscherin der Unterwelt, verehrt wurden, wird aber wohl bis in archaische Zeit zurückreichen. Der Aufstieg lohnt wegen des Blicks über die Stadt, die Ebene und den windungsreichen Lauf des Mäander.

Agora

Südlich vom Tempelzugang liegt die Agora, die an der Nordseite von einer lang gestreckten Wandelhalle, der **Heiligen Halle,** begrenzt war. Durch sie hatte man Zugang zum **Bouleuterion,** dem Ratssaal (mit gestuften Sitzbänken), und zum **Prytaneion,** dem Gebäude der Magistratsbeamten. Am Südrand der Agora erhob sich der **Zeus-Tempel,** der im 11. Jh. mit einem Kastell überbaut wurde. Unten am Steilhang liegen noch ein **Stadion** und das **Untere Gymnasion** mit zahllosen Graffiti-Ritzungen der jugendlichen Sportler in den Wänden.

Essen & Trinken

Am Wasserfall – **Şelale Restoran:** Im Dorf Güllübahçe am Parkplatz der Tourbusse. Ein sehr schöner Rastplatz unterhalb der Ruinen. Man sitzt idyllisch an einem Forellenteich, der von einem antiken Aquädukt gespeist wird. Grill-Forelle um 15 TL.

Verkehr

Von Norden: Dolmuş von Söke nach Güllübahçe, von dort 1 km zu Fuß. Tagesausflüge ab Kuşadası.
Von Süden: Dolmuş von Milas nach Söke oder Balat/Milet.

Milet ▸ 2, C 8

Tgl. 8.30–18.30 Uhr, Eintritt 10 TL
Kaum mehr zu erahnen, dass **Milet** einmal eine Hafenstadt war. Denn dort, wo sich einst bis Priene und zum Bafa Gölü schiffbares Wasser erstreckte, wird nun Baumwolle angebaut, der Mäander lagerte das fruchtbare Land in 2500 Jahren ab. Auf einer Halbinsel im Latmischen Golf errichtet, war Milet in archaischer Zeit die bedeutendste Stadt der griechischen Welt. Sie beherrschte den Handel zwischen Europa und Asien, ihre Seefahrer gündeten rund 80 Kolonien, ihre Naturphilosophen ebneten dem wissenschaftlichen Denken den Weg. Im 6. Jh. v. Chr. berechnete der Mathematiker Thales aus Milet eine Sonnenfinsternis voraus, schrieb Hekataios eine Geografie der bekannten Welt von den Säulen des Herakles bis Indien, entwarf Anaximander eine Weltkarte …

Doch dann wagte Milet den Aufstand gegen die persische Besatzung – und wurde 494 v. Chr. nach der Niederlage der ionischen Flotte bei der Insel Lade (heute der einzige Hügel in der Ebene an der Straße von Priene her) zerstört. Den Wiederaufbau 15 Jahre später plante der milesische Baumeister Hippodamos; seinem gitterartigen Straßenplan mit rechtwinklig sich schneidenden Straßen folgte der gesamte spätere antike Städtebau, in der Renaissance wurde er dann für die Moderne wiederentdeckt.

Anders als in Priene wird die Straßenstruktur im Ruinengelände jedoch nicht deutlich, denn durch den gestiegenen Grundwasserspiegel ist das Stadtgebiet versumpft, viele Bauten sind daher bis Sommeranfang trockenen Fußes nicht erreichbar.

Theater

Bedeutendster Bau ist das weithin sichtbare **Theater,** das in römischer Zeit 25 000 Zuschauer fasste. Besonders eindrucksvoll die Westseite mit mächtigen, überwölbten Eingängen; am Bühnenbau blieben einige Reliefs erhalten, die Gladiatoren beim Kampf gegen wilde Tiere zeigen.

Von der Ostseite des Theaters steigt man zum einstigen Hafen der Kriegsschiffe, dem Löwenhafen, hinab. Das **Hafenmonument,** früher etwa 8 m hoch, ehrte den Römer Pompeius, der im 1. Jh. v. Chr. die kleinasiatischen Seeräuber vernichtete.

Nordagora

Die **Nordagora** wird durch die teilrekonstruierte **Ionische Stoa** südlich vom Löwenhafen markiert. Weitere Bauten am Platz wie Delphinion, Capito-Thermen, Gymnasion, Nymphaion, Bouleuterion etc. werden durch Infotafeln gut erklärt.

Richtung Parkplatz folgen die **Faustina-Thermen.** Im Frigidarium, dem Kaltbaderaum, blickt die Liegefigur des Flussgottes Maiandros auf das Schwimmbecken. Östlich der Thermen schließt der **Serapis-Tempel** an, dessen Giebelpartie wieder zusammengefügt wurde.

İlyas Bey-Moschee

Die **İlyas Bey Camii** mit Nebentrakten für Koranschule und Armenküche am Innenhof wurde 1404 aus dem Marmor des antiken Milet erbaut, als die Menteşe-Emire das Gebiet von der Residenzstadt Milas aus beherrschten. Durch die Renovierung im Jahr 2009 wurde erneut der Sieg des Islam über die Antike unterstrichen.

Zwischen der Moschee und der Ionischen Stoa erstreckte sich die **Südagora,** einst der mit 96 x 164 m größte Marktplatz der antiken Welt – heute grasen hier Schafe. Am Nordrand stand das monumentale Tor (17 m hoch, 29 m breit), das heute im Berliner Pergamonmuseum steht. Durch das Tor zogen die Prozessionen vom Delphinion, wo Apollon verehrt wurde, auf die Via sacra (›Heilige Straße‹) nach Didyma.

Verkehr

Von Norden: Dolmuş von Söke über Güllübahçe/Priene Richtung Didim/Altınkum Plaj. Tagesausflüge ab Kuşadası.

Von Süden: Dolmuş von Milas nach Balat/Milet oder Didim/Altınkum Plaj. Tagesausflüge ab Bodrum.

Didyma (Didim) ▸ 2, C 8

Tgl. 8–18.30 Uhr, Eintritt 10 TL

Der Tempel von **Didyma** war das bedeutendste Orakelzentrum Westkleinasiens und wurde von Milet aus verwaltet. Schon in archaischer Zeit verehrte man dort an einem Lorbeerhain Apollon und Artemis, die göttlichen Zwillinge (griech. *didymoi),* die hier von Zeus und der kleinasiatischen Göttin Leto gezeugt worden sein sollen. Nach der Niederlage gegen die Perser zerstörten diese das alte Heiligtum aus dem 6. Jh. Das Orakel aber erstarb nicht und sagte z. B. den Sieg Alexanders voraus.

So begann Milet den Bau eines neuen Tempels. Dieser sollte in Konkurrenz zu den Kultstätten von Sámos und Ephesos ähnlich gigantische Dimensionen erhalten: Gut 24 m hoch war der Bau; 112 Säulen von 2 m Durchmesser sollten den 51 x 110 m großen Sockel in zwei Reihen säumen – doch fertig gestellt werden konnte der Tempel auch in über 500-jähriger Bauzeit nicht. Erst nach 300 Jahren entstanden, als Spende des römischen Kaisers Caligula, die mit Sockelreliefs verzierten Säulen der Vorhalle; die berühmten Gorgonen-Köpfe hingegen zeigen noch die Formensprache des hellenistischen Barock.

An der Rückseite der Vorhalle öffnet sich das riesige ›Erscheinungsfenster‹, von dem aus die Priester ihre Weissagung verkündeten. Normale Sterbliche durften den Innenhof, zu dem zwei Tunnelgänge an beiden Seiten führten, nicht betreten. In diesem Hof stand der eigentliche, sehr kleine Tempel mit der Kultstatue. An der Ostseite führt wieder eine Treppe zum Erscheinungsfenster, rechts und links konnte man über Treppen auf eine Dachterrasse gelangen. Insgesamt ist diese Tempelform im griechischen Kulturkreis einzigartig und erinnert sehr an ägyptische Kultstätten, was mit dem Bündnis zwischen Milet und den ägyptischen Ptolemäer-Königen im 2. Jh. v. Chr. erklärt werden könnte.

Vor dem Aufgang zur Vorhalle sind die Fundamente des Altars zu erkennen, der noch aus archaischer Zeit stammt, aber bis zum Ende des Heiligtums durch die theodosianische Tempelschließung weiterbenutzt wurde. Eine Vorstellung von der Via sacra, die kurz vor dem Tempel von Bädern, Herbergen, Devotionalienläden und einer Artemis-Kultstätte umlagert war, gibt das freigelegte Stück nördlich neben der Dorfmoschee. Souvenirs – Teppiche und Onyx-Objekte – gibt es auch heute beim Tempel zu kaufen.

Didim (Altınkum Plaj) ► 2, C 8

Am Altınkum-Strand (der Name bedeutet ›Goldsand‹) 5 km weiter südlich ist in den letzten Jahren die große Feriensiedlung Didim herangewachsen. Wo noch vor 30 Jahren nur einige Fischerkaten standen, breitet sich mittlerweile ein modernes Ferienstädtchen aus.

Riesige Areale wurden mit Ferienhäusern oder Apartmentblocks bebaut, Briten und Türken stellen die Urlaubermehrheit. Didim ähnelt inzwischen Marmaris oder Side; der Strand ist schön sandig, aber immer sehr voll, an der Uferpromenade reihen sich die Music-Bars.

Übernachten

Die beiden besseren Hotels, **Orion** (www.orionhoteldidim.com) und **Tuntaş** (www.tuntashotels.com) liegen am Oststrand, wo es deutlich ruhiger zugeht. Am Ortsstrand selbst gibt es sehr viele Apartmenthotels.

Beim Tempel – **Medusa House:** Didim, Yenikapı, Tel. 0256 811 00 63, www.medusahouse.com. Hübsche Pension eines Deutschtürken in einem alten Bruchsteinhaus mit viel Grün, schöne mediterrane Zimmer, das Frühstück wird auf antiken Kapitellen serviert. DZ/F um 160 TL.

Essen & Trinken

Zwischen Haupt- und Oststrand liegen einige gute Restaurants mit türkisch-internationaler Küche, nicht preiswert, viele Schlepper. Einfachere Lokale in den Gassen am Ortsstrand.

Fisch und mehr – **Kamacı 2,** Yalı Cad., İskele Mah., Tel. 0256 811 23 49. Fischlokal mit gutem Service; man sitzt schön mit Blick auf den Hafen. Gute Mezeler, empfehlenswert sind die Fischgerichte (ca. 22–45 TL, bei Kilopreis vorher auswiegen lassen!).

Abends & Nachts

Disco am Meer – **Medusa:** Direkt am Oststrand. Tagsüber Beachclub, später größter Nachttreff mit Tanzshow und GoGo-Girls.

Verkehr

Minibusse von Söke (über Güllübahçe/Priene und Akköy/Milet). **Tagestouren** von Kuşadası und Bodrum per Bus, keine **Fähren!** Zweimal wöchentlich Boote nach **Kos.**

Der Bafa-See und Milas

Der letzte Rest jenes Meeres, das sich einst zwischen Priene und Milet erstreckte, ist der Bafa-See, der seinen Namen **Bafa Gölü** vom griechischen Ausdruck *bastarda thalassa,* ›unechtes Meer‹, hat (trk. auch Çamiçi Gölü). Den einst etwa 40 km langen Latmischen Meerbusen unterhalb des namengebenden Latmos-Gebirges (heute Beşparmak oder Teke Dağı) haben die Schwemmfrach-

ROBINSONADEN AM BAFA-SEE

Ländliche Idylle fernab der lauten Urlaubsstädte mit ihrem Massenbetrieb: Wer das sucht, wird am Bafa Gölü fündig. Tausende von Olivenbäumen säumen die Ufer dieses Sees, der einst ein Meeresarm war, aber durch den Mäander-Fluss von der See abgeschnitten wurde. Noch heute ist das Seewasser jedoch etwas salzig – daher ist hier größerer Massentourismus kaum zu erwarten und die idyllische Naturlandschaft nicht gefährdet.

In Herakleia bietet die Agora Pansiyon in neun Zimmern Unterkunft einfachen, aber gepflegten Standards, dazu Familien- und Dorfanschluss. Hier lernt man an einem Tag mehr über die Türkei, als in diesem Buch stehen kann. Der Clou aber ist, dass Cengiz Serbes (er spricht Deutsch) geführte Wanderungen in die wilde Bergwelt des Beşparmak und auch Bootsausflüge veranstaltet: zu den spätantiken Klöstern und Eremitenklausen am Latmos, zu Nomadendörfern auf den Yayla, den höhren Berghängen. Besonders schön ist das im Frühjahr, wenn hier eine reiche Pflanzenwelt blüht. Kinder kann man derweil im Dorf lassen, für ihre Betreuung ist gesorgt. Zusätzlich gibt es natürlich Ausflüge zu den berühmten Stätten an der Küste.

Ölbäume bilden große Haine am Bafa-See

Agora Pansiyon: Kapıkırı/Herakleia, Milas, Tel. 0252 543 54 45, www.agora.pansiyon.de, 1 Woche Wanderurlaub für 2 Pers. im DZ um 700 €/Pers., Flughafentransfer möglich.
Wer mehr Komfort sucht, kann im Club Silva Oliva an der Hauptstraße nach Milas bukolische Tage verbringen. Das Anwesen, im Kern eine umgebaute Produktionsanlage für Olivenöl, ist ländlich, aber sehr idyllisch im Olivenhain gelegen, die Zimmer entsprechen dem naturbezogenen Leben, das man hier schätzen lernt. Organisiert werden zudem Bootsausflüge, Wanderungen und Yoga-Übungen. Auf den Terrassen vor den Zimmern zu sitzen und mit Blick auf den See die Seele baumeln zu lassen, das zählt zu den schönsten Erlebnissen, die die Türkei zu bieten hat.
Club Silva Oliva: Bafa Gölü, Tel. 02 52 519 10 72, www.hotelsilvaoliva.com, DZ/F ab 150 TL.

ten des Flusses Büyükmenderes (s. S. 251) inzwischen zu großen Teilen in fruchtbares Land verwandelt; gut 15 km ist der See heute vom Meer entfernt.

Auf der Schwemmlandebene Richtung Söke wird nun vor allem Baumwolle angebaut. Erntezeit ist der September; dann pflücken Tagelöhner, die unter erbärmlichen Umständen in Zelten aus Plastikplanen hausen, das ›weiße Gold‹, das in riesigen Hallen am Stadtrand von Söke gesammelt wird. Um 70 Euro beträgt der Monatslohn der zumeist weiblichen Pflücker: Profit machen hier wie im zweiten großen Baumwollgebiet um Adana nur die Großgrundbesitzer, die nicht nur die Anbauflächen, sondern auch die bedeutende Textilindustrie der Türkei kontrollieren.

Im Gegensatz zur agrarischen Ödnis der Mäander-Ebene bietet der Bafa-See eine überaus reizvolle Landschaft; idyllische Lokanta am Seeufer laden zur Rast. Über Kilometer säumen Ölbäume die Uferhänge; die Oliven werden allerdings, wie überall in der Türkei, in großen Raffinerien heiß gepresst: Zwei solcher Fabriken sieht man im Dorf Çamiçi.

Herakleia ▶ 2, D 8

Tgl. 8.30–18 Uhr, Eintritt frei

Bei Çamiçi zweigt auch die Straße zum antiken **Herakleia** beim Weiler Kapıkırı ab. Bei der Anfahrt wird die Szenerie immer faszinierender: Mächtige Gneisfelsen steigen grau und buckelglatt von der spiegelnden Wasserfläche des Sees empor, dazwischen die Türme der Stadtmauer.

Kaum dazwischen auszumachen ist der Ende des 3. Jh. v. Chr. aus dem Gneis der Umgebung errichtete **Athena-Tempel,** der das Dorf überragt. Die antike Agora dient heute als Schulhof, das einstige Bouleuterion als Hühnerhof. Noch höher an der Dorfstraße liegen Thermen und Theater, unten am See Fischlokale, Camping-Pensionen und das in einen Fels geschlagene **Endymion-Heiligtum,** in dem der schöne Jüngling des Mythos verehrt wurde, dem Zeus ewige Jugend gewährte – allerdings unter der Bedingung ewigen Schlafs!

Aus byzantinischer Zeit stammen das **Kastell** auf der Felshöhe über dem Ufer, aber auch etliche Klöster in der Bergeinsamkeit über der Stadt. Der über 1300 m hohe Latmos wurde seit dem 8. Jh. zu einem der Zentren des durch Weltflucht und Askese geprägten byzantinischen Mönchstums. Für Wanderungen sollte man sich eines Führers versichern, spezialisiert hat sich z. B. die Agora Pension in Kapıkırı (s. S. 262).

Euromos ▶ 2, D 8

Tgl. 8.30–18 Uhr, Eintritt 5 TL

Auf der Weiterfahrt nach Milas liegt ganz nah der Straße der **Zeus-Tempel** von Euromos. Der Bau aus dem 2. Jh. ist einer der besterhaltenen Tempel der Türkei: 16 Säulen stehen noch aufrecht, viele tragen sog. Stifterplaketten, die beweisen, dass so ein Kultbau oft ein Gemeinschaftswerk reicher Bürger war, die sich auf diese Art Nachruhm erkaufen wollten.

Milas ▶ 2, D 8

Das Städtchen **Milas** (60 000 Einwohner) lohnt schon wegen seiner traditionellen Altstadt und dem großen Markt am Dienstag einen Besuch. In der Antike hieß die Stadt Mylasa, war die bedeutendste Stadt Kariens und seit Ende des 5. Jh. Residenz der Hekatomniden, die als persische Satrapen die Region zwischen Herakleia und Kaunos beherrschten. Die Karier waren ein Volk, das schon zu Zeiten der Mykener/Achaier in Kleinasien ansässig war. Griechischer Kultur öffneten sie sich vor allem unter dem Hekatomniden Maussollos (s. S. 264), der Mylasa aber verließ, um die Hauptstadt nach Halikarnassos (das heutige Bodrum) zu verlegen.

Erhalten blieb nicht viel: nur der **Gümüşkesen** (›Silberkästchen‹) genannte Grabbau mit prachtvoll skulptierter Decke westlich vom Zentrum zeugt von der prosperierenden Provinzstadt der römischen Epoche – ebenso wie die einsame Säule eines **Zeus-Tempels,** Uzunyuva genannt. Auch das **Archäologische Museum** (tgl. 8.30–18.30 Uhr, Eintritt frei) ist interessant, vor allem wegen der Grabungsfunde von Stätten der Umgebung, z. B. Euromos, Labranda, Iasos oder Stratonikeia.

Aus der Zeit, als Milas Hauptstadt der nach-seldschukischen Menteşe-Dynastie war (1280–1428), stammen zwei Moscheen: Die **Ulu Cami** (1378) nahe dem Museum zeigt noch das für die frühe Emiratszeit typische, byzantinischen Vorbildern folgende Mischmauerwerk mit Ziegelbändern. Die **Firuz Bey Camii** (1397) an der Hauptstraße der Altstadt im Nordwesten entspricht schon dem frühosmanischen Bautyp der Moscheen von Bursa.

Beçin Kale

Die Residenz der Menteşe-Emire lag aber nicht in Milas, sondern am Hügel **Beçin Kale,** ca. 5 km südlich an der Straße nach Ören. Geschützt von einer Burg am Steilhang zur Milas-Ebene entstand hier eine ausgedehnte Palaststadt mit Moschee, Karawansereien, Bädern und der Ahmed Gazi Medrese, wo auch der Sarkophag des Fürsten unter grünem Tuch verehrt wird.

Übernachten

Durchgangsquartier – **Otel Sürücü**: Atatürk Bulv., Tel. 0252 512 40 01, www.milassurucuotel.com. Gegenüber vom Atatürk-Standbild, provinzielle Klasse. DZ/F um 70 TL.

Einkaufen

Großer **Wochenmarkt** am Dienstag in den Altstadtgassen bei der Firuz Bey Camii.

Verkehr

Busstation: An der Stadteinfahrt im Norden; von dort Minibusse ins Zentrum. Mindestens stdl. Verbindung mit İzmir und Bodrum; alle 30 Min. Minibusse Richtung Yatağan/Muğla, Söke/Selçuk und Ören (passiert Beçin Kale).

Labranda ▶ 2, D 8

Tgl. 8.30–18 Uhr, Eintritt frei

Um Zeugen der karischen Geschichte zu sehen, muss man aber hoch in die Berge fahren, zum Heiligtum **Labranda** (ca. 12 km auf jetzt gut befestigter Piste). Unter der Herrschaft des Maussollos wurde die eigentlich sehr viel ältere, mit Mylasa und Alinda (s. S. 257) über Prozessionswege verbundene Kultstätte zu einem großen Tempelbezirk ausgebaut. Man verehrte hier den Zeus Labrundos, der aus einem altkarischen Wettergott ›griechisiert‹ wurde und den Beinamen nach seinem Symbol, der Doppelaxt *(labrys),* erhielt.

Rätselhaft bis heute sind die sogenannten ›Männerhäuser‹ beim Zeus-Tempel, **Andron** genannt, in denen die Krieger unbekannte Riten vollzogen. Ebenfalls im 4. Jh. v. Chr. entstanden die **Stoa des Maussollos** und die **Propyläen** mit einem 12 m breiten Treppenbau, dem Eingangsbereich und Endpunkt der Heiligen Straße. Dass die Stätte bis in christliche Zeiten genutzt wurde, bezeugen römische Thermen und eine kleine Basilika.

UNTERWASSER-ARCHÄOLOGIE

Das Kastell in Bodrum ist das Zentrum für alle archäologischen Funde im Meer vor der Türkei. In mehreren Sälen werden Funde und Techniken spannend präsentiert – da wird die Welt zur Zeit des Trojanischen Kriegs wieder lebendig.

Bodrum ▶ 2, C 9

Cityplan: S. 266

Bei der Anfahrt ist **Bodrum** (32 000 Einwohner) ein wahr gewordener Traum: grellweiße, in der Sonne gleißende Häuser, die sich um eine mittelalterliche Burg scharen, die mächtig und trutzig aus der blauen Bucht aufsteigt. Von nahem besehen, kommt man nach Bodrum weniger der Idylle als vielmehr des Nachtlebens wegen, das dem Hafenstädtchen den Ruf eines zweiten Ibiza eingetragen hat. Dieser Mythos zieht vor allem jüngere Leute in die zahlreichen einfachen Hotels im Ort – und natürlich Segler, denn Bodrums Yachthafen ist einer der größten der Türkei. Doch obwohl jährlich an die 400 000 Besucher Bodrum unsicher machen, ist es gelungen, das Ortsbild zu wahren. Der Ruf als Mekka der Ausgeflippten und der Discos als beste Tanzschuppen der Türkei hat sich freilich schon bis Ankara und İstanbul herumgesprochen, selbst die deutschtürkische Teenie-Szene gibt sich hier gern ein Stelldichein.

Historische Bedeutung erlangte der Ort, der in der Antike Halikarnassos hieß, unter dem karischen Herrscher Maussollos (fälschlich oft Mausolos) aus der Dynastie der Hekatomniden, die ursprünglich in Mylasa, heute Milas, residierten. Als Maussollos 377 v. Chr. an die Macht kam, verlegte er den Regierungssitz nach Halikarnassos, das er zu einer großen Metropole ausbauen wollte. Sein Versuch, das Joch der Perser abzuschütteln und zur Königswürde zu greifen, endete jedoch 366 v. Chr. im gescheiterten Satrapen-Aufstand. Trotzdem regierte Maussollos noch zusammen mit Artemisia II., seiner Schwester und Gattin, bis 353 v. Chr.; als er starb, setzte man ihn in dem prachtvollsten Grabbau bei, den die griechische Welt bis dahin gesehen hatte: Seither wird so etwas als ›Mausoleum‹ bezeichnet.

Kastell St. Peter 1

Tgl. 9–19 Uhr, Eintritt 25 TL, man sollte mind. 3 Std. für einen Rundgang rechnen, inkl. Sonderausstellung Schiffswrack (Di–So 9–12 und 14–18.30 Uhr) und Karische Prinzessin (Di–So 10–12, 14–16 Uhr), www.bodrum-museum.com

Im Bodrum von heute ist als historischer Bau jedoch nur das mittelalterliche **Kastell St. Peter** erhalten, das der ›Orden der Johanniter vom Hospital zu Jerusalem‹ ab 1402 errichtete. Die Burg widerstand direkten Angriffen, doch nach dem Fall der Johanniterhauptstadt Rhodos zu Weihnachten 1522 wurde auch sie wenig später den Osmanen übergeben. In den Mauern der Bastionen, die nach den Landsmannschaften des Ordens benannt sind, hat man 249 Wappenschilder der Ritter gezählt. Die gegen Artilleriebeschuss ausgelegten Wälle zur Landseite lassen teils noch die grünlichen Steine des Mausoleions erkennen, die die Ritter beim Bau wiederverwendeten.

Sieben Tore führen in den Innenhof der Burg, die heute das weltgrößte **Museum zur Unterwasserarchäologie** beherbergt. Die Funde aus den vom Meeresgrund geborgenen Schiffswracks von Finike (12. Jh. v. Chr.) und von Uluburun bei Kaş (14. Jh. v. Chr.) haben erstaunliche Erkenntnisse über den Handel in mykenischer Zeit geliefert: Die Palette der Waren reichte von Ostsee-Bernstein bis zu Flusspferd-Elfenbein aus Ägypten. In der spätgotischen Kapelle ist der Nachbau eines römischen Schiffs zu sehen, das dem Schiffstyp entspricht, mit dem der Apostel Paulus nach Rom fuhr.

Die spektakulärste Ausstellung ist jedoch die zum Grab einer karischen Prinzessin aus der Zeit des Maussollos im Französischen Turm. Sogar ihre Gesichtszüge und Gestalt haben britische Gerichtsmediziner rekonstruiert und nachgebildet. Im Schlangenturm ist eine Ausstellung zum Gesundheitswesen der Antike zu sehen, im Deutschen Turm kann man sich in einer Bar erholen, nachdem man die Reste eines Massengrabs von Galeerensklaven an der Ostmauer besucht hat.

Mausoleion

Turgutreis Cad., Di–So 8.30–18 Uhr, Eintritt 10 TL

Vom **Mausoleion** 2 über der westlichen Hafenseite, einem der Sieben Weltwunder, blieben nur Fundamente und ein tiefes Loch, denn beim letzten Ausbau des Kastells 1520 ließen die Johanniter-Ordensritter das etwa 40 m hohe Grabmal völlig abtragen. Nur ein Fries, eines der künstlerisch bedeutendsten Werke des 4. Jh. v. Chr., wurde gerettet. Im Museumstrakt ist er als Abguss zu sehen (Szenen der Amazonenschlacht), allerdings verlangt Bodrum jetzt vom Britischen Museum die Herausgabe des Originals.

Theater und Myndos-Tor

Das hellenistische **Theater** 3 an der Umgehungsstraße bot einst etwa 12 000 Zuschauern Platz (tgl. 8.30–19 Uhr, Eintritt frei). Heute kann man hier die schönste Bodrum-Ansicht genießen, vor allem am frü-

Relaxen in Bodrum

Bodrum

Sehenswert
1 Kastell St. Peter
2 Mausoleion
3 Antikes Theater
4 Myndos-Tor
5 Zeki Müren-Museum

Übernachten
1 Karia Princess
2 Manastir
3 Club Vera
4 Gülbaba
5 Delfi Hotel & Spa

Essen & Trinken
1 Kocadon
2 Körfez
3 Uğrak Meyhane
4 06 Lokanta

Einkaufen
1 Oasis Shopping Center
2 Milta Bodrum Marina
3 Sur Sandalet

Abends & Nachts
1 Küba Bar
2 Hadigari
3 Halikarnas The Club
4 Club Catamaran

Aktiv
1 Aşkın Diving
2 Aegean Pro Dive Center
3 Arya Yachting

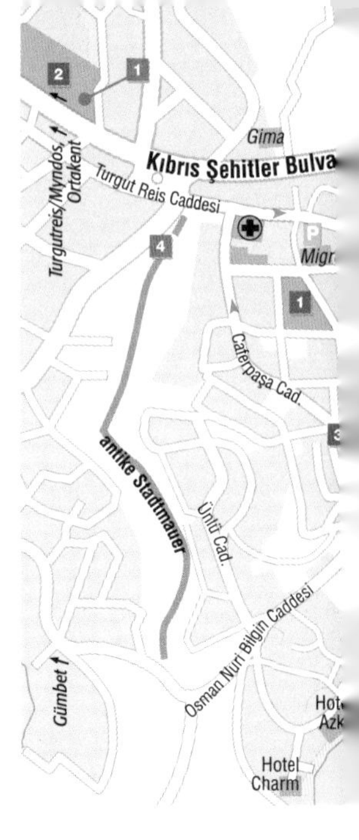

hen Abend, wenn die tiefe Sonne die Konturen der Häuserkuben herausarbeitet und die Mastspitzen der Segelboote aufglänzen lässt.

Auch ein Tor der antiken Stadt blieb erhalten: Das **Myndos-Tor** 4 am westlichen Ortsrand wurde aufwendig restauriert. Von hier kann man eine lange Strecke der Stadtmauer bis zur Küste verfolgen. Bei der Eroberung von Halikarnassos, damals Hauptquartier der persischen Ägäisflotte, durch Alexander den Großen wurde dieser Teil der Stadtmauer nicht angegriffen, die Belagerungsmaschinen zerstörten nur die Mauern im Nordosten. Da Alexander jedoch die innere Festung (heute das Kastell) nicht einnehmen konnte, ließ er die Wohnstadt niederbrennen.

Long Street und Marina

Die beliebteste ›Sehenswürdigkeit‹ ist jedoch die im Jargon Long Street genannte Flaniermeile entlang der **Ostbucht,** eigentlich Dr. Alim Bey Caddesi und Cumhuriyet Caddesi. Hier reihen sich Bars, Restaurants und Souvenirshops aneinander, bis sie schließlich mit der türkeiweit berühmten **Disco Halikarnas** endet. Wenn man gegen 18 Uhr in einer Hafentaverne beginnt, kann man einen netten Abend erleben und auf dem Weg zahlreiche Nightlife-Treffs besuchen – vor Mitternacht ist in den meisten Clubs aber nur wenig los.

Die betriebsame Hauptstraße der Stadt ist die **Cevat Şakir Caddesi** unterhalb der Busstation. Benannt ist sie nach einem Enkel des letzten Großwesirs, der durch seine Reportagen über die Kurdenaufstände in den 1920er-Jahren in Ungnade fiel und von Atatürk nach Bodrum verbannt wurde. Später blieb er freiwillig, schrieb unter dem Pseudonym ›Fischer von Halikarnas‹ über das idyllische Leben am Ägäis-Strand und wurde Mittelpunkt einer Künstlerkolonie – so begann der Tourismus in Bodrum. Heute ehrt Bodrum ihn mit einem Porträt am Beginn der Altstadtgassen.

Die ersten richtigen Touristen waren allerdings britische Yachtsegler, die die Tradition der ›Blauen Reise‹ (s. S. 268) begründeten. Tummelplatz der Yachties von heute ist die Neyzen Teyfik Caddesi, die zur **Milta Bodrum Marina** 2 führt.

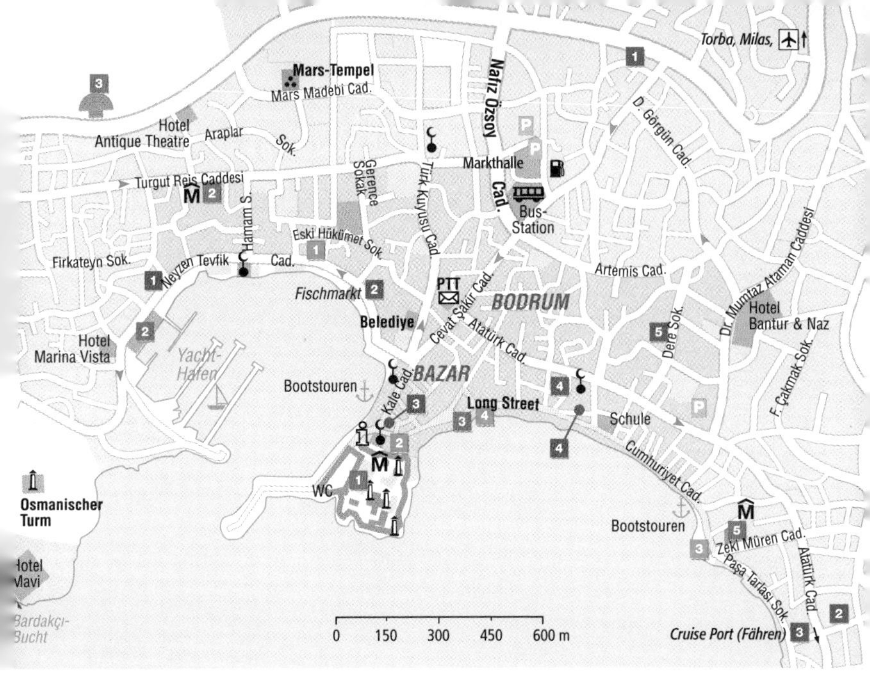

Die Bodrum-Halbinsel

▶ 2, C 9

Die Halbinsel westlich von Bodrum erinnert landschaftlich fast an eine griechische Insel, auch wenn sie durch den Bau riesiger Ferienhauskolonien etwas gelitten hat.

Gümbet ist der nächste Strand im Westen (4 km): gesäumt von Hotelburgen und zu großen Teilen fest in britischer Hand. In Sachen Nachtleben ist der Ort genauso turbulent wie Bodrum, bietet zusätzlich aber viel Wassersport am breiten Sandstrand. Ruhiger geht es in **Bitez** (8 km) zu, dessen Sandstrand mit einer kleinen Moschee und netten Strandlokalen vor einer grünen Küstenebene liegt.

Weiter westlich kommt man zum Inlandsdorf **Ortakent,** das auf seinem Gebiet ein riesiges Spaßbad besitzt und noch Reste seiner traditionellen Bauernarchitektur bewahrt hat. Unterhalb liegen der ruhige **Yahşı Beach** sowie Kargı, auch'**Camel Beach** genannt, denn dort kann man auf Kamelen reiten. Während der feinsandige Strand von **Karaincir** mit Strandlokalen dicht verrammelt scheint, wird es in **Akyarlar** wieder idyllisch: eine kleine Fischerbucht mit hübschen Griechenhäusern aus Bruchstein, kleinem Strand und Blick hinüber zur Insel Kos. Ringsum wurde viel gebaut, die Fischlokale am Hafen bieten aber immer noch erstklassige Küche.

Turgutreis auf der Westspitze der Halbinsel (ca. 18 km von Bodrum) putzt sich als Urlaubsstädtchen alternativ zu Bodrum heraus. Restaurants, eine Basarzeile, Hotels und eine kleine Armada von Ausflugsbooten fügen sich zu einer beschaulichen Szenerie.

In **Kadikalesı** kann man unterhalb einer griechischen Kirchenruine einen Strandstopp in einfachen, aber hübschen Tavernen einlegen. Oder aber man spart sich das für **Gümüşlük** auf, dessen schönster Teil bei der antiken Stadt **Myndos** liegt. Entlang der idyllischen, von der kleinen ›Haseninsel‹ geschützten Bucht reihen sich die Fischrestaurants, abends fließt hier der Rakı in Strömen.

Yalıkavak an der Nordwestküste (17 km von Bodrum) ist als Dorf der Schwammtaucher bekannt und beeindruckt mit einem Fischerhafen, der einzigen noch funktionie-

DIE BLAUE REISE

Tour-Infos

Start: Bodrum, Marmaris, Fethiye, Antalya
Preise: ab 450–650 €/Woche (nur Boot)
Wichtige Hinweise: Am besten vorbuchen über Katalog oder Internet, vorteilhaft evtl. als Gruppe, sonst ist man 1 Woche mit Fremden auf dem Boot. Möglichst wenig Gepäck in flexibler Tasche (die Kajüte ist nicht groß!).

Der Begriff *mavi yolculuk,* die ›Blaue Reise‹, kommt aus dem Englischen, wobei Blue Tour auf die Grand Tour anspielt, die ›Bildungsreise‹ der britischen Aristokraten des 18. Jh., aber ihre bürgerliche Variante war. In den 1950er-Jahren tauchten in Bodrum die ersten Yachten auf; Leute, die noch nicht wussten, was ein Aussteiger ist, kreuzten monatelang entlang dem noch weit unzugänglicheren Küstenparadies der Südwesttürkei. Damals war Marmaris noch ein Fischerdorf und Datça oder Kaş nur auf einem Maulesel oder per Boot zu erreichen.
Heute ist vieles anders, die Faszination jedoch ungebrochen. Die türkische Küste zwischen Bodrum und Antalya bietet Ankerplätze in modernen Marinas für fast 5000 Yachten, und die ›Blaue Reise‹ lässt sich inzwischen pauschal buchen. Dabei fährt man mit den türkischen **Gulet-Booten,** zweimastigen Ketschen, die nach den alten Handwerkstechniken aus Holz gebaut werden. Sie sind etwa 18–25 m lang, bieten in Zweier- und Viererkabinen Platz für 10–16 Perso-

nen, dazu Dusche, Küche und ein breites Deck fürs Sonnenbad. Bucht man nicht übers Reisebüro, sondern in der Türkei, besteht die Möglichkeit, Route und Landungsplätze in Absprache mit dem Kapitän festzulegen. Eines ist allerdings schade: Trotz voller Besegelung wird bei Touren mit nautischen Anfängern per Motorkraft gefahren und nicht am Wind.
Ab den großen Yachthäfen Bodrum und Marmaris sind verschiedene Törns möglich. Eine beliebte Strecke führt von Marmaris nach Fethiye, wobei stets das **Dalyan-Delta** mit dem antiken **Kaunos** (s. S. 280) angefahren wird. Zum Ankern bleibt man aber besser in der Ekincik-Bucht, kurz vor dem Delta, oder in der Bucht Maden İskele am Ostausgang der Ekincik Bay; dort gibt es einfache Strandlokale.
Schöne Ankerplätze im **Fethiye-Golf** bieten **Gobün Bay** mit kristallklarem Wasser und einem kleinen Familienrestaurant, **Tersane Adası** (Dockyard Island) bei den Ruinen einer osmanischen Werft, die flache Sandbank auf **Yassıca Adası** (Flat Island) oder die antiken Ruinen des **›Kleopatra Hamam‹**, wo eine untermeerische warme Quelle entspringt.
Einsamer noch ist der **Golf von Hisarönü** westlich von Marmaris. Hafenorte wie Bozburun sind über Straßen erreichbar, nicht aber die versteckten Buchten an dieser zerlappten Küste. Schon bei Çiftlik kann man zwischen zwei tollen Badebuchten wählen: **Çaycağiz** etwas nördlich oder **Kriek İnce** (auch Gerbekse) etwas südlich. In beiden steht kein Haus; Olivenbäume, die sich zu einer steilen Bergkulisse hochstaffeln, bilden den Farbkontrast zum Blau des Meeres. **Serçe Liman** (auch Amazon Bay) ist ein grandioser Naturhafen von 1 km Länge. Tagsüber ankern hier Tagesbadeboote aus Marmaris, abends kommen die Yachtbesatzungen: Die beiden Tavernen sind bekannt für ihre Bärenkrebse (eine Langustenart) und Trommelsessions. Nicht weniger schön ist die **Bozukkale-Bucht** mit der mächtigen antiken Stadtmauer von Loryma auf dem äußersten Zipfel, wo man weitgehend ohne Zivilisation ankert. In der Bucht **Söğüt Liman** gibt es hingegen sehr gute Tavernen.
Der beste Platz an der Datça-Halbinsel ist die Bucht **Kurucabük,** die nur durch eine schmale, palmenbestandene Landbrücke von der nächsten Bucht **Çiftlik Liman** getrennt ist. Aber auch die Bucht von **Palamutbükü** bietet idyllische Ankerplätze, ebenso der Hafen des antiken **Knidos** auf der äußersten Spitze (alle mit Restaurants).
Von **Bodrum** fährt man nach Südosten in den tiefeingeschnittenen **Golf von Gökova,** wo beliebte Buchten **Çökertme** und **Akbük** an der Nordseite sowie **Değirmenbükü** (oder English Harbour) und **Yediadalar** (Sieben Inseln) im Süden sind.

renden Windmühle der Halbinsel und einem Markt mit türkischem Alltagsflair – aber auch mit einem nicht so üblen Hotelviertel.

Auch das Dorf **Gündoğan,** das an einer stillen Bucht liegt, bietet etliche Hotels und Pensionen am Sandstrand. Von den Ruinen eines griechischen Klosters in den Höhen oberhalb überschaut man ein fantastisches Küstenpanorama bis hinüber nach Didyma.

Göltürkbükü sind zwei inzwischen fast zusammengewachsene Fischerhäfen, hier verbringt nun die türkische Oberschicht (und auch Popstars wie Hande Yener) pastorale Urlaubstage. Mit **Torba** am Ansatz der Halbinsel (7 km von Bodrum) beginnt dann die Strecke der großen Luxusanlagen des europäischen Pauschaltourismus, die sich bis hin nach **Güvercinlik** zieht.

Infos

Info-Kiosk: Barış Meyd., Tel. 0252 316 10 91, Fax 0252 316 76 94.
Internet: www.bodrum-bodrum.com, www.bodrumlife.com, www.bodrum-hotels.com (alle in Englisch)

Übernachten

Die meisten Pauschalhotels liegen außerhalb bzw. in den Orten der Bodrum-Halbinsel. Wer Bodrum direkt erleben will, bucht dann besser Hotels wie **Karia Princess** 1 (www.kariaprincess.com) oder **Manastir** 2 (www.manastirbodrum.com). Besonders schön:

Luxus ortsnah – **Club Vera** 3: Atatürk Cad. 134, Tel. 0252 313 30 61, www.verahoteltmt.com. In schönem Garten versteckt sich stadtnah eine sympathische Luxus-Anlage (5*) mit großgeschwungenem Pool, Kinder-Club, Spa und breitem Sportangebot (inkl. Bogenschießen und Tauchen). 329 Zimmer, teils in älteren Gebäuden, teils in Neubauten, die Lage direkt am Strand ist top. DZ/F um 340 TL; all-in und pauschal ab 600 € inkl. Flug pro Pers.

Im Trubel – **Gülbaba** 4: Papatya Sok. 24, Tel. 0252 316 80 76, www.booking.com. Familiäres Hotel mit eher einfachen Zimmern, etwas erhöht über dem Oststrand. Mit kleinem Pool und privatem Parkplatz. Ganz nah zum Trubel und doch auch nachts recht ruhig. DZ/F um 140 TL.

ZEKI MÜREN IN BODRUM

Einem der berühmtesten Vertreter der Bodrumer Künstlerszene ist das **Zeki Müren Museum** 5 am Ende des Oststrandes gewidmet (tgl. 9–17 Uhr, Eintritt 5 TL). Zeki Müren zählte zu den ganz großen Arabesk-Sängern der Türkei, seine Titel sind heute noch in allen Musikläden zu bekommen. Zugleich war der 1996 gestorbene Künstler der berühmteste Transvestit des Landes, dessen Auftritte im Dress einer Operettensängerin zu den Highlights in der türkischen TV-Kost der 1980er-Jahre zählten. Stationen seines Lebens kann man in dem Museum nacherleben – interessant wegen der vielen Fotos von Bodrum vor 30 Jahren.

Mit Wellness – **Delfi Hotel & Spa** 5: Atatürk Cad., Dere Sok. 57, Tel. 0252 316 40 85, www.booking.com. Eine überschaubare Anlage im typischen Bodrum-Stil mit schicken Zimmern in schwarz-weißer Optik. Liegt direkt im Ort, aber doch ruhig von vielen Bäumen umgeben, so ist man schnell und zu Fuß im quirligen Leben. Das besondere Plus ist das Wellness-Center mit Sauna, Hamam, Aroma-Bädern, Massagen und Gym. DZ/F um 120 TL.

... außerhalb

Dorfpensionen – **Mazıköy:** Anders als die Orte der Bodrum-Halbinsel blieben die kieseligen Strände dieses Dorfs, ca. 30 km östlich von Bodrum am Gökova-Golf, noch weitgehend unberührt. Sowohl an der Bucht İnceyalı als auch im Hürma Plaj gibt es kleine, einfache Pensionen, wo man immer ein Zimmer finden kann, z. B. **Sahil Pansiyon,** Hürma, Tel. 0252 339 21 31, www.mazisahilpansiyon.com.

Essen & Trinken

Die Restaurants am Hafen und auf der Long Street sind für türkische Verhältnisse ziemlich hochpreisig, bieten aber gute internationale Küche und Fisch in großer Auswahl. Einen besonderen Ruf als Edel-Restaurant hat das **Kocadon** 1 (www.kocadon.com) nahe der Marina.

Fisch und mehr – **Körfez** 2: N. Tevfik Cad. 2, Tel. 0252 313 82 48, www.korfezrestaurant.com.tr. Gleich gegenüber dem Fischmarkt liegt dieses Fischrestaurant, das von einer Familie mit kretischen Wurzeln geführt wird. Man sitzt recht idyllisch auf einer Terrasse mit Blick auf die Palmen an der Straße. Angeschlossen ist ein Pizza-Lokal.

In der Kneipengasse – **Uğrak Meyhane** 3: Kale Cad., Meyhanler Sok., Tel. 0252 316 03 30. Versteckt im Basarviertel liegt dieses Lokal in einer ›Fressgasse‹, in der sich ein uriges Lokal ans andere reiht. Gute Grillküche, abends Life-Musik. Hauptgerichte um 20 TL.

Traditionsküche – **06 Lokanta** 4: Cumhuriyet Cad. 115. Türkische Küche auf der ›Bar Street‹: İzmir Köfte, Tas Kebab ... solche Köstlichkeiten, die man sonst nur selten findet, köcheln hier in großen Warmhaltewannen – sehr lecker! Vorspeisen 8 TL, Hauptgerichte 15 TL, allerdings türkische ›Traditionsportionen‹: Reis, Salat etc. muss man extra bestellen.

... außerhalb

Tische auf dem Strand – **Sultan Restaurant:** Bitez Plajı, Yalı Boyu, 30 m östlich der Moschee, Tel. 0252 363 78 24. Das Restaurant im Badeort Bitez westlich von Bodrum hat auch Tische direkt am Strand, sodass man hier wunderbar romantisch am Meer tafeln kann. Hauptgerichte um 30 TL.

Einkaufen

Neben den üblichen Souvenirs bekommt man in Bodrum, Turgutreis und Yalıkavak auch echte **Naturschwämme.** Achtung: Die **Textilwaren** im Basar sind fast komplett Imitate: sehr günstig, aber gefälscht.

Boutiquen & Kino – **Oasis Shopping Center** 1: E. Anter Bulvarı, Kıbrıs Şehitleri Cad., www.oasisbodrum.com, tgl. 9–0 Uhr. Modernes Einkaufszentrum mit Boutiquen, Kino, Bowlingbahn und Cafés.

Yacht-Mode – **Milta Bodrum Marina** 2: Neyzen Tevfik Cad. 5, www.miltabodrummarina.com. Die schicke Yacht-Marina am westlichen Kai des Westhafens bietet neben dem feinen Marina Yacht Club (erst Restaurant, ab 23 Uhr dann Club) zahlreiche auf Yacht-Klamotten spezialisierte Boutiquen.

Sandalen – **Sur Sandalet** 3: Cumhuriyet Cad. 66 (Long Street). Elegante Ledersandalen, aber auch die berühmte Bodrum-Sandale – handgearbeitet wie vor Jahrzehnten. Wer Zeit hat, bestellt eine Maßanfertigung.

Abends & Nachts

Die Barszene Bodrums ist in der ganzen Türkei Legende.

Schickeriatreff – **Küba Bar** 1: Neyzen Tevfik Cad. 62, www.kubabar.com, ab 18 Uhr. Eine angesagte Bar am Westhafen gegenüber der Burg. Musik meist Latin.

Konzerte und mehr – **Hadigari** 2: Dr. Alim Bey Cad. 34, 19–22 Uhr Happy Hour, Eintritt je nach Event. Music Bar mit Konzerten und DJ-Events vor der Burg.

Lasershow – **Halikarnas The Club** 3: Am Ende der Ostbucht am Meer, www.halikarnas.com.tr u. Facebook, ab 21 Uhr, Eintritt um 30 TL. Der bekannteste Club der Türkei mit Tanz-Shows, ab Mitternacht Disco mit ›Theme nights‹.

Party-Boot – **Club Catamaran** 4: Cumhuriyet Meydanı, tgl. ab 22 Uhr, Eintritt um 30 TL, www.clubcatamaran.com. Bis 1 Uhr open-air mit Blick zur Burg, dann auf einem Party-Boot auf dem Meer! Musik: Techno, House, Di und So R&B, TürkPop. Oft auch Party-Fahrten tagsüber, auf Flyer achten.

Aktiv

Tauchen – **Aşkın Diving** 1: Kıbrıs Şehitleri Cad., Ataman İş Merkezi, Tel. 0252 316 42 47. Kurse und Ausfahrten; man spricht auch Deutsch. Der Chef war Taucher am Zentrum für Unterwasserarchäologie im Kastell. **Aegean Pro Dive Center** 2: Bitez, Kavaklısarniç Sok. 30, Tel. 0252 **316 07 37**, www.aegeanprodive.com. Tauchschule im Nachbarort Bitez, auch deutschsprachige Buddys.

Blaue Reise – **Arya Yachting** 3: Caferpaşa Cad. 21/A, Tel. 0252 316 15 80, www.arya.com.tr. Yachten, Segeltörns (Gökova-Golf und Richtung Didim).

Surfen – Boards kann man an den Stränden von **Gümbet** und **Bitez** westlich von Bordrum leihen. Für Könner ist der Fener Beach beim Hotel Armonia in Turgutreis eine gute Adresse: **Fener Windsurf,** Mob. 0532 633 70 79, www.fenerwindsurf.com.

Verkehr

Busstation an der Cevat Şakir Cad.; Intercity-Bus nach Milas, Muğla und Marmaris, Minibusse zu den Stränden und Badeorten der Bodrum-Halbinsel.

Ausflugsboote zu griechischen Inseln Kós, Kálymnos und nach Datça (mit Pkw-Transport). Info: www.bodrumferryboat.com.

Per Hydrofoil: Teurere Tragflügelboote (ohne Pkw-Transport) in der Saison nach Marmaris (über Gelibolu Harbour), Datça und Dalyan. Info: www.bodrumexpresslines.com.

Flughafen Milas-Bodrum, ca. 40 km Richtung Milas, per Taxi ca. 120 TL.

Muğla ▶ 2, E 9

Das Städtchen **Muğla** (65 000 Einwohner) südlich von Yatağan kann gegenüber den ›Sommergroßstädten‹ Bodrum und Marmaris, die es als Provinzhauptstadt verwaltet, kaum mithalten. Es war Sitz des osmanischen Paschas der Region und besitzt inzwischen eine Universität mit 32 000 Studenten, die für neue Wachstumsimpulse sorgt.

Die noch recht traditionelle Altstadt zwischen dem Saburhane Meydanı und der Ulu Cami von 1344 sowie der große Wochenmarkt sind ein beliebtes Ausflugsziel für die Marmaris-Region, vor allem am Donnerstag, dem Markttag. Neben dem **Muğla Museum** mit einer etwas zusammengewürfelten archäologischen, ethografischen und geologischen Sammlung sollte man den **Yağcılarhan** ansteuern, einen historischen Handelshof, heute restauriert mit Lokal, wo man schön eine Pause machen kann.

Essen & Trinken

Traditionsküche – Typisch türkisch isst man in den **Lokanta** rund um die Busstation.
Mit Aussicht – Als Rastplatz ist bei der Weiterfahrt nach Süden das **Panorama-Restaurant der Tankstelle** an der Steilabfahrt Richtung Marmaris hinter dem 775 m hohen Çiçekbeli-Pass zu empfehlen (D550), das tolle Aussicht über den Gökova-Golf bietet.

Marmaris und İçmeler ▶ 2, E 9

Cityplan: S. 274
Marmaris ist eine Welt für sich: die modernste Urlaubsstadt mit dem größten Yachthafen und den besten Hotels der Türkei, eingefasst von einer kreisrunden, fast völlig geschlossenen Bucht, die von dunkelgrünen Kiefernwäldern gerahmt wird. Der Inselbarrikade zur See verdankt Marmaris auch ein überaus mildes Klima mit langen warmen Nächten. Dass diese Ferienstadt einmal ein winziges Fischerdorf war, mag man erst glauben, wenn man den kilometerbreiten Neubaugürtel überwunden hat. Doch auch die alten Viertel zu Füßen der kleinen Burg bieten Idylle nur noch als Kulisse für 1001 Kneipe.

Nach Westen zieht sich das neue Marmaris mit einer langen Zone besserer Hotels – Siteler oder Uzunyalı genannt – am Strand entlang zum ›Vorort‹ **İçmeler.** Das an einer Bucht 7 km westlich gelegene Hotelstädtchen entstand erst in den 1980er-Jahren als Kunstsiedlung. Wer hier einbucht, hat jedoch alles, was er braucht – Strand, Bars, Restaurants –, nah beieinander.

Marmara Kalesi und Basar

Sehenswertes blieb in Marmaris nach dem Erdbeben von 1958 wenig. Rings um die Altstadt mit der Burg führt der **Kordon,** eine schicke Promenade, wo Hunderte von Ausflugsbooten ankern, zur **Netsel Marina** 1, dem Yachthafen. Hier reihen sich die Edelrestaurants; die im Jargon **›Bar Street‹** 2 genannte Straße zwischen Basar und der Marina ist dagegen als Hot Spot für Raver und Nachtschwärmer berühmt geworden.

Das Kastell **Marmara Kalesi** 3 (Di–So 8–12, 13–17 Uhr, Eintritt 8 TL) über dem Hafen entstand 1522 unter Sultan Süleyman dem Prächtigen, der in dieser Bucht seine Armada für den Angriff auf Rhodos zusammenzog. Es beherbergt heute ein **Museum** mit den spärlichen archäologischen Funden von der antiken Vorläuferstadt Physkos, die im 2. Jh. v. Chr. zur Herrschaftssphäre (Peraia) von Rhodos gehörte.

Während an diese Stadt sonst nur noch Spuren der hellenistischen Stadtmauer erinnern, blieb in den Gassen unterhalb der Burg wenigstens noch das eine oder andere ältere Haus aus der Zeit vor dem Erdbeben erhalten. Es lohnt ein Besuch der **Eski Cami** 4, der alten Moschee; der **Bedesten** (Markthalle) daneben ist heute zu einem netten Café umgebaut. Im alten **Hamam** dahinter kann man im orientalischen Stil baden.

Aktivitäten

Wer in Marmaris nicht nur zwischen Stadtstrand und Disco pendeln will, nimmt am

Die Bar Street in der Altstadt von Marmaris

Kordon eines der Ausflugsboote. Ab 150 TL pro Tag/Person kann man zur ›Blauen Reise‹ an einer der schönsten Küsten des Mittelmeers aufbrechen (s. S. 268). Möglich sind auch Tauchexkursionen, Touren nach Knidos oder Kaunos und Strandtrips mit ›BBQ-Picknick‹ zu Buchten der Bozburun-Halbinsel. Alternative ist der **Atlantis Water Park** 1 in Siteler mit tollen Wasserrutschen.

Kulturinteressierten bietet das **Anfiteatro** 5 am Nordrand der Stadt verschiedene Events, vor allem während des Festivals im Mai. Man sollte auf Aushänge achten oder bei Reisebüros nachfragen.

Cleopatra Island

Auf **Cleopatra Island** (trk. Sedir Adası, Eintritt 15 TL, Fähre etwa 20 km Richtung Gökova bei Çamlıköy) an der Südküste des Gökova-Golfs liegen die überwachsenen Ruinen der karischen Stadt **Kedreai.** Über den feinen Sand am winzigen, für Besucher gesperrten Inselstrand sagt die Legende, dass Antonius ihn für Kleopatra vom Roten Meer hierherbringen ließ. Jedenfalls ist die Bucht wenigstens wunderbar türkis-grün.

Rhodos

In der Saison fahren Ausflugsboote auch zur griechischen Insel **Rhodos** (tgl., nur Personen, Abfahrt hinter der Netsel Marina, um 150 TL). Weniger als eine Stunde braucht der Catamaran – so bleibt genug Zeit für die sehenswerte Altstadt von Rhodos mit mächtigen Festungswällen und mittelalterlichen Palästen aus der Zeit, als der Ritterorden der Johanniter dort herrschte. Und natürlich sehr schönen Restaurants.

Infos

Info-Büro: İskele Meyd. 2, am Hafen, Tel. 0252 412 10 35; Info-Kiosk auch in İçmeler.

Internet: www.marmaris.org, www.marmaris-travel.com

Marmaris

Sehenswert
1 Netsel Marina
2 Bar Street
3 Marmara Kalesi
4 Eski Cami
5 Anfiteatro

Übernachten
1 Martı Resort
2 Grand Yazici Mares Hotel
3 Grand Yazici Marmaris Palace Hotel
4 Marmaris Natalie's Beach Hotel

Essen & Trinken
1 Hillside
2 Basarlokale

Einkaufen
1 Angel Silver
2 Tansaş
3 Migros
4 Pazar Yeri (Markthalle)

Abends & Nachts
1 Greenhouse
2 Club Areena
3 Crazy Daisy Club
4 Castle Bar

Aktiv
1 Atlantis Water Park
2 Tauchboote
3 Bahriyeli Yacht Charter

Übernachten
Die Luxushotels bucht man günstiger pauschal, viele nehmen auch gar keine Tagesgäste mehr, da sie komplett auf All-in umgestellt haben. Die besten Anlagen sind das **Martı Resort** 1 in İçmeler (www.martiresort.de) sowie **Grand Yazici Mares** 2 und **Grand Yazici Marmaris Palace** 3 zwischen İçmeler und Marmaris (Letztere allerdings nur mit Badeplateaus, ohne Strand, www.grandyazicihotels.com).

Die Hotels in **Armutalar** liegen im Inland, 5 km vom Meer entfernt.

Delfinarium in Marmaris
Das riesige, neu ins Meer gebaute Delfinarium beim **Hotel Grand Yazici Mares** empfehlen Tierschützer zu boykottieren, weil die Tiere nicht artgerecht gehalten werden und mit großer Wahrscheinlichkeit aus japanischen Raubzügen stammen.

Empfehlenswert für Stop-over:
Stadtstrand – **Marmaris Natalie's Beach Hotel** 4: Sahil Yolu/226 Sok., Tel. 0252 412 42 80, www.marmarisbeach.com. Gut geführtes und recht neues Mittelklassehaus direkt am Uzunyalı-Strand. Freundliche Zimmer, gute Santitärs. Vor dem Haus Natalie's Steakhouse, das sich ganz dem Andenken der Fab Four widmet; überall hängen Beatles-Devotionalien. DZ/F um 150 TL.

Essen & Trinken
Am Kordon, dem Hafenkai von Marmaris, reihen sich **Edelrestaurants,** wo man für türkisch-internationale Einheitsküche teuer bezahlt. Ganz ähnlich ist die Restaurantmeile am Uzunyalı-Strand auf Höhe des Point Centers. Einfacher, aber nicht unbedingt schlechter isst man im Basar.

Tolle Aussicht – **Hillside** 1: Tepe Mah., 23. Sok. 28, Tel. 0252 413 15 28, auf dem Hügel unterhalb der Burg. Türkische Spezialitäten in einem stilvollen Altstadthaus. Von der Dach-

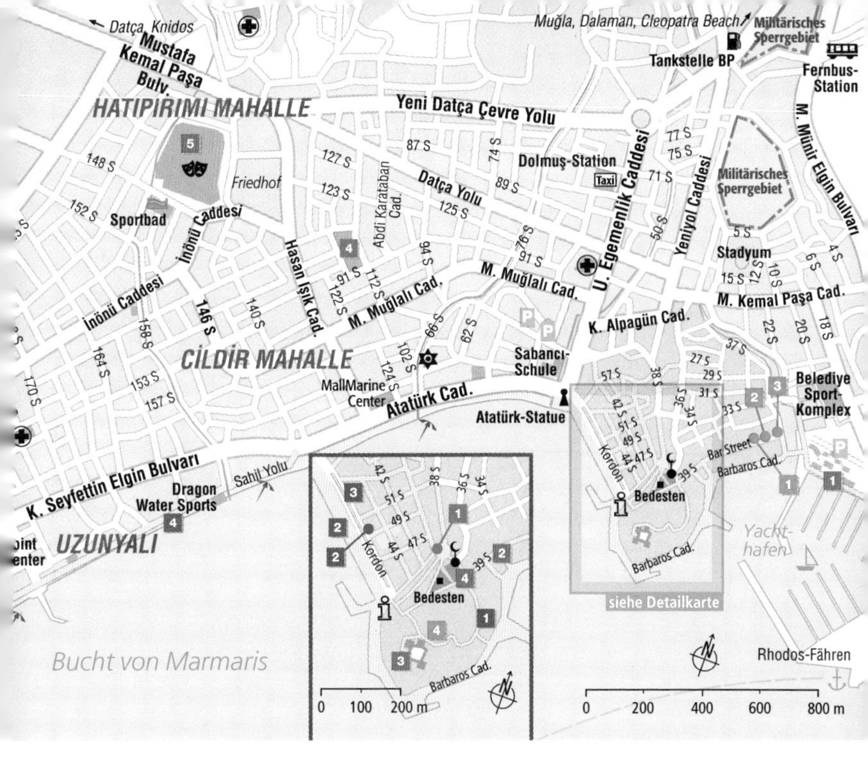

terrasse tolles Panorama auf die Marina (früh kommen oder reservieren!). Hauptgerichte ab 22 TL, Vorspeisen um 10 TL.

Einfach lecker – **Basarlokale** 2 **:** 51 Sok. In der versteckten Sackgasse bei der PTT gibt es fünf einfache Lokale mit Döner Kebab und vielen Schmorgerichten in Stahlwannen. Sehr günstig, das Essen aber sehr lecker. Hauptgerichte um 15 TL.

Einkaufen

Im **Altstadt-Basar** wird neben **Teppichen** und den üblichen gefälschten Markentextilien viel **Lederkleidung** verkauft, bis hin zu Pelzmänteln (Sonderanfertigung in 3 Tagen). Westliche **Edelmode** (echte!) kauft man in den Boutiquen der Netsel Marina.

Silber & Antikes – **Angel Silver** 1 **:** 43. Sok., gegenüber Eski Cami. Silber, Schmuck, Halbedelsteine, Seefahrt.

Supermärkte – **Tansaş** 2 und **Migros** 3 **:** beide Kenan Evren Bulv., Siteler, vollklimatisiert mit modernem Angebot.

DER GROSSE BASAR VON MARMARIS

Die gesamte Neustadt der 1950er-Jahre, zwischen Burg und Hotelstadt, nimmt ein riesiges Basarareal ein. Durch die schicke moderne Überdachung erinnert es fast an ein Shopping Center. Angeboten werden zumeist Textilien (wobei kaum ein Markenzeichen zurecht auf dem Fummel pappt), Lederkleidung und Pelzmäntel, Elektronik und Musik. Achtung: sehr kaufrauschverdächtig!

Wochenmärkte – am Freitag in Marmaris (bei der Markthalle **Pazar Yeri** 4, 112. Sok.) am Mittwoch in Turunç (per Boots-Shuttle erreichbar).

Abends & Nachts

Clubszene – In Marmaris ist nachts extrem viel los. Hot Spots des Nachtlebens sind die **›Bar Street‹** 2 mit berühmten Clubs wie **Greenhouse** 1 (www.greenhouse.com.tr), **Club Areena** 2 (www.clubareena.com.tr) oder **Crazy Daisy Club** 3 (www.crazydaisybar.com). Gespielt werden zumeist Clubcharts, viel Techno, überall gibt's leicht bekleidete Gogo-Tänzerinnen, Foam Partys und Water Shows.

Schöne Aussicht – **Castle Bar** 4: auf dem Burghügel bei der Marmara Kalesi. Beliebter Treff türkischer Twens zum ›Vorglühen‹ mit toller Aussicht! Auch tagsüber eine gute Adresse für die Rast nach dem Shopping im Basar-Viertel.

Aktiv

Spaßbad – **Atlantis Water Park** 1: Siteler, 209. Sok. 3, nahe Hotel Anemon, www.marmariswaterpark.com, tgl. 10–17.30 Uhr, Eintritt 39 TL, Kinder 24 TL. Spaßbad mit Rutschen, Kinderbecken mit Spielgeräten im Wasser, dazu Bowling-Bahn, Minigolf.

Tauchen – **Tauchboote** 2: Verschiedene Anbieter, abends liegen die Boote am Yeni Kordon vor der Altstadt. Am besten fragt man gezielt nach deutschsprachigen Tauchlehrern!

Blaue Reise – **Bahriyeli Yacht Charter** 3: Kordon Cad. 44/5, Tel. 0252 413 19 55, www.bahriyeli.com. Komfortable Schiffe, Ziele zwischen Zypern und Çanakkale.

Verkehr

Busstation am östlichen Stadtrand von Marmaris. **Minibusse** nach Turunç, Bozburun, Datça, Gökova, Muğla, Dalaman. Sehr häufig Pendelbusse zwischen Zentrum, Siteler und İçmeler (auch bis spätnachts).

Boot-Dolmuş ab Marmaris (Atatürk-Statue) und Uzunyalı nach İçmeler und zum Strand von Turunç.

Bozburun-Halbinsel

▶ 2, E 10

Die immer noch fast menschenleere **Bozburun Yarımadası** südwestlich von Marmaris gilt mit ihren zahlreichen Buchten als das türkische Seglerparadies. Bislang ist nur das ehemalige Fischerdorf **Turunç** (1000 Einwohner), das man auf dem Landweg über İçmeler erreicht, für den Pauschaltourismus erschlossen – allerdings geht es auch hier, an der langen Dorfstraße am Strand entlang, immer noch beschaulich zu. Weiter südlich liegt die Bucht von **Kumlubük** mit kieseldurchsetztem Sandstrand, an der nur ein einziges, ziemlich edles Hotel liegt.

Obligatorisches Ziel einer Rundtour ist das Dorf **Bayır** im Innern der wald- und bienenreichen Halbinsel. Das Imkerdorf wird von einer gigantischen Platane neben der Moschee überragt, die 2000 Jahre alt sein soll. Weiter an der westlichen Küste fährt man nach Süden – nun begleitet von nahezu vegetationslosen Felshängen – zum schläfrigen Fischerdorf **Bozburun,** dessen Restaurants am Yachthafen zu einer Rast einladen.

An der nördlichen Westküste liegen der **Turgut-Wasserfall** in einem Tal mit üppiger Vegetation beim gleichnamigen Dorf, der Lagunenstrand bei **Orhaniye** und das Dorf **Hisarönü** (in einem Tal der Gebirgsausläufer), an dessen Küste einige einsame Hotels den Gegenpol zur Marmaris-Szene abgeben.

Ohne Straßenanbindung und daher nur mit dem Boot (z. B. ab Turunç) zu erreichen ist die rhodische Festung **Loryma,** die fast an der Spitze der Halbinsel und damit nur noch 20 km Seestrecke von Rhodos entfernt liegt. Das Ende des 3. Jh. v. Chr. entstandene Kastell, dessen Wallmauer mit fünf Torbauten mehrere Meter hoch erhalten blieb, gab dem nahen Strand auch seinen Namen: **Bozukkale** (›Kaputte Burg‹) nennen ihn die Türken.

Übernachten

Das große Luxushotel **Turunç** (www.turunchotels.com.tr) liegt etwas außerhalb von Tu-

Großartige Küstenszenerie beim Dörfchen Selimiye auf der Bozburun-Halbinsel

runç und besetzt den schönsten Strand. Im Ort viele einfache Apartmenthäuser, am Strand eine lange Reihe Mittelklassehotels.

Direkt am Strand – **Diplomat:** Ortseinfahrt von Turunç, am Strand, Tel. 0252 476 71 45, www.diplomathotel.com.tr. Gepflegtes Stammhaus am Meer und Apartmentkomplex mit Pool gegenüber der Dorfstraße. Gutes Preis-Leistungsverhältnis. DZ/F ab 190 TL.

Essen & Trinken

Am Strand von Turunç zahlreiche Restaurants, beim Yachtanleger das **Çardak,** alle mit britisch-türkischer Küche.

Verkehr

Dolmuş: Zwischen Turunç und Marmaris sowie auch İçmeler etwa 5 x tgl.

Boot-Dolmuş von Turunç nach İçmeler/ Marmaris tgl. stdl. in jede Richtung; zu den Badebuchten im Süden (Amos, Kumlubük, Çiftlik oder Amazon Bay) 3 x tgl.

Datça ▶ 2, D 10

Im Westen der Bozburun-Halbinsel springt eine schmale Landzunge weit in die griechische Inselwelt zwischen Rhodos und Kós vor, die gut 100 km von Marmaris entfernt bei den Ruinen von Knidos endet. Die **Reşadiye-Halbinsel** wurde erst durch den Straßenbau der 1980er-Jahre einigermaßen gut erschlossen, seither gibt es Tourismus in den kleinen Dörfern an ihrer Südküste, vor allem aber in Datça, dem größten Ort.

Das frühere Fischerdörfchen **Datça** (11 000 Einwohner) am Fuß der Reşadiye-Berge hat sich inzwischen zu einem Ferienzentrum gemausert. Aufgrund des neuen Yachthafens, eine Station der ›Blauen Reise‹ (s. S. 268), zieht es vor allem Segler hierher – und Leute, die dem lauten Marmaris-Tourismus entgehen wollen.

Das Dorf **Eski Datça** (›Alt-Datça‹), etwa 3 km landeinwärts, ist mit seiner ländlichen Architektur eines der hübschesten Dörfer der

LUXUS BEIM PASCHA

Der **Mehmet Ali Ağa Konağı** ist ein aufwendig als Luxushotel renovierter osmanischer Konak im Inlanddorf, eines der schönsten Luxushäuser der Türkei. Alles ist so authentisch, dass es fast museal wirkt, Kinder sind gar nicht erst nicht zugelassen. Das Restaurant Elaki im Innenhof lohnt auch einen Besuch für Nicht-Gäste. Eski Datça, Kavak Meydanı, Tel. 0252 712 92 57, www.kocaev.com.

Südwesttürkei. Per Boot werden die Sandbuchten von **Mesudiye** und **Palamutbükü** angefahren, ebenso die griechische Insel **Sými,** von deren Bedeutung in osmanischen Zeiten wunderbare klassizistische Häuser zeugen. Über den Hafen Körmen İskelesi an der Nordküste (6 km von Datça) ist auch **Bodrum** (s. S. 264) in knapp 2 Std. erreichbar.

Infos

Info-Büro: kurz vor dem Hafen.
Internet: www.datcainfo.com

Übernachten

Auf der Klippe – **Villa Aşina:** 3 km westlich vom Hafen Richtung Kargı, Tel. 0252 712 04 43, www.villaasina.com. Neue Pension, ruhig auf der Steilküste gelegen. Vornehmlich in Weiß eingerichtete Zimmer, nette, aufmerksame Führung, kleiner Pool an der Klippe, tolles Frühstück. DZ/F um 300 TL.

Am Hafen – **Dorya Motel:** auf der Halbinsel am Yachthafen (Pkw-Anfahrt nur bis 19 Uhr), Tel. 0252 712 36 14. Ruhige und idyllische Lage in einem Park auf der Halbinsel am Hafen mit Pool, jedoch schon etwas ältere Einrichtung. DZ/F um 200 TL.

Essen & Trinken

Am Hafen – **Emek Restaurant Kaptan'ın Yeri (Captain's Place):** an der Gasse über dem Hafen. Mit Aussichtsbalkon zum Hafen, große Auswahl, viele Mezeler zum Aussuchen! Hauptgerichte um 20 TL, Fisch um 30 TL.

Am Stadtstrand – **Dutdibi:** an der Kumluk-Bucht im Zentrum. Einfaches Lokanta mit Tischen auf dem Strand unter einer erleuchteten Tamariske, beliebt bei den Einheimischen und sehr romantisch, vor allem im Sommer. Günstigstes Fischmenü um 19 TL.

Einkaufen

Teppiche – **Posu Bazaar:** Atatürk Cad. 87, www.posubazaar.com. Handgeknüpfte Teppiche, osmanisches Kunsthandwerk sowie Silber in geschmackvoller Präsentation. Achtung: Ausfuhrverbote (s. S. 69) beachten!

Aktiv

Bootstouren – Ausflugsboote nach Knidos, zur griechischen Insel Sými und zu Stränden bei Palamutbükü, Abfahrt ca. 10 Uhr.

Surfen – 10 km östlich Richtung Marmaris liegt am **Gebekum Beach** ein Surfzentrum mit einfachem Bungalow-Hotel: **Datça Surf Tatil Koyu,** Tel. 0252 722 01 70, www.datcasurf.com, auch Kite-Surfen. DZ/F um 250 TL.

Verkehr

Alle 2 Std. **Minibusse** nach Marmaris und Muğla, mehrmals tgl. zu den Stränden Palamutbükü oder Mesudiye.

Fähren nach Bodrum von Körmen İskelesi, ca. 5 km nördlich von Datça; dorthin Buszubringer, auch Autotransport möglich (am Vorabend reservieren, Tel. 0252 712 21 43).

Knidos ▶ 2, C 10

Tgl. 8.30–18 Uhr, Eintritt 10 TL

Etwas beschwerlich ist die Fahrt zum antiken **Knidos** auf der westlichen Spitze der Halbinsel, doch es lohnt sich. Die wohl im 10. Jh. v. Chr. gegründete Stadt gehörte nicht zum Kulturkreis der ionischen Griechen wie die

Lagerfeuer an der Bucht von Knidos

Städte im Norden, sondern zu dem der Dorier, die über die Peloponnes und Kreta nach Kleinasien vorgedrungen waren. Ihr Apollon-Heiligtum war das Zentrum der südwestkleinasiatischen Hexapolis, eines Bundes von sechs Städten (u. a. Kós und die drei rhodischen Städte); dem Orakel zu Delphi stiftete Knidos ein prachtvolles Schatzhaus. Im 4. Jh. v. Chr. lebte der berühmteste Sohn der Stadt, der Architekt Sostratos, der den über 100 m hohen Leuchtturm von Alexandria, eines der Sieben Weltwunder, entwarf.

Auch wenn davon nur wenig blieb, sind die Ruinen über zwei Buchten doch reizvoll genug – im Norden der antike Kriegshafen, im Süden der Handelshafen, auf dem ›Fast-Inselchen‹ nach Westen staffelte sich die Wohnbebauung. Hinter dem Theater liegt das flache Areal der teils noch gepflasterten Agora. Von deren Nordostecke steigt man über zwei Terrassen zu den Fundamenten eines Tholos-Tempels empor. In diesem Rundtempel mit 18 Säulen stand vermutlich die wohl berühmteste Aphrodite-Statue der Antike: die im 4. Jh. v. Chr. von Praxiteles geschaffene erste Darstellung eines nackten Frauenkörpers in der griechischen Kunst.

Der Terrasse nach Osten folgend, erreicht man einen **korinthischen Tempel,** in dem Apollon als zweiter Stadtgott verehrt wurde, dahinter eine Sonnenuhr, die von Eudoxos, einem der großen knidischen Mathematiker, konstruiert worden sein soll.

Köyceğiz-See ▶ 2, F 9

Der **Köyceğiz Gölü,** unberührt von Industrie und Touristenrummel, zählt zu den schönsten Naturlandschaften der Türkei. Zum Meer hin ist er durch eine Lagune mit Schilfdickichten abgesperrt, in der zahlreiche Tier- und Vogelarten ihre Rückzugsquartiere gefunden haben. Auch die Kleinstadt **Köyceğiz** (8000 Einwohner) hat viel vom türkischen Lebensstil bewahrt, da es hier keine Großhotels gibt.

Beliebt als Ausflugsziel sind die **Schlammbäder** *(mud baths)* von **Horozlar Köyü,** wo man sich in warmem Schwefelschlamm suhlt – ob sie auch verjüngen, wie versprochen wird, muss man ausprobieren (tgl. vormittags ein Ausflugsboot ab Köyceğiz und von Dalyan). Fast noch als Geheimtipp wird **Ekincik** gehandelt, westlich des Sees am Meer gelegen. Die idyllische, von Kiefern gerahmte Bucht ist eine türkische Sommerfrische mit wenigen Restaurants und Hotelpensionen.

Übernachten

Pool und Palmen – **Alila:** Kordonboyu, am westlichen Seeufer, Tel. 0252 262 11 50, www.hotelalila.com. Mittelklasse-Haus mit hellen Zimmern und schönem Pool unter Palmen, ruhig und direkt am See gelegen. Freundlicher Service. DZ/F um 130 TL.

Essen & Trinken

Seeblick – **Maremonte:** rechts vom Hafen. Schattiger Garten mit Seeblick links der Straße, vor allem gute Grillgerichte und Fisch. Hauptgerichte um 18 TL.

Traditionsküche 2 **Mutlu Kebap Salonu:** am Hauptplatz, Atatürk Meyd. Gute traditionelle Küche mit *Pide,* Grilladen und Schmorgerichten. Günstige Preise um 12 TL.

Verkehr

Fernbusse halten in Köyceğiz und Ortaca. Per **Taxi** von Köyceğiz nach Ekincik, von Ortaca nach Dalyan fahren **Dolmuş-Busse.**

Dalyan ▶ 2, F 9

Das Dörfchen **Dalyan,** das an der Ostseite des Köyceğiz-Sees gegenüber dem antiken Kaunos liegt, wurde bekannt, als hier Umweltschützer ein großes Hotelprojekt verhindern konnten, um die Eiablagestrände der Meeresschildkröte Caretta caretta zu retten. Zwar steht der Ostteil des İztuzu-Strandes am Ausfluss des Sees nun unter Naturschutz, doch genützt hat es letztlich wenig:

Zur Saison knattern die Boote der Fischerkooperative im 5-Minutentakt durch das Delta. Bis 19 Uhr dürfen sich die Ausflügler auf der Westspitze tummeln, dann ist der ›Schildkrötenstrand‹ (Turtle Beach) gesperrt. Die bis zu ca. 1 m langen Karettschildkröten kommen nachts zur Eiablage an den Strand – ein Weibchen nur alle 2–3 Jahre einmal an genau den Strand, an dem es selbst geschlüpft ist. Doch auch durch den Badebetrieb können die Gelege Schaden nehmen – passionierte Naturschützer verzichten auf diesen Strand!

Kaunos

Tgl. 8.30–17.30 Uhr, Fährboote regelmäßig ab Dalyan, Eintritt 10 TL

Die Einwohner der antiken Stadt Kaunos am Ausfluss des Sees wurden im Altertum wegen ihrer grünlichen Gesichtsfarbe verspottet, wahrscheinlich weil Malaria hier eine Alltagskrankheit war. Die berühmten Felsgräber aus dem 4. Jh. v. Chr. mit einer imposanten Reihe von Tempelfassaden im ionischen Stil sind von der Anlegestelle der Fährboote am besten zu sehen. Am größten, unvollendeten Grab erkennt man, dass sie von oben nach unten aus dem Fels gemeißelt wurden; die Steinmetze und später die Bestatter mussten sich an der Steilwand abseilen.

Die eigentliche Stadt lag weiter zum Meer hin. Umfassende Grabungen und Rekonstruktionen der letzten Jahre haben zahlreiche Monumente zugänglich gemacht. Auf dem Sattel hinter der Kasse stehen eine frühchristliche **Basilika** mit mosaiziertem Baptisterium und das runde Podest eines römischen **Tholos-Tempels.** Unterhalb des Akropolis-Hügels liegt das gut erhaltene **Theater** mit einer kleinen Dokumentation zu den Grabungen.

Von der Kirche überblickt man den heute vom Meer abgeschnittenen Hafen der antiken Stadt, seine Verlandung brachte in spätrömischer Zeit das Ende von Kaunos.

Über der Ebene von Dalyan erheben sich die Felsgräber von Kaunos

Eine freigelegte antike Rampe, später eine Holztreppe führen hinunter zur **Tempelterrasse.** An der Bergseite des einst von Säulen eingefassten Hofs stand ein **Zeus-Tempel,** der Säulenkranz an der Südseite umschließt ein Heiligtum für den Stadtheroen. Unter dem Altar wurde der mythische Baitylos gefunden, der heilige Stein, den Kaunos auch auf seinen Münzen zeigte.

Darunter liegt die **Agora** mit der Hafenstraße, die von Statuen verdienter Bürger gesäumt war – zahlreiche Basen mit Inschriften blieben erhalten. Am Anfang wurde die Frontfassade eines **Nymphaions** rekonstruiert. Gegenüber zeigt eine ca. 3 m hohe quadratische Stele eine lange Inschrift in Griechisch.

Der etwas mühsame Aufstieg zur **Akropolis** (vom Theater aus) lohnt wegen des Blicks über Stadtruinen und das von silberglitzernden Wasserstraßen zerteilte Flussdelta.

Sarıgerme ▶ 2, F 10

Sehr beschaulich geht es in **Sarıgerme** zu, südlich vom Flughafen Dalaman gelegen, dessen Fünfsternehotels quasi das Nachfolgeprojekt von Dalyan darstellen. Der lange, feine Sandstrand mit drei Luxushotels zählt zu den schönsten der Türkei. Da von einer vorgelagerten Insel geschützt, verläuft er flach ins Wasser und ist sehr kinderfreundlich. Zudem wurden die Hotels hier verpflichtet, sich intensiv um den Schutz der Carettas zu kümmern

Ein Ortszentrum gibt es nicht, das nächste Dorf, **Osmaniye,** liegt 10 Fußminuten entfernt (am Weg dorthin etliche Pensionen und Lokanta). Pinienwälder bedecken die Hänge der umliegenden Hügel, wo bei geführten Wanderungen die eher spärlichen Ruinen der antiken Kleinstadt **Pisilis** gezeigt werden.

Schwarzes Meer
Gaziantep
Antalya
Mersin
Adana
Fethiye
Mittelmeer

Kapitel 4

Die Mittelmeerküste

Die ans Mittelmeer grenzende Südküste beginnt hinter der Hafenstadt Fethiye mit dem teils bewaldeten, teils sehr unwirtlichen Bergland des antiken Lykien, von dessen eigenständiger Kultur zahlreiche Grabbauten zeugen. Kaş und Kalkan sind zwei kleinere Urlaubsstädtchen; deutlich mehr Tourismus ziehen dagegen die modernen Luxusanlagen von Kemer unterhalb des Beydağları-Gebirges an.

Mit Antalya beginnt die ›türkische Riviera‹, ein Küstensaum endloser Sandstrände. Im Altertum hieß die Region Pamphylien; bedeutende Ruinenstätten wie Perge, Aspendos oder Side zählen zu den Top-Sehenswürdigkeiten der Türkei. Heute spielen die teils riesigen Hotelurbanisationen zwischen Belek und Incekum wirtschaftlich die erste Rolle, Baumwolle ist das Hauptprodukt der Einheimischen. Hinter Alanya wechselt das Bild: Zunächst prägen die steilen Felshänge des Taurus die Küste, dann folgt die fruchtbare Çukurova-Ebene, das antike Kilikien. Das Alltagsleben wird orientalischer, der Tourismus verliert an Bedeutung. Schöne Badorte sind rar, doch gibt es zahlreiche armenische Burgen zu entdecken und in Antakya (Hatay) eines der besten Museen mit römischen Mosaiken des Mittelmeerraums.

Um Region bis Alanya ausführlich zu erkunden – und auch Zeit für Abstecher ins Bergland, Wanderungen und Tagestouren mit dem Boot zu haben – benötigt man gut drei Wochen. Zwei weitere Wochen sind für die östliche Südküste bis nach Gaziantep einzuplanen. Für einen Schnelldurchgang muss man für die gesamte Strecke zwei Wochen rechnen. Die östliche Südküste ist ab Mersin kein Urlaubsgebiet mehr, sondern eine intensiv wachsende Industrieregion, die starke Impulse durch die GAP-Staudämme erhält. Ab dem Hochsommer kommt es rund um Adana zu starker Smog-Belastung, gelbliche Schleier verdunkeln den Himmel. In diese Region fährt man besser im April oder Mai.

Der Ölüdeniz-Strand bei Fethiye

Auf einen Blick: Die Mittelmeerküste

Sehenswert

Fethiye und Ölüdeniz: Die traumhaft schöne Lagune Ölüdeniz bei Fethiye ziert alle Prospekte; einsamer, aber nicht weniger grandios ist die Berglandschaft der Küste bis Kaş, die ein Wanderweg erschließt (s. S. 286).

Xanthos: Die Hauptstadt der Lykier liegt zwischen Olivenhain und Strand (s. S. 295).

Kemer und der Beydağları-Nationalpark: Das alpine Gebirge über der Kemer-Küste bietet Gelegenheit zu Wanderungen, MTB-Touren; mit einer Seilbahn kommt man bequem auf den höchsten Gipfel (s. S. 306).

Antalya: In der Altstadt ist die Millionenmetropole der türkischen Riviera immer noch der romantischste Ort der Türkei: osmanische Holzhäuser zwischen seldschukischen und römischen Monumenten (s. S. 310).

Perge: Eine römische Metropole, die besten antiken Ruinen der Südküste (s. S. 317).

Aspendos: Römisches Theater, das noch heute bespielt wird (s. S. 318).

Alanya mit Seldschukenburg: Imposante Zitadelle hoch über der Stadt (s. S. 329).

Unsere Tipps

Spaziergang durch die Klamm: Man watet so lange durch den Canyon der **Saklıkent-Schlucht,** wie man das eiskalte Wasser aushält, dann kann man in hübschen Restaurants die Beine baumeln lassen (s. S. 294).

Die Göttergalerie: Auch Museumsmuffel sollten da nicht kneifen – das **Museum von Antalya** ist eines der schönsten der Türkei. Besonders eindrucksvoll: die lebensgroßen Statuen der olympischen Götter (s. S. 311).

Golf in Belek: Wenn es in Europa stürmt und schneit, kann man in Belek bei frühlingshaften Temperaturen sein Putting verbessern. Mehr als zehn **Golfplätze** bieten Bahndesign nach internationalem Standard (s. S. 321).

Schöne Route

Von Kemer nach Adrasan: Eine Autotour über Phaselis und Uluçınar an den Olympos-Strand, dann weiter nach Adrasan und eventuell mit einem Abstecher ins antike Rhodiapolis bei Kumluca führt in eine noch sehr ländliche Türkei (s. S. 306 f.).

Per Boot nach Kekova: Von Kaş entlang der einsamen lykischen Küste zur Kekova-Insel, wo die Zeit stehen geblieben zu sein scheint (s. S. 299).

Wanderung in den Göynük-Canyon: Vom Dorf Göynük an der Kemer-Küste zu einer spektakulären Schlucht (s. S. 308).

Selge und der Köprülü-Nationalpark: Mit dem Auto geht es hoch hinauf ins Gebirge, wo auf 1000 m Höhe eine fast unberührte antike Stadt liegt (s. S. 319).

Manavgat-Wasserfall und Strandwanderung: Erst fährt man von Side mit dem Bus nach Manavgat, von dort per Boot zum Wasserfall und zum Strand, dann läuft man am Meer entlang zurück (s. S. 326).

Mit dem MTB ins Dimçay-Tal: Mit dem Mountainbike in ein Flusstal, wo viele ›Wasserrestaurants‹ im Sommer Erfrischung versprechen (s. S. 334).

Per Pedalo zur Mädchenburg, zu Fuß zur Nekropole: Mit dem Tretboot zur Seeburg von Kızkalesi, danach zur heiligen Straße des antiken Korykos (s. S. 342).

Zum hethitischen Palast bei Karatepe: Eine Autotour in den Karatepe-Nationalpark mit den Ruinen einer hethitischen Palastanlage aus dem 8. Jh. v. Chr. (s. S. 350).

Die Lykische Küste

An der Küste Lykiens fällt das Taurus-Gebirge zumeist steil ins Meer ab. Nur wenige Strände sind hier zu finden, doch die gehören zu den schönsten der Türkei. Fethiye, Kaş und Kemer bilden die touristischen Zentren mit gut ausgebauter Infrastruktur, aber zumeist ist die Küste eher ursprünglich geblieben. Sie ist ein Paradies für Taucher und Wanderer, im Inland hinterließ das antike Volk der Lykier zahlreiche geheimnisvolle Grabbauten.

Fethiye ▸ 2, F 10

Karte: S. 289

Das Städtchen **Fethiye** (89 000 Einw.), seit dem Mittelalter der bedeutendste Hafenort zwischen İzmir und Antalya, versteckt sich in der hintersten Ecke eines weiten Golfs mit zahlreichen Inselchen, den mit Kiefern bedeckte Bergketten malerisch umarmen. Auch dieser Ort ist in den letzten Jahren enorm gewachsen, jedoch vollzog sich die Urbanisierung vor allem in den Dörfern im Umland, wozu auch der Tourismus beigetragen hat. Spezielle touristische Kerne neben der Altstadt mit dem Hafen sind der **Çalış-Strand** im Norden und **Hisarönü** und **Ovacık** auf dem Weg zur berühmten Bilderbuchbucht **Ölüdeniz,** die alle Prospekte ziert.

So blieb Fethiye eine Kleinstadt mit viel türkischem Alltagsleben mit nur sehr wenigen Hotels. Die Altstadtgassen vor dem Hafen werden jedoch abends zu einem äußerst lebendigen Restaurantviertel. Nördlich davon liegt die neue Seepromenade, die nach dem verheerenden Erdbeben von 1957 aus den Trümmern aufgeschüttet wurde.

Antikes Theater und Sarkophage

Von der antiken Vorläuferstadt Telmessos ist aufgrund dieses Bebens wenig geblieben, sie war jedoch eine der wichtigsten lykischen Städte. Bis auf das erst in den 1990er-Jahren freigelegte und 2014 umfangreich renovierte **antike Theater** 1 am Hafen zeugen von dieser Zeit, als die Stadt zuerst zu Xanthos, dann zum Reich des Perikles von Limyra gehörte, nur noch Gräber. **Sarkophaggräber** 2 wie das um 370 v. Chr. entstandende neben der Post stehen auch noch im Viertel unterhalb der berühmten Felsgräberwand, die das Zentrum im Süden überragt – eines sogar mitten auf der Straße.

Amytas-Grab und Akropolis-Burg

Tgl. 9–17.30 Uhr, Eintritt 8 TL, Akropolis frei zugänglich

Das aufwendigste Felsgrab ist das **›Amyntas-Grab‹** 3 mit der imposanten Front eines ionischen Tempels mit zwei Säulen an der Frontseite. Kleinere Gräber schließen sich zu beiden Seiten an, darunter auch einige Hausgräber, die aus Balken gefügte Bauten in Stein nachbilden.

Am Fuß der Gräberwand laden einfache Lokale zur Rast; weiter östlich kann man das **Akropolis-Plateau** 4 erreichen. Die heute sichtbaren Mauern stammen jedoch nicht aus der Antike, sondern aus dem Mittelalter, als die Johanniter von Rhodos den Hafen, damals Makri genannt, mit einer Burg sicherten. Meğri nannte man die Stadt auch noch in osmanischer Zeit, erst seit der Vertreibung der Griechen heißt sie Fethiye (›Eroberung‹). Am späten Nachmittag hat man von der Burg einen schönen Blick über die Stadt, ihre geschützte Bucht und zum weißen Gipfel des mächtigen Ak Dağ (›Weißer Berg‹), der sich imposant im Osten erhebt.

Historisches Hamam

Tgl. 7–24 Uhr, Eintritt 60 TL mit Waschen und Peeling, Massage extra, ab 45 TL, www.oldtur kishbath.com

Einen Besuch lohnt auch das alte **Hamam** 5 in der Altstadt, erbaut Anfang des 16. Jh. unter Sultan Selim I. Es handelt sich um ein schönes Doppelhamam; die Hauptsektion ist jetzt für Paare geöffnet (Schwimmzeug tragen!), der alte Frauentrakt den Männern vorbehalten.

Fethiye-Museum 6

Nördlich der Hauptstraße Atatürk Cad., Di–So 9–17.30 Uhr, Eintritt 5 TL

Das **Fethiye Müze**si zeigt neben einer ethnografischen Sammlung vor allem archäologische Funde aus der Umgebung. Herausragendes Stück ist eine Stele aus dem Letoon, auf der ein Erlass des persischen Satrapen in Lykisch, Griechisch und Aramäisch eingemeißelt ist. Diese Trilingue aus dem Jahr 358 v. Chr. lieferte den ersten Schlüssel zur Entzifferung der lykischen Schrift, deren Zeichen zwar den griechischen, deren Wortbildungsmuster aber den hethitischen ähneln.

Umgebung von Fethiye

Der schönste Badeplatz ist die Lagune von **Ölüdeniz** 7 **:** Das ›Tote Meer‹ (so benannt, weil es völlig windstill ist) wurde zum berühmtesten Türkei-Werbemotiv. Heute wird die Sandzunge allerdings als gebührenpflichtiges Freibad geführt und ist leider in der Saison komplett überlaufen (Eintritt 20 TL, Schirm u. 2 Liegen 25 TL). Ringsum haben sich drei Hoteldörfer entwickelt, **Belceğiz** an der Küste, **Ovacık** und **Hisarönü** im Inland – hier geht es ganz um Badeurlaubsrummel und Sun 'n Fun. Vor allem für Paraglider aus ganz Europa ist dieser Strand ein Eldorado, zahlreiche Agenturen bieten Tandemsprünge für Wagemutige.

Vom Strand starten morgens und mittags Boote zum **›Butterfly Valley‹** (Kelebekler Vadısı) – das abgeschiedene Tal mit dem breiten Kieselstrand ist sonst nur zu Fuß zu erreichen. Es gibt einfache Strandlokanta, Backpacker übernachten in Zelten und Holzhütten. Noch weiter südöstlich erreichen die Wanderer auf dem Lykischen Weg (s. S. 291) die **Kabak-Bucht,** ebenfalls mit einfachen Holzhotels (auch Dolmuş-Verkehr).

Leichter kommt man nach **Kayaköy** 8 **,** die alte Griechenstadt Livissi, die Anfang des 20. Jh. die größte Stadt der Region war, sogar die erste Zeitung der südwestlichen Türkei erschien hier. Doch beim Bevölkerungsaustausch 1923 wurde sie verlassen und später von den Türken geplündert. Häuser ohne Dächer und Fenster, schmale Steingassen, eine große Kirche – erst die Touristen brachten wieder neues Leben: in der Ebene vor dem Ort haben sich nun Kebap-Buden und sogar Pensionen angesiedelt.

Neben den antiken Stätten im Tal des Eşen Çayı (s. S. 294) lohnt auch die lykische Stadt **Kadianda** 9 nordöstlich von Fethiye. Nach der landschaftlich reizvollen Fahrt ins Weinbauerndorf **Yeşilüzümlü** (mit vielen einfachen Souvenirständen) kann man von dort aus Felsgräber sowie Reste von Stadtmauer, Agora und Theater, alle mit Kiefernwald überwachsen, entdecken.

In der Nordwestecke des Golfs von Fethiye bietet der Hafen **Göcek** eine ruhigere Alternative zu Fethiye. Hier gibt es eine große Yachtmarina und etliche schicke Boutique-Hotels entlang der breiten Meerpromenade. Lohnt aber auch für einen Tagesausflug.

Infos

Info-Büro: İskele Meyd., Tel. 0252 614 15 27.
Internet: www.fethiyelife.com (eng.)

Übernachten

Das beste stadtnahe Hotel ist der **Club Letoonia** 1 (www.letoonia.com); am Stadtrand auf dem Weg dorthin finden sich etliche Mittelklassehäuser.

Im Zentrum – **Yacht Hotel** 2 **:** Yat Limanı, Tel. 0252 614 15 30, www.yachthotelturkey.com; www.yachtclassichotel.com. Luxuriöse Mittelklasse (Boutique Hotel), zentrums-

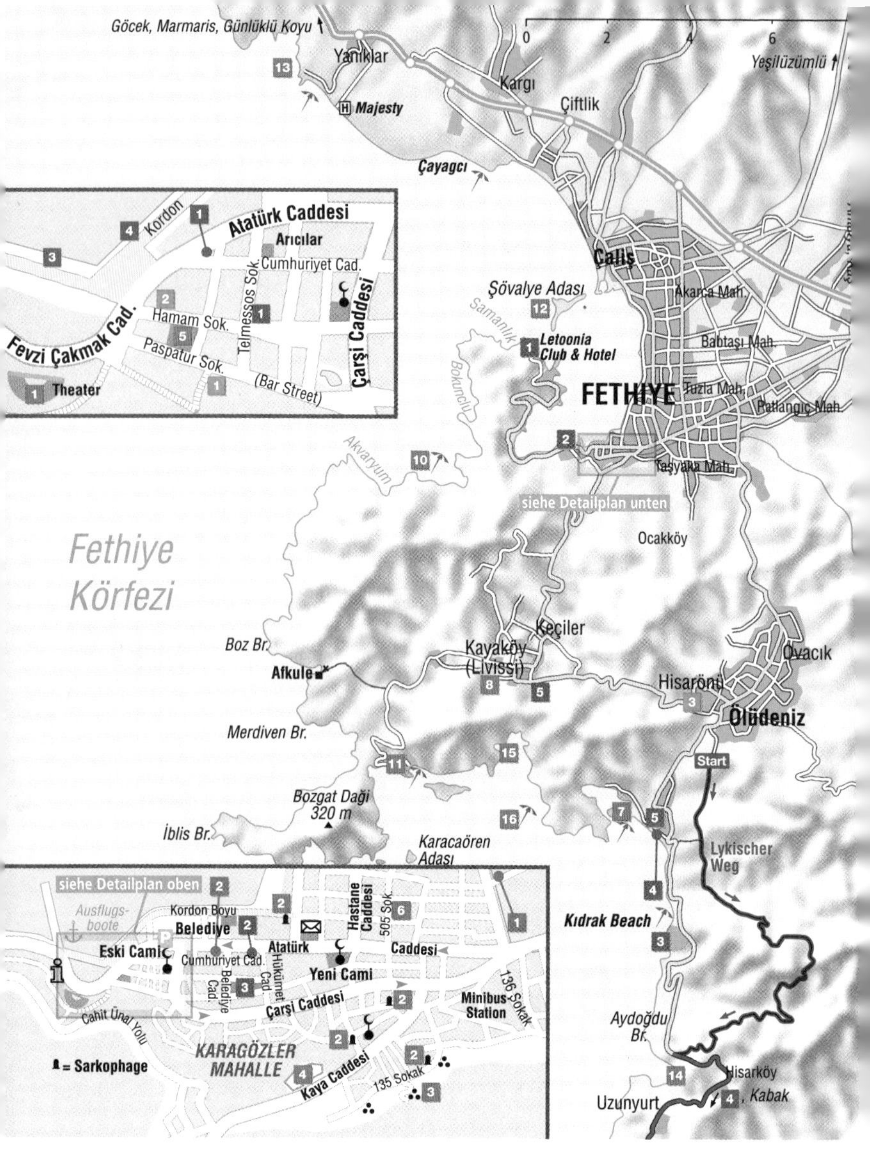

nah, aber ruhig gelegen bei der Marina, mit Wellness-Center, Pool und Restaurant. Sehr stilvoll möblierte Zimmer, die zur See leider deutlich überteuert. DZ/F um 300 TL.

… bei Ölüdeniz (Hisarönü, Ovacık)

Die Hotelsiedlungen Ovacık und Hisarönü bestehen vor allem aus kleineren Mittelklassehotels, oft mit Apartments; überwiegend sind dort Briten untergebracht, nachts wird es ziemlich laut. Schöner ist es näher am Strand direkt in der Hotelsiedlung von Ölüdeniz. Die Top-Anlage der Region ist das **Lykia World** 3 (www.lykiaworld.de, 3 km östlich von Ölüdeniz), der wohl beste Sport- und Wellness-Club der Türkei: jedoch nur all-in, nur pauschal zu buchen.

Fethiye

Sehenswert

1 Antikes Theater
2 Sarkophaggräber
3 Amyntas-Grab
4 Akropolis
5 Hamam
6 Fethiye-Museum
7 Ölüdeniz
8 Kayaköy
9 Kadianda
10 Turunç Beach
11 Gemiler
12 Şövalye
13 Katrancı Koyu
14 Butterfly Valley (Kelebekler Vadısı)
15 Cold Water Bay (SoğuksuLimanı)
16 Camel Beach

Übernachten

1 Club Letoonia
2 Yacht Hotel
3 Lykia World
4 Sea Valley Bungalows
5 Oba Motel

Essen & Trinken

1 Meğri
2 Saray Lokantası
3 Balık Pazarı
4 The Harry's Restaurant
5 Levissi Garden

Einkaufen

1 Wochenmarkt
2 Kooperative Arıcılar

Abends & Nachts

1 Car Cemetry Bar
2 Club MakaRa
3 Club BarRumba

Aktiv

1 Light Tours
2 Baba Dağı
3 Divers Delight
4 Kordon Boyu / Bootstouren

Ganz weit weg – **Sea Valley Bungalows 4:** Kabak Koyu, Tel. 0252 642 12 36, www.seavalleybungalows.com. Zimmer in Holzhütten in einem Tal fast ohne Zivilisation, gut ausgestattet, dazu Pool, Restaurant und hippe Musik. Viele jüngere Leute. Per Dolmuş kommt man nach Ölüdeniz, ca. 30 Min. DZ/F um 250 TL.

Holzbungalows – **Oba Motel 5:** mitten in der Strandsiedlung, 100 m zum Meer, Tel. 0252 617 01 58, www.obamotel.com.tr. Idyllisch in einem Garten gelegene Villen ganz aus Holz (Wohnzimmer, Bad, Schlafempore plus sep. Schlafzimmer), mit gutem Restaurant. Netter Service. Daneben noch ganz einfache Holzhütten (DZ/Bad), beliebt bei Paraglidern. Holzvilla um 180 TL, Holzhütten um 100 TL.

Essen & Trinken

Feine türkische Küche – **Meğri 1:** in der Altstadt nahe Eski Cami, Likya Sok., Tel. 0252 614 40 46. Das Restaurant ist inzwischen das größte in Fethiyes ›Altstadt‹. Riesige Auswahl von Şiş Kebap (20 TL) bis Hummerlanguste (100 TL), doch etwas zu hektischer Service. Auf dem Platz regelrechte Biergartenatmosphäre.

Kebap und mehr – **Saray Lokantası 2:** Atatürk Cad. bei der Post. Türkische Traditionsküche in einfachem Rahmen, preiswert, lecker, landestypisch und mit nettem Service – ohne Schlepper und Nepp! Hauptgerichte ab 12 TL. Geheimtip – **Balık Pazarı 3:** Im Fischmarkt bieten viele urige Lokale ein einfaches Konzept: Man kauft sich selbst einen Fisch, für 8 Lira wird er zubereitet. Dazu gibt's große Auswahl an Mezeler. Wer keinen Fisch mag, kann sich auch Fleisch braten lassen. Vorspeisen ab 10 TL.

... bei Ölüdeniz – Belçeğiz

Strandblick – **The Harry's Restaurant 4:** Denizpark Cad., Belceğiz, Tel. 0252 617 07 08, www.theharrysrestaurant.com. Schickes Lounge-Restaurant an der Meerpromenade, internationale und Grillküche, ziemlich hochpreisig, aber gute Musik und toller Blick auf den Strand, wo die Paraglider landen. Hauptgerichte ab 28 TL.

... in Kayaköy

Romantisch – **Levissi Garden 5:** an der Zufahrtsstraße, neben dem Kassenhäuschen, www.levissigarden.com. Ein schön renoviertes Griechenhaus, jetzt ein romantisches Restaurant mit großer Weinauswahl und grie-

Die ›Bar Street‹ von Fethiye

chisch-internationalen Gerichten (um 25 TL). Der Wein wird auch außer Haus verkauft.

Einkaufen

Markt – Großer **Wochenmarkt** 1 am Dienstag nördlich vom Museum. Immenses Angebot, auch viele Bauern der ganzen Umgebung bieten ihre Produkte an.

Honig – **Kooperative Arıcılar** 2: in der Altstadt, erste Gasse parallel zur Atatürk Cad. Honig und Imkerprodukte in großer Auswahl.

Abends & Nachts

Oldies – **Car Cemetry Bar** 1: Hamam Sok. 33, Tel. 0252 612 78 72. Bar mit Autowrack überm Eingang. Am Tag ein nettes Café, abends feiern und schwofen die etwas älteren Semster zu Oldies (Rock, Pop).

Clubbing – **Club MakaRa** 2: 47 Sok., tgl. bis 4 Uhr, Happy Hour 22–24 Uhr. Der Club in der Altstadt bringt DJ-Auftritte (meist House, Techno), aber oft auch türkische Livemusik.

Richtig abfeiern – **Club BarRumba** 3: Hisarönü, Cumhuriyet Cad. Die Hauptstraße in Hisarönü hat sich zunehmend zu einer Art Ballermann-Meile entwickelt. Das BarRumba ist ein echter Tanzschuppen mit Laserlicht, Schaumpartys und Masken-Events. Zumeist britisches Publikum.

Aktiv

Blaue Reise – **Light Tours** 1: Atatürk Cad. 104, Tel. 0252 614 47 57, www.lighttours.com. Gulet-Touren (Blaue Reisen) mit 20 Pers. Richtung Bodrum (Gökova-Golf), Marmaris oder griechische Inseln (je 1 Woche).

Paragliding – Der 1970 m hohe **Baba Dağı** 2 über **Ölüdeniz** ist ein Hot Spot für Fallschirmgleiter. Am Ölüdeniz-Strand reihen sich die Anbieter. Man fährt ca. 1,5 Std. mit dem Jeep hoch, fliegt ca. 30 Min. und zahlt dafür um 250 TL.

Tauchen – **Divers Delight** 3: Boot am Hafen, Mob. 0532 427 00 26, www.diversdelight.com. Schnuppertauchen, PADI- und CMAS-Kurse und tgl. Tauchausfahrten.

Bootstouren – **Ab Kordon Boyu** 4: Ganztägig (ca. 10–18 Uhr) zur **12 Islands Tour** zu einsamen Stränden (6 Badestopps inkl. Lunch, aber gut 6 Std. an Bord). Per Boot auch Trips nach Dalyan mit der antiken Rui-

nenstätte Kaunos, nach Kekova, per Hydrofoil sogar zur griechischen Insel Rhodos; Info bei den Agenturen am Hafen.
Rafting – Tagesausflüge zu Abfahrten auf dem **Dalaman Çayı** (Stromschnellen 3. Klasse) oder zu Kanu-Touren auf dem Fluss **Eşen Çayı** bieten etliche Reisebüros.
Trekking – **Lykischer Weg:** Alte Maultierpfade sind als Wanderstrecken markiert, über die man von Ölüdeniz bis Xanthos und sogar bis Kemer gehen kann (Schwindelfreiheit erforderlich, kein Spaziergang!). Info bei den Reisebüros vor Ort; im Buchhandel gibt es deutschsprachige Wanderguides. Geführte Wanderungen bieten z. B. www.seb-tours.de oder www.dardanostravel.com.

Verkehr

Von der **Fernbusstation** am S. Demirel Bulvarı beim Abzweig nach Ölüdeniz etwa alle 2 Std. Busse Richtung Kaş/Antalya und Marmaris/İzmir. Alle Ziele in der Umgebung ab **Minibusstation** an der Çarşı Caddesi, nach Ölüdeniz und Çalış etwa alle 20 Min.

ALTERNATIVEN ZUM TRAUMSTRAND

Klar, Ölüdeniz will jeder gesehen haben. Wer dort aber an das heimische Freibad an einem Augustsonntag erinnert wird, muss nicht in Trübsinn verfallen: Per Schiff sind immer noch einsame Buchten zu erreichen, deren Farbenspiel aus dem Grün der Kiefern, dem Türkisblau des Meeres und weißem Sand diesen Teil der türkischen Küste so berühmt gemacht haben.
Bootsausflüge starten von Fethiyes Seepromenade, die **12 Islands Tour** ist die beliebteste: Sie führt zu den kleinen Inseln im Golf von Fethiye und bietet sechs Badestopps an unbewohnten Küsten: etwa in der **Gobün Bay,** einer tief eingeschnittenen Bucht mit Restaurant, bei antiken Ruinen, dem sogenannten **Kleopatra Hamam,** wo man in einer warmen Quelle baden kann, an den Ruinen einer osmanischen Werft auf **Tersane Adası** oder an einer flachen Sandbank auf **Yassica Adası**. Reizvoll sind auch Bootstouren entlang der auf dem Landweg kaum zugänglichen Festlandküste, etwa zum **Aquarium** mit besonders klarem Wasser, zum **Turunç Beach** 10 oder zum Strand von **Gemiler** 11 mit Taverne, Campingplatz und den Ruinen des griechischen Klosters St. Nicolas (Agios Nikolaos) auf der vorgelagerten Insel.
Darüber hinaus kann man stündlich mit einer Art Boot-Dolmuş die der Fethiye-Bucht vorgelagerte Insel **Şövalye** 12 mit ein paar stillen Restaurants erreichen. Nur Einheimischen bekannt sind die Buchten **Günlüklü** und **Katrançı** 13 Richtung Göcek, eine versteckte Sommerfrische-Idylle im Kiefernwald (die Günlüklü-Bucht mit Hotel Bay Beach Club, www.thebaybeachclub.com).
Auch in Ölüdeniz starten morgens um 10 Uhr Bootstouren, z. B. ins **Butterfly Valley** 14 (›Schmetterlingstal‹), türkisch Kelebekler Vadisi genannt, dessen Strand in der Saison heute aber auch schon ziemlich überlaufen ist. Andere Touren führen zur **Cold Water Bay** 15 (Soğuksu Limanı) mit einer untermeerischen Quelle oder zum **Camel Beach** 16, wo ein Kamel die Attraktion darstellt.

Lykische Gräber

Als die ersten Entdeckungsreisenden, die per Boot und auf Eselsrücken in den über Jahrhunderte völlig von der Außenwelt abgeschnittenen kleinasiatischen Südwesten vordrangen, staunend vor den antiken Gräbern Lykiens standen, war über dieses Volk kaum etwas bekannt. Erst langsam erschloss sich die ganz ungewöhnliche Kultur der Lykier, die ihre Toten stets in luftiger Höhe, nah zum Himmel, bestattete.

Faszinierend erscheint vor allem die trotz großer Unterschiede deutlich spürbare Nähe zur Kultur der antiken Griechen – auch wenn die Lykier nach kulturhistorisch-linguistischen Indizien wohl eher mit den Hethitern in der indogermanischen Einwanderungswelle zu Beginn des 2. Jahrtausends v. Chr. von Nordosten her gekommen waren. Wie diese lebten die Lykier in autonomen, wenn auch durchgängig oligarchisch verfassten Städten, wie diese hatten sie sich zu einem Städtebund, dem Lykischen Bund, zusammengeschlossen und unterhielten gemeinsam ein Bundesheiligtum, das Letoon bei Xanthos. Ihre Schrift ähnelt der frühen griechischen, ihre Sprache jedoch der der Hethiter, ihre Hauptgottheit, die Muttergöttin Leto, entspricht der kleinasiatischen Kybele, wurde aber als Mutter von Apollon und Artemis in den Pantheon der Hellenen aufgenommen.

Keine Entsprechung im griechischen Kulturkreis hat hingegen der lykische Totenkult. Zwar fehlen auch hier genauere Nachrichten, doch lassen sich aus der Entwicklung der Grabbauten gewisse Konstanten erschließen. Alle Grabtypen – vom einfachen, frühen Felshöhlengrab (eindrucksvoll in Pinara zu sehen) bis hin zu den späten Grabtempeln (etwa das Nereiden-Monument von Xanthos oder das Perikles-Grab von Limyra) – zeigen deutlich die Tendenz, den Toten erhöht, gleichsam entrückt von der Sphäre der Lebenden, eine letzte Ruhestatt zu geben. Der Relieffries am Harpyien-Pfeiler von Xanthos deutet eine damit verbundene Vorstellung an: Die Harpyien, geflügelte Mischwesen mit Vogelleib und Frauenkopf, tragen kleine menschliche Figuren, die Babys ähneln und wahrscheinlich die Seele darstellen, fort in ein luftiges Totenreich. Fast scheint es, als ob auch die Lykier die Vorstellung von ›Himmel‹ und ›Engeln‹ gehabt hätten, die dann später in die christliche Vorstellung eingeflossen sind.

Über die politische Geschichte der Lykier ist wenig bekannt – das macht die Interpretation ihrer Baurelikte nicht gerade einfacher. In den Archiven der Hethiter-Könige aus dem 14. Jh. v. Chr. tauchen die ›Lukki‹ als Verbündete auf, bei Homer kämpfen sie auf Seiten der Trojaner. Konkrete schriftliche Berichte gibt es über ihre Beteiligung am Peloponnesischen Krieg der Griechen Ende des 5. Jh. v. Chr., da fochten sie mit den Spartanern gegen Athen. Rom beließ dem Lykischen Städtebund die Unabhängigkeit, zumal da Xanthos heldenhaft gegen die Caesar-Mörder Widerstand geleistet hatte (s. S. 295). Erst 43 n. Chr. endete das eigenständige Lykien mit der Einrichtung der römischen Provinz Lycia, nun wurde Patara zur wichtigsten Stadt der Region. Danach stand das bis in die 1960er-Jahre sehr abgeschiedene Lykien zwar unter byzantinischer und türkischer Herrschaft, bis ins 20. Jh. baute man hier jedoch Häuser und Speicher genauso, wie es die 2500 Jahre alten Hausgräber in Stein darstellen.

An Bauten haben die Lykier außer Gräbern und Ehrensteinen, die eine Entzifferung der Schrift ermöglichten, wenig hinterlassen. Überaus vielfältig sind jedoch die Grabtypen, die heute noch von diesem untergegangenen Volk künden.

Wohnstatt der Toten: die Hausgräber in Myra

Das **Felshöhlengrab** (älteste Form) bestand aus einer in den Fels des Steilhangs gehauenen Grabhöhle (z. B. in Pinara). Beim **Hausgrab** wurde diese Höhle mit einer aus dem Fels geschlagenen Zierfront von bis zu drei Stockwerken versehen, die eine hölzerne Konstruktion mit Balkengerüst und lehmverschmierten Wandkassetten nachahmt. Oft sind sie verziert mit Zahnschnittfriesen oder aufwendigen Reliefs mit Totenmahlszenen (z. B. in Myra). Das **Tempelgrab** zeigt ebenfalls eine Scheinfassade, jedoch dem Vorbild des ionischen Tempels folgend mit Säulen, flachem Spitzdachgiebel und einer reliefverzierten oder bemalten Vorhalle (z. B. in Pinara, Kaunos oder beim Amyntas-Grab in Fethiye).

Die **Sarkophaggräber** sind eine Sonderform, die als eine Art Heroon (Heldengrab) einem verdienten Krieger vorbehalten waren. Auf einem mannshohen Hyposorion, einer zweiten Grabkammer für Sklaven oder Frauen, steht ein Steinsarkophag, der mit einem Spitzbogendeckel abschließt (z. B. in Fethiye oder in Limyra). Daraus entwickelten sich die freistehenden **Pfeilergräber** mit einer ringsum verzierten Grabkammer auf bis zu 4 m hohen, viereckigen Säulen wie das Harpyienmonument; diese Sonderform ist aber nur für die großen Fürsten von Xanthos bekannt.

Eine Spätform des 4. Jh. v. Chr. ist **der Typus des freistehenden Grabtempels,** wie das Tempelgrab eine Übernahme griechischer Tempelformen in die Grabarchitektur. Die Bauten von Xanthos (Nereiden-Monument) und Limyra (Perikles-Grab) gaben um 350 v. Chr. den Anstoß für das Grabmal des karischen Königs Maussollos in Bodrum, dem wir das Wort Mausoleum verdanken.

Im Tal des Eşen Çayı

Dem Tal des **Eşen Çayı,** der in der Antike Xanthos hieß, folgt die Fernstraße Richtung Kaş. In den waldreichen Bergen über der Flussaue liegen einsame Ruinenstädte, Gründungen der Lykier, die in römischer Zeit mit beachtlichen Monumentalbauten ausgestattet wurden.

Tlos ▶ 2, G 10

Tgl. bis Sonnenuntergang, 10 TL

Die Stadt **Tlos,** auf dem östlichen Talhang am Weg zum beliebten Ausflugsziel Saklıkent gelegen, war schon im 2. Jahrtausend v. Chr. besiedelt. In der lykischen Felswand-Nekropole unterhalb der Akropolis birgt die Vorhalle eines großen Tempelgrabs das berühmte Bellerophontes-Relief, das den mythischen Helden aus Korinth dabei zeigt, wie er auf seinem geflügelten Pferd Pegasos gegen die Chimaira (s. S. 307) kämpft. Der Akropolis-Hügel wurde in osmanischer Zeit mit einer Burg überbaut und war im 19. Jh. Residenz des Kanlı Ali Ağa, des ›Blutigen Ali‹. Am nördlichen Fuß des Hügels erstreckt sich die Laufbahn des Stadions, die jetzt beackert wird, davor liegt das Gymnasion mit Palästra. Hinter diesen Bauten erreicht man die Thermen mit einer Art Aussichtskanzel über die Talebene. Gut erhalten ist auch das Theater, etwas höher an der Autostraße gelegen.

Essen & Trinken

Forellenzucht – **Yakapark:** Tel. 0252 634 00 36, www.yakapark.com. Die große Forellenfarm (600 Restaurant-Plätze) liegt 2 km über Tlos in den Bergen und wird von vielen Tour-Bussen angefahren. Das Ambiente ist ländlich-türkisch mit vielen Wasserbecken und Flüsschen, in denen sich die Fische tummeln. Hängematten und gezimmerte Baumterrassen sorgen für Flair.

Saklıkent ▶ 2, G 10

Tgl. bis Sonnenuntergang, 10 TL

Saklıkent hat alles, was die in Picknickplätze vernarrten Türken lieben. Der Name bedeutet ›versteckter Platz‹, doch kommen heute so viele Touristen, dass sich ein gutes Dutzend Restaurants angesiedelt hat. Selbst im heißesten Sommer herrscht in dem von einem eiskalten Gebirgsbach durchflossenen Canyon ein angenehm kühles Klima. Vor der Schlucht kann man in lauschigen Restaurants am Wasser Grillforelle essen; um durch den Bach und weiter in die Schlucht hinein zu wandern, werden Badeschuhe verliehen. In Fethiye kann man auch geführte Canyoning-Touren in der Schlucht (mit Abseilen die Wasserfälle hinunter) buchen.

Essen & Trinken

Sitzkissen am Fluss – **Kayıp Cennet:** Das ›Verlorene Paradies‹ liegt auf der östlichen Seite des Flusses Richtung Xanthos. Hier sitzt man besonders schön auf osmanischen Sitzkissen am Wasser, fürs Nickerchen nach dem Essen (großes Mezeler-Buffet, Grillgerichte) gibt es Hängematten.

Pinara ▶ 2, G 10

Tgl. bis Sonnenuntergang, 5 TL

Auf der anderen Talseite (von Saklıkent aus Richtung Xanthos/Eşen fahren) liegt die lykische Stadt **Pinara** in einer grandiosen Berglandschaft über dem Dorf Minare. Bei der Anfahrt orientiert man sich an der Steilwand der Akropolis, die von zahllosen kleinen Grabkammern wie durchlöchert wirkt. Unterhalb des Felsens, der lediglich als Fluchtburg diente, liegt das Stadtzentrum. Beim Aufstieg durchs Bachtal passiert man das ›Königsgrab‹, dessen berühmte Reliefs inzwischen leider stark zerstört sind. Das Stadtgebiet mit einem Odeion und der Agora ist schwer zu begehen, lohnend aber ist der Blick zur Südnekropole mit großen Tempelgräbern oder zum Theater im Osten.

Sidyma ▶ 2, G 10

Noch abgelegener sind die Ruinen der lykischen Stadt **Sidyma** im Dorf Dondurga, zu dem man 5 km südlich von Eşen abzweigt. Katen aus antiken Steinen stehen hier auf antiken Grundmauern, auf antiken Marmorplatten werden Feldfrüchte getrocknet, auf antiken Säulentrommeln mahlt man Getreide. Die Bewohner führen zu monumentalen Grabbauten, die in den Feldern rings um das Dorf liegen (ein Bakschisch wird erwartet).

Xanthos ▶ 2, G 11

Tgl. 9–19 Uhr, 10 TL

Bei Kınık mit den Ruinen der lykischen Stadt Xanthos weitet sich das Eşen-Tal zu einer fruchtbaren Ebene, in der vor allem Tomaten in Gewächshäusern, aber auch Tabak und Weizen angebaut werden.

Xanthos war seit jeher die mächtigste Stadt Lykiens und Sitz des Rates des Lykischen Bundes. Es verwaltete auch das nahe Letoon, das wichtigste Heiligtum der Lykier. Zwei Mal bezahlten die Xanthier ihren Widerstandsgeist mit der völligen Vernichtung der Stadt. Die erste Katastrophe überliefert Herodot: Wie die Lykier den Persern unter Harpagos 545 v. Chr. in der Feldschlacht nicht standhalten und sich in Xanthos verschanzen, wie sie Frauen und Kinder, Sklaven und Besitz dem Feuer übergeben und schließlich in einem letzten Ausfall in den Tod stürmen. Nur 80 Familien sollen überlebt und die Stadt wieder aufgebaut haben. 42 v. Chr. wiederholte sich die Geschichte, als Brutus, einer der Caesar-Mörder, kurz vor der Entscheidungsschlacht gegen Octavian und Marcus Antonius durch Kleinasien zog, um den Städten Geld und Söldner abzupressen. Auch er belagerte Xanthos, wieder verbrannten die Xanthier ihre Häuser und töteten sich gegenseitig.

Die Zufahrtsstraße folgt auf neuer Trasse der antiken Rampe. Gegenüber dem hellenistischen **Stadttor** erinnert ein Schild daran, dass hier einst das berühmte **Nereïden-Monument** stand, das sich heute im Britischen Museum in London befindet. Dieser Anfang des 4. Jh. v. Chr. errichtete Grabtempel vereinte erstmals das lykische Element des hohen Sockels mit einem griechischen Peripteral-Tempel – eine Form, die 50 Jahre später beim Mausoleion in Bodrum monumental kopiert wurde.

Das um 480 v. Chr. entstandene **Harpyien-Monument** beim Theater ist das größte erhaltene lykische Pfeilergrab. Benannt ist es nach den geflügelten Frauen auf den Relieffriesen der Totenkammer, die Fellows für Harpyien, gefürchtete Windgeister, hielt. Heute interpretiert man sie als Sirenen, engelgleiche Mischwesen, die die Seelen der Toten (hier als Babys dargestellt) forttragen.

Das römische **Theater** lässt mit seinen Skulpturfragmenten und Granitsäulen die einstige Pracht noch gut erkennen. Auf dem Plateau der lykischen Akropolis über der Cavea entstand später eine Klosteranlage, doch wurden dort auch die Fundamente des bei der Eroberung durch die Perser zerstörten Palastes entdeckt. Nördlich vom Theater liegt die **Agora** aus dem 2. Jh. mit dem **Inschriftenpfeiler,** der die längste bekannte Inschrift in lykischer Sprache trägt.

Östlich vom Parkplatz führt eine freigelegte Pflasterstraße zu einer großen **Basilika** mit Fußbodenmosaiken aus spätantiker Zeit. Beim Aufstieg zur **römischen Akropolis** entdeckt man unter Olivenbäumen weitere lykische Gräber, darunter den **Tänzerinnen-Sarkophag** und, kurz vor dem Plateau, ein gut erhaltenes **Pfeilergrab** zwischen Hausgräbern.

Verkehr

In Kınık halten alle **Busse** zwischen Fethiye und Kaş. Am Dorfplatz gibt es einfache **Lokanta.**

Letoon ▶ 2, G 11

Tgl. 9–18 Uhr, 8 TL

Zum Xanthos-Programm gehört noch der Abstecher zum nahen **Letoon,** dem Hauptheiligtum der Lykier, wo die kleinasiatische Fruchtbarkeitsgöttin Leto und ihre ›griechischen‹ Kinder Apollon und Artemis verehrt wurden. Die drei Tempel liegen südlich vom Theater und einer Stoa aus hellenistischer Zeit. Der rechte ist das **Heiligtum der Leto,** ein ionischer Peripteros mit einer Ringhalle von 6 x 11 Säulen, erbaut um 160 v. Chr. Von gleichem Typ, aber etwas kleiner und im dorischen Stil gehalten, war der linke, Apollon geweihte Tempel. Der in der Mitte ist älter und wurde vermutlich Anfang des 5. Jh. v. Chr. von Arbinas aus Xanthos, dem Bauherrn des Nereiden-Monuments, gestiftet. Hier verehrte man zuletzt die Göttin Artemis. Während der Grabungen 2010 wurden wieder drei Säulen aufgestellt. Südlich der Tempel sieht man die Reste eines **Nymphaions** aus der Kaiserzeit, die wie die Stoa-Fundamente kaum über den seit der Antike erheblich gestiegenen Grundwasserspiegel hinausragen.

Fährt man beim Letoon Richtung Meer weiter, kommt man zum **Strand,** der genauso sandig wie der von Patara, aber noch völlig einsam ist.

Patara ▶ 2, G 11

Tgl. 9–18 Uhr, Eintritt 10 TL, Pkw 15 TL, zahlbar am Schlagbaum vor der Nekropole, auch für Strandgäste

Am Strand der Eşen-Ebene liegt beim Weiler Gelemiş das antike **Patara,** einst die wichtigste Hafenstadt Lykiens. Heute breitet sich hier ein kilometerlanger Sandstrand aus, der als Brutgebiet der Caretta-Meeresschildkröten geschützt ist. Seit Ende der 1990er-Jahre wird hier von einem türkischen Team intensiv gegraben.

Das Stadtgebiet beginnt mit dem dreibogigen **Modestus-Tor** vom Anfang des 2. Jh., westlich wurden davon Abschnitte der alten Pflasterstraßen rund um eine **Markt-Basilika** und die **›Palmen-Thermen‹** freigelegt, heute gut 1,50 m unter dem Bodenniveau. Weiter südlich erheben sich die gewaltigen Mauern der **Vespasian-Thermen;** die byzantinische **Hafenfestung** vor dem versumpften Hafenbecken mit den Resten eines korinthischen Tempels ist jedoch nur schwer zu erreichen. Den Rest des überwachsenen und versumpften Stadtgebiets überblickt man am besten von den oberen Rängen des inzwischen vollständig freigelegten **Theaters.** Die **Versammlungshalle** des Lykischen Bundes etwas weiter nördlich wurde als erstes bekanntes Parlament der Welt auf Kosten der Türkischen Nationalversammlung bis 2011 fast vollständig wieder aufgebaut. Noch weiter nördlich wurde ein Abschnitt der **Marmorstraße** freigelegt.

Auf der Lkw-Piste für den Sandabtransport erreicht man einen **Leuchtturm,** den einzigen bisher bekannten der Antike, der nicht durch Überbauung gestört wurde. Umrundet man den Hafen durch die Dünen, kann man einen **Kornspeicher** an der antiken Kaimauer entdecken, die **Handelsagora** dahinter ist jedoch noch fast völlig unter dem Sand begraben.

An der Zufahrtsstraße sind im Dorf **Gelemiş** einfache Hotels entstanden. Dies mag zwar einer der wenigen Urlaubsorte der Türkei sein, wo man noch abseits allen Rummels die ›Seele baumeln‹ lassen kann, doch abends steigen Moskitoschwärme aus dem sumpfigen See, dem früheren Hafenbecken.

Übernachten

Romantisch – **St. Nicholas Pension:** Tel. 0242 843 51 54, www.stnicholaspensionpatara.com. DZ/F um 120 TL. Einfache Gartenpension an der östlichen Talseite gegenüber dem Hauptdorf. 13 kleine Zimmer, mit Moskitonetzen, ein pastorales ländliches Paradies ohne Luxus. Nahebei führt die Familie noch ein (besseres) Hotel Delfin (www.pataradelfinhotel.com), dessen Pool man mitbenutzen kann.

Essen & Trinken

Im Zentrum rund um die Post einige **Lokanta** mit einfacher türkischer Küche. Am Strand tagsüber Getränke und Snacks von einem Holzkiosk.

Aktiv

Dünenreiten – **Trailritte** durch Dünen und über den Strand bietet Patara Horse Riding an der Zufahrtstraße (www.patarahorseriding.com).

Trekking und Kanutouren – **Dardanos:** im Dorfzentrum, Tel. 0242 843 51 51, www.dardanostravel.com. Jeep-, Kanu- und Trekkingtouren auf dem Lykischen Weg (mit einfachem Hotel in Gelemiş).

Verkehr

Von Kaş und Kalkan tagsüber mind. stdl. ein **Minibus,** seltener von Kınık (Xanthos).

Kalkan ▶ 2, G 11

Zwischen Fethiye und Kemer bei Antalya gibt es zwei angenehme Standquartiere: Kaş und Kalkan. Der 3000-Einwohner-Ort **Kalkan** staffelt sich wie ein antikes Theater auf mehreren Terrassen über dem zu Anfang der 1990er-Jahre ausgebauten Yachthafen. Der alte Ortskern ist der Architektur nach noch griechisch geprägt, ringsum sind Hotels und viele Ferienhäuser reicher İstanbuler und Briten entstanden. Dennoch stagniert die Bevölkerungszahl bzw. sinkt sogar. Da den alteingesessenen Landbesitzern das nötige Kapital fehlt, haben sie an Holdings oder Geschäftsleute verkauft, die den Tourismus als renditestarken Sektor entdeckt haben. Das Geschäft mit den Touristen machen dann andere: Die jungen Türken, die so erstaunlich gut Deutsch oder Englisch sprechen, kommen meist aus İstanbul, Ankara oder İzmir, sogar aus Deutschland reisen türkische Studenten zum Ferienjob in die Küstenorte. Da Kalkan zugleich auch bei Briten immer beliebter ist, liegen die Preise relativ hoch – dafür hat der Ort aber einige der besten Restaurants der Türkei. Wer jedoch nachts viel erleben will, kommt in Kalkan kaum auf seine Kosten.

Gute Strände gibt es in Kalkan selbst nicht, man muss etwas fahren: 4 km östlich liegt der **Kaputaş Plaj** einsam am Ausgang einer Schlucht unterhalb der Straße (Kiosk und Sonnenschirmverleih in der Saison). Wer statt Kies eher Sand, statt Felswänden eher Dünen mag, fährt nach Patara.

Eine ganz andere Türkei als die des Fun 'n Sun erlebt man auf den organisierten Maulesel-Touren, die von Kalkan in die Gebirgsdörfer und auf die Yayla führen, zu den Sommerweiden, die früher die Viehzüchter im Rahmen eines halbjährigen Pendelnomadismus bewirtschafteten.

Infos

Internet: www.kalkan.org.tr

Übernachten

Kleines Liebesnest – **CluBE:** Funda Sok. 13, Kalamar Beach, Tel. 0242 844 24 45, www.kulubehotel.com. Eine traumhafte Anlage etwa 5 km von der Altstadt. Hübsche Häuser im

Hoch zu Ross über den Patara-Strand

griechisch inspirierten Kalkan-Stil über einer strahlend blauen, ganz einsamen Felsbucht: super! DZ/F um 300 TL, Apartments (4 Pers.) 420 TL.
Mittendrin – **Hotel Zinbad:** Mustafa Kocakaya Cad., am Weg zum Hafen, Tel. 0242 844 34 75, www.zinbadhotel.com. Gepflegtes, zentral in der Altstadt gelegenes Hotel mit schöner Dachterrasse (Frühstück, Restaurant), hübsche, geflieste Zimmer mit AC, familiärer Service. DZ/F um 180 TL.

Essen & Trinken

Fine Dining – **Aubergine (Patlıcan):** direkt an der Hafenmole, Tel. 0242 844 33 32, www.kalkanaubergine.com. Wird als eins der besten Restaurants zwischen Bodrum und Antalya gerühmt. Besonders lecker: Lammragout mit Aprikosen und Feigen 45 TL.
Italienisch inspiriert – **La Terraza:** Mustafa Kocakaya Cad., gegenüber Hotel Zinbad, Tel. 844 38 84. Im ehemaligen Zeki's, an der Hauptgasse in einem schön herausgeputzten Fischerhaus, bietet der gelernte Hotelkoch Metin jetzt mit seiner deutschen Frau Paula auch italienische Küche. Hauptgerichte ab 26 TL.
Traditionsküche – **Ali Baba:** am Busplatz, hinter der Einfahrtsperre ins Dorf. Typisch türkische Küche; sehr leckere *İzmir Köfte* und sogar richtige *Çöp Şiş*, einen guten Querschnitt bietet die ›Mixed Plate‹ für 22 TL..

Aktiv

Baden – In Kalkans Zentrum badet man am langen schmalen **Ortsstrand** südlich vom Hafen (linke Seite) oder am **Indigo Beach Club,** einem Lido an der Hafenmole. Weiter an der Felsküste entlang kommt man in 15 Min. zum **Yalı Beach Club,** wo man auch gut schnorcheln kann.
Tauchen – **Dolphin Scuba Team:** Hotel Pirat, Mob. 0542 627 97 57, www.dolphinscubateam.com. Deutschsprachige Schule, gutes Equipment, zahlreiche Padi-Kurse, Tagesfahrt inkl. Essen 150 TL.
Ausflüge – z. B. über **Define Tours,** Büro am Hafen bei Hotel Pirat, Tel. 0242 844 39 44, www.definetours.com.

Verkehr

Von der **Busstation** auf halber Höhe der Dorfzufahrt mindestens alle 2 Std. Richtung Antalya und Fethiye. Zu den Zielen der Umgebung (Patara, Kaş, Xanthos) fahren **Minibusse** zu Festpreisen.

Kaş ▶ 2, G 11

Wie Kalkan wurde auch **Kaş** (8000 Einwohner) zuerst von Rucksacktouristen entdeckt, heute ist es das größte Touristenzentrum an der lykischen Küste. Dass das Hafenstädtchen dabei um das Drei- bis Vierfache gewachsen ist, gehört zu den Schattenseiten dieser Entwicklung. Verbaut wurde der Blick auf die lykischen Felsgräber am Ortsrand, Ferienhauskolonien wie auf der Bodrum-Halbinsel fressen sich jedes Jahr weiter in die Macchia-Hänge im Osten und über die lange Cukurbağ-Halbinsel im Westen.

Wenig geändert hat sich allerdings am palmengesäumten Yachthafen, nur dass die Kneipen immer lauter und die Flotte der Ausflugsboote immer größer wird. Hier hat sich ein ganzes Ensemble schindelgedeckter griechischer Häuser erhalten. Das Weiß der getünchten Wände, das Braun der Holzbalkone, das Rot der Dachziegel, dazwischen sogar ein bisschen Klassizismus – Kaş als schönsten Ferienort der Türkei zu bezeichnen ist nur wenig übertrieben. Die Häuser haben die Griechen von der Insel Kastellórizo (türk. Meis) gebaut, deren Hauptort noch bis zum Zweiten Weltkrieg größer als Antalya war.

Kaş, bzw. die lykische Vorläufersiedlung Antiphellos, wurde gegründet als Hafen der lykischen Stadt Vehinda, die hoch oben in den Bergen liegt. Aus antiker Zeit überdauerte das **hellenistische Theater** westlich vom Hafen, das den damaligen Bautyp ohne Veränderung bewahrt hat: die Cavea mit den Zuschauerrängen überschreitet einen exakten Halbkreis, die Bühne war aus Holz. Älter noch (4. Jh. v. Chr.) ist das **Löwen-Grab** am Ende der malerischen Souvenirgasse Uzunçarşı Caddesi östlich vom Hafen. Doch

PER BOOT NACH KEKOVA

Tour-Infos

Start: Kaş
Länge: 31 km Bootsfahrt, kleinere Wanderstrecken
Dauer: Tagesausflug (10–17 Uhr)

Wichtige Hinweise: Die Bootausflüge sind in Kaş bei vielen Büros zu buchen. Manche fahren jedoch nur eine Strecke per Boot, die andere mit dem Minibus.

Mit vielen ganz einsamen Inselchen und Buchten zählen die Küsten rund um Kaş zu den schönsten Küstenabschnitten der Türkei. Vom Hafen in Kaş starten täglich zahlreiche Ausflugsboote zur Insel Kekova und dem kleinen, pittoresken Dorf Kaleköy.
Die erste Station ist die **Tersane-Bucht** mit kleinem Strand und der Ruine eines Kirchleins. Tersane bedeutet ›Werft‹ und tatsächlich gab es hier vor langer Zeit wohl mal einen Hafen. Bei der Weiterfahrt gleitet das Boot über die vom Meer überspülten alten Kais, die von den

Reiseführern als ›Sunken City‹ angepriesen werden. Eine wirkliche versunkene Stadt gab es hier aber wohl nicht.

Das Dörfchen **Kaleköy** erwartet die Ausflügler mit zahlreichen Restaurants und ebenso vielen Souvenirverkäuferinnen, die ihre selbstgehäkelten Kopftücher an die Frau bringen wollen. Es nimmt den Platz der antiken Siedlung **Simena** ein und wird von der zinnenbewehrten Mauer einer Kreuzritterburg überragt. Ein Aufstieg zur Burg lohnt nicht nur des Küstenblicks wegen, dort oben ist auch das (wahrscheinlich) kleinste antike Theater der Welt zu sehen. Gerade mal 300 Personen passten auf die sieben Sitzreihen.

Als letzte Station geht es dann oft noch zum **Burç Limanı** mit einem einfachen Lokal, wo eine warme Quelle im Meer entspringt.

was die Künstler, Antiquitäten- und Teppichhändler an dieser Straße anbieten, ist wirklich interessanter als alte Steine. Die Gassen zu beiden Seiten sind übrigens das Nightlife-Zentrum von Kaş; es lohnt sich, am Abend wiederzukommen.

Echte **Badestrände** gibt es in Ortsnähe nicht. Man badet an Lidos mit Liegeterrassen, Bars und Musik östlich vom Hafen oder am **Büyükçakıl,** einem Kieselstrand am Ende dieser Straße (1,5 km).

Umgebung von Kaş

Wer bedeutende antike Stätten sehen will, muss nach Myra (s. S. 303) oder Xanthos (s. S. 295) fahren, doch auch die nahe Umgebung bietet schöne Ziele. Der nächste gute Badeplatz ist der **Kaputaş-Strand** Richtung Kalkan (20 km).

Sehr beliebt ist die Bootstour zur **Insel Kekova** mit dem urtümlichen Dörfchen Kaleköy und der Burgruine von Simena (s. S. 299). Zum Dorf **Kaleüçağız,** ebenfalls an der Kekova-Bucht mit neuem Yachthafen, führt eine Asphaltstraße, die 13 km östlich von Kaş von der Hauptküstenstraße abzweigt. Östlich vom Anleger mit zahlreichen Restaurants blieben lykische Sarkophage sowie zwei Hausgräber erhalten.

Im antiken **Apollonia** (beim Dorf Kılınçlı am Weg nach Üçağız) sind neben Theater, hellenistischen Bauten und Basiliken etliche Pfeilergräber unterhalb der Akropolis zu sehen, in **Aperlai,** südlich an der Küste gelegen (zu Fuß ca. 30 Min.), steht noch die eindrucksvolle Stadtmauer.

Auf halben Weg von Kaş nach Myra liegt die lykische Bergstadt **Kyaneai,** die als ›Stadt der Sarkophage‹ gerühmt wird. Für den

knapp einstündigen Aufstieg sollte man sich ruhig den Dorfjungen aus dem Weiler Yavu anvertrauen (Bakschisch bereit halten!). Nur so wird man die beiden großen lykischen Nekropolen mit ihren zahlreichen Sarkophaggräbern sehen.

Etwas weiter östlich zweigt beim Dorf Davazla eine passable Piste nach **Hoiran** ab – dort ist ein freistehende Hausgrab zu sehen, das mit einem Fries verziert ist, der den Verstorbenen liegend zwischen seiner Leibwache und seiner Familie zeigt.

Infos

Info-Kiosk: Cumhuriyet Meyd. 5, Hafenplatz beim Atatürk-Denkmal, Tel. 0242 836 12 38.

Übernachten

Die meisten Luxus- und Pauschalhotels wie z. B. **Club Aqua Park** mit guter Pool-Landschaft liegen weit außerhalb auf der Cukurbağ-Halbinsel. Älter, aber direkt im Zentrum ist der **Club Phellos** direkt oberhalb der Bade-Lidos. Ein netter, persönlicher Reiseveranstalter ist unter **www.brigitte-krickl-reisen.de** zu finden, dort kann man verschiedene Mittelklassehäuser mit einer Vielzahl organisierter Themenreisen buchen. **Einfache Pensionen** findet man in großer Zahl im Viertel westlich der Straße zum Hafen unterhalb der Kale-Moschee (DZ/F um 90 TL).

Hübsche Pension – **Begonvil Hotel:** an der Straße direkt unterhalb des Club Phellos,

Souvenirgasse in Kaş

Küçükçakıl, Koza Sokak, Tel. 0242 836 30 79, www.hotelbegonvil.com. Familiäre, nett geführte Pension im Neubau mit angenehmen Zimmern und gutem Frühstück unter Leitung eines Rückkehrers aus der Schweiz. Unbedingt reservieren! DZ/F um 200 TL.
Taucherhotel – **Likya:** hinter dem Hafen, Küçükçakıl Sokak, Tel. 0242 836 13 70, www.likyadiving.de. Das erste Tauchhotel von Kaş, die Zimmer sind einfach, aber gepflegt. Meist trifft man hier eine nette, etwas flippige Taucherszene. DZ/F um 180 TL. Ein Tauchgang mit Leihausrüstung 90 TL; Kurse bis zum PADI Divemaster.

... bei Kekova – Kaleköy

Dorfpension – **Kale Pansiyon:** Tel. 0242 874 21 11, www.kalepansiyon.com. Kleine dörfliche Pension in einem Holzhaus und einem kleineren Steinhaus. Ganz einfach, 100 % ländlich und eigentlich zu teuer, aber paradiesisch anti-zivilisatorisch. Übers Internet DZ/F um 240 TL.

Essen & Trinken

Hafenblick mit Sonnenuntergang – In den **Hafenrestaurants** bekommt man bei langen Sonnenuntergängen eine exzellente, hochpreisige Mediterranküche mit viel Fisch, besonders beliebt ist das **Mercan Restaurant.** Hauptgerichte meist 35–50 TL, Languste 120 TL pro kg, Fl. Wein ab 60 TL.
Geheimtip – **Sumanu Şarapevi:** S. Sandıkçı Cad. 10 (Straße zw. Lion Tomb und Deja Vue Bar), Tel. 0242 836 31 38. Auf etwas erhöhter und ruhiger Gartenterrasse wird eine tadellose Küche im Crossover-Stil serviert. Zum offenen Wein kann man auch nur leckere *mezeler* (Vorspeisen) bestellen. Hauptgerichte ab 35 TL.
Traditionsküche – **Yalı Lokanta:** am Hauptplatz, Belediye Altı. Einfaches Traditionslokal mit leckeren Suppen, türkischen Grillstandards und Schmorgerichten zu günstigen Preisen ab 12 TL.

Einkaufen

Schöne **Souvenirläden** (zum Teil fast kleine Museen) gibt es an der pittoresken Uzunçarşı Sokağı, die vom Atatürk-Denkmal am Hafen nach Osten zum lykischen Löwen-Sarkophag emporsteigt.
Großer Trubel – **Wochenmarkt:** freitags hinter der Busstation an der D400, Bauernprodukte und Billigtextilien.

Abends & Nachts

Oldies mit Aussicht – **Deja Vue Bar:** oberhalb vom Restaurant Mercan. Nette, ruhige Dachterrassenbar mit schöner Aussicht, man spielt vor allem Oldies der 1980er.
Rock-Bar – **Mavi Bar:** linke Hafenseite. Unter den vielen Bars die interessanteste: betrieben von italienischen Grunge-Fans, die beim Sundowner auch mal voll aufdrehen. Vernünftige Preise, netter Service, beliebt bei der Tauchergemeinde.

Aktiv

Bootstouren – **Kekova:** 10 Uhr ab Hafen, tgl. mehrere Boote, alternativ kann man mit dem Auto bis Üçağiz fahren und dort ein Boot mieten (s. S. 299). Auch zur idyllischen Bucht **Limanağzı** mit drei Tavernen (3 km südlich von Kaş) fahren Boote.
Tauchen – Verschiedene **Tauchschulen**, z. B. www.likyadiving.de; www.kasexplorers.com; www.barakuda-kas.de, alle deutschsprachig, alle vermitteln auch Unterkunft.
Paragliding – Sprünge aus 1000 m Höhe, für Anfänger im Tandem über **BT Adventure,** www.bougainville-turkey.com, ca. 240 TL. Der Anbieter hat auch Trekking, Canyoning und KaJaks im Programm.

Verkehr

Von der **Busstation** am Dorfeingang mindestens alle 2 Std. Richtung Antalya und Fethiye. Nach Kalkan, Patara, Xanthos und Kale/Myra häufig **Dolmuş**-Busse zu festgesetzten Preisen.

Per Boot nach Kastellórizo ▶ 2, G 11

Die winzige Insel **Kastellórizo,** die türkisch Meis genannt wird, ist in Kaş fast immer zu sehen. Bei der Anfahrt von Kale liegt sie zwischen den beiden Halbinseln der tiefen Bucht, bei Nacht glitzern die Lichter des ein-

Nette Begegnung am Straßenrand

zigen Orts Megisti herüber. Der griechische Außenposten, sieben Schiffsstunden von der Insel Rhodos entfernt, fiel nach 1918 mit Rhodos an Italien, 1947 dann an Griechenland. Im Zweiten Weltkrieg, als hier ein britischer Militärposten eingerichtet war, wurde Megisti bei einem Luftangriff der Deutschen fast völlig zerstört.

Von der Stadt, ehemals wegen ihrer Bars unter Seeleuten als ›Klein-Paris‹ bekannt, stehen heute nur noch zwei Häuserzeilen am Hafen. In den Tavernen an der Hafenpromenade kann man blendend dem Nichtstun frönen, aber auch ein kleiner Spaziergang lohnt: Bei der alten Moschee auf der rechten Hafenseite kann man baden, darüber liegen ein Kreuzritterkastell und das kleine Inselmuseum.

Verkehr

Bootstouren mehrmals wöchentlich je nach Nachfrage, ab 10 Uhr, z. B. über Atgen, İbrahim Serin Sok. 5, gegenüber Restaurant Çinarlar, Tel. 0242 836 32 92.

Demre (Myra) ▶ 2, H 11

Die Kreisstadt **Demre** (16 000 Einwohner) am Demre Çayı, Nachfolgesiedlung der lykischen Stadt **Myra,** liegt in einer scheinbar vollständig mit Gewächshäusern bedeckten Ebene. Bäuerliches Leben hat sich der Ort noch weitgehend bewahren können, doch mit dem Bau neuer Hotels am Sükülü-Strand wird auch etwas mehr Tourismus hierherkommen. Außerhalb Richtung Finike liegt die zur Fischzucht genutzte **Beymelek-Lagune** (ca. 10 km), wo man in einfachen Lokalen *yengeç* (Krabben) und Fisch serviert.

Das antike Myra, ab dem 5. Jh. Hauptstadt Lykiens, behielt bis zum Niedergang des Byzantinischen Reichs im 14. Jh. trotz wiederholter Plünderung durch die Araber und die Mamluken seine Bedeutung als Handels- und Pilgerzentrum, war es doch im 3. Jh. Bischofssitz des hl. Nikolaus.

Theater und Nekropolen

Tgl. 9–17, im Sommer bis 19 Uhr, Eintritt 15 TL

Von der antiken Stadt blieben nur das Theater und die Nekropolen am Hügelfuß im Norden erhalten. Berühmt ist vor allem die **Meer-Nekropole** neben dem Theater, wo die ganze Felswand dicht mit Hausgräbern übersät ist. Weil man nicht mehr hochklettern darf, kann man das berühmte Totenmahlrelief kaum noch erkennen: der auf einer Kline liegende Verstorbene beim Mahl mit seiner Familie (rechts, die Ehefrau sitzend, links ein Diener und eine Musikantin); links zwei Krieger (Ahnen?), daneben wieder der Verstorbene als Krieger. Die Reliefs dürften um 370 v. Chr. angelegt worden sein.

Das **Theater** entstand viel später, nämlich erst im römischen 2. Jh., und hat die typisch römisch-kleinasiatische Form mit monumentalem Bühnenbau und einer teils auf Gewölbeunterbauten ruhenden Cavea.

Nikolaus-Basilika

Di–So 8–12 und 13–18, im Sommer bis 19 Uhr, Eintritt 20 TL

Die **Aya Nicola Kilisesi** westlich vom Dorfplatz entstand unter den Kaisern Justinian (im 6. Jh.) und Konstantin IX. (im 11. Jh.) über dem Grab des hl. Nikolaus, das schon im Frühmittelalter als Pilgerziel berühmt war. 1087 brachten die Normannen die Gebeine nach Bari, von wo sie in der großen Zeit des Reliquienkults über ganz Europa verteilt wurden. Der Mitte des 19. Jh. auf Veranlassung des russischen Zaren umfassend restaurierte Bau lässt das in der Türkei sehr seltene Bild einer relativ gut erhaltenen mittelbyzantinischen Kirche erkennen. Den Kern bildet eine dreischiffige Basilika (8. Jh.) mit Bodenmosaiken sowie Freskenfragmenten mit Heiligendarstellungen. Erhalten blieben außerdem zwei skulptierte Sarkophage – auch das mutmaßliche Grab des Nikolaus, durch das man früher Öl rinnen ließ, um es unter dem Namen Myron an die Pilger zu verkaufen, wird hier heute gezeigt.

Andriake

Am Hafen **Andriake,** wo einst die römischen Kornfrachter aus Ägypten in der Dünung schaukelten und auch der Apostel Paulus auf seiner Rom-Fahrt das Schiff wechselte, erstreckt sich heute der schöne, selten besuchte **Çayağzı-Strand** mit etlichen Fischrestaurants; nebenberuflich starten die Fischer hier zu Touren nach Kekova (s. S. 299). Seit einigen Jahren finden hier intensive Grabungen statt. Bedeutendster antiker Bau hier ist das unter Kaiser Hadrianus (2. Jh.) errichtete Granarium auf der linken Buchtseite. Der Bau wurde jetzt überdacht und soll als **Lykisches Museum** eingerichtet werden. Davor wurde inzwischen die Plakoma freigelegt, die breite, von Lagerhäusern gesäumte Uferstraße der Antike. Sie war an drei Seiten von Säulenhallen umgeben.

Essen & Trinken

Traditionsküche – **Ipek Lokanta:** zwischen Nikolaus-Basilika und Zentrumsplatz. Sehr leckere landestypische Küche; Spezialität sind die ortstypischen Kale Köfte (14 TL ohne Beilage); dazu passt am besten ein Ayran.

Finike ▶ 2, H 11

Die Kleinstadt **Finike** (12 000 Einwohner) ist in den letzten Jahren enorm gewachsen, im Wesentlichen findet hier aber türkischer Tourismus statt. Nichts erinnert mehr an die antike Vorläufersiedlung Phoinikos, doch ist Finike Ausgangspunkt zur Fahrt (über die Straße Richtung Elmalı) zu den im Inland gelegenen Ruinenstädten Limyra und Arykanda.

Übernachten

Etliche gute Hotels an der Durchgangsstraße östlich vom Hafen.

Am Strand – **Baba Motel:** Kumluca Yolu, 1,5 km vom Zentrum am Hauptstrand, Tel. 0242 855 15 68, www.babamotel.com. Das Motel mit Restaurant und Pool bietet 45 Bungalows mit Klimaanlage und ist 50 m vom Strand entfernt. DZ/F um 120 TL.

Essen & Trinken

Fisch am Hafen – **Petek:** an der Einfahrt zum Hafen. Ein Klassiker mit gutem Hafenblick, Schwergewicht sind Fischspezialitäten.

Verkehr

Busstation an der Straße nach Elmalı; alle 2 Std. ein Bus der Linie Antalya–Fethiye, dort auch **Dolmuş** Richtung Elmalı oder Arif über D635.

Limyra ▶ 2, H 11

Eintritt frei; bitte respektieren Sie die Felder und Zäune der Anwohner

Am faszinierendsten in **Limyra** (lykisch Zemuri) sind die lykischen Gräber – aber auch der Kontrast der einstigen Residenz des lykischen Fürsten Perikles und späteren römischen Stadt zu den Hütten des Dorfs Yuvalı kurz vor dem Theater.

Perikles (lykisch Pirekli, vor 380 bis ca. 360 v. Chr.) war ein Zeitgenosse des karischen Herrschers Maussollos (s. S. 264), der wie jener in Karien die Städte Lykiens zu einem Königreich vereinen wollte. Während die griechischen Städte nach dem Peloponnesischen Krieg ausgeblutet am Boden lagen, verfolgte er in Kleinasien damit schon eine Idee, die sich erst mit dem Hellenismus durchsetzte. Beispielhaft für das Selbstbewusstsein des Perikles sind die in Limyra geprägten Münzen mit seinem Abbild: Im pan-hellenischen Kulturkreis war er nach dem xanthischen Fürsten Kherẽi der Zweite, der das wagte.

Am Hang über dem römischen Theater, östlich hinter den Granatapfelhainen, stehen **Sarkophaggräber,** darunter das des Xiñtabura, eines Bruders des Perikles. An den Längsseiten ist der Verstorbene beim Totenmahl und auf einem Streitwagen dargestellt, nach Westen tritt er unbekleidet vor Aiakos und Rhadamanthys, die Totenrichter der griechischen Mythologie.

Zur West-Nekropole führt ein Feldweg zwischen Gewächshäusern westlich vom Parkplatz. Dort sind zahlreiche Hausgräber, teilweise mit schönen Giebelreliefs, zu sehen. Hier beginnt der Treppenpfad zur Akropolis mit dem **Heroon-Grab** des Perikles, von dem jedoch nur die Fundamente blieben. Doch konnten die prächtigen Relieffriese rekonstruiert werden, die Perikles mit seinem Streitwagen vor seinem siegreichen Heer zeigen. Typologisch war dieses Grab wie das Nereiden-Monument von Xanthos eine Übernahme griechischer Tempelformen in die Grabarchitektur; für seinen Bau, dessen Dach von Koren (Mädchenstatuen) getragen wurde, scheint sich Perikles von dem Athener Erechteion inspiriert haben zu lassen. Von oben überblickt man gut die inzwischen freigelegte **Unterstadt.** Römische Monumente dort sind das Kenotaph für Gaius Caesar, einen Enkel und Adoptivsohn Kaiser Augustus' und den Unterbau eines Ptolemaions, eines Tempels für die Könige der Ptolemäer-Dynastie.

Arykanda ▶ 2, H 10

Tgl. 9–18 Uhr, 8 TL

Nach **Arykanda** beim Weiler Arif fährt man Richtung Elmalı über den 1290 m hohen Karamanbeli-Pass (ca. 35 km). Die Ruinen der alten lykischen Stadt – ein Gymnasion, zweistöckige Thermen, eine Nekropole, die Agora, ein Theater und ein Stadion – staffeln sich über vier Terrassen an den Ausläufern des Kızlarsivrisi, des mit 3070 m höchsten Gipfels der Beydağları. Freigelegt wurde inzwischen das Odeion an der Agora mit seiner aufwendigen Marmorverzierung. Ein Treppenweg erschließt im Westen eine Stoa, die zum Bouleuterion, dem Rathaus, führt.

Elmalı ▶ 2, H 10

Von Arykanda sind es nur noch 28 km nach **Elmalı,** der größten Siedlung im lykischen Taurus. In der Kleinstadt in einer baumlosen Hochebene gibt es noch etliche alte Fachwerkhäuser und die **Ömer Paşa Camii** aus der Emiratszeit (15. Jh.).

Rhodiapolis ▶ 2, J 10

Bei **Kumluca,** der geschäftigen ›Gemüsestadt‹ in der Schwemmlandebene des Alakır Çayı, liegt etwas im Inland das antike Rhodiapolis. Diese Stadt wurde Mitte des 2. Jh. n. Chr. als Heimat des Opramoas berühmt, der als oberster Beamter des Lykischen Bundes viele lykische Städte mit reichen Stiftungen bedachte. Die Ruinen wurden im letzten Jahrzehnt aufwendig freigelegt und lohnen heute unbedingt einen Besuch.

Kemer ▸ 2, J 10

Anfang der 1990er-Jahre begann der Ausbau des 40 km langen Küstenabschnitts rund um **Kemer** (42 000 Einwohner) zu einem Urlauberzentrum der Oberklasse. Große Teile des angrenzenden Berglands wurden als Naturpark deklariert, sogar Kläranlagen gebaut. Kemer, eine moderne Feriensiedlung mit einem gut ausgestatteten Yachthafen, einer noblen Einkaufsstraße und einer schicken Meerpromenade, ist das Zentrum dieses Projekts – die meisten Hotelanlagen der Luxusklasse liegen jedoch an der Küste zwischen den Dörfern Beldibi und Göynük im Norden, Çamyuva und Tekirova im Süden.

In Kemer selbst, das ein gutes Standquartier für Touren in Pamphylien und Lykien ist, gibt es neben den Top-Hotels am Stadtstrand auch zahlreiche Pensionen und Apartmenthäuser. Beachen und Shoppen sind die Hauptbeschäftigungen. Auf der Liman Caddesi bummelt man überdacht entlang mondäner Auswahl: Leder, Pelze, Gold, Sportkleidung, Taschen, Uhren – alles vom Feinsten. Der kieselige **Ortsstrand** von Kemer ist sehr gepflegt, aufgeteilt in Beach Bars mit Wassersportzentren. Am **Moonlight Beach Park** mit dem sandigen Ayşığı-Strand hinter dem Yachthafen gibt es Bars, Restaurants und eine Minigolfanlage.

Olimpos-Beydağları-Nationalpark ▸ 2, J 10/11

Das Beste an Kemer sind die unberührten Naturlandschaften im **Olimpos Beydağları Milli Parkı,** der das ganze, bis über 2000 m hohe Gebirge umfasst. Dieses Bergparadies mit einsamen Hochalmen *(yayla)* eignet sich für Wanderungen ebenso wie für Mountainbike-Touren.

Viele Agenturen bieten organisierte Touren an: z. B. Wanderungen, MTB-Fahrten oder Canyoning in der **Göynük-Schlucht.** Auf den 2365 m hohen **Tahtalı Dağı,** der in der Antike Olympos hieß und als Wohnsitz der Götter galt, führt eine Seilbahn ab Çamyuva.

Tief im Süden des Beydağları-Nationalparks gibt es noch einsame Buchten

Im Norden des Nationalparks liegt das 1800 m hohe Skigebiet von **Saklıkent** (50 km von Antalya), aber auch das Drehrestaurant auf der Spitze des **Tünektepe,** das einen wunderbaren Panoramablick über die wilde Berglandschaft und die langen Stränden der türkischen Riviera bietet (von der Straße Kemer-Antalya beim Freihandeslshafen Port Akdeniz nach Westen fahren). Dort werden auch Paragliding-Sprünge angeboten.

Phaselis ▶ 2, J 10

Tgl. 8–ca. 18 Uhr, Eintritt 15 TL

Die Ruinenstadt **Phaselis,** auf einer Halbinsel 12 km südlich von Kemer gelegen, war bis in byzantinische Zeit eine Flotten- und Handelsbasis von einigem Wohlstand; danach diente die Stadt den Seldschuken als Steinbruch für die Erweiterung der Mauern von Antalya. Bedeutende Bauten dieser Stadt, die als Kolonie dorischer Griechen von Rhodos gegründet worden sein soll, sind ein **Aquädukt** und eine **Prachtstraße** zwischen dem einstigen Galeeren-hafen und dem südlichen Handelshafen. An dieser breiten Straße mit einst mosaikgepflasterten ›Bürgersteigen‹ reihen sich Läden, die hadrianische **Tetragonos Agora** (›Vierseitige Agora‹), etwas abseits das **Theater** am Hang der Akropolis und weitere Handelskomplexe zur Rechten. Sie endet beim zusammengebrochenen **Hadrianus-Tor** vor dem Südhafen.

Olympos ▶ 2, J 11

Weiter südlich hinter Tekirova reihen sich im Tal von **Ulupınar** unter dichtem, schön schattigem Wald einige Forellenrestaurants an einem Gebirgsbach. Etwas weiter zweigt die Straße zur antiken Seeräuberfestung **Olympos** ab, die wie Phaselis mit organisierten Bootsausflügen erreichbar ist.

Direkt an der Küste erhebt sich der steile Burgfels mit Resten der Befestigung, die seit Ende des 2. Jh. v. Chr. bis zur Eroberung durch die Römer 78 v. Chr. die westlichste Basis der kilikischen Piraten bildete. Die Kaianlagen, ein Lagerhaus, ein Theater und eine Kirche am Südufer des kleinen Flusses sind inzwischen freigelegt und werden untersucht. Imposant ist noch ein 5 m hohes **Tempeltor** nördlich vom Fluss. Kurz vor dem Strand sind zwei prachtvolle **Sarkophage** freigelegt worden.

MIT DER SEILBAHN AUF DEN TAHTALI-GIPFEL

Seit 2007 kommt man mit einer Seilbahn auf den 2365 m hohen Tahtalı Dağı, der in der Antike Olympos hieß. Die zwei Pendelgondeln transportieren je 80 Personen über 1637 m (60 TL/Pers.). Zur 700 m hoch gelegenen Talstation biegt man auf Höhe von Çamyuva in die Berge ab, es gibt auch Dolmuş-Shuttlebusse aus Kemer. Von oben genießt man ein grandioses Panorama: unten das tiefblaue Meer mit der Metropole Antalya, ringsum die Dreitausender der Gebirgskette.

Çiralı (Yanartaş) ▶ 2, J 10

Nördlich vom Dorf **Çiralı,** wo es zahlreiche gute Hotel-Pensionen am Strand gibt, beginnt bei einem Parkplatz der Pfad hinauf zum Kultplatz des Hephaistos, der in Olympos als Stadtgott verehrt wurde. Hier schlagen seit Tausenden von Jahren Flammen aus der Erde, die von natürlichen Gasvorkommen gespeist werden. In der Mythologie galt diese Stelle, die türkisch **Yanartaş** (›Feuerstein‹) genannt wird, als Platz, wo der Held Bellerophontes die Feuer speiende Chimaira, ein Untier mit drei Köpfen, getötet hatte.

Adrasan ▶ 2, J 11

In der Bucht **Adrasan** 5 km unterhalb von Çavuş ganz im Süden des Nationalparks

WANDERUNG IN DEN GÖYNÜK-CANYON

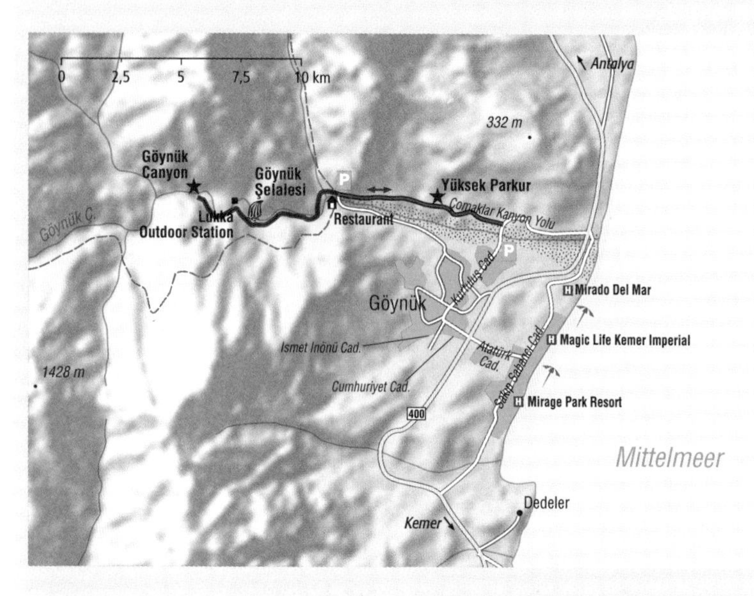

Tour-Infos

Start: Kemer – Göynük
Länge: 5,5 km Piste vom Meer zum Canyon, Canyon ca. 500 m
Dauer: Halbtagesausflug
Wichtige Hinweise: Achtung, große Vorsicht, jedes Jahr sterben Touristen im Canyon ohne korrekte Schutzkleidung!

Das Beydağları-Gebirge bei Kemer ist eine wunderschöne alpine Landschaft, ein Paradies für Outdoor-Freaks. Auf keinen Fall darf man jedoch die Gefahren unterschätzen. Mit Sandalen in die Berge zu ziehen kann lebensgefährlich werden! Auch die Wanderung zum Göynük Canyon erfordert Umsicht und Vorsicht, wenn man die Klamm durchqueren möchte.
Hinter dem zumeist trockenen Geröllbett nördlich von Göynük biegt eine Straße ins Inland ab, die nach ca. 3 km in eine Schotterpiste übergeht. Wer wandern will, parkt an der Kurtuluş Caddesi. Das Flusstal wird bald schmaler, man folgt dem Bach durch unberührte Landschaft. Hinter dem Tickethäuschen muss man den Bach auf einer ›Brücke‹ aus Trittsteinen kreuzen. Bald danach steigt die Piste am Hang an, unterhalb plätschert weiter der Bach. Schließlich geht es zum Fluss hinunter, wo die Piste bei der Verleihstation für die Neoprenanzüge endet.

Der folgende Weg durch den Canyon zum Göynük Şelalesi, einem kleinen Wasserfall, führt teilweise durch brusttiefe Tröge entlang rundlich ausgewaschener, überhängender Felsen. Das Wasser ist eiskalt, die Felsen teils glitschig – Schwimmweste, Helm, Neoprenanzug ist hier die passende Ausrüstung, auf die man nicht verzichten sollte. Es gibt aber auch schon Touren mit einem Rafting-Floß in die Schlucht hinein.

gibt es an der sandigen, noch sehr einsamen Strandbucht einfache Lokanta, in denen man gut Fisch essen kann, dazu auch ein paar Hotels – für eine Robinsonade ist die Ecke noch ein Geheimtipp.

Infos

Info-Büro: Liman Caddesi, Belediye Binası, gegenüber der Marina, Tel. 0242 814 15 37.
Internet: www.kemer-tr.info

Übernachten

Die Luxusadressen entlang der Küste bucht man besser pauschal, für einen Überblick: www.kemerholiday.com. Zentrumsnah in Kemer ist z. B. das **Pegasos Beach** oder das **Özkaymak Marina** zu empfehlen.
Mittelklasse mit Sauna – **Felice:** Atatürk Cad. 47, Kemer, Ortsausgang n. Süden, Tel. 0242 814 45 61, www.felicehotel.com. Moderne, aber überschaubare Anlage mit Sauna, Gym, mittelgroßem Pool in schönem Garten, angenehme Zimmer. DZ/F um 150 TL.

... außerhalb

(Pferde-)Paradies – **Berke Ranch:** Kuzdere Yolu, Richtung Çamyuva, 6 km von Kemer, Tel. 0242 818 03 33, www.hotelberkeranch.com. Schönes Boutiquehotel mit Pferdehof, das inmitten von Obstbaumplantagen liegt. Viel Natur und eine gute Ausstattung mit Pool und Fitnessraum. DZ/F ab 210 TL.

... bei Phaselis

Sehr viel Natur – **Sundance Nature Village:** Tel. 0242 821 41 65, www.sundancecamp.com. Ganz einsam, naturnah und ruhig gelegenes Camp südlich von Phaselis an einem naturbelassenen Kieselstrand. DZ/HP im Baumhaus 160 TL, im Bungalow um 240 TL.

... bei Olympos

Kleinere Pensionen für Individualreisende gibt es in Çiralı, Adrasan und an der Olympos-Zufahrt (Info über www.cirali.org). Außergewöhnlich in Olympos sind die ›Tree Houses‹, wobei es sich meist um einfache Holzhütten handelt.

Essen & Trinken

Am Hafen – **Sailor's Restaurant:** Kemer Marina, Tel. 0242 814 14 90. Bei Yachties beliebtes Restaurant mit guter internationaler Küche. Schwerpunkt Fischgerichte, aber auch Steak und Pizza. Abends oft Livemusik. Hauptgerichte ab 29 TL, Fisch ab 35 TL.

Abends & Nachts

Super Club – **Aura First:** Deniz Cad. 3, hinter dem Moonlight Park, Tel. 0242 814 52 65, www.auraclub.com, 20–5 Uhr. Der sexieste Club der Stadt. Das Konzept ›Moscow Style‹ verspricht viele GoGo-Tänzerinnen, leider aber auch viele Russen. Weitere Clubs wie **Inferno, Ice House** gibt es am anderen Strandende beim Koğulu Beach Park.

Aktiv

Outdoor-Sport – Über **Lukka Sports** (lycian-adventures.com) kann man Outdoor-Touren mit Trekking, Canyoning, Abseiling, MTB in der Region Kemer buchen.

Termine

Internationale Kemer-Unterwassertage: Mitte Mai, www.kemerfest.net.
Altın Nar Festivalı (Goldener Granatapfel): Mitte Juni, Kulturevents und Popkonzerte, Wahl der Miss Kemer.

Verkehr

Busstation an der D400; bis zu halbstdl. **Minibus**-Verbindung nach Çamyuva, Tekirova, Beldibi und Antalya, mind. alle 2 Std. nach Fethiye und Antalya Otogar.

Antalya und die türkische Riviera

Von Antalya, der historischen Hafenstadt, bis nach Alanya mit seiner mächtigen Burg erstrecken sich endlose Sandstrände. Hier schlägt das Herz des Sommertourismus in der Türkei. Neben der langen Kette von Luxushotels bietet diese Region aber auch großartige Ruinenstädte aus der römischen Epoche, die nahen Taurus-Berge laden zu abenteuerlichen Exkursionen ein.

Antalya ▶ 2, J 9

Cityplan: S. 313
»Schönste Stadt der Türkei«, so nannte Atatürk die südtürkische Hafenstadt in den 1920er-Jahren. Wer sich Antalya heute nähert, mag das zunächst kaum glauben. Die Hochhäuser der Neubauviertel greifen weit ins Umland, die Bevölkerung wird inzwischen auf über 1 Mio. Einwohner geschätzt. Wirtschaftliche Grundlage dieses Wachstums sind der neue Industriehafen im Westen, um den sich eine boomende Freihandelszone entwickelt hat, sowie die Verarbeitung von Baumwolle. Dass die Stadt nicht nur vom Tourismus lebt, merkt man auch am feinen Smogschleier, der Antalyas schmale Ebene vor dem Taurus-Gebirge (im Norden) und der Beydağları (im Westen) vernebelt. Die schneebedeckten, bis zu 3000 m hohen Gipfel sind fast nur noch an klaren Wintertagen zu erkennen. Wenn man sich jedoch bis zum historischen Ortskern über dem alten Hafen, dem heutigen Yachthafen (Yat Liman) durchgeschlagen hat, wird man Atatürks Begeisterung teilen können.

Dieses alte Antalya, von der UNESCO zum Weltkulturerbe erklärt, ist ein einzigartiges Ensemble osmanischer Holzhäuser, die zur Land- und zur Seeseite noch von der alten Stadtmauer eingefasst werden. Erst der Tourismus brachte das Kapital, diese Bauten mit den typischen Erkern und den schindelgedeckten Dächern zu restaurieren und in Pensionen oder Restaurants umzuwandeln. Inzwischen kaufen sich auch die ganz Reichen der Türkei gern eine Villa als Winterresidenz. In dieser einzigartigen Stadt fühlen sich vor allem Individualisten wohl, die den Charme alter Gemäuer zu schätzen wissen.

Die Altstadt (Kale İçi)

Eingefasst ist die Altstadt von der Linie der alten Stadtmauer, die um 150 v. Chr. abgesteckt wurde, als Attalos II., der König von Pergamon, die Stadt gründete und ›Attaleia‹ nannte. Daraus wurde später Adalia, dann Antalya. Vom früheren **Stadttor** 1 blieben östlich vom Cumhuriyet Meydanı zwei Türme erhalten, der eine dient heute als **Uhrturm** (Saat Kulesi). Gegenüber steht heute ein Denkmal für den König Attalos. Ihre heutige Form erhielten die Mauern um 1244 unter den Seldschuken, die mit der Eroberung dieser Stadt endgültig zur Großmacht aufstiegen.

Hinter den Wehrtürmen liegt das Wahrzeichen der Stadt, das 38 m hohe **Yivli Minare** 2 (›gerilltes Minarett‹), das Alaeddin Keykubat I., der mächtigste Seldschuken-Sultan, um 1220 aus Backstein errichten ließ. Erst nach dem Zusammenbruch des Seldschukenreichs, als in Antalya der Emir Mehmet Bey aus der Dynastie der Hamiden herrschte, entstand die 1373 auf den Fundamenten einer byzantinischen Basilika errichtete **Ulu Cami** hinter dem Minarett. Die Hamiden kontrollierten zunächst das Gebiet um Beyşehir, konnten dann aber auch das zur Zeit der Kreuzzüge mehrfach von europäischen Rittern besetzte Antalya ihrem Machtbereich einverleiben, bis es 1415 von den Osmanen erobert wurde. Zum Moschee-Komplex gehören auch die Grab-Türbe für Nigar Hatun, eine Favoritin des Osmanen-Sultans Beyazıd II. (1502), und die achteckige Türbe des heute als Heiliger verehrten Mehmet Bey. Im **Mevlevihane,** dem früheren Konvent der ›tanzenden‹ Derwische, finden heute Ausstellungen und Konzerte statt, in der **Selcuklu Medresesi,** einer mit Stahlgerüsten wiedererrichtete Koranschule aus der Seldschukenzeit, wird Kunsthandwerk verkauft.

Zum Hafen

Vom Yivli Minare führen malerische Altstadtgassen, an denen sich die Souvenir- und Teppichhändler reihen, hinunter zum **Hafenviertel.** Fischlokal grenzt hier an Fischlokal, Ausflugsyacht an Ausflugsyacht ... man sollte abends wiederkommen, dann ist es am schönsten. Den besten Blick über den Hafen hat man übrigens von den Teegärten am Cumhuriyet-Platz. Die Anlage der aufwendig restaurierten **Tekeli Konakları** 3 oberhalb der kleinen Hafenmoschee (Iskele Camii) war früher Residenz der osmanischen Paschas und ist heute das gastronomische Vorzeigeprojekt der Stadt. Am Ende des Hafenrunds, hinter den Kais der Fischerboote, liegt das **Mermerli Banyo,** das ›Stadtsträndchen‹, hier kann man wieder emporsteigen in den ruhigeren Teil der Altstadt.

Hesapçı Sokağı

Orientierungspunkt ist dort das **Kesik Minare** 4**,** das ›abgeschnittene Minarett‹, in der Hesapçı Sokağı. Korkut Bey, ein Sohn des Osmanen-Sultans Beyazıd II., ließ es neben einer zur Moschee umgewandelten **Basilika** des 5. Jh. errichten. Diese diente bis ins 18. Jh. als Hauptmoschee der Stadt, wurde aber im 19. Jh. durch Brand zerstört, wobei auch die hölzerne Spitze des Minaretts herabstürzte (daher der Name). Skulptierte Marmorwerkstücke lassen die einstige Pracht dieser Basilika erahnen.

Mit der Hesapçı Sokağı gelangt man nun quer durch die Altstadt, zunächst zum **Kaleiçi-Museum** 5 (Kocatepe Sok. 25, Do–Di 9–12, 13–17 Uhr, 5 TL), das die Lebenswelt der besseren Gesellschaft in osmanischer Zeit zeigt. Das **Hadrianus-Tor** 6 (Hadrianus Kapısı oder Üçkapılar) an der Atatürk Caddesi ist ein Originaltor aus römischer Zeit, es erhielt seine Marmorverkleidung, als Kaiser Hadrianus 130 n. Chr. die Stadt besuchte. Die nachantiken Zeiten überstand es zugemauert; auf den Bodenplatten, tief unter heutigem Straßenniveau, blieben die Spurrillen der römischen Wagen erhalten!

Atatürk Caddesi

Die Atatürk Caddesi hinter dem Tor ist mit ihren modernen Boutiquen die ›westlichste‹ Einkaufsstraße der Stadt. Stadtauswärts führt sie zum **Kara Alioğlu Parkı:** In subtropischer Vegetation gibt es hier Teegärten mit verspielten Brunnen an der schattigen Promenade über der Steilküste. Der markante **Hıdırlık Kulesi** 7 war ein antiker Leuchtturm, der später als Kanonenplattform zum Schutz des Hafens genutzt wurde.

Stadteinwärts verläuft die Atatürk-Straße entlang der alten Stadtmauer zum **Basar-Viertel** gegenüber vom Uhrturm auf der rechten Seite der Fußgängerzone. Unter schattigen Sonnensegeln reihen sich kleine Läden an schmalen Gassen. Verkauft werden vor allem Uhren, Schmuck und Lederwaren, im renovierten **Bedesten** 8 gibt es Haushaltsutensilien im osmanischen Stil.

Antalya Museum 9

Tgl. 9–19 Uhr, Eintritt 20 TL, Anfahrt am besten mit der Tram, s. S. 316

Das **Antalya Museum**, etwas außerhalb der Stadt Richtung Konyaaltı-Strand gelegen, ist mit seinen stimmungsvollen Lichteffekten eines der schönsten am Mittelmeer.

Der Rundgang beginnt mit den prähistorischen Funden aus der Neandertaler-Höhle von **Karain** etwa 27 km nordwestlich von Antalya, einem der frühesten bekannten Siedlungsplätze in Kleinasien. Dann folgen die bronzezeitlichen Pithos-Urnen von **Semahöyük** bei Elmalı im lykischen Bergland (15. Jh. v. Chr.) und griechische Keramik aus dem 9.–5. Jh. v. Chr.); Silberschmuck und

Holzfiguren zeugen von der Handwerkskunst der **Phryger,** die im 8.–7. Jh. v. Chr. das Innere Kleinasiens beherrschten.

Berühmt ist der Bestand an Marmorskulpturen aus der **römischen Epoche:** die Galerie der lebensgroßen Götterstatuen von **Perge,** die Statuen römischer Kaiser aus dem 2. Jh. (Hadrianus, Traianus, Septimius Severus) oder die überreich mit Marmorfriesen geschmückten Sarkophage gehören zu den besten Werken Anatoliens dieser Zeit.

Dazu kommt eine **Münzsammlung,** die die Zeit vom 6. Jh. v. Chr. bis zur byzantinischen Epoche abdeckt. Die kostbarsten Stücke sind die Tetradrachmen von Side und die Dekadrachmen aus dem beginnden 5. Jh. v. Chr., die 1984 bei Elmalı entdeckt wurden. Wie das goldene und silberne Liturgiegerät des 6. Jh. aus dem **›Schatz von Kumluca‹** wurden diese Münzfunde erst ins Ausland geschmuggelt, ehe die Türkei einige Stücke zurückbekam. Die ethnografische Abteilung zeigt

Antalya

Sehenswert
1 Stadttor und Uhrturm
2 Yivli Minare
3 Tekeli Konakları
4 Kesik Minare
5 Kaleiçi-Museum
6 Hadrianus-Tor
7 Hıdırlık Kulesi
8 Bedesten
9 Antalya Museum
10 Oberer Düdenfall
11 Unterer Düdenfall
12 Antalya Aquarium

Übernachten
1 Divan Talya
2 Aspen
3 Tütav Türk Evi
4 Marina Residence
5 Doğan
6 White Garden
7 Munchen Pansiyon

Essen & Trinken
1 Vanilla Lounge
2 Hisar
3 Ekici
4 Dönerciler Çarşısı
5 Tophane Çaybahçesi

Einkaufen
1 Altstadtbasar
2 Yenigün
3 Atatürk Caddesi
4 Migros Shopping Center

Abends & Nachts
1 Public und Art Cafe
2 Club Ally

Aktiv
1 Mermerli Banyo
2 Beach Park
3 Sefa Hamam
4 Mithra Travel

---

seldschukische und osmanische Fayencen, Kalligrafien und alte Nomadenteppiche.

Düdenfälle
Entspannung vom ›Stadtstress‹ bietet der schattig-kühle, von Flussarmen durchzogene Picknickpark rund um den gut 20 m hohen **Oberen Düdenfall** 10 (Yukarı Düden Şelalesi, etwa 14 km nördlich vom Zentrum, Anfahrt mit Stadtbus oder Taxi, Eintritt). Durch einen Felsgang kann man dort unter den Hauptfall gelangen, das Wäldchen ist ein beliebtes Picknickziel an Wochenenden.

Zum **Unteren Düdenfall** 11 (Aşağı Düden Şelalesi) fährt man am besten mit dem Boot vom Hafen aus. Kurz vor dem Lara-Strand stürzt der Düden aus ca. 40 m Höhe vom Travertin-Plateau ins Meer hinab.

Antalya Aquarium 12
Dumlupınar Bulv., www.antalyaaquarium.com, tgl. 10–20 Uhr, Eintritt 29 US-$, unter 13 Jahren 22 US-$. Bus KC05 ab Cumhuriyet Meydanı

Das Aquarium westlich vom Beach Park besitzt laut Prospekt den längsten Unterwasserglastunnel der Welt (131 m) und bietet in thematischen Aquarien Blicke in eine faszinierende Unterwasserwelt. In der Snow World kann man auch im Sommer Schneeballschlachten machen.

Infos
Info-Büro: Cumhuriyet Cad., Özel İdare Altı 2, Tel. 0242 241 17 47, tgl. 9–18 Uhr.
Internet: www.antalya.de, www.antalya-ws.com (beide deutsch).

Übernachten
Neben den stadtnahen **Luxushotels** wie Sheraton und Falez in Konyaaltı, Dedeman und Club Sera in Lara oder dem **Divan Talya** 1 in der Innenstadt sind weiter außerhalb in Kundu östlich von Lara gigantische ›Themenhotels‹ entstanden: Topkapi, White House, Kremlin etc. wetteifern im Stil ihren Vorbildern (Weißes Haus, Kreml) nach. All diese Häuser bucht man besser pauschal. In der **Altstadt** gibt es ein großes Spektrum von Pensionen, einige davon sogar luxuriös: **Aspen** 2, **Tütav Türk Evi** 3, **Marina Residence** 4, **Doğan** 5, alle DZ/F ca. 160–350 TL.

Schöner Garten – **White Garden** 6: Fırın Sok., Tel. 0242 244 10 60, www.booking.com. Renoviertes Altstadthaus, hübsche Zimmer im türkischen Stil. Gutes Frühstücksbuffet im Gartenhof, mit Pool. Angeschlossen sind auch die Hotels Hadrianus und Secret Palace, gleich nebenan. DZ/F um 200 TL.

Familiär – **Munchen Pansiyon** 7: Mescit Sok. 39, Tel. 0242 243 37 15, www.booking.

TEE MIT HAFENBLICK

Antalya hat viele schöne Ecken, doch für eine sollte man sich etwas mehr Zeit gönnen. Der große Teegarten unterhalb des Atatürk-Denkmals, der **Tophane Çaybahçesi** 5, am Cumhuriyet Meydanı bietet nicht nur den schönsten Hafenblick, sondern steht auch in der Kategorie ›Magische Momente‹ hoch im Kurs. Um die Zeit anzuhalten etwa ... oder für einen Heiratsantrag ... unvergesslich!

com. Nicht allzu schickes, aber von deutschsprachigen Türken sehr nett und hilfsbereit geführtes Altstadthaus. Einfache, aber helle, saubere Zimmer, lauschiger Frühstücksgarten. DZ/F ab 150 TL.

Essen & Trinken

Schick – **Vanilla Lounge** 1: Hesapçı Sok. 33, nahe Kesik Minare, Tel. 0242 247 60 13. Das Vanilla mit großer Freiluftterrasse serviert in modern-weißem City-Look türkische Küche mit internationalem Touch. Angeschlossen ist eine Bar. Hauptgerichte ab 28 TL, Flasche Wein um70 TL.

Hafenblick – **Hisar** 2: unterhalb Cumhuriyet Meydanı, Tel. 0242 241 52 81. Türkische und internationale Küche in den Gewölben der Burg von Antalya, wo schon die französischen Kreuzritter gehaust haben. Das große Plus ist die schöne Aussicht auf das Hafenrund. Zwei Gänge um 45 TL, Fisch ab 35 TL, Flasche Wein ab 60 TL.

Fisch am Hafen – **Ekici** 3: Yat Limanı, am Hafen, Tel. 0242 247 81 90, www.ekici restaurant.com. Spezialisiert auf Fisch und Meeresfrüchte, man sitzt schön mit Blick auf den Kai der Fischerboote. Hauptgerichte ab 25 TL.

Fressgasse – **Dönerciler Çarşısı** 4: parallel zur Atatürk Caddesi, Ecke Ali Çetinkaya Caddesi. Eine stimmungsvolle Gasse, wo sich ein typisch türkisches Lokanta ans andere reiht. Wie in alter Zeit wird das Döner vor Holzkohle gegrillt. Hier isst man deutlich preiswerter als am Hafen. Vorspeisen ab 8 TL, Hauptgerichte ab 14 TL.

Einkaufen

Souvenirs – **Altstadtbasar** 1: unterhalb des Yivli Minare entlang der İskele Sokağı: v. a. Teppiche und viele Souvenirs. Für einen Teppichkauf sollten Sie sich Zeit nehmen und hart feilschen!

Abendstimmung am Hafen von Antalya

Marmelade und mehr – **Yenigün 2 :** Cumhuriyet Cad. 5. Laden des bekanntestens türkischen Konfitüreproduzenten, viele Sorten, auch Rosenmarmelade und Süßigkeiten.
Mode – **Atatürk Caddesi 3 :** Entlang der Palmenallee reihen sich die Modeläden, die günstige, aber pfiffige türkische Mode führen, z. B. LTB, LC Waikiki, Collezione etc.
Einkaufszentrum – **Migros Shopping Center 4 :** Yüzüncü (100.) Yil Bulv., hinter dem Dumlupınar Bulv., tgl. 10–22 Uhr. Das größte Einkaufszentrum an der Südküste, mit Supermarkt und vielen Boutiquen.

Abends & Nachts

Kneipenmeilen – An der **Hesapçı Sokak** beim Kesik Minare und der **Mescit Sokak** reihen sich Café-Bars. Seit es fast nur noch in der Altstadt Alkohol gibt, treffen sich hier auch viele türkische Nachtschwärmer. Besonders beliebt sind das **Art Cafe** und das **Public 1** nebenan, beide Hesapçı Sokak.
Super-Club – **Club Ally 2 :** Sur Sok., www.ally.com.tr. Großer Discoclub im Komplex der aufwendig renovierten Tekeli Konakları, viele türkische Gäste, tolle Lichteffekte, mitunter auch Live-Events.

Aktiv

Baden – Man muss zum Baden nicht an die zugebauten Strände von **Lara** (im Osten) oder **Konyaaltı** (im Westen) fahren. Mitten in der Stadt lockt das **Mermerli Banyo 1 ,** der kleine ›Stadtstrand‹ mit Restaurant und Badeterrassen. Beliebt sind auch die Strände Richtung Kemer, der **Büyük Çaltıcak** und **Küçük Çaltıcak,** 10–12 km westlich der Stadt.

Spaß am Meer – Der **Beach Park** **2** in Konyaaltı bietet neben vielen Beach Clubs ein Freilufttheater für Konzerte auch das Spaßbad **Aquapark** (www.antalya-aquapark.com).

Türkisch baden – **Sefa Hamamı** **3**: Kocatepe Sok. 32, Tel. 0242 241 23 21, www.sefahamam.com, tgl. 9–22 Uhr. Ein altes osmanisches Schwitzbad.

Natur erleben – **Mithra Travel** **4**: Hesapçı Sok. 70, Tel. 0242 248 77 47, www.mithratravel.com. Großes Wanderangebot (Lykischer Weg, Olimpos-Nationalpark bei Kemer), dazu auch Canyoning, MTB-Touren, Rundreisen zu antiken Stätten.

Verkehr

www.antalyaulasim.com.tr: Info über Antalyas ÖPNV.

Die **Fernbusstation** (Otogar) liegt außerhalb an der Straße Richtung Burdur und ist der wichtigste Knotenpunkt des Intercity-Busverkehrs an der westlichen Südküste. Transfer ins Zentrum mit Bussen (Otobüsi Terminalı) oder Antray Metro (s.u.).

DAS JÜNGSTE GERICHT

Ein Ausflug in die antike Stadt Termessos hoch in den Bergen fasziniert nicht nur wegen der antiken Steine. Hier erlebt man auch ein Gesamtkunstwerk aus Natur und Kunst, ein riesiges, ausgestorbenes Trümmerfeld in der Bergmacchia, das nachdenklich macht. Und schauernd steht man vor tausenden Gräbern, die aussehen, als habe hier das Jüngste Gericht bereits stattgefunden.

Für den **Regionalverkehr** gibt es drei Busstationen am Gazi Bulvarı (der Ringautobahn) und zwei zentrumsnähere.

Tram: One-way-Straßenbahn, die zwischen Antalya-Museum und Işıklar Caddesi pendelt.

Antray Metro: Die Straßenbahn fährt vom Aspendos Bulvarı zur Altstadt und weiter bis zum Busbahnhof *(Otogar)*. Weitere Linien Richtung Flughafen, neuem Hafen und Lara sind geplant. Als Tickets kauft man Chipkarten an den großen Stationen, z. B. an der Station Muratpaşa am Ende der modernen Fußgängerzone.

Vom **Flughafen** 15 km östlich fahren städtische Busse zum Aspendos Bulvarı, per Taxi zur Innenstadt ca. 80 TL.

Termessos ▶ 2, J 9

Tgl. 8–17 Uhr, Eintritt 10 TL

In die Taurus-Berge, in den Nationalpark Güllük Dağı Milli Parkı nördlich von Antalya, führt der Ausflug zur antiken Stadt **Termessos**. Sie liegt auf 1000 m Höhe, im Frühling und Herbst kann es dort oben empfindlich kühl sein und sogar regnen, auch wenn an der Küste die Sonne scheint. Die Bewohner von Termessos galten im Gegensatz zu den Bewohnern der Küstenstädte nicht als Griechen und waren recht streitbare Zeitgenossen. Selbst Alexander der Große gab seinen Versuch, sie 333 v. Chr. zu unterwerfen, auf; er kam nur bis zur äußeren Stadtmauer.

Vom Parkplatz mit der Ruine eine **Hadrianus-Tempels** geht es über die **Königsstraße** hinauf zur inneren Wallmauer, dahinter folgt links das 91 m lange **Gymnasion** aus der frühen römischen Kaiserzeit. In einem Taleinschnitt liegt die **Agora;** ein Fels mit drei eingemeißelten Nischen wurde dort als Heroon verehrt. Vorbei am Tempelbezirk mit der Kultstätte des Zeus Solymos, des Hauptgottes der Stadt, erreicht man das **Theater** mit toller Aussicht auf die Gebirgslandschaft. Vom korinthischen Tempel führt ein Pfad zur **Südwest-Nekropole** mit vielen reliefverzierte Sarkophagen. In der älteren West-Nekropole sind vor allem Felsgräber zu sehen.

Verkehr

Anfahrt: 40 km von Antalya. Eingang des Nationalparks an der Straße nach Korkuteli.

Die Riviera bei Belek

Perge ▶ 2, K 9

Tgl. Mai–Sept. 9–19.30, Okt.–April 9–18 Uhr, Eintritt 20 TL

Welch ein Gegensatz zu Termessos: Die antike Stadt **Perge** war kein abgelegenes Bergstädtchen, sondern die Metropole Pamphyliens; heute ist sie zum großen Teil freigelegt und wird Tag für Tag von Hunderten von Ausflugsbussen angefahren. Vor allem im 1./2. Jh. war das Kultzentrum der Artemis Pergaia – eine hellenistische Umformung der altanatolischen Muttergöttin Kybele – in ganz Kleinasien berühmt. An der Spitze der Stadt stand damals eine Frau: Plancia Magna, Tochter des römischen Proconsuls M. Plancius Varus, war oberste Artemis-Priesterin und hatte zugleich das Amt des höchsten Magistratsbeamten inne. Die Metropole war in byzantinischer Zeit noch Bischofssitz mit drei großen Basiliken, doch spätestens während des Arabersturms flüchtete die Bevölkerung nach Antalya, das besser zu verteidigen war.

Die an einen Hügelhang gelehnte Cavea des **Theaters** mit Sitzplätzen für etwa 14 000 Zuschauer entstand in hellenistischer Zeit, das prachtvolle Bühnengebäude in der Kaiserzeit. Der (zum Großteil im Antalya-Museum ausgestellte) Marmorfries an der Bühne zeigte u. a. eine Gigantomachie (Kampf der olympischen Götter gegen die Giganten); symbolhaft wurde so der Sieg der Griechen über die einheimische Urbevölkerung angedeutet. Gegenüber dem Theater liegt das 234 m lange **Stadion,** eines der besterhaltenen in Kleinasien.

Die Stadttore

Das Stadtzentrum betritt man durch das **Tor der Südmauer,** die in spätantiker Zeit zum Schutz gegen die Einfälle der kilikischen Isaurier entstand. Schon durch die Pforte sind die beiden Rundtürme des älteren Tors zu erkennen, das wie der gesamte (fast vollständig erhaltene) Mauerring aus hellenistischer Zeit

Die Liegefigur des Flussgottes Kestros schmückt immer noch das Nymphaion von Perge

stammt, als Perge von den seleukidischen Königen gefördert wurde.

Vor dem Bau der spätantiken Mauer betrat man den Platz durch ein breites Repräsentationstor mit zwei Durchgängen; hier begann die *Plateia,* eine breite, nach Westen verlaufende Säulenstraße. Rund um den Platz gruppierten sich weitere Repräsentationsbauten, links die **Großen Thermen,** rechts die **Agora** (s. u.); Blick und Schritt wurden jedoch zum **hellenistischen Tor** gelenkt. Dieses Tor und ihre Achsenverlängerung bildeten zu Perges Blütezeit die prunkvolle Hauptstraße der Stadt. Im 2. Jh. n. Chr. baute man den hufeisenförmigen Innenhof zu einer ›Statuengalerie‹ um und präsentierte dort die wichtigen Persönlichkeiten des Stadtmythos und der Stadtgeschichte, z. B. die ›Gründerväter‹ Mopsos und Kalchas oder die Hohepriesterin Plancia Magna, in voller Lebensgröße. Zur folgenden Straße war dieser Innenhof durch ein Prunktor zu Ehren von Kaiser Hadrianus abgeschlossen, dessen Trümmer nun bei der spätantiken Pforte liegen, wohin es bei deren Bau umgesetzt worden war.

Kolonnadenstraßen

Nach diesem Geschichtsrückblick trat der Pilger auf eine rund 20 m breite, von Nord nach Süd verlaufende **Kolonnadenstraße**, die zum Akropolis-Hügel führte. Die Marmorsäulen trugen Dächer, unter denen mit Mosaiken belegte Wege an den Souvenirläden der Devotionalienhändler entlangführten. Auf den Sockeln zwischen den Säulen standen die Götterstatuen von Perge, die heute im Museum von Antalya zu sehen sind; an den vollständigen Säulen erkennt man noch Reliefs der Hauptgottheiten, z. B. die Artemis Pergaia mit einem Jagdbogen in der Hand. Auf dem Mittelstreifen speiste eine Wasserleitung offene Schöpfbassins.

Sein Wasser erhielt der Kanal von einem **Nymphaion** am Ende der Straße. Das mehrstöckige Gebäude war prunkvoll mit Säulen und Statuen ausgestattet. Hinter dem Nymphaion führten Treppen hinauf zum **Akropolis-Hügel,** wo die ersten Griechen an der Südküste ihre Siedlung gründeten. Dort haben Archäologen eine bis in die Hethiter-Zeit reichende Besiedlung nachgewiesen, was ein Indiz für die Gleichsetzung Perges mit dem aus den hethitischen Staatsarchiven bekannten Parha ist.

Vor dem Nymphaion kreuzt eine zweite Straße, deren westlicher Teil in den letzten Jahren freigelegt wurde. Zahlreiche Säulen haben die Archäologen wieder aufgestellt. Die **Palästra** (Ringerschule) auf der Nordseite, errichtet unter Kaiser Claudius (41–54 n. Chr.), ist nach dem hellenistischen Tor die älteste Monumentalanlage von Perge.

Agora

Beim Rückweg lohnt der Umweg über die **Agora,** unter deren Säulenumgängen sich ebenfalls kleine Läden aneinander reihten. Erhalten blieb auch ein Steintisch für ein Brettspiel in der rechten hinteren Ecke.

Essen & Trinken

Einkehren – Ausklingen lassen kann man den Besuch in einem der authentischen Lokanta in **Aksu** an der Hauptstraße, aber auch der Abstecher zum 7 km entfernten **Kurşunlu Şelalesi,** einem kleinen Wasserfall mit Picknickpark und Restaurant, lohnt sich.

Verkehr

Anfahrt: 20 km östlich von Antalya. Abzweig bei Aksu, dort halten alle Busse von Antalya nach Osten, Weiterfahrt per Taxi möglich.

Aspendos ▶ 2, K 9

Tgl. 8–19 im Sommer, sonst 8–17 Uhr, Eintritt 20 TL, Parkplatz 5 TL

Östlich der Kreisstadt Serik, wenige Kilometer von der Küstenstraße entfernt, liegt **Aspendos,** in der Antike neben Perge und Side eine der drei Großstädte der Region. Auch hier siedelten Griechen, die die Gründung ihrer Polis ins 12. Jh. v. Chr. datierten, ihre Blüte erlebte die Stadt in der römischen Kaiserzeit.

Das Theater

Hinter dem Dorf Belkıs kommt man zum Theater am Hang des etwa 50 m hohen Ak-

SELGE UND DER KÖPRÜLÜ-NATIONALPARK

Tour-Infos

Länge: 60 km von Antalya, 81 km von Side
Dauer: Tagestour
Wichtige Hinweise: Per Mietwagen ist die Straße gut befahrbar; Eintritt 10 TL

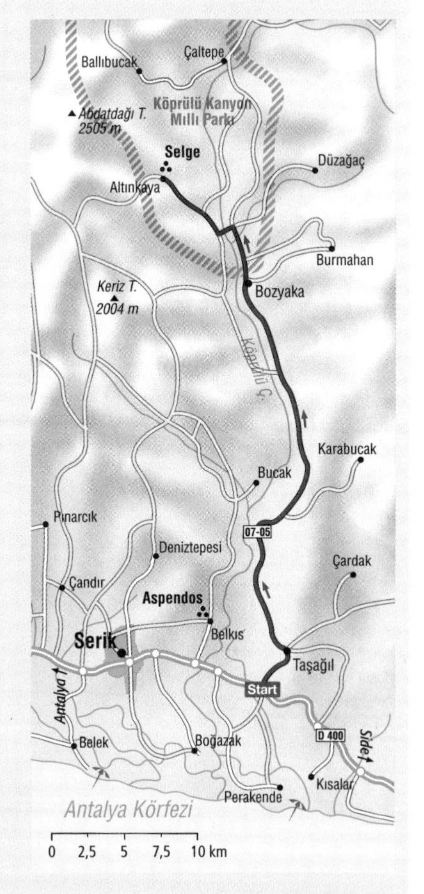

Der Ausflug in den **Köprülü-Nationalpark** und zur antiken Stadt **Selge** ▶ 2, K 9 beim Bergdorf Altınkaya ist eine eindrucksvolle Fahrt in die einsame, grandiose Bergwelt des Taurus-Gebirges. Für die Tour, die auch Möglichkeiten zum Rafting im Fluss bietet, sollte man einen ganzen Tag rechnen.

Etwa 5 km östlich von Aspendos zweigt man von der Küstenstraße nach Beşkonak ab. Bald folgt man dem Bett des Köprülü Çayı. Beim Kanyon Restoran hinter Beşkonak gibt's frische Forellen vom Grill.

Kurz hinter dem Restaurant überquert man die steile Klamm des Köprülü auf einer schmalen Bogenbrücke, die von Römern erbaut wurde. Von hier sind es noch 13 km mit wunderbaren Ausblicken auf die grauen Felswände und Gipfel des Taurus bis zum Dorf Altınkaya, das sich auf dem Gelände der römischen Unterstadt ausbreitet.

Einen guten Überblick bietet das Theater, das etwa 8500 Personen Platz bot. Beim Blick vom obersten Rang sind die Strukturen des Stadions und der Unteren Agora, an deren Steinmauern sich heute die Gehöfte des Dorfs lehnen, gut zu erkennen. Dann geht es durch das Osttor an einer Thermenanlage vorbei zur Nordkuppe empor, die von einer großen christlichen Basilika gekrönt wurde. Südlich stand ein Podiumtempel des Kaiserkults (2. Jh.), mit dem eine 230 m lange Kolonnadenstraße begann, die man streckenweise bis zur Oberen Agora auf der Südkuppe verfolgen kann.

Mit dem Ausflugsboot die Küste erkunden

NÄCHTE VOLLER MUSIK

Im gesamten Sommer von Juni bis September finden in Aspendos und Side klassische Konzerte, Opern oder andere Shows statt. Laue Nächte, Romantik pur. Spielstätten sind in Aspendos das antike Theater (Opernfestival) und die neugebaute Gloria Aspendos Arena. In Side finden die Aufführungen im antiken Theater und beim Apollon-Tempel statt. In die antiken Theater sollte man aber ein Sitzkissen oder eine Decke mitbringen – und eine Rückenlehne gibt es auch nicht. Die war früher den Honoratioren in der ersten Reihe vorbehalten.

ropolis-Hügels, das besterhaltene der Antike. Die in den Hügel eingetiefte Cavea mit den Zuschauerrängen entspricht dem hellenistischen Bautypus, der Abschluss mit dem prunkvollen Bühnenbau und der umlaufenden Arkadengalerie dem der Kaiserzeit. Die Skene schmückten einst korinthische Säulen und zahlreiche Statuen unter Ziergiebeln. Gut 20 000 Zuschauer fanden auf den Rängen Platz. Nach der türkischen Landnahme übernahmen die Seldschuken den Bau als Karawanserei und sorgten für eine Renovierung des gut 1000 Jahre alten Baus.

Das Stadtgebiet

Die eigentliche Stadt lag hinter dem Theater. Beim Aufstieg sind rechts die Umrisse des **Stadions** zu erkennen, dann markiert ein Schild das **Osttor,** eines der drei Tore der Stadt, die aufgrund der steilen Hänge des Akropolishügels auf eine durchgehende Mauer verzichten konnte. An einem freistehenden Ornamentbogen, dem **Agora-Tor,** kommt man nach links zum halbrunden **Buleuterion** und einer **Markthalle** mit 15 m hohen Mauerresten. Der hohe Bau dazwischen war ein **Nymphaion** mit einer reich gegliederten Fassade.

Die **Agora,** das eingeebnete Hügelplateau, wurde auf beiden Seiten von Markthallen eingefasst, davor verliefen Säulenhallen. Der ›kunstsinnige‹ Verres (jener, den Cicero der Ausplünderung Siziliens angeklagt hatte) soll während seiner Quästur in der Provinz Cilicia auf diesem Platz eine ganze Schiffsladung von Kunstwerken zusammengerafft haben.

Das Aquädukt

Zurück am Agora-Tor, gelangt man nach links zum Steilhang des Akropolis-Hügels, von wo sich ein schöner Blick auf das **Aquädukt** bietet. Interessant ist dieses Bauwerk als Beispiel römischer Ingenieursleistung: Um nicht die gesamte Talsenke mit einem hohen Aquädukt überspannen zu müssen, wandte man das Prinzip der kommunizierenden Röhren an. Das Wasser aus den Bergen wurde in einen ›Wasserturm‹ geleitet, von dem aus ein niedriges Aquädukt das Tal überspannte, um in einen ebenso hohen zweiten Turm zu münden. Der Druck presste dann das Wasser auf die ursprüngliche Höhe, sodass es bequem zur Akropolis geleitet werden konnte. Wer sich den Bau aus der Nähe ansehen will, biegt bei der Rückfahrt nach rechts ab.

Essen & Trinken

Kebap und Grillforelle – Im Dorf **Belkıs** und beim Aquädukt gibt es etliche Lokanta, idyllischer aber sind Restaurants am **Köprülü Çay** 5 km hinter dem Theater, deren Spezialität Forellen aus dem Fluss sind.

Termine

Aspendos Festival im Juni und Sept. im antiken Theater (Opernaufführungen); in der Gloria Aspendos Arena den gesamten Sommer **Aspendos Nights** mit Shows statt.

Verkehr

Anfahrt: 53 km östlich von Antalya. Abzweigung ca. 5 km hinter Serik; mit dem Bus kann man sich dort absetzen lassen und per Taxi weiterfahren.

Belek ▶ 2, K 9

Noch in der 1980er-Jahren ein unbedeutendes Dorf südlich von Serik, ist **Belek** heute ein Synonym für Luxustourismus. Doch ist das lang am Strand verlaufende Areal durch seine Kiefernwälder und ein Naturschutzreservat am Westrand sehr reizvoll, außerdem gibt es hier inzwischen mehr als zehn Golfplätze. Echtes türkisches Flair fehlt jedoch

GOLF IN BELEK

Mit der Belek-Region hat sich die Türkei im Winter als Topdestination für Golfer profiliert: das Klima angenehm wie im mitteleuropäischen Frühling, die Hotels luxuriös. Namhafte Golfarchitekten gestalteten die Anlagen, z. B. David Faherty (National Golf, www.nationalturkey.com), Nick Faldo (Cornelia Golf, www.cornelia-golf.com), Michel Gayon (Gloria Golf, www.gloria.com.tr), Dave Thomas (Robinson Nobilis, www.nobilis.com.tr) oder die European Golf Design Company (Antalya Golf, www.antalyagolfclub.com.tr).

Die Plätze liegen alle auf dem Gelände des alten Kiefernwaldes von Belek, der großzügig ausgedünnt und mit Seen ausgestattet wurde. In der Regel ist die Architektur anspruchsvoll, mit engen Fairways durch den Pinienwald und schwierigen Dünen-Roughs. Oft verlaufen die Fairways nah an den Seen, häufiger müssen die Seen auch überspielt werden. Für Anfänger bieten die meisten Plätze gesonderte Academy Courses mit neun Löchern, sodass pro Platz 27 Bahnen zur Verfügung stehen. Infos über Spezialkataloge der Reiseveranstalter oder über www.antalya.de.

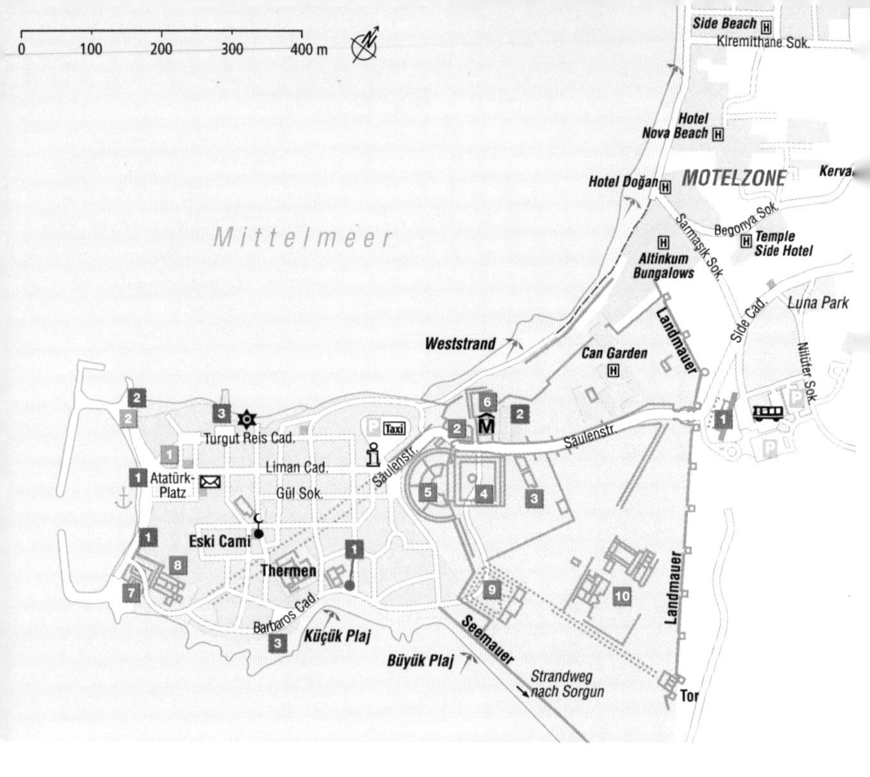

bzw. wird in den Hotels als Retortenprodukt serviert. Selbst das Dorf Kadriye hat sich blitzschnell in ein Klein-Side verwandelt.

Nördlich von Belek geht es zu den einsamen Ruinen der antiken Stadt **Sillyon** (8 km), die in frühchristlicher Zeit zunächst Bischofssitz war, bis das Heiligtum der Artemis Pergaia geschlossen wurde und sich auch Perge der neuen Religion zuwandte. Nach der seldschukischen Eroberung siedelten Turkmenen auf dem befestigten Hügel und errichteten eine Moschee. Eindrucksvoll sind das hellenistische Stadttor mit zwei Rundtürmen und das Theater, das bei einem Bergsturz zum Teil in die Tiefe gerissen wurde.

Side ▶ 2, L 10

Cityplan: oben

Side (sprich ssidä) ist die bekannteste Touristenmetropole der türkischen Riviera. Jenes Side, das im hellenistischen 2. Jh. v. Chr. und in der römischen Kaiserzeit zu den bedeutendsten Städten Kleinasiens zählte, ist heute Kulisse des umsatzstärksten Handelszentrums für Souvenirs. An die 70 Juweliergeschäfte und noch einmal so viele Teppich- und Textilhändler sowie ungezählte Restaurants verdienen nicht schlecht in Side-Dorf (2000 Einwohner). Viele Urlauber kommen nur zu einem Einkaufsbummel aus ihren Hotelpalästen aus Kumköy, Sorgun oder Çolaklı (s. Unterkunft). Wenn man aber in Side wohnt, kann man erleben, dass es auch noch ruhigere Ecken gibt.

Die antike Stadt

Die Stadt der Antike auf der knapp 400 m breiten Halbinsel nahm etwa die dreifache Fläche des heutigen Dorfes ein und war durch eine mächtige **Landmauer** mit quadratischen Türmen geschützt. Wo man heute die erste Schranke passiert (oder auf den Park & Ride-Parkplatz der Busstation abgewiesen wird), stand das heute fast völlig

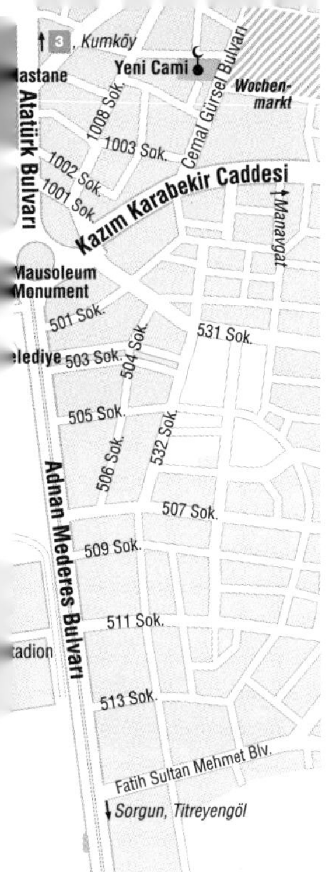

Side

Sehenswert

1 Nymphaion
2 Byzantinisches Stadttor
3 Peristyl-Villen
4 Handelsagora
5 Theater
6 Archäologisches Museum/Agora-Thermen
7 Apollon-Tempel
8 Basilika
9 Staatsagora
10 Bischofspalast und Basilika

Übernachten

1 Beach House Hotel
2 Leda Beach Hotel
3 Kamer Motel

Essen & Trinken

1 Liman Lounge
2 The End Restaurant
3 Cuba Bar

Abends & Nachts

1 The Zone
2 Lighthouse Music Bar
3 Club Şamanta

Aktiv

1 Side Boat Tours

zerstörte **Große Tor** des 3. Jh. v. Chr. Gut 400 Jahre später platzierte man davor ein 52 m breites, dreigeschossiges **Nymphaion** 1, das zu den prunkvollsten der Epoche gehört haben soll.

Vom Tor führte eine **Säulenstraße,** der die moderne Straße folgt, quer durch die Stadt zum Tempelviertel an der Spitze der Halbinsel. Bei der Agora mit dem Museum zwängt sie sich durch das **innere Stadttor** 2 der Byzantiner, dahinter beginnt das heutige Dorf, das muslimische Flüchtlinge aus Kreta nach den antitürkischen Aufständen Ende des 19. Jh. gründeten.

In freigelegten **Peristyl-Villen** 3 an der Säulenstraße ist gut zu sehen, wie man als reicher Bürger in Side lebte. Erstaunlich klein scheinen die Räume, die in zwei Stockwerken rund um den Innenhof (Peristyl oder Atrium) lagen; da wird klar, dass man sich damals, wie heute noch die türkischen Männer, den größten Teil des Tages in der Öffentlichkeit aufhielt.

Handelsagora und Theater

Handelsagora nicht zugänglich, Theater tgl. 9–18 Uhr, 10 TL

Etwa auf der **Handelsagora** 4 gegenüber dem Museum, die in der Kaiserzeit als Quadrat mit einer Seitenlänge von 65 m (entsprechend der Länge des Bühnenbaus des Theaters) angelegt wurde. Man betrat sie von der Säulenstraße her durch ein Propylon-Tor. 7 m hohe Hallen mit je 25 Säulen umgaben den Platz, in der Mitte stand ein runder Tempel für die Glücksgöttin Tyche, der inzwischen wieder rekonstruiert wurde. Auf dem Platz handelte man nicht nur (vor allem mit Sklaven aus dem Orient), sondern aß und trank auch – so war die Agora folgerichtig mit einer großen **Latrine** in der Südwestecke beim Theater ausgestattet!

Das **Theater** 5 nebenan aus römischer Zeit wurde inzwischen ausreichend gesichert, sodass hier jetzt die Konzerte des Sommer-Festivals von Side stattfinden. Als einziges in Pamphylien war es zum großen

Beim Nachtmarkt in Side trifft sich die Welt

Teil freistehend über einem Unterbau mit Bogengalerien für Läden errichtet. Vom Bühnengebäude blieb nur das Erdgeschoss stehen; die Reste der reichen Fassadendekoration wurden auf der Agora ausgestellt.

Archäologisches Museum 6

Di–So 9–12, 13.30–18.30 Uhr, Eintritt 10 TL

Die einstigen Agora-Thermen wurden für das **Archäologische Museum** teilweise restauriert. Im Apodyterium (Umkleideraum, heute nicht mehr überdacht) wacht die große Statue der Siegesgöttin Nike über den Eingang. Das Frigidarium (Kaltbad) birgt das älteste Stück des Museums, einen Basaltkessel aus dem 7. Jh., der mit seinen Lotusblüten orientalischen Einfluss verrät.

Im Caldarium (Warmbad) beeindrucken vor allem die Drei Grazien (Chariten, die Nymphen der Anmut) und eine Herakles-Statue, hier sind aber auch Reliefplatten vom Nymphaion beim Großen Tor mit mythologischen Szenen zu sehen.

Blickfang im Tepidarium (Ruheraum) sind zwei mit weinseligen Eroten verzierte Sarkophage. Eine ganze Reihe großartiger Marmorstatuen stammen fast alle aus dem Kaisersaal der Staatsagora. Es sind zumeist römische Kopien nach griechischen Vorbildern, z. B. der Diskuswerfer von Myron.

Tempelbezirk

Apollon-Tempel tgl. 9–18 Uhr, 10 TL

Auf der Spitze der Halbinsel steht die wieder aufgebaute Frontpartie des **Apollon-Tempels** 7 aus dem 2. Jh., dessen Fries mit Medusenhäuptern geschmückt war. Vom benachbarten **Athene-Tempel** blieb nur das Podium erhalten, da er im 5. Jh. mit dem Atrium-Hof einer **Basilika** 8 überbaut wurde. Geht man an der Südostküste entlang, passiert man erst zahlreiche Lokale, dann erreicht man durch eine kleine Pforte der spätantiken Mauer wieder das Grabungsgelände. Dort lag die **Staatsagora** 9, an der sich eine große Bibliothek mit drei Sälen erhob; vom mittleren, dem ›Kaisersaal‹, steht noch eine zweistöckige Wand mit Statuennischen.

Der nordöstlich anschließende Stadtteil mit **Bischofspalast und Basilika** 10 ist ebenso wie das Osttor fast ganz unter Dünen begraben; zum Meer hin erstreckt sich der Strand (Büyük Plaj) von Side. Das Areal kann man auf dem Rücken eines Kamels erkunden.

Umgebung von Side

In **Manavgat,** der Kreisstadt 6 km nördlich, schlagen die Uhren schon wieder echt türkisch; ein Ausflug lohnt vor allem am Montag, wenn der große Wochenmarkt östlich vom Fluss stattfindet. Viel besucht wird der Picknickpark beim Wasserfall **Manavagat Şelalesi** (s. S. 326).

Eine schöne Tour ins Hinterland führt von den Fällen weiter über den Weiler **Bucakşeyhler** zu den 13 km nordöstlich liegenden Ruinen der antiken Stadt **Seleukia in Pamphylia (Lyrbe).** Von Süden besteigt man den flachen Hügel, der der Stadt einst durch drei steile Flanken Schutz bot. Gut erhalten ist die Mauer beim Südtor, dahinter liegt unter hohen Kiefern die Agora, die als die besterhaltene Gesamtanlage Kleinasiens gilt. Der eingeebnete Platz ruhte im Westen auf Unterbauten, die als Lagerräume dienten, eine zweistöckige Markthalle mit angebautem halbrunden Odeion begrenzt die Ostseite. Nördlich der Agora findet man im Wald einen Podium-Tempel, am Westhang einen Thermenbau.

Als Rastplatz bieten sich die Restaurants an den smaragdgrünen Stauseen **Oymapınar Barajı** oder **Manavgat Barajı** an, wo es etliche Forellen-Restaurants gibt.

Infos

Info-Büro: Side Yolu, Tel. 0242 753 12 65.
Internet: www.side-info.de; www.side-info.net (v. a. Hotels).

Übernachten

Die Luxus-Hotels östlich und westlich von Side bucht man besser pauschal. **Kumköy** liegt westlich und relativ nah zu Side-Dorf, hier ist es betriebsam mit vielen Shops und Lokalen, aber auch dichtbebaut. Ähnlich sieht es in **Ilıca** aus, erst **Çolaklı** macht einen großzügigeren Eindruck. Allerdings ist man jetzt schon 15 km von Side entfernt. Großzügig in Kiefernwäldern liegen **Sorgun** und **Titreyengöl** im Osten – allerdings sind dort so gut wie keine Kneipen oder Läden zu finden.

... in Side-Dorf:

Mit Garten – **Beach House Hotel 1 :** Barbaros Cad., Tel. 0242 753 16 07, www.beachhouse-hotel.com. Familiär von einem türkisch-australischen Paar geführtes Hotel am Oststrand. Einfache, aber gepflegte Zimmer mit Ventilator und Balkon, gutes Frühstück. DZ/F 160 TL, Suiten 210 TL.

Holzbungalows – **Leda Beach Hotel 2 :** Liman Cad., Tel. 0242 753 10 46, www.ledabeachhotel.com, www.booking.com. Einfaches Mittelklassehotel nur 500 m außerhalb des Zentrums mit geräumigen, ge-

VORSICHT!

In Side wird leider vielfach von Nepp berichtet. **›Führungen‹** durch die selbst ernannten Guides, von denen man am Theater angesprochen wird, enden stets mit horrenden Geldforderungen und viel Ärger. Will man **Fisch essen,** sollte man unbedingt vorher den Preis vereinbaren, sonst kann es sehr böse Überraschungen geben. Die privaten **Wechselstuben** in den Hotelsiedlungen zahlen zwar Euro aus (in Side die übliche Währung), ziehen aber 15 % Gebühr ab. Mitunter wurden selbst bei manchen **Ausflugszielen** rund um Side mit fadenscheinigen Begründungen und Straßensperren Eintrittsgelder verlangt, selbst für den Oymapınar-Stausee. Angesichts der zudem recht hohen **Eintrittspreise** empfiehlt es sich in der Side-Region, eher organisierte Ausflüge zu unternehmen, als mit dem Mietwagen zu fahren.

MANAVGAT-WASSERFALL UND STRANDWANDERUNG

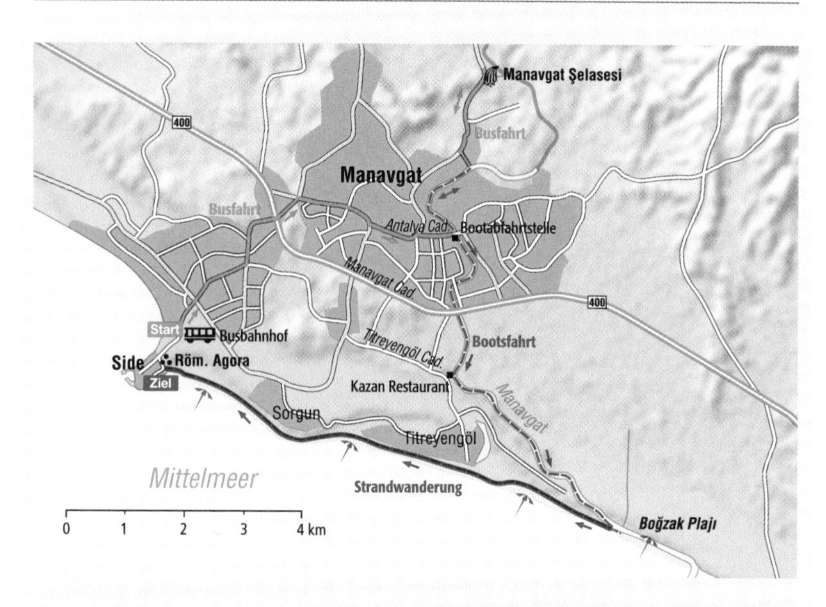

Tour-Infos

Start: Side (Busstation)
Länge: Bus bis Manavagat 6,5 km, Boot zum Wasserfall 5 km, Boot zum Strand 6,5 km, zu Fuß am Strand 8,5 km
Dauer: Tagesausflug
Wichtige Hinweise: Wasser, Badezeug und Sonnencreme nicht vergessen

Es gibt viele Wege zum berühmten Wasserfall des Flusses Manavgat nördlich der Stadt Manavgat, auch organsierte Touren. Schöner ist es aber auf eigene Faust und in Verbindung mit einem Strandspaziergang. Mit dem normalen Bus oder einem Dolmuş fährt man zur Manavgat-Brücke im Zentrum an der Antalya Caddesi. Südlich der Brücke sind die Ablegestellen der Ausflugsboote: Hier nimmt man ein Boot flussaufwärts zum Wasserfall, das den Fluss jedoch nur die halbe Strecke befahren kann.

Von einer ersten Stromschnelle wird man dann per Bus zum **Manavgat Şelalesi,** dem mit knapp 2 m Höhe zwar niedrigen, aber langen und sehr wasserreichen Hauptfall gebracht. Der Picknickpark dort (Eintritt) ist als schattig-kühles Plätzchen ein beliebtes Ausflugsziel. Nach ei-

nem Picknick, evtl. sogar mit Badepause, geht es zurück und dann mit dem Boot nach Süden zum **Boğaz Plajı,** dem schönen Nehrungsstrand an der Mündung des Manavgat Çayı. Hier werden Liegen und Schirme für einen entspannten Strandnachmittag verliehen – ohne die Hektik, die vor den Strandhotels von Side mitunter herrscht. Getränke bringt man mit, kann aber auch bei fliegenden Händler etwas kaufen.
Der Rückweg führt dann immer am Strand entlang, am besten in der Brandungszone. Wenn man spät losgeht, lohnt evtl. noch ein Stopp in den Lokalen von **Titreyengöl** am gleichnamigen See. Rund zwei Stunden muss man zurück nach Side rechnen.

pflegten Holz-Bungalows mit Veranda und Bad. Schöne Anlage in üppigem Garten, mit Privatstrand direkt vor dem hauseigenen Restaurant. DZ/F um 200 TL.
Direkt am Meer – **Kamer Motel** 3: Barbaros Cad. 47, Tel. 0242 753 10 07, www.booking.com. Gut geführte Hotelpension direkt an der Küste im Südosten. Schöne, mediterran gehaltene Meerblickzimmer, netter deutschsprachiger Wirt, nur 3 Min. vom kleinen Strand entfernt. DZ/F um 140 TL.

Essen & Trinken

Schick am Hafen – **Liman Lounge** 1: Nar Sok. 29, www.sideliman.com. Schickes Lounge-Restaurant links an der Hafenpromenade Richtung Tempel – schön bei Sonnenuntergang. Geöffnet vom Frühstück bis zur Nachtparty mit Feuerspuckern. Vorspeisen 15–25 TL, Steaks um 36 TL.
Mit Aussicht – **The End** 2: Side Liman., Tel. 0242 753 20 05, www.theendside.com. Das letzte Haus auf der Hafenmole beherbergt ein Restaurant umgeben von großen Terrassen mit Meerblick. Gute türkische und internationale Küche; Vorspeisen ab 14 TL, Hauptgerichte um 35 TL.
Romantisch im Meer – **Cuba Bar** 3: Zambak Sok. 2, Tel. 0242 753 21 49. Das Restaurant ist ein echter Geheimtipp, um den Sonnenuntergang in Side zu genießen. Man sitzt auf einer großen Plattform im Meer und hat vor sich nur Wasser und Himmel. Türkische und karibische Küche. Hauptgerichte um 30 TL.
... in Manavgat:
Beste Traditionen – Gut und mit großer Auswahl isst man im **Sultan Sofrası** nördlich von der Brücke am Ostufer, das mit traditioneller türkischen Mezeler-Küche und einer großen Terrasse zum Fluss aufwartet. Gute, einfache türkische Küche bekommt man beim **Kümes Restoran** (Atatürk Cad. 12, Ostseite der Brücke, 4. Straße rechts).

Einkaufen

Märkte – Samstags in **Side-Neustadt,** gegenüber Yeni Cami. Einen Ausflug lohnt aber auch der Wochenmarkt in **Manavgat** am Montag.

Abends & Nachts

Party-Zone – **The Zone** 1: Turgut Reis Cad., Liman Cad. Ein zwangloser Treffpunkt zum ›Vorglühen‹. Bars rechts und links der Gasse, auf der jede Menge Stehtische, die für lockere Kontakte sorgen.
Ortsdisco – **Lighthouse Music Bar** 2: rechts vom Hafen, Tel. 0242 753 35 88. Trotz Light-Show und Openair-Tanzfläche eher eine Bar mit Tanzmöglichkeit. Zwischen 21 und 23 Uhr Happy Hour.
Großdisco – **Club Şamanta** 3: gegenüber Hotel Holiday Point an der Kumköy-Straße, in der Saison tgl. 24–5 Uhr. Zusammen mit dem Laguna nebenan ist der Club die beste Party-Adresse in Side. Musik: TürkPop, Elektro, Dance bunt gemischt.

Aktiv

Bootstouren – **Side Boat Tours** 1: Tel. 0535 728 50 39. Touren auf dem Manavgat-Fluss, zur Karaburun bzw. Delfininsel, nach Alanya.
MTB-Touren – **Biketeam Türkei,** bei Öger Tours zu buchen, www.biketeam-tuerkei.de; auch Touren durch die Taurus-Berge.

Wasserspaß

Am Strand, da ist was los … Was in der Türkei an den touristischen Küsten an Funsport-Aktivitäten am, auf oder über dem Wasser angeboten wird, ist wirklich erstaunlich. Wer dort nur schwimmen will, steht fast schon ein bisschen altmodisch da.

Zu den beliebtesten Spaßaktionen gehört das **Banana Riding:** Dabei sitzt man zu fünft oder auch mehreren auf einer gelben Plastikwurst, die vom Motorboot übers Meer gezogen wird (50 TL für 15 Min.). Natürlich fährt der Bootsführer üble Schleifen, alles freut sich, wenn einer baden geht.

Platz zwei der Hitliste nimmt das **Parasailing** ein (120 TL für 30 Min.). Im Gegensatz zum Paragliding (freies Fliegen mit einem Gleitschirm) wird man mit dem Fallschirm hinter einem Boot hergezogen. In der Höhe von ca. 50 m werden die anderen schon ganz schön winzig und man selbst fühlt sich ziemlich erhaben – wenn sich nicht vielmehr Einsamkeit einstellt. Achtung bei der Wasserung: Die Bootführer machen sich gern einen Spaß daraus, die Leute einmal unterzutauchen.

Wer auf eigene Faust unterwegs sein will, kann sich Tretboote leihen, die hier **Pedalos** heißen (30 TL für 1 Std.), mitunter auch Kanus oder **Jet-Skis** (40 TL für 30 Min.). Letzteres sind Motorräder fürs Meer, das macht dem Fahrer viel Spaß, weniger aber den Zurückgebliebenen am Strand, die unter dem Motorengeheule die Musikbeschallung ihres Beach Clubs nicht mehr genießen können..

Termine

Im September gibt es ein **Side Festival** im Theater mit Musik- und Kulturaufführungen.

Verkehr

Busstation vor der antiken Stadtmauer. In der Saison Fernbusse Richtung Antalya oder Alanya etwa alle 2 Std. (öfter ab Manavgat). Dazu **Minibusse** nach Kumköy/Çolaklı, Titreyengöl und Manavgat etwa halbstündlich.

Auto: Der Parkplatz beim Theater kostet Gebühr. Tagesbesucher parken bei der Busstation; von dort fährt ein Traktorbus ins Dorf.

İncekum und Alarahan

▶ 2, L 10

Bald hinter Manavgat endet die pamphylische Ebene und damit die Strecke der bedeutenden antiken Griechenstädte. Immer näher rücken die Ausläufer des Taurus an die Küste heran; die weiten Baumwollfelder werden vom Bananenanbau abgelöst. Die Sandstrände der türkischen Riviera enden freilich nicht, und das bewog die Tourismusmanager, hier die gut 20 km lange Hotelzone von **İncekum** aus dem Dünensand zu stampfen. Inzwischen sind **Okurcalar** mit seinem Water Park, ebenso auch **Avsallar, Güzelbağ** und **Konaklı** zu veritablen Kleinstädtchen herangewachsen. Das Gebiet verspricht Badeurlaub pur, und die komfortablen Ferienanlagen sorgen mit Animation und Abend-Show für die passende Unterhaltung.

Alarahan ▶ 2, L 10

Tgl. 10–17 Uhr, Eintritt frei, abends mitunter Türkische Nächte mit Restaurantbetrieb

Der **Alarahan** bei Okurcalar ist eine alte Karawanserei der Seldschuken. Sie stammt aus der Zeit der größten Ausdehnung dieses ersten türkischen Reichs auf kleinasiatischem Boden, als Sultan Alaeddin Keykubat I. auch Antalya und Alanya seinem Reich einverleibt hatte. In ganz Anatolien bauten die Seldschuken befestigte Karawanen-Stationen (türk. han), die immer eine Tagesreise mit dem Kamel (ca. 30 km) von einander entfernt lagen, um den Händlern sichere Nachtunterkunft zu gewähren. Der Alarahan markiert den Abzweig der alten Pass-Straße über den Taurus nach Beyşehir und zur Seldschuken-Hauptstadt Konya (die neue Straße biegt 10 km westlich von der Küste ab).

Der Han wurde restauriert, in der Saison finden dort Folklore-Shows mit Bauchtanz und Comedy statt. Wo einst die Kamele untergebracht waren, sitzen jetzt die Restaurantgäste; im Innenhof mit den Schlafkammern sind Seldschuken-Trachten und Handwerksgeräte ausgestellt.

Auf dem markanten Spitzhügel über der Karawanserei thront die Burg **Alara Kalesi,** die man mit festen Schuhen in etwa einer Stunde erklettern kann; für die Passage eines kurzen Felstunnels ist eine Taschenlampe hilfreich. Am Fluss beim Beginn des Wanderpfades gibt es einfache Restaurants, die auch Lampen verleihen.

Übernachten

Kleines Paradies – **Alara:** 32 km vor Alanya in einer abgeschirmten Bucht, Tel. 0242 527 41 66, www.alaragroup.com. Zweistöckige Bauten inmitten üppiger Vegetation auf einer Halbinsel über Felsküste mit kleinen Sandbuchten; Pool in schönem Garten; langer Sandstrand nebenan. Alle Zimmer mit Balkon, nur all-in. DZ/F um 250 TL.

Essen & Trinken

In allen touristischen Orten gibt es zahlreiche **Urlauberrestaurants.** Türkische **Lokanta** findet man noch in Yeşilköy (Richtung Side) und Güzelbağ (Richtung Alanya).
Türkische Nächte – Fest-Dinner mit orientalischen Abend-Shows werden in den historischen Gemäuern der Karawansereien **Alarahan** und **Serapsuhan** veranstaltet.

Verkehr

Häufiger **Busverkehr** entlang der Küstenstraße; die **Minibusse** fahren die Großhotels ab und halten auf Handzeig, die schnelleren **Fernbusse** nur in den Orten.

Alanya ▶ 2, M 10

Cityplan: S. 331
Im Hafenstädtchen **Alanya** (126 000 Einwohner) unterhalb des markanten 250 m hohen Bergkegels konnte man schon pauschal buchen, als an den Stränden von Side noch kein einziges Hotel stand. Heute haben sich Hotelviertel weit an den Küsten entlang ausgebreitet, vor allem nach Osten, wo im 15 km entfernten Ort Mahmutlar ein zweites Urlaubsareal entstanden ist. So ist Alanya heute eher urban geprägt und überzeugt durch städtisches Flair, gute Einkaufsmöglichkeiten und ein quirliges Nachtleben.

Dessen Zentrum ist das Basar-Viertel am Hafen östlich vom Burgberg. Hier reihen sich an der Hafenpromenade die Openair-Bars und Restaurants. Am Hang über dem Hafen liegen die alttürkischen, schindelgedeckten Holzhäuser der Altstadt, die inzwischen mehr und mehr wieder restauriert werden. Westlich der Altstadt begrenzt die vierspurige Hauptstraße (hier Atatürk Caddesi) das Hotelviertel am feinsandigen Cleopatra Beach, das weitaus weniger unter Verkehrslärm zu leiden hat als die Hotels im Osten Richtung Mahmutlar.

Kızıl Kule und Tersane

Museum Di–So 9–17/19 Uhr, Eintritt 10 TL, Tersane, 5 TL, auch Passage
Der **Kızıl Kule** 1, der ›Rote Turm‹, steht am Hafen und ist Alanyas Wahrzeichen. Der achteckige Backsteinbau wurde unter Sultan Alaeddin Keykubat I. errichtet, kurz nachdem dieser die Stadt 1221 durch Vertrag übernommen hatte. Die Einnahme der byzantinisch-armenischen Festung, die damals Kalonoros (›Schöner Berg‹) hieß, brachte den Seldschuken erstmals einen Zugang zum Mittelmeer, und daher ließ Alaeddin nicht nur Hafen und Burg ausbauen, sondern gab ihr auch noch seinen Namen: Ala'iye hieß sie bis in die 1920er-Jahre, dann wandelte Atatürk das persische Wort in die türkische Form. Der Turm ist architektonisch eine Meisterleistung: Durch die Zisterne in der Mittelachse diente er auch als Wasserspeicher, und jedes seiner fünf Geschosse weist je nach Funktion einen unterschiedlichen Bauplan auf. Im Turm ist heute ein **Ethnografisches Museum** untergebracht, das Teppiche, Nomadenzelte und ihre Einrichtung sowie geschnitzte und mit Intarsien verzierte Holzwerkstücke aus alten Moscheen zeigt.

Ebenfalls unter Sultan Keykubat entstand die **Tersane** 2, eine Schiffswerft mit fünf

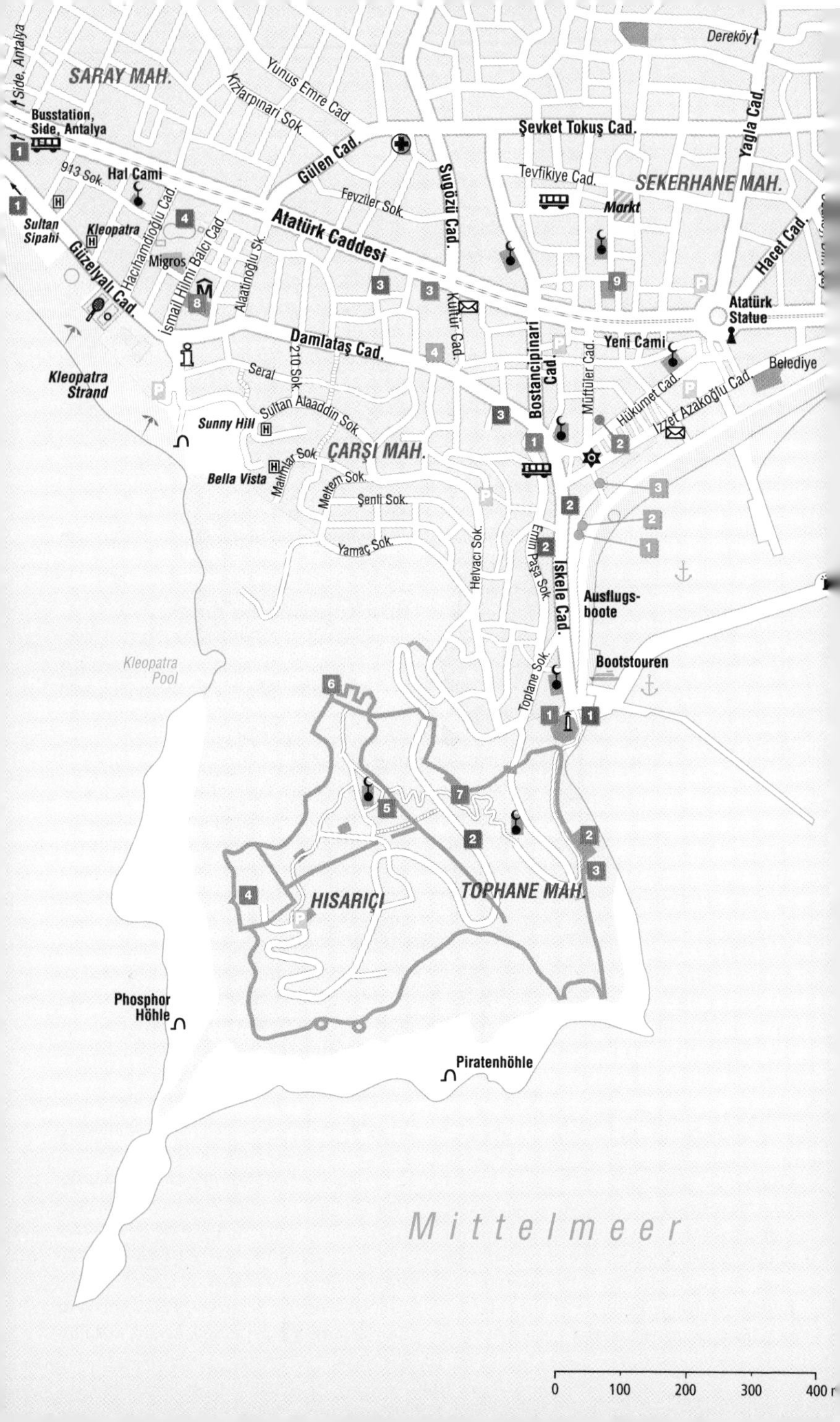

Side, Antalya
SARAY MAH.
Yunus Emre Cad.
Kızılarpınari Sok.
Busstation, Side, Antalya
Dereköy
Şevket Tokuş Cad.
Yagla Cad.
Gülen Cad.
Sugözü Cad.
Tevfikiye Cad.
SEKERHANE MAH.
913 Sok.
Hal Cami
Fevziler Sok.
Markt
Sultan Sipahi
Kleopatra
Hacıhamdioğlu Cad.
İsmail Hilmi Balcı Cad.
Atatürk Caddesi
Hacet Cad.
Güzelyalı Cad.
Migros
Alaatinoğlu Sk.
Kültür Cad.
Atatürk Statue
Damlataş Cad.
Bostancıpınarı Cad.
Müftüler Cad.
Yeni Cami
Belediye
Kleopatra Strand
Seral
210 Sok.
Hükümet Cad.
İzzet Azakoğlu Cad.
Sultan Alaaddin Sok.
Sunny Hill
ÇARŞI MAH.
Bella Vista
Malılar Sok.
Meltem Sok.
Şenli Sok.
Yamaç Sok.
Helvacı Sok.
Emin Paşa Sok.
Iskele Cad.
Ausflugs-boote
Kleopatra Pool
Bootstouren
Toplane Sok.
HISARIÇI
TOPHANE MAH.
Phosphor Höhle
Piratenhöhle
Mittelmeer
0
100
200
300
400

Alanya

Sehenswert

1 Kızıl Kule
2 Tersane
3 Tophane-Turm
4 Iç Kale (Zitadelle)
5 Süleymaniye Camii
6 Ehmedek-Festung
7 Kale Kapı (Haupttor)
8 Alanya-Museum
9 Traditionelle Häuser

Übernachten

1 Alaaddin Beach
2 Hotel Kaptan

Essen & Trinken

1 Harbour Restaurant
2 Hisar Restaurant
3 Ravza Lokantası

Einkaufen

1 Özgür Müsik
2 Derin

Abends & Nachts

1 James Dean
2 Janus
3 Robin Hood
4 Club Summer Garden

Aktiv

1 Ulaş Beach
2 Dolphin Dive
3 Martin Türkay
4 Damlataş Aquapark

---

40 m tief in den Felsen vorgetriebenen Hallen, die man am Meer entlang der Seemauer erreichen kann. Südlich schützte der **Tophane-Turm** 3 die Anlage, in der heute mittelalterliche Schiffsbautechniken der Seldschuken gezeigt werden.

Burgberg / İç Kale

Tgl. 8–17, So Sommer 19 Uhr, Eintritt 20 TL, Ehmedek tgl. 8–17 Uhr, 8 TL

Auf den steilen Burgberg fährt man am besten per Bus oder Taxi – dann kann man den Rückweg bequem zu Fuß gehen. Man steigt aus am Tor der **İç Kale** 4, der ›Inneren Burg‹, mit ihren gut erhaltenen Mauern. Neben Zisternen *(Sarnıç)* und Kasematten ist in dem parkähnlichen Gelände nur eine kleine byzantinische Kirche erhalten. Von der Bastion **Adam Atacaği** am Steilabfall im Nordwesten sollen Kriegsgefangene in den Tod gestürzt worden sein; wer jedoch mit einem Steinwurf das Meer erreichte, durfte sich dem Heer der Seldschuken anschließen. Bei den Ruinen auf dem ins Meer ragenden Felsrücken soll es sich um ein byzantinisches Kloster bzw. die Darbhane, eine Art Schatzhaus, handeln.

Nördlich vom Zitadellentor beginnt ein schmaler Fußpfad hinunter zum einstigen Stadtzentrum rund um die **Süleymaniye Camii** 5. Wie diese werden auch die Karawanserei, zwischenzeitlich ein Hotel, und die Ruinen der früheren Basarhalle aus dem 16. Jh. stammen, als Alanya längst zum Osmanen-Reich gehörte. Bereits 1293, nach nur 70 Jahren seldschukischer Herrschaft, übernahm die Karamanen-Dynastie die Burg, die dann 1471 von Sultan Mehmet II., dem Eroberer Konstantinopels, besetzt wurde. Nördlich der Moschee liegt auf einem Felssporn die verfallene Festung **Ehmedek** 6.

Der Rückweg führt durch die dörfliche Siedlung, die sich auf dem Burgberg noch erhalten hat und wo neben anderen Souvenirs handgearbeitete Stickereien und Schals aus Seide verkauft werden. Die Seidenmanufaktur hatte seit dem 16. Jh. große Bedeutung in Alanya, sie lieferte den Rohstoff für die Kleiderkammer des Sultanshofs.

Die Straße folgt dann in weiter Spitzkehre der mittleren Mauer, die auf Fundamenten aus hellenistischer Zeit ruht, als Alanya Korakesion hieß und zum ägyptischen Ptolemäer-Reich gehörte. Die schon damals uneinnehmbare Festung fiel als einziger Ort an der Südküste beim Vormarsch des Königs Antiochos III. 197 v. Chr. nicht unter die Herrschaft der Seleukiden und wurde ab Mitte des 2. Jh. v. Chr. Hauptquartier der berüchtigten kilikischen Piraten.

An einigen Panoramalokalen entlang geht es zurück zur Nordmauer, die zwischen Kızılkule und Ehmedek-Bastion verläuft. Das **Kale Kapı** 7, das Haupttor, mit seinen drei hintereinander gestaffelten, rechtwinklig versetzten Torbögen ist ein interessantes Zeugnis der seldschukischen Festungsbaukunst.

Alanya-Museum

Damlataş Cad., Di–So 9–12, 13.30–17.30 Uhr, Eintritt 5 TL

Im **Alanya-Museum** 8 am Damlataş-Strand beeindruckt besonders ein Münzschatz sowie die Herkules-Statue aus Syedra, einer antiken Siedlung weiter östlich. Von der türkischen Geschichte zeugen seldschukische Fayencen, osmanische Teppiche und Kalligrafien sowie als Prunkstück die komplette Einrichtung des Gästezimmers eines vornehmen Konaks mit bemalter Wandvertäfelung.

Entlang der von Palmen gesäumten **Atatürk Caddesi,** die erste Shoppingmeile der Stadt, pulsiert das Leben des modernen Alanya – Großstadtflair muss man mögen, wenn man sich hier wohlfühlen will. Jenseits der Atatürk-Straße kann man durch weitere Basargassen bummeln (v. a. Textilien, Souvenirs); nahe dem Marktgelände (jeden Freitag ist dort bis 16 Uhr Markt) sind einige traditionelle **Alanya-Häuser** 9 restauriert worden, die zeigen, wie schön die Stadt einmal war.

Ausflüge

Im Flusstal des **Dimçay** östlich von Alanya (bei Obaköy von der D400 abbiegen) kann man schön einen heißen Tag in einem der vielen ›Wasserrestaurants‹ verbummeln (s. S. 334). Noch weiter östlich (bei Demirtaş von der D400 abbiegen) führt beim **Sapadere Canyon** ▶ 2, M 10 ein Bohlenpfad durch eine einsame Klamm bis zu einem kleinen Wasserfall.

Bei der **Bootsfahrt** rund um den Burgberg (Tagestour ab Kızıl Kule, 10 Uhr) geht es rund um die Steilwand des Burgbergs; an der **Cleopatra Bay** soll die ägyptische Königin Kleopatra bei einem Besuch gebadet haben, nachdem sie die Stadt mitsamt Kilikien und Zypern vom römischen Feldherrn (und ihrem Geliebten) Marcus Antonius als ›Hochzeitsgeschenk‹ erhalten hatte.

Die Küste Richtung Gazipaşa

Als Tagesausflug bietet sich die Fahrt entlang der Küste östlich von Alanya an (bis zur Mamure Kalesi bei Anamur, s. S. 336, braucht man aber 3 Std. reine Fahrt). An den steilen Südhängen werden kleine, süße Bananen vom kanarischen Typ angebaut und am Straßenrand auch zum Kauf angeboten; einsame Sandbuchten locken immer wieder zum Bad.

Spärlich sind die Ruinen der im 1. Jh. gegründeten Hafenstadt **Iotape** ▶ 2, M 11 (35 km), doch lohnt der wenig besuchte Strand beim Kale Restoran einen Badestopp. Neben dem bogengewölbten Speicherbau am Ufer blieben Reste von Thermen, Kirchen sowie Grabbauten erhalten.

Bei der Kleinstadt **Gazipaşa** ▶ 2, M 11 (48 km) gibt es einen Sandstrand, der es durchaus mit dem von Alanya aufnehmen kann – bloß stehen dort kaum Hotels. Die antike Vorläufersiedlung hieß Selinus; Kaiser Trajanus starb hier am 8. August

Blick von der Seldschukenburg auf den Hafen von Alanya

117 n. Chr. auf der Heimreise von seinem gescheiterten Parther-Feldzug. Auf dem Hügel im Nordwesten ließ Trajanus' Nachfolger und Neffe Hadrianus ein von Kolonnaden umgebenes Kenotaph für den Kaiser errichten. Die Anhöhe östlich vom Strand krönt eine Burg aus dem 12. Jh.

Etwa 21 km hinter Gazipaşa (Abzweig beim Dorf Güney kurz vor einer Tankstelle) gelangt man nach **Antiochia ad Cragum** ▶ 2, N 11, das im Volksmund auch *Antonyus Kalesi* heißt. Wie Iotape war die antike Stadt eine Gründung von Antiochos IV. Man parkt auf Höhe der römischen Ruinen. Nach anstrengendem Aufstieg zu der später von den Armeniern ausgebauten Zitadelle auf dem westlichen Hügel öffnet sich eine schöne Aussicht auf das hoch über dem Meer gelegene Stadtgebiet (ad Cragum = an der Klippe). Das Stadtzentrum mit Stadttor, Kolonnadenstraße und einem Tempelbau ist gut von einer befahrbaren Piste erschlossen.

Infos

Info-Büro: Damlataş Cad. 1, Tel. 0242 513 12 40, Fax 0242 513 54 36.

Internet: www.alanya-tuerkei.de

Übernachten

Die großen Pauschalhotels stehen westlich und östlich vom Burgberg, westlich stadtnäher und mit dem schöneren Strand (Cleopatra Beach). An der İskele Caddesi beim Hafen gibt es gute Stadthotels (etwa Kaptan, Bayırlı, Dolphin, Marina), hier wohnt man in schöner Lage sehr zentral für ca. 120–200 TL.

Am Cleopatra Beach – **Alaaddin Beach Hotel 1 :** Atatürk Cad, Tel. 0242 513 12 23, www.alaaddinhotels.com. Junges, modernes Strandhotel mitten im Beachtrubel. Zweistöckige Bauten rund um den Pool, 50 m geht man zum Meer. DZ/F um 300 TL.

Am Hafen – **Hotel Kaptan 2 :** İskele Cad. 70, Tel. 0242 513 49 00, www.kaptanho

MIT DEM MTB INS DIMÇAY-TAL

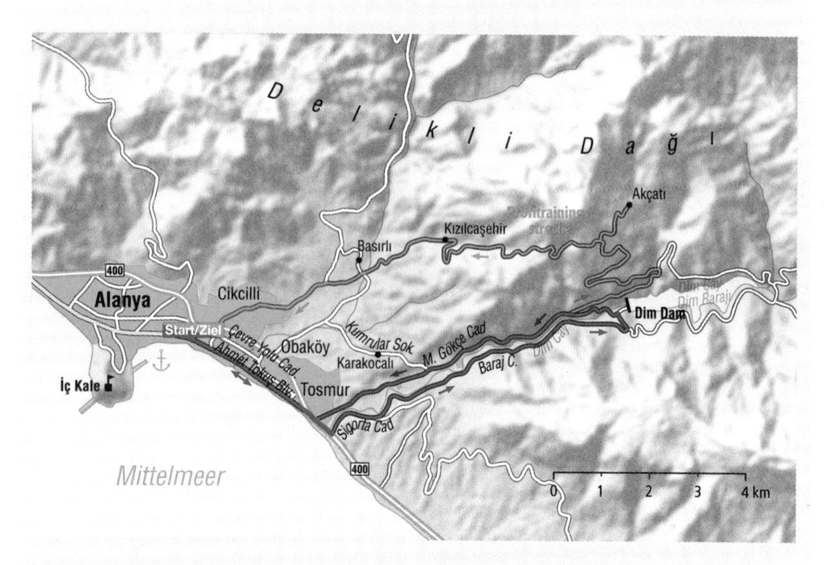

Tour-Infos

Start: Alanya, Atatürk-Denkmal
Länge: einfache Strecke bis zum Staudamm 15 km, bis Akçatı weitere 7 km, von dort 16 km downhill zurück.
Dauer: Tagesausflug
Wichtige Hinweise: Leihräder z. B. bei Martin Türkay, s. Aktiv. Wasser, Badezeug und Sonnencreme nicht vergessen!

Nur wenige Kilometer von Alanyas Stränden entfernt kommt man in den Ausläufern des Taurus auf die **Yayla-Plateaus.** Auf diese kühlen Hochalmen flüchtete die Bevölkerung der Strandebenen einst im Sommer mit Sack und Pack vor der Hitze. Heute bestehen hier kleinere Siedlungen, im Sommer sind sie aber immer noch beliebte Ziele für Sonntagsausflüge.
Verschiedene Agenturen organisieren geführte Ausflüge, die hier beschriebene Tour ist jedoch auch individuell mit einem Mountainbike möglich. Östlich von Alanya biegt man von der Küste ab und fährt durch Pinienwald am **Dimcay-Fluss** hoch zum neuen Dim Dam, wo ein großer See aufgestaut wird. Am Fluß liegen zahlreiche Picknicklokale mit Sitzpodesten am und über dem Wasser; Es gibt Wasserfontänen, man kann baden (von der Küste ca. 9 km zur Staumauer mit den schönsten Lokalen). Eine Ausschilderung leitet zur **Dim Mağarası,** der zweitgrößten

für Besucher geöffneten Tropfsteinhöhle der Türkei (360 m Länge). Für die Rückfahrt kann man dann die andere Flussseite nehmen. Gut trainierte Fahrer können aber von der Staumauer auf steiler Strecke, zuletzt Piste, hoch fahren ins kleine Dorf Akçatı, von dem man einen schönen Bergblick über den sich langsam füllenden See hat. Von dort geht es dann am Taurus-Hang über Kızılcaşehir downhill zurück nach Alanya – immer mit tollem Blick auf die Urlaubsstadt und die mächtige Zitadelle auf dem Vorgebirge.

tels.com. Traditionsreiches, schick renoviertes Altstadthotel mit kleinem Pool auf dem Dach, Bar, Café und dem Restaurant Güverté. Hier wohnt man bei schöner Aussicht mitten im Trubel. DZ/F um 200 TL.

Essen & Trinken

Schick essen – **Harbour Restaurant 1:** İskele Meyd., Tel. 0242 512 10 19. Fischrestaurant in romantischer Lage direkt am Meer beim Kızıl Kule. Ruhige Atmosphäre, Spitzenküche, allein schon das Dessert-Buffet ist sehenswert. Menü mit Wein um 100 TL/Pers.

Romantisch – **Hisar 2:** Kale Yolu (Straße zur Burg), Tel. 0242 512 01 53. Gartenlokal am Hang des Burgberges mit Grillgerichten und türkischen Mezeler. Abends sitzt man sehr gemütlich mit tollem Blick über das erleuchtete Alanya. Hauptgerichte um 25 TL.

Türkische Tradition – **Ravza 3:** Ziraat Bankası Yanı 16, Tel. 0242 513 39 83. In einer Gasse am Ende des Basars ein einfaches Lokanta, wo die Tische in langer Reihe auf der Gasse stehen. Türkische Traditionsküche mit Döner-Kebap (ca. 18 TL). Gut für ein leichtes Mittagessen.

Einkaufen

In Alanya kann man gut Markentextilien kaufen, v. a. im alten Basarviertel und an der Atatürk Caddesi, in der Regel aber gefälscht.

Saz und Shisha – **Özgür Müsik 1:** Damlataş Cad. 17E, www.alanya-musik.de. Türkische Traditionsinstrumente wie *baglama* (Saz), auch auch westliche Instrumente sowie Schachspiele, Meerschaumpfeifen oder Shishas (Wasserpfeifen).

Schrille Mode – **Derin 2:** Atatürk Cad. 39. Unter den vielen schicken Modeläden an der mittleren Atatürk-Straße ist dies der schrillste. Verrückte (trk. *derin)* türkische Party-Mode, abgefahrene Hingucker ...

Abends & Nachts

Bar Street – Am Hafen konzentriert sich die Nightlife-Szene; **James Dean 1** und **Janus 2** sind angesagte Openair-Bars, später tanzt man im Obergeschoss des **Robin Hood 3** weiter. Wer richtiges Clubbing sucht, fährt in den **Club Summer Garden 4** nach Konaklı (westlich Richtung Side, www.summer-garden.com) in schönem Garten, mit Restaurant ab 19 Uhr.

Aktiv

Baden – **Ulaş Beach 1:** 5 km westl., schöner Sandstrand, nur an Wochenenden voll.

Tauchen – Kurse und Tagesfahrten bietet die langjährig bestehende Tauchschule **Dolphin Dive 2,** İskele Cad. 23, Tel. 0242 512 30 30, www.dolphin-dive.com.

Mountainbike/Enduro – **Martin Türkay 3:** Atatürk Cad., Neslihan Sok. 3/a, Tel. 0242 511 57 21, www.martin-tuerkay.com. Verleih von MTBs und Motorrädern, auch deutschsprachige Touren in die Berge.

Wasserspaß – **Damlataş Aqua Park 4:** Atatürk Cad., tgl. 10–17.30 Uhr, Erw. 35 TL, Kinder 22 TL. Kleines Spaßbad, aber mitten im Zentrum.

Verkehr

Busstation im Westen an der Umgehungsstraße; alle 2 Std. Busse Richtung Antalya, Anamur oder Konya. **Minibus-Station** hinter dem Marktgelände: häufige Verbindung zur östlichen Hotelzone (Obaköy, Mahmutlar) und Richtung İncekum (Konaklı, Avsallar, Ortaca).

Die östliche Südküste

Hinter Alanya wird die Südküste touristisch weniger attraktiv. Bis nach Silifke grenzt das Taurus-Gebirge ans Meer, die folgende Çukurova-Ebene ist eher von Industrie geprägt. Kunsthistorisch bietet die Region aber durchaus etwas: Spektakuläre armenische Burgen und die wunderbaren römischen Mosaiken in Antakya und Gaziantep lohnen den Abstecher. Das Hotelstädtchen Kızkalesi bietet sogar einen feinen Strand.

Anamur ▶ 2, N 11

Anamur ist mit ca. 36 000 Einwohnern die größte Stadt des ›rauen Kilikiens‹ der Antike, das die Türken heute Taşeli Yarımadası, ›Steinige Halbinsel‹, nennen. Die Kleinstadt lebt vor allem von der Landwirtschaft und hat ein erholsam untouristisches Flair. Am 6 km entfernten Meer ist mit dem Ortsteil İskele auch ein kleineres Hotelviertel entstanden, das aber fast nur von einheimischen Touristen besucht wird. Bei der Moschee und mittwochs, wenn in Anamur Wochenmarkt ist, kann man sehen, wie man in der Türkei ohne Tourismus lebt.

BADEN AM ›KAP DER WINDE‹

Zur Besichtigung der antiken Stadt Anemourion das Badezeug nicht vergessen. Sie liegt direkt am schönen Sandstrand beim südlichsten Kap Kleinasiens. Und so zugig, wie der griechische Name Anemourion, deutsch ›Kap der Winde‹, andeutet, ist es gar nicht.

Anemourion

Tgl. 8–19 Uhr, Eintritt 8 TL

Die antike Vorläufersiedlung **Anemourion** (trk. Anamuryum) lag westlich von Anamur auf dem südlichsten Kap der türkischen Mittelmeerküste. Die Stadt hatte als Stützpunkt des Seeverkehrs nach Zypern ihre größte Bedeutung in der Spätantike. Nach der Eroberung Zyperns durch die Araber wurde sie verlassen, im 12./13. Jh. aber durch Armenier wieder besiedelt, die in Kilikien das Kleinarmenische Reich gründeten.

Rechts über der Zufahrtsstraße liegt die **Nekropole** mit z. T. zweistöckigen Grabbauten, im Süden beherrscht die armenische **Zitadelle** das Stadtzentrum in der Küstenebene. Vor der 382 gegen Überfälle isaurischer Bergstämme errichteten Stadtmauer liegen die **großen Thermen** aus dem 3. Jh. Ihre Palästra (Sporthof) besitzt noch die ursprüngliche Mosaikpflasterung, die heute zum Schutz mit Sand abgedeckt ist. Das **Odeion** in der inneren Stadt mit Zuschauerrängen für etwa 900 Menschen ist gut erhalten. Ein Aufstieg zur Zitadelle, in der sich die Armenier bis zum Ende des 14. Jh. gegen die Emire von Karaman behaupten konnten, ist etwas mühsam, belohnt aber mit schönem Ausblick, bei klarem Wetter bis nach Zypern.

Archäologisches Museum

İskele Mah., Di–So 9–17 Uhr, Eintritt 5 TL

Nach einer Badepause am Sandstrand sollte man noch das **Archäologische Museum** in İskele besuchen, das neben Kleinfunden eine Reihe von Mosaiken und Fresken aus den Grabungen in Anemourion zeigt.

Mamure Kalesi

Di–So 9–17 Uhr, 10 TL

Die im 13. Jh. von den Armeniern erbaute Festung **Mamure Kalesi,** direkt an der Küste 6 km östlich von Anamur, fiel Anfang des 14. Jh. an die Karamanen, die Teile der Mauern nach einem Rückeroberungsversuch durch das Königreich der Lusignans auf Zypern 1373 erneuerten und eine Moschee hinzufügten. Zwischen dem Donjon an der Westseite und einem 14-eckigen Wachtturm an der Ostseite umfasst eine Mauer mit 36 Bastionen zwei Höfe. Den besten Blick über die Mauern und das Meer hat man vom obersten Stockwerk des Ostturms aus.

Von Anamur Richtung Silifke

Entlang der Küstenstraße Richtung Silifke wechseln sich dicht bewaldete Berghänge, die ungesichert zum Meer abfallen, und schmale Küstenebenen mit einsamen Sandstränden vor türkisfarbenem Meer ab. Touristisch ist diese Gegend kaum erschlossen, obwohl auch hier schon die typischen Ferienhauskolonien entstehen. Dennoch zählen die Dörfer rund um Aydıncık noch zu den ursprünglichsten an der Südküste.

Kurz hinter Bozyazı, einer Kleinstadt mit großer Moschee, liegt die Burg **Softa Kalesi** oberhalb der Straße. Hinter Yenitaş, am Ortseingang von **Aydıncık,** lohnt ein Stopp beim Restaurant Arsinoe mit seiner Terrasse am Meer. Am kleinen Fischerhafen nahebei lag das antike **Kelendris,** um 460 v. Chr. für kurze Zeit der östlichste Stützpunkt der athenischen Machtsphäre. Hinter dem Postbüro blieb ein römisches Grabhaus fast unversehrt erhalten.

Infos

Info-Büro: Atatürk Bulv. 64, hinter der Busstation; Tel. 0324 814 40 58.

Übernachten

Mit Ausblick – **Anemonia Oteli:** İnönü Cad., Tel. 0324 814 40 00, www.anemonia.8m.com. Hohes 2-Sterne-Hotel am Fluss auf der östlichen Seite in İskele. Moderne Zimmer, Dachterrasse mit toller Aussicht. DZ/F um 150 TL.

Kleine osmanische Moschee in der Burg Mamure Kalesi

Unter Palmen – **Hotel Diltaş:** in Bozyazı (10 km östlich), Ada Karşısı, Karataş Mevkii 82, Tel. 0324 851 20 51, www.diltasotel.com, DZ/F um 150 TL, Familienzimmer 200 TL. Unterkunft direkt am Strand, historischer Bruchsteinbau. Gleich vor dem Hotel liegt ein Inselchen, das über einen Damm erreichbar ist (gutes Schnorchelrevier).

Essen & Trinken

In der Stadt – Einfache Lokanta mit großer Auswahl an der Busstation, gut und modern etwa das **Güleryüz,** das Kebaps und Schmorgerichte anbietet. Gericht um 12 TL.
Strandlokale – Einfache Restaurants gibt's auch in İskele, ebenso gegenüber Mamure Kalesi. Türkische Traditionsgerichte findet man z. B. bei **Konyalı Hakkı Baba** in İskele (2. Reihe vor dem Hauptplatz, hinter Hotel Şenay links). Gute Küche hat auch das Restaurant des **Hotel Kap** am Hafenplatz.
Picknick-Ausflug – Ein schöner Ausflug führt ins Inland Richtung Ermenek zum **Sevgi Piknik,** wo man am Gebirgsbach frische Forelle vom Grill essen kann.

Verkehr

Von der **Busstation** an der Durchgangsstraße alle 2 Std. Richtung Antalya/Alanya bzw. Tarsus/Silifke. Dolmuş-Busse nach İskele und zur Mamure Kalesi. Nach Anemourion nimmt man besser ein Taxi (Abholen vereinbaren!).

Silifke ▶ 2, P 10

Das von einer mittelalterlichen Burg überragte **Silifke** (60 000 Einwohner) ist das Zentrum der Schwemmlandebene des Göksu Nehri, in dessen Delta neben Baumwolle und Reis auch Erdnüsse und Erdbeeren angebaut werden. Seleukos I. Nikator, ein Feldherr Alexanders und erster König des Seleukiden-Reichs (312–281 v. Chr.), gründete die Stadt und gab ihr seinen Namen: Seleukia (ad Kalykadnos). ›Silifke‹ ist dessen neugriechische Aussprache. Überreste aus antiker Zeit sind äußerst spärlich, und auch eine hinreichende touristische Infrastruktur fehlt. Hotels gibt es aber im hübschen, sehr ruhigen Hafenörtchen **Taşucu** 9 km westlich (mit Fähr- und Hydrofoil-Verbindungen nach Zypern) oder am Strand des netten Badeorts **Kızkalesi** 25 km östlich.

Vormittags lohnt ein Bummel im betriebsamen Stadtzentrum westlich der **Taşköprü,** der Brücke über den bräunlich-gelben Göksu Nehri. Malerisch sind vor allem die Gassen am Anfang der Menderes Caddesi, wo man in einfachen Lokalen an wackeligen Tischen Fisch vom Grill essen kann. Etwas außerhalb Richtung Busstation liegt ein **Jupiter-Tempel,** dessen einzige noch stehende Säule einem Storchpaar als Nistplatz dient.

Das **Silifke-Museum** am östlichen Stadtrand an der D400 zeigt eine ethnografische Sammlung und antike Funde aus der Umgebung (Di–So 9–17 Uhr). Beachtenswert sind einige Stücke aus dem ›Münzschatz von Gülnar‹, der 1980 bei Meydancık Kalesi entdeckt wurde und über 5000 Silbermünzen aus der Zeit Alexanders des Großen und der Diadochen umfasste.

Zur **Zitadelle** fährt man über die Ausfallstraße Richtung Konya (D715). Die Festung, wohl aus dem 7. Jh., fiel im 12. Jh. an die armenischen Rupeniden, die 1198 den ersten König Kleinarmeniens, Leon II., stellten. Dieser gab sie 1210 dem Kreuzritterorden der Johanniter zu Lehen. Die Johanniter ließen sie dann mit halbrunden Bastionen und einer doppelten, turmbewehrten Mauer weiter ausbauen. Vom Restaurant Kale vor den Mauern genießt man einen schönen Blick auf das Mündungsdelta vor Silifke.

Ayatekla Kilisesi

Tgl. 8–17 Uhr, Eintritt 8 TL

Etwas außerhalb Richtung Taşucu (D400) liegt der spätantike Wallfahrtsort **Meryemlik** (oder Ayatekla), nach frühchristlicher Überlieferung Sterbeort der hl. Thekla. Die Grotte der Einsiedlerin wurde im 3. Jh. in eine Höhlenkirche integriert, die heute noch erhalten ist. Ende des 4. Jh. entstand dann eine 90 m lange, dreischiffige Basilika sowie in der Folge Pilgerunterkünfte, Thermen und Zisternen. Kamen früher die Pilger auf der Fahrt nach Jerusalem hierher, verehren heute noch Muslime die Stätte.

Infos

Info-Büro: Veli Bozbey Cad. 6, Tel. 0324 714 11 51.

Übernachten

Komfortabel am Strand – **Altınorfoz:** hinter Atakent (von Silifke auf halbem Weg Richtung Kızkalesi), Tel. 0324 722 42 11, www.altinorfozhotel.com.tr. Ganz einsam in einer kleinen Felsbucht mit Sandstrand unterhalb der Straße gelegen, teils Hotel (4 Sterne), teils Bungalows in üppigem Garten. Gut ausgestattet (Wassersport, Jet-Ski-Verleih, Hamam, Tauchschule etc.), nur mit Halbpension. DZ/HP um 300 TL.

Familiär – **Lades Hotel:** in Taşucu, rechte Hafenseite, Tel. 0324 741 44 15, www.ladesotel.com. Gepflegt, mit Pool und einer großen Sonnenterrasse am Meer. Der Wirt spricht gut Englisch und vermittelt ornithologische Ausflüge ins Göksu-Delta. DZ/F um170 TL.

Essen & Trinken

Fisch – **Gözde:** Balıkçılar Sok. 7, Silifke, Gasse am unteren Ende der Menderes Caddesi. Lokanta bei der Fischer-Kooperative unter einer großen Platane. Spezialität ist frischer Fisch vom Grill, recht preiswert.

Mit Aussicht – **Kale Restoran:** D715/Kale Yolu, Silifke. Auf Ausflügler spezialisiertes großes Restaurant an der Burg mit schöner Aussichtsterrasse.

Termine

Kultur-Festival: Ende Mai mit Aufführungen der traditionellen Löffeltänze (Kaşik Oyunları).

Verkehr

Busstation beim Kreisverkehr am Ende des İnönü Bulvarı am östlichen Ortsrand (Abzweigung D400 und D715). Regelmäßig Busse von/nach Alanya und Mersin sowie Richtung Mut und Konya. **Dolmuş**-Busse fahren regelmäßig nach Taşucu und Richtung Erdemli, selten auch nach Uzuncaburç.

KAISER BARBAROSSA IN MEMORIAM

Wenn man von der Zitadelle von Silifke weiter Richtung Konya fährt, kommt man nach ca. 7 km zu einem Parkplatz direkt über dem tief eingeschnittenen Göksu Kanyon. Dort erinnert eine von der deutschen Botschaft gestiftete Gedenktafel an Kaiser Friedrich I. Barbarossa, der hier am 10. Juni 1190 beim Bad im Fluss ertrank. Der Stauferherrscher war 1189 mit einem gewaltigen Kreuzzugsheer in Regensburg aufgebrochen, hatte in Kämpfen gegen Byzanz und die Seldschuken die Passage durch Kleinasien erzwungen und stand kurz vor der Vereinigung mit den englischen und französischen Heeren. Der Tod des Kaisers demoralisierte das deutsche Heer und ließ den Dritten Kreuzzug scheitern. Zu Hause im Reich entstand darauf hin die Legende vom verschwundenen Kaiser, der im Kyffhäuser-Berg auf seine Wiederkehr wartet.

Fähre: nach Zypern ab Taşucu 4 x wöchentlich, Tickets: www.akgunlerbilet.com.

Uzuncaburç (Olba/Diokaisarea)

▶ 2, P 10

Die antike Stadt **Olba,** hoch im Gebirge 26 km nördlich von Silifke gelegen, war in der hellenistischen Epoche Sitz der Priesterdynastie der Teukriden, die weite Teile des kilikischen Berglands kontrollierte. Unter seleukidischem Einfluss wurde hier im 3. Jh. v. Chr. der vorgriechische Wettergott Tarku zu Zeus Olbios umgeformt, dessen Heiligtum seit der frühen Kaiserzeit unter dem Namen Diokaisarea ein Zentrum des Kaiserkults war. Zu den Ruinen, in denen heute das Dorf Uzuncaburç liegt, zählt einer der besterhaltenen antiken Tempel der Türkei.

Vor einem **Portikus** aus fünf korinthischen Säulen, dem früheren Eingang des Tempelbezirks, liegt das **Theater,** dessen nach Süden geöffnete Cavea zum Teil immer noch einigen Häusern als Fundament dient. Über eine ehemals mit Brunnen und Statuen geschmückte Säulenstraße erreicht man den großen **Tempel des Zeus Olbios.** Er wurde lange für eine Gründung von Seleukos I. Nikator gehalten, jetzt datiert man ihn jedoch ins 2. Jh. v. Chr. 30 der Säulen (vier davon noch mit korinthischen Kapitellen gekrönt) stehen unversehrt aufrecht, ein Eingangsportal und die Apsis im Osten bezeugen den späteren Umbau in eine christliche Basilika.

Die Säulenstraße endet beim **Tyche-Tempel** mit einer nahezu unversehrten Cella. Über die Querstraße erreicht man ein dreibogiges römisches Tor, das zuletzt Ende des 4. Jh. erneuert wurde. Östlich davon erhebt sich der gut 22 m hohe **›Lange Turm‹** (Uzunca Burç), nach dem das Dorf benannt ist. Auch er stammt aus der hellenistischen Blütezeit und diente als Fluchtturm.

Alahan ▶ 2, 0 10

In Silifke beginnt eine der vier einzigen Taurus-Überquerungen entlang der gesamten Südküste (D715). 82 km nördlich von Silifke erreicht man an dieser Passstraße das Kleinstädtchen **Mut,** die einzige größere Siedlung an der Taurus-Überquerung. Die Karamanen schützten den Ort im 14. Jh. durch eine imposante Festung. Aus derselben Zeit stammt auch die Lal Ağa Camii, eine der ersten Zentralbau-Moscheen in Anatolien.

Nachdem die Straße das Göksu-Tal verlassen hat, fährt man 3 km zum **Alahan Ma-**

Dorfkinder vor dem Zeus-Tempel in Uzuncaburç bei Silifke

nasteri hoch. Es handelt sich um die Ruine eines byzantinischen Klosters, die Entstehungszeit ist unbekannt. Die erste Kirche ist die Evangelisten-Kirche, benannt nach der Darstellung der vier Evangelisten auf dem Sturz des prächtigen Naos-Portals (zu beiden Seiten des Christusmedaillons). Ein Arkadenportikus verband sie mit dem Baptisterium. Dahinter folgt dann eine Kuppelbasilika mit einer nahezu unversehrten Giebelfassade.

Für den Rückweg kann man ab Mut die Bergstraße über Bağcağız nach Uzuncaburç (Olba/Diakaisarea) nehmen; die 75 km über Asphalt führen in gut 1,5 Std. durch eine grandiose Berglandschaft. Wer nach Kappadokien will, erreicht nach Überquerung des 1630 m hohen Sertavul-Passes die Stadt Karaman (s. S. 384).

TÜRKEI MAL ANDERS

Unterkunft und auch komplette Pauschalreisen im noch wenig überlaufenen Strandort Kızkalesi vermitteln folgende Reiseagenturen, wo man neben Englisch auch gut Deutsch spricht:
Kizkalesi Reisen: www.kizkalesi-reisen.de
Kizka Sonnenreisen: www.kizka.de
Mura Travel: www.kizkalesi-reise.info

Kızkalesi ▶ 2, Q 10

Am schmalen Küstenstreifen zwischen Silifke und Mersin ist das Hoteldörfchen **Kızkalesi** mit 1000 Einwohnern der lebhafteste Badeort. Schöne Strände gibt es auch bei Atakent am Ostrand des Göksu-Deltas und bei Erdemli, die aber durch fantasielose Apartmenthochhäuser an Reiz eingebüßt haben. Kızkalesi, das sich an einem feinsandigen Strand zwischen einer Landburg und einer Seefestung erstreckt, markiert die Lage der antiken Stadt **Korykos,** die bislang nicht systematisch ausgegraben ist. So interessieren sich die meisten Besucher eher für den Strand, die Wassersportmöglichkeiten und das noch nicht zu laute Nachtleben.

Bedeutendste Sehenswürdigkeit ist die **Landburg,** die im 7. Jh. aus antikem Baumaterial errichtet wurde, um die Stadt Korykos – ein Stützpunkt des spätantiken Handelsverkehrs – gegen arabische Überfälle zu schützen. Zur Zeit der Kreuzzüge ließen zunächst die Byzantiner, dann die Armenier die Burg ausbauen und den Hafen zusätzlich mit einer Seefestung auf einer vorgelagerten Insel sichern. Beim Niedergang der kleinarmenischen Herrschaft übernahm das fränkische Königreich von Zypern die Festung, die sich bis 1448 als letzte abendländische Basis im südlichen Kleinasien halten konnte. Die **Seeburg** vor dem Strand, die die Türken ›Mädchenburg‹ (Kızkalesi) nennen, ist mit einem Pedalo-Boot zu erreichen (s. S. 342).

Ein schöner Ausflug ins einsame Hinterland führt zu den **Adamkayarlar** (über eine Schotterpiste, die hinter dem Postbüro abzweigt). ›Felsenmenschen‹ nennen die Türken jene 17 in den Fels gehauenen Grabreliefs mit Darstellungen der Verstorbenen.

Übernachten

Luxus am Strand – **Club Barbarossa:** Zufahrt von der Küstenstraße beim Hotel Holland, Tel. 0324 523 20 89, www.barbarossahotel.com. Das beste Haus am Ort mit schönem Pool, üppigem Frühstücksbuffet und Abendanimation. Im Annex werden auch Apartments vermietet. DZ/F um 200 TL, Apt. 4 Pers. um 350 TL.

Hübsch am Strand – **Baytan:** Tel. 0324 523 20 95. Mittelklassehotel direkt am schönsten Strandabschnitt, hübscher Garten mit Palmen und freilaufendem Federvieh. Die Zimmer sind zwar etwas schlicht, aber zweckmäßig ausgestattet und haben Klimaanlage. DZ/F um 160 TL.

PER PEDALO ZUR MÄDCHENBURG, ZU FUSS ZUR NEKROPOLE

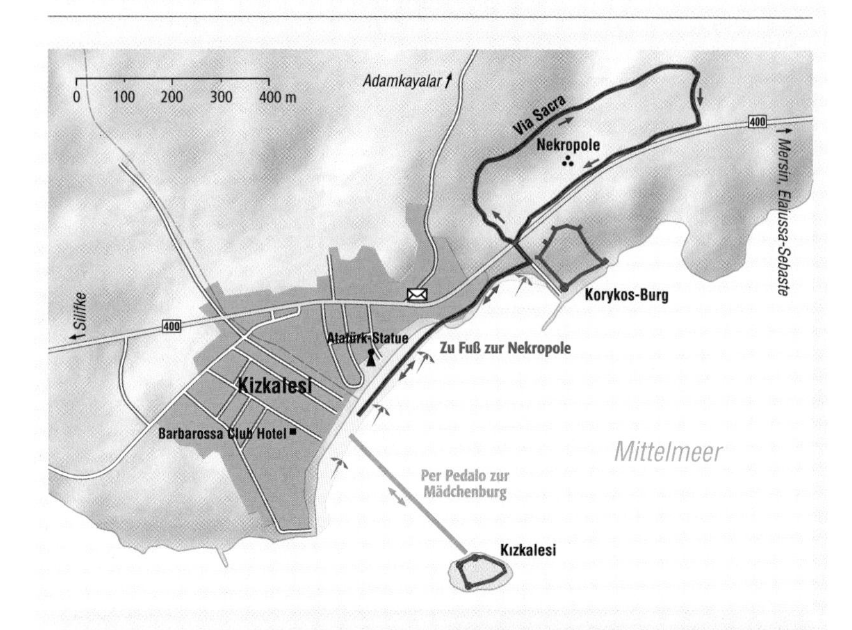

Tour-Infos

Start: Kızkalesi, am Strand
Länge: 2 x 500 m per Tretboot, ca. 3,5 km Wanderung
Dauer: ca. 4 Std.
Wichtige Hinweise: Badesachen und Picknick, v. a. Wasserflasche nicht vergessen. Für die Wanderung sind Turnschuhe o.ä. ratsam.

Eine schöne Badeentdeckungstour führt zur **Seeburg** von Korykos, die die Türken Kızkalesi (›Mädchenburg‹) nennen. Sie ist mit Pedalos (Tretbooten) zu erreichen, die man am Strand mieten kann. Mädchen gibt es in der Burg zwar nicht, aber die Tour ist trotzdem eines der schönsten Erlebnisse an der kilikischen Küste. Man braucht ungefähr 20 Min. für die Strecke, mitunter begegnet man dabei sogar einer Karett-Schildkröte, die neugierig den Kopf aus dem Wasser hebt. Den **Hauptturm** in der Nordostecke mit einer armenischen Bauinschrift aus dem Jahr 1151 über dem Eingang kann man besteigen, doch sonst ist der imposante Mauerring leer. Bei der Renovierung Anfang der 2000er-Jahre kamen jedoch die Skelette von mehr als einem Dut-

zend Menschen zutage, die hier vor knapp 100 Jahren ermordet wurden – vermutlich Opfer eines Armenierpogroms des Ersten Weltkriegs.
Nach dem Badespaß wandert man zur **Landburg** und dann durch Obstgärten den Hang empor bis zu einer antiken Pflasterstraße. Rechts und links von ihr erstreckt sich die antike **Nekropole** mit zahlreichen Sarkophagen und Grabstätten. Man kann dem antiken Pflaster nach Osten bis zu den Resten mehrerer Kirchen aus dem 6. Jh. folgen, bei denen es sich vermutlich um Gedächtniskirchen für hingerichtete Christen handelt.

Für Familien – **Ercan Apart:** Zufahrt bei Hotel Holland, ausgeschildert, Tel. 0324 523 20 15, www.ercanapart.com. Schöne Apartments (Wohn- und Schlafzimmer), ruhig und strandnah gelegen. Apt./4 Pers. um 150 TL.

Essen & Trinken

Im östlichen Ortsteil beim Cumhuriyet Meydanı, dem Platz mit der Atatürk-Statue, gibt es eine ›Restaurantmeile‹ mit zahlreichen Lokanta.
Beliebt – **Paşa Restoran:** Plaj Yolu 5, Tel. 0324 523 22 30. Man spricht auch Deutsch und kredenzt türkische Küche zu meterlangem Fladenbrot aus dem Holzofen. Auch gute Pizzen. Hauptgerichte 15–26 TL.

Abends & Nachts

Beach-Feuer – Am Strand gibt es mehrere **Music Bars** mit Tanzfläche, Tischen auf dem Sand, tollem Blick zur erleuchteten Burg und als Clou: jeden Abend großes Strandlagerfeuer: sehr romantisch!

Verkehr

Etwa alle 2 Std. ein **Bus** der Linie Silifke–Mersin. Dazu **Dolmuş**-Busse nach Silifke und Richtung Erdemli.

Narlıkuyu ▶ 2, Q 10

In **Narlıkuyu,** 5 km westlich von Kızkalesi, ziehen sich eine ganze Reihe von Fischrestaurants um eine türkisblaue Bucht. Von einem spätantiken **Badehaus** zeugt ein kleines Mosaikenfragment mit der Darstellung der ›luftbekleideten‹ Drei Grazien. »Wer von diesem Wasser trinkt, wird weise, wer hässlich ist, wird schön«, heißt es in einer Inschrift. Also nichts wie hin!

Korykische Grotten ▶ 2, Q 10

Tgl. 8–17 Uhr, Eintritt 8 TL

Gespeist wurden die Thermen vom unterirdischen Quellfluss der **Korykischen Grotten** 3 km oberhalb der Küste, wo Zeus Korykos als Sieger über den schlangenköpfigen Gott Typhon verehrt wurde. Als dessen Sitz galt die heute **Cehennem** (›Hölle‹) genannte Einsturzdoline (unzugänglich). Daneben liegt das ›Paradies‹, **Cennet,** in das man auf einem Treppenweg von 452 Stufen gelangt. Am Grund öffnet sich eine Höhle, die in der Antike als Eingang zum Hades galt, tief im Berg hört man das Rauschen des Styx, des ›Totenflusses‹. Im 5. Jh. wurde am Eingang eine Marienkapelle errichtet, selbst heute noch gilt die Stätte als heilig, wie zahlreiche Stofffetzen an den Ästen zeigen. Jeder dieser Fetzen symbolisiert einen ***adak,*** einen Wunsch, der sich erfüllen soll, wenn der Stoff sich zersetzt hat.

Elaiussa Sebaste ▶ 2, Q 10

Die Stadt **Elaiussa Sebaste** östlich von Kızkalesi, deren Name in dem des heutigen Dorfs Ayas noch anklingt, wurde im 1. Jh. vom kappadokischen König Archelaos I. gegründet (daher der Beiname Sebaste, die ›Erhabene‹). Erhalten sind Thermen, Hafenspeicher, Basiliken und ein Tempel auf der Anhöhe. Auf der Halbinsel, früher eine Insel, lag der Palast des Archelaos. Am eindrucksvollsten ist die Nekropole auf den Hügeln im Nordosten, wo zahlreiche Sarkophage und Grabhäuser mit teils antiker, teils christlicher Symbolik zu sehen sind.

Knapp 4 km weiter zweigt ein Asphaltweg von der Küstenstraße ab und erreicht mit einem Aquädukt den Parkplatz bei **Kan-**

Die Bucht von Narlıkuyu, umsäumt von Fischrestaurants

Iıdivane, dem antiken **Kanytelis.** Die Stadt erstreckt sich um einen etwa 60 m tiefen Karst-Einbruch, an dem eine teils abgestürzte Basilika liegt. Der mächtige Turm aus Polygonalmauerwerk am Parkplatz entstand im 2. Jh. v. Chr., als die Stadt zum Priesterkönigreich Olba (s. S. 339) gehörte.

Die Çukurova-Ebene

Kurz vor Mersin endet dann die Bergeinsamkeit des ›rauen Kilikien‹ und es beginnt das ›Cilicia campestris‹ der Antike, die große, fruchtbare Schwemmlandebene der Flüsse Seyhan und Ceyhan. Seit hethitischer Zeit, als Kilikien ›Kizzuwatna‹ hieß, war es eine umkämpfte Grenzprovinz zwischen syrischen und kleinasiatischen Reichen. Im Mittelalter errichteten die Armenier, die die Seldschuken aus dem Grenzgebiet zum Kaukasus vertrieben hatten, hier ein Feudalreich als Lehenskönigtum des deutschen Kaisers und überzogen Kilikien mit einem Netz von Burgen.

Nach ihnen beherrschten die türkischen Ramazanen-Emire das Land, das allerdings in die aus den Büchern Karl Mays bekannte ›levantinische‹ Lethargie verfiel: Die Felder wüst, die Dörfer schäbig, das Land von Nomaden durchzogen und unzugängliche Sumpfgebiete als Verstecke berüchtigter Räuberbanden. Yaşar Kemal, der berühmte Schriftsteller, hat die feudalen Verhältnisse meisterlich beschrieben – am bekanntesten ist sein Erstlingswerk ›Memet mein Falke‹, das in den 1930er-Jahren spielt. Heute bildet diese Region, die Çukurova, die agrarisch produktivste Region der Türkei und ist als Land der Baumwollmagnaten bekannt.

Mersin ▶ 2, R 9

Die Provinzhauptstadt **Mersin** (oft auch İçel) mit ca. 850 000 Einwohnern ist eine moderne Großstadt mit viel Agrar-, Chemie- und Textil-Industrie, die ihren Aufschwung dem Hafen, dem drittgrößten der Türkei, verdankt. Da die Stadt erst vor etwas mehr als 150 Jahren gegründet wurde, fehlen bedeutende Sehenswürdigkeiten. Vom antiken **Soloi Pompeiopolis** beim Dorf Viranşehir wenige Kilometer im Westen, das beim Bau der modernen Stadt als Steinbruch diente, blieben nur 33 korinthische Säulen einer einst 450 m langen **Kolonnadenstraße** aus dem 2./3. Jh. stehen.

Jedoch ist das moderne Mersin ein besseres Standquartier für die Erkundung der Çukurova-Ebene als Adana, das oft unter einer Smogglocke liegt. Abends promeniert man dann mit den Einheimischen über die palmengesäumte Uferstraße zum **Luna Park** an der Meerfront oder über die innerstädtische Einkaufsmeile der İstiklal Caddesi, wo die gesetzteren Herren ihre Treffpunkte haben.

Übernachten

Es gibt viele Hotels für Geschäftsleute, denn Mersin ist als Freihandelszone deklariert. Unübersehbar ist der Turm des **Hilton Mersin** direkt am Meer, das komfortable Unterkunft bietet, wenn es auch schon etwas in die Jahre gekommen ist.

Moderner Schick – **Nobel Hotel:** İstiklal Cad. 73, Tel. 0324 237 77 00, www.nobeloteli.com. Akzeptable Mittelklasse (3 *) in einer belebten Einkaufsstraße; gute Ausstattung, modernes Design. DZ/F um 180 TL.

Essen & Trinken

Einfache Lokanta findet man an Uray Cad. und İstiklal Cad. zwischen Bahnhof und Uferstraße.

Fisch und mehr – **Ali Baba:** Adnan Menderes Bulv. 16/4, Tel. 0324 325 06 80. Gilt als bestes Restaurant der Stadt, vor allem Fischspezialitäten bei Livemusik.

Alte Karawanserei – **Antikhan:** 5213. Sokak, nahe der Post. Eine alte Karawanserei mit vielen Kneipen, Bars und Restaurants, oft Livemusik. Hier ist immer recht viel los.

Verkehr

Von der **Busstation** am östlichen Zentrumsrand rege Verbindung mit Tarsus und Adana; etwa alle 2 Std. nach Alanya/Antalya. Verbindung nach Silifke/Kızkalesi auch häufig per Dolmuş.

Tarsus ▸ 2, R 9

3000 Jahre Geschichte adeln **Tarsus,** das in der römischen Antike als Provinzhauptstadt und wohlhabendes Handelszentrum mit Ephesos konkurrierte, doch inzwischen haben Mersin und Adana die Stadt längst überflügelt. So beeindrucken weniger die nicht sehr spektakulären antiken Reste wie das **›Kleopatra-Tor‹,** das an die Hochzeit von Antonius und der ägyptischen Königin erinnert, oder der Paulus-Brunnen, der den Namen des bekanntesten Bürgers der Stadt trägt, als vielmehr das bunte orientalische Stadtbild.

Die **Ulu Cami** könnte zumindest aus Steinen der berühmten Marmorkathedrale der Armenier erbaut sein (1385), in der man einst die Eingeweide des ertrunkenen Kaisers Friedrich II. beisetzte – ihr Standort ist bis heute unbekannt.

Rechts vor der Großen Moschee lohnt nicht nur der **Kırkkaşık Çarşısı** (›40-Löffel-Markt‹) einen Bummel, sondern auch die umgebenden Basargassen – hier scheint sich seit dem 19. Jh. wenig geändert zu haben. 100 m nach Süden hin soll die **St. Paulus-Kirche** über dem Geburtshaus des Apostels errichtet worden sein. Ein kleines Museum mit antiken Skulpturfunden ist in der **Kubat Paşa Medrese** östlich der Ulu Cami untergebracht.

Am Nordrand der Stadt liegen die reizvollen Wasserfälle des **Tarsus Çayı** mit einem

Das AKW Akkuyu

Trotz der bis heute schwelenden Fukushima-Atomkatastrophe will die AKP-Regierung weiterhin bei Akkuyu in der Nähe von Silifke das erste AKW der Türkei bauen lassen – von russischen Firmen und ganz nah zu einer geologischen Verwerfung, die zu den erdbebenreichsten am Mittelmeer zählt. Erst langsam nimmt ein türkischer Widerstand Fahrt auf. Immerhin hat 2011 der Fanclub von Beşiktaş İstanbul durch öffentliche Aktionen eine breitere Diskussion angestoßen.

Picknickplatz (4 km nördlich vom Zentrum). Im Osten verlässt man Tarsus über eine justinianische Brücke, auf der einst der Handelsverkehr zur **Kilikischen Pforte** rollte, dem bedeutendsten Tor im Kulturaustausch zwischen Ost und West, zwischen Syrien und Kleinasien. Durch diese enge Pass-Schlucht, türkisch Gülek Boğazı, zogen aber auch alle Eroberer: die Perser unter Darios, Alexander der Große, das Heer des Ersten Kreuzzugs ...

Adana ▸ L 8

Cityplan: S. 349

Dem Baumwollanbau in der fruchtbaren Çukurova-Ebene verdankte **Adana** seinen Aufstieg zur vierten Millionenstadt (ca. 1,7 Mio. Einwohner) der Türkei – heute ist es das bedeutendste Industriezentrum des Südostens. Symbol und Wahrzeichen dieses neuen Adana ist seit 1999 die riesige **Sabancı Merkez Camii** 1 345 eine Moschee mit angeschlossenem Einkaufszentrum, die 30 000 Gläubige fassen kann und eine Stiftung des Großindustriellen Sakıp Sabancı war. Die Innenausstattung orientiert sich an der Blauen Moschee in İstanbul.

Archäologisches Museum

Adana Bölge Müzesi: Di–So 8.30–12, 13–17 Uhr, war 2015 geschl.; Eintritt 5 TL

Im sehenswerten **Archäologischen Museum** 2 ist die bis in die Zeit des hethitischen Großreichs zurückgehende Geschichte der Stadt und der Çukurova nachzuverfolgen. Herausragend unter den Funden aus neolithischer bis seldschukischer Zeit sind vor allem die Löwenreliefs aus dem hethitischen Palast von Karatepe (s. S. 350) und der prachtvolle Achilleus-Sarkophag aus Tarsus mit Szenen aus dem Trojanischen Krieg.

Die Altstadt

Entlang der Teegärten am Ufer des Seyhan erreicht man die Altstadt und die im Kern römische **Taşköprü-Brücke** 3, die den Fluss mit einer Spannweite von 310 m überquert. Die wichtigsten islamischen Denkmäler sind die **Ağca Mescit** 4 von 1409 und die unter dem Ramazanen-Emir Halil Bey im syrischen Stil erbaute **Ulu Cami** 5 (›Große Moschee‹, 1517–41). Südlich der Ulu Cami schließt sich der **Ziya Paşa Parkı** mit der Medrese und der großen Türbe der Ramazanen an, deren prachtvolle Ausstattung mit İznik-Fliesen den zeitgleichen Bauten in İstanbul und Bursa durchaus ebenbürtig ist. Vorbei am 32 m hohen **Uhrturm** 6 (Saat Kulesi) von 1881 erreicht man den noch ganz orientalischen Basar **Kapalı Çarşı** 1, der schon 1528 entstand.

Die **Yağ Camisi** 7 und die **Kemeraltı Camii** 8 sind weitere Moscheen der Ramazanen-Zeit. Über die **Pazarlar Caddesi** erreicht man das Geschäftsviertel der Atatürk-Zeit mit einer pittoresken **Markthalle (Bedesten)** 9. Das **Ethnografische Mu-**

Gebetsraum der Sabancı-Moschee in Adana

seum 10, untergebracht in einer ehemaligen armenischen Kirche der Kreuzritterzeit, zeigt alttürkische Kulturgüter, u. a. ein komplettes Nomadenzelt (Di–So 8.30–12, 13.30–17 Uhr, Eintritt 5 TL).

Ausflüge

Erfrischung von dem im Sommer extremen Klima (bis 45 °C) suchen die Adaner an den Ufern des **Seyhan-Stausees** am Nordrand der Stadt, der die Bewässerungsanlagen der Baumwollfelder speist. Hinter der neuen Autobahn säumen das linke, westliche Ufer zahlreiche ›Dinlenme Tesisleri‹ mit Picknicklokalen.

Auch das Küstenstädtchen **Karataş,** 60 km südlich, belebt sich an Wochenenden, wenn zahlreiche Ausflügler aus der heißen Millionenstadt ans Meer fliehen.

Infos

Info-Büro: Atatürk Cad. 13, Tel. 0322 363 12 87, am Flughafen Tel. 0322 436 92 14.

Übernachten

Neben Luxushäusern wie dem **Seyhan** 1 (www.otelseyhan.com.tr) und dem **Hilton Adana** 2 (www.hilton.com) gibt es vor allem Business-Hotels, die sich entlang von İnönü und Özler Caddesi konzentrieren.

Mit Wellness-Oase – **Mavi Sürmeli** 3**:** İnönü Cad. 109, Tel. 0322 363 34 37, www.mavisurmeli.com.tr. Zentral gelegenes Haus der oberen Mittelklasse (4 Sterne), gepflegte Zimmer, verschiedene Bars und Restaurants, mit Sauna und Wellness. DZ/F ab 170 TL.

Günstiger Komfort – **Akdeniz Hotel** 4**:** İnönü Cad. 22, Tel. 0322 363 15 10, www.akdenizoteli.com. Stadthotel um die Ecke von

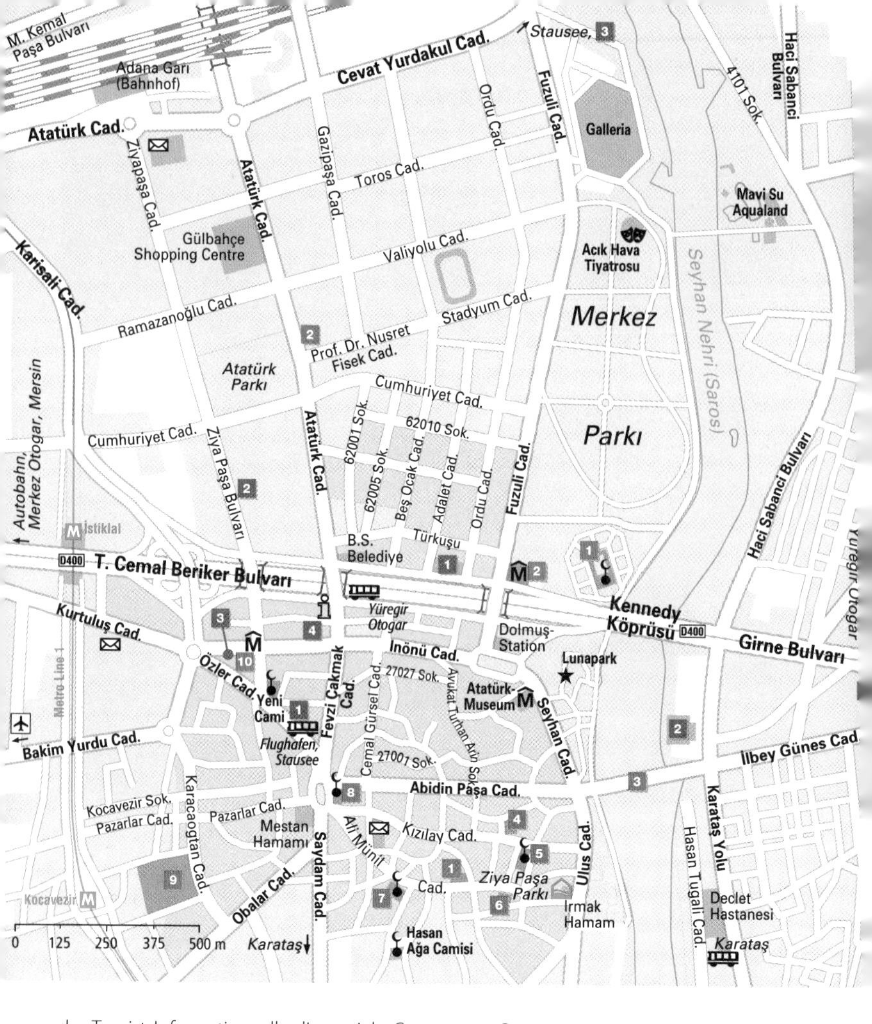

der Tourist Information; allerdings viele Geschäftsleute. Die Zimmer sind gut ausgestattet, wenn auch etwas klein. DZ/F um 130 TL.

Im Grünen – **Green Club Motel 5 :** Girne Bulv. 138, İskenderun Yolu, Tel. 0322 321 27 58, www.cetinel.com. Gartenanlage mit Holzbungalows östlich vom Zentrum an der Straße Richtung Ceyhan. Schön gelegen unter Orangenbäumen, mit Pool, Restaurant, Hangar Disco. DZ/F um 130 TL.

Essen & Trinken

Zahlreiche einfache Lokanta an der **Pazarlar Caddesi** westlich der Kemeraltı Camii; bessere Restaurants in der Neustadt Richtung Bahnhof. Recht lauschige Gartenrestaurants gibt's am **Seyhan-Stausee,** etwa 8 km nördlich (Dolmuş). Spezialität der Stadt ist der scharfe *Adana Kebabı,* der hier meist richtig ›hot‹ serviert wird, und *Şalgam,* ein alkoholfreies scharf-saures Getränk.

Moderne Lunch-Küche – **Sofra 1 :** Özler Cad. 49, in der Lobby des Hotels Sürmeli. Ein besseres Café-Restaurant, vollklimatisiert, eine ruhige ›westliche‹ Ecke in der doch sehr hektischen Stadt. Gehobene Preise.

Kebab vom Feinsten – **Yüzevler Kebapçısı 2 :** Ziyapaşa Cad. 27A, Richtung Bahn-

Adana

Sehenswert
1 Sabancı Merkez Camii
2 Archäologisches Museum
3 Taşköprü (röm. Brücke)
4 Ağca Mescit
5 Ulu Cami
6 Uhrturm
7 Yağ Camisi
8 Kemeraltı Camii
9 Bedesten (Markthalle)
10 Ethnografisches Museum

Übernachten
1 Hotel Seyhan
2 Hilton Adana
3 Mavi Sürmeli
4 Akdeniz Hotel
5 Green Club Motel

Essen & Trinken
1 Sofra
2 Yüzevler Kebapçısı
3 Onbaşlar

Einkaufen
1 Kapalı Çarşı
2 Jewelery & Gold Bazaar

hof, Tel. 0322 454 75 13, www.yuzevler.com.tr. Ein berühmtes Kebab-Lokal, dessen Ableger in İstanbul regelmäßig ausgebucht ist. Zu Gast waren schon Präsident Erdoğan, Industriemagnat Rahmi Koç, Top-Fußballer Hakan Şükür und viele andere.
Am See – **Onbaşılar 3 :** Karslı Mah., 82046 Sok. 3, Tel. 0322 215 00 00. Eines der besten in Adana, große Terrasse am Stauseeufer, enorme Auswahl, aufmerksamer Service. Hauptgerichte um 25 TL.

Einkaufen
In der Neustadt gilt die **Toros Caddesi** auf halbem Weg zum Bahnhof als hippste Bummelmeile der Stadt. Zwischen vielen Lädchen und Boutiquen finde man hier auch Eiscafés und Pizza- und Burger-Restaurants.
Alter Basar – **Kapalı Çarşı 1 :** Ali Münif Cad. In der überdachten Basarhalle aus dem 16. Jh. und in den Gassen südlich konzentrieren sich Kupferschmiede, Tuchhändler und Lederverarbeiter, fast wie in alten Zeiten.
Schmuck – **Jewelery & Gold Bazaar 2 :** Atatürk Cad. Großer Goldbasar gegenüber dem Atatürk Parkı. Wie im alten Basar wird nach Gewicht verkauft. Trotzdem handeln!

Verkehr
Von der **Hauptbusstation** (Merkez Otogar), 7 km westlich vom Zentrum, mehrmals tgl. Verbindung Richtung Antalya, Antakya (190 km), Gaziantep und Niğde, dorthin Minibusse ab F. Cakmak Cad.
Minibusse zu den Orten der näheren Umgebung ab Yüreğir Otogar, 3 km jenseits des Seyhan am Girne Bulvarı. Im Zentrum verschiedene Minibus-Stationen, s. Plan.
Bahnhof nördlich vom Zentrum (Minibus ab F. Cakmak Cad.); Verbindung nach Ankara, Gaziantep, İskenderun.

Vom **Şakir Paşa-Flughafen** 5 km westlich mind. tgl. ein Flug nach İstanbul und Ankara, seltener nach Antalya und İzmir. Per Taxi ca. 20 TL, Havaş-Bus 10 TL.

MIT DER BAGDAD-BAHN NACH POZANTI

Von Adana kann man mit dem Zug über eine der spektakulärsten Strecken der Bagdad-Bahn nach **Pozantı** ▶ K 7 fahren. Die Strecke führt über die berühmte Kilikische Pforte, den Taurus-Pass nach Syrien. Tunnel, Brücken und Bahnhöfe wurden von deutschen Ingenieuren gebaut, doch verlor die Deutsche Bank, der Kreditgeber, nach dem Ersten Weltkrieg alle Besitzrechte. Die Fahrt dauert ca. 3 Std. und bietet großartige Ausblicke in die Taurus-Berge. Von Pozantı, einst eine Hochburg der Armenier, kommt man mit dem Bus zurück nach Adana.

ZUM HETHITISCHEN PALAST BEI KARATEPE

Tour-Infos

Start: Adana
Länge: Anfahrt über Osmaniye (über Autobahn O-52 ca. 95 km, 1 Std.), dann über Cevdetiye weitere 26 km, 1 Std.
Infos: tgl. 8.30–12.30, 14–17.30, Einlass bis 16 Uhr; Eintritt 8 TL

Der **Palast von Karatepe** ▶ M 7 war für die archäologische Forschung eine überaus bedeutende Stätte. Asitawandas, der König des späthethitischen Kleinreichs Kizzuwatna (Kilikien) mit der Hauptstadt Adanija (Adana), ließ ihn im 8. Jh. v. Chr. als Sommerresidenz errichten. Anfang des 7. Jh. wurde er durch die Assyrer zerstört. Bei seiner Entdeckung 1946 waren vor allem die hethitisch-phönikischen Bilinguen eine Sensation: Sie lieferten den entscheidenden Schlüssel zur Entzifferung der hethitischen Hieroglyphen.
Bei einer Wanderung in Begleitung des *bekçi* faszinieren vor allem die heiteren Darstellungen der wieder aufgerichteten Torsteine mit Reliefs im assyrisch beeinflussten Stil: Sie zeigen ein

Gelage am Hof des Herrschers mit Musikanten und einem Äffchen, einen Speerträger, Tanzbären, eifrige Diener und eine Mutter, die im Stehen ihr Kind stillt.
Auf dem Rückweg passiert man die Stätte des antiken **Hierapolis-Castabala,** wo Alexander der Große sein Hauptquartier vor der Schlacht bei Issos hatte. Die Säulen einer Kolonnadenstraße werden von der Ruine einer armenischen Burg überragt.

Yumurtalık ▶ L 8

Ein schönerer Küstenort als Karataş ist Yumurtalık, ein Ferienstädtchen mit einer kleinen Burg am enggefassten Fischerhafen, das ganz auf türkischen Tourismus ausgerichtet ist. Die preisgünstigen Fischrestaurants, die abendliche Flaniermeile und sogar Discos lassen es als angenehmsten Flecken der Çukurova in Erinnerung bleiben.

Die **Burg** stammt ebenso wie die im Meer vor dem Oststrand gelegenen spärlichen Reste der Seeburg aus der Zeit der Kleinarmenier, als der Ort unter dem Namen Ayas oder auch Lajazzo wichtigster Ausfuhrhafen Kilikiens und Stützpunkt des venezianischen Levante-Handels war. Säulen, Quadermauern und einige freigelegte Mosaiken im Hinterland zeugen von der antiken Vorläufersiedlung Aegeae.

Anazarva (Anazarbos) ▶ L 7

Nicht verpassen sollte man den Abstecher nach Anazarbos (türk. Anavarza Kalesi) beim Weiler Dilekkaya, das unter Kaiser Diocletianus Hauptstadt des östlichen Kilikien wurde. Erhalten blieben Ruinen zweier Kirchen und einer Kolonnadenstraße sowie die langgestreckte Wallmauer, die heute die Viehweide des Dorfes umgürtet. Südlich vom dreibogigen Stadttor aus der Zeit des Kaisers Septimius Severus sind außerhalb des Stadtmauerringes noch das Stadion und ein Amphitheater zu entdecken.

Der Aufstieg zur Höhe der kleinarmenischen **Burg** (250 m) mit einem Bastionsgürtel, Kirchenruinen und dem Donjon, der Stammresidenz des Königsgeschlechts der Rupeniden, ist anstrengend, belohnt aber mit einer grandiosen Aussicht über das antike Stadtgebiet in der Ebene. Achtung: Beim Aufstieg zur inneren Burg sind schon Leute abgestürzt.

Die Provinz Hatay

Die Provinz Hatay kam erst 1939 durch eine Volksabstimmung zur Türkei – vorher war es seit 1918 unter dem Namen Sandschak Alexandrette französisches Mandatsgebiet. Geografisch und historisch gehört der Landstrich hinter dem Gebirgszug der Nur Dağları eher zu Syrien, und noch heute sind arabische Einflüsse in Sprache und Küche unverkennbar. Aufgrund ausreichender Bewässerung durch Niederschlag und das Flusssystem des Asi Nehri (des antiken Orontes) sowie fruchtbarer Böden ist die Provinz relativ wohlhabend, wenn auch stark agrarisch geprägt. Einzig in İskenderun mit seinem Militär- und Ölhafen gibt es nennenswerte Industrie. Touristisch ist das Gebiet fast Niemandsland, vor allem seit die Besucher aus Syrien ausbleiben.

Ebene von Issos ▶ L 7/8

Ein Symbol der wechselvollen Geschichte ist die Burg **Toprakkale,** die den Straßenabzweig Richtung Antakya beherrscht; als sie 1337 von den Mamluken erobert wurde, leitete dies das Ende des Kleinarmenischen Reichs ein. Südlich der Burg erstreckt sich die Ebene von **Issos,** wo Alexander (»333 – bei Issos Keilerei«) durch eine waghalsige Reiterattacke das mehrfach überlegene Heer des Persers Darios schlug. Von den großen Altären, die der Makedone nach seinem Sieg errichten ließ, fehlt freilich jede Spur. Nur ein Aquädukt der antiken Stadt Epiphaneia westlich der Straße blieb erhalten.

Yakacık ▶ M 8

Die **Sokullu Mehmet Paşa Külliye** im Städtchen Yakacık (früher Payas) stiftete 1574 der Großwesir Sultan Selims II. Der Komplex aus einer Moschee mit Medresen-Hof, langer Bedesten-Halle mit 48 Ladenboxen, Hamam und Karawanserei verlor seine Bedeutung erst nach dem Ersten Weltkrieg, als die Kamelkarawanen aus dem Süden ausblieben. Heute wird nur noch die Moschee mit einem uralten Ölbaum im Innenhof genutzt. Zum Meer hin steht die kleine Festung **Cinkale** (›Geisterburg‹), die wohl von den Genuesen gegründet wurde.

İskenderun ▶ M 8

Die Großstadt İskenderun (180 000 Einwohner) kündigt sich schon früh durch ihre Industriezone an, Schlote und Ozeanriesen bestimmen das Bild an Hafen und Küste. Unter dem Namen Alexandria wurde sie von Alexander nach seinem Sieg bei Issos gegründet, unter dem Namen Alexandrette war sie nach 1918 Hauptstadt des französischen Mandatsgebiets Syrien – doch blieb von der Geschichte nur ein Hauch französischer Kolonialarchitektur im Zentrum beim Hafen.

Einen Abstecher lohnt der kleine, beschauliche Badeort **Uluçınar** gut 33 km südlich. Die dortigen Strandhotels bieten noch die beste Unterkunft in der Provinz und der Strand ist weit genug von den Abwässern İskenderuns entfernt.

Bei der Weiterfahrt nach Antakya überquert man die **Nur Dağları,** das antike Amanus-Gebirge, über den Belen-Pass – Militärpräsenz und eine osmanische **Karawanserei** (heute ein Lokanta) weisen auf die Bedeutung als Grenzriegel hin: Hinter dem Pass beginnt geografisch das Zweistromland, die Heimat Abrahams und seiner streitbaren Nachfahren.

Übernachten

Günstig – **Hataylı Oteli:** Mete Aslan Bulv. 2, nahe der Uferstraße unweit der Post, Tel. 0326 614 15 90, www.hatayliotelі.com. Mittelklassehotel, komfortable Zimmer, viele mit Blick zum Hafen. DZ/F um 120 TL.

... in Uluçınar

Wer nicht in der Großstadt bleiben will, fährt weiter nach Uluçınar, dem Badeort südlich an der Küste (ca. 35 km, 40 Min.). Dort bietet das **Arsuz Hotel** relativ komfortable Zimmer in einem gemütlichen Strandhotel, Tel. 0326 643 24 44, www.arsuzotel.com. DZ/F um 150 TL.

Essen & Trinken

Zahlreiche **einfache Lokanta** nahe der Ulu Cami und in der Şehit Pamir Caddesi.

Am Meer – **Teysir Restoran:** Atatürk Bulv., Sahil Kordonu, Tel. 326 613 98 86. Das Lokal am Meer westlich vom Fischerhafen gilt als gutes Fischrestaurant und ist ein beliebter Treffpunkt am Abend. Man sitzt sehr nett auf einer großen Veranda mit Seeblick. Günstigstes Fischmenü um 22 TL.

Verkehr

Busstation am Stadtrand südl. der D817 (per **Dolmuş** in die Stadt); etwa alle 2 Std. eine Verbindung nach Adana, stündlich nach Antakya (61 km), zweimal tgl. nach Uluçınar (40 km). In İskenderun endet die **Eisenbahnlinie** nach Süden (Bahnhof am Hafen).

Antakya und Umgebung

Antakya (Hatay) ▶ M 9

Cityplan: S. 355

Die weite Ebene, in der die vielen Arme des Asi Nehri, des antiken Orontes, aufglänzen, beherrscht **Antakya,** die offiziell **Hatay** genannte Hauptstadt der Provinz, die vom Fluss geteilt wird: Nördlich liegen die modernen Stadtteile, südlich die Altstadt, die sich vom Ufer zum Steilabfall der Burghöhe emporstaffelt und in manchen Bauten den Charme französischer Kolonialarchitektur bewahrt.

Die Geschichte dieser Stadt, des antiken Antiochia, das in der römischen Kaiserzeit nach Alexandria die größte Metropole des Orients war, kann allein mehr als ein Buch füllen: gegründet durch den Alexander-General Seleukos I. Nikator, Hauptstadt des Seleukidenreichs ab 281 v. Chr., in der Spätantike ein Zentrum christlicher Theologie, ab 1098 Hauptstadt eines Kreuzfahrer-Fürstentums, 1268 durch die Mamluken, 1517 durch die Osmanen erobert, 1835 durch den abtrünnigen ägyptischen Pascha Mehmet Ali, 1918 durch die Franzosen besetzt, bis sie 1939 durch Volksabstimmung zur Türkei kam. Seit den 1990er-Jahren hat sich die Stadt als Tor zu Syrien durch die Gründung der Freihandelszone İskenderun und durch ihre ausgeprägte Multikulturalität zwischen türkischer und arabischer, christlicher und islamischer Bevölkerung zu einer Metropole mit durchaus weltoffenen Zügen entwickelt.

Hatay Müzesi (Antakya-Museum)

Di–So 8.30–12.30, 13.30–17, im Sommer bis 18 Uhr, Eintritt 10 TL

Lebendig wird die Antike nur im **Hatay Müzesi** 1 an der Hauptbrücke über den Orontes, das eine der besten Sammlungen römischer **Bodenmosaiken** besitzt. Die bis zu 4 x 6 m großen farbenreichen Darstellungen mythologischer Szenen entstanden zumeist im 2./3. Jh. Mit etwas Abstand wirken sie wie gemalt, erst von nahem lösen sich die lebensechten Bilder in kunstvoll komponierte Steinchen auf – bei den größten Mosaiken sind es über 200 000 Stück.

Interessant sind auch die Statuen und Reliefs aus **Alalah** (Tell Açana, 23 km östlich von Antakya). Sie schmückten den großen Palast, den der assyrische König Jarimlim um 1750 v. Chr. erbauen ließ, um hier eine Garnison gegen das Alte Reich der Hethiter zu stationieren.

Altstadt

Von der immer noch lebendigen syrisch-orthodoxen Gemeinde zeugt die **Orthodoxe Kirche** 2 (Ortodoks Kilisesi) in den Gassen bei der Hürriyet Caddesi, hier wird die Messe in Arabisch gelesen.

Die **Habibı Naccar Camii** 3 in der Altstadt mag auf die 341 von Kaiser Constantius eingeweihte Kathedrale zurückgehen, wo einst das Fleisch des ertrunkenen Kaisers Friedrich I. Barbarossa, durch Kochen von den Knochen gelöst, bestattet wurde (s. S. 339); die Gebeine sollten in Jerusalem ihre Ruhe finden, gingen aber in den Wirren des Kreuzzuges verloren. Einen archäologischen Nachweis für diesen ersten Zentralbau der Christenheit gibt es allerdings noch nicht. Die Moschee mit dem markanten Minarett steht direkt an der einstigen Hauptstraße (heute Kurtuluş Cad.), die in der Antike rund 3200 Granitsäulen säumten. Heute präsentiert sie sich als belebte Einkaufsstraße.

St. Pierre Anıt Müzesi (St. Petrus-Kirche)

Di–So 8–12, 13.30–17.30 Uhr, Eintritt 10 TL, aber oftmals nicht zugänglich

Die **St. Petrus-Höhlenkirche** 4 soll noch vom Apostel Petrus geweiht worden sein und gilt als Kirche der ersten Christen der Stadt und damit des gesamten Christentums. Die Fassade mit Steinschnittfenster in Stern- und Rosettenform wurde von den Kreuzrittern im 12. Jh. errichtet. Das Relief des Totenschiffers Charon in der nahen Felswand lässt vermuten, dass hier auch die antike Nekropole lag.

Ein Ausflug auf den Burgberg zur **Antakya Kalesi** 5 lohnt weniger der erhaltenen Reste wegen – die Burg wurde im 19. Jh. geschleift – als vielmehr aufgrund des grandiosen Panoramas über das Stadtgebiet. In der Antike erstreckte sich die Stadt weit nach Nordosten bis hinter die Orontes-Insel, auf der Diocletianus einen Kaiserpalast erbauen ließ.

Infos

Info-Büro: Atatürk Cad. 47, Vali Ürgen Alanı, Tel. 0326 216 60 98.

Internet: www.antakyaturu.com (nur türk.)

Übernachten

Ex-Seifenfabrik – **Hotel Savon** 1**:** Kurtuluş Cad. 192, Tel. 0326 214 63 55, www.savonhotel.com.tr. Ein neueres Boutique-Hotel in einer ehemaligen Seifenfabrik. Edles Ambiente, Hof mit Springbrunnen und großem Kuppelgebäude, mit Restaurant und Kaminbar, 3 Suiten gibt es auch. DZ/F 250 TL.

Historisches Haus – **Antik Beyazit Hotel** 2**:** Hükümet Cad. 4, Tel. 0326 216 29 00, www.antikbeyazitoteli.com. Gut geführtes,

charmantes Hotel in einem Haus im Stil der französischen Kolonialarchitektur. Schöne, leider teils etwas kleine Zimmer, eingerichtet im historischen Stil. DZ/F um 210 TL.

Die Nobeladresse, wo zumeist die Bustouristen untergebracht sind, ist das **Büyük Antakya Hotel** **3** (Tel. 0326 213 5858, www.buyukantakyaoteli.com, DZ/F um 180 TL).

Einfachere Mittelklasse bietet das **Hotel Orontes** **4** (İstiklal Cad. 58, Tel. 0326 214 59 31, www.oronteshotel.com, DZ/F um 150 TL). Zur Hotelsuche bei www.booking.com muss man den offiziellen Stadtnamen Hatay eingeben.

Essen & Trinken

Spezialitäten des Hatay sind arabische Gerichte wie *Humus* (Kichererbsenpaste, *Kağıt Kebap* (Grillfleisch auf dünnem Fladenbrot) und *Kadayıf* (eine klebrig-triefende Süßspeise aus Fadennudeln). Für eine Pause eignen sich gut der **Teegarten im Belediye Parkı,** wo man schön ruhig im Schatten sitzen kann.

Französisch – **Sveyka Restoran** **1**: Kurtuluş Cad. 58, Tel. 0326 213 39 47, www.sveyka.com. In einem 2005 schön renovierten französischen Kolonialhaus wird internationale und typische Hatayküche serviert. Hauptgerichte um 25 TL.

Antakya

Sehenswert
1 Hatay Müzesi
2 Ortodoks Kilisesi (Agios Petros ve Pavlos)
3 Habibı Naccar Camii
4 St. Pierre Anıt Müzesi (St. Petrus-Kirche)
5 Antakya Kalesi

Übernachten
1 Hotel Savon
2 Antik Beyazit Hotel
3 Büyük Antakya Hotel
4 Hotel Orontes

Essen & Trinken
1 Sveyka Restaurant
2 Antakya Evi
3 Antik Han

Rakı-Tafel – **Antakya Evi 2:** S. Kuvvetler Cad. 3. Sehr gelobtes Restaurant im Obergeschoss eines historischen Kolonialhauses, hier trifft sich die bessere Gesellschaft zur Rakı-Tafel. Hauptgerichte ab 20 TL.
Kebaps – **Antik Han 3:** Hürriyet Cad. 19/1. In einem schön renovierten Handwerkerhof (trk. *han),* richtig tolles historisches Ambiente. Kebaps und gute Mezeler (teils auch arabische Rezepte). Hauptgerichte ab 18 TL.

Verkehr

Busstation an der İstiklal Caddesi; Verbindung nach Aleppo (Syrien), sonst etwa alle 2 Std. ein Bus nach İskendrun und Adana. Nach Samandağı, Harbiye und İskenderun regelmäßig Dolmuş-Busse, s. Plan.

Harbiye ► M 9

Der Vorort Harbiye, 9 km südlich von Antakya, ist einer der schönsten Flecken des Hatay. Im Altertum hieß der Ort **Daphne**; dort stand ein berühmter Apollon-Tempel, den die Seleukidenkönige von den besten griechischen Künstlern ihrer Zeit ausstatten ließen. Im Heiligen Hain, wo nach dem Mythos die Nymphe Daphne von Zeus zu ihrer Rettung in einen Lorbeerbaum verwandelt wurde, als Apollon ihr Gewalt antun wollte, fanden in der Antike orgiastische Feiern statt.
Heute heißt Lorbeer im Türkischen immer noch *defne,* und das Tal mit zahlreichen kleinen Wasserfällen ist immer noch ein beliebter Picknickplatz. Zwischen den plätschernden Rinnsalen verstecken sich einige stets gut besuchte Restaurants im schattigen Zypressen- und Lorbeerhain.

Samandağı ► L 9

Samandağı, 24 km westlich, ist eine arabisch geprägte Provinzstadt. Die Einwohner sind überwiegend Aleviten, aber auch noch einige syrisch-orthodoxe Christen leben hier. Der Strand ist sandig, aber oft mit angeschwemmtem Müll bedeckt.

Nördlich, beim Küstenstädtchen Çevlik, liegen die Ruinen von **Seleukia Pieria,** das die erste Hauptstadt von Seleukos I. Nikator war und später als Hafen von Antiochia ausgebaut wurde. Als monumentalstes Werk blieb der **Titus Tüneli** erhalten, ein 1,3 km langes künstliches Flussbett von 6 m Breite und 4–5 m Höhe, durch das die Stadt vor Überschwemmungen geschützt werden sollte. Als **Beşikli Mağara** wird eine kunstvoll in den Fels gemeißelte Nekropole bezeichnet – mit zahlreichen Sarkophagen und einer säulengestützten Arkadenfassade.

Gaziantep ► N 7

Cityplan: S. 357
Gaziantep, die Hauptstadt der gleichnamigen Provinz, ist heute mit ca. 1,8 Mio. Einwohnern die größte Stadt der östlichen Türkei, seit 2005 auch Partnerstadt von Duisburg. Durch die Auswirkungen des GAP-Staudammprojekts (s. S. 30) hat sich die Einwohnerzahl innerhalb zweier Jahrzehnte vervierfacht. In großem Stil können durch das Stauseewasser Baumwolle, Zuckerrüben

und Getreide angebaut werden, neue Industrie hat sich angesiedelt. Weiterhin hat die Stadt Bedeutung auch als Zentrum der Produktion von Pistazien, den berühmten *Antep Fistiği;* der Löwenanteil der türkischen Erzeugung stammt von hier.

Bei den Einwohnern heißt der Ort übrigens wie früher einfach Antep, den Titel *Gazi* (= standhafter Kämpfer) verlieh ihr der Republikgründer Atatürk, nachdem die Bevölkerung im Anschluss an den Ersten Weltkrieg einen blutigen Aufstand gegen die Besatzung durch die in Syrien stationierten französischen Truppen geführt hatte. Dieser Widerstand trug letztlich dazu bei, dass der Südosten bis hinunter zur Provinz Hatay von den Franzosen geräumt wurde und wieder an die Türkei fiel.

Von alters her lag die Stadt im Grenzbereich konkurrierender Großmächte und im Spannungsfeld zwischen Anatolien und dem fruchtbaren Halbmond, zwischen Hethitern und Assyrern, später zwischen Römern und Sassaniden. Auch in der Folgezeit war sie ein heftig umstrittener Grenzort an der römisch-byzantinischen Ostgrenze.

Gaziantep

Sehenswert

1 Zitadelle (Kale)
2 Şirvanı Cami
3 Elmacı Pazarı
4 Hasan Süzer Konağı
5 Archäologisches Museum, Zeugma Mosaik Müzesi

Übernachten

1 Ravanda Hotel
2 Tuğcan Hotel
3 Anadolu Evleri
4 Antique Belkis Han

Essen & Trinken

1 Bayazhan
2 Imam Cağdaş
3 Güllüoğlu

Zitadelle (Kale)

Di–So 9.30–17 Uhr, im Sommer bis 19 Uhr, Eintritt frei

Die **Zitadelle (Kale)** 1 liegt auf dem Plateau eines alten Siedlungshügels (zurückgehend bis zur Tell-Halaf-Kultur um 3500 v. Chr.). Das Bollwerk ist vom byzantinischen Kaiser Justinianus als Grenzfeste gegen die Perser im 6. Jh. n. Chr. begründet, von den Seldschuken weiter ausgebaut und von den Kreuzfahrern eingenommen worden. Innerhalb der Umfassungsmauer mit ursprünglich 36 Türmen, von denen noch 12 erhalten geblieben sind, liegt nur noch eine Wiese, doch öffnet sich von dort ein großartiger Rundblick über die Stadt, besonders aber über die Altstadt und auf die **Şirvanı Cami** 2 mit einem eindrucksvollen Minarett.

Altstadt

An der Ringstraße um den Burgberg, der in den 1970er-Jahren sorgsam restauriert worden ist, liegen neben einem ansprechenden Gemüse- und Obstmarkt noch alte Werkstätten, Schlossereien und Verzinkereien für das Kupfergeschirr, für das Gaziantep bekannt ist. In manchen Läden kann man auch noch altes Kupfergeschirr erwerben. Neben der Möbeltischlerei mit Intarsien werden zudem die Gewürze der Region gerühmt, die im **Elmacı Pazarı** 3 nahe der **Hacı Nasır Camii** angeboten werden.

Hasan Süzer Konağı 4

Hanifioğlu Sok. 64, Di–So 8–12, 13–17 Uhr, 8 TL, 2015 geschl. wg. Renovierung

Gaziantep bezeichnet sich gern als das ›Paris des Ostens‹ – mit Blick auf die modernen Geschäftsviertel, die kaum noch orientalisches Flair aufkommen lassen. Das betrifft auch die geschäftige Fußgängerzone mit ihren für die Osttürkei überaus luxuriösen Geschäften und die Patrizierhäuser der Armenier, die teils mondänes Jahrhundertwendeflair schaffen. Sehenswert ist der **Hasan Süzer Konağı,** ein prachtvoller Bau vom Ende des 19. Jh., der die ethnografische Sammlung der Stadt beherbergt. Im Männertrakt *(selamlık)* werden alttürkische Szenen mit lebensgroßen Puppen nachgestellt. Im Frauentrakt *(haremlık)* in der 2. Etage gibt es eine stadtgeschichtliche Ausstellung.

Archäologisches Museum 5

Hacı Sani Konukoğlu Bulv. 27500, Di–So 8–12, 13–17 Uhr, Eintritt 10 TL, war 2015 geschl.

Das **Arkeoloji Müzesi** erhielt 2005 einen großzügigen Neubau neben dem alten Museum, um die großartigen Mosaiken der römischen Legionsstadt Zeugma/Belkis zu besonderer Geltung zu bringen (s. S. 359).

Nur durch Notgrabungen konnten damals aus Zeugma, das trotz vehementer internationaler Proteste beim Staudammbau überflutet wurde, wunderbare großflächige, mit feinsten Steinchen gebildete Bodenmosaiken gerettet werden. Sie stellen meist Themen der griechischen Mythologie da, so die Entdeckung des Achill (der nicht in den Trojanischen Krieg wollte) unter den Töchtern des Lykomedes auf Skyros, die Hochzeit von Dionysos und Ariadne, Daedalus und Ikarus zimmern eine Kuh für Pasiphae, die sich in einen kretischen Stier verliebt hat und sich von diesem in der Verkleidung begatten lässt (der Sohn aus dieser Verbindung ist dann der

Minotaurus). Zu den kostbarsten Skulpturstücken zählen eine vollständig erhaltene Bronzestatue des Kriegsgottes Mars und die Marmorstatue der Göttin Demeter.

Daneben beherbergt das Museum noch regionale Funde aus den späthethitischen Siedlungen bei Sakçagöz, Karkamiş und Zincirli. Besonders sehenswert: eine Büste des Kommagene-Königs Antiochos I. und ein sogenanntes Dexiosis-Relief (›Handschlag-Relief‹), auf dem der König und Herakles beim *shake-hands* dargestellt sind.

Infos

Info-Büro, Turizm Il Müdürlügü im 100. Yil Parkı. Internet: www.gaziantepturizm.gov.tr

Übernachten

Das **Ravanda Hotel** 1 (İnönü Cad., Ende Hürriyet Cad., www.ravandahotel.com) und das **Tuğcan Hotel** 2 (Atatürk Bulv. 34, www.tugcanhotel.com.tr) sind die beiden modernen Prachtkästen der Stadt.

Romantisch – **Anadolu Evleri** 3: Köroğlu Sok. 6, Tel. 0342 220 95 25, www.anadoluevleri.com. Zwei Altstadthäuser, romantisch renoviert und im Stil der Zeit eingerichtet. 6 Zimmer, groß und sehr hoch, mit Bad, DZ/F um 180 TL, eine Luxus-Suite 270 TL.

Historischer Charme – **Antique Belkis Han** 4: Kayacık Ara Sok. 16, Tel. 0342 231 10 84, www.belkishan.com. Liebevoll restauriertes altes Stadthaus, 4 komfortable, gepflegte Zimmer mit osmanischem Charme, 2 mit eigenem Bad. DZ/F um 220 TL.

Essen & Trinken

Antep ist die Heimat bekannter türkischer Gerichte wie *Lahmacun* (türkische Pizza) oder *Baklava,* das sirupgetränkte Gebäck mit den Pistazien der Region. Besondere **Spezialitäten** sind ein Fleisch-Auberginen-Spieß, das *Antep Kebap,* sowie *Yuvarlama,* Weizengrützebällchen in Tomatensud. Viele Cafés und Restaurants gibt's am Atatürk Bulvarı.

Nobel speisen – **Bayazhan** 1: Atatürk Bulv. 119, Tel. 0342 221 02 12, www.bayazhan.com.tr. Ehemaliger Handelshof vom Anfang des 20. Jh. mit großem Innenhof, heute teilweise als Stadtmuseum und für Souvenirshops genutzt. Historisch eingerichteter Speisesaal, große Terrasse im Innenhof. Hauptgerichte um 40 TL.

Traditionelle Kebabs – **Imam Cağdaş** 2: Eski Hal Civarı, Uzun Sok., Tel. 0342 220 45 45, www.imamcagdas.com. Das traditionelle Lokal mit der auffälligen Holzfassade ist für Kebaps und Baklava zu empfehlen. Spezialität ist der Ali Nazik Kebabı, ein Hackfleischspieß in Auberginen-Joghurt-Sauce. Treffpunkt am Mittag zu eher günstigen Preisen.

Baklava – **Güllüoğlu** 3: Suburcu Cad. 1. In der Konditorei am Rand der Altstadt ist der berühmteste Zuckerbäcker der Türkei am Werk; hier soll es das beste *Baklava* überhaupt geben.

Verkehr

Der **Busbahnhof** liegt einige Kilometer nordwestlich des Zentrums. Dolmuş-Busse dorthin starten an der İstasyon Caddesi auf der Südseite des Alleben-Flüsschens. Regelmäßig nach Adana, Ankara, Malatya, Kahta (Nemrut Dağ), Mardin.

Von Gaziantep nach Osten

Birecik am Euphrat ▶ N 7

Die Kreisstadt Birecik liegt malerisch am linken Ufer des Euphrat (trk. Firat Nehri), an einem schon in der Antike bedeutenden Flussübergang. Die neue Brücke wurde 1956 gebaut. Noch im 19. Jh. beeindruckte die gewaltige **Kreuzritterburg** den jungen Offizier Helmuth von Moltke, der sie als »das außerordentlichste Bauwerk, das ich je gesehen« habe, bezeichnete. Sehenswert ist die Festung heute allerdings nur noch von Ferne. Eine prachtvolle Flussfront verrät noch die gewaltigen Ausmaße. Im Inneren der Anlage ist jedoch vieles zerstört und verbaut. Die Zitadelle war schon zur Zeit der Römer eine Grenzfeste gegen den Osten, wurde in der

Folgezeit immer wieder auf- und ausgebaut, dann allerdings durch mehrere Erdbeben zerstört und sich selbst überlassen.

Am linken Flussufer, ca. 5 km nördlich der Stadt, liegt eines der letzten **Waldrapp-Reservate.** Die vom Aussterben bedrohte kahle Ibis-Art *(Geronticus eremita)*, die im Mittelalter auch in den Alpen vorkam, galt lange Zeit nur noch als Fabelwesen. Erst 1839 wurde sie von dem englischen Reisenden W. F. Ainthworth wiederentdeckt. Birecik war früher ein beliebter Brutplatz, selbst auf dem Marktplatz bauten die Vögel ihre Nester. Pestizideinsätze in der Landwirtschaft haben den Bestand jedoch brutal dezimiert, sodass es seit 1989 keine freilebenden Brutpaare mehr gibt.

In den Gehegen am Euphratufer lassen sich die Vögel aber noch gut beobachten. Bisweilen entdeckt man sie auch in dem nahe gelegenen Wadi, das sich, bei der Vogelzuchtstation beginnend, eindrucksvoll in das Uferbergland des Euphrat hineingefressen hat. Hier lohnt eine Wanderung, die in eine kahle, völlig baumlose Kalklandschaft führt.

Rumkale ▶ N 7

Von Birecik aus kann man mit einem Bus in das 36 km entfernte Kleinstädtchen Halfeti fahren, um von dort aus mit einem Boot den gestauten Euphrat flussauf zur **Festung Rumkale** ▶ N 7 zu gelangen. Dies ist ein grandioses Landschaftserlebnis: entlang steil abfallender, kahl erodierter Felshänge gleitet das Boot auf eine Festung zu, in der man gern den Alten vom Berge vermuten möchte. Der Ort **Halfeti** ist nur noch teilweise erhalten. Im Zuge der Flutung des Tales durch den Euphrat (trk. Firat), der nördlich des Staudamms von Birecik einen See gebildet hat, ist der untere Teil des Ortes überflutet. Eine neue Uferpromenade wurde angelegt, wo man ein Boot mieten kann.

Rumkale war in römischer Zeit Teil des Euphrat-Limes, der Befestigungslinie an der Ostgrenze des Römischen Reiches. Strategische Bedeutung hatte sie auch, weil es hier vor dem Staudammbau eine passierbare Furt zur Flussüberquerung gab.

Versunkene Schätze

Einige Kilometer nördlich von Birecik, auf der rechten Uferseite des Euphrat, lag die antike Stadt **Zeugma** ▶ N 7, die heute fast gänzlich von den Fluten des aufgestauten Flusses überspült ist. Seit 1998 hatten mehrere internationale Teams in Notgrabungen die wertvollen Mosaiken geborgen, mit denen die reichen Villen und öffentlichen Bauten geschmückt waren. Zeugma war ein wichtiger Flussübergang über den Euphrat. Nach der Zerstörung der Stadt durch die Sassaniden in den Jahren 253 und 256 n. Chr. und einem Erdbeben lag die Stadt schließlich für Jahrhunderte unter einer Erdschicht von 6–8 m begraben. Daher fanden Grabräuber keinen Zugang und die Mosaiken blieben in diesem herrlichen Zustand erhalten, wie sie heute im Museum in Gaziantep ausgestellt sind (s. S. 357).

Die gewaltige Festung liegt hoch über dem gestauten Fluss auf einem schmalen Felssporn, den die Zumündung des Merzimen-Flusses bildet. Ein Rundgang auf die andere Seite des Burgberges führt an tiefen Zisternen und Tunnels vorbei. Auf der Höhe liegen die Reste eines syrisch-christlichen Klosters und einer armenischen Kirche. Vor allem aber ist es der faszinierende Rundblick in das Tal des Euphrat und seines Nebenflusses Merzimen, der den Aufstieg lohnt.

Nach einem Zwischenstopp an der Burg, der mit den Bootsführern vorher vereinbart werden sollte, setzt man die Bootsfahrt flussaufwärts fort zu dem fast völlig überfluteten Dorf **Savaşan,** dessen Minarett noch malerisch aus dem Euphratwasser ragt. Den Bewohnern wurden Häuser in kahler Landschaft oberhalb der Staubereiche gebaut, ohne dass eine ökonomische Existenzbasis vorhanden wäre. Das fruchtbare Land und die Olivenkulturen im Tal sind durch die Aufstauung vernichtet worden. Viele Familien haben deshalb ihre Heimat aufgegeben und sind in die Vorstädte von Gaziantep, Birecik oder Urfa gezogen.

Schwarzes Meer
Sinop
Amasya
Tokat
Eskişehir
Sivas
Ankara
Hattuscha
Afyonkarahisar
Konya
Burdur
Mittelmeer

Kapitel 5

Zentralanatolien und Schwarzmeerküste

Reisende des 19. Jh. mussten noch gefahrvolle Fahrten unternehmen, wenn sie das Hochland Anatoliens besuchen wollten. Heute reist man auf guten Straßen durch eine abwechslungsreiche und kulturell immer wieder überraschende Region. Mit Anatolien verbindet sich die Vorstellung von einer fast baumlosen Landschaft, ein Vorgeschmack auf die Unendlichkeit Asiens. Darüber hinaus jedoch überrascht diese Region mit einer landschaftlichen Vielfalt, die unvergessliche Eindrücke hinterlässt – seien es die Erosionstäler im phrygischen Bergland, die Felskegel Kappadokiens, die begrünten Kuppen der Köroğlu Dağları oder die farbigen Karsthänge am Sakarya Nehri.

Faszinierend ist die Fülle der kulturellen Zeugnisse, angefangen bei frühen Städten der Hethiter und Phryger. Überall erlebt man die geradezu sprichwörtliche Gastfreundschaft der heutigen Türken. Wer Inneranatolien durchstreift, wird immer wieder eingeladen, zu einem Tee, zu einem Ayran – auch wenn das Gespräch auf freundliche Gesten beschränkt bleibt. Gute Reisezeiten sind der Frühsommer und der frühe Herbst. Allerdings sind die Temperaturen auch im Sommer (ca. 30 °C) erträglich, weil ständig ein leichter Wind geht und die Luft sehr trocken ist. Viele Ausgrabungsstätten sind sehr weitläufig, man sollte genug Zeit einplanen. Ankara ist eine pulsierende Millionenstadt, hat jedoch eine klare Struktur. Mit dem Auto ist die Stadt problemlos zu befahren, da die Ausschilderung gut und die Verkehrsdisziplin bedeutend besser ist als in İstanbul.

Renovierte osmanische Konaks in Safranbolu

Auf einen Blick: Zentralanatolien und Schwarzmeerküste

Sehenswert

Konya: Hauptstadt des alten Seldschukenreiches mit dem Mevlana-Kloster des Ordens der Tanzenden Derwische (s. S. 379).

Aizanoi: Die weitläufige Ausgrabungsstätte ist berühmt für ihren großartig erhaltenen Zeus-Tempel (s. S. 393).

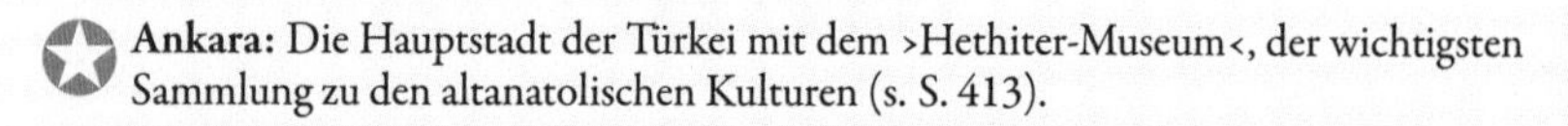

Ankara: Die Hauptstadt der Türkei mit dem ›Hethiter-Museum‹, der wichtigsten Sammlung zu den altanatolischen Kulturen (s. S. 413).

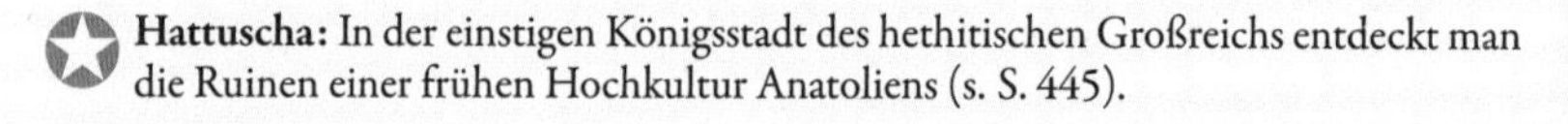

Hattuscha: In der einstigen Königsstadt des hethitischen Großreichs entdeckt man die Ruinen einer frühen Hochkultur Anatoliens (s. S. 445).

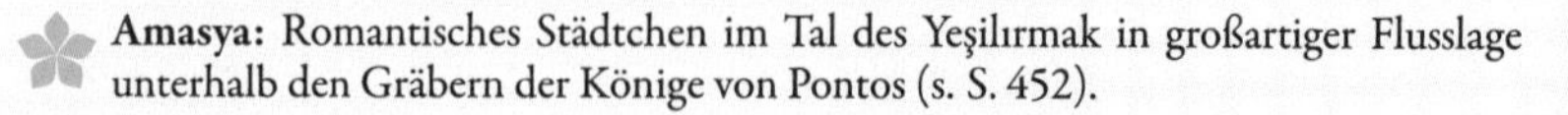

Amasya: Romantisches Städtchen im Tal des Yeşilırmak in großartiger Flusslage unterhalb den Gräbern der Könige von Pontos (s. S. 452).

Schöne Routen

Ausflug nach Adada: Ab Eğridir zur Aksu-Höhle und zur antiken Stadt Adada, eingebettet in eine von Pinien und Ölbäumen geprägte Landschaft (s. S. 370).

Von Afyonkarahisar nach Sivrihisar: Durch das phrygische Hochland, ein abwechslungsreiches Tuffgebiet, mit bizarren Felsformationen (s. S. 397).

Unsere Tipps

Tanz der Derwische: In Konya kann man den Sema-Tanz der Melevi-Derwische erleben. Zur ätherischen Musik drehen sich die Tänzer bis zur mystischen Entrückung (s. S. 377).

Safranbolu: Das Städtchen in den bewaldeten Isfendiyar Dağları gilt als eine Art türkisches Rothenburg. Viele der romantischen alten Häuser sind heute renoviert (s. S. 431).

Sinop: Eines der lohnendsten Ziele an der Schwarzmeerküste ist das Städtchen Sinop in den Ruinen einer genuesischen Festung. Lange Strände und urige Fischrestaurants machen seinen besonderen Charme aus (s. S. 438).

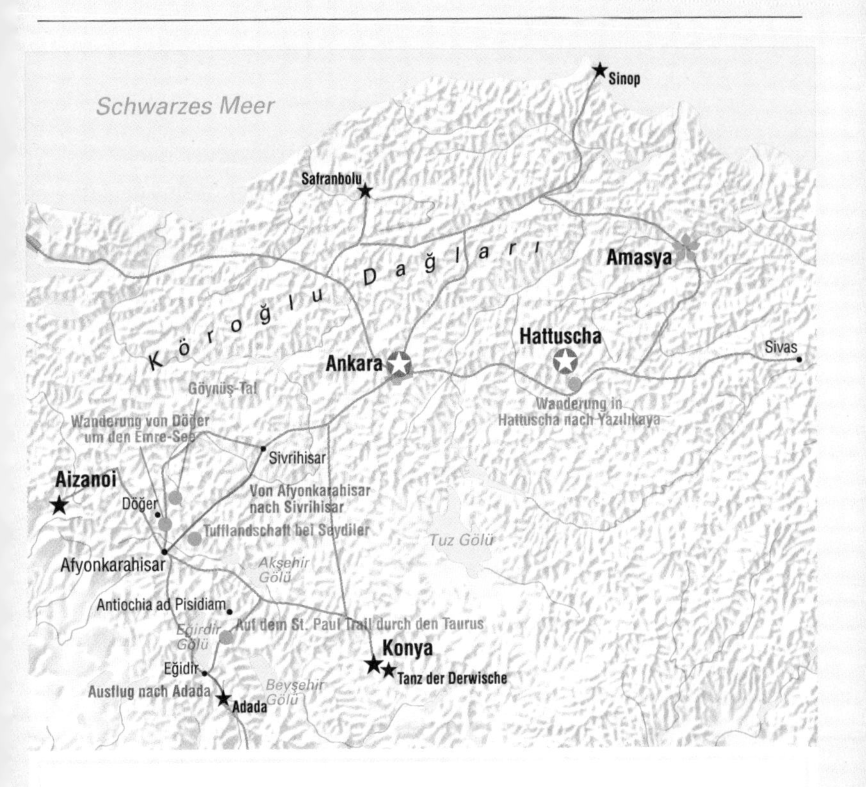

Auf dem St. Paul Trail durch den Taurus: Abenteuerliches Trekking auf dem Weg des Apostels Paulus von Perge nach Antiochia in Pisidien (s. S. 366).

Wanderung von Döğer um den Emre-See: Zu Heiligtümern der Kybele, bizarren Felsformationen, byzantinischen Siedlungen und phrygischen Grabanlagen (s. S. 398).

Felsdenkmäler im Göynüş-Tal: Kleine Wanderung an der Straße Afyon–Seyitgazi (s. S. 400).

Tufflandschaft bei Seydiler: Eine Landschaft wie in Kappadokien, die man in ca. zwei Stunden durchwandert (s. S. 403).

Wanderung in Hattuscha nach Yazılıkaya: Zum Felsheiligtum der Hethiter mit dem Grab Königs Tuthaliya II. (s. S. 448).

Von der Südküste ins Landesinnere

Wer von der Südküste ins Landesinnere aufbricht, überquert zuerst das alpin-schroffe Taurus-Gebirge (Toros Dağları) und erreicht eine Region, die ganz andere Eindrücke als die Küste bietet. Kulturell geht das Leben hier noch einen sehr traditionellen Gang und landschaftlich weicht die mediterrane Üppigkeit dem zunehmend karger werdenden Bild des anatolischen Hochlands, wo nur noch Trockenfeldbau möglich ist.

Von Antalya nach Burdur

Antalya verdankte seine historische Bedeutung vor allem der Lage an der Pass-Straße aus dem zentralanatolischen Afyon (Afyonkarahisar) ans Mittelmeer. Der beliebte Abstecher von der Küste nach Pamukkale (s. S. 253) bietet Gelegenheit, der Straße bis zur ›türkischen Seenplatte‹ *(Göler Bölgesi)* zu folgen.

Suzuz Han ▸ 2, J 8

Die alte Handelsstraße von Antalya nach Norden führt an den drei seldschukischen Karawansereien **Kirgöz Hanı, Suzuz Han** und **İncir Han** vorbei, die jeweils eine Tagesetappe voneinander entfernt am Weg liegen (alle drei sind gut ausgeschildert). Der am besten erhaltene ist der Suzuz Han mit seinem mächtigen, reich verzierten Portal, der sich etwas abseits der Straße erhebt.

Burdur ▸ 2, J 8

Das in letzter Zeit stark gewachsene Provinzstädtchen **Burdur** (73 000 Einwohner) auf einer Anhöhe über dem gleichnamigen See lohnt wegen der hübschen Altstadt einen Besuch. Rund um die **Ulu Cami,** erbaut 1299, findet freitags ein großer Bauernmarkt statt.

Im kleinen, aber aufgrund der Sagalassos-Grabung doch sehr sehenswerten **Burdur Museum** (Di–So 8.30–17 Uhr, 5 TL) werden Exponate aus Hacılar (bedeutendster Siedlungshügel Kleinasiens aus der neolithischen Epoche) und aus phrygischen Grabungsstätten gezeigt. Kernstück des Museums sind die überlebensgroßen Statuen griechisch-römischer Gottheiten aus Sagalassos (s. S. 365), die bei den Ausgrabungen seit 1996 gefunden worden sind.

Am nordöstlichen Altstadtrand liegt das Burdur Evi, ursprünglich ein 1830 von dem osmanischen Statthalter Bakı Bey erbauter Konak (Herrenhaus) mit großer Veranda, wo heute das Info-Büro untergebracht ist. In der Nähe kann man weitere osmanische Herrensitze wie den **Taşoda Konağı** oder **Çelikbaş Konağı** entdecken, die heute als ethnografische Museen dienen (Besichtigung nur nach Anfrage beim Museum).

In der Umgebung kann man die Tropfsteinhöhle **İnsuyu Mağarası,** 13 km Richtung Antalya, auf ausgeleuchteten Wegen besichtigen (vor- und nachmittags geöffnet).

Wie bei allen Seen in diesem Gebiet sinkt auch der Wasserspiegel des **Burdur Gölü,** sodass die Wasserfläche schrumpft und ein breiter Ödlandstreifen die Ufer säumt. Touristisch bietet der See daher wenig.

Westlich des Burdur-Sees erreicht man das von Karst geprägte Bergland mit reizvollen Seen, dem **Yarişlı Gölü** bei Kocapinar und dem **Salda Gölü** bei **Yeşilova,** der mit 185 m der tiefste See der Türkei ist und als der sauberste des Landes gilt. Er ist ein beliebtes Ausflugsziel, 75 km westlich von Burdur, mit guten Hotels und Uferrestaurants, wo die Touristenbusse von Antalya nach Pamukkale gern Station machen. Auf dem Weg passiert man auch den neolithischen Siedlungshügel von **Hacılar Höyük** (s. S. 33).

Infos

Info-Büro: Çelikbaşlar Konağı, Değirmenler Mah., Akif Ersoy Cad. 119, Tel. 0248 232 22 10, www.burdurkultur.gov.tr.

Übernachten

Mit Spa – **Grand Hotel Özeren:** in Burdur, İstasyon Cad., Namık Kemal Cad. (Stadtzentrum), Tel. 0248 233 77 53, www.grandozerenotel.com. Das zweite der beiden Özeren-Häuser (das erste an der Gazi Cad. 51), dieses liegt ruhig hinter dem historischen Vilayet-Gebäude und ist deutlich komfortabler mit Hamam und Sauna. DZ/F um 200 TL.

Essen & Trinken

Einfache **Lokanta** an der Hauptstraße unterhalb des Altstadthangs von Burdur (Gazi Caddesi). Die Spezialität hier ist *Burdur Şiş,* Hackfleischklößchen auf Spießen gegrillt.
Traditionsküche – **Çetinler Yemek Salonu:** Şehit Özpolat Cad. 12/C, Tel. 0248 234 15 57. Große Auswahl, auch Suppen und Schmorgerichte, in dem Restaurant an der Straße zum Stadion.
Hübsch am See – **Akçeşme:** Salda Gölü, am See Richtung Denizli. Gute Auswahl, direkt am Seeufer.

Verkehr

Von der **Busstation** an der Straße nach Afyon (Afyonkarahisar) Fernbusverbindungen in alle Richtungen, nicht so häufig wie von Isparta.

Sagalassos ▶ 2, J 8

Tgl. 7.30–18 Uhr, Eintritt 10 TL, am Eingang ist ein Übersichtsplan mit Vorschlägen für Rundgänge erhältlich

Bei Ağlasun biegt die Bergstraße zu den Ruinen von **Sagalassos** ab, die in römischer Zeit die zweitgrößte Stadt der Region war – wie Termessos (s. S. 316) gehörte sie zum Kulturkreis des Bergvolks der Pisidier. Außergewöhnlich ist die Lage dieser Stadt auf rund 1500 m Höhe, die sich in kahler Felsödnis über der heutigen Waldgrenze ausbreitet.

Die Stadt bestand schon zur Zeit der Hethiter, in deren Archiven sie im 14 Jh. v. Chr. unter dem Namen Salawassa auftaucht. In römischer Zeit wurde Sagalassos mit bedeutenden öffentlichen Bauten ausgestattet – wohl um römische Kultur ins abgeschiedene Bergland zu tragen und der Bevölkerung Arbeit zu verschaffen. Im 6. Jh. brachten zwei Erdbeben große Zerstörung, die verheerende Pest um 540 tötete etwa die Hälfte der Bevölkerung. Seit Mitte des 7. Jh. ist die Stadt verlassen; da aufgrund der abgeschiedenen Lage keine Plünderungen möglich war, können die belgischen Archäologen (www.sagalassos.be) heute fast alle Bauten aus den Originalwerksteinen rekonstruieren.

Das große **Theater** der Stadt entspricht dem römischem Typus und bot Platz für ca. 9000 Personen – das entsprach ungefähr der gesamten männlichen Einwohnerschaft. Seit 1985 konnten Ruinen zweier **Agoren,** einer gut 1000m langen **Kolonnadenstraße** und eines **Tempels** ausgraben werden, der in frühchristlicher Zeit in eine **Basilikalkirche** umgebaut worden war.

1997 konnte zudem das hellenistische **Bouleuterion,** das antike Rathaus des 1. Jh. v. Chr, freigelegt werden, von dem noch prächtige Mosaikfußböden erhalten sind. Neu entdeckt wurde auch ein hellenistisches **Nymphaion,** eine Brunnenanlage, die sogar wieder frisches Quellwasser spendet. Oberhalb liegt die von einem reichen Bürger errichtete **Neon-Bibliothek.** Sie war bei dem Erdbeben einem Feuer zum Opfer gefallen und enthält gut erhaltenen Mosaiken unter einem Schutzbau.

Essen & Trinken

Zwischenstopp – **Sagalassos Lodge:** Yaylakent 1 Sok. 12, www.sagalassoslodge.com. Das Hotel an der Straße zum Ausgrabungsgelände bietet moderne Küche auf der Terrasse mit tollem Landschaftsblick.

AUF DEM ST. PAUL TRAIL DURCH DEN TAURUS

Tour-Infos

Start: Antalya, Perge
Länge: ca. 500 km für die gesamte Strecke bis Yalvaç/Antiochia in Pisidien
Dauer: 3 Wochen, Teilstücke mögl.

Wichtige Hinweise: Unterkünfte sind nicht für jede Etappe vorhanden. Es empfiehlt sich daher, eine organisierte Wanderung zu buchen.

Seit 2005 ist der erste richtige Fernwanderweg im Inland der Türkei geöffnet, durchgängig markiert nach den europäischen Richtlinien. Er führt vom antiken Perge (s. S. 317) an der Südküste bei Antalya über Çandır am Karaöceren-Stausee nach Adada und von dort über Eğirdir nach Antiochia ad Pisidiam, der letzten Station des Apostels Paulus, dessen Wanderung man auf diesem Pfad folgt. Eine zweite Teilstrecke beginnt in beim antiken Aspendos, die über Selge den Taurus quert und bei Adada (s. S. 370) auf die Perge-Route trifft.
Der vollständige Führer mit genauen Wegbeschreibungen und Unterkünften ist von Kate Clow (die auch den Lykischen Weg dokumentiert hat, s. S. 291) im Verlag Upcountry (Turkey) Ltd. erschienen und über den Buchhandel zu beziehen (ca. 4 Wochen). Als Begleitbuch und zur

Vorbereitung ist er unverzichtbar, da der Weg fast durchgängig durch abgelegenes, teils menschenleeres Gebiet führt und gute Planung notwendig ist.
Auf dem Weg durchstreift man einsame Taurus-Höhen, traditionelle Dörfer, wilde Kanyons und geht immer wieder über erhaltenes römische Pflaster: der Weg folgt nämlich der antiken Straße, über die auch der Apostel Paulus auf seiner Kleinasienreise gewandert ist. Das Buch ist sehr ausführlich und gibt alle notwendigen Tipps, aber auch geführte Touren kann man buchen: deutschsprachige Führungen bietet zum Beispiel Dardanos Travel aus Patara an (s. S. 296).

Isparta und der Eğirdir-See

Isparta ▶ 2, J 7

Isparta, die Hauptstadt der Provinz mit ca. 200 000 Einwohnern, ist bekannt als Zentrum der Destillation von Rosenessenzen, deren Ausgangsprodukte auf riesigen Feldern in der Umgebung angebaut werden. Interessanter ist aber vielleicht noch die Rolle als Teppichzentrum mit einem großen Markt, wo man weitaus preisgünstiger einkaufen kann als an der Küste. Die Hamiden-Emire, die im 14. Jh. vor den Osmanen das Gebiet bis nach Antalya beherrschten, ließen die Zitadelle über der Stadt ausbauen, doch blieb davon aufgrund eines Erdbebens Ende des 19. Jh. kaum etwas erhalten.

Ein beliebtes Ausflugsziel der Einheimischen ist der **Gölcük Gölü,** ein Kratersee ungefähr 13 km südwestlich der Stadt in Richtung Yakaören. Er liegt malerisch von hohen Bergen umgeben auf rund 1300 m Höhe mitten in Wäldern. Unterhalb des Wasserspiegels und außerhalb des Kraterrandes treten Quellen aus, die für die Bewässerung der Ebene und für die Trinkwasserversorgung Ispartas genutzt werden. Picknickplätze laden zur Rast ein.

Infos

Info-Büro: 106 Cad., 1217 Sok. 31, Tel. 0246 223 27 98, www.ispartakultur.gov.tr.

Übernachten

Modern im Zentrum – **Barida:** S. Demirel Bulv. 32, Tel. 0246 500 25 25, www.baridahotels.com. Modernes Hochhaushotel (5 Sterne) mit gutem Dachrestaurant, Pool, Sauna, Fitness-Center und Disco. DZ/F um 200 TL.

Historisches Flair – **Basmacıoğlu:** Süleyman Demirel Bulv. 81, Tel. 0246 223 79 00, www.basmaciogluotel.com. Boutique-Hotel der S-Klasse (›Spezial‹) an der Ausfallstraße nach Norden mit einer Art spätosmanischer Atmosphäre. Die Zimmer komfortabel, gute Bäder, mit Restaurant. DZ/F um 150 TL.

Kleiner Preis – **Bolat:** S. Demirel Bulv. 67, Tel. 0246 223 90 01, www.otelbolat.com.tr. Mittelklassehaus (3 Sterne), etwas verwohnt, aber freundliche Atmosphäre. Dachrestaurant, Garage. DZ/F ab 100 TL.

Essen & Trinken

Einfache Kebap-Lokale am Hauptplatz mit der Demirel-Statue. z. B.

Grill und Kebap – **Kebapçı Kadır:** Kaymakapı Meyd., Kebapçılar Arastası 8, Tel. 0246 218 24 60, www.kebapcikadir.com.tr. Das heute sehr moderne Kebap-Lokal besteht schon seit 1851. Schöne Plätze im Freien; große Auswahl vom Grill.

Einkaufen

Rosenessenzen und Teppiche – Im Zentrum viele Läden für Rosenessenzen und Parfüm. Tgl. auch **Teppichmarkt** im Halı Saray neben dem Rathaus (Mimar Sinan Cad., nördlich vom Hauptplatz): große Auswahl, man kann gut handeln.

Verkehr

Von der **Busstation** an der Straße nach Afyon (Afyonkarahisar) Verbindungen in alle Richtungen, abends Express-Busse nach Kayseri, Ankara, İstanbul.

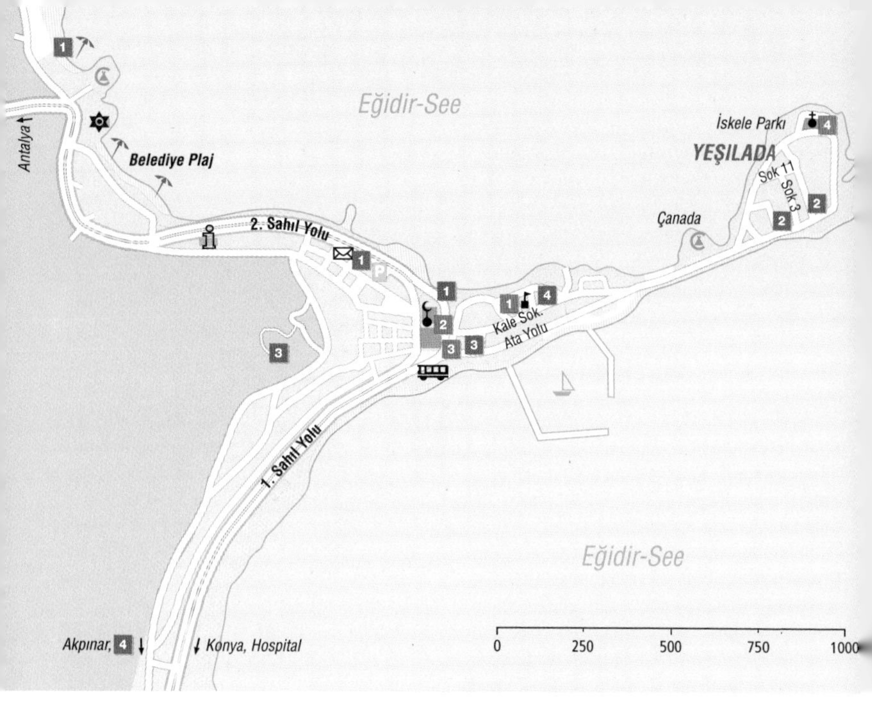

Eğirdir ▸ 2, K 7

Cityplan: oben

Sehr viel traditioneller als Isparta ist **Eğirdir** (19 000 Einwohner), ein hübsches Städtchen am gleichnamigen See, dem zweitgrößten der türkischen Seenplatte. Besonders die Altstadt auf der kleinen Halbinsel strahlt noch orientalisches Flair aus: Vor den Ruinen der **Eğirdir Kalesi** 1, einer Festung, die bereits vom Lyder-König Kroisos gegründet sein soll, finden sich traditionelle Häuser, das Seeufer säumen einfache Fischlokale. Wegen des sauberen, wenn auch aufgrund erhöhten Natrongehalts leicht seifigen Wassers wurde der Ort ein Zentrum des innertürkischen Badetourismus. Aber auch für Ausflüge in die wildromantische Bergwelt des Taurus ist Eğirdir eine gute Ausgangsbasis.

Aus dem 14./15. Jh. datiert die **Hızır Bey Camii** 2 mit einem Betsaal, deren kuppelloses Dach 48 Holzsäulen tragen, und einem aufwendig skulptierten Steinportal. Ihr Minarett sitzt auf dem **Kemer Kapı** nahebei; dies war ein Tor der Stadtmauer, die die Festung der Hamiden-Emire (Hamidoğulları) schützte. Als Eğirdir 1381 von den Osmanen erobert wurde, war die Stadt Kapitale ihres Emirats und bedeutender als Burdur und Isparta. Heute lebt sie vor allem vom Fischfang und von agrarischen Erzeugnissen. Am gleichen Platz liegt die **Dündar Bey Medresesi** 3, die aus der Zeit von Alaeddin Keykubat stammt; heute sind hier Läden untergebracht.

Eine Besonderheit der Region ist die Produktion von Rosenöl, das auf weitläufigen Plantagen gewonnen wird. Im Mai und Juni blüht es allüberall. Da das Mittelmeer nur 120 km südlich liegt, gibt es aufgrund der klimatischen Einflüsse schon mediterrane Vegetation. Hier wachsen u. a. die Kermeseiche und der Kapernstrauch, und es werden Mandeln, Maulbeeren, Aprikosen und Feigen angebaut. Das Fehlen des Ölbaums zeigt demgegenüber an, dass der **Eğirdir-See** in einer Übergangsregion zum anatolischen Hochland liegt. Im See leben zehn verschiedene Fischarten, dem Karpfen kommt eine gewisse wirtschaftliche Bedeu-

Eğirdir

Sehenswert
1 Eğirdir Kalesi (Festung)
2 Ulu Cami (Hızır Bey Camii)
3 Dündar Bey Medresesi
4 Ayios Stefanos (griech. Kirche)

Übernachten
1 Otel Altıngöl
2 Kroisos Lake Resort
3 Golden Apple Hotel
4 Lale Hostel

Essen & Trinken
1 Derya Restoran
2 Uğur Restoran
3 Baba Keyf
4 Akpınar Lokantası

Aktiv
1 Altınkum Plaj

---

tung zu. Wichtiger noch ist der Zander, der erst seit 1955 ausgesetzt wurde und sich als einzige Raubfischart stark vermehrt hat. Heute ist er ein hoch geschätzter Speisefisch und das wichtigste Produkt des Sees.

Eine Dammstraße führt über das Inselchen Can Ada nach **Yeşilada,** eine vorgelagerte Insel, die noch schöne Häuser der 1923 vertriebenen griechischen Bevölkerung besitzt. Am Nordufer kann man die ehemalige griechische Kirche **Ayios Stefanos** 4 entdecken. Mit zahlreichen Pensionen und Lokalen ist Yeşilada heute eine Art touristisches Außenviertel und ein beliebtes Ausflugsziel, das auch per Taxiboot vom Hafen aus erreichbar ist.

Ein schöner Ausflug per Taxi oder Fahrrad führt nach **Barla** am Hang des gewaltigen Kalksteinmassivs des Barla Dağı am Westufer des Sees – Dolmuş-Verbindung gibt es nur zu den Strandbädern am Westufer (Belediye Plaj, Altınkum, Bedre). In dem höchst malerischen Ort mit romantisch gepflasterten Gassen lebten bis 1923 sehr viele Griechen, die große Ayios Georyios-Kirche erinnert daran.

Infos
Info-Büro: 2. Sahil Yolu 13, Tel. 0246 311 43 88
Internet: www.lalehostel.com

Übernachten
Mittelklasse – **Otel Altıngöl** 1**:** 2. Sahil Yolu 2, Tel. 0246 311 39 61, www.altingolotel.com. Das beste Haus am Ort, die Zimmer elegant, wenn auch etwas klein, viele mit Seeblick. Gutes Restaurant mit Alkoholausschank. DZ/F 140 TL.

Auf der Insel – **Kroisos Lake Resort** 2**:** Yeşilada, Tel. 0246 311 50 06, kroisoshotel.com. Größere, gut geführte Pension mit netten Wirtsleuten, die ebenfalls Ausflugstipps geben, mit Seeblick-Restaurant. DZ/F um 110 TL.

Zentral – **Golden Apple Hotel** 3**:** Kale Sok. 9, nahe der Busstation, Tel. 0246 333 23 33, www.goldenappleotel.com. Neueres 2-Sterne-Hotel zentral an der Busstation, modern ganz in Weiß und Schwarz gehalten. Auch die Zimmer sind okay, neue Sanitärs. DZ/F ab 100 TL.

Für Unternehmungslustige – **Lale Hostel Pension** 4**:** Kale Mah., 5. Sok. 2, nahe der Burg, Tel. 0246 311 24 06, www.lalehostel.com. Einfache Zimmer in einem alten Fischerhaus mit Backpacker-Atmo. Ibrahim, der Chef, ist sehr umtriebig und organisiert zahlreiche Ausflüge und auch Wandertouren auf dem St. Paul Trail (s. S. 366). DZ/F ab 100 TL.

Essen & Trinken
Viele **Fischrestaurants** auf Yeşilada, Spezialitäten sind *Levrek* (Seebarsch), *Sazan* (Karpfen) und *Kerevit* (Seelangusten). Preise für Fisch vorher aushandeln!

Am See – **Derya Restoran** 1**:** Sahil Yolu, am Ufer hinter Ulu Cami, Tel. 0246 311 40 47. Mit angenehmer Aussichtsterrasse zum See, große Auswahl, auch Fisch.

Auf der Insel – **Uğur Restoran** 2**:** Yeşilada, am Südufer, Tel. 0246 311 22 12. Tische direkt am Wasser, machmal Livemusik. Probieren Sie die *Kerevit*-Fische, das ist das Feinste, was man hier bekommen kann!

Panorama – **Baba Keyf** 3: Tel. 0246 311 51 81. Die In-Location der Jugend von Eğirdir, hoch auf einer Felshöhe über dem Ort. Ländliches Ambiente, der beste Seeblick.
In den Bergen – **Akpınar** 4: In dem Bergdorf (3 km von der Konya-Straße) findet man kleine Lokanta mit tollem Seeblick, teils in Yörüken-Nomadenzelten. Von der antiken Stadt Prestanna blieb nur wenig erhalten.

Einkaufen

Märkte – **Wochenmarkt** jeden Do auf dem Platz bei der Busstation. Ab Mitte August bis Oktober jeden Sonntag der **Pınar Pazarı,** ein riesiger Nomadenmarkt auf einem Freigelände an der Straße nach Sütçüler (10 km). Hier werden Vieh und Bauernprodukte gehandelt, es herrscht Stimmung wie bei einem Volksfest.

Aktiv

Baden – **Altınkum Plajı** 1: Schönes, sandiges Badegelände (blaue Fahne) an der Straße Richtung Barla.
Trekking – **Wandertouren** und andere sportliche Aktivitäten in der Umgebung organisiert İbrahim von der Lale Hostel Pension (s. Übernachten, www.lalehostel.com).

Verkehr

Halbstündlich nach Isparta, von dort viele weitere Verbindungen. **Minibusse** nach Yeşilada und zu den Stränden am See.

Zindan-Höhle und Adada ▶ 2, K 8

Südlich des Eğidir-Sees liegen als besonderes lohnende Ausflugsziele die große Zindan-Höhle bei Aksu und die malerisch im

Ziegenherde am Ufer des Sees von Eğirdir

Wald versteckte Ruinenstätte des antiken Adada.

Man fährt bis zur Südspitze des Sees, überquert den Kanal, biegt dahinter in Richtung Sütçüler ab und erreicht das Dorf Yılanlı. Von hier aus führt ein Sträßchen zu dem 4 km entfernten **Aksu.** Im Ort biegt man nach links ab und erreicht ein Fischlokal an einem Forellenteich. Von hier aus führt ein Weg zu der etwa 3 km entfernten Höhle **Zindan Mağarası.** In ihr tritt der Köprü Çayı, der antike Eurymedon, ans Tageslicht, der bei Aspendos dann ins Mittelmeer mündet. Die Höhle sollte man nur mit einem einheimischen Führer begehen. Sie erreicht eine Tiefe von 1130 m und ist von unzähligen Fledermäusen bewohnt. In der Antike befand sich hier ein Heiligtum für den Flussgott Eurymedon, dessen Statue im Isparta Museum ausgestellt ist.

Von der Straße nach Sütçüler aus zweigt ein ausgeschilderter Weg links in das Ruinengebiet von **Adada** ab, das unter dem Kaiser Hadrianus im 2. Jh. seine große Blütezeit erlebte. Antike Reste mehrerer Tempelanlagen, ein Theater, dazu Grabbauten aus verschiedenen Epochen und die Treppenaufgänge einer hellenistischen Agora lohnen den Ausflug.

Yazılı Kanyon ▶ 2, K 8

Einen ganzen Tag braucht man für den Ausflug zum südlich von Eğirdir gelegenen Dorf **Çandır,** das man auf schmalen Bergstraßen über Sığırlık und Sağrak erreicht (75 km). In dem verschlafenen Dorf am Ufer des Karaöceren-Stausees beginnt der Pfad in den **Yazılı Kanyon** (›Inschriften-Canyon‹), durch den einst die große antike Straße von Perge nach Antiochia ad Pisidiam führte. Auch der Apostel Paulus ist hier entlanggegangen. Felsinschriften markieren den (allerdings nicht mehr begehbaren) Abzweig nach Adada (s. o.)

Verkehr

Anfahrt ist beschildert ab Eğirdir und ab Bucak (Nationalstraße Antalya–Isparta). Nur ab Isparta täglich ein Dolmuş nach Çandır.

Antiochia in Pisidien ▶ 2, K 6

Museum: Di–So 9–18 Uhr; Ausgrabung: tgl. 9–18 Uhr, Eintritt 8 TL

Das Städtchen **Yalvac,** nördlich des Eğirdir-Sees, ist der Ausgangspunkt für einen Besuch der unmittelbar nördlich gelegenen Ruinenstätte von **Antiochia ad Pisidiam.** Die Stadt wurde vor 261 v. Chr. von den Seleukiden über den Resten einer phrygischen Siedlung gegründet. Kaiser Augustus ließ hier römische Legionärsveteranen ansiedeln und unterstellte den Ort römischer Provinzverwaltung. Im 1. Jh. war er eine der wichtigsten Stationen des Apostels Paulus bei dessen erster Missionsreise.

An der Straße zur antiken Stätte liegt ein kleines Museum, wo es Infos zur Ausgrabung gibt, daher besucht man dieses besser vorher. Erhalten geblieben sind das **Propylon-Tor** der Akropolis, das **Augustus-Forum** mit Resten des dem Kaiser und dem Mondgott Men geweihten Tempels sowie das von einer Markt-Stoa gesäumte **Tiberius-Forum,** das zu Ehren des Nachfolgers des Augustus angelegt wurde.

Von Yalvac erreicht man auf guter Straße nach Süden Beyşehir (s. S. 374, Route nach Konya und Kappadokien), in Richtung Osten Akşehir, wobei man mit herrlichen Ausblicken das Sultandağı-Gebirge auf einer gut ausgebauten Pass-Straße überquert.

Übernachten

Schick mit Hamam – **Pisidia Hotel:** Yalvaç, Mescid Cad. 2, Tel. 0246 441 25 32, www.psidiahotel.com. Moderne Mittelklasse, schicke Zimmer, mit Restaurant, Hamam und Sauna. DZ/F um 160 TL.

Einfach und sauber – **Oba Hotel:** Hastane Cad. 30, Tel. 0246 411 65 44. Gut geführtes 2-Sterne-Hotel, saubere Sanitärs, gutes Frühstück auf der Dachterrasse. DZ/F um 100 TL.

Essen & Trinken

Traditionsküche – Einfache Lokanta im Zentrum von Yalvaç, z. B. mit großer Auswahl **Selin Lokantası,** Belediye Sarayı, Tel. 0246

Nasreddin Hoca, Eulenspiegel und Philosoph

Ob nur Legende oder historische Persönlichkeit, Nasreddin Hoca ist bis heute ein Symbol türkischen Mutterwitzes. Vordergründige Fabulierfreude und hintergründige Weisheit verbinden sich in seiner Person. Er vereint die Erzähltradition des Orients und die Denkweise des mystischen Glaubens. Noch immer ist der Hoca eine Quelle der Inspiration und seine Türbe bis heute ein heimliches Pilgerziel.

Wer war diese kauzige Gestalt mit dem langen weißen Bart und dem übergroßen Turban, die verkehrt herum auf dem Esel reitet, und, darauf angesprochen, antwortet, nicht er reite verkehrt herum, nur der Esel schaue in die falsche Richtung? Er soll 1208 in einem kleinen Dorf, das heute seinen Namen trägt, in der Nähe von Sivrihisar in Westanatolien geboren worden sein. Nach der Ausbildung in der damaligen Seldschuken-Hauptstadt Konya lebte und lehrte er als Hoca (Geistlicher) an einer Koranschule in Akşehir, wo er 1285 starb. Sogar der Mongolenherrscher Timur Lenk (Tamerlan), der Anatolien zu Beginn des 15. Jh. auf grausame Weise heimsuchte und viele Städte dem Erdboden gleichmachte, soll seine witzigen Weisheiten so sehr geschätzt haben, dass er beschloss, Akşehir mit dem Grab des Nasreddin Hoca zu schonen.

Viele Anekdoten sind überliefert, doch scheint bei den ca. 500 Geschichten, die ihm zugeschrieben werden, ein weit verbreitetes Erzählgut in seiner Person zu verschmelzen, ähnlich wie dies bei Till Eulenspiegel im niederdeutschen Sprachraum geschehen ist. 1837 wurden seine Schwänke erstmals in deutscher Übersetzung gedruckt. Goethe kannte sie aus Briefen schon früher und verarbeitete sie in Anspielungen in seinem ›West-östlichen Diwan‹.

Die wohl berühmteste Anekdote über ihn ist die der ›Dreifachen Predigt‹: Der Hodscha Nasreddin stieg eines Tages auf die Kanzel, um zu predigen, und sagte: ›Muselmanen, kennt ihr den Gegenstand, wovon ich mit euch sprechen will?‹ ›Nein, wir kennen ihn nicht‹, antwortete man aus der Zuhörerschaft. Da schrie der Hodscha: ›Ja, wie sollte ich denn mit euch von etwas sprechen, das ihr nicht kennt?‹ Und er stieg von der Kanzel und ging nach Hause. Am nächsten Freitag sagte er wiederum: ›Wisst ihr, meine Gläubigen, was ich euch sagen will?‹ ›Ja, wir wissen es‹, war nun die Antwort. ›Was brauche ich euch dann davon zu sprechen, wenn ihr es sowieso schon wisst?‹ Und erneut verließ er die Kanzel. Die Gemeinde war betreten über sein Weggehen. Man beschloss, dass beim nächsten Mal die einen sagen sollten: ›Wir wissen es‹ und die anderen: ›Wir wissen es nicht‹. Am nächsten Freitag also kam der Hodscha und schrie wie früher: ›Wisst ihr, Brüder, was ich euch sagen will?‹ Sie sagten: ›Einige von uns wissen es, die anderen aber wissen es nicht.‹ ›Gut also‹, antwortete der Hodscha; ›da mögen es die, die es wissen, den anderen mitteilen.‹ Und er verließ wiederum die Moschee.

441 26 97. Spezialiät der Stadt ist das *Yalvaç Keşkeği,* Getreide gekocht mit Salzfleisch und Kichererbsen.

Akşehir ▶ 2, L 6

In osmanischer Zeit wurde **Akşehir** (60 000 Einwohner) wegen seiner zahlreichen schönen Gärten gerühmt. Hier soll Beyazıt I. Yıldırım, ›der Blitz‹, nach einjähriger Gefangenschaft bei dem Mongolenherrscher Timur Lenk im Jahr 1403 gestorben sein. Der Sultan hatte das Osmanenreich gewaltig ausdehnen können, musste sich dann aber in der Schlacht bei Ankara 1402 den Mongolen stellen. Er unterlag, geriet in Gefangenschaft und wurde fortan von Timur in einem Eisenkäfig im Tross mitgeführt.

Hauptsehenswürdigkeit ist die **Türbe des Nasreddin Hoca** (tgl. 8–19 Uhr) auf dem alten Friedhof am Südrand der Stadt, die ein letztes Zeugnis seiner Lebensphilosophie scheinen will: Ein Baldachindach ruht auf einem Kranz von sechs Säulen, die den Kenotaph umstehen. Zwischen zwei Säulen versperrt ein eisernes Gitter den Zugang, das mit einem schweren Vorhängeschloss gesichert ist – doch die seitwärts anschließenden Gitter fehlen! Neben dem Grabbau ist eine Metallplatte in den Boden eingelassen, auf der zu lesen ist: »Dünyanın ortası burasıdır – Nasreddin Hoca.« (Hier ist die Mitte der Welt – N. H.). Und über dem Grab liest man: »Hier ruht eine Philosophie, kein Mensch.«

Vom alten Friedhof aus führt ein Weg hinauf zum **Hıdarlık-Hügel** mit künstlichem Wasserfall, weiter Aussicht bis zum immer weiter austrocknenden Akşehir Gölü und einem schön gelegenen Teegarten-Restaurant. Das **Akşehir Evi** (Doğancı Sok., Mo geschl., kein Eintritt) nahebei ist ein restaurierter osmanischer Konak von 1894 mit einem Restaurant in historischem Stil.

In der malerischen Altstadt, die als Kulturdenkmal unter Schutz gestellt worden ist, liegt die **Ulu Cami,** die 1213 in seldschukischer Zeit als Hallenmoschee von Sultan Izzeddin Keykavus I. gestiftet wurde. Am Westrand der Altstadt steht die **Türbe des Seyit Mahmut Hayranı**, die unter der Herrschaft der Karamaniden 1409 erbaut wurde. Über einem quadratischen, einfach gehaltenen Sockel erhebt sich ein zylindrischer, gerippter Ziegelbau.

Nördlich des Hauptplatzes liegt die **Taş Medresesi,** die heute das **Archäologische Museum** (Di–So 9–12.30, 13.30–17.30 Uhr,

NASREDDIN UND DER KLANG DES GELDES

Es war einmal, da ging Nasreddin über den Basar in Akşehir. Plötzlich hörte er Geschrei aus einer Garküche. Drinnen sah man, wie der dicke, rotmäulige Wirt einen Mann am Kragen schüttelte. »Dieser Landstreicher«, brüllte er »kam in meine Küche, holte einen Brotfladen aus der Tasche und hielt ihn so lange über den Bratspieß, bis er nach Hammelfleisch roch und noch einmal so gut schmeckte. Und nun will er nicht zahlen.« Da meinte Nasreddin: »Es ist unrecht, fremdes Gut ohne Bezahlung zu benutzen.« »Hast du Geld?«, fragte er den Bettler. Dieser holte schweigend ein paar Kupfermünzen hervor. Gleich grabschte der Wirt mit fetter Hand danach. »So warte, oh Meister des Wohlgeschmacks«, hielt ihn Nasreddin zurück. »Horch, mal!« Er schüttelte die hohle Faust und ließ die Münzen klimpern. Dann gab er dem Bettler das Geld zurück und sagte: »Ziehe hin in Frieden!« »Was?«, rief der Wirt empört, aber Nasreddin versetzte: »Er hat dich bezahlt, ihr seid quitt! Er roch den Duft deines Bratens und du hörtest den Klang seines Geldes!«

Eintritt 5 TL) mit Funden aus römischer und seldschukischer Zeit beherbergt.

Übernachten

Oberklasse – **Özpark:** İnönü Cad. 96, Tel. 0332 800 00 10, www.ozparkhotel.com.tr. Modernes Haus im Zentrum, mit Wellnessbereich und Restaurant. Ordentliche Zimmer. DZ/F 180 TL.

Mittelklasse – **Önder Otel:** 24 Agustos Bulv. 48, Tel. 0332 813 72 77, www.bookinturkey.com. Neueres Stadthotel nahe dem Adliye Parkı. Modern verspiegeltes Kastenhochhaus mit gutem Dachterrassenrestaurant. DZ/F 135 TL.

Essen & Trinken

Pause im Grünen – **Hıdırlık Çay Bahçesi:** Hıdırlık Cad., Bayır Sokağı. Schöner Teegarten am grünen Berghang in angenehmer Luft mitten im Pinienwald, ein beliebtes Ausflugsziel für Jung und Alt.

FAHRT ZUM SEEUFER

Nordöstlich von Beyşehir (ausgeschildert) liegt auf dem Ostufer des Sees das eindrucksvolle Quellheiligtum von **Eflatun Pınar** (›Fliederquelle‹). Zur Zeit der Hethiter wurde der Quellteich mit skulptierten Steinblöcken gefasst und mit steinernen Reliefs von Göttern und geflügelten Sonnen versehen (ca. 15. bis 13. Jh. vor Chr.). Am Westufer des Sees lassen sich bei Gölyaka die Reste der seldschukischen Palastanlage von **Kubadabad** entdecken. die Sultan Alaeddin Keykubat I. im 13. Jh. als Sommerresidenz diente. Der Komplex bestand aus 16 Gebäuden, darunter der Hauptpalast und ein Bootshaus.

Traditionsküche – **Emir Sultan Lokanta:** İnönü Cad., Tel. 0332 812 55 82. Einfaches Kebap-Lokal im Zentrum, günstige Preise, aber kein Alkohol.

Termine

Nasreddin Hoca Festivalı: Anfang Juli, mit Umzug, folkloristischen Darbietungen im Openair-Theater am Hıdarlık-Hang.

Verkehr

Busstation am Konya Asfaltı, südlich des Stadtzentrums. Mehrmals tgl. Verbindungen nach Konya und Afyon (Afyonkarahisar).

Çay & Bolvadın ▶ 2, K 5

Am Nordhang der Sultan Dağları liegt die Kleinstadt **Çay** mit beachtenswerten Bauten aus seldschukischer Zeit: Der **Taş Hanı** und die **Taş Medrese** entstanden beide 1278 als Stiftung des seldschukischen Großwesirs Sahip Ata.

Von Çay biegt eine kleine Straße nach Norden zum 13 km entfernten **Bolvadın** ab. Das kleine Landstädtchen, wie Afyon (Afyonkarahisar) ein Zentrum des Mohnanbaus, konnte seinen traditionellen Charakter bewahren. Im Zentrum liegt die **Çarşı Camii** mit einem Brunnenhaus, das mit herrlichen Kütahya-Kacheln dekoriert ist. Das **Museum** veranschaulicht zum einen die Geschichte des Mohnanbaus, zum anderen die Herstellung eines für Bolvadın typischen Milchprodukts, des *kaymak*.

Beyşehir ▶ 2, L 8

Ein zweiter Taurusübergang führt von Manavgat an der Küste über Akseki und Seydişehir durch grandiose Berglandschaft nach Beyşehir bzw. Konya. Mit etwas mehr Zeit kann man alternativ die längere Serpentinenstraße über Çevizli nehmen, die landschaftlich reizvoller ist.

Bei **Beyşehir** erreicht man den gleichnamigen See, den Beyşehir Gölü. Die bedeutende Holzsäulenmoschee, die **Eşrefoğlu Camii** aus dem 13. Jh., hat ihre ursprüngliche Innen-

Die seldschukischen ›Waldmoscheen‹

Einen eigentümlichen Moscheetyp stellt die seldschukische Holzsäulenmoschee dar. Das Äußere ist, außer der reich gestalteten Portale, fast immer unscheinbar, nichts weist auf eine üppige Ausstattung im Inneren hin.

Das Innere der meist flach gedeckten Moscheen ist jedoch durch die warmen Holztöne und die aufwendig geschnitzten Kapitelle, der Gebetsnische (Mihrab) und der Freitagskanzel (Minbar) oft von überwältigender Wirkung. Aufgrund der engen Säulenstellung der zahlreichen Holzpfeiler (40 z. B. bei der Ulu Cami in Afyon (Afyonkarahisar), 46 bei der Eşrefoğlu Camii in Beyşehir) wurden diese Bauten auch als ›Waldmoscheen‹ bezeichnet.

Dieser Moscheetyp knüpft an das Erbe der längsgerichteten christlich-byzantinischen Basilika an, mit einem breiteren und zum Teil überhöhten Mittelschiff und dem Verzicht auf einen Vorhof. Der Grundriss folgt dem basilikalen Schema, am größten bei der fünfschiffigen Arslanhane Camii in Ankara und bei der siebenschiffigen Eşrefoğlu-Moschee, beide aus dem ausgehenden 13. Jh. Frühere Holzsäulenmoscheen nehmen den älteren ›Kufa-Typ‹ der Hallenmoschee auf, etwa die in Afyonkarahisar (um 1272) und in Sivrihisar (1231).

Die flachgedeckten Hallen werden von Säulen gestützt, die verschiedentlich bemalt und mit einem Reliefdekor versehen sind, das an die nomadische Zeltkunst erinnert. Als Kapitelle werden mitunter antike Spolien verwendet, so in der Arslanhane Moschee in Ankara und der Ulu Cami in Sivrihisar, öfter aber sind die Kapitelle in der Form stilisierter Stalaktiten reich geschnitzt oder mit Nägeln zusammengefügt wie in Afyon und Beysehir.

Der Ursprung dieser Holzsäulenarchitektur liegt ebenso wie die dekorative Ausschmückung der einzelnen Säulen unzweifelhaft in Zentralasien. In Westturkestan haben sich reich dekorierte Holzsäulen und geschmückte Bretter aus Moscheen des 10. bis 12. Jh. erhalten, die als direkte Vorbilder der Holzsäulen in den anatolischen Moscheen gelten können. Geschnitzte Holzpfosten wurden als Stützen in turkmenischen Zelten verwendet. Vermutlich beteten die turkmenischen Nomadenstämme in Zentralasien, nachdem sie zum islamischen Glauben übergetreten waren, zunächst in Zelten. Später wurden diese tragbaren Gebetszelte zum Vorbild für die Ausgestaltung fest gebauter Moscheen, soweit diese nicht mit wiederverwerteten antiken Säulen ausgestattet werden konnten.

Die Holzpfosten des traditionellen zentralasiatischen Zeltbaus waren von fundamentaler Bedeutung. Das zeigte sich z. B. darin, dass es bei Todesstrafe verboten war, sich im Herrscherzelt des Dschingis Khan an sie anzulehnen. Der von einem »hornlosen, weißen Rind« getragene zentrale Holzpfosten galt im Reich des Mongolenherrschers als Sinnbild seines weitgespannten Herrschaftsgebietes.

raumgestaltung bewahrt: 46 Holzsäulen von 7 m Höhe mit Mukarnas-Kapitellen tragen eine Holzbalkendecke, die noch Reste alter Bemalung aufweist (s. S. 375). Der Raumteil mit der Gebetsnische wird von einer Kuppel überwölbt, die – wie der Mihrab selbst – mit uralten Fayencen verziert ist.

Wer etwas mehr Zeit hat, sollte eine Erkundungsfahrt rund um den **Beyşehir Gölü** einschieben, an dessen Ufer mehrere Restaurants mit fangfrischem Fisch zum Verweilen einladen. Der Beyşehir-See ist mit 656 km² der drittgrößte See und dabei der größte Süßwassersee der Türkei (Bodensee: 539 km²). Das Wasser ist jedoch sodahaltig, also nicht trinkbar. Das Ostufer des Sees bildet einen flachen Saum, die Westküste hingegen steigt unmittelbar am Ufer felsig an. Ausgedehnte Schilfbestände am Südufer, das als Nationalpark ausgewiesen worden ist, tragen zur biologischen Vielfalt des Sees bei. Die bewaldeten Berghänge und die Uferlandschaften verleihen dem Gebiet großen landschaftlichen Reiz.

Übernachten

Nahe der Moschee – **Anadolu Penta Butik Otel:** Şarkıkaraağaç Cad. 29, Tel. 0332 512 50 62, www.beysehirpentaotel.com. Einfache Mittelklasse, kurz vor der Eşrefoğlu Camii. Ordentliche Zimmer, Frühstücksbuffet, ruhiger Garten. DZ/F um 140 TL.

Am Strand – **Atapark Hotel:** Derebucak Yolu, 12 km, Tel. 0332 528 90 95, www.ataparkbeysehir.com. Strandhotel am Seeufer südwestlich von Beyşehir. Einfache, aber akzeptable Zimmer, nur Juni bis Sept. geöffnet. DZ/F um 120 TL.

Essen & Trinken

Fisch aus dem See – **Öz Adana Lokantası:** Atatürk Cad. 1, Tel. 0332 512 01 14, www.ozadanakebap.com.tr. Grillrestaurant an der Regulierungsschleuse des Kanals. Türkische Klassiker, kein Alkohol.

Fisch vom Grill – **Efsane Restaurant,** Anıt Meydanı, im Zentrum der Stadt, Tel. 0332 512 73 38, efsanebalik.com. Beliebtes Fischrestaurant im Zentrum. Kein Alkohol.

Verkehr

Zum **Kubadabad Saray** kann man mit Minibussen fahren. **Bootsausflüge** sind evtl. auch möglich, im Hotel fragen! Man fährt zu unterschiedlichen Inseln (mit Badestopp) oder zum Kubadabad Saray (s. links).

Konya ► 2, N 7

Cityplan: S. 379

Östlich des Beyşehir-Sees erstreckt sich die weite Hochebene des Konya-Beckens. In ihrem Zentrum liegt **Konya,** mit ca. 1,1 Mio. Einwohnern die siebtgrößte Stadt der Türkei. Das römische Ikonium, ursprünglich eine Gründung der Hethiter, war eine der Metropolen Kleinasiens, in der auch der Apostel Paulus missionierte.

Unter Sultan Alaeddin Keykubat I. erlebte Konya in den Jahren 1219–36 als Residenz- und Hauptstadt des seldschukischen Reichs eine Blütezeit. Zahlreiche Moscheen, Türben und einige Karawansereien prägten das Bild der Stadt, die von einer mächtigen Mauer umgeben war. Mit dem Einfall der Mongolen und dem Untergang der Seldschuken-Dynastie begann der Niedergang, der erst im späten 19. Jh. gestoppt werden konnte. Konya ist heute ein stark religiös geprägtes Zentrum. In der sittenstrengen Stadt nimmt man es mit den Geboten des Islam sehr genau. Im weiten Umkreis des Mevlana-Klosters herrscht beispielsweise absolutes Alkoholverbot.

Mevlana-Kloster 1

Mevlana Cad., tgl. 9–18, Mo ab 10 Uhr, Eintritt frei

Die wichtigste Sehenswürdigkeit ist das **Mevlana-Kloster,** das religiöse Zentrum der ›Tanzenden Derwische‹ des Mevlana-Ordens. 1926 wurde dieser zwar aufgelöst und das Kloster zwei Jahre später in ein Museum umgewandelt, doch liegt der Schatten der türkisblauen Kuppel noch heute auf dem Leben Konyas. Die Anlage, zu Zeiten ihrer Gründung außerhalb der Stadtmauern gelegen, geht auf eine Schenkung Alaeddin Keyku-

Tanzen bis zur Extase – der Mevlana-Orden

Obwohl das Mevlana-Kloster in Konya schon seit fast 100 Jahren als Museum dient, wird die Grabstätte des am 17. Dezember 1273 verstorbenen Celaleddin Rumi von den zahlreichen Pilgern immer noch als sakraler Ort empfunden. Von seinen Schülern erhielt der Gründer des Derwisch-Ordens der Mevleviyye den Beinamen Mevlana, was so viel wie ›Unser Meister‹ bedeutet.

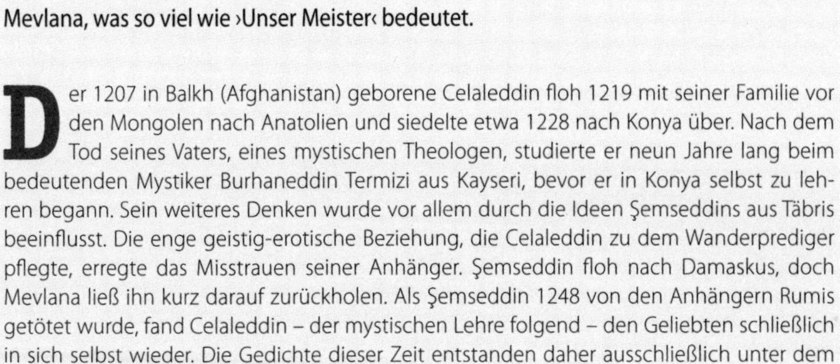

Der 1207 in Balkh (Afghanistan) geborene Celaleddin floh 1219 mit seiner Familie vor den Mongolen nach Anatolien und siedelte etwa 1228 nach Konya über. Nach dem Tod seines Vaters, eines mystischen Theologen, studierte er neun Jahre lang beim bedeutenden Mystiker Burhaneddin Termizi aus Kayseri, bevor er in Konya selbst zu lehren begann. Sein weiteres Denken wurde vor allem durch die Ideen Şemseddins aus Täbris beeinflusst. Die enge geistig-erotische Beziehung, die Celaleddin zu dem Wanderprediger pflegte, erregte das Misstrauen seiner Anhänger. Şemseddin floh nach Damaskus, doch Mevlana ließ ihn kurz darauf zurückholen. Als Şemseddin 1248 von den Anhängern Rumis getötet wurde, fand Celaleddin – der mystischen Lehre folgend – den Geliebten schließlich in sich selbst wieder. Die Gedichte dieser Zeit entstanden daher ausschließlich unter dem Namen Şemseddins.

Das Lebenswerk Mevlanas war die Niederschrift des *Mesnevi,* eines achtbändigen Kompendiums in persischer Sprache. Die zentrale Lehre des pantheistisch orientierten Mevlana-Ordens ist die mystische Vereinigung mit der allumfassenden Liebe Gottes und der Weltseele. Dies geschieht vor allem durch meditative Versenkung mittels repetitiver Gebete *(dhikr)* sowie durch einen Trance erzeugenden Tanz *(sema).* Diese ungewöhnliche Form der Hinwendung zu Gott machte den Orden auch als ›Tanzende‹ oder ›Drehende‹ Derwische bekannt. Der Derwisch wirbelt auf einem Fuß stehend im Kreis. Eine Hand weist Richtung Himmel, die andere zur Erde. Bereits Mevlana soll diesen Tanz entwickelt haben, seine festen Regeln hat er aber erst später erhalten.

Im 12./13. Jh. entwickelten sich in Anatolien zahlreiche Orden auf der Grundlage des **Sufismus.** Der Name leitet sich von dem Wollgewand *(suf,* ›Wolle‹) der asketisch lebenden Bettelmönche ab. Die von Mystik geprägte Religion entwickelte sich schnell zur Massenbewegung, da viele Menschen in ihr Elemente wiederfanden, die in der ›offiziellen‹ Religionsausübung selten praktiziert wurden: Musik, Poesie und Tanz. Neben dem Orden der Mevlevis entwickelte sich z. B. der Bektaşı-Orden (s. S. 493). Beide beeinflussten die politischen Geschicke des Landes. Die Ordensführer aus dem Mevlana-Kloster hatten etwa das Privileg, die Inthronisation des Sultans durch die Übergabe des Schwerts Osmans zu legitimieren. Nach der Republikgründung verbot Atatürk 1925 den Orden. Seit 1960 findet vom 14. bis 17. Dezember zum Gedenken an den Tod Celaleddin Rumis in Konya das Mevlana Festival statt.

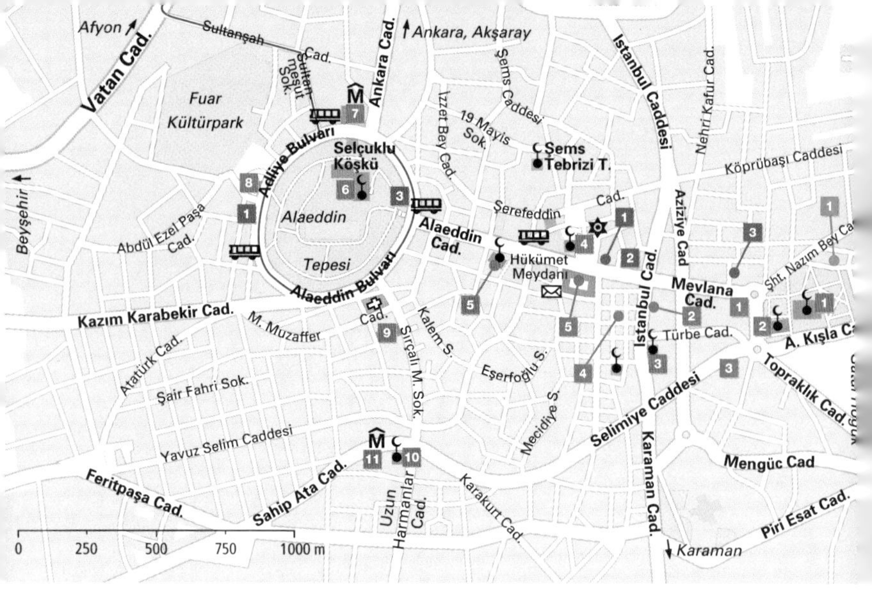

bats zurück. Der Bau wurde 1273, unmittelbar nach dem Tod von Celaleddin Rumi, dem Ordensgründer, begonnen.

Man betritt den Klosterkomplex von der Parkseite her. An der Moschee seitlich vorbei führt der Weg auf den Hof mit dem großen Reinigungsbrunnen. Zur Rechten stehen die aus dem 16. Jh. stammenden Türben von Hürrem Paşa, Fatma Hatun, Sinan Paşa und Hasan Paşa, in denen sich osmanische Würdenträger bestatten ließen, und die ehemalige Klosterküche.

Auf der rechten Seite des zentralen Raumes liegt das **Mausoleum,** über dem sich die berühmte türkisfarbene Spitzhaube erhebt. Hier sind der mit einem kunstvoll bestickten Tuch verhüllte Holzsarkophag Celaleddins, aber auch die Sarkophage anderer Ordensführer *(çelebi)* aufgestellt, die bis heute als Ziel vieler Pilger hoch verehrt werden.

Der gegenüberliegende Kuppelraum war der **Semahanı,** der Tanz- und Versammlungsraum der Derwische. In dem von Galerien umschlossenen Gebäudeteil und einem anschließenden Moscheeraum sind vor allem Gewänder der Ordensoberen, alte Teppiche sowie Musikinstrumente und Handschriften ausgestellt.

Die den Hof umstehenden ehemaligen Wohnräume sind nach Themen geordnete Museumsräume, die das Leben der Sufi-Derwische veranschaulichen.

An der Mevlana Caddesi

An der vom Mevlana-Museum ins Stadtzentrum führenden Mevlana Caddesi und ihrer Verlängerung, der Alaeddin Caddesi, reihen sich weitere Moscheen. Direkt als Erstes vor dem Museum die **Selimiye Camii** **2**, die im 16. Jh. im klassischen osmanischen Stil entstand. Stadteinwärts säumen Hotels den Boulevard, während sich südlich ein noch recht traditionelles **Basarviertel** erstreckt. Die **Aziziye Camii** **3** besitzt eine sehenswerten Innenbemalung im Stil des türkischen Rokoko.

Am Hükümet-Platz mit der Provinzverwaltung – der Platz ist das geschäftige Zentrum der Stadt – erhebt sich die **Şerafettin Camii** **4**, dahinter wird in der **Şems Tebrizi Türbesi** das Grab des spirituellen Freundes von Mevlana verehrt. Südlich des Platzes, der im Untergeschoss einen großen Goldbasar beherbergt, steht das Postgebäude im spätosmanischen Stil, stadteinwärts folgt die **İplikçi Camii** **5**. Die Moschee stammt noch aus der Seldschukenzeit und wurde

Konya

Sehenswert
- 1 Mevlana-Kloster
- 2 Selimiye Camii
- 3 Aziziye Camii
- 4 Şerafettin Camii
- 5 İplikçi Camii
- 6 Alaeddin Camii
- 7 Karatay Medrese
- 8 İnce Minare Medrese
- 9 Sırçalı Medrese
- 10 Sahip Ata Camii
- 11 Archäologisches Museum

Übernachten
- 1 Hotel Bera Mevlana
- 2 Hotel Mevlana Sema
- 3 Çatal Aile Pansiyonu

Essen & Trinken
- 1 Cadde Restaurant
- 2 Konak Konya Mutfağı
- 3 Alaeddin Çay Bahçesi

Einkaufen
- 1 Ketenciler Turistik Esya
- 2 Saylik Kilim
- 3 Ceylan Deri (Piri Mehmet Paşa Çarşısı)
- 4 Basarviertel
- 5 Sarraflar Yeraltı Çarşısı

Abends & Nachts
- 1 Mevlevi Sofrası

unter Sultan Alaeddin Keykubat I. vollendet. Sie ist außen sehr schlicht aus Ziegelstein erbaut, innen ruht die Kuppelkonstruktion auf 12 mächtigen Säulen. Die dazugehörige Medrese, in der Celaleddin gelehrt hatte, ist nicht mehr erhalten.

Rund um den Zitadellenhügel

Den zweiten Orientierungspunkt der Stadt bildet der im Stadtzentrum gelegene Zitadellenhügel (Alaeddin Tepesi), bei dem es sich um einen bis auf die Frühgeschichte zurückreichenden Kulturschutthügel han-

DERWISCH-MUSIK

In den Räumlichkeiten des Mevlana-Klosters wird man in eine Wolke ätherischer Musik gehüllt, die den spirituellen Charakter des Gebäudeensembles auf sanfte Weise in das Bewusstsein zurückruft. Wenn man die Augen schließt, merkt man sofort, das ist auch für Entspannungsübungen jeglicher Art gut geeignet.

Tanz und Ritual der Derwische sind ohne eine solche Begleitmusik nicht denkbar. Wichtigstes musikalisches Werkzeug, um die Versenkung durch Meditation und Tanz zu erreichen, ist die offene Längsflöte *ney*. Ein extrem schwierig zu spielendes Instrument, dessen zarten Klang Mevlana selbst mit »den Worten eines weisen und gottesfürchtigen Mannes« verglichen haben soll. Kudsi Ergüner und sein Bruder Süleyman beherrschen die *ney* mit virtuoser Perfektion. Sie zählen zu den bekanntesten Künstlern der türkischen Kunstmusik und interpretieren auf ihrer CD – neben eigenen Stücken – die Kompositionen von Mevlevis für Derwischrituale aus dem 17. und 18. Jh.

Kudsi & Süleyman Ergüner, ›Sufi Music of Turkey‹ ist erschienen bei: CMP Records (CD3005) im Vertrieb von Silva Screen Records. Spannend klingt auch die Verbindung mit Jazz: z. B. bei *Kudsi Ergüner, Islam Blues,* ACT-Label (CD 9287-2 - LC 07644).

delt, der später die Residenz der Seldschuken trug.

Die **Alaeddin Camii** 6 (1155–1220) besitzt im Ostteil eine siebenschiffige Halle mit 42 Marmorsäulen als Gebetsraum, an den sich ein überkuppelter Raum mit der Gebetsnische anschließt. In der Moschee wurden einige der ältesten vollständig erhaltenen Teppiche der Welt entdeckt.

Nordöstlich schließt die Front des seldschukischen **Palastes** der Konya-Sultane an. Unterhalb an der Straße wurde ein Stück der **Zitadellenmauer,** die einst 108 Türme besaß, mitsamt einem Stück des umlaufenden Wehrgangs unter einem Schutzdach konserviert. Mehrere schattige Teegärten mit Kinderspielplätzen laden zu einer Besichtigungspause ein.

Gegenüber liegt die **Karatay Medrese** 7 (tgl 9–17, im Sommer 9–19 Uhr, Eintritt 8 TL). Sie wurde vom einflussreichen Großwesir Celaleddin Karatay 1251 gestiftet und dient heute als Fayencen-Museum. Ein Großteil der beeindruckenden Innenausstattung mit Fliesen in Türkis, Blau und Schwarz ist erhalten. Teilweise zeigen die Fliesen Schriftbänder mit Prophetennamen und Koranversen in monumentaler Kufi-Schrift. Aufmerksamkeit verdienen die seldschukischen Fayencen aus dem Palast in Kubadabad am Beyşehir-See.

Die **İnce Minare Medrese** 8 (tgl. 9–17 Uhr, Eintritt 8 TL) auf der Westseite des Hügels stammt von 1265 und wird heute als Museum für seldschukische Stein- und Holzarbeiten genutzt. Durch ein aufwendig

Gläubige Pilger vor dem Mevlana-Kloster

verziertes Portal mit sich kreuzenden Schriftbändern gelangt man in den überkuppelten Hauptraum. Die ausgestellten Steinreliefs mit figürlichen Darstellungen stammen von Torbauten der ehemaligen Zitadelle und widerlegen eindrucksvoll die weit verbreitete Fehleinschätzung eines radikalen Bilderverbots im frühen Islam.

Zum Archäologischen Museum

Sahip Ata Cad., Di–So 9–12.30, 13.30–17 Uhr, Eintritt 8 TL

Südlich vom Zitadellenhügel erreicht man (vorbei an der St. Paul-Kirche) die **Sırçalı Medrese** 9 (›Glasierte Medrese‹) von 1242, in der sich heute das **Mezar Anıtlar Müzesi,** ein Museum für seldschukische und osmanische Grabstelen, befindet (Di–So 8.30–17.30 Uhr). Der Eyvan ist mit kostbaren Fayencen verziert. Durch Altstadtviertel kommt man dann zur **Sahip Ata Camii** 10, die ein einflussreicher Großwesir des Seldschuken-Sultans İzzeddin Keykavus II. Mitte des 13. Jh. gestiftet hat. Original erhalten ist jedoch nur noch das aufwendig skulptierte Portal.

Das **Archäologische Museum** 11 etwas weiter an der Querstraße zeigt antike Funde, so einen römischen Sarkophag mit Herkules-Szenen (3. Jh.) oder frühbyzantinische Fußbodenmosaiken aus Çumra.

Kilistra ▶ 2, M 8

Als Tagesausflug ist die antike Felsstadt **Kilistra** zu erreichen. Dazu fährt man südlich nach Hatunsaray – das antike Lystra, wo Paulus ebenfalls missionierte (dies war die Endstation seiner ersten Reise) – dann nach **Gökyurt** abbiegen, ca. 50 km.

Kilistra ist eine jener ›versteckten‹ Siedlungen, in die sich die frühen Christen Anatoliens in der römischen Kaiserzeit zurückzogen. Ihre Blütezeit hatte sie in byzantinischer Epoche. Wie in Kappadokien sind auf einem riesigen Areal Häuser, Gräber und Kirchen aus dem Tuff-Felsen geschlagen worden. Touristisch ist die Siedlung noch wenig bekannt und besucht, am besten lässt man sich von einem Einheimischen aus dem noch sehr traditionellen Ort Gökyurt führen (Trinkgeld nicht vergessen!).

Sille ▶ 2, M 7

Nordwestlich von Konya, etwa 10 km vom Zentrum entfernt, liegt das kleine Dorf **Sille** in einem von baumloser Steppe umgebenen Tal. Hinter dem Dorf wird das Flüsschen zu einem See gestaut. Die flachen Dorfhäuser aus Lehmziegeln fügen sich zu einem pittoresken, noch sehr traditionellen Bild.

Auch Sille war einst von Griechen besiedelt, die heute verlassene Kirche **Hagia Eleni,** geweiht der Mutter von Kaiser Konstantin dem Großen, wurde noch um 1880 neu im traditionellen Stil ausgemalt. Die Kirche, bis Ende 2013 restauriert, ist heute ein Museum. Von der Kapellenruine auf dem Hügel im Norden, der **Küçük Kilise,** hat man einen schönen Blick über den Ort, der wie eine Oase in der kahlen Steppenlandschaft liegt.

Die Fahrt dorthin lohnt auch bereits zum Besuch des einfachen, aber nett geführten **Sille Konak Restaurant** (Tel. 0332 244 92 60). In einem hübsch renovierten Griechenhaus, dekoriert im bäuerlichen Stil, serviert man gutes Frühstück und Traditionsküche.

Infos

Info-Büro: Mevlana Cad. 21, am Platz vor dem Mevlana-Komplex, Tel. 0332 351 10 74. Internet: www.konya.bel.tr

Übernachten

Viele Mittelklassehotels an der Mevlana Caddesi, es kann sich aber lohnen, in den Nebenstraßen nördlich zu suchen.

Komfortabel – **Hotel Bera Mevlana** 1**:** Mevlana Cad. 55, Tel. 0332 350 42 42, www.bera.com.tr. Gut ausgestattetes Mittelklassehaus mit Restaurant im Hof. Etwas kühle Zimmer mit Teppichboden. DZ/F 130 TL, beim Mevlana-Festival 240 TL.

Traditionshotel – **Mevlana Sema** 2**:** Mevlana Cad. 59, Tel. 0332 322 15 10, www.otelsema.com.tr. Gute Mittelklasse nahe dem Hükümet Meydanı. Zwar etwas plüschige Zimmer, aber ordentlich geführt. Restaurant mit Alkoholausschank im hinteren Saal. DZ/F um 130 TL.

Pension – **Çatal Aile Pansiyonu** 3: Naci Fikret Sok. 14/A, Tel. 0332 351 49 81. Günstige Unterkunft in einer Seitengasse zwischen Info-Büro und Mevlana-Kloster. Einfache Zimmer, aber freundlicher Wirt, schöner Dachgarten mit tollem Blick zum Kloster. DZ um 75 TL, kein Frühstück.

Essen & Trinken

Restaurants führen alle größeren Hotels, besonders nobel speist man im Hotel Selçuk (Anfang Mevlana Cad.). Die Spezialität von Konya ist das *Firin Kebap*, ein sehr zartes, aber ziemlich fettes Schmorlamm (auch *Tandır* genannt). Dies gibt es in den einfachen Lokanta (z. B. südlich der Post), nicht aber in den Hotels. Alkoholausschank ist in Konya durchaus selten; auch der Ramadan wird streng eingehalten (tagsüber sind nur die Teegärten auf der Zitadelle geöffnet).

Moderne Küche – **Cadde Restaurant** 1: Adliye Bulv., neben İnce Minare Medrese. Im Obergeschoss über MacDo, modernes Restaurant, das auch Bier und Rakı serviert, gute, auch internationale Küche.

Hübscher Garten – **Konak Konya Mutfağı** 2: Piri Esat Cad. 5, Tel. 0332 352 85 47, www.konakkonyamutfagi.com, 10–20 TL. Gute regionale Küche in einem alten Konak aus dem 19. Jh. mit schönem Garten.

Rast im Grünen – **Alaeddin Çay Bahçesi** 3: Im Teegarten am Zitadellenhügel (Alaeddin Tepesi) kann man in idyllischer Park-Atmosphäre auch Kleinigkeiten essen.

Einkaufen

Kalligrafie – **Ketenciler Turistik Esya** 1: Mevlana Cad. 60/B, Tel. 0332 352 36 03. Muslimische Devotionalien und schöne Kalligrafien, Mevlana-Zitate etc.

Teppiche – **Saylik Kilim** 2: İstanbul Cad. 116, Eski Tellal Pazarı, Tel. 0332 351 09 59, www.saylikkilim.com. Handgeknüpfte Teppiche in alten und modernen Mustern mit natürlichen Farben.

Lederkleidung – **Ceylan Deri** 3: Piri Mehmet Paşa Çarşısı, Tel. 0332 353 24 40. Alles aus Leder im Laden in dem großen Marktzentrum südlich des modernen Mevlana Çarşısı (hinter dem Parkhaus).

Wie auf dem Flohmarkt – Das **Basarviertel** 4 südlich der Mevlana Caddesi ist noch orientalisch, zum Teil findet man sogar Souvenirs wie die Filzmützen der Nomadenhirten.

Gold – Im **Sarraflar Yeraltı Çarşısı** 5 unter dem Hükümet Meydanı kann man bei zahlreichen Läden Goldschmuck kaufen.

Abends & Nachts

Sema-Tänze – **Mevlevi Sofrası** 1: Amil Çelebi Sok. 1, Tel. 0332 353 33 41, www.mevlevisofrasi.com, um 15 TL. Im osmanisch gestylten Speisesaal oder auf der Terrasse mit tollem Blick zum Mevlana-Kloster wird typische Konya-Küche serviert. Probieren Sie mal das Beyti Kebap! Ab 21 Uhr Livemusik und Show mit Sema-Tänzen.

Termine

Mevlana-Fest: Jährlich 14.–17. Dez. mit Lesungen und Tanzdarbietungen.

Verkehr

Busstation am Nordrand (ca. 15 km vom Zentrum), zu erreichen per Straßenbahn; Stadtbusstation am Alaeddin Bulvarı. Gute Verbindungen zu allen größeren Städten, da Konya einer der wichtigsten Knotenpunkte des Busverkehrs ist. Dazu alle 2 Std. ein **Hochgeschwindigkeitszug** nach Ankara, 2 x tgl. per **Flugzeug** nach İstanbul.

Über Karaman nach Silifke

Von Konya kann man über Karaman (127 000 Einwohner) zur Küste zurückfahren, sollte dabei aber Çatal Höyük nicht verpassen. Südlich von Karaman kann man nach 70 km die spätantike Klosteranlage von Alahan (s. S. 340) und nach weiteren 82 km die Stadt Silifke an der Südküste erreichen. Als Rastplatz eignen sich dann die Lokale am

Nachgebautes prähistorisches Wohnhaus in Çatal Höyük

Sertavul-Pass, die in einfachem Ambiente Grillfleisch, selbst gemachten Ayran und Honig anbieten.

Çatal Höyük ▶ 2, N 8

Tgl. 8–17 Uhr, Eintritt frei, Besichtigung nur mit dem Wärter, Trinkgeld!

Zu einer Reise in die prähistorische Vergangenheit gerät ein Besuch am Siedlungshügel **Çatal Höyük** bei **Çumra,** eine der ältesten Stadtanlagen der Welt (7.–6. Jahrtausend v. Chr.). Bis zu zwölf verschiedene Besiedlungsschichten ließen sich am Südwesthang des Haupthügels nachweisen.

Neben Gerätschaften des alläglichen Lebens, Schmuck oder Statuetten aus Ton und Alabaster (heute im Museum für Anatolische Zivilisationen in Ankara) entdeckte man ein komplettes prähistorisches Stadtgefüge: Die Wohnhäuser auf rechteckigem Grundriss waren aus luftgetrockneten Lehmziegeln und hölzernem Fachwerk errichtet; der Zugang erfolgte über Einstiegsluken im Dach. Die Häuser standen dicht gedrängt und höhengestaffelt beieinander, Straßen hingegen fehlten.

Einige Räume waren mit apotropäischen (abwehrenden) Darstellungen versehen und mit Fruchtbarkeitssymbolen wie Stierschädeln ausgestattet, was eine Deutung als Kulträume nahe legt. Ernährt haben sich die Bewohner durch Jagd, Tierzucht und durch Ackerbau, wobei man u. a. Gerste und Erbsen anbaute. Zudem scheint ein reger Tauschhandel für Feuersteine, Obsidian und Eisenerze mit benachbarten Siedlungen bestanden zu haben.

Seit 1993 finden neue Grabungen durch türkische und englische Archäologen statt.

Die Wissenschaftler unter Leitung von Prof. Ian Hodder sind meist von Juni bis September vor Ort. Besucher werden von einem Wärter durch die touristisch freigegebenen Areale geführt. Frische Grabungsschnitte auf keinen Fall ohne Erlaubnis betreten!

Gleich am Eingang wurde ein neolithisches Haus nachgebildet, in dem die typische Ausstattung dargestellt ist: Leiter ins obere Stockwerk, großer Wohnraum, Backofen/Kamin, Vorratskammern im hinteren Teil. Der Hauptraum war mit Wandmalereien und Stierschädeln geschmückt. Das Museum etwas weiter informiert über die Kultur mit einem Videofilm, Funden und Rekonstruktionen der Wandgemälde. Auf dem grasbewachsenen hügeligen Gelände erinnert nichts an eine Stadt; nur in zwei Schutzbauten kann man anhand der Fundamentmauern die Baustrukturen erkennen. Im ersten Bau ist gut die wabenartigen Baustruktur zu sehen. Unter den Fußböden waren sehr häufig Menschen, vermutlich die Vorfahren, bestattet worden. Der zweite Schutzbau überdeckt einen Teil der Stadt, die am Hang zu dem kleinen Fluss abfällt, der die Lebensgrundlage der Siedlung bildete.

Infos

Aktuelle Infos zu den Grabungen unter: www.catalhoyuk.com

Karaman ▸ 2, H 7

An der Ortseinfahrt nach **Karaman** begrüßt den Besucher ein kurioses Bronzedenkmal. Eine freundlich lächelnde Frau bietet einen saftigen Apfel feil, begleitet wird sie vom Wahrzeichen der Region, dem fettschwänzigen Karaman-Schaf. Reichtum und Bedeutung Karamans, Knotenpunkt alter, über den Taurus führender Handelsstraßen, gründen sich seit jeher auf die Landwirtschaft. Das als besonders schmackhaft und ertragreich geltende Fettschwanzschaf weidet auf den Wiesen und Feldern rund um die Stadt bis in die Berggebiete des Kara Dağı hinein.

Gehörte Karaman, das byzantinische **Laranda,** schon ab 1165 zum Einflussbereich der Seldschuken, so wurde die Stadt erst unter dem namengebenden Herrschergeschlecht der Karamaniden zu einem bedeutenden Regionalzentrum ausgebaut. Von den ursprünglich drei Mauerringen der **Zitadelle** (12. Jh.) auf dem Hügel über der Stadt ist nur noch der innere Bereich erhalten geblieben, unterhalb des Mauerrings laden Teegärten zur Rast. Am Fuß des Hügels steht im Süden die **Alaeddin Bey Türbesi,** das Grabmal des Karamaniden-Fürsten, der 1397 bei der Eroberung durch den Osmanensultan Beyazıt I. hingerichtet worden war.

Die **Hatuniye Medrese** östlich der Burg (Turgut Özal Caddesi) wurde 1382 von Nefise Sultan, Tochter Sultan Murats I. und Frau des Lokalfürsten Alaeddin Bey, gestiftet. Den Blickfang der Fassade bildet das hohe, aufwendig verzierte Portal mit einer Muqarnas-Nische aus Marmor.

Das direkt benachbarte **Karaman-Museum** zeigt in zwei Abteilungen archäologische und ethnografische Exponate (Di–So 8.30–12.30, 13.30–17.30 Uhr); im Garten sind steinerne Fundstücke aus römischer und islamischer Zeit aufgestellt, u. a. Grabstelen und Sidamara-Sarkophage.

Die gemalte hohe Derwischmütze über dem Eingangsportal verrät es: Die **Ak Tekke Camii** noch etwas weiter östlich ist ein ehemaliger Derwisch-Konvent. Trotz Auflösung des Ordens (1925) blieb er eine wichtige Pilgerstätte der Mevlevis, da hier die Mutter Celaleddins, Mumine Hatun, und sein Bruder begraben liegen. Der Komplex wurde 1371 errichtet. Der überkuppelte Hauptraum (die ehemalige Türbe) ist heute eine Moschee und birgt hinter einem Holzgitter auf der linken Seite die verehrten Kenotaphe.

Übernachten

Das beste Hotel im Ort ist das **Demosan Spa & Otel,** Mut Caddesi (5 Sterne) mit Sauna, www. demosanotel.com.

Durchreisequartier – **Nadir Otel:** Yeni Minare Cad., 31. Sok. 10, Tel. 0338 212 69 69, www. nadirotel.com.tr, DZ/F um 100 TL. Gutes Business-Hotel mit akzeptablem Preis-Leistungsverhältnis.

Essen & Trinken

Historische Architektur – **Hatuniye Karaman Sofrası:** Hastane Cad. 4, Müze Bahçesi, Tel. 0338 214 65 62. Türkische Küche in großer Auswahl im überdachten Innenhof der Hatuniye Medresesi.
Kebap und mehr – **Ender Lokantası:** İsmet Paşa Cad. 34, Tel. 0338 214 52 51. Beliebtes Lokal mit typischen Speisen an der Hauptstraße im Zentrum.

Verkehr

Busstation außerhalb des Zentrums an der Straße nach Konya. Mehrmals tgl. Busse der Linie Konya–Silifke.

Binbirkilise ▸ 2, H 7

Nordwestlich von Karaman erhebt sich das weithin sichtbare vulkanische Bergmassiv des Kara Dağı. In dieser unwirtlichen Gegend voll bizarrer Schönheit liegt das Gebiet **Binbirkilise** (›1001 Kirche‹), eine einzigartige Ansammlung byzantinischer Klöster und Kirchen, auf mehrere Dörfer verteilt.

Von Karaman erreicht man über Kilbasan, nach dem Abzweig bei Dinek, auf einer Schotterstraße zunächst das Dorf **Madenşehir.** In byzantinischer Zeit hieß es Barata und war Sitz eines Bischofs. Zwischen den Häusern der Einheimischen – zumeist aus den Steinen der zerstörten historischen Gebäude errichtet – kann man direkt am Ortseingang rechts die Ruine einer Basilika aus dem 10./11. Jh. besichtigen.

Eine Schotterpiste führt nun zum weitgehend verlassenen Dorf **Üçkuyu.** Einige Halbnomaden leben dort von der traditionellen Schafzucht. In der Dorfmitte steht die Ruine einer dreischiffigen Basilika, dahinter ein Gebäude mit einem markanten Torbogen, das als Kloster oder als Palastanlage gedeutet wurde. Mit einem Anwohner (Trinkgeld nicht vergessen!) lassen sich weitere byzantinische Bauten entdecken. Der hohe Zerstörungsgrad und die häufige Umnutzung als Stall oder Scheune lassen zwar nur noch selten die ursprüngliche Funktion erahnen. Ein Besuch lohnt aber aufgrund der landschaftlichen Schönheit mit einem grandiosen Panorama auf die Bergregion des Kara Dağı.

Die Piste führt von Üçkuyu hinauf zum Großen Krater unterhalb des **Mahalaç Dağı** (2275 m), des höchsten Gipfels des Kara Dağı-Massivs, umrundet die Caldera und erreicht eine Passhöhe unterhalb der Fernsehstation. Der Gipfel selbst ist militärisches Sperrgebiet und nicht zugänglich.

Zum Tuz Gölü

Horuzlu Han und Sadeddin Han ▸ 2, N 7

Über die Ausfallstraße in Richtung Ankara erreicht man von Konya aus die sehenswerte Karawanserei **Horuzlu Han** (11 km, hinter einem Zementwerk, Zufahrt ist ausgeschildert). Der 1956 restaurierte ansehnliche Hallenbau mit überhöhtem Mittelschiff und einer zentralen Ziegelkuppel stammt aus dem 13. Jh. Heute nutzt ein Restaurant die von einem achteckigen Zentralturm bekrönten Lagergewölbe (www.horozluhan.com).

Abseits der Straße nach Ankara liegt beim Dorf Tömek der **Sadeddin Han** (23 km, ausgeschildert). Die eindrucksvolle Karawanserei mit einer Seitenlänge von 90 m ist, völlig isoliert auf der baumlosen Hochsteppe, schon von weitem zu erkennen. Sie wurde inzwischen umfassend restauriert. Zahlreiche Spolien aus römischer und byzantinischer Zeit, Doppelsäulen und Arkadenbögen schmücken die Außenwände, die durch massive Türme verstärkt sind. Durch ein mächtiges Portal aus Marmor- und Kalksteinblöcken im Wechsel betritt man den Hof, an dessen linker Seite die dreischiffige Halle liegt.

Obruk Han ▸ 2, H 6

An der direkten Verbindung von Konya nach Aksaray (s. S. 501) liegt der **Obruk Han** (75 km östlich von Konya), eine seldschukische Karawanserei von 1320. Die Stirnwand ist noch gut erhalten, der hintere Teil der Anlage hingegen teilweise eingestürzt. Unmittelbar hinter der Karawanserei liegt eine große, 145 m tiefe Einsturzdoline mit einem Durchmesser von 120 bis 130 m, die mit Wasser gefüllt ist. Sie ist Teil eines unterirdischen Karstquellensystems, zu dem auch die Dolinen südlich der Straße bei dem Dorf Çukurkuyu gehören. Dort sind etwa 20 Dolinen zu finden, die bis zu 500 m Durchmesser haben.

Über Ereğli nach Adana

Von Konya kann man über Karapınar und Ereğli wieder die Südküste bei Tarsus und Adana erreichen. Dabei überquert man den Taurus über die ›Kilikische Pforte‹, den Pass, über den auch schon die Heere der Hethiter und der Araber zogen.

Karapınar ▸ 2, J 7

Auf der östlichen Ausfallstraße von Konya nach Ereğli erreicht man den Ort **Karapinar.** Die bedeutende **Selimiye Külliyesi,** von Selim II. 1563 errichtet, war eine Raststation für Mekkapilger. Die große Anlage mit Medrese, Karawanserei, Armenküche sowie Hamam wurde vor einigen Jahren umfassend renoviert und um ein Einkaufszentrum ergänzt. Die Moschee erhielt zwei weitere Minarette.

Die Landschaft um Karapinar erscheint auf den ersten Blick eintönig, die Hochebene ist baumlos und eher abweisend. Dennoch bietet sie einige vulkanische Phänomene, die eine kleine Rundfahrt lohnen. Ca. 5 km hinter dem Ortsschild von Karapinar in östlicher Richtung führt ein Feldweg rechts ab zu dem 2 km entfernten **Meke Gölü,** einem Ringkratersee, der ganz in vulkanische Asche eingebettet liegt. In der Mitte des Sees ragt ein völlig gleichmäßiger Sekundärkegel ca. 50 m in die Höhe, der ebenfalls einen Krater besitzt. Infolge umfangreicher Aufforstungen ist das Gebiet jedoch aktuell weiträuming umzäunt.

Weiter südlich liegt der 1265 m hohe **Meke Dağı** mit einem Kratersee auf dem Gipfel. Auf dem Weg dorthin verändert sich die Landschaft westlich der Piste schlagartig. Man gelangt in eine Wüstenlandschaft mit bis zu 8 m hohen Sicheldünen, die letzten Zeugnisse eines eiszeitlichen Sees. Die Spalten und Höhlen der Kraterseen bieten einer Vielzahl von Vogelarten Brutmöglichkeiten. Adlerbussarde und Schmutzgeier nisten hier neben Turmfalken, Dohlen, Felsentauben und Blauracken.

Felsrelief von İvriz ▸ 2, J 7

Etwas abseits, am Nordrand des Taurus, liegt das späthethitische **Felsrelief von İvriz,** das zu den Highlights der zentralen anatolischen Hochebene zählt. Beim Städtchen Ereğli biegt man nach Süden ab, durchfährt den Ort und überquert die Eisenbahnlinie (Bagdad-Bahn). Von hier an ist der Weg ausgeschildert. Nach 17 km erreicht man das Dorf **Aydınkent** (früher İvriz). Man durchquert den Ort und kommt zu einem reißenden Quellfluss, der direkt hinter einer Brücke gestaut wird.

Am Rande des kleinen Stauteiches liegt das berühmte Felsrelief, das in eine 10 m hohe Felswand eingraviert ist: der hethitische König Warpalawas von Tuwanuwa auf der rechten Seite und der Wettergott Tarhunzas mit einer Sichel stehen sich gegenüber. Der König huldigt anlässlich des Frühlingsfestes dem Gott, der mit Ähren und Trauben dem Land symbolisch Fruchtbarkeit schenkt. Aufgrund der stilistischen Merkmale wird das Relief in die Zeit um 730 v. Chr. datiert.

Die beste Zeit zum Fotografieren ist zwischen 10 und 14 Uhr. Es lohnt, das Tal weiter hinaufzuwandern. Ein Pfad führt in die immer enger werdende Schlucht. An der Felskante auf der rechten Seite erkennt man eine natürliche Felsbrücke, und nach wenigen Metern erreicht man die Reste einer byzantinischen Klosteranlage, **Kızlar Sarayı** genannt, bei der sich ein zweites, gröber gearbeitetes hethitisches Felsrelief befindet. Etwas flussabwärts von der Stelle gibt es zwei Fischlokale direkt am Fluss.

Afyon und das Land der Phryger

Phrygien drängt sich nicht auf, lebt vom ständigen Wechsel der Formen und Farben. Stets bieten abwechslungsreiche Landschaftsbilder und bizarre Felsformationen dem Auge neue Eindrücke, die besonders bei tief stehender Sonne in Gelb- und Rosatönen zur Geltung kommen. Reizvoll sind auch die alten Dörfer mit ihren Lehmmauern an winkligen Gassen. Den großstädtischen Kontrapunkt setzen Afyon (Afyonkarahisar) mit seiner mächtigen Burg und die Fayencenstadt Kütahya.

Afyonkarahisar ▶2, J 5

Cityplan: S. 389
Die Stadt **Afyonkarahisar** (›Opium-Schwarzburg‹) an der vom Aka Çayı durchflossenen Ebene wird meist nur kurz **Afyon** genannt, obwohl sie seit 2005 offiziell wieder den alten osmanischen Namen trägt. Im Mittelalter war ein der Ort ein Knotenpunkt der Karawanenstraßen von der Ägäis nach Konya und von der Südküste in den Norden des Landes. Heute ist die 220 000-Einwohner-Stadt Umschlagplatz für Wolle und Getreide, berühmt wegen ihrer Teppiche und der Fabrikation von Holzintarsien, vor allem aber als Zentrum des Mohnanbaus. Die Opium liefernde Mohnart wird in Kleinasien seit antiker Zeit angebaut, schon damals war ihre Anwendung als Schlafmittel und zur Schmerzlinderung bekannt.

Über die frühe Zeit von Afyon ist wenig bekannt. Vermutlich siedelten schon die Hethiter auf dem Burgberg. Der alte Name der Stadt, **Akroënos,** deutet allerdings auf phrygischen Ursprung hin. Im 13. Jh. fiel Afyon an die Seldschuken und wurde Herrschaftssitz des Großwesirs Sahip Ata, eine der bedeutendsten Persönlichkeiten der seldschukischen Geschichte. 1922 fanden in und um Afyon die entscheidenden Kämpfe zwischen Griechen und Türken während des Unabhängigkeitskriegs statt, wobei die Stadt erheblich in Mitleidenschaft gezogen wurde. Bei **Dumlupınar**, etwa 50 km westlich von Afyon, wurde die griechische Armee vernichtend geschlagen. Atatürk hatte vom Kocatepe aus, einem Berg westlich von Afyon, die Kämpfe geleitet, weswegen man ihm 1953 auf dem Gipfel ein Denkmal errichtete.

An den Sieg erinnert auch das **Zafer Anıtı** (›Siegesmal‹) vor dem Rathaus am Hükümet Meydanı von Afyon. Dargestellt sind Atatürk mit seinen beiden Feldherren Fevzi Paşa und İsmet Paşa (İsmet İnönü, der zweite Staatspräsident). Das **Zafer Müzesi** **1** neben dem Platz bewahrt Dokumente zur Erinnerung an die Schlacht (Mo–Fr 8.30–12, 13.30–17 Uhr).

İmaret-Moschee und Museum

Di–So 8.30–12.30, 13.30–17.30 Uhr
Die Hauptachse der Stadt ist die Kurtuluş Caddesi. An ihr liegt der Külliye-Bezirk der **İmaret Camii** **2**, den 1472 Gedik Ahmet Paşa, ein Wesir von Sultan Mehmet II., stiftete. Die Moschee ist ein typisches Beispiel für die frühosmanische Steinbauweise: Den Grundriss bilden zwei hintereinander gestellte, überkuppelte Würfel, die im Innern durch einen großen Bogen voneinander getrennt sind. In einem Nebentrakt zeigt das **Afyonkarahisar Etnografya Müzesi** traditionelle Kleidungsstücke und Handarbeiten.

Archäologisches Museum

Di–So 8–12, 13.30–17.30 Uhr, Eintritt 5 TL

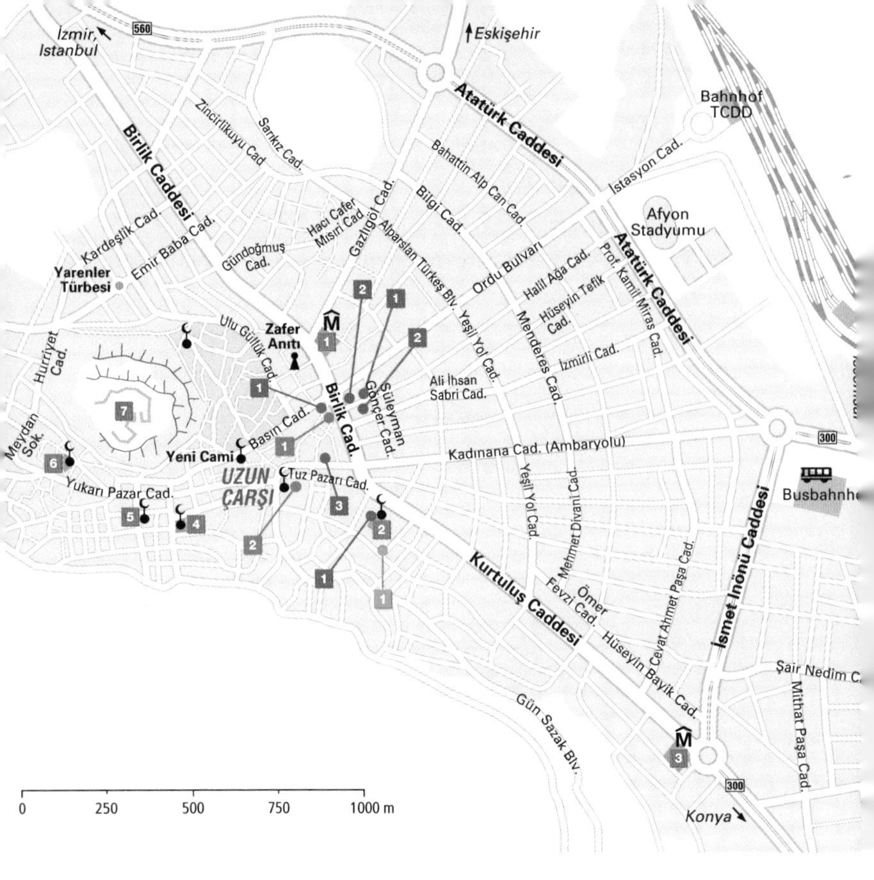

Weiter außerhalb an der Kurtuluş Caddesi, Richtung Konya, erreicht man das **Afyonkarahisar Müzesi** 3, das eine große Sammlung antiker Stücke aus den Grabungen Phrygiens besitzt (v. a. hethitische, phrygische und lydische Kultur); beherrscht wird die Sammlung von dem überlebensgroßen Torso des Herakles aus Prymnessos. Im Hof sind zahlreiche römische Architekturteile und unvollendete Sarkophage aus Dokimeion (s. S. 402) aufgestellt.

Am Burgberg

Das Stadtbild beherrscht der alles überragende Burgberg, an dessen steiler Flanke die malerische Altstadt mit einem sehenswerten Basarviertel liegt.

Südlich unterhalb der Burg versteckt sich inmitten alttürkischer Häuser die **Mevlevihane Camii** 4, eine Klosteranlage der ›Tanzenden Derwische‹ (s. S. 377) vom Ende des 13. Jh. Der Sohn von Celaleddin Rumi, Veled Sultan, hatte in Afyonkarahisar das zweite große Mevlevi-Zentrum nach Konya aufgebaut. Die **Kuyulu Cami** 5 einen Block weiter westlich zählt mit ihrem auffälligen, spiralig kannelierten Minarett zu den schönsten seldschukischen Bauwerken der Stadt.

Die **Ulu Cami** 6 im oberen Teil der Altstadt ließ Nüsreddin Hasan Bey, der Sohn des Wesirs Sahip Ata, 1272 erbauen. Sie ist eine der wenigen noch erhaltenen Holzsäulenmoscheen Anatoliens (s. S. 375). Besonders kostbar ist die originale Tür der Kanzel, die die persische Jahreszahl 671 trägt.

Die Burganlage der **Afyonkarahisar Kalesi** 7, die man über einen steilen Trep-

Afyonkarahisar (Afyon)

Sehenswert
1 Zafer Müzesi
2 İmaret Camii
3 Afyonkarahisar Müzesi (Arch. Museum)
4 Mevlevihane Camii
5 Kuyulu Cami
6 Ulu Cami
7 Afyonkarahisar Kalesi

Übernachten
1 Hotel Çakmak Marble
2 Hotel Soydan

Essen & Trinken
1 İkbal
2 Nur Lokantası
3 AVM Sarıdere

Einkaufen
1 Altınay Şekerleme
2 Eski Bedesten

Abends & Nachts
1 Art Cafe

Aktiv
1 İmaret Hamamı

---

penaufgang erreicht, ist in mehrere Höfe und Toranlagen gegliedert. Die Ruinen eines Turms, des Kız Kulesi, und Reste starker Mauern, die teilweise zu einem Palast gehörten, sowie eine kleine Moschee sind die baulichen Bestandteile der Anlage, die zumeist aus der Zeit des Seldschuken-Sultans Alaeddin Keykubat I. (1219–36) stammen. Von hier hat man einen großartigen Blick auf die Stadt und die Ebene von Afyon.

Infos

Info-Büro: Valilik Binası 2. Stock, Tel. 0272 213 54 47, www.afyonkarahisar.gov.tr

Übernachten

Mit Pool und Hamam – **Hotel Çakmak Marble 1:** Süleyman Göncer Cad. 2, Tel. 0272 214 33 00, www.cakmakmarblehotel.com. Mit 4 Sternen das beste Hotel im Ort mit gediegener Lobby, große Zimmer mit Marmorbädern, im Untergeschoss ein Pool mit Thermalwasser, dazu ein schönes osmanisches Hamam. DZ/F um 180 TL.

Im Zentrum – **Hotel Soydan 2:** Karagözoğlu Sok. 2, Tel. 0272 215 23 23, www.soydanhotel.com. Älteres, aber freundlich renoviertes und gut geführtes Haus der Spezialklasse, Zimmer mit Satelliten-TV und sogar Zentralheizung. Nicht zu verwechseln mit dem außerhalb gelegenen Soydan Termal. DZ/F um 110 TL.

Thermalkurzentren rund um Afyon sind Ömer (14 km), Gazlıgöl (22 km), Hüdai (66 km) und Gecek (18 km). Hier sind zahlreiche Hotelanlagen entstanden.

Luxusthermal – **Oruçoğlu Thermal Resort:** An der Straße nach Kütahya (14 km), Tel. 0272 251 50 50, www.orucoglu.com.tr. Thermal-Hotel (5 Sterne) mit hellen, modernen Zimmern, Hallenbad, modernem Wellness-Bereich und großem Pool mit Wasserrutsche. DZ/F um 210 TL.

Essen & Trinken

Gepflegtes Ambiente – **İkbal 1:** Dervişpaşa Cad., Uzun Çarşı (vom Hauptplatz Richtung Basar), Tel. 0272 215 12 05. Ordentlich geführtes Traditionsrestaurant, schon Atatürk hat hier gespeist. Spezialität ist *Afyon sucuk*, eine Knoblauchwurst. Kein Alkohol.

Kaymak-Gerichte – **Nur Lokantası 2:** Uzun Çarşı, Ziraat Bankası Geçidi, Tel. 0272 215 33 35. Kleines Traditionsrestaurant im Zentrum, viele Hühnchen-Gerichte und auch Spezialitäten mit *kaymak*, der Wasserbüffelsahne aus Bolvadın.

Modernes Leben – **AVM Sarıdere 3:** Yeni Saraçlar Çarşısi 12. Der große Supermarkt auf Höhe der Kadınana Caddesi bietet im Obergeschoss ein modernes Restaurant (mit Groß-TV und Openair-Terrasse).

Einkaufen

Alles Süße – **Altınay Şekerleme 1:** Millet Cad. 5, www.altinaysekerleme.com. In seinem Stammlädchen am Platz mit dem Mohnbrunnen verkauft der türkeiweit aktive Hersteller Süßwaren wie *Lokum* (aromatisiertes Gelee), *Helva* (türk. Honig), *Pismaniye* (Blätterkrokant) und auch Konfekt aus *kaymak*, der Sahne der Wasserbüffelmilch.

Die Altstadt von Kütahya mit den Kuppeln der Ulu Cami

Markthallen – **Eski Bedesten** 2: Köprübaşı Cad. In der alten Basarhalle und auch im neuen Belediye Çarşısı gegenüber gibt es viele traditionelle und moderne Lädchen. Es lohnt sich, nach Souvenirs zu stöbern.

Abends & Nachts

Romantisch – **Art Cafe** 1: Gediz Ali Sok, www.artcafe.com.tr. Viel los ist in Afyon abends wirklich nicht. Im Innenhof der alten Taş Medrese bei der İmaret Camii gibt es aber ein romantisches Café, das bis 24 Uhr geöffnet hat.

Aktiv

Türkisches Bad – **İmaret Hamamı** 1: Kurtuluş Cad. 4. Das historische Hamam bei der İmaret Camii lohnt den Besuch. Es handelt sich um ein Doppelhamam mit Trakten für Frauen (8–18 Uhr) und Männer (8–20 Uhr), man kann also als Paar zur gleichen Zeit baden.

Termine

Im September findet für drei bis vier Tage in Bolvadın südöstlich nahe der Stadt Çay (s. S. 374) das **Kaymak-** oder **Wasserbüffelfest** mit folkloristischen Darbietungen, einem Jahrmarkt und Veranstaltungen statt.

Verkehr

Busstation an Ankara Yolu; sehr häufige Verbindungen, z. B. nach Ankara, Antalya, Konya oder Pamukkale. Zugleich soll Afyon bald auch an das Hochgeschwindigkeitsnetz der Eisenbahn angeschlossen werden.

Kütahya ▶ 2, H 4

Ca. 100 km nördlich von Afyon liegt **Kütahya** (250 000 Einw.), die Zwischenetappe auf dem Weg zur bedeutenden antiken Stadt Aizanoi (s. S. 393). Seinen Namen führt Kütahya auf die phrygische Fruchtbarkeitsgöttin Kotys (Kybele) zurück. In byzantinischer Zeit wurde die Stadt Bischofssitz und kam zu Wohlstand, weil sie an einer wichtigen Handelsstraße Anatoliens lag. Eine Blütezeit erlebte Kütahya unter der Herrschaft des kurdisch-türkischen Fürstengeschlechts der Germiyaniden, bevor die Stadt aufgrund dynastischer Verbindungen in osmanische Hände geriet.

Nach dem erfolgreichen Feldzug Selims I. gegen die Perser im Jahr 1514 wurden aserbaidschanische Handwerker hierher zwangsangesiedelt, die die Tradition der berühmten Kütahya-Keramik begründeten. Diese erreichte zwar nie den Ruhm von İznik (s. S. 184), aber da man hier frühzeitig begann, Auftragsproduktionen nicht nur für den Hof herzustellen, ist die Tradition bis heute lebendig geblieben. In Kütahya entstanden sogar Fliesen mit christlichen Motiven für die orthodoxen Kirchen Armeniens und Osteuropas, auch am Felsendom in Jerusalem ist Kütahya-Ware zu finden. In der Gebrauchskeramik erinnern vor allem die Muster des 16. Jh. an chinesisches Ming-Porzellan des 15. Jh., zumal sie neben Päonien und anderen Blumen aus dem turkestanisch-mongolischen Kulturkreis (Tulpe, Hyazinthe, Nelke) asiatische Motive wie die chinesische Wolke oder Drachen, Phönix, Schlange und Reiher übernahm.

Heute ist Kütahya eine moderne Stadt mit ca. 202 000 Einwohnern und ein wichtiges regionales Wirtschaftszentrum. Neben der bis heute lebendigen Fayencen-Industrie besitzt die Stadt eine Zement-, eine Zucker- und eine große Stickstofffabrik, die 1938 von der I. G. Farben gegründet wurde.

Man beginnt den Rundgang am besten am **Belediye Meydanı,** dem Hauptplatz der Stadt. Auf diesem steht ein Brunnen, der die Form einer überdimensionalen Keramikvase hat. Im benachbarten Altstadtviertel scheint alles noch so wie früher zu sein: An engen Gassen reihen sich die typischen zweistöckigen Häuser mit vorspringenden Erkern und alten Holzgittern vor den Fenstern.

Archäologisches Museum

Di–So 9–13, 14–18 Uhr, Eintritt 5 TL

Am Ende der Cumhuriyet Caddesi liegt die **Vacidiye Medrese** aus dem Jahr 1314. Sie wurde als theologische Hochschule gegründet und verfügte über ein Observatorium und eine Forschungsstätte für Naturwissenschaften und Mathematik. Seit 1956 dient der Bau mit eindrucksvollem seldschukischem Portal als **Archäologisches Museum.** Prunkstück der Sammlung ist ein römischer Sarkophag aus dem 2. Jh., der 1990 in Aizanoi gefunden wurde. Der hervorragend erhaltene Säulensarkophag stellt in qualitätvollen Reliefs die Kämpfe der Amazonen mit den Griechen dar.

Ulu Cami und Fayencen-Museum

Di–So 9–13, 14–17 Uhr, Eintritt 5 TL

Die **Ulu Cami** hinter der Vacidiye Medrese wurde von Sultan Beyazıt I. vor 1400 begonnen und unter Fatih Mehmet II. fertig gestellt. Dem Nordeingang gegenüber steht ein reich mit Fayencen und Marmor verkleideter Brunnen. Auf der gegenüberliegenden

OSMANISCHE FLIESEN

In Kütahya findet man im Zentrum der Stadt zahlreiche Fayencen-Ateliers, die die osmanische Keramiktradition fortführen. Man kann nicht nur Keramik kaufen, sondern auch zusehen, wie moderne Designs entworfen und Einzelstücke bemalt werden.

Seite des Platzes liegt der **Mevlevi Hanı,** ein Kloster der Tanzenden Derwische. Heute beherbergt er das **Cini Müzesi** (Fayencenmuseum) zur Keramikgeschichte der Stadt.

Basarviertel und Burg

Oberhalb der Ulu Cami erstreckt sich ein sehenswertes altes Stadtviertel. Am Weg zur Burg der Germiyanoğulları steht das **Kossuth Konağı (Macar Evi),** das Haus, in dem 1850 der ungarische Freiheitskämpfer Lajos Kossuth (1802–94) ein Exilheim fand. Heute zeigt es als Museum die osmanische Wohnkultur des 19. Jh. (Di–So 9–13, 14–18 Uhr).

Vorbei an einer kleinen Kuppelmoschee, der **Kurşunlu Cami,** und an einem Grabmal, der **Paşam Sultan Türbesi,** gelangt man zur **Tabakhanı Camii** aus dem 15. Jh., die den Eingang des Basarviertels markiert. Mittelpunkt dieser Anlage sind die **Takkaçilar Camii** und der **Küçük Bedesten**, eine überkuppelte Markthalle. Der später gebaute **Bedesten,** heute ein Gemüsemarkt, schließt sich an.

Die ausgedehnte **Zitadelle** stammt aus byzantinischer und seldschukischer Zeit. Der Aufstieg lohnt, etliche Teegärten mit schöner Aussicht laden zur Einkehr. Vom Kütahya-Museum führt eine Fahrstraße zur Burg.

Infos

Info-Büro: Valilik Binası, Belediye Meyd., Tel. 0274 223 10 78, www.kutahyakultur.gov.tr

Übernachten

Schick – **Hilton Garden Inn:** Atatürk Bulv. 21, Tel. 0274 229 55 55, www.hilton.com.tr. Neues, sehr schickes Hochhaus im Stadtzentrum, mit Restaurant und Fitness-Gym. Sehr elegante Zimmer. DZ/F um 200 TL.

Mit Hamam – **Hotaş Hotel:** Menderes Cad., Akabe Sok. 5, Tel. 0274 224 89 90, www.hotashotel.com.tr. Ordentliches Mittelklassehaus etwas abseits der Hauptdurchgangsstraße, mit Hamam, Zimmer im Blumendekor. DZ/F 140 TL.

... außerhalb

Thermalhotel – **Yoncalı Termal:** Yoncalı, Tel. 0274 249 44 44, yoncalitermalotel.com.tr. Großes Thermalhotel der gehobenen Kategorie im Ort Yoncalı (ca. 16 km über D230 Richtung Tavşanlı). Innen- und Außenbadeanlagen, Hamam, Sauna etc., allerdings auch viele Kurgäste. DZ/F um 150 TL

Essen & Trinken

Am Hauptplatz (Belediye Meydanı) und dem Atatürk Bulvarı viele einfache Kebap-Lokanta, allerdings ohne Alkohollizenz. Alkoholausschank haben nur die Restaurants der besseren Hotels, empfehlenswert etwa das Restaurant des **Hotels Hotaş** (s. o.).

Modern – **Mülayımoğulları:** Atatürk Bulvarı 11, Tel. 0274 224 92 03, www.mulayimogullari.com. Modernes Kebap-Lokal, Grillgerichte und Lahmacun, beliebt bei der aufstrebenden Mittelklasse, kein Alkohol.

Auf der Burg – **Döner Gazino:** Kütahya Kale, Tel. 0274 226 21 76. Neben einem Teegarten gibt es auf dem Burghügel das Döner Gazinosu, einst eine Nachtbar, die sich langsam drehte. Heute serviert man hier zum 360°-Blick eine ordentliche Grillküche.

Museal – **Kütahya Konağı:** Kurşunlu Sok., westlich der Ulu Cami, Tel. 0274 223 88 44, www.kutahyakonagi.com. In dem museal hergerichteten Altstadthaus bemüht man sich um traditionelle Rezepte, etwa die Sıkıcık-Suppe aus Bulgur. Kein Alkohol.

Einkaufen

Rund um den Belediye Meydanı zahlreiche Fayencen-Ateliers mit der typischen Kütahya-Keramik.

Kütahya-Keramik – **Klas Çini,** Eskişehir Yolu 4 km, Tel. 0274 225 11 20. Die Werkstatt mit Verkaufsausstellung liegt an der Ausfallstraße nach Eskişehir und ist für gute Handarbeit bekannt. **Altın Çini:** Auf Anfrage an der Pforte kann man auch die Fayencen-Fabrik an der Straße nach Eskitehir (8 km) besichtigen, Tel. 0274 225 04 45, www.altincini.com.tr, mit Verkauf.

Verkehr

Busstation an der Ausfallstraße nach Eskişehir. Mind. stündlich Verbindung in alle größeren Städte der Türkei.

Der Tempel von Aizanoi, einer der besterhaltenen der Türkei

Aizanoi ▶ 2, G 4

Tgl. 8.30–17 Uhr, Eintritt 8 TL

Die Reste der einst bedeutenden antiken Stadt **Aizanoi** liegen ca. 50 km westlich von Kütahya beim Dorf Çavdarhisar. Dieser reizvoll am Koca Su, dem antiken Penkalas (Rhyndakos), gelegene Ort erhielt seinen Namen von dem Turkmenenstamm der Çavdaren, der sich im 13. Jh. in Aizanoi (lat. Aezani, in der Türkei fälschlich auch Aizonai) ansiedelte. Bei einem schweren Erdbeben 1970 wurde das alte Dorf weitgehend zerstört und jenseits der Hauptstraße wieder neu angelegt. Einige alttürkische Häuser im Bereich der antiken Ruinenstätte sind jedoch noch bewohnt.

An dem seit alters besiedelten Platz sollen Eumenes II. von Pergamon und Prusias I. von Bithynien, die in ständiger Fehde miteinander lebten, schließlich gemeinsam einen Kult gestiftet haben. In der römischen Kaiserzeit entwickelte sich Aizanoi zu einer blühenden

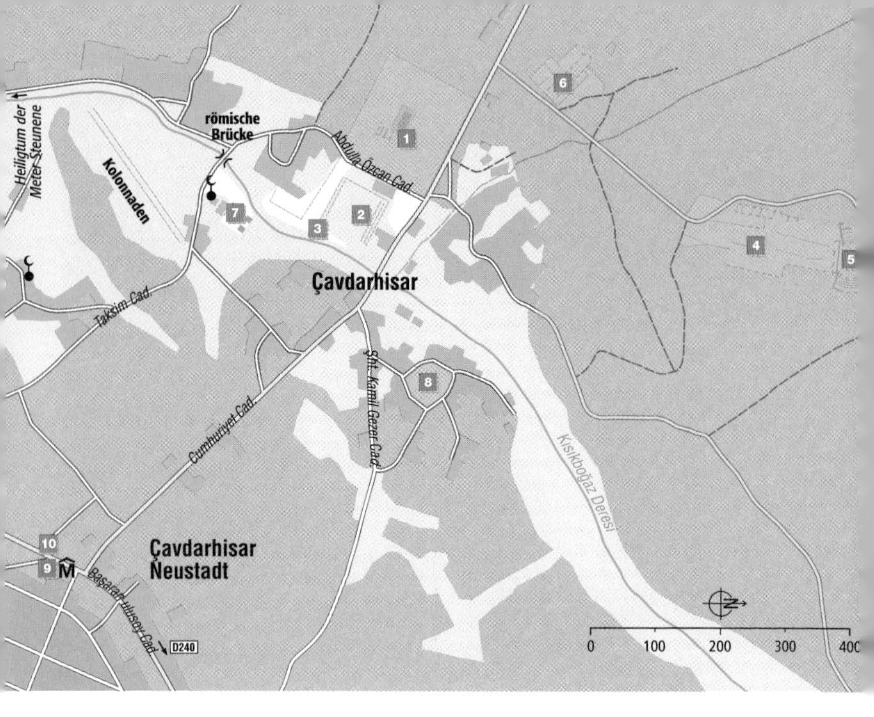

Aizanoi

Sehenswert

1 Zeus-Tempel
2 Agora
3 Heroon
4 Stadion
5 Theater
6 Thermenbau
7 Macellum
8 Säulenstraße
9 Ostthermen
10 Museum

Stadt, in der zu Ehren verschiedener Kaiser sportliche Wettkämpfe stattfanden. Unter Hadrianus (117–136) und in den folgenden Jahrzehnten wurde die Stadt prachtvoll ausgebaut.

Tempelplatz und Umgebung

Beherrscht wird das Ruinenfeld vom gewaltigen **Zeus-Tempel 1**, der um 125 als Haupttempel der Stadt errichtet wurde, und zwar über einem alten Kybele-Heiligtum, das sich in dem von einem gewaltigen Tonnengewölbe überdachten Raum unter der Cella des Tempels befand. Von den ehemals 48 Säulen stehen heute noch 16 aufrecht, die teilweise durch Architrave verbunden sind. Vor der Westfassade ist das monumentale Fragment eines Giebelakroters aufgestellt, der das von Akanthusranken gerahmte Gesicht einer Göttin, vermutlich der Kybele, zeigt. Wegen der Leichtigkeit und Eleganz in den Proportionen gilt der Tempel als ein Musterbeispiel für die sogenannte hadrianische Renaissance des 2. Jh.

Der Tempel stand im Zentrum eines repräsentativen Platzes, der von hohen Säulenhallen umgeben war. Im Osten lag die **Agora 2**, die durch einen fast 40 m breiten Treppenaufgang mit einem Propylon mit dem Tempelplatz verbunden war. An der Ostseite der Agora lag ein kleiner Podiumtempel, den man als **Heroon 3** deutet. Sämtliche sichtbaren Teile des Baus bestanden aus Marmor, alle verdeckten

Mauern aus dem örtlich anstehenden, sehr porösen Kalkstein.

Theater-Stadion-Komplex

500 m nördlich des Zeus-Tempels liegt mitten in den Feldern der einzigartige Theater-Stadion-Komplex, der trotz des Erdbebens von 1970 recht gut erhalten ist. Mit dem Bau der Anlage wurde etwa um 160 begonnen, doch dauerten die Arbeiten bis in die Mitte des 3. Jh. Das **Stadion** 4 war etwa 220 m lang und endete am Bühnenhaus des **Theaters** 5, das ca. 7000 Zuschauer fassen konnte. Im Stadion hatten 12 000 Zuschauer Platz. Damit jeder dem Geschehen folgen konnte, waren die Sitzreihen deutlich konkav geformt, wobei der Abstand in der Mitte der Anlage 44 m und an den schmalen Enden nur 29 m betrug. Die Marmorfassade der Stadionrückseite bildete eine prächtige Schauwand. Teile der dieser Verkleidung sind heute im Stadion aufgestellt. Die Marmorverkleidung des Bühnenhauses mit Fragmenten eines Jagdfrieses liegt herabgestürzt in der Orchestra.

Zwischen dem Zeus-Tempel und dem Stadion erhebt sich ein großer **Thermenbau** 6 aus dem 2. Jh., der zu den größten Anlagen dieser Art in Kleinasien zählt. Kaltbad (Frigidarium) und Warmbad (Caldarium) liegen in der Mitte der Anlage, seitlich je ein Saal mit Apsiden, davor eine große Palästra.

Macellum

Südlich vom Tempel führt eine dreibogige Römerbrücke zum **Macellum** 7, einem Rundbau, der als Lebensmittelmarkt diente. In die Außenwände wurde 304 unter Diocletianus ein Preisedikt eingemeißelt, durch das der Kaiser die reichsweite Inflation zu bekämpfen suchte, indem er die Verbraucherpreise festlegte, für Lebensmittel, Marmor, Gold und Leder, aber auch Tiere und Sklaven. Doch zu spät: Mit der Preisbremse waren die sozialen und ökonomischen Krisen im spätrömischen Reich nicht zu lösen.

Hinter dem Macellum wurde eine breite **Säulenstraße** 8 freigelegt, die erst im 4. Jh. angelegt worden war. Das ›Wiederverwertungsprinzip‹ der Spätantike ist hier gut erkennbar. Aus den zu dieser Zeit von den Christen zerstörten Tempeln wurden ganz unterschiedliche Säulen zusammengetragen, um die durchgehende Bedachung der beidseitigen Kolonnaden zu ermöglichen. Im Süden schloss die Straße mit einem Prunktor ab.

Östlich vom Tempelplatz, jenseits der Straße vom Dorf zum Tempel, liegen die **Ostthermen** 9, in die in byzantinischer Zeit ein Bischofspalast hineingebaut wurde. Solange dort Grabungsarbeiten andauern, ist dieser Bereich jedoch nicht zugänglich.

Museum

Im kleinen **Museum** 10 des neugebauten Orts Gavdarhisar sind eine Weihinschrift und zwei Reliefplatten aufgestellt, die ein Schiff, Seepferdchen und ein Seeungeheuer zeigen. Die Inschrift des Stifters Eurykles berichtet von der Meerfahrt dieses bedeutenden Bürgers der Stadt, der sie zwischen 153 und 157 beim Panhellenion in Athen, einer Art gesamtgriechischem Kongress, vertreten hat.

Auch ein großartiges Mosaik aus dem Grabungsbereich der Ostthermen wird hier gezeigt, dessen Mittelfeld eine der in der Antike beliebten ›Verfolgungsszenen‹ darstellt: einen aufdringlichen Sartyrn, den eine sich abwendende Mänade auf Distanz zu halten sucht. Beachtenswert zudem eine schöne Statue der Göttin Hygieia.

Heiligtum der Meter Steunene

Der Weg zum etwa 3,5 km außerhalb der Stadt gelegenen Heiligtum der Meter (Mater) Steunene führt entlang des Flüsschens talaufwärts zu einer Felswand. Auf der Hochfläche oberhalb der heute verschütteten Kulthöhle sind zwei Rundbauten zu entdecken. Alles deutet darauf hin, dass hier der Ort der ›Bluttaufe‹ (Taurobolium, Criobolium) gewesen ist, an dem die Initiationsriten des Kybele-Kultes gefeiert wurden. Dabei wurde ein geschmückter Stier (für Kybele) oder Widder (für den Gott Attis) geschlachtet, dessen Blut über den Täufling floss, der nun als gereinigt, gesühnt und wiedergeboren begrüßt wurde. Beide Formen der Bluttaufe wurden im 2. Jh. von Kleinasien aus in den Westen des Reiches getragen, wo die Kulte der Kybele und des Attis wohl in antoninischer Zeit ihren Höhepunkt erreichten.

Das phrygische Hochland ▶ 2, J 4/5, F 5

Karte: S. 397

Das phrygische Hochland steigt markant aus der anatolischen Hochebene auf und erreicht im Gipfel des **Türkmendağı Tepesi** 1 östlich von Kütahya eine Höhe von 1829 m. Der weitaus größere Teil des Berglands ist mit vulkanischem Tuff aus tertiären Ausbrüchen des anatolischen Vulkanbogens bedeckt. Durch Erosion entstanden vor allem im südlichen Teil zerklüftete Täler, einzel stehende Plateaus und Tafelberge, sodass sich eine abwechslungsreiche Landschaft gebildet hat. Auf den erhöhten Tuffplateaus legten die Phryger ihre befestigten Siedlungen an; in die Steilwände meißelten sie weithin sichtbar ihre Grabkammern, Felsreliefs und Kultmonumente.

In der Regel verlaufen die Täler Phrygiens in nordsüdlicher Richtung. Diese natürlichen Trassen der Verkehrswege wurden auch schon in der Antike genutzt. Die östliche Hälfte des Hochlands wird vom Tal des Bel Dere zerschnitten, der sich mit dem Seyit Su vereinigt und bei Seyitgazi das phrygische Hochland verlässt. Dieses Tal, dessen Mittelteil auch Kümbet Dere genannt wird, birgt zahlreiche Überreste aus der Zeit der phrygischen Besiedlung. Von hier aus gelangt man auch in die höher gelegenen Täler rund um die Midas-Stadt. Im Gegensatz zu der sonst sehr steppenartigen anatolischen Hochebene ist die Vegetation des phrygischen Hochlands überraschend vielfältig. Wacholder, wilde Mandeln, Birnen, Äpfel und Pflaumen sowie die Haselnuss gedeihen üppig. In den höheren Regionen begegnet man noch ausgedehnten Pinienwäldern.

Döğer ▶ 2, J 4

Man verlässt Afyon (Afyonkarahisar) in Richtung Norden. **Gazlıgöl** 2 mit seinen heißen Quellen ist ein Kurort für Einheimische und bietet gehobenen Badekomfort; hier wird auch ein sodahaltiges Mineralwasser (Kızılay Madensuyu) abgefüllt. Die sodahaltigen Schlämme verwendet man für die Fayencen-Herstellung in Kütahya. Im Zentrum des Thermalkomplexes liegt das **İçme Hamamı,** ein osmanischer Bau mit römisch-byzantinischen Säulen und Kapitellen (auch Roma Hamamı genannt). In Gazlıgöl gabelt sich die Straße, man fährt weiter Richtung **Ihsaniye** zum Göynüş-Tal (s. S. 400).

Nördlich von İhsaniye lohnt ein Abstecher nach **Üçlerkayası** 3 zu den an Kappadokien erinnernden **Feenkaminen** (Fairy Chimneys, *peribaçaları).* Am Ortseingang blieben links der Straße zwei römerzeitliche Felsgräber erhalten, besonders schön ist die des hinteren.

Die Straße endet im Dorf **Döğer** 4**.** Am Hauptplatz steht eine osmanische Karawanserei aus der Zeit Murats II., die der Sultan 1434 erbauen ließ. Der Hof und die Haupthalle mit Obergeschoss und zwei Kuppelräumen an den Seiten sind überdacht. Durch zwei deutlich vorgezogene Tore kann man den Han betreten. Auf einer Wanderung von ca. 3 Std. erreicht man von Döğer aus das Felsmonument **Aslankaya** und den **Emre Göl** (s. S. 398).

Metropolis ▶ 2, J 4/5

Von der Straße von Gazlıgöl nach Seyitgazi zweigt eine geteerte Straße nach Osten ins Dorf Ayazini und zur Höhlenstadt **Metropolis** 5 ab. Von römischen und byzantinischen Anlagen geprägt, ist Metropolis teilweise senkrecht an und in die abfallende Felswand gebaut. Auf der linken Seite des Fahrwegs liegt zunächst auf halber Höhe die ›Hamam‹ genannte große **Basilikalkirche.** Dieser bedeutendste sakrale Bau des Ortes war in byzantinischer Zeit das weltliche und religiöse Zentrum der Region. Die Hauptap-

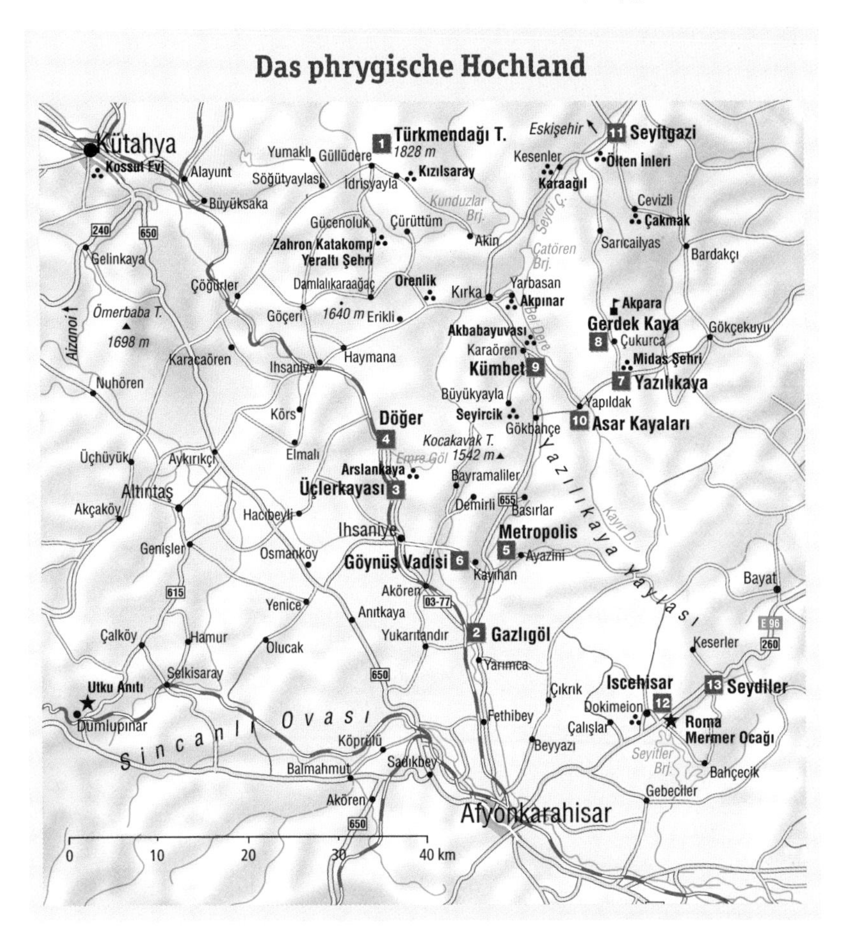

sis, die Nebenapsiden und die Hauptkuppel sind nicht nur von innen her ausgehöhlt, sondern auch von außen sichtbar. Sie erinnern an aufgemauerte Kirchen, obwohl alles aus dem weichen Tuffgestein herausgemeißelt wurde.

Der Weg führt unterhalb der Steilwand entlang zum heutigen Dorf. Man erkennt eine kleine Kapelle und nach weiteren 150 m eine Kirche in einem isoliert stehenden Felsblock. Interessanter dürfte ein **römisches Grab** sein, dessen Fassade aus zwei Säulen mit einem Giebel besteht, in dem sich zwei Löwen gegenüberstehen. Nach 250 m ist linker Hand die Felswand von Wohn- und Lagerräumen durchwirkt. Über Treppen, die durch Felsabbrüche von außen sichtbar sind, kann man hinaufsteigen. Oberhalb des **islamischen Friedhofs** erkennt man in der Felswand die Portale weiterer byzantinischer Kapellen und römischer Gräber, die man am leichtesten über einen schmalen Pfad auf der Höhe des Plateaus begehen kann. An der zurückspringenden Felswand liegt eine ausgedehnte **Grabanlage** mit einer großen Vorhalle und einer eindrucksvollen Tür, die in spätantiker Form nachgebildet ist. Den Giebel flankieren zwei Löwen.

WANDERUNG VON DÖĞER UM DEN EMRE-SEE

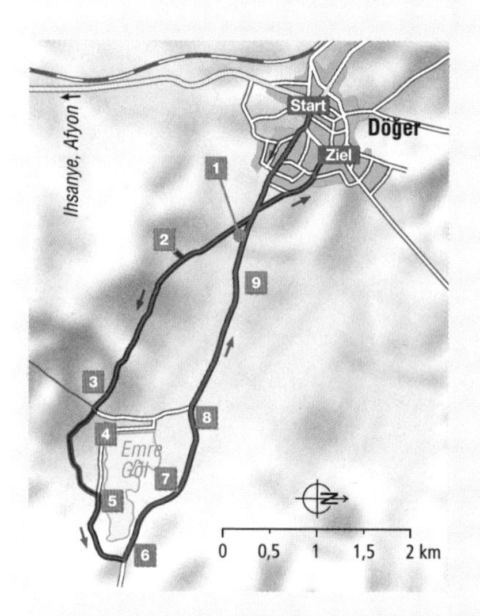

Tour-Infos

Start: Hauptplatz von Döğer
Länge: Rundweg ca. 10 km, ca. 3 Std.
Wichtige Hinweise: Feste Schuhe, Wasser mitnehmen!

Der Weg zu den bedeutenden Felsdenkmälern bei Döğer beginnt am Hauptplatz in östlicher Richtung. Bei der ersten Gabelung folgt man links der Asphaltstraße; bei der nächsten Gabelung rechts an einem **Elektromast** 1 vorbei, bis eine kleine Fahrspur nach rechts abzweigt. Hinter einem Bachlauf, nach ca. 150 m, steht man vor dem Felsaltar **Kücük Kapıkaya** 2. Der Schrein ist der phrygischen Göttin Kybele geweiht, deren Relief in der Nische steht. Der Giebel ist nur noch unvollständig erhalten, Grabräuber haben einen Teil der Fassade gesprengt.

Im weiteren Verlauf des Hauptweges kommt man nach **Aslankaya** 3, dem bedeutendsten Felsmonument phrygischer Kunst im Süden der Region. Der ›Löwenfelsen‹ ist ein 14 m hoher, isoliert stehender Tuffkegel, in dessen künstlich geglätteter Südseite eine 7 m hohe Nischenfassade eingearbeitet ist. Die Nische, in der das Kultbild der Kybele steht, ist ähnlich wie beim Midas-Monument mit geometrischem Flechtwerk verziert. Zwei aufrecht stehende Löwen flankieren die Göttin und berühren mit den Vordertatzen ihr Haupt.

In gleicher Richtung geht es weiter zum Emre Gölü, links liegt der verlassene Siedlungshügel von **Emre Köy** 4 mit Höhlenwohnungen, die Kırk Mevdiven (40 Treppen) genannt werden. 300 m weiter führt ein Weg durch einen Zaundurchlass leicht bergan nach links auf die Anhöhe. Dort geht man den Zaun entlang, der rechts den Weg begleitet, hinunter zum Seeufer des Emre Gölü – schöner Landschaftsblick! Am Ufer findet man bizarre **Felsformationen** 5. Die Piste führt etwas vom See enfernt weiter nach Osten.

Man umwandert nun das sumpfige Ostende des Stausees. Hinter einer **Brücke** 6 geht es links nach Döğer zurück. Am Weg liegen vier **phrygische Gräber** 7. Dann verlässt die Straße das Seeufer und passiert an einem Bergabfall rechts Felswohnungen und -gräber aus phrygischer und byzantinischer Zeit. Darunter ist eine **Doppelkirche** 8 zu erkennen. An den Kapellen **Kadıkaya** 9 vorbei geht es zurück nach Döğer.

Das Midas-Monument über den Hütten des Dorfes Yazılıkaya

Midas Şehri ▶ F 5

Im Zentrum des Hochlands, etwa auf der Mitte der Strecke von Afyon (Afyonkarahisar) nach Seyitgazi, biegt man über Yapıldak nach **Midas Şehri** 7 ab. Die ›Midas-Stadt‹ erlebte ihre kulturelle Blüte wohl nicht zu Midas Zeiten, sondern im Reich der Lyder, die das Erbe der phrygischen Herrschaft antraten. Alexander der Große hat die Stadt, als er das Hochland durchquerte, noch besucht. Unter seinen Nachfolgern wurde sie verlassen. Dass der Ort in späterer Zeit noch einmal besiedelt wurde, zeigen byzantinische Haus- und Grabanlagen in dem einzelstehenden Tuffsteinblock nördlich des Midas-Monuments. Im 5./6. Jh. begann dann die Entvölkerung des phrygischen Hochlandes. Heute liegt unterhalb der Midas-Stadt das weiträumige Dorf **Yazılıkaya,** das von Tscherkessen bewohnt ist, die in der zweiten Hälfte des 19. Jh. hierher umgesiedelt wurden.

Das **Midas-Monument** (Midas Mezarı) aus dem 8. Jh. v. Chr. stellt die Front einer Kultstätte dar, vergleichbar mit der Front eines Tempels. Im zentralen Teil der Anlage, die wie fast alle phrygischen Kultfassaden nach Osten ausgerichtet ist, befindet sich die Nische mit der Statue der Kybele. Oberhalb der Fassade, die geometrische Muster im Flachrelief überziehen, erkennt man auf der linken Seite eine große phrygische Inschrift. Zwei Wörter lassen sich identifizieren: FANAKTEI und MIDAI; Letzteres identifizierten die frühen Forscher mit dem Namen des großen phrygischen Königs Midas (s. S. 406).

FELSDENKMÄLER IM GÖYNÜŞ-TAL

Tour-Infos

Start: Afyonkarahisar-Eskişehir Yolu (D665)
Länge: ab Parkplatz ca. 5 km hin und zurück
Dauer: ca. 1,5 Std.
Wichtige Hinweise: leichte Talwanderung

Drei weitere phrygische Felsheiligtümer liegen westlich von Ayazini im **Göynüş-Tal** (Göynüş Vadisi 6 ▶ 2, J 5, fälschlich auch Köhnüş-Tal). Kurz vor İhasaniye biegt ein Fahrweg nach links ab, ausgeschildert als ›Aslantaş‹. Dieser Weg endet auf einem kleinen Parkplatz, von dem aus ein Fußweg zu den phrygischen Grabanlagen Aslantaş und Yılantaş führt, die auf der linken Hangseite zu entdecken sind.

Das Felsmonument **Aslantaş** zeigt zwei aufrecht stehende Löwen, die sich auf ihren Hinterbeinen abstützen. Die kleine Nische, in der die Gottheit wohl als Baitylos (nicht-anthropomorphe Figur) dargestellt war, deutet auf ein Heiligtum der Kybele hin.

Der **Yılantaş** (›Schlangenstein‹), nur wenige Meter entfernt, ist mit Reliefs versehen, die leider aufgrund der Zerstörung der Anlage nur teilweise sichtbar sind. Beeindruckend ist das heruntergebrochene Löwenkopfrelief.

Folgt man dem Feldweg, der das Tal über das versumpfte Flussbett des Göynüş Çayı durchquert, erreicht man nach ca. 700 m am Steilabfall eines niedrigen Plateaus die Fassade des **Maltaş-Monuments,** das vermutlich einen ionischen Tempel nachahmt. Der untere Teil ist vom Schlamm des Flüsschens bedeckt, der obere jedoch auf einer Breite von 9 m und einer Höhe von 3,5–4 m noch deutlich sichtbar.

Geht man von hier aus rechts um den Burgberg herum, erreicht man nach ca. 500 m die Fassade des unvollendeten Monuments **Küçük Yazılıkaya** an der Nordseite der Akropolis. Der gut erhaltene Fries ist mit im Wechsel angeordneten Lotusblüten und Palmetten geschmückt.

Der Rundgang durch die Stadt- und Burganlage beginnt unterhalb des Midas-Monuments und wendet sich nach links. Von dem schmalen Pfad aus sieht man in der Wand phrygische **Felsgräber.** Am Ende des Wegs erreicht man eine Treppenanlage**,** die auf das Plateau der **Akropolis** hinaufführt. Schönstes Beispiel eines freistehenden phrygischen Monuments ist der aus dem Fels geschlagene **Thron** mit einer großen phrygischen Inschrift auf dem Plateau der Akropolis. Die Treppenanlage führt direkt auf ihn zu und war wahrscheinlich in den kultischen Ablauf als Prozessionsweg einbezogen.

An der Nordseite des Burgbergs führen **Treppenanlagen** in den Berg hinein, teils offen, teils überdacht, um schließlich in langen Tunnelschächten zu enden. Sie führten zu Becken und Grotten und dienten der Trinkwasserversorgung der Stadt, waren aber auch mit dem Kult der Kybele verbunden.

Die Midas-Stadt war der Mittelpunkt einer Reihe phrygischer Festungen und Siedlungen. Blickt man vom Plateau der Burg in nördlicher Richtung über das Dorf Yazılıkaya hinweg, dann kann man vier dieser Burgen erkennen: Akpara Kale in einiger Entfernung, auf der anderen Seite des Tals Gökgöz Kale, Pişmiş Kale und Kocabaş Kale. Die eindrucksvollste ist Pişmiş Kale, die man sogar, wenn auch der Aufstieg etwas mühsam ist, besteigen kann.

Fährt man von Yazılıkaya zum Dorf **Çukurca** 8, sieht man links in der Felswand die **Arezastis-Fassade** aus dem 6. Jh. v. Chr. Die Fassade erhielt ihren Namen nach zwei Wörtern aus der langen griechischen Inschrift: MATEPAN APEZASTIN. Von Çukurca führt am Ortseingang ein Feldweg nach links zu der von weitem sichtbaren Fassade der Grabanlage **Gerdek Kaya** aus römischer Zeit.

Kümbet ▶ F 5

Der reizvolle Ort **Kümbet** 9 etwa 3 km östlich der Straße (38 km vor Seyitgazi) ist schon von weitem wegen seiner markanten Türbe auf dem Felsplateau auszumachen. Der Ort liegt auf einem spornartigen Felsrücken, dessen Ostkante senkrecht abfällt und das weite, nordsüdlich verlaufende Kümbet-Tal beherrscht (das südliche Ende des Tals markiert die imposante Festung **Asar Kayaları** 10 bei Yapıldak). Im oberen Teil des Dorfs liegt an der Ostseite ein aus dem Felsen herausgemeißeltes Kammergrab, das wegen seiner figürlichen Darstellungen **Arslan Kaplan Türbesi** (›Löwen-Tiger-Grab‹) heißt, aber auch als ›Grab des Solon‹ bekannt ist. Das heute sichtbare Relief stammt aus römischer Zeit, in der das Grab wiederverwendet wurde. Rechts ist ein Stier und links eine Gorgone zu erkennen. Auf dem Plateau wurde eine Tekke gegründet und eine kleine oktogonale Türbe errichtet, die von einem alten türkischen Friedhof umgeben ist.

Ende des 18. Jh. war Kümbet die Residenz des Derebey Yarım Ağa, dessen Wohnsitz in beherrschender Lage auf der Felsspitze lag. Die Fundamente und einige Mauerteile wurden aus dem Felsen herausgeschlagen.

Seyitgazi ▶ F 4

An der Ostflanke des phrygischen Berglandes liegt der Ort **Seyitgazi** 11, der von ei-

Bauern im phrygischen Hochland

nem **Kloster des Bektaşı-Ordens** überragt wird (der Klosterbezirk ist als Museum deklariert, tgl. 8–19 Uhr).

Mit dem Ort Seyitgazi verknüpfen sich Erinnerungen an die erbitterten Kämpfe zwischen Arabern und Byzantinern, zwischen Islam und Christentum. Seyit Battal Gazi war Anführer einer der zahlreichen arabisch-islamischen Kampfabteilungen, die zu Beginn des 8. Jh. tief in das byzantinische Kleinasien vorstießen. Seine legendären Erfolge brachten ihm Ruhm und den Ruf besonderer Gottgefälligkeit ein. Die Umstände seines Todes 740 bei der Belagerung von Akroënos (Afyonkarahisar) gaben Anlass für eine Legenden: Die Tochter des byzantinischen Kaisers soll sich auf den ersten Blick heftig in den Anführer der gegnerischen Truppen verliebt haben. Eines Tages bemerkte sie ihn vor den Mauern der Stadt und warf, um ihn vor einem heranrückenden Heerhaufen zu warnen, einen Stein nach ihm, der ihn tötete. Aus Kummer darüber stürzte sie sich von der Stadtmauer. Tragischerweise stellte sich heraus, dass die Streitmacht von den Söhnen Battals angeführt wurde. Battal und die Prinzessin wurden Seite an Seite an der Stelle des heutigen Klosters begraben. Das Grab galt als verschollen, erst Fatima, der Mutter des Seldschuken-Sultans Giyasaddin Keyhüsrev I., offenbarte sich im Traum dessen Lage. Sie ließ eine Türbe für die beiden Toten errichten und wurde später selbst im Kloster beigesetzt.

Das Kloster war nach dem Hauptkloster in Hacıbektaş das zweitgrößte des Ordens. Nach der Liquidierung der Janitscharen unter Sultan Mahmut II. 1826 und dem Verbot des Ordens, der engste Beziehungen zu ihnen unterhalten hatte, wurde es teilweise zerstört. Nach dem Wiederaufbau in den 1950er-Jahren präsentiert es sich heute in eindrucksvollem Zustand.

Alle Gebäude sind um einen Hof gruppiert, auf dem Baureste aus antiker, byzantinischer und islamischer Zeit zusammengetragen sind. Im Torbau zum Innenhof befindet rechts die **Türbe des Çoban Baba,** eines als heilig verehrten Derwischs aus Turkestan. Neben der Moschee liegt die **Türbe des Seyit Battal Gazi** mit dessen etwa 7,5 m langen Sarkophag, der durch seine Größe die Bedeutung des Märtyrers zum Ausdruck bringen sollte. Im Sarkophag daneben soll die Prinzessin ruhen. Zu diesem ältesten Teil der Anlage gehört auch die Medrese, das **Kızlar Manastır** (›Mädchenkloster‹) mit dem Grab der Ümmühan Hatun, der Sultana Fatima. Die Gebäude im Osten der Anlage stammen aus hochosmanischer Zeit und waren für die Scheichs des Klosters bestimmt.

Auf der Nordseite liegt das **Suppenhaus,** das acht spitzhaubenartige Öfen besitzt und ehemals sechs riesige Kupferkessel barg, Symbole der sprichwörtlichen Gastfreundschaft der Bektaşı-Derwische. Es folgt der **Backofenraum,** an den sich der Raum für den sechsten Scheich anschließt, der für Speise und Trank der Bruderschaft zuständig war. Der **Versammlungsraum** der Derwische ist heute Museum. Das **Minarett** stammt aus späterer Zeit, denn der Bektaşı-Orden kannte das Freitagsgebet und den *ezan* als Gebetsruf nicht. Nach den Regeln des Ordens zelebrierte ein Derwisch an jedem Samstag das Gebet von einem großen Stein im Klosterhof aus. Im hinteren Teil der Klosteranlage liegt der **Friedhof** mit den Gräbern der Scheichs.

Trotz der Säkularisierung des Klosters im Jahr 1925 gilt der Ort nach wie vor als Wallfahrtsstätte, auch für die Anhänger des Bektaşı-Ordens aus Zentralasien, die in den zentralen Orten des Ordens ihre heiligen Stätten sehen, nicht aber im offiziellen Heiligtum des orthodoxen Islam in Mekka.

İscehisar Dokimeion)

▶ F 5

Etwa 30 km nordöstlich von Afyonkarahisar liegt **İscehisar** 12 an der Straße nach Sivrihisar; hier ist eine hochbogige **römische Brücke** zu sehen, die die Ortsteile des antiken Dokimeion verband. Dokimeion war ein berühmtes Zentrum der Marmorgewinnung im Römischen Reich und behielt seine wirtschaftliche Bedeutung bis ins 11. Jh.

TUFFLANDSCHAFT BEI SEYDILER

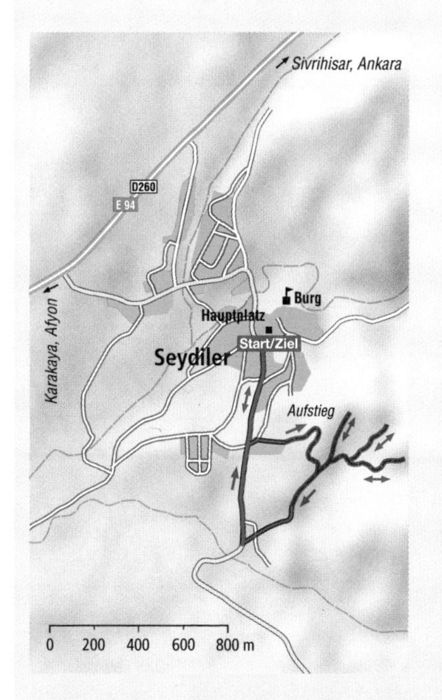

Tour-Infos

Start: Seydiler Ortsmitte
Länge: 3–4 km
Dauer: je nach Interesse 2–3 Stunden
Wichtige Hinweise: Gutes Schuhwerk ist sinnvoll; Wasser mitnehmen!

7 km östlich von **İscehisar** ▶ F 5 kann man auf einer Wanderung eine faszinierende Landschaft entdecken, die mit ihren Tuffkegeln, ausgewaschenen Bergflanken und freistehenden, von Höhlen durchwirkten Felskuppen schon einen kleinen Eindruck von dem vermittelt, was den Reisenden in Kappadokien erwartet.
Von der D260 führt, 7 km hinter İscehisar, eine kleine Straße nach **Seydiler 13.** Das Dorf liegt unterhalb eines von Wohnhöhlen und Ställen durchwirkten Tuffkegels, auf dessen Spitze sich die Reste einer Burganlage erheben. Rund um den Hauptplatz finden sich noch zahlreiche alte Häuser in der für die phrygische Landschaft typischen Lehm-Holzbalken-Bauweise. Der Ort erstreckt sich hinauf bis zu den alten Felswohnungen. Schmale, unbefestigte Gassen führen hinauf und vermitteln den Eindruck eines traditionellen anatolischen Bauerndorfes.
Das Auto sollte man am Ortseingang stehen lassen und durch den reizvollen Ort zu Fuß gehen. Am Dorfplatz nach links, die Wegsteigung hinauf und am Ortsende einen Feldweg wieder nach links. Der Weg führt in ein meist ausgetrocknetes Bachbett. Feste Wege sind nicht vorhanden, gut erkennbare Pfade zweigen ab in die Seitentäler oder auf die Bergrücken. Insgesamt aber ist das Gebiet überschaubar, das Gelände übersichtlich und zum Wandern unproblematisch.
Der Weg führt so auf strahlendgelbe Steilfelsen zu, die durch Wind- und Wassererosion zu bizarren Formationen ausgewaschen sind. Stellenweise erinnern die Felsen an die Rückenzacken eines urzeitlichen Reptils. Geologisch bestehen die Felsen aus vulkanischer Tuffasche, deren ausgewaschene, abgetragene Reste als feiner Staub knöchelhoch die Wege bedecken.

Die **Steinbrüche,** trk. Roma Mermer Ocağı, deren ›phrygischer Marmor‹, ein grau-weißer, feinkörniger Stein, in der römischen Kaiserzeit für eine regelrechte ›Massenproduktion‹ von Girlanden- und Säulensarkophagen verwendet wurde, können besichtigt werden, obwohl sie in Privatbesitz sind. Man folgt dem Weg, der gegenüber der Abzweigung zum Ort nach rechts abbiegt (ca. 3 km). Hier kann man neben dem modernen Abbau noch antike Schutthalden und noch wenige alte Werkstücke in den stillgelegten römischen Abbruchanlagen finden.

Sivrihisar und Pessinus

▶ G 4

Am Ortseingang von **Sivrihisar,** das unterhalb des 1690 m hohen Çal Dağı liegt, grüßt ein überlebensgroßes Standbild des türkischen Volkshelden Nasreddin Hoca, der in der Nähe der Stadt geboren wurde. Wie in Akşehir (s. S. 372) wird auch in Sivrihisar zu Ehren des türkischen ›Eulenspiegels‹ alljährlich am 8. Juni ein Festival veranstaltet.

Im Zentrum der Altstadt liegt die zwischen 1232 und 1272 erbaute **Ulu Cami,** eines der seltenen Beispiele einer seldschukischen Holzsäulenmoschee in Anatolien (s. S. 375). 60 Holzpfosten tragen eine Decke mit einer durchfensterten zentralen Kuppel, sodass etwas Licht in das Innere der niedrigen Halle fällt. Die reich geschnitzte Kanzel aus Walnussholz ist noch mit der originalen Tür und einem Geländer ausgestattet, das seldschukisches Flechtwerk schmückt. In dem Viertel rund um die alte Moschee stehen einige alttürkische Häuser und die achteckige **Türbe des Alemşah** von 1327.

Pessinus (Ballıhisar) ▶ G 5

Vom Straßenkreisel unterhalb von Sivrihisar führt eine kleine befestigte Straße von der E 90 nach Süden zum Dorf Ballıhisar, das auf den Ruinen des antiken **Pessinus** erbaut ist. Der Name Pessinus wird bei den alten Chronisten aus dem griechischen Wort für ›fallen‹ abgeleitet und verweist auf ein Ereignis vor der phrygischen Landnahme. Ein Meteorstein soll vom Himmel gefallen sei; in ihm verehrte man fortan die Kybele als Magna Mater (Große Muttergottheit), und Pessinus wurde ihr zentrales Heiligtum. Der phrygische König Midas soll für Kybele und auch für ihren Sohn und Geliebten Attis einen großen Tempel erbaut und einen jährlichen Opferkult eingerichtet haben. In der römischen Kaiserzeit stand die Kybele im ganzen Reich in hohen Ehren, ihr geistig-religiöses Zentrum aber blieb Pessinus.

Unter Vermittlung der pergamenischen Herrscher, die zum Priesterstaat von Pessinus enge Beziehungen unterhielten, gestattete der Hohepriester von Pessinus im Jahr 205 v. Chr., dass der Baitylos, der Kultstein, nach Rom gebracht wurde. Denn das Sibyllinische Orakel hatte geweissagt, dass ein Sieg der Römer über Hannibal nur dann möglich wäre, wenn die Göttin nach Rom gebracht würde. Seitdem wurde der orgiastische Kult der Kybele auch auf dem Kapitol in Rom gefeiert und wirkte von dort in alle Teile des Imperiums.

Die Friedenszeit seit Kaiser Augustus führte zu einer Aufwertung des alten Wallfahrtsortes; unter seinem Nachfolger Tiberius, wahrscheinlich 31 n. Chr., wurde das archäologisch interessanteste Bauwerk von Pessinus erbaut: Eine Tempelanlage in der Form eines Peripteros (6 x 11 Säulen in korinthischer Ordnung), die an der Stelle einer spätphrygischen Tempelanlage der Kybele steht. Davor liegt eine große Freitreppe mit 30 Stufen. An beiden Seiten schließen sich stumpfwinklig angesetzte Sitzreihen an, sodass die Anlage an ein Theater erinnert. Die Monumentaltreppe und die Sitzreihen öffnen sich nach Westen und rahmen einen freien Platz ein, auf dem wohl kultische Handlungen vollzogen wurden.

Yunusemre ▶ G 4

10 km östlich von Sivrihisar biegt von der E 90 eine Straße nach Norden ab, auf der

man nach ca. 30 km **Yunusemre** im Tal des Porsuk Çayı erreicht. Der moderne Ort trägt den Namen des ersten türkischen Volksdichters, der hier um 1320/21 gestorben sein soll. Yunus Emre besang seine mystischen Erfahrungen und seine Gottesliebe in einfachen türkischen Gedichten und Versen, als die Hofsprache noch persisch war. Seine Lieder wurden von den Derwischen vor allem des Bektaşı-Ordens aufgenommen und verbreitet; seine Gedichte sind zum lebendigen Volksliedgut geworden, weil sie in ungewöhnlich klarer und einfacher Sprache Menschen aller Schichten ansprechen. So erklärt sich auch die große Popularität, die er heute genießt. Sein Grab in einer großzügigen Parkanlage ist Mittelpunkt des jährlich veranstalteten **Yunus Emre-Festivals.**

Gordion ▶ G 4

Museum und Tumulus tgl. 8.30–19, im Winter bis 17.30 Uhr, 5 TL; Akropolishügel stets zugänglich bis Umzäunung

Die einstige Hauptstadt des phrygischen Reichs liegt beim heutigen Dorf **Yassıhöyük** am **Sakarya-Fluss,** der in der Antike Sangarios hieß. Wenn man den Sakarya überquert, erkennt man rechts das Plateau des Stadthügels. In einiger Entfernung erhebt sich halblinks der Große Tumulus, den kleinere Tumuli umgeben.

Midas-Tumulus

Der Große Tumulus ist wahrscheinlich das Grabmal des Königs Midas, des bedeutendsten Herrschers der Phryger. Ursprünglich erreichte der Grabhügel eine Höhe zwischen 70 und 80 m und hatte an der Basis einen Durchmesser von 250 m. Durch Erosion wurde der Gipfel bis auf die heutige Höhe von 53 m abgetragen.

Die **Grabkammer** besteht aus einer Holzkonstruktion, um die herum eine zweite, stabilisierende Wand aus Rundbalken gezogen ist. Nach der Beisetzung des Königs wurden die Hohlräume zwischen den Wänden mit Schotter aufgefüllt und mit Steinlagen abgedeckt – nur so konnte die Grabkammer dem enormen Druck des künstlichen Hügels standhalten. Im Innern fand man ein Bettgestell, auf dem das Skelett eines etwa 65-jährigen und 1,59 m großen Mannes

Der künstliche Grabhügel des Königs Midas in Gordion

Der gordische Knoten, Gordios und Midas

Auf seinem Eroberungszug gegen das Perserreich der Achämeniden-Könige verbrachte Alexander der Große den Winter 334/333 v. Chr. in der phrygischen Stadt Gordion. Im Zeus-Tempel der Stadt hüteten die Priester einen berühmten geweihten Wagen, dessen Geschichte in die Gründungszeit Gordions zurückreichte.

Joch und Deichsel des Wagens waren mit einem kunstvollen Knoten miteinander verbunden, »mit einem Knoten aus dem Bast der Kornelkirsche, und es war weder Anfang noch Ende von ihm zu sehen«, wie Arrian, Hofbiograf Alexanders des Großen, berichtet. Mit dem Geheimnis des Knotens ist die Weissagung verknüpft, dass derjenige, der ihn zu lösen verstehe, zum Herrscher der Welt bestimmt sei. Alexander kam während seines Zuges gegen die Perser hier vorbei. Wie viele vor ihm, mühte sich der Makedone, das Rätsel zu lösen, bis ihm der Einfall kam, den Knoten mit einem Schwerthieb zu zerschlagen. So wurde der Begriff ›Lösen des gordischen Knotens‹ ein Synonym für für eine Problemlösung mit ungewöhnlichen Mitteln.

Bei dem Wagen soll es sich nach den antiken Quellen übrigens um den des mythischen Königs Gordios gehandelt haben, dem Begründer der phrygischen Herrscherdynastie. Als nämlich die phrygischen Adeligen darüber stritten, wer die Herrschaft ausüben solle, habe ihnen ein göttliches Orakel geboten, denjenigen zum König zu erheben, den sie zuerst mit einem Rinderkarren zum Tempel fahren sähen. Als Erster sei ihnen Gordios, ein einfacher Bauer, begegnet. Nachdem ihm die Königswürde übertragen worden sei, habe er den Wagen dem Zeus geweiht und in dessen Tempel aufgestellt. Nach ihm erhielt der Ort später den Namen Gordion.

Auch über Midas, den Sohn und Nachfolger des Gordios, berichtet die Mythologie: Midas soll den Wald- und Quellendämon Seilenos mit Wein betrunken gemacht und gefangen genommen haben. Für seine Freilassung gewährte ihm der Gott Dionysos die Gabe, dass sich alles, was er berühre, in Gold verwandle. Diese Fähigkeit erwies sich jedoch alsbald als verhängnisvoll, da auch Speisen und Getränke betroffen waren. Um von dem nun zum Fluch gewordenen ›Segen‹ wieder befreit zu werden, habe König Midas im Flusse Paktolos baden müssen. Der Fluss sei daraufhin goldhaltig geworden, worauf sich später der Reichtum des Lyder-Königs Kroisos (s. S. 236) begründet habe.

Als man jedoch den Großen Tumulus, das mutmaßliche Grab des Midas unberührt entdeckte, wurden die Ausgräber enttäuscht: Die Ausstattung des vollständig erhaltenen Grabs war einfach, es fanden sich keinerlei Gegenstände aus Edelmetall. Als einziger Schmuck waren dem König 145 bronzene Fibeln mitgegeben worden, eingebunden in ein schlichtes Leinentuch am Kopfende seines Totenlagers.

lag. Alles war unverändert, so wie es vor 2700 Jahren aufgestellt worden war: neun Tische mit Geschirr, zwei mit Einlegearbeit verzierte Stellwände und drei große, mit Alltagsgeschirr gefüllte Bronzekessel (die meisten Funde heute in Ankara, Museum für altanatolische Kulturen).

Museum

Das Museum enthält Grabungsfunde von der frühen Bronzezeit bis zur archaischen und hellenistischen Epoche, vor allem aus phrygischer Zeit. Links am Eingang gibt eine Übersichtskarte Aufschluss über die einzelnen Epochen der ausgestellten Exponate. In einer eigenen Vitrine steht einer der drei Bronzekessel aus dem Midas-Grab, der mit geflügelten Sirenen dekoriert ist. In anderen Vitrinen sind Schalen, Krüge, Löffel und Fibeln aus diesem Grab ausgestellt.

Besonders rührend sind die Beigaben aus dem 12 m hohen Tumulus P, auch ›Prinzengrab‹ oder ›Prinzessinengrab‹ genannt. In ihm war ein Kind der königlichen Familie im Alter von vier oder fünf Jahren bestattet. Die Grabbeigaben erinnern an ein königlich-phrygisches Kinderzimmer: Tierfiguren aus Holz, darunter Löwen und Greifen, ein Pferd und andere Tiere aus Keramik.

Stadt und Palast

Von Aussichtspunkten mit englischsprachigen Informationstafeln kann man den Ausgrabungsbereich besichtigen. Die heutigen Überreste geben den Zustand in phrygischer Zeit wieder, spätere Überbauungen wurden bei den Grabungen entfernt. Das eindrucksvollste Bauwerk ist der monumentale **Torbau** mit einer 6 m breiten Rampe im Südosten des Stadthügels.

Unmittelbar hinter der Toranlage liegt der **Palastbereich,** der zentrale Teil der Stadtanlage. Den Palasthof umstanden große Gebäude des Megaron-Typs. Die Mauern bestanden aus getrockneten Lehmziegeln, die auf einem Steinsockel auflagen. Das große Megaron 3 war vermutlich der eigentliche Palast der phrygischen Könige. Zwei Reihen von je vier Pfeilern stützten die Decke; Löcher in den Seitenmauern lassen vermuten, dass auf halber Höhe eine Galerie an drei Seiten verlief.

Das Gebäude M4 auf einer erhöhten Terrasse war wohl ein Tempel der Kybele. Auf der Rückseite der Megaron-Häuser wurde auf einer höheren Terrasse ein mehr als 100 m langer Gebäudekomplex ausgegraben, der aus acht Lagerräumen nebeneinander bestand.

Gavur Kalesi ▶ H 4

Die hethitische Berganlage von Gavur Kalesi liegt nördlich der Straße von **Haymana** (südlich Polatlı) nach Ankara hinter dem Dorf Dereköy. Ausgangspunkt für den Besuch von **Gavur Kalesi** – der Name bedeutet ›Burg der Ungläubigen‹ – ist die Steinbrücke im Zentrum des Orts. Von Haymana kommend, fährt man unmittelbar hinter der Brücke nach links und folgt auf einem Feldweg dem Bachlauf. Nach 1,5 km erreicht man eine zweite Brücke, hinter der man nach rechts abbiegt. Je nach Jahreszeit sind die Wiesen sumpfig, sodass man an einem Pappelhain den Wagen stehen lassen sollte. Von hier aus in Wegrichtung geradeaus erkennt man bei günstigem Sonnenstand am Nachmittag schon von weitem die **Felsreliefs** am Berg.

Die beiden männlichen Figuren mit kurzem Rock und Schnabelschuhen tragen als Symbol ihrer Göttlichkeit spitze Mützen mit Hörnern auf der Vorderseite. Sie schreiten nach links auf eine kleinere Gottheit zu, die auf der anderen Seite einer Felsspalte auf einem Thron sitzt. Vermutlich handelt es sich um die Darstellung der obersten Göttertrias des hethitischen Pantheons: der Wettergott Teschup (hinten, mit Bart) und der Schwertgott Scharruma, sein Sohn, grüßen Hepat, die Muttergöttin.

Das Felsmassiv war auf drei Seiten mit kyklopischen Mauern umgeben, von denen oberhalb der Reliefs beachtenswerte Reste erhalten sind. Vermutlich ist diese Anlage eines der räteselhaften ›Steinhäuser‹ der hethitischen Quellen, eine Kultanlage oder ein Mausoleum.

✪ Ankara und Umgebung

▶ H 4

Die Hauptstadt der Türkei war bis zum Untergang des Osmanischen Reichs 1918 eine unbedeutende anatolische Kleinstadt. Heute ist sie eine moderne Millionenmetropole, geprägt von Gegensätzen. Schicken Prachtboulevards stehen endlose dörfliche Siedlungen an den Rändern gegenüber. Symbolhafte Gegensätze bilden aber auch das riesige Atatürk-Mausoleum und die alte seldschukische Zitadelle.

Einer Krake gleich streckt Ankara seine Fangarme unaufhaltsam in die Landschaft aus: schluchtartige Täler im Norden und Osten, offeneres Gelände im Süden und Westen gliedern das Stadtbild. Die Stadt liegt zwischen 850 m (Bahnhof) und 1100–1200 m hoch. Ein Problem für die Mega-City mit ihren 5,1 Mio. Einwohnern im trockenen Kontinentalklima ist die Wasserversorgung. Das alte Ankara war auf Zisternen und Brunnen angewiesen, heute existieren rund um die Stadt Stauseen, die zugleich als Naherholungsgebiete dienen. Problematisch ist auch die Luftverschmutzung, besonders durch Autoabgase und Kohlefeuerung im Winter.

Die stürmische Stadtentwicklung nach dem Umzug der Regierung schuf ein uneinheitliches Stadtbild: Neben dem historischen Kern um die Zitadelle liegt die moderne Stadt im Süden und Westen mit planmäßig angelegten Stadtvierteln und repräsentativen Gebäuden. Rund um die Altstadt erstrecken sich immer noch *gecekondular* (s. S. 415) mit der Anmutung von Bauernsiedlungen. Dazwischen liegen, vor allem in der Beckensohle, aber auch viele Freiflächen, Parks und Sportanlagen.

Laut Pausanias war Ankara eine Gründung des sagenumwobenen phrygischen Königs Midas. Der Zitadellenhügel wurde allerdings schon von den Hethitern genutzt und trug den Namen Ankala bzw. Ankuwasch. Nach kurzer Zugehörigkeit zum Reich der Lyder kam die Stadt durch die Niederlage des Königs Kroisos (›Krösus‹) 546 v. Chr. unter persische Herrschaft. Auch zu dieser Zeit muss Ankara größere Bedeutung besessen haben, denn über die Stadt führte die Trasse der berühmten, durchgängig gepflasterten ›Königsstraße‹ von Sardes nach Susa, der Hauptstadt des persischen Reichs.

278 v. Chr. eroberten die keltischen Galater dieses Gebiet, das nach ihnen fortan Galatien genannt wurde, und machten Ankara zu ihrem Zentrum. 25 v. Chr. wurde die nun Ankyra genannte Stadt bei der territorialen Neuordnung Kleinasiens durch Augustus Zentrum der Provinz Galatia. In der römischen Kaiserzeit war Ankyra eine blühende Provinzhauptstadt und wichtiges Handelszentrum mit bis zu 200 000 Einwohnern. In der Zeit des frühen Christentums wurde sie Bischofssitz, damals fanden hier 315 und 358 zwei Konzilien statt.

1402 tobte vor ihren Mauern die denkwürdige Schlacht zwischen dem Osmanensultan Beyazıt I. und dem mongolischen Eroberer Timur Lenk (Tamerlan), die mit der totalen Niederlage der Osmanen endete. Zu dieser Zeit hieß die Stadt Engüriye, war in Europa aber als Angora bekannt – danach ist übrigens die Angora-Wolle benannt. Diese feine Wolle wurde aus dem Fell spezieller langhaariger Ziegen gekämmt, die die türkischen Nomaden aus dem Kaukasus-Gebiet mitgebracht hatten.

Nach der Niederlage des Osmanischen Reiches am Ende des Ersten Weltkriegs wurde Ankara am 13. Oktober 1923 Hauptstadt der Türkischen Republik.

Die moderne Stadt

Cityplan: S. 413

1923 war die Altstadt noch kaum über ihren mittelalterlichen Kern hinausgewachsen. Ein Gürtel ausgedehnter Friedhöfe begrenzte die Stadt im Westen und Süden, das schluchtartige Tal des Hatip Çayı bildete im Norden und Nordosten eine natürliche Barriere. Doch großzügige Erschließungspläne für die neue Hauptstadt führten rasch zu einer explosionsartigen Entwicklung. Die zentrale Achse ist heute der von Norden nach Süden verlaufende **Atatürk Bulvarı,** der die Altstadt an ihrem westlichen Fuß tangiert, die Stadtteile Şihhiye und Kavaklıdere durchquert und hinauf nach Çankaya führt.

Genclik Parkı und Şihhiye

Alle wichtigen städtischen und staatlichen Institutionen liegen am Atatürk Bulvarı oder in seiner unmittelbaren Nähe. Südlich des Ulus Meydanı erstreckt sich das Zentrum der Stadterweiterung des 19. Jh. mit Banken und dem alten Parlamentsgebäude. Westlich schließt sich der **Genclik Parkı** (›Park der Jugend‹) mit einem großen künstlichen See, Restaurants und Vergnügungseinrichtungen an. Hier steht auch das **Opernhaus** 1 im internationalen Stil der 1930er-Jahre; weiter südöstlich folgen die Gebäude der 1935 gegründeten **Universität** 2**.**

Hinter der Eisenbahnunterführung beginnt die moderne Neustadt *(Yenişehir)* mit dem Stadtviertel **Şihhiye,** das sich in einem fächerartig angelegten Straßennetz entfaltet. Quer verlaufende breite Straßen stellen die Ost-West-Verbindungen her.

Kızılay

Wo sich Atatürk Bulvarı und Gazi Mustafa Kemal Bulvarı kreuzen, liegt der **Kızılay-Platz,** benannt nach dem Gebäude des ›Roten Halbmonds‹, der türkischen Parallelorganisation zum ›Roten Kreuz‹. Hier entwickelte sich nach dem Zweiten Weltkrieg das moderne Zentrum der Stadt. Weiter südlich schließt das Regierungsviertel an, das seinen optischen Abschluss durch das wuchtige Gebäude des türkischen **Parlaments** 3 (Türkiye Büyük Millet Meclisi) erhält.

Kızılay wird optisch beherrscht von der **Kocatepe Camii** 4**,** einer weithin sichtbaren Moschee, die in den Jahren 1967 bis 1988 mit Hilfe privater Spenden errichtet worden war. Etwa 20 000 Gläubige finden hier Platz. Sie ist damit eine der größten Moscheen in der Türkei. In Anlage, Konzeption und Ausstattung hat die Süleymaniye-Moschee in İstanbul Pate gestanden.

Atatürk-Mausoleum 5

Tandoğan, tgl. 9–17, im Winter bis 16 Uhr, stdl. Wachablösung

Das Mausoleum des Staatsgründers Atatürk, trk. **Anıtkabir**, erhebt sich in exponierter Lage auf dem Anıt Tepe über der Neustadt. Es wurde 1944–53 erbaut, sodass Atatürk hier am 15. Jahrestag seines Todes (10. 11. 1938) zur letzten Ruhe gebettet werden konnte. Die 260 m lange und 30 m breite Ehrenstraße, an deren Seiten nachgebildete hethitische Löwen aufgestellt sind, wird an beiden Enden von vier kleinen Türmen begrenzt, in denen – ebenso wie in den den Ehrenhof umgebenden Wandelhallen – Museen eingerichtet sind.

An der östlichen Seite des Ehrenhofs erhebt sich das gewaltige Mausoleum mit vergoldeten Lettern an der Außenfront, die Auszüge aus der Rede Atatürks zum zehnten Jahrestag der Republikgründung sowie seine Mahnworte an die türkische Jugend wiedergeben. Im Inneren steht der 40 t schwere Marmorsarkophag des Staatsgründers.

Kavaklıdere und Çankaya

In den 1930er-Jahren entstanden in **Kavaklıdere** die meisten ausländischen Botschaften in schön gelegenen Gärten. In **Çankaya,** einem modernen Stadtviertel, liegen der alte Sitz des Staatspräsidenten (Çumhurbaşkanlığı Köşkü), im angrenzenden Park das **Çankaya Atatürk Evi** 6**,** das Wohnhaus Atatürks aus der ersten Zeit nach der Republikgründung. Heute ist hier das **Atatürk-Museum** untergebracht (nur So 13.30–17.30 und Fei 12.30–17.30 Uhr).

Etwas weiter westlich liegt auch der Botanische Garten *(Botanik Bahçesi)*, der vom markanten Turm des **Atakule Shopping Center** 2 mit seinem berühmten Drehrestaurant überragt wird.

Die Altstadt

Cityplan: S. 413
Der beste Ausgangspunkt für eine Besichtigung der Altstadt westlich und südlich des Zitadellenhügels ist der **Ulus Meydanı** mit dem Reiterstandbild Atatürks.

Ankara Palas und Julian-Säule

Etwas unterhalb des Platzes liegt der **Ankara Palas** 7, das alte Parlamentsgebäude. In dem osmanischen Verwaltungsbau trat am 23. April 1920 erstmals die Große Nationalversammlung zusammen. Heute ist der Bau als **Republik-Museum** (Cumhuriyet Müzesi) zu besichtigen (Di–So 8.45–16.30 Uhr).

Von hier geht man zum Hükümet Meydanı mit der 15 m hohen **Julian-Säule** 8 aus dem 4. Jh. Sie war dem römischen Kaiser Julian Apostata (361–363) geweiht, jenem ›Abtrünnigen‹, der nach der Zeit Konstantins noch einmal versuchte, den Glauben an die Götter Roms wiederzubeleben.

Augustus-Tempel

Auf der anderen Seite der Hükümet Caddesi liegt der **Augustus-Tempel** 9 (derzeit nicht zugänglich), der wahrscheinlich zwischen 25 und 20 v. Chr. auf den Mauern eines phrygischen Heiligtums des Mondgottes Men und der Muttergottheit Kybele errichtet wurde und dem Kaiser sowie der Göttin Roma geweiht war. Ins Innere führt ein Tor von gewaltiger Höhe. Da der Tempel in byzantinischer Zeit in eine Kirche umgebaut wurde, ist er recht gut erhalten. Die drei in die Südostwand eingelassenen Fenster und die Erweiterung durch einen Chorraum im Nordosten sind deutlich byzantinisch.

Ehrenwache vor dem Atatürk-Mausoleum Anitkabir

An den Innenseiten der Anten ist das berühmte **Monumentum Ancyranum** in lateinischer Sprache angebracht. An den Außenwänden des Tempels findet man den gleichen Text auf Griechisch, das damals die Sprache des Volkes war. Diesen ausführlichen Lebensbericht ließ Kaiser Augustus kurz vor seinem Tod verfassen, nach seinem Begräbnis wurde er in die Wände aller Augustus-Tempel des Reichs eingemeißelt. Das Original ist verschollen, einzig die Inschrift am Tempel des Augustus in Ankara blieb erhalten.

Der Text beginnt mit den Worten (auf der linken Seite im Pronaos): »Rerum gestarum divi Augusti, quibus orbem terra(rum) imperio populi Rom(a) ni subiecit ...«; zu Deutsch: »Von den Taten des göttlichen Augustus, durch welche er den Erdkreis der Herrschaft des römischen Volkes unterwarf ...« Im Folgenden beschreibt der Kaiser seine mit friedlichen oder kriegerischen Mitteln erzielten Erfolge, betont besonders die Fürsorge, die er dem Volk entgegengebracht habe, wozu für den Römer vor allem die Ausrichtung von Spielen gehörte. Auch die Volkszählung, die Augustus im Jahr 8 v. Chr. angeordnet hatte und die Maria und Joseph veranlasste, nach Bethlehem aufzubrechen, ist hier erwähnt.

Da inzwischen nicht nur die Inschrift, sondern der gesamte Bau durch Umweltschäden (Autoabgase!) schwer geschädigt ist, mussten große Teile durch ein Stahlgerüst stabilisiert werden. Vielleicht als Ausgleich wurde auf dem Tempelhügel eine ausgedehnte Parkanlage geschaffen. An deren südlichem Rand ist ein neues, schickes Wohnviertel entstanden, teils aus restaurierten, teils aus neu errichteten Häusern im alttürkischen Stil, das einen Eindruck vom alten Ankara vermittelt.

An die Nordwestecke des Augustus-Tempels lehnt sich die **Hacı Bayram Camii** 10 an, die – wie auch die ihr vorgesetzte Türbe – in ihrer ursprünglichen Form aus dem frühen 15. Jh. stammt. Im 18. Jh. wurde sie restauriert und mit Fayencen aus Kütahya ausgekleidet. Hacı Bayram war ein Ortsheiliger, der bis heute verehrt wird. Er gründete in Ankara den Bayramiye-Orden, der sich sozialen Aufgaben widmete. Noch heute finden auf dem Vorplatz der Moschee alltäglich Trauerfeiern statt.

ROMANTIK AUF DER ZITADELLE

Das meiste Flair in Ankara bietet die Zitadelle: neu entstandene kleine Kneipen und Teehäuser an engen Gassen, deren Häuser zunehmend restauriert werden. Von der Terrasse am Ende des Burgbergs hat man einen guten Überblick über die gesamte Stadt. Auf den Mauerkranz, in dem Spolien aus alter Zeit verarbeitet sind, kommt man gegenüber der Alaeddin-Moschee. Am äußeren Tor bieten Basarstände Trockenfrüchte, Pistazien, Nüsse und andere Leckereien an, bevor Sie den Rückweg in das Gassengewirr der Altstadt antreten.

An der Çankırı Caddesi nördlich vom Ulus Meydanı liegen die weitläufigen **Caracalla-Thermen** 11 aus dem frühen 3. Jh. (Roman Hamamı, Di–So 8.30–12.30 und 13.30–17.30 Uhr, 5 TL) mit einer großen Palästra. Zu sehen sind noch die Grundmauern der einzelnen Säle und die durchaus beeindruckenden Reste der Hypokausten-Heizung unter den beheizten Räumen. Die Palästra beherbergt heute eine umfangreiche Sammlung römischer Grabsteine.

Basarviertel

Das alte Basarviertel von **Ulus** südlich der Hısarparkı Caddesi ist einer der malerischsten und ältesten Stadtbezirke. In den verwinkelten Gassen, orientalischen Verkaufsstraßen, geräumigen Basarhöfen und auf dem

ALTINDAĞ
Hippodrom
Kültür
Kâzım Karabekir Caddesi
İstanbul Caddesi
Rüzgarlı Cad.
ULUS
Çankırı Caddesi
Bentderesi Caddesi
Anafartalar Cad.
Hisarparkı Cad.
Karaman Sk.
Şht. T. Kalmaz Cad.
Anafartalar Cad.
Konya Sk.
Sanayı Cad.
Ulus
Hipodrum Caddesi
EGO
Cumhuriyet Bulvarı
Atatürk Bulvarı
Kalekapısı Sk.
Genclik Parkı
Adnan Saygun Caddesi
Denizciler Cad.
Kosova Sk.
Can Sok.
Ulucanlar Caddesi
Atatürk Orman Çiftligi
Bahnhof
Talatpaşa Bulvarı
Tandoğan
MALTEPE
Talatpaşa
Celâl Beyar Bulvarı
Gazi Mustafa Kemal Bulvarı
Maltepe
Anıt Cad.
Hasırcılar Sok.
Geyher Nesibe Yolu
Gençlik Caddesi
Turgut Reis Cad.
Cemal Gürsel Caddesi
Strazburg Caddesi
Sıhhiye
Kurtuluş Parkı
Süleyman Sırrı Cad.
ANIT TEPE
Mithatpaşa Cad.
Demirtepe
Maltepe Camii
Caddesi
Tuna Cad.
Kolej
Ziya Gökalp Paşa Caddesi
Akdeniz Cad.
Sakarya Cad.
Gazi Mustafa Kemal Bulvarı
Mahmut Esat
İncesu
Gençlik Cad.
Kızılay
2 Caddesi
KIZILAY
Libya Caddesi
Çakmak Cad.
Yahya Galip Cad.
Meşrutiyet Caddesi
Necatibey
Müdafaa Cad.
Sk.
KOCATEPE
Kızılırmak Cad.
Karanfil
Konur Sk.
Bancazı Sk.
YENİŞEHIR
İsmet İnönü Bulvari
Bülbül Deresi Caddesi
Konya, Kayseri, Eskişehir
Akay Cad.
Dikmen Cad.
Tunus Cad.
Bestekar Sk.
Bühlüm Sk.
Esat Cad.
Tunalı Hilmi
Merasim Sk.
Atatürk Bulvarı
J. F. Kennedy Cad.
Kavaklıdere, Çankaya, Atatürk-Museum,

Ankara

Sehenswert

1 Opernhaus
2 Hacettepe Universität
3 Parlamentsgebäude
4 Kocatepe Camii
5 Atatürk-Mausoleum
6 Çankaya Atatürk Evi
7 Ankara Palas / Republik-Museum
8 Julian-Säule
9 Augustus-Tempel
10 Hacı Bayram Camii
11 Caracalla-Thermen
12 Vakıf Suluhan Çarşısı
13 Römisches Theater
14 Zitadelle
15 Arslanhane Camii (Ali Şerafeddin Camii)
16 Ahi Evren Camii
17 Ethnografisches Museum
18 Museum für Anatolische Zivilisationen

Übernachten

1 İçkale Hotel
2 Angora House Hotel
3 Almer Hotel
4 Gordion Hotel
5 Karyağdı Oteli

Essen & Trinken

1 Schnitzel
2 Zenger Paşa Konağı
3 Kınaçılar Evi
4 Göksu Restoran
5 PepperMILL

Einkaufen

1 Pirinç Han
2 Atakule
3 Karum
4 Dösim-Shops

Abends & Nachts

1 Tint Café
2 Locus Solus
3 IF Performance Hall

weitläufigen Lebensmittelmarkt erlebt man noch die Atmosphäre einer anatolischen Stadt. Das Viertel wird derzeit renoviert und auch archäologisch untersucht. Jedoch lohnt westlich der Anafartalar Caddesi der **Vakıf Suluhan Çarşısı** 12, ein osmanischer Handelshof mit zahlreichen Souvenirshops, immer noch den Besuch (Şehit Teğmen Kalmaz Caddesi).

Zitadelle

Auf dem Weg zur Zitadelle liegen an der linken Seite der Hısarparkı Caddesi die Reste eines **Römischen Theaters** 13 aus der Zeit von Kaiser Hadrianus (2. Jh.), die erst vor einigen Jahren entdeckt worden sind. Auch hier wird restauriert.

Die **Zitadelle** 14 von Ankara, die in ihrer Grundstruktur aus der Zeit des Kaisers Heraklios (610–641) stammt, thront beherrschend auf einem 120 m hohen Andesitkegel über der Altstadt. Vom äußeren Mauerring (1500 m lang) sind noch 15 der ehemals 18 Bastionen und Türme erhalten. Der Zugang führt durch das **Hısar Kapısı,** das von zwei mächtigen Bastionen flankiert wird, die heute ein Uhrturm überragt. Wochentags findet auf dem Platz vor dem Tor ein lebhafter Markt für Trockenfrüchte und Gewürze statt. Die Gassen, die von diesem Platz hinablaufen, führen in das reizvollste Altstadtviertel Ankaras.

Den inneren Teil der Festung erreicht man durch das **Parmak Kapısı,** eine verwinkelte Toranlage. Auf der Innenseite kann man über eine Treppenanlage auf den Mauerkranz steigen und den Panorama-Blick über die Stadt genießen. Hinter dem Tor erhebt sich markant die **Alaeddin Camii,** eine der ältesten Moscheen der Stadt. Der seldschukische Sultan Izzeddin Kiliç Arslan II. ließ sie 1178 errichten, in osmanischer Zeit wurde sie mehrfach restauriert. Beachtenswert ist vor allem die kunstvoll geschnitzte Kanzel, ein Meisterwerk seldschukischer Holzschnitzkunst.

Kaleiçi, das Burginnere, wurde in osmanischer Zeit besiedelt und war lange ein verarmtes Slumviertel. Heute zeigt es nach umfangreichen Sanierungsarbeiten ein freundliches Bild. Kleine Grünanlagen mit Brunnen, restaurierte alttürkische Wohnhäuser, malerische Gassen und nicht zuletzt die prächtige Aussicht von einer Terrasse beim **Ak Kale** (heute militärische Sperrzone) machen die Zitadelle wieder zu einem lohnenden Ziel. Eines der alten Fachwerkhäuser ist übrigens als **Old Turkish House Museum** zu besichtigen.

Arslahane Camii

Unterhalb des Hisar Kapısı liegt die **Arslanhane Camii** 15 (›Löwenhof-Moschee‹), die nach einem antiken Marmorlöwen, der früher im Hof aufgestellt war, benannt ist. Sie wurde 1290/91 von Ahi Şerifeddin als Külliye gestiftet. Die Ahis waren Mitglieder einer mittelalterlichen Bruderschaft von Kaufleuten und Handwerkern, ihr Anliegen war es, soziale Notlagen der Bevölkerung zu mildern. In ihrer Blütezeit im 13. Jh. verfügten sie über erheblichen politischen Einfluss im Reich der Seldschuken.

Von den Nebenbauten blieb nur die Türbe des Stifters in einem benachbarten Hof erhalten. Die Moschee gehört zu dem Typ der Holzsäulenmoscheen (s. S. 375), das Marmorportal und das Minarett sind der einzige äußere Schmuck. Die Säulen aus Zedernholz sind mit Stuck überzogen und bemalt. Auf römischen und byzantinischen Kapitellen lastet ein Holzdach aus gewaltigen Balken. Die Kanzel (Minbar) gehört mit ihren feinen Schnitzereien – achteckige Flächen und fünfzackige Sterne mit rahmenden Blütenbändern – zu den herausragenden Arbeiten seldschukischer Holzschnitzkunst. Der Mihrab zeigt wunderbaren seldschukischen Fayencenschmuck.

Folgt man der Çan Sokağı den Hang hinab, wo sich Geschäfte für Teppich-, Messing- und Kupferwaren angesiedelt haben, erreicht man bald die kleine **Ahi Evren Camii** 16, eine weitere Holzsäulenmoschee aus seldschukischer Zeit.

Ethnografisches Museum 17

Türk Ocağı Sok., Talat Paşa Bulv.; Di–So 8.30–12.30, 13.30–17.30 Uhr, 5 TL

Gecekondu-Politik – die Stadt wird neu gemacht

Der Begriff *gecekondu* (›über Nacht gedeckt‹) bedeutet dasselbe wie Slum oder Favela – Armenviertel der Landflüchtlinge, die in der Großstadt nach besserem Leben suchen. Der Regierung Erdoğan gelten sie als ›Krebsgeschwüre‹, sie lässt die Bulldozer anrollen.

Früher war alles ganz einfach: Man baute heimlich ein Haus auf staatlichem Land, das wurde legalisiert, und schon war man ein Eigenheimbesitzer. Was seit den 1950er-Jahren aufgrund der Landflucht immer mehr zunahm, wurde zunächst nach altem islamischen Recht geduldet. 1996 gestattete das Gecekondu-Gesetz auch die Legalisierung solcher selbstgebauter Siedlungen auf staatlichem Land. Der Staat baute notgedrungen die Wasser- und Elektrizitätsversorgung, die Kanalisation und schließlich auch Schulen und Moscheen. Diese Siedlungen waren daher mit echten Elendsvierteln kaum zu vergleichen. Sie bildeten oft feste ›Nachbarschaften‹, die auf gemeinsamer ländlicher Herkunft basierten. Vielfach blieb eine dörfliche Atmosphäre jedoch erhalten, mit Kleintierhaltung und privatem landwirtschaftlichem Anbau. Andere Gecekondu-Viertel machen inzwischen einen durchaus properen Eindruck, weil die Menschen seither auf dem geschenkten Land richtige Häuser bauten.

In Ankara sind die Dimensionen dieser Viertel türkeiweit am größten. Der Anteil der Gecekondu-Einwohner wird auf ca. 60 % geschätzt, İstanbul kommt auf ca. 45 %. Der starke Bevölkerungszuwachs auf dem Land bei stagnierenden landwirtschaftlichen Ressourcen, die besseren Arbeitschancen in der Stadt, die sozialen Vorteile – ärztliche Versorgung, Bildungsmöglichkeiten für die Kinder u. a. – sind wesentliche Motive für die enorme Landflucht, die die Entwicklung der Türkei seit über 50 Jahren begleitet. Zu Millionen strömten Menschen in die Gecekondus, zumeist dortin, wo schon andere aus ihren Dörfern, ihrer Religion oder Ethnie eine neue Heimat gefunden hatten.

Die Idylle endete jedoch 2004, als Erdoğan den Gecekondu-Bau wieder kriminalisierte und 2005 den städtischen Behörden das Recht gab, Hausbesitzer enteignen, ganze Viertel abreißen und neu bebauen zu lassen. Der folgende türkeiweite Bauboom trug dabei wesentlich zu den ökonomischen Erfolgen seiner Regierung bei. Auf manchen ehemaligen Gecekondu-Vierteln entstanden eng gepresste Hochhaussiedlungen mit preiswertem Wohnraum für ärmere Schichten, in anderen Vierteln hübsche Villen im alttürkischen Stil für die Bessergestellten.

Federführend dabei ist die TOKİ, die bereits 1984 gegründete Behörde für sozialen Wohnungsbau, die 2002 direkt dem Ministerpräsidenten unterstellt wurde. Seither betreibt sie die Räumung alter, innenstadtnaher Gecekondu-Areale, deren Bewohner in die Peripherie umgesiedelt werden; auf den geräumten Flächen entstehen nun Shopping Center oder Finanzpaläste. Die Allmacht der TOKİ in der türkischen Stadtplanung ist auch ein Grund für die beständigen Korruptionsvorwürfe gegen das ökonomisch-politische Regime Erdoğan.

Weite Aussicht von der Zitadelle von Ankara

Alttürkische Kunst ist im **Etnografya Müzesi** unterhalb des Altstadthangs neben dem Genclik Parkı zu sehen. Vor dem Gebäude, 1927 für das Museum erbaut, erhebt sich ein Reiterstandbild Atatürks, am Sockel mit Szenen aus dem türkischen Unabhängigkeitskrieg. Das Museum, in dem Atatürk 1938 bis 1953 aufgebahrt war, zeigt eine große Sammlung seldschukischer, vor allem aber osmanischer Kunst sowie türkische Handwerksarbeiten. Im rechten Gebäudetrakt sind Waffen, Gewänder und anatolische Teppiche des 18. bis 20. Jh. ausgestellt, im linken Trakt osmanische Kalligrafie, Musikinstrumente und Meisterwerke seldschukischer Schnitzkunst.

Nebenan zeigt das **Museum für Malerei und Skulptur** (Resim-Heykel Müzesi) türkische Kunst des 20. Jh. (gleiche Öffnungszeiten, gleiches Ticket).

Museum für Anatolische Zivilisationen 18

Kadife Sok., Hisar, tgl. 9–19 Uhr, letzter Einlass 18 Uhr, Eintritt 15 TL

Der Höhepunkt eines Besuchs von Ankara ist zweifellos das **Anadolu Medeniyetleri Müzesi.** Das sog. ›Hethiter-Museum‹ bewahrt die umfangreichste Sammlung hethitischer und anatolischer Altertümer von der Steinzeit bis in die römische Epoche und besteht aus zwei Gebäuden der osmanischen Zeit: Den **Bedesten** mit überkuppeltem Innenhof und umlaufender Ladenstraße ließ Großwesir Mahmut Paşa ab 1466 erbauen. Den **Kurşunlu Han** errichtete sein Nachfolger Ahmet Paşa (1467–70) als Stiftung, deren Einkünfte einer Armenküche in İstanbul zuflossen. Atatürk wollte die archäologischen Funde Anatoliens an einem zentralen Ort ausstellen, so begann man 1930, beide Bauwerke in ein Museum umzugestalten. 1997 wurde das Museum mit dem ›European Museum of the Year Award‹ ausgezeichnet.

Seit 2010 erfolgt eine Erneuerung der Museumsräume mit einer Neuordnung der Exponate, sodass einige räumliche Zuordnungen hier nicht den endgültigen Zustand wiedergeben.

Eingangsbereich

Man betritt das Museum an der westlichen Längsseite des Bedesten, und befindet sich zunächst im Untergeschoss. In der linken Halle sind Funde aus römischer Zeit ausgestellt, eine Statue der Athena, die Grabstele eines Gladiators, Kaiserstatuen und eine wunderschöne Bronze des Dionysos; weiterhin zahlreiche Terrakottafiguren, Akrotere, bemalte Vasen und Skulpturen. Vollplastische Darstellungen des Gottes Men mit der Mondsichel, Gemmen, Fingerringe, eine umfängliche Münzsammlung sowie Schmuck und Glaswaren runden diese Abteilung ab. Im rechten Teil findet man ebenfalls Funde aus der römischen Epoche, aber auch die bekannte Kybeledarstellung mit dem Vogel in der Hand – als Zeichen, dass diese anatolische Göttin als Schutzherrin der Natur gilt. Zwei Musikanten mit der Kithara und der phrygischen Doppelflöte begleiten die Göttin.

In den Vitrinen sind Funde aus den römischen Thermen von Ankara und neuere Funde (1995/96 und 2009) aus Ausgrabungen in Ankara sowie aus der Region, vor allem aus Juliopolis, einer phrygisch-römischen Siedlung im Narlıhan-Distrikt westlich von Ankara.

Paläolithikum, Neolithikum und Bronzezeit

Das Paläolithikum ist mit Funden aus der Höhle von **Karain** nahe bei Antalya vertreten.

Das bedeutendste Zentrum des Neolithikums in Anatolien war **Çatal Höyük,** dessen älteste Schichten in die Zeit um 6800 v. Chr. datiert werden. Eindrucksvoll ist die Rekonstruktion eines Sakralraums: Die Wände waren mit Stierköpfen, geometrischen Verzierungen, pflanzlichen Motiven und Tier- bzw. Menschendarstellungen geschmückt. Jagdszenen und eine Muttergottheit als junge Frau, als Gebärende und als Herrscherin über die Tierwelt weisen auf die kultischen Vorstellungen der Frühzeit hin.

Die Exponate von **Hacılar** dokumentieren die neolithische Spätzeit (5700– 5600 v. Chr.) und das Chalkolithikum (5500–3000 v. Chr.). Die Gefäße – z. B. Schalen mit ovalem Mundstück, dickbäuchige Töpfe, rechteckige Schüsseln – haben bereits polierte Oberflächen und sind mit geometrischen Mustern in roter Farbe auf hellem Grund bemalt.

Die Bronzezeit (ca. 3200–2000 v. Chr.) ist mit den Funden aus den hattischen Fürstengräbern von **Alaca Höyük** vertreten: Zum Großteil sind es Beigaben aus Gold, Silber und Elektron, aber auch die berühmten Bronzestandarten, die wahrscheinlich Deichselaufsätze an den Jochen vierrädriger Wagen waren. Hirsche, Stiere und Sonnenscheiben sind häufige Motive.

Assyrische Handelskolonien und Hethiter

Die Zeit der assyrischen Handelskolonien (1950–1750 v. Chr.), als in Anatolien die ersten schriftlichen Zeugnisse entstanden, ist mit den Tontafeln von **Kanesch** (Kaneš) vertreten. Auf einem bronzenen Dolch ist der Name des Anittas, des Königs von **Kuschschara** (Kuššara), in Keilschrift eingraviert. Mit ihm beginnt die eigentliche Geschichte der Hethiter. Aus **Hattuscha** (Hattuša, trk. Hattuşaş) stammen die beiden göttlichen Stiere Scherri und Hurri in Form tönerner Libationsgefäße, die zur Zeit des hethitischen Großreichs (1400–1200 v. Chr.) entstanden. Sie waren Begleiter des Wettergottes von Hatti und Zugtiere seines Kultwagens. Interesse verdienen auch die auffälligen Ton- und Schrifttafeln, so der Text des Abkommens nach der Schlacht von Kadesch zwischen den Hethitern und den Ägyptern. Es ist der älteste erhaltene Friedensvertrag der alten Welt.

AUSGEHEN IN ANKARA

Der beliebteste Treffpunkt für die Bewohner Ankaras ist der **Genclik Parkı,** der ›Park der Jugend‹, eine ausgedehnte Grünlage zwischen der Oper und dem Bahnhof. Auf dem ehemaligen Sumpfgelände wurde ein künstlicher See mit Wasserspielen angelegt, der von Teehäusern, Parkanlagen und im äußeren Bereich auch von Schießständen und Jahrmarktsangeboten umgeben ist. Den Freizeitpark überragt ein Riesenrad.
Den besten Blick über die Hochebene mit der Stadt hat man von der **Aussichtsterrasse des Atakule,** eines supermodernen Einkaufs- und Bürokomplexes mit Aussichtsturm im Stadtteil Çankaya. In den Restaurants in der Kuppel des 125 m hohen Turms pflegen auch Politiker und Geschäftsleute zu speisen. Der gesamte Komplex, der weitgehend aus Glas und Stahl besteht, gilt als das pompöse Vermächtnis des verstorbenen Staatspräsidenten Turgut Özal.
Nahe dem **Kızılay-Platz** im Zentrum findet man Fischlokale und Kneipen im Bereich der belebten Fußgängerzone der **Sakarya Caddesi** und ihren Nebenstraßen zur **Tuna Caddesi.** Ankaras Kneipen sind bis spät in die Nacht geöffnet, auch wenn nicht überall Alkohol ausgeschenkt wird, im Außenbereich (strenges Rauchverbot in Innenräumen!) kann man dafür oft eine Nargile (Wasserpfeife) rauchen. Im Botschaftsviertel **Kavaklıdere** liegen bekannte Clubs und Nachtlokale.
Mit der Wiederentdeckung der **Zitadelle** als touristisches Ziel sind auch dort Restaurants entstanden. Sie bieten türkische Küche in stimmungsvoller Umgebung mit Musik und Tanzvorführungen, allerdings ist auch hier manchmal Rotlicht-Ambiente anzutreffen.

Hethitische Kunst

Das besondere Merkmal der hethitischen Kunst sind die monumentalen Zeugnisse aus Stein, die im Innenraum des Museums ausgestellt sind. Prunkstück ist eine detailreiche Darstellung des Wettergottes in der rekonstruierten Toranlage von **Arslantepe** bei Malatya. Der Hethiterkönig Sulumeli bringt dem Wettergott von Hatti ein Trankopfer dar (9./10. Jh. v. Chr.). Der König ist in seiner traditionellen Tracht dargestellt, mit dem langen Königsmantel, mit Schnabelschuhen und der runden Kappe, die schon späthethitische Krempen aufweist. In der linken Hand hält er eine Zeremonialgerte, mit der rechten Hand gießt er Öl aus einer Libationskanne in einen zweihenkeligen Opferkrug. Hinter ihm wird ein Widder festgehalten, der geopfert werden soll. Ihm gegenüber steht der Wettergott von Hatti, der Hauptgott der Hethiter, der in der Rechten einen Bumerang, in der Linken ein Bündel von Blitzen trägt. Links von der beschriebenen Szene wird die Ankunft des Gottes dargestellt. Er fährt auf seinem Kampfwagen heran, der von den beiden heiligen Stieren Scherri und Hurri gezogen wird. Die beiden Hieroglyphen zwischen den Abbildungen verweisen auf die Identität des Gottes. Das obere Zeichen, ein unterteiltes Oval, ist ein Gottesideogramm, das untere Zeichen, das an ein ›W‹ erinnert und ein Bündel Blitze darstellt, ist der Namenszug des Wettergottes von Hatti.

Eine Entsprechung findet die Toranlage von Arslantepe am gegenüberliegenden Eingang mit der Toranlage von **Sakçagöz.** Reliefs mit Jagd- und Kriegsszenen, mit Fabelwesen und Kampfdarstellungen aus **Karkemisch** schmücken die Längsseiten der zentralen Halle. Sie stammen alle aus der Spätzeit der hethitischen Kunst. Die Reliefs der hethitischen Großreichszeit aus **Alaca Höyük** stellen Opferszenen dar, in denen sich der König in Begleitung der Königin und der Priester mit den Opfertieren dem Altar des Wettergottes von Hatti nähern, der hier in Gestalt seiner Stiere anwesend ist.

Phrygische Kunst

Die Abteilungen der phrygischen Kunst und der Kultur der urartäischen Zeit sind aktuell (Stand 2015) nicht zugänglich, werden aber wohl in der neu gestalteten Karawanserei zu besichtigen sein.

Die meisten Exponate der phrygischen Kunst (750–600 v. Chr.) stammen aus den Grabhügeln von **Gordion,** vor allem aus dem Tumulus A, dem vermutlichen Grab des legendären Königs Midas, dessen Grabkammer unversehrt aufgefunden wurde. Die Gefäße zeigen ausgewogenen geometrischen und bildlichen Schmuck und organisch aufgebaute Formen.

Kunst der urartäischen Zeit

Aus urartäischer Zeit sind neben Beispielen der Freskomalerei vor allem Bronzearbeiten zu sehen. Eindrucksvoll ist das Relief aus der großen Palastanlage der Zitadelle von **Kafkalesı.** Am Sockel sind Lebensbäume zu erkennen. Zwischen den Palasttürmen stehen sich Löwen gegenüber, auf denen zwei geflügelte Genien stehen. Mit einem Blatt und einer Schale führen sie einen Befruchtungsritus aus. Auf den Zinnen des Daches sind Raubvögel paarweise gegenübergestellt; sie tragen eine Palmette zwischen sich. Mit ihren Schnäbeln halten sie Hasen am Schwanz. Die Inschrift am oberen Rand gibt an, dass (König) Rusa II. (685–845 v. Chr.) diesen Raum für das Trankopfer zu Ehren des Königs Haldi erbauen ließ.

Der Garten

Im Garten sind zahlreiche Skulpturen aus römischer und byzantinischer Zeit aufgestellt, u. a. einige Torsi von Löwen und Adlern. Ein Abguss der hethitischen **Stele von Fasıllar** dominiert die Gartenanlage: Ein Berggott wird von zwei Löwen flankiert, auf seinem Kopf steht schwer lastend ein bartloser Mann in Schrittstellung mit hoher Mütze und angedeuteten Hörnern, die rechte Hand in Grußhaltung erhoben.

Ein Souvenirladen befindet sich in einem neu errichteten Pavillon gegenüber dem Eingang des Museums.

Infos

Hauptbüro: Gençlik Parkı içi 10, Ulus, Tel./Fax 0312 324 04 01; Gar Binası, Talatpaşa Bulvarı, Tel./Fax 0312 309 04 04.

Flughafen Esenboğa: Tel. 0312 398 03 48

Internet: www.ankara.com

Übernachten

In Kızılay und Richtung Çankaya gibt es viele Häuser der besseren Mittelklasse, einfache Hotels konzentrieren sich im Ulus-Viertel unterhalb der Altstadt, z. B. an den Straßen Rüzgarlı Caddesi und Sanayı Caddesi.

Luxusklasse – **İçkale Hotel 1:** GMK Bulv. 89, Tel. 0312 231 77 10, www.hotelickale.com. Das Hochhaushotel überzeugt durch traditionalistisches Flair mit einer Einrichtung im Stil der Belle Epoque, und das bei allem modernen Komfort bis zu Sauna, Hamam und Indoor-Pool. DZ/F ab 250 TL.

Romantisch – **Angora House Hotel 2:** Zitadelle (Kaleiçi), Kalekapısı Sok. 16, Tel. 0312 309 83 80, www.angorahouse.com.tr. Charmantes kleines Hotel in einem renovierten osmanischen Haus in der Altstadt, ganz nah beim Hethitermuseum. Die Zimmer komfortabel, aber sehr romantisch mit Antiquitäten eingerichtet. DZ/F um 200 TL.

Nahe der Altstadt – **Almer Hotel 3:** Çankırı Cad. 17, Ulus, Tel. 0312 309 04 35, www.almer.com.tr. Das modern-funktionale Hotel liegt günstig nahe den Caracalla-Thermen und ist ein guter Standort für die Besichtigung der Altstadt. DZ/F um 200 TL.

Historischer Luxus – **Gordion Hotel** 4: Büklüm Sok. 59, Kavaklıdere, Tel. 0312 427 80 80, www.gordionhotel.com. Das Haus im feinen Verwaltungsviertel bietet hinter seiner Belle-Epoque-Fassade eine neu eingerichtete, aber dennoch stilecht historische Ausstattung mit spätosmanischem Flair – dazu LCD-TVs und DVD-Player. Mit Sauna und Fitness-Studio. DZ/F ab 190 TL.

Basic – **Karyağdı Oteli** 5: Sanayı Cad., Kuruçeşme Sok. 4, Ulus, Tel. 0312 310 24 40. Ebenfalls in der Nähe der Altstadt; relativ günstig, doch alle Zimmer mit Bad, TV und Zentralheizung. DZ/F ab 140 TL.

... außerhalb

Hotel am See – **Patalya Lakeside Resort:** Haymana Bulv., am See von Gölbaşı südlich der Stadt, Tel. 0312 484 44 44, www.patalya.com.tr. Große Ferienanlage im Stil eines Strandhotels am Seeufer, schöner Pool und Spa-Bereich. Sehr ruhig. DZ/F um 170 TL

Camping – **Altınok:** Susuzköy, an der Route nach İstanbul, 20 km vom Stadtzentrum entfernt, Tel. 0312 366 72 51. Schattiger Platz, Stellplätze teils mit Elektrizität. Es gibt auch ein Restaurant.

Essen & Trinken

Austria alla turca – **Schnitzel** 1: Hotel Mega Residence, Tahran Cad. 5, Çankaya, Tel. 0312 468 54 00. Österreichische Spezialitäten (Wiener Schnitzel!!) und italienische Küche im exklusiven Rahmen des Hotels Mega Residence, sonntags Brunch, guter Weinkeller. Hauptgerichte um 30 TL.

Panoramablick – **Zenger Paşa Konağı** 2: Doyuran Sok. 13, Kaleiçi, Tel. 0312 311 70 70, www.zengerpasa.com. Ein Altstadthaus aus dem 18. Jh. in der Zitadelle, dekoriert mit osmanischem Trödel in den Untergeschossen und tollem Blick in den Sonnenuntergang oben im Speisesaal. 5-Gänge-Menüs mit Rakı 85 TL, Hauptgerichte um 25 TL.

Am Zitadellenhang – **Kınaçılar Evi** 3: Kalekapısı Sok. 26, Dişhisar, Tel. 0312 311 10 10. Fisch, Kebap und Mezeler in einem alten osmanischen Konak, bei Touristen sehr beliebt, daher in der Saison oft voll. Sehr gute Weinauswahl. Hauptgerichte um 22 TL.

Meyhane – **Göksu Restoran** 4: Bayındır Sok. 22, Tel. 0312 431 22 19, tgl 11–23 Uhr. Eines der besten Meyhane (Bierkneipen) auf der Ausgehmeile von Kızılay. Gerühmt wird die große Auswahl an Mezeler, zu denen man stilecht Rakı trinkt. Abends gibt es mitunter Livemusik. Hauptgerichte um 20 TL.

Schick und hipp – **PepperMILL** 5: Emek 4. (Kazakistan) Cad. 159/14, Emek – Bahçelievler, Tel. 0312 222 99 33. In schickem Designerambiente italienisch beeinflusste Küche für die Yuppies aus dem studentisch geprägten Bahçelievler-Viertel. Sandwiches um 12 TL, Pizza ab 15 TL.

Einkaufen

In der **Altstadt** (Kaleiçi) bekommt man Kunsthandwerk, Schmuck, Leder, Teppiche usw. Elegante Shoppingmeilen sind in **Kızılay** die Straßen zwischen Atatürk Bulvarı und Ziya Gökalp Paşa Caddesi, ebenso weiter südlich die **Tunalı Hilmi Caddesi** in Kavaklıdere.

Antiquitäten – **Pirinç Han** 1: Pirinç Sok. In einer historischen, inzwischen renovierten Karawanserei etliche Antiquitätenlädchen und ein hübsches Café.

Einkaufszentren – **Atakule** 2: Çankaya Cad. Shopping Center mit 125 m hohen Aussichtsturm (mit Drehrestaurant, www.atakule.com). **Karum** 3: İran Cad. 21, GOP, www.avmkarum.com, das größte Einkaufszentrum im Zentrum Ankaras, v. a. Mode.

Souvenirs – **Dösim-Shops** 4: Gazi Mustafa Kemal (GKM) Bulv. 121, Tandoğan; Mithatpaşa Cad. 18, Kızılay. Shops des türkischen Ministeriums für Tourismus.

Abends & Nachts

Nachtleben mit Disco und Folklore-Kabarett bieten viele Luxushotels. Vor den Rotlicht-Clubs (Zitadelle, Cankaya) wird immer wieder gewarnt, die Abrechnung ist oft nicht korrekt.

Nette Kneipe – **Tint Café** 1: Tunus Cad. 63/A, Kavaklıdere, Tel. 0312 427 81 06, www.tintcafe.com. Frisch gestylte Café-Bar, wo man in modernem Ambiente gut ein Smoothie oder ein Bier (10 TL) trinken kann.

Das moderne Herz Ankaras, der Kızılay-Platz

Elektro & Rock – **Locus Solus** 2 **:** Bestekar Sok. 60, Kavaklıdere. Vor allem eher moderne westliche Musikrichtungen, entweder Livegruppen oder DJ-Sessions, v. a. Punkrock, Drum & Bass oder Techno.

Livemusik – **IF Performance Hall** 3 **:** Tunus Cad. 14/A, Kavaklıdere, Tel. 0312 418 95 06, www.ifperformance.com. Liveauftritte von »Funk alla Turca« bis İlhan Erşahin.

Oper und Ballett – **Devlet Opera ve Balesi** 1 **:** Atatürk Bulv., Opera Meyd., Ulus, Tel. 03 12 324 14 76. Türkische und europäische Programme. Die Saison beginnt am 1. Okt. und zieht sich bis zur ersten Maiwoche.

Aktiv

Türkisches Bad – **Şengül Hamamı:** Denizciler Cad., Acıçeşme Sok. 3, Ulus, Tel. 0312 311 03 63, www.sengulhamami.com. Historisches Bad aus dem 15. Jh. im alten jüdischen Viertel westlich der Anafartalar Caddesi, frisch renoviert und mit Frauentrakt, tgl. 6–24 Uhr (Männer), 6–22 Uhr (Frauen).

Verkehr

Bahnhof: am Gençlik Parkı, Anfang Hippodrom Cad. Highspeedzüge verkehren derzeit ab/bis Konya und über Eskişehir bis Pendik bei İstanbul. Man muss im Voraus reservieren (Info: www.tcdd.gov.tr). Am Bahnhof sind auch einige historische Loks ausgestellt, und auf Bahnsteig 1 steht der private Reisewaggon Atatürks, den er als Geschenk Adolf Hitlers erhielt.

Fernbusse: Die Busstation *(Yeni Garaj)* am Stadtrand ist durch die AnkaRay-Bahn (s. u.) ans Zentrum angeschlossen. Büros der Busgesellschaften am Kızılay-Platz, von dort auch Zubringerbusse.

Stadtbusse: Das Netz der Buslinien ist unübersichtlich. An der Windschutzscheibe sind die angefahrenen Stadtteile angegeben. Für die Belediye-Busse benötigt man eine Chipkarte (mind. 5 Fahrten, auch für Metro und AnkaRay gültig), nur in den Halk-Bussen kann man noch bar zahlen.

S-Bahn/Metro: Die AnkaRay (www.ankaray.com.tr) fährt ost-westlich durch die Stadt, die Ankara Metrosu von Kızılay über Ulus Richtung Norden (www.ankarametrosu.com.tr); Verbindungsstation ist Kızılay. Wichtige Stationen: Ulus (Bahnhof, Info-Büro), Kızılay (Zentrum), Atti (Busstation Yeni Garaj), Tandoğan (Atatürk-Mausoleum).

Flughafen-Zubringer: Havaş-Bus ab Bahnhof, s. S. 69 (www.esenbogaairport.com).

Umgebung von Ankara

Der **Atatürk Orman Çiftligi** westlich des Zentrums, ein einst von Atatürk ins Leben gerufenes Mustergut für Landwirtschaft, ist mit der AnkaRay schnell zu erreichen (Station Bahçelievler). In dem weitläufigen Park mit einer Replik des Geburtshauses von Atatürk (Museum) gibt es Restaurants und einen Swimmingpool in der Form des Schwarzen Meeres. Hier liegen auch der eher kleine **Tiergarten von Ankara** (Ankara Hayvanat Bahçesi) und der **Staatsfriedhof** (Devlet Mezarlığı).

Der Bau des **Cumhurbaşkanlığı Sarayı,** des neuen, pompösen Präsidentenpalastes auf dem Waldgelände, sorgte für viele innenpolitische Querelen. Gegen den Widerstand der Opposition und auch der Justiz wurde ein riesiges Waldgebiet im Naturschutzpark abgeholzt. Dennoch konnte Staatspräsident Erdoğan 2014 den mit 1000 Räumen fast größten Palast der Welt beziehen.

Der Stausee **Çubuk I. Barajı,** etwa 10 km nördlich des Zentrums an der Schnellstraße zum Flughafen gelegen, bietet zahlreiche Picknickplätze an den meist recht steilen, bewaldeten Hängen. In der Parkanlage unterhalb des Staudamms reihen sich die Restaurants am Flussufer.

Etwas weiter entfernt ist das quellenreiche Gebiet um den **Karagöl** ▶ H 3, ein See ca. 64 km nördlich von Ankara. In der Berglandschaft mit vielen Quellen und einem kleinen Vulkansee mit schönen Spazierwegen findet man einen Hotelkomplex sowie Camping- und Picknickplätze.

Das ca. 85 km von Ankara entfernte Waldgebiet des **Kızılcahamam Soğuksu Milli Parkı** ▶ H 3 wurde bereits 1959 als Nationalpark eingerichtet. Es liegt auf 1000 bis 1700 m Höhe entlang dem Tal des Kırmırdere. Das Wasser der Thermalquellen, die schon in römischer Zeit genutzt wurden, erreicht Temperaturen bis zu 45 °C. In einem Badehaus (Kaplıca), ca. 2 km vom Ort entfernt, kann man in einem marmornen Wasserbecken oder in kleineren Wannen baden. Im Park sind über 160 Vogelarten dokumentiert, darunter der vom Aussterben bedrohte Bartgeier, der an den Steilwänden westlich des Kırmırdere nistet.

Im Süden von Ankara, an der Straße nach Konya, liegt bei **Gölbaşı** ▶ H 4 der Mugan Gölü. Neben Ferienhauskolonien findet man hier auch Strände mit Cafés und Restaurants, die im Sommer durch Ausflügler aus Ankara sehr belebt sind.

35 km südlich von Ankara, an der Straße nach Kırsehir (über Bala), liegen die Reste eines ehemals großen Waldgebietes, des **Beynam Ormanı** ▶H 4, inmitten der baumlosen Steppenlandschaft. Nahe beim Dorf Beynam sind Picknickplätze eingerichtet, von denen sich ausgedehnte Wanderungen in den Ausläufern des Elma Dağı anbieten. Dieser 1862 m hohe ›Hausberg‹ von Ankara hat sich zu einem stattlichen **Skizentrum** entwickelt (zwei Skilifts, Berghütten, Restaurants und ein Hotel).

Von Ankara nach İstanbul

Zwei sehr unterschiedliche, aber gleichermaßen reizvolle Routen bieten sich für die Fahrt von Ankara nach İstanbul an. Die nördliche Route ermöglicht Abstecher in die touristisch kaum erschlossenen Köroğlu Dağları mit alttürkischen Städtchen wie Beypazarı, Mudurnu und Göynük. Die südliche Route über Eskişehir führt Sie durch das reizvolle bithynische Hochland über Söğüt und Bilecik hinunter nach Sakarya (Adapazarı), wo sich beide Routen vereinigen.

Von Ayas nach Mudurnu

Man verlässt Ankara nach Westen. Erste Station ist die Kleinstadt **Ayas** ▶ G 4, die ihren alttürkischen Charakter rund um die kleine Holzmoschee bewahrt hat. Die typischen Fachwerkhäuser im pontischen Stil geben noch einen eindrucksvollen Einblick in die städtische Bauweise der spätosmanischen Zeit.

30 km westlich von Ayas, auf halbem Wege nach Beypazari, biegt eine kleine Stichstraße nach **Ayas İçmeçesi** ab. Die Thermalquelle liegt in baumloser Steppenlandschaft inmitten eines oasenähnlichen Talgrunds. Ein modernes Hotel, Restaurants und Motels bieten vielfältige Möglichkeiten der Erholung und sind ein attraktives Ausflugsziel für die Bewohner von Ankara.

Nach weiteren 22 km erreicht man **Beypazarı** ▶ G 3, das trotz seiner inzwischen 37 000 Einwohner im Zentrum den Charakter einer alttürkischen Stadt bewahrt hat. Vom Hauptplatz führen zwei Gassen hinauf in die Altstadt, wo die Alaaddin Camii ein mit Weinranken beschattetes Basarviertel überragt. Der Bau aus seldschukischer Zeit mit einem fast quadratischen Grundriss wird von einer flachen Holzdecke überspannt, die an den Seiten durch Umgänge gestützt und von Holzsäulen getragen wird. Die kleinere İncili Cami von 1219 mit einem Holzminarett beherbergt im Ergeschoss zahlreiche Läden. Folgt man der leicht ansteigenden Straße vom Hauptplatz, erreicht man nach ca. 150 m die Akşemseddin Sokağı. Sie führt in einen Ortsteil mit zahlreichen alttürkischen Häusern, die sich um die Akşemseddin Camii gruppieren.

In westlicher Richtung führt die Straße nach Nallıhan, wobei man den **Stausee des Sakarya Nehri** auf einer fast vegetationslosen Hochebene passiert. Der faszinierende Wechsel von roten Sandsteinen, gelben Mergeln und weißen Kalken und anderen farbigen Oxydationen an den erodierten Berghängen macht diese Route empfehlenswert.

Die Straße führt hinunter zu der 13 000 Einwohner zählenden Provinzstadt **Nallıhan** ▶ F 3, mit zwei kleineren Moscheen. Hier teilt sich die Route. Nach Norden geht es nach Mudurnu, in westlicher Richtung folgt man dem Sakarya, der bei Beyköy überschritten wird, um Eskişehir zu erreichen (s. S. 425).

Mudurnu ▶ F 3

Mudurnu, ein Städtchen von 5000 Einwohnern, liegt zusammengedrängt in einem ansteigenden Flusstal in reizvoller Lage. Zahlreiche alttürkische Häuser im pontischen Stil prägen das Ortsbild. In der Altstadt rund um eine frühosmanische Moschee lädt ein altes **Hamam** zum Besuch ein. Auffallend sind die zahlreichen Metallschmieden und -läden im Basarviertel, deren Tradition bis in das 16. und 17. Jh. zurückreicht. Mudurnu galt in dieser Zeit wegen seiner berühmten Messerherstellung als das ›türkische Solingen‹. Die Stadt besitzt eine lange Tradition als Heimat berühmter Ringer und ihrer Feste. Auch heute noch finden alljährlich Wettkämpfe der *Yağlı Güreş,* der typisch türkischen Ölringkämpfe statt. Von Mudurnu lohnt ein Abstecher nach Norden zum Abant Gölü in 1150 m Höhe und weiter nach Bolu.

Der **Abant Gölü** ist wegen des günstigen Klimas und seiner guten Hotelversorgung ein beliebtes Ausflugsziel auch für die Bewohner von Ankara und İstanbul. Er liegt in einer hügeligen, vorwiegend von Tannenwäldern geprägten Berglandschaft. In seinem südlichen Teil, der von Seerosen und Binsen bedeckt ist, brüten Zwergtaucher und Rostgänse. Für Ornithologen bieten die umliegenden Nadelwälder ideale Möglichkeiten, um Zwerg- und Schlangenadler, Bussarde und Falken zu beobachten.

DURCHS BITHYNISCHE BERGLAND

Auf Nebenstrecken, die durchweg gut zu befahren sind, fährt man durch das noch touristisch unerschlossene **Köroğlu-Gebirge,** das Bithynische Bergland mit seinen alttürkischen Städtchen wie Beypazarı, Mudurnu, Göynük oder Taraklı, in denen ursprüngliches Leben in den Teestuben und auf den Märkten hautnah zu erleben ist. Alttürkische Häuser aus Walnussholz prägen das Bild und vermitteln einen anschaulichen Eindruck von der Zeit des 18. und 19. Jh.

Bolu ▶ G 3

Die Provinzstadt **Bolu** mit ca. 130 000 Einwohnern liegt an der Hauptroute zwischen Ankara und İstanbul und ist ein beliebter Zwischenstopp für die Überlandbusse, da es hier und im nahen Ort Mengen die besten Köche des Landes gibt – so sagt jedenfalls der türkische Volksmund. Heute ist die Stadt ein Zentrum der regionalen Holzwirtschaft und des Getreidehandels und besitzt auch eine einfache Industrie für die Verarbeitung von Wolle und Fellen.

Wahrscheinlich war Bolu eine Gründung des Königs Prusias I. (235–183 v. Chr.); damals hieß es Bithynion. Unter dem römischen Kaiser Hadrianus erhielt die Stadt den Beinamen Hadriana zu Ehren seines jungen schönen Geliebten Antinous, der hier geboren wurde. Von der antiken Stadt sind kaum nennenswerte Reste erhalten, da sie 1668 von einem verheerenden Erdbeben heimgesucht worden war.

Die türkische Altstadt steigt terrassenförmig nördlich der Hauptstraße an. Inmitten eines kleinen Basars, zum Teil von malerischen Läden umrahmt, erhebt sich die gewaltige **Yıldırım Beyazıt Camii** aus dem Jahr 1901, die mit ihren beiden Minaretten und der großen silbrigen Bleikuppel das Stadtbild weithin dominiert. Die anderen wichtigen Moscheen liegen an der Hauptstraße, so die kleine **Sadaç Hanı Camii** und die **Ulu Cami,** die älteste Moschee der Stadt. 5 km südlich von Bolu liegen die heißen Quellen (Büyük Kaplıca) von **Karacasu,** die für Badekuren genutzt werden (dort gibt es ein gutes Hotel, das Bolu Termal Oteli, s. Unterkunft).

Köroğlu Dağları

Für Wanderer sind die **Köroğlu Dağları,** die sich südlich von Bolu auf ca. 400 km Länge erstrecken, noch ein Geheimtipp: eine nur dünn besiedelte Gebirgslandschaft fernab vom gängigen Tourismus, wo auch im Sommer ein angenehmes kühl-frisches Bergklima herrscht. Ausgedehnte Tannen- und Kiefernwälder, weiträumige Sommerweiden und reizvoll gelegene Sommersiedlungen *(yayla)* laden zu ungestörtem Naturerlebnis ein. Seit einigen Jahren entwickelt sich im Gebiet des Köroğlu Tepesi (2378 m), des höchsten Gipfels südöstlich von Bolu, auch der Wintersport mit dem Skizentrum **Kartalkaya** in einer Höhenlage zwischen 1900 m und 2350 m.

Infos

Info-Büro: Hattat Emin Barın Cad. 36, Tel. 0374 212 22 54, www.bolukulturturizm.gov.tr

Übernachten

Business-Hotel – **Köroğlu Hotel:** İzzet Baysal Cad., Belediye Meyd., Tel. 0374 212 53 46, www.bolukorogluotel.com.tr. Das beste Hotel im Zentrum, 50 ordentliche Zimmer mit Dusche, WC, Telefon und Zentralheizung. DZ/F ab 150 TL.

Familiäre Mittelklasse – **Kaşmir Hotel:** İzzet Baysal Cad. 104, Tel. 0374 215 86 14, www.kasmirotel.com. Funktionales Stadthotel (3 Sterne) im Zentrum, einfache, etwas plüschige Zimmer, mit Restaurant. DZ/F um 130 TL.

... außerhalb

See-Resort – **Taksim Abant Köşk:** am Abant-See, 34 km von Bolu, Tel. 0374 224 51 66, www.taksimotelcilik.com.tr. Überschaubare Luxus-Anlage mit 13 sehr edel eingerichteten Zimmern am Seeufer (S-Kategorie). Die Fitness- und Wellnes-Einrichtungen des nahe gelegenen Taksim Hotels Abant Palace kann man mitbenutzen. DZ/F 240–390 TL.

Kurhotel – **Bolu Termal Oteli:** 6 km südlich der Stadt im Thermalort Karacasu, Tel. 0374 262 84 72, www.bolutermalotel.com. Modernes Kurhotel (4 Sterne) mit Fitness-Studio und Thermalbadebereich. DZ/F 190–250 TL.

Verkehr

Busstation an der Umgehungsstraße, ca. 1 km vom Zentrum von Bolu, sehr häufige Verbindungen.

Dolmuş-Station für Touren zum Abant-See oder in die Köroğlu-Berge am Hauptplatz von Bolu.

Über Taraklı nach Eskişehir

Wer nicht über die Schnellstraße weiterfahren will, nimmt die nicht immer ganz so gute Straße von Mudurnu, die über das reizvolle Städtchen **Göynük** ▶ F 3 führt (ca. 5000 Ew., ca. 50 km westlich). Im Zentrum des Orts, der noch zahlreiche im pontischen Stil erbaute alttürkische Häuser besitzt, liegt das Mausoleum des Akşemseddin aus dem Jahr 1494. Er war der erste Hoca, der nach der Eroberung von Konstantinopel 1453 in der Haghia Sophia die Gläubigen zum Gebet rief.

Auch das ca. 30 km westlich gelegene **Taraklı** ▶ F 3 besitzt noch ein alttürkisches Stadtbild. Die eindrucksvollsten Häuser stehen um den Hauptplatz, zusammen mit der Yunus Paşa Camii von 1517 und dem Konak, dem Sitz der alten Provinzialregierung. Viele Häuser in dem am Hang gelegenen Bereich mit einer kleinen Moschee sind heute nicht mehr bewohnt. Ein kurzer Spaziergang hinauf lohnt sich wegen des schönen Blicks über das Städtchen, das Flusstal und auf die umliegenden Berge.

Die Straße führt nun durch das abwechslungsreiche bithynische Bergland hinunter in das Tal des Sakarya-Flusses zum Ort **Geyve** ▶ E 3, wo sie sich mit der Route von Eskişehir her vereinigt. Die Brücke über den Fluss wurde 1495 von Sultan Beyazıt II. erbaut; ein Gedenkstein hält dieses Datum in einer arabischen und türkischen Inschrift fest.

Eskişehir ▶ E/F 4

Durch den Anschluss an das Eisenbahnnetz im Jahr 1890 wuchs die Kleinstadt zu einem bedeutenden Industriestandort mit ca. 650 000 Einwohnern heran. **Eskişehir** ist heute ein Zentrum der Haushaltsgeräte-, Textil- und Nahrungsmittelindustrie, der Zementherstellung und vor allem als Eisenbahnknotenpunkt von Bedeutung. Ihre beiden Universitäten zählen zu den größten der Welt. Durch die Gewinnung und Verarbeitung von Meerschaum wurde die Stadt im Europa des 19. Jh. berühmt (s. S. 427).

Die heutige Provinzhauptstadt geht auf das antike **Dorylaion** zurück, doch lag der Siedlungsschwerpunkt in phrygischer Zeit im Norden der Stadt auf dem Burghügel Sarhöyük, der zuletzt unter den Osmanen befestigt wurde. 1097 schlug das Ritterheer des 1. Kreuzzugs unter Gottfried von Bouillon bei Dorylaion das Heer des Seldschuken-Sultans Kiliç Arslan I., was jedoch den Siegeszug des Islam in Kleinasien nicht aufhalten konnte. 1402 wurde die Stadt von den Mongolen Timur Lenks zerstört, ein zweites Mal 1921 im Unabhängigkeitskrieg gegen die Griechen, sodass heute nur noch wenig historische Bausubstanz vorhanden ist.

Die Altstadt wird von der **Kurşunlu Camii** 1 (›Bleimoschee‹) beherrscht, die von Melek Mustafa Paşa, einem Großwesir unter Sultan Selim I., 1515 gestiftet und im klassisch-hochosmanischen Stil errichtet worden ist. Die Moschee ist Teil einer Külliye, zu der auch eine Medrese und ein kleines Kloster des Mevlana-Ordens gehören. Hinter dem Semahanı, dem Tanzraum, liegen die Gräber der Derwische. In den Räumen der Kurşunlu Külliye ist heute das **Lületaşı Müzesi** 2 (Meerschaum-Museum) untergebracht s. S. 427).

Odunpazarı

Unterhalb der Kurşunlu Camii breitet sich das sehenswerte Altstadtviertel **Odunpazarı** aus, das inzwischen restaurierte historische Stadtzentrum von Eskişehir. Dieses Viertel bietet mit seinen farbenfrohen alttürkischen Häusern, Höfen, Plätzen mit typischen Brunnen und winkligen Gassen ein großartiges Ensemble türkischer Wohnbaukultur. Als Openair-Museum für traditionelle türkische Architektur ist Odunpazarı in das Weltkulturerbe aufgenommen worden.

Die **Ateliers der Meerschaumschnitzer,** meist kleine Werkstätten, die früher über die ganze Stadt verteilt waren, sind heute im Stadtviertel Odunpazarı zusammengeführt worden und können besucht werden.

Archäologisches Museum

Di–So 8.30–17.30 Uhr, Eintritt 5 TL

Das **Archäologische Museum** 3 westlich der Altstadt am Atatürk Bulvarı verwahrt Funde aus dem prähistorischen Siedlungshügel von Demirci Höyük (westlich von Eskişehir), dazu phrygische Kleinkunst und römische Grabbeigaben oder Mosaiken, die am antiken Siedlungshügel von Dorylaion gefunden wurden. Im Garten sind phrygische und römerzeitliche Skulpturwerke ausgestellt.

Übernachten

Rund um die alte Busstation (Eski Otogar, Sivrihisar Cad., Ecke Yunusemre Cad.) viele Hotels und auch einfachere Pensionen.

Historisches Ambiente – **Abacı Konak Otel** 1: Türkmen Hoca Sok. 29, Tel. 0222 333 03 33, www.abaciotel.com. Wunderbare Anlage in mehreren Altstadthäusern am Rand von Odunpazarı, nahe Atatürk Bulv. Spätosmanisches Edelambiente, sehr gute Restaurants. DZ/F um 230 TL.

Moderner Schick – **SennaCity Hotel** 2: Adalar Sok., Porsuk Bulv. 1, Tel. 0222 333 05 05, www.sennacity.com. Sehr modernes Ambiente hinter einer Belle-Époque-Fassade mit eleganten, komfortablen Zimmern. Direkt mitten in der Ausgehmeile am Fluss. DZ/F um 180 TL.

Schick in historischem Stil – **Atişkan** 3: Yunusemre Cad. 87, Tel. 0222 232 45 45, www.booking.com. Renoviertes Haus in Flussnähe mit gepflegten Zimmern (Minibar, TV, Internet, Heizung) und Restaurant. DZ/F ab 140 TL.

Essen & Trinken

Am **Porsuk-Fluss** von der Köprübaşı-Brücke nach Westen reihen sich Cafés und Restaurants, die viel von den Studenten besucht werden. Berühmt ist Eskişehir für seine verschiedenen Döner-Variationen, die man in zahlreichen einfachen Lokantalar findet. Die **besten Restaurants** sind die des Hotels Abacı Konak.

Einkaufen

Order-Shop – **Meerschaum-Store** 1: İsmet İnönü Cad., Baykurt İş Merkezi 54/26, www.meerschaumstore.com Hier bekommt

Die Meerschaum-Schnitzer von Eskişehir

Berühmt ist Eskişehir vor allem als Zentrum der Meerschaum-Schnitzerei. Dieses Mineral, chemisch Magnesiumsilikat, ist ein milchigweißer, sehr leicht zu bearbeitender Stein, der erst beim Trocknen härter und auch leichter wird; der Meerschaum von Eskişehir gilt als der reinste und beste der Welt.

Seit über 300 Jahren wird in Eskişehir Meerschaum kommerziell abgebaut und als Rohmaterial exportiert. Die Herkunft des Namens ist unsicher, der Duden leitet ihn vom lateinischen Begriff ›spuma maris‹, Schaum des Meeres, ab. Aber schon die antiken Griechen kannten das Material und benutzten es als Seife, da es im frischen Zustand bei Kontakt mit Wasser schaumig reagiert. 1847 wurde der wissenschaftliche Name Sepiolith geprägt, da man fälschlich annahm, es handele sich um Ablagerungen der Innenskelette von Calamaren (Sepias). Die große Zeit der Meerschaum-Industrie begann erst, als sich die Mode des Tabakrauchens verbreitete, denn der poröse Stein eignet sich sehr gut für Zigarettenspitzen und Pfeifenköpfe. Er leitet kaum Hitze, kühlt zudem den Tabakrauch und erhöht so dessen Aroma.

Als sündhaft teures ›weißes Gold‹ gelangte der Meerschaum im 19. Jh. nach Europa, wo er in Wien, Paris und Budapest verarbeitet wurde. Inzwischen hat die Türkei jeden Export als Rohstoff untersagt und übernimmt die Verarbeitung in eigener Regie. Das Material findet heute zunehmend Verwendung in der chemischen und pharmazeutischen Industrie, die Pfeifenschnitzerei spielt nur noch für die Souvenirproduktion eine gewisse Rolle.

Man findet den Meerschaum (türk. *lületaş*, ›Pfeifenstein‹) in Form unregelmäßig großer Knollen. Weltweit sind etwa 200 Fundstellen nachgewiesen worden, deren kommerzielle Ausbeutung jedoch nicht lohnt. Die weltweite Hauptproduktion kommt aus den alluvialen Tonerdelagerstätten bei Eskişehir. Die Knollen werden dort von etwa 25 Ateliers verarbeitet. Die traditionellen Gruben sind allerdings nahezu erschöpft, sodass man immer tiefer graben muss, um auf ergiebige Flöze zu stoßen; bis zu 80 m reichen die Gruben mittlerweile ins Erdreich. Fundstätten liegen zum Beispiel ca. 35 km östlich der Stadt bei den Dörfern Girgir, Imişehir und Tokat, die über Nebenstraßen zu erreichen sind. Dort gibt es weitere ›Ateliers‹, wo man bei der Zurichtung des Rohmaterials und auch der Verarbeitung zuschauen kann.

In Eskişehir ist dem alten Handwerk der Meerschaum-Schnitzerei auch ein Museum, das **Lületaşı Müzesi,** gewidmet. Von alten Meerschaum-Exponaten bis zu modernen Artefakten vermittelt die Ausstellung einen großartigen Überblick über die Kunst der Meerschaumschnitzerei. Die Modelle reichen von einfachen Pfeifentypen über kunstvoll geschnitzte Pfeifenköpfe, die Motive aus osmanischer Zeit und Porträts moderner Staatsmänner wiedergeben, bis hin zu ostasiatischen Drachenkämpfen, mythologischen Szenen nach antiken Vorbildern oder auch erotischen Szenen.

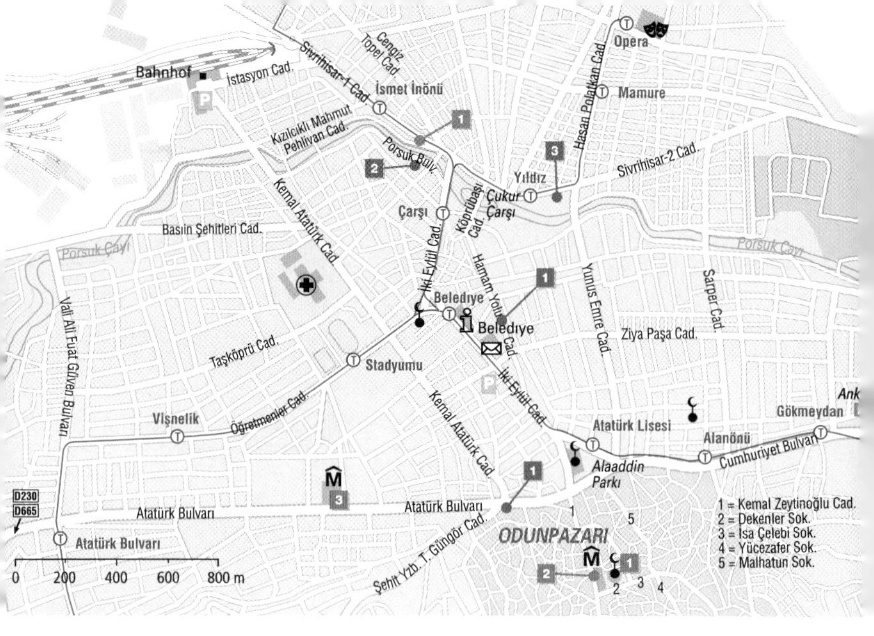

Eskişehir

Sehenswert
- 1 Kurşunlu Camii
- 2 Lületaşı Müzesi
- 3 Archäologisches Museum

Übernachten
- 1 Abacı Konak Otel
- 2 SenaCity Hotel
- 3 Atişkan

Einkaufen
- 1 Meerschaum-Store

Aktiv
- 1 Belediye Hamamı

man eine gewaltige Auswahl, und zwar nicht nur Pfeifen, sondern auch Ketten, geschnitzten Broschen und Döschen für die Dame von Welt. Auch im Internet kann man sich versorgen, und wer sein Bild schickt, bekommt sogar eine Pfeife in Form des eigenen Konterfeis.

Aktiv

Thermalbäder – **Belediye Hamamı** 1 **:** Vor allem an der Hamamyolu Cad. im Zentrum gibt es mehrere Thermalbäder. Empfehlenswert ist das städtische Belediye Hamam.

Termine

Eskişehir Sokak Festivalı: Ende Mai, Straßen-Festival mit Livemusik, Tanz- und Theatergruppen, hauptsächlich zwischen Uni und Porsuk-Fluss.

Verkehr

Busstation an der Einmündung der Sivrihisar Cad. in die Çevre Yolu, die Ausfallstraße nach Ankara. Stündlich Busse Richtung Ankara und Bursa, seltener nach Kütahya.
Zug: Hochgeschwindigkeitszug nach Ankara, İstanbul und Konya.

Von Eskişehir über Bilecik nach Sakarya

Als Alternative zur folgenden Route nach Norden kann man auch über Kütahya (S. 391), Bursa (S. 188) und İznik (S. 184) fahren.

In und um Bilecik liegt die Wiege des Osmanischen Reiches. Nach der Flucht des

Turkstammes der Oghuzen vor den Mongolen des Dschingis Khan und der Durchquerung von Anatolien wurden Reste dieses Stammes im Westen des seldschukischen Reiches angesiedelt und mit weiten Ländereien belehnt. Einer der Anführer war Ertoğrul, der sich bei Bilecik niederließ, sesshaft wurde und als friedliebender Stammesfürst ohne jeglichen religiösen Fanatismus in die Geschichte eingegangen ist.

Erst mit seinem Sohn Osman, durch Heirat mit der Tochter des fanatischen Scheichs Edebalı zum aktiven Gazi (Glaubenskrieger) geworden, begannen die osmanischen Eroberungszüge. Das bisher byzantinische Bilecik wurde eingenommen und zur ersten Hauptstadt der Osmanen erhoben. Mit Osman begann eine Expansionspolitik, die seine Nachfolger zu Herrschern über ein Reich machte, das von Ungarn bis Tunesien reichte.

Söğüt ▶ E 4

Auf dem Weg nach Bilecik biegt man unmittelbar hinter dem Kulturschutthügel von Demirci Höyük nach **Söğüt** ab. Etwa 2 km vor dem Städtchen ist das Grab Ertoğruls, des Stammvaters der Osmanen-Dynastie, zu finden.

Die **Ertoğrul Türbesi** ist das Ziel einer Wallfahrt, die, mit einem traditionellen Volksfest verbunden, am 2. September begangen wird. Dann versammeln sich hier die sunnitischen Karakeçeli-Nomaden, die in der Umgebung leben. Die Türbe wurde im frühen 15. Jh. von Mehmet I. gestiftet und in der Folgezeit mehrfach ausgebaut. Heute ist sie in einen größeren Ziegelbau aus dem 19. Jh. integriert.

Von Söğüt fährt man auf windungsreicher Straße durch das zerklüftete bithynische Bergland weiter nach Bilecik. Etwas abseits der Hauptstraße sollte man das malerisch gelegene Dorf **Küplü** besuchen, das als eines der schönsten in Westanatolien gilt. Der Ort hieß früher Kioupli und war überwiegend von Griechen bewohnt, die 1923 aussiedeln mussten. Im 19. Jh. lebten die Einwohner vom Anbau von Tabak, Weintrauben und Olivenöl sowie der Produktion von Seide. Seit dem Bau der Bagdad-Bahn durch den Ort prosperierte er als Marktzentrum. Die Häuser mit verwitterten Holzkonstruktionen und pastellfarbenen Steinsockeln sind schöne Zeugnisse der bäuerlichen Architektur des osmanischen Reichs.

Bilecik ▶ E 3

Auch Bilecik mit ca. 51 000 Einwohnern bietet noch ein intaktes Stadtbild mit schönen Holz- und Steinhäusern aus dem 19. Jh. Einen Besuch lohnen die Unterstadt mit der Orhan Gazi Camii und der Türbe des Scheichs Edebali sowie die türkische Altstadt mit dem alten Basar.

Die **Orhan Gazi Camii,** eine Einkuppelmoschee aus der ersten Hälfte des 13. Jh., zählt zu den frühesten osmanischen Moscheen der Türkei. Beeindruckend ist die Lage auf einem Sporn über zwei tiefen, zur Stadt hinführenden Schluchten. Oberhalb liegen die Türben des Derwisch-Scheichs Edebali und seiner Tochter Bala Hatun, der Lieblingsfrau Osmans und Mutter von Orhan Gazi, dem zweiten Sultan der Osmanen. Bis heute sind die Gräber ein viel besuchtes Wallfahrtsziel.

Bilecik bewahrt in seinem Zentrum noch ein sehenswertes Ensemble alttürkischer Häuser, die sich vor allem um den Hauptplatz herum gruppieren. Am westlichen Rand des Basars steht die **Şerif Paşa Camii.** Von hier aus öffnet sich der Blick auf ein ausgedehntes Ruinenfeld, aus dem abgebrochene Minarette hervorragen. Sie zeugen bis heute von den blutigen Kämpfen zwischen Griechen und Türken während des Unabhängigkeitskriegs 1922.

Kurvenreich führt die Straße hinunter in das Tal des Sakarya Nehri. Dabei kommt man an der seldschukischen Karawanserei von **Vezirhan** vorbei und passiert den schluchtartigen Flussdurchbruch bei **Doğancay** in die Ebene von **Sakarya (Adapazarı),** wo einst die Entscheidungsschlacht gegen die griechische Invasionsarmee stattfand. Dort hat man die Schnellstraße von Ankara nach İstanbul erreicht.

Von Ankara ans Schwarze Meer

Zwischen der Steppenlandschaft von Ankara und dem Schwarzen Meer erhebt sich die Westpontische Gebirgskette der Köroğlu Dağları, die mit bewaldeten Hängen und weiten Tälern an europäische Mittelgebirge erinnert. Mit Safranbolu und Amasya liegen hier die beiden schönsten Orte der türkischen Schwarzmeerregion mit zahlreichen renovierten Fachwerkhäusern. Am Schwarzen Meer bietet der alte genuesische Hafen Sinop viel Flair und lange Badestrände.

Safranbolu ▶ H 2

Ein Kleinod besonderer Art ist das Städtchen Safranbolu in den westlichen Ausläufern des Pontischen Gebirges. In historischer Zeit verdankte die Stadt ihren Wohlstand der Lage an einer Nebenroute der Seidenstraße. Als Karawanenstation entwickelte sie sich zu einem Handelszentrum für Lederwaren und vor allem für Safran, das zu den wichtigen Erzeugnissen der Region gehörte und der Stadt ihren Namen gab. Vor 1923 stellten Griechen etwa ein Drittel der Bevölkerung – mit ihrer Aussiedlung begann der Verfall der Altstadt, die gern als das ›Rothenburg der Türkei‹ bezeichnet wird. Seit den 1980er-Jahren werden die Häuser, zumeist als Wochenendsitze oder Pensionen, restauriert; die gesamte Altstadt ist inzwischen in die Liste des Weltkulturerbes aufgenommen.

Heute hat der Ort ca. 50 000 Einwohner. **Eski Safranbolu,** die Altstadt, liegt eingebettet in die tiefen Schluchten der Flüsschen Akçasu und Gümüşdere, die sich unterhalb der Stadt vereinigen. Östlich überragt der Hıdırlık-Hügelpark den Ort, westlich der Kale Tepesi (Burghügel). Richtung Nordwesten schließt die Neustadt **Kiranköy** an, wo viele moderne Hotels entstanden sind, noch weiter westlich liegt **Bağlar,** früher ein Nebenort, der ebenfalls historische Architektur besitzt.

Der Rundgang in Eski Safranbolu beginnt am Hauptplatz mit der **Kazdağlı Camii** 1 und dem **Cinci Hamam**. Bis zur Altstadt führt der Weg an von Weinlaub überdachten Gängen am Markt, an der **Köprülü Mehmet Paşa Camii** 2 und an kleinen Kaffeestuben vorbei in das Basarviertel.

Der Talgrund des Akçasu ist überbaut von dem alten **Cıncı Hanı** 3**,** einer gewaltigen Karawanserei, die heute ein Luxushotel beherbergt. Auf der anderen Seite des Tales liegen die hochosmanische **İzzet Mehmet Paşa Camii** 4 und der **Tuzcu Hanı.**

Den alten Stadtkern überragt ein ehemalige Regierungsgebäude auf dem Kale-Hügel, das nachts malerisch angestrahlt wird. Erbaut um 1906 im spätosmanischen Stil, öffnete es 2006 als historisches Stadtmuseum, **Tarihi Kent Müzesi** 5**.** Gezeigt werden alte Fotos, Handwerksgeräte und eine ethnografische Sammlung (Di–So 9–18 Uhr). Vom großen Vorplatz mit dem **Saat Kulesi,** dem 1797 als Wachtturm erbauten Uhrturm, genießt man einen schönen Blick auf die Stadt mit ihren vielen historischen Häusern.

Im Stadtgebiet von Safranbolu sind etliche *Müze evler*, Altstadthäuser, die zu Museen umgewandelt wurden, gegen geringen Eintritt zu besichtigen, so vor allem in der Hükümet Sokağı das **Mümtazlar Gezi Evi** 6**,** in der Mescit Sokağı das **Karaüzümler Gezi Evi** 8 oder auch das **Kaymakamlar Gezi Evi** 7 in der Hıdırlık Sokağı, das Anfang des

Safranbolu

Sehenswert

1. Kazdağlı Camii
2. Köprülü Mehmet Paşa Camii
3. Cinci Hanı
4. İzzet Mehmet Paşa Camii
5. Tarihi Kent Müzesi (Stadtmuseum)
6. Mümtazlar Gezi Evi
7. Kaymakamlar Gezi Evi
8. Karaüzümler Gezi Evi
9. Yemenciler Arastası

Übernachten

1. Havuzlu Asmazlar Konağı
2. Gülevi Hotel
3. Kayra Butik Hotel
4. Bastoncu Pansiyon

Essen & Trinken

1. Taşev Restaurant
2. Gözü Mavı Lokantası
3. Kadıoğlu Şehzade Sofrası
4. Karaüzümler Gezi Ev

---

19. Jh. für den Landvogt von Safranbolu gebaut wurde. Der **Yemenciler Arastası** 9 in der Eski Hamam Sokağı dient heute als Touristenbasar, besitzt aber auch eine museal hergerichtete alte Schusterwerkstatt.

In der Umgebung kann man die große Tropfsteinhöhle **Mencilis Mağarası** besuchen, 7 km in Richtung Bağlar (ausgeschildert), oder auch das Bergdorf **Yörükköy** (11 km östlich Richtung Kastamonu). Dies ist ein ähnlich idyllisches Dorf wie Safranbolu, allerdings noch weitaus weniger touristisch und weniger restauriert.

Infos

Info-Büro: Kazdağlıoğlu Meyd. 1, gegenüber vom Cinci Hamamı, Tel./Fax 0372 712 38 63, www.karabukkulturturizm.gov.tr.

Alte osmanische Häuser machen den Reiz von Safranbolu aus

Übernachten

Mittlerweile gibt es sehr viele zu Hotels restaurierte **Konaks,** dort übernachtet man so schön wie sonst selten in der Türkei. Einige weitere, eher einfache Hotels listet die türkische Website safranbolu.neredekal.com auf. Stilvoll historisch, wenn auch in eher kleinen Zimmern logiert man im **Cinci Han Hotel** 3 in der ehemaligen Karawanserei (www.cincihan.com).

Historischer Luxus – **Havuzlu Asmazlar Konağı** 1: Gülersoy Cad. 18, Tel. 0372 725 28 83, www.havuzluasmazlar.com. Eine vom Türkischen Automobilklub (TTOK) mit originalgetreuer Einrichtung renovierte historische Villa; dazu zwei moderne Anbauten im gleichen Stil. Eine romantische Unterkunft bei höchst noblem Ambiente! Mit gutem Restaurant. DZ/F 180–270 TL.

Im Zentrum – **Gülevi Hotel** 2: Hükümet Sok. 46, Tel. 0372 725 46 45, www.canbulat.com.tr. Das Hotel in einem großen Konak des 19. Jh. wurde sehr edel gestaltet und verbindet schicke Eleganz mit traditionellem Stil. DZ/F um 250 TL.

Familiär – **Kayra Butik Hotel** 3: Kışlayanı Sok. 21, Tel. 0532 653 46 56, www.kayrabutikhotel.com. Familiär geführte Hotel-Pension mit 6 Zimmern und modernem Restaurant in einem Altstadt-Konak. Große Zimmer, große Betten mit Moskitonetzen, alttürkischer Stil. DZ/F um 130 TL.

Budget – **Bastoncu Pansiyon** 4: Kaymakamlar Evi Altı 4, Tel: 0370 712 34 11, bastoncupension.com. Familiäre Pension in einem osmanischen Haus. Traditionelles Flair, üppiges Dorffrühstück, netter englischsprachiger Wirt. DZ/F um 130 TL.

Essen & Trinken

Gute Restaurants haben die **Havuzlar Konağı** des TTOK und das **Hotel Cinci Han.** Ein schönes Ausflugslokal am Flüsschen ist das **Kadi Efendi Çevrikköprü** (www.kadiefendi.com) an der Straße nach Kastamonu und Yörükköy (7 km östlich).

Kunst- und Weinstube – **Taşev Restaurant 1:** Hıdırlık Yokuşu 14, Tel. 0370 725 53 00, www.tasevsanatvesarapevi.com. Feine Küche Küche, gute Weinauswahl in einem edel gestylten Bruchsteinhaus, mit Kunstgalerie. Hauptgerichte um 30 TL.

In Kiranköy – **Gözü Mavı Lokantası 2:** Arapçı Sok., Tel. 0370 712 71 72, www.safranbolucelikpalas.com.tr. Auch im modernen Stadtteil Kiranköy gibt es viele Lokanta. In dem Restaurant des sehr guten Hotels Çelikpalas sitzt man bei schönem Wetter auf einer überdachten Terrasse. Um 22 TL.

Romantisch – **Kadıoğlu Şehzade Sofrası 3:** Arasta Sok. 8, Tel. 0370 712 50 91, www.kadioglusehzade.com. Nah beim Hauptplatz in Alt-Safranbolu (Çarşı). Hübsches Lokal in Bruchsteingemäuer, mit überranktem Innenhof. Türkische Standards um 18 TL.

Museumscafé – **Karaüzümler Gezi Evi 4:** Mescit Sokağı, nördlich vom Hauptplatz. Im Garten des ›Konaks der schwarzen Trauben‹ ein kleines Lokal mit einfachen Snacks.

Einkaufen

Sehenswert ist das **Basarviertel,** wo man viel Kunsthandwerk, Kupferschmiedewaren findet. Achtung: auch hier kommt ein großer Teil der Waren bereits aus Pakistan oder China.

Wochenmarkt – Samstags großer Markt.

Termine

Altın Safran Filmfestival mit Umzug und Popkonzerten am ersten Wochenende im Oktober.

Verkehr

Busstation der Fernbusse in Kiranköy, Sadrı Artunç Cad., mehrmals tgl. Verbindungen nach Ankara, Kastamonu, Bartın. Bessere Anschlüsse in der ›Stahlstadt‹ Karabük (12 km). **Dolmuş** in Kiranköy vom Kreisel nach Alt-Safranbolu (Çarşı genannt) alle 30 Min.

Kastamonu ▶ J 2

Etwa 110 km östlich von Safranbolu liegt die Provinzhauptstadt Kastamonu mit 80 000 Einwohnern im flach gewellten Hochland zwischen dem Küstengebirge im Norden und der Gebirgsbarriere der Ilgaz Dağları im Süden. Der Name der Stadt im Tal des Gökırmak ist abgeleitet von Castra Comneni (›Festung der Komnenen‹). In der Türkei wird mit Kastamonu vor allem die Rede Atatürks verbunden, die er am 30. August 1925 von der Terrasse des Museums hielt. Dabei proklamierte er das Verbot des Fez und die Einführung des Hutes für alle Türken.

Um die Nasrulla Camii

Im Zentrum der Stadt liegt die **Nasrulla Camii** mit einem sehr schönen, offenen Reinigungsbrunnen unter einer schattigen, überkuppelten Arkadenhalle. Der gesamte Komplex wurde 1506 gestiftet. Der zentrale Hauptplatz wird an seiner Nordseite von zwei Hanen, dem **Asir Efendi Hanı** und dem **İsmail Bey Hanı,** begrenzt. Dahinter schließt sich der überdachte Basar an, der **Karanlık Bedesten** aus dem 15. Jh., in dem u. a. ein Antikmarkt untergebracht ist.

Das nahe gelegene **Kastamonu Museum** (Di–So 8.30–17 Uhr) zeigt ein Sammelsurium antiker Funde aus der Region. Das **Ethnografische Museum** im Livapaşa Konağı etwas weiter nördlich (Di–So 8.30–17 Uhr) präsentiert anschaulich aufbereitet alttürkische Kunst und Handwerkstechniken.

Altstadtbezirk

Zu beiden Seiten des Gökırmak steigen die Stadtviertel terrassenförmig an den Hängen hinauf, in denen alte Wohnhäuser aus osmanischer Zeit mit verzierten Erkern und den typischen flach geneigten Dächern das Bild prägen. Sehenswert ist der unterhalb der Burg gelegene Altstadtbezirk mit der äl-

Das alttürkische Wohnhaus

Nomadische Herkunft und islamische Tradition haben die Entwicklung des alttürkischen Hausbaus entscheidend geprägt. Als Baumaterial diente vorwiegend Holz, das vor allem für die waldreichen Randgebirge Anatoliens und die Küsten charakteristisch ist. In Mittelanatolien wurden die Häuser aus Lehmziegeln oder in gemischter Bauweise errichtet, nur die Paschas errichteten sich Bauten aus Stein.

Das türkische Haus war meist einstöckig. Im Erdgeschoss waren Wirtschaftsräume und die Küche untergebracht, das private Leben spielte sich in den Gemächern des Obergeschosses ab. Das abweisend gestaltete schmucklose Putzmauerwerk an den Außenwänden des Erdgeschosses spiegelt den für islamische Gesellschaften typischen Gegensatz von innen und außen, von privatem und öffentlichem Leben wider.

Ein wesentliches Merkmal war die Trennung des Frauenbereichs von den Männerräumen. Selbst kleinere Häuser, die aus nur zwei Zimmern bestanden, waren in die Bereiche von *haremlik* und *selamlık* getrennt. Der Hausherr betrat nur zum Schlafen den Harem, während Essen und Empfänge stets im Selamlık, den ›öffentlichen‹ Räumen, stattfanden. Diese beiden Bereiche waren durch den *sofa,* ähnlich einer Wohndiele, getrennt. Im Laufe der Zeit entwickelte sich dieser Raum zum bevorzugten Wohnraum. Der Sofa öffnete sich zum Garten, war z. T. als Loggia gestaltet und für die Frauen, die die meiste Zeit im Haus verbrachten, der bevorzugte Raum. Durch seine offene Lage war er auch meist der kühlste Raum.

Das Zimmer als räumliche Einheit unterschied sich in seiner Funktion und Gestaltung erheblich von westlichen Vorstellungen. Eine Aufteilung nach Wohn-, Schlaf- oder Esszimmer gab es nicht. Die Zimmer waren Mehrzweckräume und stets mit wenigen Handgriffen veränderbar. Tische und Stühle gab es in der Regel nicht, stattdessen eine meist L-förmige Sitzbank *(sedir)* unterhalb der Fensterreihe, die mit weichen Teppichen und Kissen gepolstert war. Vor die fensterlosen Wände baute man offene Regale oder Nischen mit Einbauschränken, in denen die Betten und Kissen für die Nacht verstaut wurden. Zum Esszimmer verwandelte sich der Raum, indem ein großes Messing- oder Kupfertablett auf einen Ständer gestellt wurde, um den herum man – am Boden auf Kissen sitzend – Platz nahm.

Ein weiteres Merkmal des türkischen Hauses ist der vorspringende Erker, der das Straßenbild vieler alter Wohnviertel bestimmt. Die vergrößerte Fensterfront bot mehr Licht und ermöglichte es den Frauen, das Geschehen auf der Straße mitzuverfolgen. Das obligatorische Holzgitter verwehrte jedoch den Blick ins Rauminnere. Die äußere Schlichtheit der Häuser kontrastiert mit der besonderen Ausgestaltung der Innenräume. Deckenverzierungen, Oberfenster, Kaminabzüge und die mit Einlegearbeiten versehenen Wandschränke gehörten zu den Kostbarkeiten türkischer Holzschnitzkunst.

testen Moschee der Stadt: Die **Atabey Camii** von 1273 gehört zu den wenigen erhaltenen Holzsäulenmoscheen in Anatolien (s. S. 375). Im Inneren steht die Türbe des Stifters Cobanoğlu Atabey.

Der Moscheebezirk der **Yakub Ağa Külliyesi,** ebenfalls im Gassengewirr, wurde 1547 von einem Küchenmeister Süleymans des Prächtigen gestiftet. Die Anlage umfasst eine Kuppelmoschee mit einem ornamentierten Portal mit kunstvoll geschnitzten Türen und eine große Medrese.

Ein Jahrhundert älter ist die **İsmail Bey Külliye** am östlichen Ortsausgang. Sie wurde 1454 von İsmail Bey (1443–61) gestiftet, dem letzten Herrscher der İsfendiyaroğulları-Dynastie, die das Gebiet zwischen Safranbolu und Kastamonu beherrschte.

Die Reste der **Festung**, die das Fürstengeschlecht der Komnenen, eine byzantinische Kaiserdynastie des 12. Jh., errichten ließ, liegen auf dem 110 m hohen Felssporn im Süden. Größere Partien der inneren Burg und der stattlichen Mauern mit einst 14 Wehrtürmen sind noch erhalten. Der großartige Ausblick auf die Stadt im Tal lohnt den Aufstieg.

Umgebung von Kastamonu

Etwa 40 km südlich von Kastamonu liegt der dichtbewaldete Gebirgszug des **Ilgaz Dağları,** ein beliebtes Skigebiet mit guten Übernachtungsmöglichkeiten. Im Sommer lädt die klare Luft in einer bezaubernden Bergwelt mit reicher Flora und Fauna zu ausgedehnten Wanderungen ein. Seit einigen Jahren ist das Gebiet des Ilgaz als Nationalpark ausgewiesen. Auf den Hochalmen nördlich von Araç und bei Daday im Dorf Çömlekciler kann man Pferde mieten und geführte Ausritte unternehmen. Das Dorf selbst besitzt noch viele alttürkische Häuser und Bauernhöfe.

Im Dorf **Kasaba Köy,** 18 km nordwestlich von Kastamonu in Richtung Daday, steht ein Juwel seldschukischer Holzbaukunst: Die 1366 erbaute Mahmut Bey Camii gilt als eine der schönsten Holzsäulenmoscheen Anatoliens. Vier Säulen mit gewaltigen Architraven tragen die Decke und die mächtige Empore über dem Eingang. Reste von Ausmalungen sind noch im Originalzustand erhalten. Besonders kunstvoll ist die filigran geschnitzte Tür mit Blatt- und Rankenornamenten.

Bei dem Dorf **Donalar,** das man über eine Straßenabzweigung bei Taşköprü erreicht, liegt das phrygische Felsengrab von **Kalekapı** mit einer beeindruckenden Giebelhausfasssade. Vorgebaute Säulen und Ornamente teils aus persischer, teils aus griechischer Zeit, mit Fabelwesen und einem Doppeladler schmücken die reich gegliederte Fassade. Sie wird in das 5. Jh. v. Chr. datiert. Auf dem Weg dorthin durchfährt man typische Dörfer des Pontischen Berglandes mit beachtenswerten Fachwerkhäusern.

Die **İlgarini Mağarası** bei Pinarbaşı ist eine der größten Höhlen der Türkei. Man erreicht sie nach einem ca. 90-minütigen Fußmarsch durch ein ausgedehntes Waldgebiet. Für Höhlenfreunde ein besonderes Erlebnis.

Infos

Info-Büro: Kültür Müdürlügü, Tel. 0366 214 22 18, www.kastamonukultur.gov.tr.

Übernachten

Business-Klasse – **Mütevelli:** Cumhuriyet Cad. 46, im Zentrum, Tel. 0366 212 20 20, www.mutevelli.com.tr. Neueres 3-Sterne-Hotel, moderne Mittelklasse, sehr ordentliche Zimmer, gutes Restaurant. DZ/F um 200 TL.

Charmant – **Osmalı Sarayı Oteli:** Belediye Cad. 81, Tel. 0366 214 84 08, ottomanpalace.awardspace.com. Stilvolle Unterkunft im alten osmanischen Rathaus, die Zimmer mit viel Holz und Antiquitäten eingerichtet. DZ/F um 180 TL.

Budget – **Selvi Otel:** Banka Sok. 10, Tel. 0366 214 17 63. Einfaches Hotel in einer Seitengasse der Cumhuriyet Cad. nahe dem Zentrum, mit großen Zimmern, nicht alle mit Bad. DZ/F 80 TL.

Essen & Trinken

An der Durchgangsstraße Cumhuriyet Cad. gibt es einfache Lokanta. *Etli Ekmek,* die Spezialität von Kastamonu, ist mit Hackfleisch

gefüllter Pide-Teig, im Ofen gebacken. Am **Saat Kulesi,** dem Uhrturm im Südosten des Zentrums, gibt es ein **Café** mit schöner Aussicht über die Altstadt.
In der Medrese – **Münire Sultan Sofrası:** Mehmet Feyzi Efendi Cad., Tel. 0366 214 96 66, www.muniresultansofrasi.com. Ein nettes Lokal in einer ehemaligen Medrese der Nasrullah Camii, traditionelle Küche vom Grill und aus der Schmorwanne. Kein Alkohol.
Im Hamam – **Frenkşah Sultan Sofrası:** Nasrullah Meyd. 12, Tel. 0366 212 19 05. Das Lokal in einem Hamam der Seldschukenzeit serviert hauptsächlich *Etli Ekmek* in verschiedenen Varianten.

Einkaufen

Märkte – Traditioneller **Bauernmarkt** Di, Mi und Sa beim Rathaus (Belediye). **Kunsthandwerksmarkt** (Münire Medresesi El Sanatları Çarşısı:) in der Münire Medresesi.

Aktiv

Türkisches Bad – **Araba Pazarı Hamamı:** Nahe Hotel Osmanlı Saray, Belediye Cad. Historisches Doppelhamam, für Frauen nur bis 18 Uhr.

Verkehr

Busstation an der Yalcın Cad. am Gökırmak in Richtung İnebolu. Mehrmals tgl. Verbindungen nach Ankara, Samsun, Sinop, Karabük (Safranbolu).

Zwischen Amasra und İnebolu

Die Küstenstraße am Schwarzen Meer zwischen İnebolu und Cide im Westen ist von einmaliger Schönheit. Sie führt teils direkt am Meer entlang, teils in wilden Kurven an den grün bewaldeten Hängen und kurzzeitig auch ins Hinterland und ist über viele Kilometer völlig abgeschieden. Reizvoll sind die langen Strände und versteckten Buchten.

Ein besonders schöner Platz ist die geschützte, beinahe kreisrunde Bucht des antiken **Gideros** westlich von **Cide** ▶ H 1. Dies ist ein kleiner Ort mit einem Fischerhafen, etwas Strand sowie sehr einfachen Übernachtungsmöglichkeiten und Restaurants, etwa 90 km westlich von İnebolu.

Noch weiter westlich an der Küste bis Amasra sind vor allem **Kurucaşile** und **Çakraz** beschauliche Badeorte mit kleinen, meist spartanischen Pensionen.

Übernachten

Familiär – **Yalı Otel:** Liman Yolu, Cide, Tel. 0366 866 20 87, www.yaliotel.com. Kleines familiäres Haus zwischen Strand und Hafen. Einfache Zimmer mit viel Holz, AC und Kühlschrank. DZ/F um 100 TL.

İnebolu ▶ J 1

Die Stadt mit ca. 11 000 Einwohnern ist ein typischer Schwarzmeerhafen mit vielen für die Pontos-Region typischen Holzhäusern, die noch ihre griechische Herkunft verraten. Die historisch bedeutenden Bauten, die Eski Cami, die Yeni Cami, die Küçük Cami und das alte Christenviertel mit den Ruinen einer Kirche, liegen in der Altstadt.

Östlich von İnebolu erstrecken sich weite Strände, die aber oft nicht besonders sauber und einladend sind. Aber immerhin bilden zum Beispiel die Ferienanlagen bei **Abana** ein Zeichen für einen aufstrebenden Sommertourismus.

Übernachten

İnebolu ist meist nur eine Durchgangsetappe. Nahebei am Meer:
Einfach am Strand – **Yakamoz Tatil Köyü:** İsmetpaşa Cad., am Strand westlich, Tel./Fax 0366 811 31 00, www.yakamoztatilkoyu.com.tr. Die größte Ferienanlage des Ortes liegt direkt am Meer. Einfache Motelzimmer (DZ/F 110 TL) und Holzbungalows (2 Pers. 85 TL).
In Abana – **Saraçoğlu:** Abana, Cevizlik Sok. 3/A, Tel. 0366 564 26 75, www.otelsaracoglu.com. Ordentliches Hotel der unteren Mittelklasse gegenüber der Moschee am Hauptplatz der Strandsiedlung Abana. Einfache Zimmer mit AC und TV. DZ/F um 100 TL.

Essen & Trinken

Spezialität der Schwarzmeerküste sind die silbrigen *hamsi*-Fischchen, eine Sardellenart; oft werden Haselnüsse verwendet, zum Beispiel mit Milchreis. Gute Restaurants: **Liman Lokantası** am Hafen, auch Fisch; ähnlich **Şehir Lokantası** im Zentrum zwischen Meer und Atatürk-Statue.

Verkehr

Gute **Busverbindung** mit Kastamonu und Ankara, nach Sinop und Cide an der Schwarzmeerküste per **Minibus.**

Sinop ▶ K 1

Cityplan: S. 438

Das antike Sinope war von alters her ein bedeutender und sicherer Naturhafen sowie Endpunkt wichtiger Karawanenstraßen aus Inneranatolien und dem Zweistromland. Als älteste griechische Kolonie im 6. Jh. v. Chr. gegründet, hatte sie die führende Stellung unter den griechischen Schwarzmeerkolonien. Von hier aus wurden die Buchten von Samsun (Amisos) und Trabzon (Trapezos) besiedelt. Der berühmte Philosoph Diogenes (der in der Tonne) wurde hier 413 v. Chr. geboren. Im 1. Jh. v. Chr. machte der ebenfalls hier geborene Mithradates VI. Sinop zur Hauptstadt des Königreiches Pontos. Unter römischer Herrschaft gedieh die neu aufgebaute Colonia Julia Felix Sinope zur blühenden Handelsstadt.

Byzantiner, Seldschuken, die Emire von Kastamonu, schließlich genuesische Kaufleute und seit 1458 die Osmanen unter Mehmet II. Fatih bemächtigten sich des einträglichen Handelsplatzes. In osmanischer Zeit nahm allmählich Samsun die privilegierte Stellung im Schwarzmeerhandel ein. 1853 rückte der Name der Stadt noch einmal ins Bewusstsein des Abendlandes, als eine russische Flotte die Stadt und die im Hafen ankernde türkische Kriegsflotte zerstörte. Dieser Angriff löste den Krimkrieg (1853–56) aus. Heute ist Sinop eine eher verträumte kleine Provinzhauptstadt mit 38 000 Einwohnern, die mit ihrem gut geschützten Hafen reizvoll am Ansatz der Halbinsel Boztepe liegt. Sie lebt vom Fischfang, vom Kleinhandel und zunehmend vom Tourismus.

DIE KÜSTE DES SCHWARZEN MEERES

Der Abstecher von İnebolu bis Cide führt entlang einer noch sehr wenig erschlossenen Badeküste. Landschaftliche Reize und alttürkische Dörfer neben antiken Ruinen sind zu entdecken. In den Badebuchten gibt es meist nur einfache Pensionen, und außerhalb der Hochsaison sind die Strände auch noch still und leer.

Unter dem Seldschukensultan Alaeddin Keykubat I. wurde Sinop mit mächtigen **Festungsmauern** gesichert. Über Teile dieser Wälle kann man heute noch gehen und dabei Stadt, Meer und das nahe Küstengebirge überblicken. Landseitig an der Busstation liegt links das **Kumkapı** 1 **,** eines der früheren sieben Stadttore.

Zur rechten Seite ist das **Tarihi Cezaevi** 2 zu besichtigen, das alte Gefängnis (Di–So 9–18 Uhr). Das verschachtelte Gemäuer integriert Festungsmauern der griechischen Pontos-Könige, die an typisch hellenistischen Quadersteinen zu erkennen sind.

Auch den Hafen schützte ein heute malerisch überwachsener Turm, **Sinop Kalesi** 3 genannt. Der Aufstieg (zum Café Burç) lohnt wegen des großartigen Blicks über Hinterland und Hafen.

Hauptmoschee der Stadt ist die unter Alaeddin Keykubat um 1214 erbaute **Büyük**

Sinop

Sehenswert
1 Kumkapı
2 Tarihi Cezaevi
3 Sinop Kalesi
4 Büyük Cami
5 Süleyman Pervane Medresesi
6 Sinop Müzesi / Serapis-Tempel
7 Etnografya Müzesi
8 Balatlar Kilise

Übernachten
1 Zinos Country Hotel
2 Sinop Antik Otel
3 Diyojen Oteli
4 Otel 57

Essen & Trinken
1 Saray Restaurant
2 Kule Restaurant
3 Ayışığı Restaurant

Einkaufen
1 Ayhan's Boat Shop

Abends & Nachts
1 Burç Cafe
2 Liman Cafe

Aktiv
1 Aşağı Hamamı
2 Sinope Tours

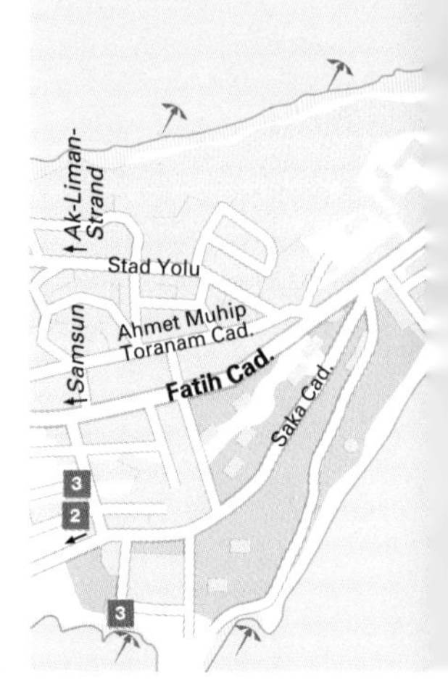

Cami 4. Gegenüber liegt die **Süleyman Pervane Medresesi** 5 (Alaiye Medresesi), die 1262 als Hochschule im klassischen Stil mit Zellen um einen rechteckigen Innenhof und zwei Eyvanen angelegt wurde.

Das **Sinop Müzesi** 6 am Marinepark (Di–So 8.30–17.30 Uhr) beherbergt Funde aus griechisch-römischer Zeit, darunter Bodenmosaike und eine Skulpturengruppe mit zwei Löwen, die eine Stute schlagen. Im Garten des Museums liegen die Fundamente eines **Serapis-Tempels** aus dem 2. Jh. v. Chr. Verehrt wurde dort ein Gott, den die hellenistischen Griechen aus Ägypten importiert hatten und der in römischer Zeit vor allem unter den Seeleuten große Popularität genoss.

Ein weiteres Museum, das **Etnografya Müzesi** 7, zeigt türkische Interieurs mit lebensgroßen Puppen, Handwerkszeug und eine bedeutende Ikonen-Ausstellung. An die frühere griechische Bevölkerung der Stadt, die ihre Heimat beim großen ›Bevölkerungsaustausch‹ 1923 aufgeben musste, erinnert die verfallene **Balatlar Kilise** 8 auf dem Platz eines antiken Tempels.

Die östliche Küste der **Halbinsel Boztepe** säumen lange Sandstrände, die von der Stadt leicht zu erreichen sind. Besonders zu empfehlen ist der **Karakum Plaj** mit einer guten touristischen Infrastruktur.

ENTDECKUNGSTOUREN

Organisierte Touren in die noch unbekannte Bergwelt der Küre Dağları, des Küstengebirges am Schwarzen Meer, bietet Sinope Tours: zu Wasserfällen, Bergschluchten, ursprünglichen Dörfern, alten Moscheen.
Sinope Tours 2: Adem Tahtacı, Kıbrıs Cad. 3, Tel. 0368 261 79 00, Fax 0368 261 08 10, www. sinopetours.com (auch auf Deutsch).

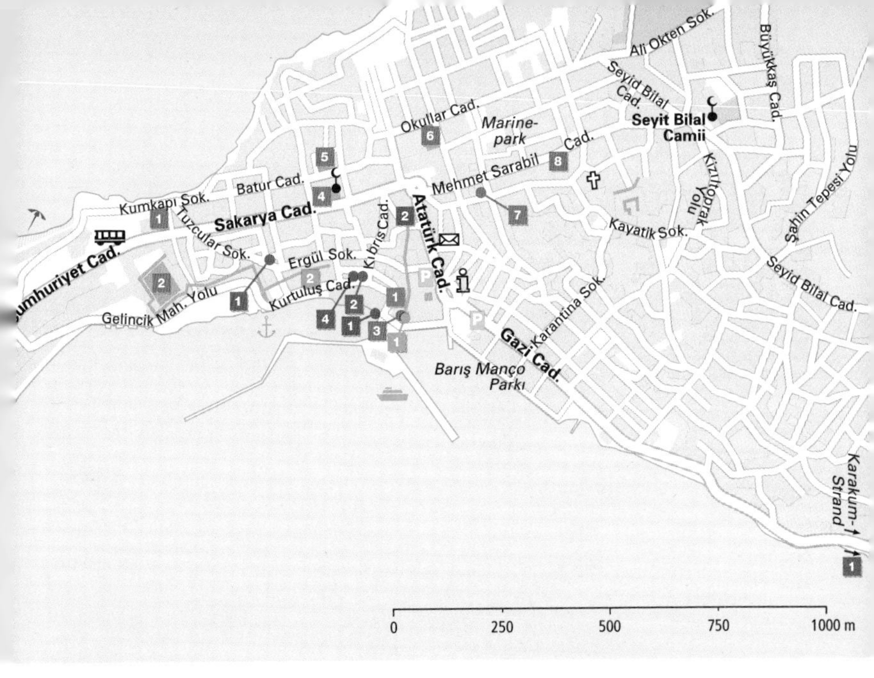

Infos

Info-Kiosk im Park am Meer beim Hotel Melia Kasim, im Sommer tgl. 10–19 Uhr, www.sinopkulturturizm.gov.tr (nur türk.).

Übernachten

Fachwerkidylle – **Zinos Country Hotel** **1**: Enver Bahadır Yolu 75, Karakum Plaj (3 km), Tel. 0368 260 56 00, www.zinoshotel.com.tr. Ein neugebautes Boutique-Hotel im Safranbolu-Stil mit vielen Country-Elementen. Aber moderne Zimmer mit Holzböden und türkischen Teppichen. DZ/F 250 TL.

Sandstrand – **Sinop Antik Otel** **2**: Saka Cad., Dalyan Sit. 33, Tel. 0368 261 25 26, www.sinopantikotel.com.tr. Historisches Ambiente direkt an schön sandigem Strandabschnitt, ordentliche Zimmer, gutes Restaurant, sogar ein Museum gibt's. DZ/F um 200 TL.

Strandhotel – **Diyojen Oteli** **3**: Korucuk Köyü, Babacan Yolu, DSI yanı, Tel. 0368 261 88 22, www.oteldiyojen.com. Einfaches, aber idyllisch gelegenes 2-Sterne-Hotel direkt am Badestrand von Korucuk (3,5 km südlich), mit Pool und Buffetmahlzeiten. Helle, ordentliche Zimer mit Meerblick. Der Name spricht sich übrigens ›dioschén‹ und meint den Philosophen Diogenes. DZ/F um 150 TL.

In der Altstadt – **Otel 57** **4**: Kurtuluş Cad. 29, Tel, 0368 261 54 62, www.otel57.com. Untere, renovierte Mittelklasse, zentral in der Altstadt, aber doch in Hafennähe. Einfache Zimmer mit Bad und AC. DZ/F um 120 TL.

Essen & Trinken

Der Hafen und die Strandpromenade in Richtung Karakum sind besondere Treffpunkte. Gute Auswahl im Hafenviertel, etwa

Fisch und mehr – **Saray Restaurant** **1**: İskele Cad. 18, Tel. 0368 261 17 29, www.sarayrestaurant.com.tr. Beliebtes Lokal am Hafen mit einer Terrasse am Meer, spezialisiert auf Fisch und Meeresfrüchte.

Kebabs – **Kule Restaurant** **2**: Atatürk Cad., Tel. 0368 260 28 28. Wenn's an regnerischen Tagen am Hafen zu ungemütlich ist, kann man hier zwischen Altstadt und dem modernen Verwaltungstrakt gute Kebaps bekommen.

Lauschig am Strand – **Ayışığı Restaurant** **3**: Gelincik Mah., Ordu Cad. 21, Tel. 0368 261 66 77. Lauschiges Strandrestaurant

Die Festungsmauern von Sinop beim Kumkapı

(mit Hotel) auf einem Felskap am südlichen Stadtstrand. Großes Mezeler-Buffet, Fisch und Fleisch vom Grill, Sa/So mit türkischer Livemusik und Party.

Einkaufen

Für Schiffsfans – **Ayhan's Boat Shop** 1 : İskele Cad. 3. Ein ganzer Laden vollgestopft mit Schiffsmodellen aller Art.

Abends & Nachts

Blick aus dem Turm – **Burç Cafe** 1 (Sinop Kalesi, Tersane Cad.) Die Bar auf dem Turm am Hafen ist abends romantisch illuminiert und bietet einen schönen Panoramablick, mitunter bei Livemusik, sonst zu Türkpop.

Hafenkneipe – **Liman Cafe** 2 : Kurtuluş Cad. Nette Hafenkneipe mit großer Terrasse und Blick auf die Fischerboote.

Aktiv

Türkisches Bad – **Aşağı Hamamı** 1 : Tuzcular Sok., Männer tgl. 8–21 Uhr, Frauen 8–20 Uhr. Ein traditionelles türkisches Bad.

Verkehr

Busstation (auch Dolmuş) vor der Stadtmauer im Süden, regelmäßig Verbindung entlang der Küste (Samsun, İnebolu) und nach Ankara und İstanbul.

Samsun ▶L 1

Die Straße nach Osten in Richtung Samsun berührt die Ortschaften **Gerze** und **Yakakent,** Fischerorte mit sauberen Sandstränden, kleineren Hotels, Campingplätzen und Restaurants.

Weiter östlich liegt **Bafra** etwas landeinwärts im Mündungsdelta des Kızılırmak, ein Zentrum des Tabakanbaus und der Verarbeitung von Kaviar. Ein Moscheenkomplex aus dem 15. Jh., ein Bad aus dem 13. Jh. und ein kleines Museum laden zu einem kurzen Aufenthalt ein.

Samsun ist der bedeutendste Hafen- und Handelsplatz an der türkischen Schwarzmeerküste. Die Provinzhauptstadt mit ca.

600 000 Einwohnern hat sich schnell zu einer der modernsten Städte der Türkei entwickelt. Die Tabakproduktion und -veredelung ist der wichtigste Wirtschaftszweig, aber auch Getreide, Haselnüsse, Mais und Baumwolle werden exportiert. Daneben haben sich Düngemittelfabriken angesiedelt und Kupfergießereien, die den Rohstoff aus dem Pontischen Gebirge verarbeiten.

Im 6. Jh. v. Chr. gründeten Mileter von Sinop 3 km nordwestlich der heutigen Stadt die Kolonie Amisos, die zeitweise Regierungssitz der Könige von Pontos war. Ihrer günstigen Lage zwischen den Mündungsebenen des Kızılırmak und des Yeşilırmak sowie der idealen Verkehrsanbindung an das zentrale Hochland verdankte die Stadt seit der seldschukischen Herrschaft (13. Jh.) den wirtschaftlichen Aufschwung, mit dem sie Sinop bald den Rang ablief.

Im 14. Jh. erwarben die Genuesen den Ort und bauten ihn zum mächtigsten Handelszentrum der Schwarzmeerküste aus. 1425 besetzten die Osmanen unter Mehmet II. die Stadt, nachdem sie von den Genuesen aufgegeben und völlig niedergebrannt worden war. Bedeutung für die neuere türkische Geschichte erlangte Samsun durch die Landung Mustafa Kemals (später Atatürk) am 19. Mai 1919, der von hier aus seinen erfolgreichen Widerstand gegen die Siegermächte des Ersten Weltkriegs begann.

Aus dem 14. Jh. stammt die **Pazar Camii** (Yalı Camii), die ehemalige Hauptmoschee im Marktviertel. Fundstücke aus dem antiken Amisos und eine ethnografische Sammlung zeigt das **Samsun Müzesi** (Di–So 8–12, 13.30–17.30 Uhr). Das monumentale **Atatürk-Standbild** in der Grünanlage am Cumhuriyet Meydanı ist das größte der Türkei. Im ehemaligen Manikata Palas Hotel, in dem Atatürk den Aufstand gegen Sultan und Westmächte plante, ist heute das **Gazi Müzesi** untergebracht, das die Ereignisse ziemlich martialisch darstellt.

Infos

Info-Kiosk: Cumhuriyet Meyd., im Park, Tel. 0362 431 12 28, www.samsunkultur.gov.tr.

Übernachten

Modern und schick – **Samsun Şahin Hotel:** Agabalı Cad. 6, Tel. 0362 432 16 01, www.booking.com. Superschickes Hotel im Zentrum, Luxusbäder, die Superiorzimmer mit Spiegeln über dem Bett. Mit modernem Restaurant. DZ/F ab 170 TL.

Mittelklasse – **Gold Hotel:** Mevlevihane Cad., Orhaniye Gecidi 4, Tel. 0362 431 19 59, www.otelgold.com. Zentrales Stadthotel, renovierte Zimmer, der Wirt spricht sogar etwas Deutsch. DZ/ 130 TL.

Budget – **Otel Cem:** Necipbey Cad. 33, Tel./Fax 0362 431 15 88. Kleineres Hochhaushotel nahe dem Uhrturm, Mittelklasse-Niveau, mit angenehmer Dachterrasse. DZ/F um 110 TL.

Essen & Trinken

Alteingesessene Lokale finden sich an der Kazimpaşa Caddesi beim Basargelände, moderne entlang der Cumhuriyet Caddesi.

Alles Fisch – **İtimat Balık Lokantası,** Cumhuriyet Cad. 66, Tel. 0362 420 05 24. Gutes Fischrestaurant an der Hauptgeschäftsstraße beim Atatürk-Park. Hauptgerichte ab 20 TL.

Schwarzmeer-Spezialitäten – **Oscar Restaurant:** Belediye Meyd. 5, Tel. 0362 431 20 40. Gepflegtes Restaurant mit typischer Schwarzmeerküche. Hauptgerichte ab 18 TL.

Traditionsküche – **Cumhuriyet Lokantası:** Şeyh Hamza Sok. 3, nahe Saathane Meydanı, Tel. 0362 431 21 65. Ordentlich Grillgerichte, aber auch auch Schmorgerichte in vielerlei Auswahl. Hauptgerichte um 16 TL.

Einkaufen

Hauptgeschäftsstraße ist die İstiklal Caddesi.

Stöbern – Sehenswert ist der **Basar** rund um die Pazar Camii westlich vom Konak (Cumhuriyet Meydanı).

Termine

Stadtfest zum 19. Mai, dem Samsun-Tag; **Volkstanzfestival** 15.–30. Juli.

Verkehr

Busstation etwa 2 km außerhalb an der Küstenstraße (dorthin Stadtbusse). **Dolmuş-Station** am Kapalı Spor Salonu.

Von Ankara nach Sivas

Östlich von Ankara kommt man nach Überqueren des Kızılırmak ins Kerngebiet des bronzezeitlichen Reichs der Hethither, deren alte Hauptstadt Hattuscha eine der bedeutendsten antiken Stätten der Türkei ist. Großartige Bauten aus osmanischer und seldschukischer Zeit sind in in Amasya, Tokat und Sivas zu sehen, wo Anatolien endet und in das osttürkische Hochgebirge übergeht.

Man verlässt Ankara auf der Hauptstraße nach Samsun mit Blick auf den Höhenzug des Elma Dağı (1862 m) und den Hüseyingazi Dağı (1988 m). Das zunehmend kahler werdende Hochland fasziniert durch ein stets wechselndes Formen- und Farbenspiel der Natur: schwarze Basaltberge am Kızılırmak, stark erodierte rote Tuffsteinformationen bei Delice oder weiße Salzflöze vor Sungurlu.

Hattuscha (Hattuşaş) ▸K 4

Karte: S. 445

Geöffnet tgl. 8.30 Uhr bis eine Stunde vor Sonnenuntergang, die Tickets (8 TL) gelten auch für Yazılıkaya. Die zahlreichen Führer (für ›Taxitouren‹ etc.) sind vor allem auf Nepp aus, das Gelände lässt sich leicht zu Fuß erwandern. Zur Vorbereitung ist das neu gestaltete Museum im Ort hilfreich, man besucht es daher besser vorher (9–12 und 13–18/19 Uhr, Eintritt frei).

Bei der Anfahrt ins ca. 950 m hoch gelegene **Boğazkale** (früher Boğazköy, 2000 Einwohner) erblickt man schon von Weitem einen Bergstock, der an die Cavea eines riesigen Theaters erinnert. Hier lag Hattuscha, die alte Hauptstadt der Hethiter. Dieses Gebiet muss einst sehr wald- und wasserreich gewesen sein, denn allein im Stadtgebiet von Hattuscha befinden sich noch sieben Quellen.

Das Hanggelände, über das sich die Ruinen verteilen, ist durch einige Felskuppen, sanfte Hänge und wasserreiche Senken deutlich gegliedert. Es erstreckt sich vom Großen Tempel (950 m) bis zum Sphingentor (Yerkapı), dem höchsten Punkt der Stadtanlage (1242 m). Eine Sonderstellung nimmt der Burgberg Büyükkale (1128 m) ein, der als einzeln stehendes Felsplateau von der Stadt deutlich abgetrennt ist. Jenseits dieser Schlucht liegt die Felskuppe Büyükkaya, die von einer kleinen Siedlung bekrönt und früher durch eine Brücke mit der Stadt verbunden war.

Die Unterstadt

Kurz vor dem Eingang mit der Kasse wurde 2005 ein 65 m langes Teilstück der **Stadtmauer** 1 unter Mitarbeit deutscher Archäologen wieder aufgebaut: drei 8 m hohe Mauerabschnitte mit zwei bis 13 m hohen Türmen, nach altem Verfahren und auch mit den originären Materialien. Aus Tonerde wurden allein 64 000 ungebrannte Lehmziegel hergestellt. So kann jeder Besucher die gewaltige Machtpräsenz der Hauptstadt der Hethiter wieder erahnen.

Der Komplex des **Großen Tempels** 2 direkt hinter der Kasse umfasst neben dem heiligen Bezirk große Magazinareale, die durch eine breite Straße in einen nördlichen und einen südlichen Teil untergliedert sind. Das Heiligtum selbst hat eine Grundfläche von 42 x 65 m und besteht aus einem umbauten Innenhof und einem nördlichen Anbau mit den eigentlichen Kulträumen. Es wurde in der ersten Hälfte des 13. Jh. unter Hattusili III. (1275–50 v. Chr.) errichtet und war dem höchsten Götterpaar der Hethiter, dem Wettergott von Hatti (Teschup oder Tarhunna) und der Sonnengöttin von Arinna (Hepat), geweiht. Über dem Steinsockel erhob sich eine Fachwerkkonstruktion, die mit einer flachen Decke aus Holz und Lehm abgeschlossen wurde. Die Wände waren verputzt und wohl auch bemalt.

Die Magazine, die bis zu drei Stockwerke erreichten, bildeten gleichsam eine Umfriedung des Heiligtums. Das Areal südlich der großen Pflasterstraße war durch eine Umfassungsmauer von den übrigen Teilen gänzlich abgetrennt. Den einzigen Zugang bildete ein Tor auf der Nordseite. Bis heute ungeklärt ist die Bedeutung des fast würfelförmigen grünen Steins aus Nephritit, der in einem der Magazinräume liegt.

Auf der Hangseite des Büyükkaya (›Großer Felsen‹), östlich des Haupttores, befindet

Blick durch ein Stadttor von Hattuscha

sich ein Gebäude aus dem 13. Jh. v. Chr., das **›Haus am Hang‹** genannt wird. Die Funktion dieser fast quadratischen Anlage (32 x 36 m) ist noch nicht geklärt, die exponierte Lage am Weg von der Königsburg zum Tempel lässt aber auf eine kultische Bedeutung schließen.

Die Königsburg 3

Die heutigen sichtbaren Reste der Königsburg, **Büyükkale** (›Große Burg‹) genannt, stammen aus der hethitischen Großreichszeit unter Hattusili III. (1275–50 v. Chr.) und Tuthaliya IV. (1250–20 v. Chr.). Durch Aufschüttungen und Terrassierung wurde ein Areal von 30 000 m² für die Gesamtanlage des Palastes geschaffen. Man betrat ihn durch die große Toranlage in der Südwestecke des Areals, die Teil einer den ganzen Berg umlaufenden Befestigung war.

Der Palast bildete einen von der übrigen Stadt abgetrennten Komplex. Zunächst betritt man den **Unteren Burghof.** An seiner gegenüberliegenden Seite führte ein weiteres monumentales Tor in den inneren Bereich. Von hier aus erschloss sich der gesamte Palastbezirk bis zum Oberen Burghof und zu allen Gebäuden, die an diesen Höfen lagen. Sie bildeten eine südwestlich-nordöstlich orientierte Achse, der alle Gebäude zugeordnet waren, umgeben von Pfeilerhallen. Die Gebäude um den **Mittleren Burghof** bildeten das ›Regierungszentrum‹ der Burg. Die Paläste im Bereich des **Oberen Burghofs,** die weitgehend verschwunden sind, waren Teil des privaten Wohnbereichs der hethitischen Könige. Das größte Bauwerk, das 39 x 48 m misst, wird für die **Audienzhalle** gehalten. Im Untergeschoss hat man eine Vielzahl gesiegelter Tonbullen und ca. 100 Abdrücke von Siegeln der Großkönige des 14. und 13. Jh. gefunden. Die **Staatskanzlei** befand sich an der Südwestseite des Hofes; in deren Obergeschoss war ein großes Tontafelarchiv sowie Schreibstuben eingerichtet.

Die Oberstadt

Südlich der Büyükkale dehnt sich die Oberstadt aus, die vor allem durch die Bautätigkeit der letzten Großkönige des Hethiterreiches geprägt ist. Zwei **Viadukte** überquerten ein künstlich vertieftes Tal und verbanden die Burg mit der Oberstadt. Der links der Fahrstraße liegende Viadukt führt in seiner Verlängerung direkt zur Anlage von **Nişantepe 4 ,** dem ›Berg mit Zeichen‹. An der schrägen Felswand der flachen Felskuppe wurde eine hethitische Hieroglypheninschrift eingemeißelt. Als Verfasser wird Suppiluliuma II. genannt, über dessen Namenszeichen eine geflügelte Sonne sichtbar ist. Unmittelbar südlich der Felsinschrift führt eine breite Rampe durch einen Felsspalt hinauf zu einem weitläufigen Gebäude auf der Kuppe des Nişantepe. Die gesamte Anlage wird wohl kultische Funktion besessen haben.

Gegenüber liegt die **Südburg 5 ,** ein Kultbezirk, der aus einem künstlich angelegten **Heiligen Teich,** einer Staumauer mit zwei Kultkammern und einer Tempelanlage (Tempel 31) bestand. Der Teich umfasste eine Fläche von 6000 m² und war von flach geneigten, teilweise gepflasterten Böschungen eingefasst. An der Stirnseite der wieder aufgebauten **Hieroplyphenkammer** (Kammer 2) sieht man die Darstellung eines Sonnengottes mit langer Robe und runder Kappe unter einer Flügelsonne. Links des Eingangs das Relief eines bewaffneten Kriegers, die Namenskartusche gibt als Auftraggeber erneut Suppiluliuma II. an. Eine Hieroglypheninschrift auf der rechten Seite spricht von einem »göttlichen Steinpfad in den Untergrund«. Damit ist die Kammer selbst gemeint, die unter das Niveau des Sees reicht und mit dem Totenkult in Verbindung gebracht wird.

Die Stadtmauer

In der Großreichsphase des 13. Jh. v. Chr. wurde die **Stadtmauer** erweitert. Der gewaltige Mauerabschnitt, der im Bereich des Yerkapı seinen höchsten Punkt erreichte, fand im Westen beim Kızlarkaya und im Osten bei der Königsburg Anschluss an den schon bestehenden Mauerring der Altstadt. Die neue Mauer besaß fünf Tore, alle vom gleichen

Hattuscha

Sehenswert

1. Rekonstruierte Stadtmauer
2. Großer Tempel
3. Büyükkale (Königsburg)
4. Nişantepe
5. Südburg
6. Königstor
7. Sphinx-Tor
8. Löwentor
9. Yenice Kale
10. Sarı Kale

Übernachten

1. Aşikoğlu Hotel
2. Hattuşas Pension/ Hotel Baykal
3. Başkent Motel
4. Galata Çamlık Hotel

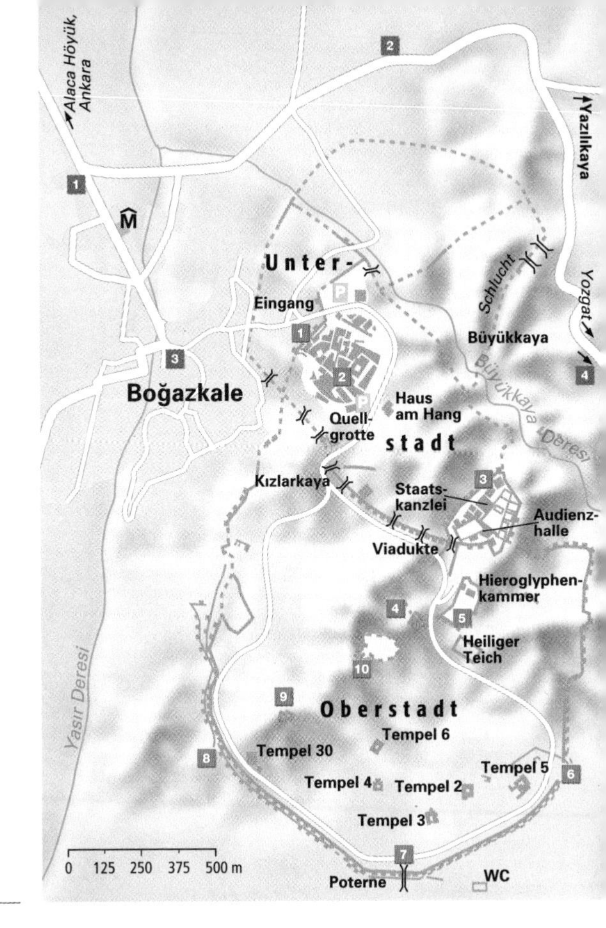

Bautypus: mächtige Türme flankierten den Vorplatz, die Öffnungen wurden von parabolisch zulaufenden Monolithen gebildet. Die Torkammern waren durch schwere, mit Metall beschlagene Holztüren verschließbar und durch Verschlussbalken gesichert. Auf der Höhe der Mauer lief ein mit Zinnen geschützter Wehrgang.

Kommt man den Fahrweg von Büyükkale herauf, trifft man zunächst auf das **Königstor** 6, dessen Bezeichnung auf einem Missverständnis beruht. 1907 deuteten die Ausgräber das Relief an der Innenseite des Tores (Original im Museum für altanatolische Zivilisationen in Ankara) als Gestalt eines Königs. Die überlebensgroße männliche Figur in der Tracht hethitischer Krieger – mit Dolch und Streitaxt bewaffnet – stellt jedoch einen Gott dar, zu erkennen an dem spitzgeformten Helm mit Stierhorn.

Die Ausdehnung der Stadt lässt sich von hier aus gut überblicken. Sie war von einem etwa 6 km langen Mauerring umgeben, der ein Areal von ungefähr 170 ha umfasste, was etwa der Größe des mittelalterlichen Nürnberg entspricht. Der am Königstor gelegene **Tempel 5** ist die zweitgrößte Kultanlage in Hattuscha. Im Gegensatz zu den anderen Tempeln der Oberstadt besaß er zwei Kulträume, jeweils einen an der Südost- bzw. der Nordostseite des Gebäudes. Offensichtlich war auch dieser Tempel den beiden Hauptgottheiten Teschup und Hepat geweiht.

Die Archive der Hethiter

Eine systematische Aufbewahrung von Urkunden ist ein Erfordernis jeder höheren Verwaltung. Alle Zentren des Alten Orients besaßen Archive, die in den Palästen als dem Sitz der Herrschenden und in Tempeln als dem Ort göttlichen Schutzes verwahrt wurden. In Hattuscha hat man mehrere große Archive gefunden, darunter auch die umfangreiche königliche Korrespondenz mit den Nachbarreichen.

Der Franzose Charles Texier berichtete 1839 in seinem berühmt gewordenen Buch »Description de l'Asie Mineure« von Ruinen bei Boğazköy und Yazılıkaya, doch historisch und archäologisch einordnen konnte er sie noch nicht. 1880 zeichnete Carl Humann, ein deutscher Straßenbauingenieur und begeisterter Hobby-Archäologe, den ersten Lageplan. Er stellte die Gipsabdrücke der Reliefs von Yazılıkaya her, die heute im Pergamonmuseum in Berlin zu sehen sind. Als man auch an anderen Orten Anatoliens vergleichbare Felsdenkmäler fand, wagte der englische Archäologe A. H. Sayce die These, dass sie alle zu einer Kultur gehören müssten, die in der Bibel ›hethitisch‹ genannt wurde. Dieser Name hat sich eingebürgert, obwohl später deutlich wurde, dass es sich um indogermanische Neueinwanderer handelte, die sich selbst als »Herren über das Land Hatti« bezeichneten – tatsächlich bewahrten sie in ihrer Kultur weitgehend die Traditionen der hattischen und hurritischen Urbevölkerung.

Erste systematische Ausgrabungen in Hattuscha führten 1906 zur Entdeckung des zentralen Archivs der Stadt, das ca. 2600 Keilschrifttafeln enthielt, die in akkadischer Sprache verfasst waren. Bis heute sind drei königliche Archive auf dem Büyükkale, eines im Westbau beim Nişantepe, eines in den Magazinräumen des Großen Tempels und mehrere kleine in den jüngeren Tempeln der Oberstadt entdeckt worden. Es handelt sich um Tontafeln, in die im feuchten Zustand Schriftzeichen gedrückt und die anschließend gebrannt wurden. Zur Beglaubigung verwendeten die Hethiter meist Stempelsiegel (während in den mesopotamischen Kulturen das Rollsiegel dominierte).

Bereits 1915 gelang es dem tschechischen Sprachforscher Bedrich Hrozny, die unbekannte Sprache zu entziffern, wodurch eine einzigartige historische Quelle erschlossen war – nämlich zeitgenössische Berichte des 2. vorchristlichen Jahrtausends. Bis dahin waren Ereignisse dieser Zeit in Kleinasien nur aus der griechischen Mythologie und ägyptischen Urkunden erschließbar. Die Auswertung der Staatsverträge, königlichen Testamente und Briefe, Tempelverzeichnisse und Verwaltungsvorschriften bis hin zu Geschichtsannalen und literarischen Zeugnissen ist jedoch bis heute nicht beendet. Jedoch konnten die Forscher bereits zahlreiche Querbezüge sowohl zu den ägyptischen als auch zu den griechischen Überlieferungen herstellen, von Ramses II. und Tutenchamun bis hin zu den Fürsten der Achijawa, bei denen es sich um die Achäer (Mykener) Griechenlands handelt. Auch Wilusa, das Ilion/Troia der homerischen Texte, wird erwähnt.

Das **Sphinx-Tor** 7 (Yerkapı) wurde nach den dort entdeckten Figuren benannt, die fast vollplastisch an der Innen- und Außenseite des Tores standen. Heute kann man nur noch die Sphinx am westlichen äußeren Türpfeiler sehen. Ein 250 m langer, an der Basis 80 m breiter Erdwall bildete die Grundlage der auf dem Kamm entlangführenden Mauer mit Vormauer und sechs Türmen. In der Mitte der Anlage, direkt unter dem Tor, verläuft durch den Erdwall hindurch eine Poterne als eine Art geheimes Ausfalltor. Drei große Monolithen schließen den Gang nach außen ab.

Die weite Senke der Oberstadt zur Südburg hin nahm ein ausgedehntes **Tempelviertel** ein. Bis heute hat man in diesem Areal 26 Tempelanlagen ausgegraben. Die sichtbaren Grundmauern stammen fast alle aus der Zeit des Großkönigs Tuthaliya IV. (1250–20 v. Chr.). Sein Ziel war es, die vielen über das Reich verstreuten Kultstätten mit einer ›Vertretung‹ in der Hauptstadt zu vereinigen. Alle diese Heiligtümer sind trotz unterschiedlicher Größe bemerkenswert einheitlich konzipiert. Allgemein verbindliche Baumerkmale waren der Innenhof und die von dort aus zugänglichen Kulträume mit der Cella, denen meist eine Pfeilerhalle vorgelegt war.

Direkt vor dem Yerkapı liegen die **Tempel 2, 3 und 4,** die zur älteren Bauphase der Oberstadt gehören. Sie fallen durch ihre isolierten Standorte auf höheren Kuppen, vor allem aber durch die massiven Mauersockel auf, die sehr sorgfältig gefügt sind, ganz im Gegensatz zu der lockeren Fundamentbauweise der jüngeren Tempel.

Im Südwesten der Befestigungsanlage liegt das **Löwentor** 8. Die Toröffnungen sind noch bis zu einer Höhe von ca. 3,5 m erhalten. Die Torkammer war an beiden Seiten mit zweiflügeligen Türen verschließbar. An den Außenseiten der gewaltigen Türpfeiler treten rechts und links monumental wirkende, im Detail sehr schön gestaltete Löwen hervor. Die muldenförmige Vertiefung zwischen ihren Vordertatzen war für Libationen (Trankopfer) gedacht.

Zwei natürliche Felsbastionen im flachen Gelände der Oberstadt trugen befestigte Burgen, **Yenice Kale** 9 (›Neuere Burg‹), ca. 150 m östlich des Löwentors, und **Sarı Kale** 10 (›Gelbe Burg‹) auf der Mitte zwischen Yenice Kale und der Südburg. Man stellt diese Anlagen in einen kultischen Zusammenhang mit dem Tempelviertel und vermutet in ihnen jene ›Felsgipfelhäuser‹, die in hethitischen Quellen genannt werden.

Hitit Yolu (Hethiter-Weg)

Seit 2011 gibt es den Hethiter-Weg, einen Langstreckenwanderweg über 135 km mit gelben Hinweisschildern mit Angaben zu Zielorten und Entfernungen. Er verbindet Hattuscha mit Yazılıkaya, Alaca Höyük und dem İncesu-Canyon (Info: www.hitityolu.com, bislang nur auf Türkisch).

Übernachten

Ordentliche Mittelklasse – **Aşikoğlu Hotel** 1**:** nahe am Museum, Tel. 0364 452 20 04, www.hattusas.com. Gut geführte Mittelklasse, hübsche Lobby im osmanischen Stil, ordentliche Zimmer; auch Camping-Möglichkeit. Das Hotel-Restaurant Ottoman gilt als bestes im Ort. DZ/F ab 100 TL.

Ruinen-Blick – **Başkent Motel** 2**:** Yazılıkaya Yolu, Tel. 0364 452 20 37, www.baskenthattusa.com. Jüngst renoviertes Hotel mit angeschlossenem Campingplatz auf halbem Weg nach Yazılıkaya. Moderne, helle Zimmer, schöner Blick von der Terrasse. Die Ruinen sind zu Fuß erreichbar, der Wirt spricht Deutsch. DZ/F um 100 TL.

Das Urgestein – **Hotel Baykal** 3**:** Boğazkale, Cumhuriyet Meyd. 22, Tel. 0364 452 20 13, www.booking.com. Nett und hilfsbereit geführtes Familienhotel im Dorf am Hauptplatz. Einfache Zimmer, günstige Preise. Angeschlossen ein Restaurant, das als eine Art Info-Büro fungiert. DZ/F um 80 TL.

... bei Yozgat

Ruhig im Wald – **Galata Çamlık Hotel** 4**:** im Çamlık Nationalpark, 25 km südl. von Hattuscha, Tel. 0364 217 53 00, Fax 0364 212 53 18, www.galatahotel.com. Ruhig am Rand des Çamlık-Walds gelegenes, 1997 eröff-

WANDERUNG IN HATTUSCHA NACH YAZILIKAYA

Tour-Infos

Start: Museum, Hattuscha/Boğazkale
Länge: 2,5 km bis Yazılıkaya
Dauer: 1,5 bis 2 Std.

Wichtige Hinweise: Leichte Wanderung bergauf mit möglichen Abstechern in das Tal des Büyükkale Deresi

Man beginnt die Wanderung am Museum. Eine Fahrstraße überquert den Yasır Deresi und führt an den Motels vorbei – Abzweigungen in das Ruinengebiet rechterhand ignoriert man – bis zu einer Abzweigung nach links; geradeaus geht es nach Yozgat (ausgeschildert). Auf der rechten Seite liegt hangabwärts die Felsgruppe Osmankayası, die in hethitischer Zeit als Begräbnisstätte diente. Hier folgt man links dem Weg, der übrigens auch von Reisebussen genutzt wird, hinauf zum Felsheiligtum von **Yazilikkaya.**

Man betritt den Felskomplex durch einen etwas abgetrennten Torbau, der in einen Innenhof führt, um den herum kleinere Räume gruppiert waren. In dem kleinen Gebäude auf der dem Eingang gegenüberliegenden Seite war ein Altar aufgestellt. Von hier aus führte der Weg durch ein weiteres Tor in das Allerheiligste: zwei nach oben geöffnete Felskammern, in deren Wände zahlreiche Götterreliefs eingemeißelt sind.

Wie zwei lange Prozessionen sind in Kammer A männliche und weibliche Gottheiten beiderseits eines zentralen Felsbildes aufgereiht, auf dem sich die höchsten Götter an der Spitze ihres jeweiligen Zuges gegenübertreten. Das beherrschende Relief zeigt auf der linken Seite Teschup, den Wettergott von Hatti, der leider nicht sehr gut erhalten ist. Der Gott trägt eine spitze Mütze mit Stegen; durch die abstehenden Hörner an beiden Mützenkanten zeichnet er sich als Hauptgott der Hethiter aus. Er steht auf den Nacken zweier Berggötter. Dem Gott zugewandt steht die Sonnengöttin Hepat, die als Kopfbedeckung eine Tiara trägt. Der rechte Arm ist nach vorne gestreckt, und über der geballten Faust erkennt man die Hieroglyphenzeichen he-ba-tu. Die Göttin steht auf dem Rücken eines Panthers. Beide Gottheiten werden von den heiligen Stieren Scheri und Hurri begleitet. Hinter der Göttin Hepat erkennt man ihren Sohn, den Schwertgott Scharruma.

Das ca. 3 m hohe Relief des Großkönigs Tuthaliya IV. nimmt auf der gegenüberliegenden Seite die ganze Felswand ein. Es gehört zu den besterhaltenen von Yazılıkaya. Tuthaliya IV. hat sich mit dem Felsheiligtum zugleich einen Platz für seinen Totenkult geschaffen. In der Kammer B wurde er als vergöttlichter König verehrt. Die großartige Darstellung der Totenszene, auf der Scharruma den König in das Totenreich geleitet, ist besonders am späten Vormittag im besten Licht zu betrachten.

Der Gott hat den linken Arm um die Schulter des Königs gelegt, eine eindrucksvolle Geste, die gleichzeitig Schutz und Führung ausdrückt. Wie schon in der Kammer A befindet sich auch hier eine Prozession der ›Zwölf Götter‹, die besser erhalten ist. Gegenüber erkennt man die Darstellung des ›Schwertgottes‹, einer merkwürdigen Göttergestalt, deren Schultern und Körper von Löwenskulpturen gebildet werden. Die Figur endet in einer Schwertklinge, die scheinbar in die Erde gesteckt ist.

Im Felsheiligtum von Yazılıkaya feierten die Hethiter das Frühlingsfest. Die Anlage galt als das Haus des Wettergottes, in dem sich zum Jahresanfang die ›Tausend Götter von Hatti‹ versammelten, ganz so wie es die Felsreliefs zeigen. Das Felsheiligtum vereinigt somit den Kultort für das Frühlingsfest in der Kammer A mit dem Totenkult für König Tuthaliya IV. in der kleineren Kammer B.

Die sprichwörtlichen ›Tausend Götter von Hatti‹ entsprangen sehr wahrscheinlich politischem Kalkül der Hethiter, die als Eroberer in das Vielvölkerland Anatolien gekommen waren. Religiöse Toleranz war nur klug, denn so konnten in ihrem Pantheon zahlreiche Götter aus unterschiedlichen Regionen, Kulturen und Ethnien eine Heimat finden. Wenn sich auch deren Funktionen oftmals doppelten und überschnitten, so besaßen sie doch jeweils eigenen Charakter als Vertreter ihrer Herkunftsregion. Die pluralistische Götterwelt wurde jedoch beherrscht durch das hurritische Götterpaar: Hepat, die Sonnengöttin von Arinna, und Teschup, den Wettergott von Hatti.

Beim Rückweg bietet sich noch ein kleiner Abstecher an. Folgt man der Straße, die hinunter zum Großen Tempel führt, dann öffnet sich kurz vor der Brücke ein Pfad nach links, der dem Bachlauf des Büyükkale Deresi entlang führt. Ihm kann man je nach Lust und Laune hinauf folgen, mit schönen Ausblicken auf Büyükkale und in das Tal hinein. Zurück geht es dann bei der Brücke nach links, dem Fahrweg folgend, zum Großen Tempel und zum Ausgang der Ausgrabungsstätte.

netes Oberklassehotel mit Sauna und Innenpool; die beste Unterkunft nahe an den hethitischen Stätten. DZ/F 150 TL

Verkehr

Busverbindung über Sungurlu (30 km), dorthin ca. stündlich ab Ankara, Samsun oder Amasya. Nur die Busse der Gesellschaft ›Sungurlu Birlik‹ fahren zur Minibus-Station mit direkter Weiterfahrt nach Boğazkale. Von Boğazkale nach Yozgat nur per Taxi, dort Busse nach Sivas und Kappadokien.

Alaca Höyük ▶ K 3

Stätte und Museum tgl. 8.30–17.30 Uhr, Eintritt 8 TL

Auf halbem Wege zurück nach Sungurlu führt bei einem Pappelwäldchen eine Straße ostwärts zur Ausgrabungsstätte Alaca Höyük, eine der zentralen vorgeschichtlichen Fundstellen Anatoliens. Die älteste Kulturschicht reicht weit zurück in die Zeit des Chalkolithikums (4. Jt. v. Chr.). Darauf folgt die kulturgeschichtlich bedeutsame Siedlung der frühen Bronzezeit (3. Jt. v. Chr.), als die autochtone Kultur der Hatti hier ihr Zentrum hatte. Vermutlich war dies jene Kultstätte **Arinna,** aus der die Sonnengöttin des hethischen Pantheons stammt. In den Fürstengräbern der Hatti fand man die berühmten Standarten und Sonnenscheiben, die im Museum für altanatolische Zivilisationen in Ankara ausgestellt sind. Die Fundamente, die heute zu sehen sind, stammen aus der Zeit der Hethiter (1950–1200 v. Chr.).

Das **Sphinxtor** ist der Zugang zu einer ausgedehnten Tempel-Palast-Anlage. Hinter einem größeren Platz, auf den mehrere Straßen einmündeten, lag das Innere des ›Tempelpalastes‹, der östlich eines lang gestreckten Mittelhofes angelegt war und ein Areal von ca. 5000 m^2 umfasst. Westlich des Komplexes erkennt man ein Wohngebiet, das von einem regelmäßigen Straßennetz durchzogen ist.

Das Sphinx-Tor war ca. 10 m breit und wurde an beiden Seiten von Türmen flankiert. Die Außenseiten der gewaltigen Monolithen sind als Sphinxen gestaltet, mit Löwenkörper und menschlichem Kopf, dessen Haartracht an ägyptische Vorbilder erinnert. An der Innenseite des rechten Steinblocks hält ein Doppeladler zwei Hasen in seinen Fängen.

Zu beiden Seiten der Rampe sind **Reliefreihen** zu sehen, deren Figuren direkt aus den Sockelsteinen des Tores herausgearbeitet worden sind. Die Prozession auf der linken Reliefreihe führt zu einem Altar, hinter dem der Stier des Wettergottes auf einem Podest wartet. Vor dem Altar steht der König in Gebetshaltung, kenntlich an seiner typischen Bekleidung und dem Kalmusch, der Zeremonialgerte. In seiner Hand hält er ein Libationsgefäß, aus dem er dem Wettergott sein Opfer bringt. Hinter ihm schreitet seine Gemahlin. Dahinter werden Widder und Schafe als Opfertiere herangeführt, gefolgt von einer Gruppe von Priestern, Gauklern mit freistehenden Leitern und Musikanten mit Flöte und Laute. Die Reliefreihe auf der rechten Seite der Rampe ist wesentlich schlechter erhalten. Alle Figuren sind nur flach reliefiert, ihre Körperformen, Muskeln und andere Details nur angedeutet.

Westlich des Mittelhofs, 6–8 m unterhalb der Grabungsebene, liegen die **Fürstengräber** der Bronzezeit. Die unterschiedlich großen Gräber der prohattischen Zeit (um 2200 v. Chr.) sind anschaulich rekonstruiert. Eine Bedachung aus Plexiglas überwölbt die Grabanlagen, in denen in der einen Ecke die Skelette (Nachbildungen) liegen; im Grabraum selbst sind Nachbildungen der Standarten zu sehen (Originale im Hethitermuseum in Ankara).

Die Gruben waren relativ flach, ca. ein Meter tief, und ursprünglich durch Holzdecken mit Lehmverputz verschlossen. In ihnen fand man als Grabbeigaben auch Schmuck aus Bronze, Gold und Elektron – eine Gold-Silber-Legierung – und sogar aus Eisen, ein damals sehr wertvolles und seltenes Material.

Das kleine Museum am Ort bewahrt Exponate aller Siedlungsschichten sowie Bronzeabgüsse und dokumentiert den Grabungsprozess.

Çorum und Merzifon

Çorum ▶ K 3

Çorum ist mit seinen 210 000 Einwohnern eine aufstrebende moderne Bezirksstadt. Das Wahrzeichen der Stadt, ein **Uhrturm** (Saat Kulesi) aus dem 19. Jh. mit hölzernem Aufbau, liegt am zentralen Cumhuriyet Meydanı. Die byzantinische Burganlage **Çorum Kalesi** mit ihrem gut erhaltenen Mauerring beherbergt ein verwinkeltes Wohnviertel. Südlich der Burg liegt das Viertel der Kupferschmiede.

Die alte Hauptmoschee nördlich der Burg, die **Murad Rabi Ulu Cami,** wurde im 13. Jh. gestiftet von einem freigelassenen Sklaven von Sultan Alaeddin Keykubat, der als Stadtkommandat eingesetzt worden war. Der Brunnen auf dem Vorplatz besitzt ein weit ausladendes, bemaltes Baldachindach. Im Westen des Orts steht auf einem Hügel die **Hıdırlık Camii,** die Ende des 19. Jh. bei den mutmaßlichen Gräbern zweier Gefährten des Propheten Mohammed erbaut wurde.

Das **Çorum Müzesi** ist in einem spätosmanischen Bau untergebracht (Di–So 8.30–17 Uhr, Eintritt 4 TL). Es zeigt hethitische Funde wie Vasen, tönerne Siegel, Statuetten und ein Zeremonialschwert des Königs Tuthaliya II. Daneben gibt es auch Abteilungen zu römischen und seldschukischen Stücken und eine ethnografische Abteilung.

Infos

Info-Büro: Gazi Cad., Yeni Hükümet Binası, Tel. 0364 213 47 04.

Übernachten

Hotels vor allem im Bereich der İnönü Cad. an der westlichen Stadteinfahrt, z. B.:

Luxusklasse – **Anitta Hotel:** İnönü Cad. 80, Tel. 0364 213 85 15, www.anittahotel.com. Schickes und gut ausgestattetes Luxus-Haus am südwestlichen Stadtrand mit Wellness- und Fitness-Center, Indoor-Pool, Bowling-Bahn, Restaurant und Disco. DZ/F um 230 TL.

Moderner Schick – **Dalgıçlar:** Bahabey Cad. 15, Tel. 0364 223 09 09, www.dalgiclarotel.com. Sehr modern gestyltes Haus mit eleganten Zimmern im Stadtzentrum. Im Haus das Bistro Paris. DZ/F um 160 TL.

Essen & Trinken

Spezialität der Stadt sind Kichererbsen *(leblebi),* die man in vielen verschiedenen Variationen auf dem Markt findet.

Wie beim Pascha – **Katipler Konağı:** Karakeçili 2. Sok 20, Tel. 0364 224 96 51. Traditionelle Regionalküche in einem renovierten Holzhaus nordöstlich der Ulu Cami.

Termine

Hitit Festivalı (Hethiter-Festival) jährlich in der ersten Juliwoche.

Merzifon ▶ L 3

Die Stadt Merzifon (55 000 Einw.) liegt als regionales Zentrum mit agrarisch orientierter Industrie am Hang des leicht aufsteigenden Pontischen Gebirges. Im Zentrum stehen die **Sultan Mehmet Camii** aus dem Jahr 1414 und die **Külliye der Mustafa Kara Paşa Camii,** die 1666 in hochosmanischem Stil erbaut wurde.

Gestiftet hat sie der 1620 in Merzifon geborene Kara Mustafa Paşa, ab 1676 Großwesir unter Sultan Mehmet IV. (1638–93). Mit seinem Namen ist die erfolglose zweite Belagerung Wiens verbunden, nach der er mit einer Seidenschnur hingerichtet wurde. Man sagt ihm Erpressung, Bestechung, Habgier und maßlose Grausamkeit nach; Stationen seines Lebens sind mit reizvollen Details auf der Unterseite des Baldachins des Reinigungsbrunnens dargestellt.

Südlich der Moschee liegt der **Bedesten,** eine überdachte Basarhalle, die seitlich durch je ein Tor zugänglich ist. Die gegenüberliegende Karawanserei, der **Taş Hanı,** wurde 2009 hübsch renoviert und bietet nun ebenfalls zahlreichen Läden Platz.

Gümüşhacıköy ▶ K 3

Ein lohnender Ausflug führt in die 20 km westlich gelegene Provinzstadt Gümüşhacıköy. Die **Ulu Cami,** die Moschee im Zent-

Amasya

Sehenswert
1 Bedesten Kapalı Çarşı
2 Taş Hanı
3 Burmalı Minare Cami
4 Bimarhanı
5 Mustafa Bey Hamamı
6 Mehmet Paşa Camii
7 Bayezıd Paşa Camii
8 Büyük Ağa Medresesi
9 Hazeranlar Konağı
10 Yıldız Hamamı
11 Kızlar Sarayı
12 Zitadelle
13 Sultan II Beyazıt Külliye
14 Amasya Museum
15 Gök Medrese Camii
16 Halifet Gazi Türbesi

Übernachten
1 Amasya Taşhan Hotel
2 İlk Pansiyon
3 Harşena Hotel
4 Susesi Pansiyon

Essen & Trinken
1 Bahçeli Oçakbaşı
2 Şehir Derneği
3 Pasha Restoran
4 Ali Kaya Restoran

---

rum des Ortes, wurde 1666 von Großwesir Mehmet Köprülü Paşa gestiftet, der einer der bedeutendsten Staatsmänner der osmanischen Geschichte war. Ihm gelang es, in der Mitte des 17. Jh. mittels weitreichender Reformen die Herrschaft des Sultans wieder zu konsolidieren.

Die Stadt wurde Ende des 16. Jh. als Armeelager an der Straße nach Amasya gegründet. Die **Yergüç Rüstem Paşa Camii** am Hauptplatz stammt aus frühosmanischer Zeit (1426); ihr Innenraum ist von beeindruckender Größenwirkung. Schön ist auch der mit Bäumen und Blumen bewachsene Innenhof der 1415 entstandenen **Medrese** (ca. 200 m vom Hauptplatz entfernt) mit dem Grab des İbrahim Hakki Gül (1903–1976), eines berühmten Kalligraphen und Korangelehrten aus Erzurum.

Amasya ▶L 3

Cityplan: rechts
Die Provinzhauptstadt **Amasya** (100 000 Einwohner), eingebettet in das Tal des Yeşilırmak, des ›Grünen Flusses‹, gilt als eine der schönsten Orte Zentralanatoliens. Sie bietet zahlreiche reizvolle Moscheen, Mausoleen und Stiftungsanlagen sowie eine malerische Kulisse alttürkischer Wohnhäuser entlang den Flussufern. Zu beiden Seiten steigen waldreiche Berghänge an. Der Obstreichtum – die Äpfel von Amasya sind türkeiweit berühmt – und die ausgedehnten Maulbeerpflanzungen ließen eine ansehnliche Agrarindustrie entstehen.

Der Hauptteil der Stadt liegt auf der rechten Seite des Flusses, der von fünf Brücken überspannt wird. Links vom Fluss kauert sich das Stadtviertel Hatuniye unterhalb des steil aufragenden Festungsberges. Sie wird überragt von den Ruinen einer Zitadelle und von den pontischen Königsgräbern, die majestätisch in die Felswand eingehauen sind.

Den Höhepunkt seiner geschichtlichen Bedeutung erlebte Amasya als Hauptstadt des Königreichs von Pontos, das sich zu Beginn des 3. Jh. v. Chr. aus der Erbmasse des Alexander-Reichs herauslöste und selbstständig machte. Die mehr als 200-jährige Herrschaft endete mit dem Tod des Mithradates VI. Eupator 70 v. Chr. Nach der Schlacht von Zela (Zile) 47 v. Chr. verleibte Julius Caesar die Stadt dem Römischen Reich ein. Amasya war zudem die Geburtsstadt des Geografen Strabo (64 v. bis 20 n. Chr.), der nach zahlreichen Reisen unter dem Titel »Oikumene« eine 17-bändige Beschreibung der damals bekannten Welt verfasste.

Seine wirtschaftliche und kulturelle Blüte erlebte Amasya unter den Mongolen, bis 1392 der Osmane Beyazıt I. die Stadt eroberte. Während der Blütezeit des Osmanischen Reiches war Amasya eine ›Stadt der Kronprinzen‹. Die Söhne der Sultane Murat II., Mehmet II., Beyazıt II. und Murat III. wuchsen hier auf und dienten als Gouverneure. Man verglich Amasya aufgrund seines Reichtums und der zahlreichen Medresen – Georges

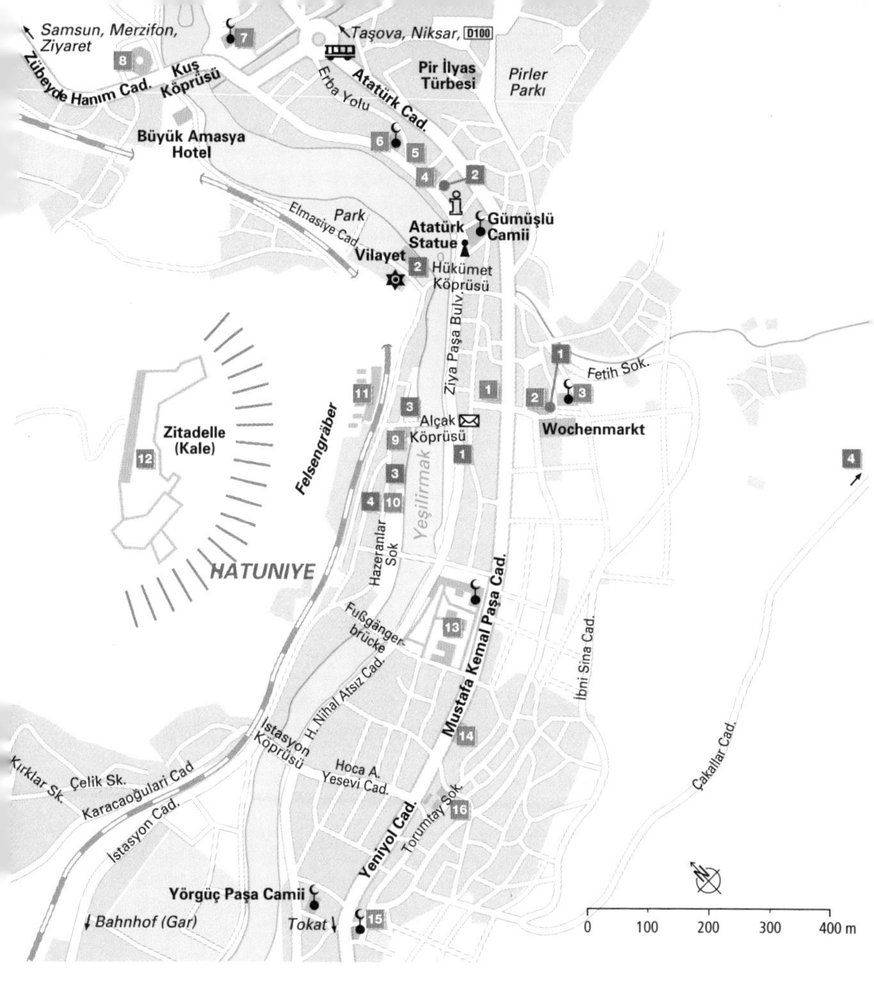

Perrat nannte sie 1861 das ›Oxford von Anatolien‹ – mit Bagdad. In der Folgezeit jedoch versank die Stadt in Provinzialität, bewahrte aber einen großen Teil ihrer sehenswerten Baudenkmäler, denen allerdings schwere Erdbeben im 18. und im 19. Jh. und eine verheerende Feuersbrunst im Jahr 1915 stark zusetzten.

Am Atatürk-Platz

Zentrum der Stadt bildet der Platz mit der **Atatürk-Statue** an der Hükümet-Brücke; hinter der Statue erinnert das Apfeluhrtürmchen an Amasyas berühmtestes Erzeugnis. Südlich führt die Haupt- und Einkaufsstraße, die Mustafa Kemal Caddesi (oder auch Atatürk Caddesi), zum **Bedesten Kapalı Çarşı** 1 **:** Die Markthalle stiftete 1483 Hüseyin Ağa, der Chef der Weißen Eunuchen im Harem von Beyazıt II.; sie wird immer noch genutzt. In der großen Karawanserei gegenüber, dem **Taş Hanı** 2 aus dem Jahr 1758, ist heute ein Nobelhotel untergebracht. Oberhalb liegt die **Burmalı Minare Cami** 3**,** die aus seldschukischer Zeit stammt und ihren Namen von dem typischen gedrehten Minarett hat.

Nördlich vom Atatürk-Platz kommt man am Ufer hinter dem Info-Büro zum **Bimarhanı** 4 (oder Timar Hanı), einem

Über der Altstadt von Amasya thronen die pontischen Königsgräber

spätseldschukischen Hospital *(darüşşifa)* mit einer aufwendigen Steinmetzarbeit im Mukarnas-Stil am Portal. Gestiftet wurde es 1308/09 vom mongolischen Ilchan Ölceytü (Uldschaitu), der den letzten Sultans der Seldschuken ermorden ließ und das Sultanat von Rum beendete. Das Hospital war das erste Krankenhaus für psychisch Kranke in Anatolien, seit 2011 ist hier ein Museum eingerichtet (9–12, 13–18 Uhr, 5 TL).

Im Liwan des Innenhofes ist eine Gruppe von Musikern mit unterschiedlichen Instrumenten dargestellt. Die Seitenräume bewahren medizinische Geräte aus dem 16. Jh.; Bilder demonstrieren die Anwendung. Ein Videofilm führt in die einzelnen Abteilungen ein. In einem größeren Raum sind Musikinstrumente zu sehen.

Dahinter folgt das **Mustafa Bey Hamamı** 5, das von 1436 stammt und immer noch in Betrieb ist, sowie die 1486 erbaute **Mehmet Paşa Camii** 6. Der Weg am Ufer entlang ist reizvoll und bietet einen schönen Blick auf die Hatuniye-Altstadt und den Zitadellenberg.

An der Künç Köprüsü steht die **Bayezıd Paşa Camii** 7, die ein Großwesir des Sultans Mehmet I. zwischen 1414 und 1419 bauen ließ. Schräg gegenüber auf der anderen Seite des Flusses stiftete der schon erwähnte Hüseyin Ağa im Jahr 1488 die **Büyük Ağa Medresesi** 8, die der erste Bau dieses Typs auf oktogonalem Grundriss gewesen sein soll. Seit ihrer Restaurierung dient die Medrese wieder als Koranschule.

Hatuniye

Besonders reizvoll ist der Besuch des linken Flussufers mit dem alten Stadtteil Hatuniye. Man erreicht ihn über die Alçak Köprüsü, deren römische Fundamente bei niedrigem Wasserstand sichtbar werden. Die Hinterfronten der alttürkischen **Stadthäuser** am Ufer bilden eine malerische Häuserzeile. Sie sind restauriert und teilweise als Lokale zugänglich.

Ein älteres osmanisches Bürgerhaus von 1872, der **Hazeranlar Konağı** 9, ist ein schönes Beispiel osmanischer Profanarchitektur (s. S. 434) und wurde als Ethnografisches Museum eingerichtet (8.30–12, 13–17.30 Uhr, 3 TL). Das **Yıldız Hamamı** 10 etwas weiter wurde im 15. Jh. gegründet und ist immer noch im Betrieb.

Darüber erhebt sich der Burgfelsen, an dessen Flanke die Reste des Palastes der pontischen Könige, heute **Kızlar Sarayı** 11 genannt, zu sehen sind. Seit seldschukischer Zeit diente er als Arsenal. Der Eingang wurde restauriert und im Hof wird jetzt ein Lokal betrieben.

Oberhalb der Terrasse liegen in beherrschender Lage die großen **Felsgräber** der pontischen Könige, die zwischen 300 und 44 v. Chr. entstanden und untereinander durch Treppengänge verbunden sind. Sie sind bis zu 12 m hoch aus dem Kalkstein herausgearbeitet. Dübellöcher in den Fassaden lassen vermuten, dass sie einst mit Marmorplatten verkleidet waren.

Vom östlichen Ende des Kızlar Sarayı führt eine steile Treppe zur **Zitadelle** 12 hinauf (evtl. gesperrt), einfacher geht es über die Fahrstraße. Neben byzantinischen, seldschukischen und osmanischen Mauern sind die Reste von zwei hellenistischen Türmen aus der Zeit des Mithradates erhalten. Von der Burghöhe (mit Lokal) hat man den besten Blick über die Stadt.

Beyazıt Külliye und Torumtay Türbe

Das religiöse Zentrum der Stadt ist die **Sultan II Beyazıt Külliye** 13. Die Moschee, der Reinigungsbrunnen *(şadirvan)* und die übrigen Gebäude der großen Stiftungsanlage liegen romantisch auf einer Terrasse am Yeşilırmak unter alten Bäumen.

Im 1980 erbauten **Amasya Museum** 14 (Di–So 9–12, 13.30–17 Uhr, Eintritt 3 TL) sind Säulen, Kapitelle, Sarkophage und Grabsteine aus römischer bis seldschukischer Zeit zu sehen. Prunkstück in der unteren Halle ist eine Moscheetür der Gök Medrese Camii (s. u.) aus Elfenbein, ein Höhepunkt seldschukischer Schnitzkunst. Im ersten Stockwerk finden sich Stücke von der Bronzezeit bis in die römische Periode. In der **Sultan Mesut Türbe** im Garten werden unter Glas sechs Mumien von Fürsten aus der Zeit der Ilchane gezeigt.

Am Stadtausgang Richtung Tokat steht die **Gök Medrese Camii** 15 aus dem Beginn des 14. Jh. Die restaurierte ›Moschee der Türkis-Medrese‹ erhielt ihren Namen wegen der Fayencen-Ausstattung der markanten, zweistöckigen **Torumtay Türbe** von 1277/78 an der Straßenseite, in der der seldschukische Provinzgouverneur Seyfeddin Torumtay begraben ist. Im oberen Stockwerk sind die Wände mit türkisblauen Kacheln verkleidet.

Hangseits über der Gök Medrese Camii führt die Torumtay Sokağı zu mehreren Türben, unter ihnen als bedeutendste die **Halifet Gazi Türbesi** 16, die ein Wesir der Danischmenden im Jahr 1145 errichten ließ. Ein prächtiger antiker Marmorsarkophag mit

DIE FESTUNG DER PONTOS-KÖNIGE

Der Burgberg von Amasya ist leicht zu erklimmen. Eine Straße führt direkt bis unter die Mauern. Die Burg ist vollständig restauriert (Eintritt 3 TL); gepflasterte Wegen führen auf das obere Plateau der Anlage, wo sich ein Ausflugslokal befindet. Dort hat man einen grandiosen Blick auf die tief unterhalb im Tal gelegene Stadt.

Widderköpfen und Medusenhäuptern zwischen Blumenranken dient als Kenotaph für den Stifter.

Infos

Info-Büro: Atatürk Cad. 27, Tel. 0358 218 50 02, www.amasyakulturturizm.gov.tr

Übernachten

Historisches Flair – **Amasya Taşhan Hotel 1:** Ozkan Yalcin Sok.11, Tel. 0358 212 99 00, www.amasyatashanotel.com.tr. Historische Unterkunft mit osmanischem Flair im restaurierten Taşhan-Handelshof. Etwas beengte Zimmer, aber zentral und mit einem guten Restaurant im überdachten Innenhof. DZ/F um 180 TL.

Romantisch – **İlk Pansiyon 2:** Gümüşlü Mah., Hitit Sok. 1, Tel. 0358 218 16 89, ilkpansiyon.com. Ein 200 Jahre altes Wohnhaus einer armenischen Familie, stilgetreu renoviert. Hier zählt der historische, sehr romantische Charme. DZ/F um 150 TL.

Türkisches Herrenhaus – **Harşena Hotel 3:** PTT Çarşısı, Yalıbolu, Tel. 0358 218 39 79, www.harsenaotel.com. Schön renoviertes stattliches Althaus direkt über dem Flussufer des Yeşilırmak. Acht alttürkisch eingerichtete Zimmer, alle mit Bad, manche mit Baldachinbetten. DZ/F um 140 TL.Basic – **Susesi Pension 4:** Hazeranlar Sok. 38, Tel. 0532 799 89 97, www.booking.com. Kleine Pension im Viertel Hatuniye mit einfachen Zimmern. Freundliche, familiäre Atmosphäre. DZ/F um 90 TL.

Essen & Trinken

Neben den Restaurants der Hotels findet man im Zentrum (Atatürk Meydanı) kleinere Lokanta mit traditioneller Küche. Lokale Spezialitäten sind *Bakla Dolması* (gefüllte Bohnen) und *Keşkeş* (Bulgur-Weizengrütze mit Honig, Käse und Walnüssen).

Am Fluss – **Bahçeli Oçakbaşı 1:** Ziyapaşa Bulv. 10, nahe Hazeranlar Konağı, Tel. 0358 218 56 92. Das moderne und auch beliebte Lokal westlich der Post hat eine schöne Terrasse zum Fluss und serviert Grillgerichte. Mit WiFi-Hotspot.

Mezeler an der Brücke – **Şehir Derneği 2:** gegenüber dem Vilayet-Gebäude auf der Nordseite der Hükümet Köprüsü, Tel. 0358 218 10 13. Hier im ›Stadtklub‹ trifft man sich zur *rakı sofrası* (Raki-Tafel) mit zahlreichen Mezeler.

Lauschiger Innenhof – **Pasha 3:** Mısırlı Konağı, Hatuniye Mah., Tevfik Hafız Sok. 5, Tel. 0358 212 41 58. Nettes Lokal in einem Hotelinnenhof auf der nördlichen Uferseite, gute Mezeler, Grillstandards. Im Keller eine Music Bar für Nachtschwärmer.

Amasya-Panorama – **Ali Kaya 4:** Çakallar Mevkii, Tel. 0358 218 15 05. Beliebtes Ausflugsziel mit gutem Gartenrestaurant. Besonders schön ist die Aussicht durch das Flusstal auf den Burgfelsen.

Einkaufen

Wochenmarkt – Mittwochs ist großer Wochenmarkt bei der Busstation. Interessant ist auch der kleine Kupferwarenbasar.

Verkehr

Busstation am westlichen Stadtrand ca. 2 km nördlich vom Atatürk-Denkmal. Von dort mehrmals tgl. Verbindungen nach Ankara, Çorum, Samsun, Tokat, Kayseri, Nevşehir. **Bahnhof** westlich vom Burgberg, Züge nach Sivas und Samsun.

Von Amasya nach Tokat

Zile ▸ L 3

Auf der Fahrt nach Tokat biegt man etwa 13 km südlich von Amasya von der Hauptstraße nach Zile ab, dem alten Zela (46 km). Der Ort wurde bekannt durch die Schlacht zwischen Julius Caesar und dem pontischen König Pharnakes (47 v. Chr.). Caesar siegte in nur vier Stunden. Mit der lakonischen Wendung »Veni, vidi, vici!« (Ich kam, sah und siegte!) meldete er das Ereignis nach Rom.

Zile war seit der Bronzezeit besiedelt und ein wichtiger Handelsplatz im Becken des Yeşilırmak. Im Zentrum der Stadt erhebt sich ein Tumulus, einer der ältesten in Anatolien, auf dem die **Zitadelle** und einige offizielle Gebäude liegen. Die ausgedehnte Burganlage diente zuletzt als Rekrutenschule. Am östlichen Abhang des Burgfelsens sind in den Stein gehauene Sitzreihen eines **römischen Theaters** zu sehen. Inmitten ansehnlicher Häuser im pontischen Stil und zahlreicher Bauten aus seldschukischer und osmanischer Zeit steht die 1267 unter Keyhüsrev III. erbaute **Ulu Cami,** die 1909 in neoklassizistischem Stil restauriert wurde.

Turhal und Pazar ▶ L 3

Von Zile aus erreicht man nach 21 km die Stadt **Turhal,** eine stark wachsende Stadt am Yeşilırmak. Die Altstadt mit der Ulu Cami (1453), der Keşikbaş Camii an der Brücke und den Türben des Mehmet Dede (1312) und des Ahi Yusuf (1324) – erstreckt sich vom Fluss den Hang des Burgbergs hinauf.

Auf halben Weg zwischen Turhal und Tokat biegt man rechts zu dem 6 km entfernten Ort **Pazar** ▶ L 3 ab. Hier befand sich ein Knotenpunkt der alten Karawanenstraßen. Der **Mahperi Hatun Hanı,** eine Karawanserei im hochseldschukischen Stil, wurde 1238 auf Befehl der Mahperi Hatun, der Lieblingsfrau des Sultans Alaeddin Keykubat I., erbaut. Östlich überspannt eine Brücke aus gleicher Zeit den Yeşilırmak. Die Cuma Cami wurde 1336 unter der Herrschaft der mongolischen Ilchaniden errichtet.

Über Niksar nach Tokat

Westlich von **Taşova,** 63 km hinter Amasya, bietet der **Borabay Gölü,** ein von bewaldeten Berghängen umrahmter See, zahlreiche Erholungmöglichkeiten.

Etwa 10 km vor der Kreisstadt Erbaa liegt im Dorf Akça Köyü, 2 km von Değirmenli (Hacıpazar) entfernt, die **Silahtar Ömer Paşa Camii**. Die Holzsäulenmoschee zeigt seldschukische Fliesen und eine osmanisch-barockisierende Ausstattung.

Auf das 2. Jahrtausend v. Chr. gehen die Funde vom Siedlungshügel **Horoztepe** bei **Erbaa** ▶ M 3 zurück, die heute im Museum für altanatolische Zivilisationen in Ankara ausgestellt sind.

Niksar ▶ M 3, das alte Neocaesarea, liegt zu beiden Seiten eines Burgfelsens inmitten einer grünen Hügellandschaft. Zeugnisse aus seldschukischer Zeit sind als Ruinen erhalten oder wurden, wie beim Lülecizade-Brunnen, in anderer Funktion weiter genutzt. Von der Burg der pontischen Könige genießt man einen schönen Blick über die Stadt. Der bedeutendste Bau aus der Danischmenden-Zeit ist die 1165 erbaute Ulu Cami, eine der ältesten Moscheen Anatoliens.

Kurz vor Tokat findet man bei **Gömenek** die Ruinen der einst bedeutenden Stadt **Comana Pontica.** Die Stadt war Hauptstadt eines Priesterfürstentums und Zentrum eines Kults der anatolischen Kriegsgöttin Ma; Strabon berichtet von teils orgiastischen, teils selbstverletzenden Kulten und einer bemerkenswerten Tempelprostitution: 6000 Hierdulen hätten dafür bereitgestanden.

Tokat ▶ M 3

Cityplan: S. 459
Einer der interessantesten anatolischen Orte ist die Provinzhauptstadt **Tokat** mit 130 000 Einwohnern. Die Altstadt am Burgberg und das Viertel rund um die Hatuniye Camii spiegeln den verfallenden Glanz einer langen Geschichte wider. Wohl schon in hethitischer Zeit bewohnt, in der Antike unter dem Namen Dazimon bekannt, war die Stadt bis in die osmanische Zeit hinein ein befestigter Knotenpunkt der Karawanenstraße nach Zentralasien. Unter Seldschuken und Mongolen war Tokat die sechstgrößte Stadt Anatoliens und als Handelsplatz mit Bagdad und Bursa vergleichbar. Die Verarbeitung von Kupfer und Leder sowie Textilgewerbe bildeten die Grundlage des Wohlstands der Stadt.

Mit dem Niedergang des Karawanenhandels und fortschreitender Technisierung verlor Tokat jedoch zunehmend an Bedeutung. Die Erdbeben 1939 und 1941 haben viele alte Bauwerke zerstört. Vom Verfall sind vor allem die Karawansereien betroffen, die einst der Stolz der Stadt an der Seidenstraße waren.

Die Altstadt

Am Zentralplatz Cumhuriyet Meydanı mit **Belediye** (Rathaus) und **Vilayet** (Provinzverwaltung) liegt die 1565–72 in hochosmanischem Bautyp mit Kuppel über quadratischem Grundplan erbaute **Ali Paşa Camii** 1, die größte Moschee der Stadt. Auf der Ostseite der Hauptstraße steht das zur gleichen Zeit errichtete **Ali Paşa Cifte Hamam** 1 mit Abteilungen für Männer und Frauen, das noch heute in Betrieb ist.

Rechts neben der Ali Paşa-Moschee beginnt die **Sulusokak Caddesi,** die durch die sehenswerte Altstadt führt: Inmitten alttürkischer Häuser reihen sich Zeugnisse einer untergegangenen Kultur: Auf der rechten Seite die 1234 erbaute **Ebülkasim Türbesi** 2, das Grab eines Wesirs Alaeddin Keykubats I., dann der **Sulu Han** 3 und direkt daneben der von neun Kuppeln überdachte **Bedesten** 4, das ehemalige Handelszentrum der Stadt, der heute als Markthalle dient. Daneben steht die restaurierte **Takyeciler Camii** 5, gegenüber die **Çukur Medresesi** 6 von 1156, heute leider nur noch eine Ruine. Am Ende der Straße liegt der **Develik Hanı** 7, in dem die Antiquitätenhändler ihr neues Domizil haben.

Der Burgberg

Auf spitzem Fels über der Altstadt thront die **Tokat Kale** 8 mit fünfeckigem Mauerring und 28 verstärkenden Türmen. Eindrucksvoll ist der Eingang eines Tunnels mit 362 Stufen, der als Gazellenpfad bezeichnet wird und eine Verbindung nach außen sicherstellte (heute durch Geröll versperrt). Bei der südlichen Bastion ist ein Felsgrab aus pontischer

Die Hatuniye-Moschee in der Altstadt von Tokat

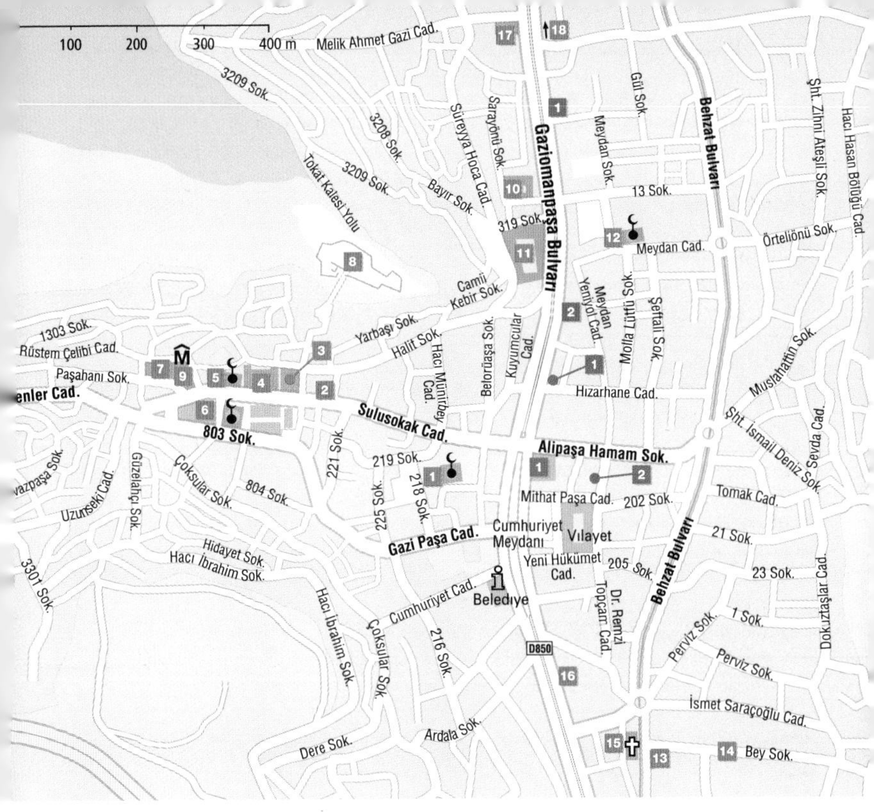

Tokat

Sehenswert

1 Ali Paşa Camii
2 Ebülkasim Türbesi
3 Sulu Han
4 Bedesten
5 Takyeciler Camii
6 Çukur Medresesi
7 Develik Hanı
8 Tokat Kale (Zitadelle)
9 Tokat Müzesi
10 Gök Medrese
11 Taş Hanı
12 Hatuniye Cami
13 Mevlana Hanı
14 Bey Sokağı
15 Saat Kulesi
16 Latifoğlu Konağı
17 Sümbül Baba Tekkesi
18 Hıdırlık Köprüsü

Übernachten

1 Çavuşoğlu Tower Hotel
2 İşeri Otel

Essen & Trinken

1 Cadde Restaurant
2 Cinar Restaurant

Aktiv

1 Ali Paşa Cifte Hamamı

Zeit zu sehen. Die Festung ist restauriert, sodass ein Aufstieg nicht nur wegen der großartigen Aussicht lohnt.

Im Gewerbehof vor dem Weg zur Festung zeigt das **Tokat Müzesi** 9 (Di–So 9–12, 13–17 Uhr) hethitische Fundstücke aus Maşat Höyük, Relikte aus pontischer Zeit, dazu eine eindrucksvolle Sammlung orthodoxer Ikonen und eine ethnografische Kollektion.

Gök Medrese

Nördlich vom Cumhuriyet Meydanı liegt an der Hauptstraße das bedeutendste Bauwerk der Stadt, die **Gök Medrese** 10, mit einem großartigen Stalaktitenportal. Sie wurde 1277 von Muineddin Pervane gestiftet, einem der letzten seldschukischen Großwesire, der von den Mongolen hingerichtet wurde. In osmanischer Zeit zunächst Derwisch-Unterkunft, dann Krankenhaus, wurde der Bau seit 2013 erneut renoviert.

Noch zu Zeiten Evliya Çelebis besaß Tokat 13 große Hane. Der **Taş Hanı** 11 (auch Voyvoda Hanı) neben dem Museum stammt aus osmanischer Zeit (1631). Heute sind im großen Innenhof in der Saison kleine Kunsthandwerksläden geöffnet; eine Teestube lädt zu einer Pause im Schatten ein.

Am Tokat Su

Geht man gegenüber von der Gök Medrese Richtung Flüsschen, kommt man zum alten Hauptplatz mit der **Hatuniye Cami** (auch **Meydan Camii)** 12. 1474 begonnen, ist sie eine typisch osmanische Einkuppelmoschee aus glatt behauenen Steinen mit einem fünfkuppeligen Portikus. Die schöne Holztür mit seldschukischem Muster datiert noch in die Erbauungszeit.

Folgt man dem Tokat Su auf der Ostseite nach Süden, sind der restaurierte **Mevlana Hanı** 13, ein Versammlungshaus der ›Tanzenden Derwische‹, und die Häuser der reichen Händler in der **Bey Sokağı** 14 beachtenswert.

Wieder zurück am Westufer passiert man den **Saat Kulesi** 15, einen Uhrturm des 19. Jh., und erreicht dann den **Latifoğlu Konağı** 16 an der Hauptstraße. Der prachtvolle Palast aus osmanischer Zeit wurde restauriert und mit zum Teil originalem Mobiliar und lebensgroßen Puppen als Museum eingerichtet (Di–So 9–17 Uhr).

Weitere historische Bauten liegen an der Ausfallstraße in Richtung Amasya: Die 1292 erbaute **Sümbül Baba Tekkesi** 17 beeindruckt mit einem schönen Marmorportal; gestiftet wurde die Klosteranlage von einem Schüler von Hacı Bektaş, dem Begründer des Bektaşı-Ordens.

Die 151 m lange und 7 m breite **Hıdırlık Köprüsü** 18, eine fünfbogige Brücke über den Yeşilırmak ein gutes Stück weiter nördlich, ließ 1246 der seldschukische Großwesir Celaleddin Karatay anlegen. Sie ist heute noch in Gebrauch.

Infos

Info-Büro: Hükümet Binası/3, Tel. 0356 214 82 52, www.tokatkultur.gov.tr. Info-Kiosk im Sommer an der Gök Medrese.

Übernachten

Schick und modern – **Çavuşoğlu Tower Hotel** 1: G.O.P Bulv., Tokat Plaza İş Merkezi 172/A, Tel.0356 212 35 70, www.cavusoglutowerhotel.com. Sehr schick und modern gestyltes 4-Sterne-Hotel direkt im Zentrum mit Indoor-Pool, Hamam, Fitness-Gym und Sauna. Die Zimmer sind hell und sehr komfortabel. DZ/F ab 150 TL.

DIE YAZMA-TÜCHER VON TOKAT

Im **Yazmacılar Hanı,** nahe dem Taş Hanı, waren einst die Werkstätten der berühmten Tuchdrucker von Tokat untergebracht. Der Bau ist verfallen, soll aber bald restauriert sein. Die Werkstätten wurden in neue Gebäude an der Straße nach Amasya verlagert (›Yazmacılar Sitesi‹). Dort werden die bedruckten Tokat-Tücher *(yazma),* deren repetitive Muster ein wenig an südostasiatische Batik erinnern, weiterhin hergestellt. Allerdings ist die alte Technik, die Tücher mit Holzmodeln zu stempeln, weitgehend vom modernen Siebdruck verdrängt worden. Im Taş Hanı und auch im Basar kann man die Tücher, teilweise auch noch originale Druckmodel kaufen.

Osmanisches Flair – **İşeri Otel 2**: Mithatpaşa Cad. 3, Tel. 0356 214 80 00, www.iseriotel.com. Ein renovierter osmanischer Konak am Hauptplatz mit hellen Zimmern, freiem WLAN (Wi-Fi), privatem Parkplatz und ordentlichem Restaurant. DZ/F um 100 TL, Suite 150 TL.

Essen & Trinken

Spezialität der Stadt ist *Tokat Kebap*, Lamm mit Kartoffeln und Gemüse im Ofen gebacken – gibt's in vielen Restaurants rund um den Uhrturm. Auch für seine Wurstwaren *(Tokat sucuk)* ist der Ort bekannt sowie für seine Weine: Hier wird aus der Narince-Traube u. a. der aromatische Mahlep-Wein gekeltert.

Modernes Ambiente – **Cadde Restaurant 1**: G.O.P Bulv. 16, Tel. 0356 213 23 40. Modernes Restaurant, Snacks, Kuchen, türkische Küche, abends mitunter Livemusik. Auch Tische im Garten.

Vom Grill – **Cinar Restaurant 2**: G.O.P. Bulv. 167, Tel. 0356 214 00 66. Ordentliches Kebap-Lokal mit großer Auswahl, auch Döner. Tische an der Straße.

Einkaufen

Sonntags ist großer **Wochenmarkt** am Ostufer des Tokat Su gegenüber dem Uhrturm. In der Altstadt kann man schönes **Kupfergeschirr** kaufen. Die lokale **Winzerei Diren** hat einen Verkostungs- und Verkaufsstand im Taş Han.

Aktiv

Türkisches Bad – **Ali Paşa Hamamı 1**: GOP Bulv., Sulu Sokak, nahe Ali Paşa Camii, schönes historisches Doppel-Badehaus für Männer (bis 22 Uhr) und Frauen (bis 18 Uhr).

Verkehr

Busstation am nördlichen Stadtrand Richtung Niksar, am Yeşilırmak (vom Zentrum Dolmuş-Verbindung). Gute Verbindungen nach Ankara, Sivas, Yozgat, Amasya. **Dolmuş-Station** bei Cekenni Ishane, im Zentrum geg. Taş Han, Verbindungen in die Umgebung.

Sivas ▸ M 4

Cityplan: S. 463

Die aufstrebende Industriestadt **Sivas** an der Schwelle zum ostanatolischen Bergland lebt überwiegend von der Verarbeitung landwirtschaftlicher Produkte der Region, aber auch Kleinhandwerk wie etwa die Teppichknüpferei spielen in der 290 000-Einwohner-Stadt eine wichtige Rolle.

Während der seldschukischen Herrschaft war Sivas eine der führenden Städte des Sultanats von Rum; seit dem 11. Jh. residierten hier die Emire der Danischmenden-Dynastie. Schon in vorislamischer Zeit erlangte der Ort als Handelszentrum an der persischen Königsstraße Bedeutung. Unter Kaiser Augustus wurde er befestigt und mit dem Namen Sebasteia (die ›Erhabene‹, nach dem griechischen Wort für Augustus) ausgezeichnet. Als ›Märtyrer von Sebaste‹ gingen 40 Soldaten der römischen Legio XII Fulminata in die Geschichte ein, die während der Christenverfolgung unter Kaiser Licinius im Jahr 320 in die eiskalten Fluten des Kızılırmak getrieben wurden, in denen sie erfroren.

1402 eroberte Timur Lenk die Stadt und richtete unter der Bevölkerung ein furchtbares Blutbad an, wobei er eine seiner berüchtigten Schädelpyramiden auftürmen ließ. Von diesem Schlag hat sich Sivas kaum wieder erholt. Ein wichtiges Datum in der Stadtgeschichte ist Atatürks Aufruf zum nationalen Widerstand auf dem ›Kongress von Sivas‹ im September 1919. Schlagzeilen machte 1993 auch das ›Massaker von Sivas‹, als islamistische Fundamentalisten einen von Aziz Nesin initiierten Kongress liberaler Schriftsteller angriffen und einen Hotelbrand legten, bei dem zahlreiche Kongressteilnehmer starben.

Im Stadtzentrum

Das berühmte Kongressgebäude **Kongre Binası Müzesi 1** (Di–So 9–12, 13.30–17 Uhr) beherbergt ein Ethnografisches Museum und eine Ausstellung zum Befreiungskrieg. Auch antike Fundstücke aus der Umgebung sind zu sehen. Erbaut 1892, zählt der Bau zu den besten Beispielen osmanischer Architektur des späten 19. Jh. Er grenzt an den Hükümet Meydanı (meist einfach Meydan genannt), den zentralen Platz der Stadt. Seine Nordostseite prägt ein weiterer markanter spätosmanischer Verwaltungsbau.

Als Wahrzeichen des neuen Sivas gilt die gewaltige **Yeni Cami** 2 am Atatürk Bulvarı, der vom Konak-Platz in das moderne Geschäftsviertel führt. Unter der Moschee haben Juweliere ihre Läden eingerichtet.

Selçuklu Parkı

Im Stadtpark südlich vom Meydan erhebt sich die prachtvolle Fassade der **Çifte Minareli Medrese** 3 mit ihrem kunstvoll gestalteten Portal. Die nach den beiden Minaretten benannte Koranschule (von *çift*, ›doppelt‹) ließ 1271, zur Zeit der Ilchane, der Wesir Şemseddin Güveyni erbauen. Neben der Gök Medrese (s. u.) gilt sie als schönstes Beispiel seldschukischer Baukunst in Anatolien. Der Grundriss der Medrese ist in den Grundmauern rekonstruiert und begehbar.

Dem Eingang gegenüber liegt die **Şifaiye Medrese** 4, die 1218 als Hospital und Medizinschule vom Seldschuken-Sultan Izzeddin Keykavus I. gestiftet wurde. Der südliche Eyvan am Hof diente als Türbe des Stifters; die Fassade ist mit türkisfarbenen Fayencen, Sternmustern und einer Kufi-Inschrift dekoriert. Am Haupt-Eyvan erkennt man unter den Zwickeln des Bogens rechts eine Mondsichel und Sterne, links Strahlen und Planeten.

Neben der Şifaiye Medrese steht die 1271 errichtete **Bürüciye Medrese** 5. Das beachtliche Eingangsportal aus gelblichem Sandstein rahmen geometrische Muster und plastische Medaillons ein. Rechts des Eingangs befindet sich die Türbe des Stifters Muzaffer Bürücerdi mit faszinierendem Fayencen-Dekor. Als vierter Bau ergänzt die **Mehmet Paşa Camii** 6 aus der Zeit des Osmanen-Sultans Murat III. (1580) diesen schönen ›Architekturpark‹. Der kleine Bau mit sehenswerter Gebetsnische ist ein typisches Beispiel hochosmanischer Architektur.

Südöstlich Richtung Stadthügel an der Gemal Gürsel Caddesi liegt die **Ulu Cami** 7, das älteste islamische Bauwerk in Sivas aus dem Jahr 1197. Es wurde unter der Danischmenden-Herrschaft mit einem typischen seldschukischen Minarett aus Ziegelsteinen erbaut. Der düstere, durch mächtige Pfeiler und Bögen gegliederte Raum beeindruckt durch seine Wucht und Größe.

TEATIME IN SIVAS

Gelegenheit zu einer Teepause bietet der **Şifaiye Çay Bahçesi** 4 nahe der gleichnamigen Medrese. Stilvoll mit Teppichen und Kelims ausgelegte Nischen und Sitzmöbel versetzen in alte osmanische Zeiten. In den Teestuben im **Kale Parkı** (s. S. 462) den man von der Gök Medrese erreicht, kann man den Blick auf die Stadt genießen.

Burgberg

Die **Gök Medrese** 8 am Osthang des Burgbergs (Cumhuriyet Cad.) wurde 1271/72 von dem bedeutenden Wesir Sahip Ata gestiftet und gilt als großartigster seldschukischer Bau in Anatolien. Das Marmorportal mit reichem Rankenschmuck, geometrischen Borten, mit Blumen- und Blattwerk, Granatäpfeln und achteckigen Sternen zeigt eine unermessliche Fülle von Formen. In den Ecken des Torbogens erkennt man Blattornamente mit Tierköpfen. Es sind symbolhafte Darstellungen von Tierzeichen des uigurischen Tierkalenders, einer vorislamischen Motivwelt.

Auf dem Toprak Tepe, dem alten Siedlungs- und Burghügel von Sivas, findet man im **Kale Parkı** 9 ruhige Teehäuser, gut für eine Rast mit weitem Panoramablick.

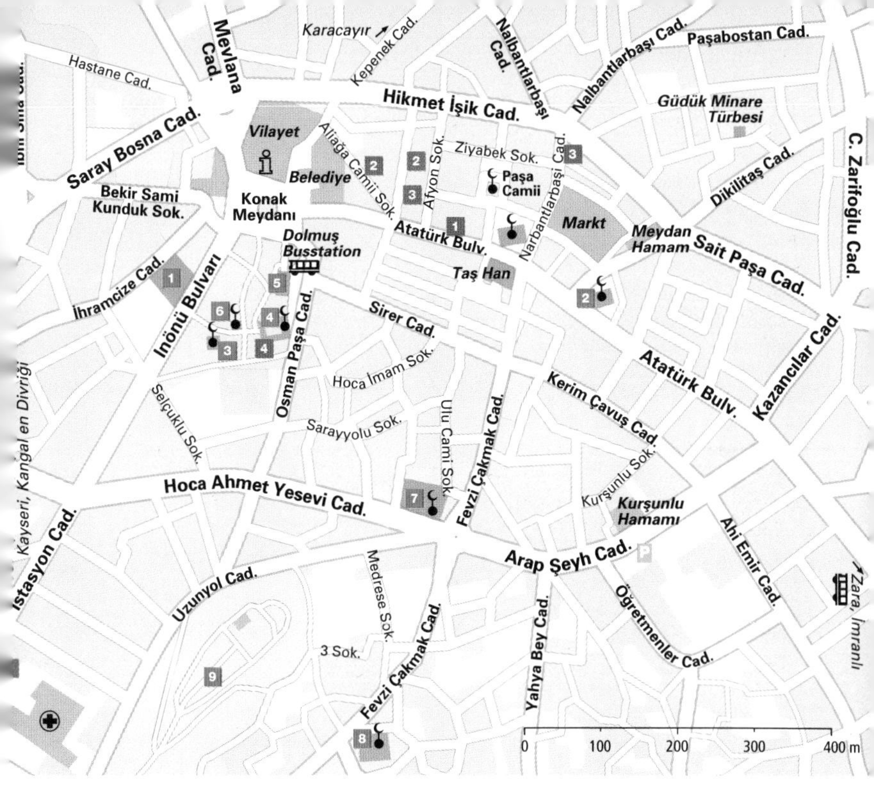

Sivas

Sehenswert

1 Kongre Binası (Kongressgebäude)
2 Yeni Cami
3 Çifte Minareli Medrese
4 Şifaiye Medrese
5 Bürüciye Medrese
6 Mehmet Paşa Camii
7 Ulu Cami
8 Gök Medrese
9 Kale Parkı

Übernachten

1 Büyük Sivas Hotel
2 Sultan Oteli
3 Otel Köşk Sivas

Essen & Trinken

1 Büyük Merkez Lokantası
2 Güleryüz Restoran
3 Kangal Ağası Konağı
4 Şifaiye Çay Bahçesi

Infos

Info-Büro: Hükümet Meydanı, Vilayet, Tel. 0346 221 31 35, www.sivaskultur.gov.tr

Übernachten

Mit Wellness-Center – **Büyük Sivas Hotel** 1**:** İstasyon Cad. 7, Tel. 0346 225 47 63, www.sivasbuyukotel.com. Bestes Haus der Stadt (4 Sterne) mit akzeptablem Wellness-Center. Die modernen großen Zimmer sind mit TV und Minibar ausgestattet, jedoch nach vorn etwas laut. DZ/F um 300 TL.

Moderner Schick – **Sultan Oteli** 2**:** Eski Belediye Sok. 18, hinter der Post (PTT) am Atatürk Bulv., Tel. 0346 221 29 86, www.sultanotel.com.tr. Ruhig gelegenes Haus, modern renoviert und jetzt mit 3 Sternen. Schicke Zimmer, schönes Restaurant auf der Dachterrasse. DZ/F um 200 TL.

Landschaft bei Sivas mit den Minaretten der Çifte Minareli Medrese

Mittelklasse – **Köşk Sivas Otel** 3: Atatürk Bulv. 7, nahe Konak Meyd., Tel. 0346 225 17 24, www.koskotel.com. Mittelklasse in glasverspiegeltem Hochhaus, zentral gelegen, mit Restaurant. DZ/F um 150 TL.

Essen & Trinken

Volkstümliche **Lokanta** befinden sich im Umkreis des Meydan bzw. am Atatürk Bulvarı. Spezialität sind die *Sivas köftesi,* flache Hackfleischbratlinge, die man auf Pide-Brot mit gegrillten Tomaten und Peperoni serviert.

Gepflegt – **Büyük Merkez Lokantası** 1: Atatürk Cad. 13, Tel. 0346 223 64 34. Eines der besten Restaurants der Stadt, im hinteren Bereich wird auch Bier serviert. Hauptgerichte um 15 TL.

In der Fressgasse – **Güleryüz Restoran** 2: Aliağa Camii Sok., Tel. 0346 224 20 61. Eines der zahlreichen einfachen Lokale in der ›Fressgasse‹ rechts der Post; mit Pide, Kebap und Schmorgerichten, preiswert und gut. Sivas Köftesi um 12 TL.

Mit Internet – **Kangal Ağası Konağı** 3: Hikmet İşik Cad., Nalbantlarbaşı Cad., Tel. 0346 223 74 73. Etwas abseits in einem historischen Holzhaus, Kebap-Küche.

Kleine Pause – **Şifaiye Çay Bahçesi** 4: Selçuklu Parkı. In der Şifaiye Medrese ist ein **Teehaus** im Grünen eingerichtet, ideal für eine Pause in Zentrumsnähe. Ruhig im Grünen liegen auch die Lokanta und Teehäuser im Kale Parkı auf dem Stadthügel.

Verkehr

Busstation außerhalb, an der Umgehungsstraße Erzurum–Ankara (Yeni Otogar). Büros der Busgesellschaften zwischen Post und Konak Meydanı.

Kangal ▶ N 5

An der Strecke von Sivas nach Divriği liegt der kleine Ort **Kangal,** der wegen seiner Hundezucht bekannt geworden ist. In der Nähe des Ortes werden diese anatolischen Schäferhunde aufgezogen.

Ganz in der Nähe von Kangal liegt das **Balıklı Kaplıca,** die ›Quelle mit dem Fisch‹. Dies ist ein Heilbad, in dessen Badebecken zwei unterschiedliche, bis zu 10 cm lange Fischarten leben, die bei Schuppenflechte helfen. Die eine Sorte knabbert die befallenen Hautpartien blank, die andere bedeckt die Wunden mit einem heilenden Schleimfilm, sodass sie nicht infiziert werden können. Eine Heilbehandlung dauert ca. 3 Wochen bei täglich mehrstündiger Badekur.

Der völlig abgeschiedene Ort mit lediglich einfachsten Unterkünften lockt fast nur einheimische Kranke. Ein Probebad in dem 36 °C warmen Wasser und das besondere Empfinden, wenn man von den kleinen Fischen angenagt wird – ganz schön prickelnd –, sollte man sich aber vielleicht einmal gönnen.

Divriği ▶N 4

Zwei unterschiedliche Routen führen nach nach Divriği. Die schnellere Route führt von Sivas nach Süden und auf guter Straße über Kangal und den Karaşar-Pass (1950 m).

Die andere, reizvollere führt über Zara, dem Tal des Kızılırmak nach Osten folgend. Von dort aus fährt man südlich durch die Ausläufer des Tecer-Gebirges, wo man schon einen Vorgeschmack auf die Bergwelt Ostanatoliens bekommt, und dann über Sincan ins Tal des Tatlı Çayı. Die Straße nach Zara ist landschaftlich sehr reizvoll. Der Kızılırmak hat sich hier in ein breites Tal eingeschnitten, an dessen Hängen roter Sandstein, Gips und Mergel ein fast unirdisches Farbenspiel bieten. Die Plateaus sind oft von Dolinen durchlöchert, an den Hängen findet man bis in Flussnähe 50–100 m breite und bis zu 30 m tiefe Trichter und Kleinstdolinen mit Schlucklöchern (Ponoren).

Die Kleinstadt **Divriği** liegt auf 1250 m Höhe im Tal des Çaltı Çay, der ca. 35 km östlich der Stadt in den Euphrat mündet. Das antike Tephrike war seit dem 9. Jh. Zentrum der Paulikianer, einer radikal bilderfeindlichen christlichen Sekte. Nach der Niederlage der Byzantiner bei Malazgirt kam die Stadt unter die Herrschaft der Mengücikiden-Dynastie, die sich bis 1275 zwischen den Reichen der Seldschuken und der Mongolen behaupten konnte. Heute besitzt der Ort wirtschaftliche Bedeutung durch die größten Eisenerzvorkommen der Türkei.

Ulu Cami

Der wichtigste historische Bau ist die Ulu Cami, der ein Krankenhaus (*darüşşifa)* angegliedert war. Der auf einer künstlichen Terrasse angelegte Komplex wurde von zwei armenischen Architekten um 1228 als Stiftung von Ahmet Şah Mengüçoğlu und seiner Frau Turan Malik errichtet. Er zählt zu den bedeutendsten Denkmälern der seldschukischen Zeit (Weltkulturerbe).

Besonders eindrucksvoll sind die Portale. Ihre abstrakten und pflanzlichen Ornamentformen lassen neben seldschukischen auch georgische und armenische Einflüsse erkennen. Das Prunkstück der Moschee ist das Hauptportal an der Nordseite, das eine Ornamentik von einzigartiger Tiefenwirkung zeigt. Der Eingang des Hospitals wird durch Säulen, Lotusblütenreliefs, Flechtwerk und Medaillons eingerahmt.

Der Innenraum der Moschee ist durch massige Pfeiler und Bögen in fünf Schiffe geteilt. Sie werden von Tonnen- und Kreuzgewölben überspannt, die alle unterschiedlich gestaltet sind. Dadurch wirkt der Raum wie in Bewegung. Auch der große Mihrab und vor allem die kunstvoll geschnitzte Kanzel sind außergewöhnlich.

Zitadelle und Şahin Şah Türbesi

Von der Moschee aus sind es nur wenige Schritte hinauf auf das Plateau mit der **Zitadelle,** die man durch ein fast verschüttetes Burgtor an der Südwestecke betritt. Auf der Spitze des Bergs liegt die baufällige **Kale Camii** aus dem Jahr 1180. Von hier aus eröffnet sich ein großartiger Blick in die Schlucht des Çaltı Çay mit der Eisenbahntrasse.

In der Stadt selbst liegen einige seldschukische Grabbauten, so die achteckige **Şahin Şah Türbesi** mit einem pyramidalen Dach aus dem Jahr 1196. Lehmziegelhäuser mit schön geschnitzten Holzarbeiten und Reliefs erinnern an bessere Tage.

Schwarzes Meer
Göreme
Kayseri
Nevşehir
Mittelmeer

Kapitel 6

Kappadokien

Im Südosten Zentralanatoliens liegt Kappadokien (trk. Kapadokya), dessen einzigartige Tuffsteinlandschaft rund um Göreme mit ihren ausgemalten, in den weichen Stein geschlagenen Kirchen aus byzantinischer Zeit Höhepunkt einer jeden Türkeirundreise ist. Erosion durch Wind und Wasser formten vulkanische Ablagerungen zu einer märchenhaften Landschaft. Diese Region ist seit Jahrhunderten durch große Abgeschiedenheit und eine bäuerliche Kultur geprägt. Der vulkanische Untergrund bietet bei guter Bewässerung einen fruchtbaren Boden, auf dem Kichererbsen, Aprikosen, Zuckerrüben und vor allem Wein hervorragend gedeihen.

Als historisches Durchgangsland hat Kappadokien viele Herrscher kommen und gehen sehen: Hethiter, Perser, Kelten (Galater) oder Römer. Besonders die Byzantiner, nach der Eroberung von Anatolien (1071 n. Chr. bei Mantzikert) die Seldschuken und später die Osmanen haben mit sehenswerten Monumenten der Region ihren unverwechselbaren Stempel aufgedrückt. Die Kirchen von Göreme und Ihlara, die Grabbauten und Moscheen von Kayseri oder Niğde gelten als kulturelles Erbe der Menschheit und lassen im Zusammenspiel mit der einzigartigen Landschaft einen Besuch Kappadokiens zu einem unvergesslichen Erlebnis werden.

Von den Urlaubszentren der Südküste aus bieten türkische Reiseveranstalter Mehrtagestouren an, die meist auch einen Zwischenstopp in Konya vorsehen. Kayseri im Nordosten ist für Individualreisende durch Flüge von İstanbul, İzmir und Europa aus erreichbar. Der nächstgelegene internationale Flughafen befindet sich in Ankara.

Zerklüftete Erosionslandschaften prägen Kappadokien, hier bei Ortahisar

Auf einen Blick: Kappadokien

Sehenswert

Göreme-Nationalpark: Byzantinische Mönchsgemeinschaften höhlten aus dem weichen Tuffstein Kirchenräume, sogar ganze Klosteranlagen, die mit farbenfrohen expressiven Fresken biblischer Geschichten geschmückt sind (s. S. 470).

Kayseri: Eine moderne Großstadt, sicherlich. Aber das alte Basarviertel lohnt auf jeden Fall die einstündige Fahrt ab Göreme (s. S. 494).

Ihlara-Tal bei Selime: Der Canyon des Melendis Çayı ist eine wunderbare Wanderstrecke, gesäumt von Höhlenkirchen und Wohnhöhlen, die in den weichen Tuffstein geschlagen wurden (s. S. 503).

Schöne Routen

Von Ürgüp nach Uçhisar: Die Strecke bietet zahlreiche beschilderte ›Viewpoints‹, von denen aus man in die Täler der Region blicken kann. Wind und Wasser haben jedes davon unterschiedlich bearbeitet und berühmte Landschaftsbilder geformt. Kappadokien von seiner schönsten Seite (s. S. 482).

Von Ürgüp nach Soğanlı: Eine Fahrt in den Süden Kappadokiens entlang dem Damsa-Fluss. Auch eine gute Offroad-Strecke für Mountainbiker (s. S. 489).

Unsere Tipps

Wohnen im Fels: Der traditionelle Baustoff Kappadokiens ist der Tuffstein. Ob edelschick ausgebaute Wohnhöhlen oder aufgemauerte Gewölbezimmer – in Göreme, Uçhisar und Ürgüp kann man sich in außergewöhnlichen Refugien einmieten (s. S. 480).

Weinprobe in Ürgüp: In Kappadokien wird seit einigen Jahrzehnten wieder erfolgreich Wein angebaut. Führend sind die trockenen Rotweine der Turasan Şarap Fabrikası in Ürgüp. Mitte September wird dieser Wirtschaftszweig in dem Dorf mit einem stimmungsvollen Weinfest gefeiert (s. S. 482).

Wanderung im Tal des Güllü Dere: Rund um Çavuşin lassen sich schöne Touren durch Täler mit weichen Tuffsteinformationen unternehmen, die je nach Sonnenstand farblich von Gelb bis Rosa-rot changieren (s. S. 485).

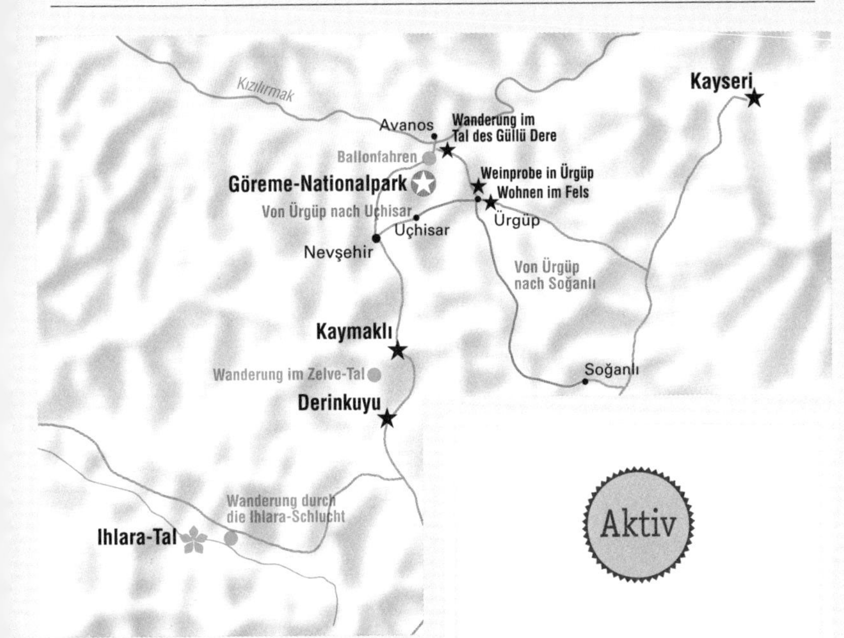

Aktiv

Mit dem Heißluftballon über die Tufflandschaft Kappadokiens

Ballonfahren in Kappadokien: Im Heißluftballon über Kappadokiens Felsenlandschaft: ein unvergessliches Erlebnis für Frühaufsteher (s. S. 476).

Wanderung von Paşabağ nach Zelve: Von Paşabağ nördlich von Çavuşin wandert man etwa 2,5 Std. ins Zelve-Tal, wo eine ganze Siedlung in den weichen Tuffstein der Hänge gegraben wurde (s. S. 486).

Städte unter der Erde: Kaymaklı und Derinkuyu: Die beiden Städte zählen zu den außergewöhnlichsten Sehenswürdigkeiten der Türkei (s. S. 490).

Wanderung im Ihlara-Tal: Der ›Grand Canyon‹ Kappadokiens klafft wie eine Wunde in der baumlosen Landschaft. Zwischen den schroffen Wänden kann man eine ausgedehnte Wanderung unter schattenspendenden Pappeln unternehmen – Kultur inklusive (s. S. 504)!

Der Göreme-Nationalpark

Das Kerngebiet Kappadokiens, der Göreme Milli Parkı (Göreme-Nationalpark), zeigt viele Gesichter, doch berühmt ist diese Landschaft vor allem für ihre in den Himmel ragenden Felskegel. An anderen Orten haben Schmelzwasserflüsse tiefe Canyons in den weichen Tuff gefräst.

Verantwortlich für die einzigartige Felskegellandschaft bei Göreme sind die Vulkanberge Erciyes Dağı (3916 m) und Hasan Dağı (3253 m), die sich vor ca. 60 Mio. Jahren gebildet haben. Durch die Eruptionen der heute erloschenen Vulkane überlagerten sich mehrere Schichten vulkanischen Materials von unterschiedlicher Festigkeit und Dicke zu einem Felsplateau. Dort, wo sich eine schützende Schicht aus härterer Basaltlava über den Tuff gelegt hatte, entstanden Aufbrüche, unter denen das weichere Tuffgestein schneller erodierte als die Oberfläche. So bildeten sich die typischen Felskegel (englisch *fairy chimneys*, Feenkamine, genannt). *Peribacaları* nennen die Türken diese oft phallusartigen Felsgebilde, wie sie etwa im Paşabağ-Tal bei Zelve oder im sogenannten ›Love Valley‹ (Ak Vadi) bei Göreme bestaunt werden können.

Das Klima Kappadokiens wird durch heiße Sommer und kalte, schneereiche Winter geprägt, zwischen November und Mai sind viele Hotels und Sehenswürdigkeiten geschlossen. Der späte Frühling ab Ende April/Anfang Mai ist ein Erlebnis: Zahlreiche Pflanzenarten, darunter auch viele endemische, blühen und überziehen die im Hochsommer oft karge Landschaft mit einem regelrechten Blütenteppich. Auch im Sommer wird es abends schnell etwas kühl, sodass ein Pullover und eine leichte Windjacke im Reisegepäck nicht fehlen sollten. Festes Schuhwerk und eine Taschenlampe erleichtern die Erkundung der abgelegenen Höhlenkirchen oder der unterirdischen Städte.

KONAK TÜRK EVI

Im **Konak Türk Evi** hat der rührige Göreme Charity Trust seinen Sitz, ein Zusammenschluss von lokalen Architekturfreunden und Hausbesitzern, die das historische Erbe Göremes und seine dörfliche Struktur bewahren wollen (www.goremecharity.com). Ähnliches versucht auch der Ethnologe Andus Emge mit seiner **Cappadocia Academy:** Mehr Infos unter www.fairychimney.com (übrigens auch eine gute Pensionsadresse!).

Göreme ▶ K 5/6

Cityplan: S. 473

Das Dorf **Göreme** liegt in einem Talkessel mit Dutzenden von Felskegeln und wird durch einen Bewässerungskanal in das neuere Unterdorf und das traditionelle Oberdorf geteilt. Dort fügen sich die aufgemauerten Wohnungen harmonisch zwischen die zahlreichen Felskegel ein, die wiederum als Behausungen, Stallungen oder Werkstätten dienen.

Am dörflichen Charakter und der Sozialstruktur von Göreme (früher Avcılar genannt) hat der expandierende Kappadokientourismus in den letzten zwei Jahrzehnten viel verändert. Allerdings bemüht man sich redlich, das äußere Erscheinungsbild nicht allzu sehr durch moderne Hotel- oder Nutzbauten zu beeinträchtigen. Man will das historische Erbe erhalten und zahlreiche findige Investoren haben alte Höhlenwohnungen und osmanische Häuser zu liebevoll eingerichteten Hotels umgebaut, die mit ihrer luxuriösen Aufmachung den Pioniercharakter der Backpacker-Pensionen der 1980er-Jahre weit hinter sich lassen. Aufgrund des erstarkten Tourismus lebt inzwischen überhaupt nur noch etwa ein Drittel der Bevölkerung von der Land- und Gartenbauwirtschaft.

Das Dorfzentrum von Göreme

Die ältesten Siedlungsspuren stammen aus römischer Zeit: das **Roma Kalesi** 1 ist ein antikes Grab mit tempelartiger Fassade in der Spitze des hohen Felsens im Dorfzentrum, von dem heute nur noch Reste erhalten sind. Ein zweiter Blickfang ist das auf einem kleinen Hügel gelegene **Konak Türk Evi** 2 . Der wehrhafte Baukomplex diente einst einem osmanischen Beamten als Wohnsitz. Bei der Restaurierung bemühte man sich neben einer möglichst originalgetreuen Renovierung von Holzdecke und Ausstattung auch um die Wiederherstellung der Wandbemalungen.

In der Nähe liegt am Ortsrand die **Yusuf Koç Kilisesi** 3 . Der mehrschiffige Bau mit seinen zwei Apsiden beeindruckt besonders dadurch, dass die vermeintlich für die Statik notwendigen Säulenstützen vollständig weggebrochen sind. Das Gewölbe scheint zu schweben. Das Bildprogramm aus dem 13. Jh. beinhaltet mit der Verkündigung nur eine Szene des für die byzantinische Liturgie wichtigen Festbildzyklus zu Hochfesten des

Göreme liegt inmitten einer märchenhaften Tufflandschaft

Kirchenjahres, die Malereien konzentrieren sich auf die Darstellung von Aposteln (u. a. Petrus und Paulus), Heiligen und Märtyrern. Im Zentrum des Gewölbes befinden sich zwei Kuppeln mit Darstellungen der Erzengel.

Das benachbarte **Bezirhane Manastır** 4 (ca. 11. Jh.) ist eine ehemalige Klosteranlage, die zuletzt als Taubenschlag genutzt wurde. Die Pfeiler der kreuzförmigen Kirche sind mit Heiligendarstellungen verziert. Vom Kloster führt der Weg zur **Durmuş Kilise** 5 (6. Jh.). Besonders bemerkenswert ist hier die aus dem Fels gehöhlte Innenausstattung. Die Vorhalle enthält zahlreiche in den Boden eingetiefte Gräber, der Kirchenraum ist als dreischiffige Basilika angelegt. In der Apsis trennt eine Schrankenanlage den Altarbereich vom Kirchenraum ab. In der Mitte des Kirchenschiffs steht eine frühchristliche Stufenkanzel, die zur Predigt und Lesung von beiden Seiten über eine kleine Treppe bestiegen werden konnte.

Saklı Kilise und El Nazar Kilisesi

El Nazar Kilisesi: 9–17 Uhr, Eintritt 5 TL

Die **Saklı Kilise** 6 (Versteckte Kirche) aus dem 11./12. Jh. liegt auf halber Strecke zum Museumspark Göreme (beschildert); ein schmaler Pfad führt hinauf. Die 1957 entdeckte Querraumkirche war ursprünglich Johannes dem Täufer geweiht. An der Decke des ersten Raums haben sich drei plastische Kreuze in hellgrüner und roter Bemalung erhalten, die in eine ornamentale Dekoration eingebunden sind. Neben Heiligen und Aposteln zeigt die figürliche Malerei Szenen aus dem Festbildzyklus. Auffällig ist die Landschaft: Der Maler hat seine eigene Lebenswirklichkeit einfließen lassen, denn die

Göreme

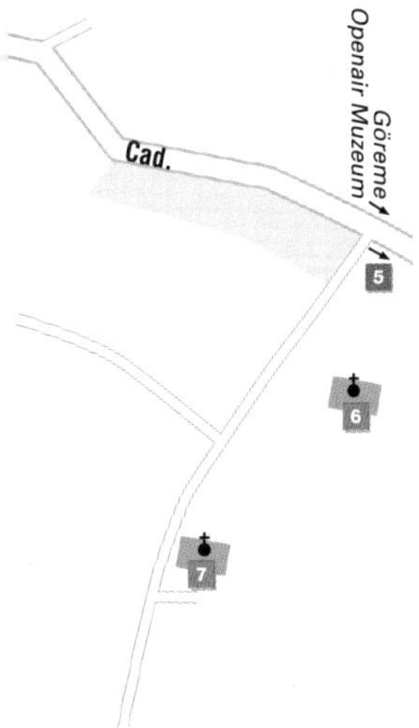

Sehenswert
1 Roma Kalesi
2 Konak Türk Evi
3 Yusuf Koç Kilisesi
4 Bezirhane Manastır
5 Durmuş Kilise
6 Saklı Kilise
7 El-Nazar Kilise

Übernachten
1 Kelebek Special Cave Hotel
2 Göreme House
3 Hidden Cave Hotel
4 Happydocia Pension
5 Kaya Camping

Essen & Trinken
1 À la Turca
2 Sedef Restoran
3 Topdeck Cave Restaurant
4 Fırın Expres

Abends & Nachts
1 Fat Boys Bar
2 Red Red Wine

Aktiv
1 Middle Earth Travel
2 Kapadokya Balloons
3 Voyager Balloons
4 Elis Kapadokya Hamam
5 Hitchhiker Rentals
6 Rainbow Ranch

steil aufragenden Felsen, durch die die Bilder häufig gerahmt werden, stellen offensichtlich die Tuffkegel Kappadokiens dar.

Im Tal unterhalb der Saklı Kilise liegt die erst vor einigen Jahren vollständig restaurierte **El-Nazar Kilisesi** 7. Der ehemalige Felsabbruch der durch Erosion zerstörten Apsis wurde geschlossen; die Wandmalereien dieser Kirche auf kreuzförmigem Grundriss (11. Jh.) sind nun nicht länger Wind und Wetter ausgesetzt.

Göreme-Museumstal

April–Okt. tgl. 8–19, letzter Einlass 17.30 Uhr, sonst 8–17, letzter Einlass 16.15 Uhr, Eintritt 20 TL inkl. Tokalı Kilise

Etwa 2 km von Göreme wurde ein ganzer Talkessel zu einem Freilichtmuseum, dem **Göreme Open Air Museum,** erklärt. Das versteckte Areal war in der Blütezeit des Byzantinischen Reichs ein Zentrum frommer, weltabgeschiedener Mönchsgemeinschaften. In Felswänden und freistehenden Tuffkegeln entstanden damals zahlreiche Kirchen und Klosteranlagen, deren Architektur und Ausmalung einzigartig sind und zum Weltkulturerbe zählen. Als meistbesuchte Sehenswürdigkeit Kappadokiens drängen heute in der Saison aber oft über 1000 Besucher gleichzeitig ins Tal, für jede Kirche hat jede Gruppe selten mehr als 5 Minuten Zeit.

Majestätisch begrüßt links vom Eingang der **Nonnenfelsen,** türkisch **Kızlar Manastırı** (Mädchenkloster) genannt, den Besucher des Museumsparks. Es handelt sich um ein sechsstöckiges, in den Fels gehöhltes Kloster mit Refektorium im ersten Stock und zwei Kapellen (seit 2014 geschl.). Unweit davon befindet sich die aus dem 11./12. Jh. stammende **Aziz Basil Şapeli** (Basilius-Kapelle).

Hinter der Vorhalle mit Gräbern liegt ein quergelagerter Kirchenraum mit Wandmalereien. Auf der Nordwand ist der namensgebende Kirchenvater Basilius von Cäsarea (heute Kayseri) dargestellt.

Die **Çarıklı Kilise** (Kirche mit den Sandalen) aus dem 12./13. Jh. ähnelt einer Kreuzkuppelkirche, allerdings mit nur zwei der sonst üblichen vier Säulenstützen. Die Ausmalung ist dem Leben Christi gewidmet. Sie beginnt in der westlichen Lünette mit der Geburt und setzt sich in den Gewölben fort. Ihren Namen hat Kirche von den Sandalenabdrücken im Fußboden vor der Darstellung der Himmelfahrt. In der Hauptkuppel erscheint Christus als Pantokrator, der von sechs Erzengeln begleitet wird. In den Zwickelfeldern werden die vier Evangelisten gezeigt. Unterhalb der Kirche liegt ein Refektorium, in dem die Mönche ihre Mahlzeiten einnahmen. Am Kopfende des Tisches ziert die Wand sinnfällig ein Abendmahlsfresko.

Karanlık Kilise

Zeiten wie Museumstal, Extra-Eintritt 10 TL

Weiter südlich liegt die bedeutende **Karanlık Kilise** (Dunkle Kirche), deren Malereien als die besten in Göreme gelten. Allerdings ist die Kirche sehr dunkel und die Bilder nicht gut zu erkennen. Der Bau war Teil eines Klosterkomplexes mit mehreren Räumen (u. a. ein großes Refektorium), die alle durch einen Hof miteinander verbunden waren. Der tonnengewölbte Narthex der Kirche ist durch einen Felsabbruch von außen erkennbar. Der aus dem Tuff gemeißelte Innenraum ist eine Kreuzkuppelkirche mit vier Säulenstützen, sechs Kuppeln und drei Apsiden.

Während im Narthexgewölbe die Himmelfahrt Christi und die Aussendung der zwölf Apostel dargestellt waren, beginnt der Christus-Zyklus auf Wänden und Decken der Kirche mit Szenen aus Kindheit (u. a. Verkündigung und Geburt) und Passion (Verrat des Judas und Kreuzigung etc.). Die Kuppeln der Kirche zeigen zweimal den segnenden Pantokrator mit dem Buch sowie Erzengel. Das Bildprogramm wird durch Heilige, Propheten und Könige des Alten Testaments ergänzt.

Yılanlı Kilise und Elmalı Kilise

Folgt man dem ausgeschilderten Weg durch das Tal im Uhrzeigersinn, so liegt benachbart zur Karanlık Kilise die **Kapelle 25,** eine Kreuzkuppelkirche mit Ornamentaldekor. In dem Komplex finden sich ebenfalls zwei Refektorien mit aus dem Tuffstein gearbeiteten Sitzbänken und Esstischen. Die kreuzförmige **Kapelle 27** enthält Malereien in Lineardekor sowie figürliche Darstellungen.

Die nahe **Yılanlı Kilise** (Schlangenkirche, Kapelle 28) ist ein tonnengewölbter Rechteckraum aus dem 11. Jh. Neben rotliniger Quaderimitation blieben in der Tonne Heiligendarstellungen erhalten: rechts Basilius, Thomas und Onuphrius, ihnen gegenüber u. a. die Reiterheiligen Georg und Theodor beim Kampf mit dem schlangenartigen Drachen nebst Konstantin und seiner Mutter Helena mit Heiligem Kreuz. In der Lünette der Südwand steht ein segnender Christus mit dem Stifter der Malereien.

Aufgemalte Quader finden wir auch in der **Barbara Şapeli** (Barbara-Kapelle) gegenüber. Ihr Inneres wird von nur zwei Säulen gestützt. Die bis auf Tierdarstellungen und schildförmige Nachahmungen byzantinischer Militärstandarten geometrisch-abstrakte Ausmalung deutet darauf hin, dass der Bau seine Ausschmückung zur Zeit des Bilderverbots erhalten hat. Die figürlichen Darstellungen der namengebenden hl. Barbara sowie der hll. Georg und Theodor sind jedenfalls erst später hinzugefügt worden.

Die **Elmalı Kilise** (Apfelkirche) aus dem 12. Jh. besitzt neun Kuppeln, die von vier Säulen getragen werden. Die Wände und Gewölbezonen sind mit Szenen aus dem Alten und Neuen Testament verziert. Die Zentralkuppel zeigt einen Christus Pantokrator, unter ihm in den Zwickeln Medaillons der vier Evangelisten. Dort, wo der Putz abblättert, kommen Reste einer früheren Ausmalung in Lineardekor mit rötlichen Kreuzmedaillons und Ornamenten zum Vorschein.

Tokalı Kilise

Die **Tokalı Kilise** liegt außerhalb des Museumsareals an der Straße ins Dorf Göreme.

Die Kunst kappadokischer Mönche

Das kappadokische Mönchtum wusste, um den strengen Anforderungen an die Askese (Fasten, Einsamkeit und Gebet) zu genügen, schon früh die besondere Beschaffenheit der Tuffsteinlandschaft zu nutzen. Einsiedler und Eremiten zogen sich in unwirtliche Regionen zurück und bewohnten zunächst natürliche Grotten oder Höhlen.

Mit der Zeit bildeten sich jedoch auch Klostergemeinschaften, die sich karitativen Tätigkeiten verschrieben und damit wichtige soziale Aufgaben auf dem Land erfüllten: Als Heilkundige befreiten sie Mensch und Tier von Krankheiten und waren in der Landwirtschaft tätig. Wie in Göreme, Selime oder Eski Gümüş noch heute anschaulich, lebten Mönche und Zivilbevölkerung in enger Gemeinschaft. Die gesamten Klosterbauten, inklusive Zellen, Küchen oder Refektorien, wurden komplett in den Fels geschlagen. Für die Kirchen bildeten byzantinische Bautypen wie die Basilika bewährte Vorbilder: Diese wurden ex negativo aus dem weichen Tuffstein gehöhlt.

Ab dem 9./10. Jh. hielten auch komplexere Formen wie die Kreuzkuppelkirche Einzug in die Höhlenkirchenarchitektur. Dieser Bautypus bot sich für die malerische Ausgestaltung an, denn die zahlreichen, übereinandergestaffelten Wandflächen waren wie geschaffen für ein wohldurchdachtes Programm mit Malereien. Im Mittelpunkt stand die Lebens- und Leidensgeschichte Christi. Die Darstellung von Wundern wie der Auferweckung des Lazarus dienten dabei als Beweis der himmlischen Macht des Gottessohnes. Triumphal erscheint Christus als Pantokrator, als ›Allesbeherrscher‹, in der Kuppel oder im Typus der Deesis (Fürbitte) auf einem geschmückten Thron in der Apsis, dem sich Maria und der Apostel Johannes als Bittsteller für die gesamte Christenheit nähern.

Nach dem Konzil von Ephesos (431), das Maria als *theotokos* (Gottesgebärerin) bestätigte, nahm ihre Verehrung stark zu. Die kappadokischen Kirchenväter Basilius von Cäsarea, Gregor von Nyssa und Gregor von Nazianz erkannten die Bedeutung Mariens als Vermittlerin zwischen Gott und den Menschen und stellten sie in den Mittelpunkt ihrer theologischen Erlösungslehre, was sich in zahlreichen Wandgemälden widerspiegelt. Szenen aus dem Alten Testament wurden oft als Vorausdeutung von Christi Leben und Wirken präsentiert, so als würde sich das Alte Testament im Neuen erfüllen. In Ergänzung zu den biblischen Szenen bevölkern Apostel, Propheten, Kirchenväter und Heilige die Kirchenwände. Ohne die griechische Namensbeischrift sind sie nur noch schwer zu identifizieren.

Die meisten kappadokischen Wandmalereien sind vermutlich im 10./11. Jh. entstanden. Tatsächlich müssen jedoch noch lange nach der türkischen Eroberung Anatoliens, in einer Zeit religiöser Toleranz, bedeutende Kirchenausstattungen entstanden sein. Eindrucksvolle Beispiele dafür sind die Tokalı Kilise in Göreme oder die Kırkdamaltı Kilise bei Ihlara (s. S. 504).

BALLONFAHREN IN KAPPADOKIEN

Tour-Infos
Dauer: 1,5 Std.

Wichtige Hinweise: Buchung s. Aktiv, warme Sachen nicht vergessen!

Es ist 4.30 Uhr morgens: In aller Herrgottsfrühe verlassen wir das Hotel. Verrückt, wir sind doch im Urlaub! Auf freiem Feld zwischen Göreme und Avanos wartet ein kleines Frühstück auf uns: ein wenig Gebäck und Tee. Doch kaum einer, der wirklich etwas anrührt. Mulmig ist einem zumute, denn nur wenige Meter weiter entrollen Helfer die Hülle eines großen Ballons, der uns in den Sonnenaufgang über Kappadokien tragen soll.
Gewaltige Ventilatoren blasen die Hülle aus Ballonseide unter ohrenbetäubendem Lärm auf. Nun gibt es kein Zurück mehr. Zwar steigt der Ballon nur langsam auf, aber die geflochtene Kanzel reicht gerade mal bis zur Hüfte. Eine falsche Bewegung und … Schließlich sind wir bereits 300 m über dem Talboden. Die fast lautlose Schwebepartie wird nur ab und an von einem fauchenden Geräusch unterbrochen, wenn der Brenner die Luft in der Hülle nachheizt. Scharf zeichnet die Morgensonne das beeindruckende Profil der Tuffkegellandschaft nach: der Panoramablick ist wirklich atemberaubend.

Der Fahrer steuert geradewegs auf einen der Feenkamine zu und ... steigt erst im letzten Moment wieder auf. Wie in Zeitlupe gleiten wir über die Felsnadel. Man hätte die Spitze mit Händen greifen können. Die Landung nach ca. einer Stunde ist übrigens genauso sanft wie der Aufstieg. Mehrere Agenturen bieten Fahrten mit erfahrenen Piloten an. Das luftige Vergnügen, nebst Sekt nach erfolgreicher Landung und Teilnahmezertifikat, kostet ca. 400 TL für eine 45-minütige Tour und 520 TL für etwa 90 Minuten.

Der Bau besteht eigentlich aus drei Kirchen unterschiedlicher Bauphasen. Neben der Kirche im Untergeschoss entstand etwa im 10. Jh. die Alte Tokalı Kilise als Längsraum mit Tonnengewölbe. Deren Apsis fiel später dem Bau der Neuen Tokalı Kilise zum Opfer, einer Breitraumkirche mit drei Apsiden, vor denen noch ein Quergang mit Arkaden eingefügt wurde. Da die Malereien im unteren Bereich durch Besucher beschädigt wurden, sind sie durch hölzerne Einbauten geschützt.

In der Alten Tokalı Kilise hat man erzählerische Fresken mit Evangelienszenen im oberen Abschnitt der Seitenwände und im Tonnengewölbe über zwei Register angeordnet. Die fast ›expressionistisch‹ anmutenden Malereien zeigen Szenen aus dem Leben Christi und Johannes des Täufers. In West- und Ostlünette finden sich Verklärung bzw. Himmelfahrt, der untere Bereich wird von Heiligen eingenommen. Der Malereizyklus des 10. Jh. beginnt im Südwesten und endet im Nordosten mit Kreuzigung und Auferstehung.

Die sehr qualitätvollen Malereien der Neuen Tokalı Kilise entstanden – so ergaben neueste Untersuchungen – im 13. Jh. Sie wurden also in einer Zeit religiöser Toleranz unter den islamischen Eroberern geschaffen und überzeugen durch eine intensive Wirkung der Figuren, die der Kunst der Hauptstadt Konstantinopel in nichts nachsteht. Eindrucksvoll ist das leuchtende Blau des Hintergrunds. Beginnend in der nördlichen Gewölbeecke ist ein Zyklus mit Szenen aus dem Leben Christi dargestellt.

Übernachten

Das **Accomodation Office,** eine private Tourismus-Kooperative an der Busstation im Ortszentrum, vermittelt Unterkünfte, Tel. 0384 271 11 11, www.goreme.org. Dort kann man zwischen ca. 50 bis 60 Unterkünften wählen.

Boutique-Stil – **Kelebek Special Cave Hotel 1:** Aydınlı Mah. 22, Tel. 0384 271 25 31, www.kelebekhotel.com. Das gepflegte Boutique-Hotel bietet rustikale, mit historischem Flair eingerichtete Zimmer, teils in Feenkaminen, teils in einem geschmackvoll renovierten Steinhaus. Mit Hamam. DZ/F 150–240 TL, Suiten/F um 400 TL.

Allrounder – **Göreme House 2:** Eselli Mah. 47, Tel. 0384 271 20 60, www.goremehouse.com. Das stilvoll renovierte historische Haus war früher eine Karawanserei. Mit Antiquitäten eingerichtete Gewölbezimmer. DZ/F 160–250 TL.

SCHATZHAUS DER MALEREI

Die Tokalı Kilise gilt als die schönste und bedeutendste Kirche in Kappadokien. Genau genommen sind es sogar drei Kirchen aus dem 10. bis 13. Jh., die mit der aus dem Fels gehöhlten Architektur faszinieren. Das Besondere im Gegensatz zu den anderen Göreme-Kirchen sind ihre starkfarbigen Fresken mit einem einzigartigen Lapislazuli-Blau als Hintergrund.

Traumhaft – **Hidden Cave Hotel** 3: Kazım Eren Sok. 9, Tel. 0384 271 24 60, www.hiddencavehotel.com. Traumhafte Höhlenzimmer mit geräumigen Bädern, hilfsbereites, zuvorkommendes Personal und ein gutes Restaurant. Trotz allem, die Preise sind (noch) moderat. DZ/F ab 180 TL.

Sympathisch – **Happydocia Pension:** 4: Fatih Sok. 7, Tel. 0384 271 25 10, www.happydocia.com. Günstige Pension mit fröhlichen Gastgebern und gutem Frühstück. DZ/F um 80 TL.

Zeltplatz mit Aussicht – **Kaya Camping** 5: Tel. 0384 343 31 00, ca. 5 km außerhalb von Göreme an der Straße nach Ürgüp oberhalb des Museumsparks. Der baumbestandene, schattige Platz besitzt eine kleine Bar sowie einen Pool mit Panoramablick.

Essen & Trinken

Spezialitäten der Region sind *pastırma,* ein Schinken ähnelndes Trockenfleisch vom Rind, *sucuk,* eine scharfe Wurst sowie das *testi kebab,* im Tontopf geschmortes Lammfleisch mit Gemüse.

FEST IM SATTEL

Auf dem Rücken von Pferden genießen auch Ungeübte bei geführten Touren die Felslandschaft Göremes mal aus einer anderen Perspektive. Keine Angst, im Schritttempo gewöhnt man sich schnell an den Sitz auf dem hohen Ross.

Rainbow Ranch 6: Direkt hinter Göreme an der Straße nach Çavuşin, Tel. 0384 271 24 13. Geführte zweistündige Ausritte jeweils morgens 9–11 und abends 18–20 Uhr (ca. 50 TL pro Person).

Für ein romantisches Essen – **À la Turca** 1: İçeridere Cad., Tel. 0384 271 28 82, www.alaturca.com.tr. Eines der schönsten Restaurants in Göreme, ganz edel in türkischem Stil eingerichtet. Vom Frühstück bis zum Abenddiner wird hier für alles gesorgt, in der Gartenbar kann man in Sitzkissen die heißen Stunden verdösen. Viel gelobte türkische Speisen, diese aber in europäischem Stil serviert. Hauptgerichte ab 30 TL.

Schattige Terrasse – **Sedef Restoran** 2 Bilal Eroğlu Cad., Tel. 0384 271 23 56. Traditionsreiches Restaurant im Hotel Lalezar mit großer Auswahl zwischen Grill und Pizza. Das besondere Plus: Im Sommer gibt es auf der Terrasse einen Wasserzerstäuber – sehr angenehm! Hauptgerichte ab 25 TL.

Höhlenambiente – **Topdeck Cave Restaurant** 3: Hafız Abdullah Efendi Sok. 15, Tel. 0384 271 24 74. Gute türkische Küche und köstliches Kebap aus dem Tontopf am offenen Feuer, auch Essen auf osmanischen Sitzkissen möglich. Hauptgerichte ab 18 TL.

Lahmacun und Pide – **Fırın Expres** 4: Eski Belediye yanı, gegenüber Roma Kalesi. Eher einfaches Lokanta mit einfachen Gerichten aus dem Backofen: zumeist Pide und Lahmacun, aber auch Schmorgerichte wie *Tavuk Güvec.* Ab 12 TL.

Abends & Nachts

Bier und Billard – **Fat Boys Bar** 1: Turgut Özal Meyd., Tel. 0536 936 36 52. Die Bar gegenüber der Busstation ist ein beliebter Treffpunkt, mit Pool-Billard und TV-Programm; abends gibt's Musik für jeden Geschmack.

Weinselig – **Red Red Wine** 2: Müze Cad. 9, Tel. 0384 271 21 83. Wer tagsüber bei der Weinprobe zurückhaltend war, kann in dieser urigen Weinbar bis zu später Stunde Tropfen der Region ausgiebig kosten.

Aktiv

Trekking – **Middle Earth Travel** 1: Karşı Bucak Cad. 40/1, Tel. 0384 271 25 59, www.middleearthtravel.com. Von April bis November mehrtägige Trekkingtouren in das Gebiet des Hasan Dağı und des Erciyes Dağı; dazu ›Extrem-Abseiling‹ zwischen Feenkaminen!

Blick auf Ortahisar mit seinem von Wohnhöhlen durchlöcherten Felsen

Heißluftballon – **Kapadokya Balloons 2:** Göreme, A. Menderes Cad., Tel. 0384 271 24 42, www.kapadokyaballoons.com. **Voyager Balloons 3:** Orta Mah., Müze Yolu Cad. 36/1, Tel. 0384 271 30 30, www.voyagerballoons.com, Büro am Weg zum Göreme Museumspark.
Hamam – **Elis Kapadokya Hamam 4:** Tel. 0384 271 29 74, www.elishamam.com, 10–24 Uhr. Neues Hamam, ein echter Wellness-Tempel! Frauen und Männer haben aber auch im 21. Jh. ihre eigenen Trakte und geschlechtsspezifisches Personal.
Bike- und Moped-Verleih – **Hitchhiker 5:** Turgut Özal Meyd., Tel. 0384 271 2169, www.cappadociahitchhiker.com. Vermietet Autos, Motorräder, Quads und MTBs.

Verkehr

Busstation im Ortszentrum; Bus mind. alle 2 Std. nach Nevşehir, per Dolmuş stündlich nach Avanos, Çavuşin, Ürgüp, Ortahisar.

Uçhisar ▶ K 6

Die ausgehöhlten Gewölbe des Burgbergs im Nachbardorf **Uçhisar** dienten als Wohnstätten und in byzantinischer Zeit auch teilweise als Klöster. Uçhisar (›Grenzburg‹) war in antiker Zeit auch als Spähposten von militärischer Bedeutung. Der Aufstieg führt zunächst durch das Innere, dann außen über Treppen zum **Gipfel** (tgl. 8– 20 Uhr begehbar, Eintritt). Oben bietet sich ein grandioser Ausblick über die Täler der Region, an klaren Tagen zeigt sich im Osten der schneebedeckte Gipfel des Erciyes Dağı. Wie in vielen Orten und Tälern der Region findet man auch in Uçhisar zahlreiche Taubenschläge, die mit typischen geometrischen Mustern bemalt sind.

Übernachten

Der Ort eignet sich wie Göreme und Ürgüp gut als Standquartier für einen mehrtägigen Aufenthalt in der Region. Da hier viele Rück-

WOHNEN IM FELS

In früheren Zeiten bewohnten vor allem zwei Spezies die kappadokische Tufflandschaft. Zum einen waren es Mönche, die die Abgeschiedenheit der Region zur Kontemplation nutzten, zum anderen Bauern, denen der fruchtbare Boden einträgliche Ernten bescherte. Beiden ›Berufsgruppen‹ gemein war die Nutzung der natürlichen Ressourcen der Region. Dazu gehörte an erster Stelle die preisgünstige Alternative zur Doppelhaushälfte: das Wohnen im Fels.

Der relativ leicht zu bearbeitende Tuffstein erlaubte es den Bauern in dieser holzarmen Gegend, sämtliche zum Broterwerb benötigten Einrichtungen in den Fels zu höhlen: von Wohnungen über Stallungen auch Taubenschläge, Kornmühlen und Werkstätten. Die Mönchsgemeinschaften schufen parallel dazu Räumlichkeiten für ihre sakralen Belange: Kapellen, Kirchen und sogar ganze Klöster ziehen sich durch den Fels. Wenn ein Anbau nötig wurde, fügte man aus Bruchsteinen aufgemauerte Häuser hinzu.

Der Eifer seiner Bewohner wurde so manchem ›Wohnfelsen‹ freilich zum Verhängnis. In Eski Çavuşin etwa kam es zur Katastrophe. Aufgrund der starken Aushöhlung brach 1963 ein großes Stück des Ortsfelsens ab und begrub tiefer gelegene Häuser und zahlreiche Einwohner unter sich. Die Überlebenden verließen das Dorf und siedelten sich in der Talsenke neu an.

In Göreme befürchtete man Ähnliches. Und so wurden seit den 1970er-Jahren die Bewohner einsturzgefährdeter Tuffbehausungen in die Neubaugebiete westlich des

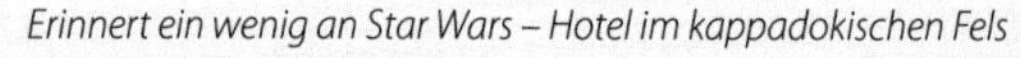
Erinnert ein wenig an Star Wars – Hotel im kappadokischen Fels

Kanals umgesiedelt. Und Einwohnern, die ohne Genehmigung zusätzliche Zimmer in den Fels schlagen, drohen empfindliche Geldstrafen bis hin zu Freiheitsentzug.
Doch längst hat man erkannt, dass mit hochwertig ausgestatteten Höhlenzimmern inklusive Jacuzzi eine gute Lira zu verdienen ist. Die meisten der Hotel- und Pensionsbetreiber halten sich an die Auflagen und jeder Individualreisende sollte einmal die Vorzüge der prähistorisch anmutenden Wohnform für sich testen. Ob einfach ausgestattete Wohngrotte oder luxussaniertes Terrassenensemble: Die Höhlenzimmer und Tuffsteinhäuser der Gegend um Ürgüp, Göreme und Uçhisar bieten während des heißen Sommers ein angenehm kühles Refugium mit optimalem Mikroklima – über die Wintermonate sind sie leicht zu beheizen. Und letztlich strahlen die ›Mauern aus Tuff‹ im Inneren das aus, was schon einst die Mönche zu schätzen wussten: himmlische Ruhe.

kehrer aus Frankreich investiert haben, wird oft Französisch gesprochen.
Pool im Zimmer – **Argos in Cappadocia:** Kayabaşı Sok., Tel. 0384 219 31 30, www.argosincappadocia.com. Elegantes Haus in einem ehemaligen Kloster mit Privatpools in den Suiten, großzügige, traditionell eingerichtete Zimmer, edle Bäder. Jazz- und Klassikkonzerte im Bezirhane, dem Meditationssaal der Mönche, und ein grandioser Blick zum Vulkan Erciyes Dağ sind weitere Attraktionen. DZ/F ab 550 TL, Suite 1250 TL.
Luxus-Dorfhäuser – **Les Maisons de Cappadoce:** Semiramis A.Ş.; Belediye Meyd. 6, Tel. 0384 219 28 13, www.cappadoce.com. Ein französischer Architekt wandelte hier mit viel Liebe zum Detail eine Reihe von Häusern zu 12 wohnlichen Studios oder Apartments. Jedes besitzt seinen eigenen Charme. Studio/Apt. für 2 Pers. ab 350 TL, Häuser ab 130 TL pro Person.
Griechisch – **Rox Cappadocia:** Koyun Yolu Sok. 11, Tel. 0384 219 24 06, www.roxcappadocia.com. Das ehemals griechische Wohnhaus wurde in ein 6-Zimmer-Hotel mit Dachterrasse umgewandelt, entsprechend freundschaftlich kümmert man sich hier um die Gäste. Zum Frühstück gibt's biologisch Wertvolles. DZ/F um 230 TL.
Klassiker – **Kaya Hotel:** Adnan Menderes Cad. 15, Tel. 0384 219 20 07, www.uchisarkayaotel.com. Sehr schönes Clubhotel mit Panoramaterrasse, Restaurant, geheiztem Pool und vielseitigem Sportangebot. DZ/F ab 220 TL, Suite/F um 350 TL.
Günstig und solide – **Kaya Pansiyon:** Tekelli Mah. 1, Tel. 0384 219 24 41, www.kayapension.com. Nette, familiär geführte Pension in einem Altstadthaus mit schöner Frühstücksterrasse und Garten. Ordentliche Zimmer im türkischen Stil und ein idyllisches Restaurant. DZ/F 120 TL.

Essen & Trinken

Viele türkische Lokale im Zentrum, z. B. **Uçhisar Restoran** direkt am Zentralplatz bei der Belediye, mit großer Auswahl an Kebaps und auch Schmorgerichten wie *güveç*, Hauptgerichte ab 12 TL.
Preisgekrönt – **Restaurant Lil'a:** im Museum Hotel, Tel. 0384 219 2220, www.lil-a.com.tr. Das beste Haus am Platz für ein feines abendliches Dinner. Preisgekrönte zeitgemäße türkische Küche mit Haute Cuisine-Einschlag. Die beiden Küchenchefs bieten auch Kochkurse an. Hauptgerichte ab 50 TL.
Gut mit Ausblick – **Elai Restaurant:** Eski Göreme Cad. 61, Tel. 0384 219 31 82, www.elaicappadocia.com. Gute türkische und auch französische Küche mit spektakulärer Aussicht, in einem früheren Kaffeehaus. Hauptgerichte um 35 TL.

Einkaufen

Onyx & Silber – **Özler Centre Artisanal:** Göreme Yolu Üzeri, Tel. 0384 219 20 26, www.ozleronyx.com. Alteingesessene Manufaktur mit schönen Produkten aus dem durchscheinenden Onyx-Marmor, auch Silber, Meerschaum, Edelsteine und Gold.

Weinhändler – **Kocabağ Şarapları:** Atatürk Bulv. 69, Tel. 0384 219 29 79, www.kocabag.com. Selbst Franzosen schätzen den roten Tropfen dieser kappadokischen Kellerei in Familienbesitz.

Aktiv

Ausflüge – **Görtur:** Fatih Cad., Tel. 0384 271 22 11. Agentur am Dorfplatz, um Fahrzeuge bzw. Pferde zu mieten oder Ausflüge zu den Highlights in Kappadokien zu buchen.

Ortahisar

Ortahisar, südöstlich von Göreme, ist das Zentrum des Obstanbaus in Kappadokien. Direkt hinter dem Ort schließen sich große Obstplantagen an. Die Ernte wird in den umliegenden Felsenhöhlen gelagert, die seit Jahrhunderten als Kühldepots dienen. Auch hier kann man wie in Uçhisar den ca. 100 m hohen, durchlöcherten Wohnfelsen besteigen (tgl. 8–20 Uhr, Eintritt).

WANDERUNG DURCHS LOVE VALLEY

Das Ak Vadi hat seinen Beinamen ›Liebestal‹ von den beeindruckenden Fels-Penissen, die dort Spalier stehen. Der Weg ins Tal biegt 2 km außerhalb von Göreme Richtung Çavuşin auf der linken Seite ab, von der Teerstraße nimmt man den zweiten Feldweg nach links (ca. 5 km). Da man zumeist dem Bachbett folgt, sind halbwegs feste Schuhe anzuraten, ebenso ausreichend Wasser und Sonnenschutz. Nach einer Pause am Dorfplatz mit dem Bus wieder zurück nach Göreme fahren.

Als **Hallaç Manastır** wird ein Klosterkomplex aus dem 11. Jh. nordöstlich des Orts bezeichnet. Das Bodenniveau des Hofes, um den sich die in den Fels gehauenen Räume gruppieren, stieg über die Jahrhunderte so weit an, dass von der Fassade der angeschlossenen Kreuzkuppelkirche nur noch die obere Hälfte zu erkennen ist.

Ürgüp ▶ K 5/6

Der Ort hat sich in den letzten Jahrzehnten zu einem der wichtigsten touristischen Stützpunkte Kappadokiens entwickelt, auch wenn sein Charme etwas hinter dem des noch dörflicheren Göreme zurückbleibt. Ürgüp mit heute etwa 10 000 Einwohnern wird von einem Hügel überragt, der früher als Wohnfelsen diente. Wie in Çavuşin brach auch hier in den 1950er-Jahren ein Teil aufgrund der starken Durchhöhlung ab.

Das daraufhin gebaute moderne Ürgüp dehnt sich nach Osten ins Tal des Damsa Çayı aus. In seldschukischer Zeit war Ürgüp ein wichtiges Handelszentrum. Gemüsekulturen, Obstanbau, Tourismus und Weinanbau sind heute die Einnahmequellen. An der Ausfallstraße nach Nevşehir kann man die **Turasan-Kellerei** besuchen und sich von der Qualität kappadokischer Weine überzeugen.

Von der historischen Blütezeit Ürgüps zeugen zahlreiche seldschukische Grabbauten: Die **Kılıçarslan Türbesi,** die **Altıkapılı Türbe** – ein sechstüriger Grabbau – und die durch Vecihi Paşa 1268 errichtete **Rükneddin Türbesi.** Auf dem Weg zum Burgberg, der durch den alten Ortskern führt, erhebt sich die **Büyük Cami** aus dem 14. Jh.

Der Burgfelsen, auf dem einst eine seldschukische Festung stand, gewährt schließlich einen schönen weiten Rundblick über Ürgüp und die angrenzenden Täler.

Im Stadtpark liegt das **Ürgüp-Museum** (Di–So 8–12 u. 13–17 Uhr, Eintritt frei), das archäologische und auch ethnografische Fundstücke aus der weiteren Umgebung verwahrt.

Umgebung von Ürgüp

Das **Devrent-Tal** ist aufgrund seiner pittoresken Felsformationen einen Besuch wert. Mit etwas Fantasie lassen sich in den Felsformationen ein Seelöwe, ein Hase oder auch Dinosaurier ausmachen. Für einen Spaziergang durch das noch völlig unberührte Tal empfehlen sich die frühen Morgenstunden oder die Zeit vor Sonnenuntergang, weil Licht und Schatten die Felsformen dann besonders plastisch hervortreten lassen.

Über die Orte **Karacaören** und **Karain**, östlich von Ürgüp gelegen, erreicht man nach ca. 20 km das Dorf **Yeşilöz.** Ein Umweg, der sich lohnt, denn dort findet man am Berghang oberhalb des Dorfes eine bedeutende byzantinische Höhlenkirche des 11. Jh. mit figürlichen Wandmalereien. Der *Bekçi* im Dorf, der den Schlüssel verwaltet und stets auf Besucher lauert, übernimmt die Führung. Die Kuppelkirche hat einen kreuzförmigen Grundriss, drei Abschlüsse der vier Kreuzarme sind als Apsiden ausgebildet und formen so einen Trikonchos. Der längere Westarm blieb unvollendet.

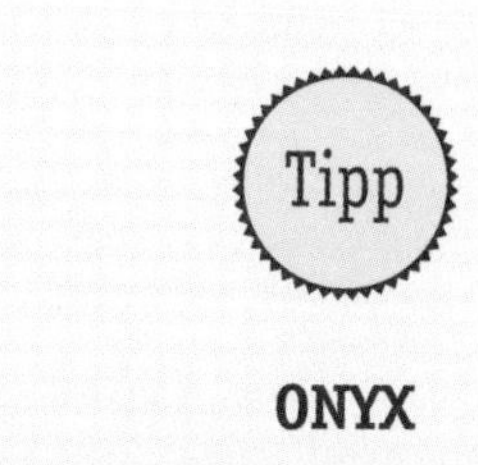

ONYX

Onyx ist ein marmorähnlicher halbopaker Stein vulkanischen Ursprungs, der insbesondere in der Gegend um Çavuşin gefunden und zu beliebten Souvenirs verarbeitet wird. Das Schneiden, Schleifen und Drechseln der weißlichen, beigen oder schwarzen Steine wird in den Werkstätten an der Ortsumgehungsstraße direkt vorgeführt. Sehr rar sind Objekte aus grünem Onyx, der heutzutage in Kappadokien nicht mehr zu finden ist.

Infos

Infobüro: Ürgüp, im Park beim Museum an der Kayseri Cad., Tel./Fax 0384 341 40 59.

Übernachten

Ürgüp ist *das* Standquartier für organisierte Gruppenreisen. So sind hier Dutzende von modernen Kastenhotels entstanden, die meisten an der Kayseri Cad. östlich und der İstiklal Cad. westlich vom Zentrum. Am schönsten logiert man jedoch in den traditionellen Unterkünften aus Tuffstein.

Schöner Wohnen mit Stil – **Yunak Evleri:** Yunak Mah., an der Straße nach Nevşehir, Tel. 0384 341 69 20, www.yunak.com. Eine stilvolle Nobelherberge, angelegt wie ein Felshöhlendorf, bestehend aus sechs Häusern und 27 Zimmern, aber immerhin mit Pool. Wirklich etwas Besonderes! DZ/F ab 400 TL, Suite 650 TL.

Dachgarten mit Fernblick – **Elkep Evi Cave Houses:** Esbelli Mah. 26, Tel. 0384 341 60 00, www.elkepevi.com.tr. Der Komplex etwas oberhalb von Ürgüp besteht aus drei kleineren Häusern mit jeweils sieben hübsch eingerichteten Zimmern, die meisten davon als echte Felswohnung. Viele Räume haben eine eigene Terrasse, einen Pool gibt's auch. DZ/F ab 300 TL, Suite um 420 TL.

Im Wohnhaus – **Hotel Cave Konak:** Dutlu Cami Mah., İstiklal Cad., Dar 2 Sok. 5, Tel. 0532 553 51 40, www.cavekonak.com. Ein wunderschönes historisches Anwesen in der typischen Architektur der Region, manche Zimmer sind auch in den Fels geschlagen. DZ/F ab 250 TL.

Geschmackvoll gemütlich – **Ürgüp Evi:** Esbelli Mah. 54, Tel. 0384 341 31 73, www.urgupevi.com.tr. Die Eigentümerin war früher einmal Hoteltesterin und hat all ihre Erfahrungen in dieses kleine Hotel eingebracht. Ergebnis: man fühlt sich sofort zu Hause. 13 Zimmer und ein Haus. DZ/F ab 200 TL, Suite ab 300 TL.

Budget-Unterkunft – **Hitit:** İstiklal Cad. 46, Tel. 0384 341 44 81, www.hitithotel.com. Reizvolles Haus aus Tuffstein mit netter, familiärer Atmosphäre. Die Zimmer sind einfach, aber recht preisgünstig. DZ 130–200 TL.

Essen & Trinken

Gut und günstig – **Şömine:** Cumhuriyet Meyd. 9, Tel. 0384 341 84 42, www.somine restaurant.com. In altem Lagerhaus im Zentrum, schön renoviert. Große Speisekarte und üppige Salatbar, ein beliebter Treffpunkt im Ort. Vorspeisen 8–16 TL, Hauptgerichte 25–40 TL.

Süße Verlockungen – **Şüküroğulları Pastanesi:** Cumhuriyet Meyd. Schräg gegenüber dem Şömine, mit reicher Auswahl an Backwaren und türkischen Süßspeisen.

Traditionsküche – **Cappadocia Home Cooking:** Ayvalı Köyü, Tel. 0384 354 59 07, www.cappadociahomecooking.com. 10 km Entfernung sollen nicht abschrecken: Beste Hausmannskost in einem dörflichen Ambiente und familiäre Atmosphäre lohnen den Weg. Angeboten werden auch Kochkurse. Hauptgerichte ab 18 TL.

Stardust – **Ziggy Cafe:** Yunak Mah., Tevfik Fikret Cad. 24, Tel. 384 341 71 07, www.ziggycafe.com. In einem alten Steinhaus an der Straße nach Göreme hat ein David Bowie-Verehrer dieses ansprechende Café und Restaurant eingerichtet, das auch als abendliche Cocktail-Bar durchgeht.

Einkaufen

Souvenirs – **Ürgüp Halıcılık:** Kavaklıönü Mah., Ahmet Taner Kışlalı Cad. 4, Tel. 0384 341 33 33. Das Angebot der zahlreichen Teppich- und Antiquitätenhändler im Ortszentrum macht die Wahl nicht leicht. Vorsicht: Nicht alles, was es hier zu kaufen gibt, darf auch ausgeführt werden (s. S. 69).

Weinhändler – **Turasan Şarapcılık:** Tevfik Fikret Cad., www.turasan.com.tr. 1943 gegründete Kellerei in Familienbesitz; vielfach preisgekrönte trockene Weiß- und Rotweine in französischem Stil.

Abends & Nachts

Drei in einem – **Asım'ın Yeri:** Esbelli Mah. 24, Tel.0384 341 28 67, www.asiminyeri.com.tr. Allround-Etablissement mit Abendterrasse für den Sonnenuntergang, Weinstube mit türkischer Livemusik und Disco zum anschließenden Abtanzen.

Aktiv

Türkisches Bad – **Ürgüp Şehir Hamamı:** Yeni Cami Mah., İstiklal Cad. 18, Tel. 0384 341 22 41, www.urgupsehirhamami.com. Ein kleines Bad aus der Zeit der Jahrhundertwende; unweit des Zentrums, gemischter Badebetrieb, tgl. 7–23 Uhr, Sa 12–15.30 Uhr nur für Frauen.

Verkehr

Mietwagen: Europcar: İstiklal Cad. 10, Tel. 0384 341 88 55. Budget: Cumhuriyet Meydani 4, Tel. 0384 341 65 41.

Çavuşin ▶K 5

Büyük Güvercinlik Kilisesi

tgl. 8–19, im Winter 8–17 Uhr, Eintritt 8 TL

Auf dem Weg von Göreme nach Avanos liegt auf der rechten Straßenseite eine der beiden sehenswerten Kirchen von Çavuşin, die

Büyük Güvercinlik Kilisesi, die ›Große Taubenschlagkirche‹. Ihr Eingang befindet sich hoch oben in der Felswand. Der Narthex ist heute weggebrochen; das Innere ist als Einraumkirche mit einem Tonnengewölbe aus dem Fels gehöhlt. Die Wandmalereien zeigen u. a. Szenen aus dem Leben Christi. In der Konche links der Hauptapsis ist die Familie des byzantinischen Kaisers Nikephoros Phokas dargestellt, der die Ausmalung der Kirche im 10. Jh. gestiftet hat. Das Familienbild erinnert an die Wallfahrt des Kaisers 964/65 zu den byzantinischen Höhlenklöstern Kappadokiens.

Eski Çavuşin

Auf dem Weg ins Dorf stößt man linker Hand hinter der Moschee auf den alten Ortskern: **Eski Çavuşin** wird überragt von einer schon von weitem sichtbaren abgebrochenen Tuffsteinfelswand. Was heutzutage auf den ersten Blick pittoresk wirkt, ist tatsächlich Mahnmal einer Katastrophe: Aufgrund der starken Aushöhlung brach 1963 ein großes Felsstück ab und begrub Häuser und Einwohner unter sich. Bei der in der Felswand gelegenen, heute halb heruntergebrochenen Johanneskirche mit einer einst aufwendigen Fassade versuchte man die Architektur einer Basilika im Fels nachzubilden.

In Çavuşin kommen auch Souvenirjäger auf ihre Kosten. An der Hauptstraße liegen kleine **onyxverarbeitende Werkstätten** mit Verkaufsräumen. Hier werden Aschenbecher, Vasen, Teller und allerlei Dekoratives aus diesem glattpolierten Stein verkauft.

Tal des Güllü Dere

Eine Wanderung zur **Ayvalı Kilise** (Kirche mit den Quitten), die zu den wenigen erhaltenen ausgemalten Kirchen aus der Zeit nach dem Ikonoklasmus (9./10. Jh.) zählt, führt durch

Die Wohnhöhlen des Zelve-Tals bildeten einst eine ganze Stadt

WANDERUNG VON PAŞABAĞ NACH ZELVE

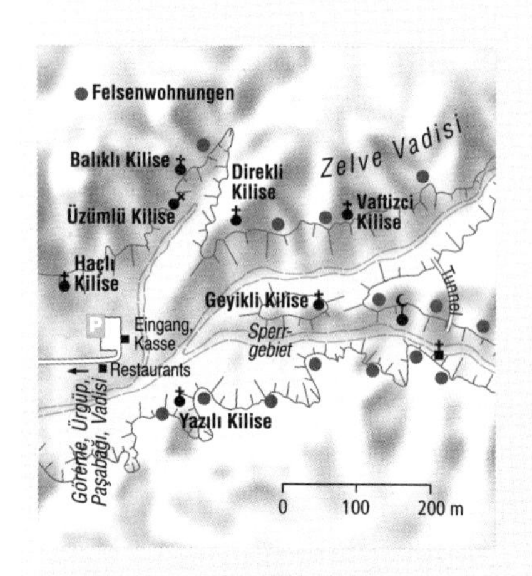

Tour-Infos

Start: An der Straße von Çavuşin nach Avanos den Abzweig zum Zelve-Tal nehmen, das Paşabağı Vadisi liegt rechts der Straße (2 km). Von dort aus weiter nach Zelve (1,5 km).
Zeiten: tgl. 8.30–17.30 Uhr, Eintritt 10 TL
Dauer: 2,5 Std. (hin und zurück)
Wichtige Hinweise: Festes Schuhwerk, Sonnenschutz, Wasser und möglichst auch eine Taschenlampe mitnehmen!

Bekannteste Wahrzeichen des **Paşabağı Vadisi,** des ›Tals der Mönche‹, sind die berühmten Feenkamine mit Tuffhut. Den besten Blick auf die faszinierende Landschaft mit ihren zahlreichen Felsnadeln, erhält man vom ersten Höhenrücken auf der rechten Seite. Im ausgehöhlten St. Simeonskegel wohnte einst ein Eremit. Oben lag seine Zelle und im Erdgeschoss eine heute noch sichtbare Kapelle. Auf touristischen Besuch ist man in Paşabağ eingestellt: Wie häufig an Orten für pittoreske Fotomotive haben sich fliegende Händler niedergelassen.

Folgt man dem Weg parallel zur Straße weiter nach Osten, kommt man zum **Zelve-Tal,** das sich kurz nach dem Eingang in drei Teile gabelt, die teils natürlich, teils durch Menschenhand miteinander verbunden sind. Das nördliche Tal ist jedoch wegen Steinschlaggefahr nicht mehr zugänglich. Während die ›Bauwut‹ im Museumstal von Göreme einst religiösen Beweggründen entsprang, dienten die vielen Aushöhlungen in Zelve fast ausschließlich als Wohnungen. Bis in die 1950er-Jahre bot das Tal Hunderten von Menschen Unterkunft. Wegen akuter Einsturzgefahr mussten dann aber alle umsiedeln; heute ist das Tal ein Freilichtmuseum.

Sehr beeindruckend sind die Wohnfelsen im ersten Tal. Die engen und verwinkelten Gänge, die teilweise durch Rollsteine verschließbar sind, verbinden zahlreiche Räume und Nischen. Mit einer Taschenlampe kann sogar noch ein Verbindungstunnel zwischen dem ersten und dem mittleren Tal erkundet werden.

Die Kirchen von Zelve zeigen aus dem Fels herausgearbeiteten Reliefschmuck und einfache Malereien. Skulptierte Kreuze sind häufig mit frühchristlichen Symbolen wie Fisch, Hirsch, Lamm oder Weinranken verbunden. Aus diesen Symbolen resultieren volkstümliche Namen wie bei der Balıklı Kilise (Kirche mit Fisch) bzw. Üzümlü Kilise (Kirche mit Weintrauben), die am Eingang zum linken Tal zu finden sind.

Die Vaftizci Kilise (Täuferkirche, mittleres Tal) wurde als Einraumkirche aus dem Fels gehöhlt. Ihre Wände sind mit Blendnischen und Kreuzen versehen. Den Übergang vom zweiten zum dritten Tal markiert ein schmaler Felsgrat. Dort stehen die leider vom Einsturz bedrohten Reste der Geyikli Kilise (Kirche mit Hirsch). Weiter im südlichen Talarm liegt eine ebenfalls in den Fels gehauene Moschee, deren tabernakelartiges Minarett typisch für die Region ist.

das grüne **Tal des Güllü Dere.** Man durchquert eine Landschaft, die traditionell durch Weinanbau und Feldbewirtschaftung geprägt ist. Die idyllischen Taleinschnitte werden von Hügeln gerahmt, die mit fließenden Tuffgesteinsformen faszinieren.

Avanos ▶ K 5

Das malerische Städtchen **Avanos** liegt am Fuß einer sanften Hügelkette. Der Kızılırmak (Roter Fluss), mit 1355 km längster Strom der Türkei, trennt den Ort in zwei Hälften. Das alte Viertel am nördlichen Ufer lädt mit verwinkelten Gassen zum Flanieren ein. Die Haupteinnahmequelle der Stadt sind die vor Ort gefertigten Ton- und Keramikwaren. Den Rohstoff für diese Produktion liefert der Kızılırmak, der seinen Namen den gewaltigen roten Lehmmassen verdankt, die die Frühjahrshochwasser alljährlich anspülen.

Karawanserei Sarıhan

Tgl. 9–20 Uhr, Eintritt 8 TL

6 km östlich der Stadt liegt die renovierte Karawanserei **Sarıhan** aus dem 13. Jh. Das Bauwerk trägt wegen der verwendeten gelben Quadersteine den Namen ›Gelber Han‹ und markierte eine Station der Karawanenroute nach Kayseri und weiter zur Seidenstraße. Man betritt die Anlage durch ein aufwendig skulptiertes Portal. Der quadratische Hof wird an drei Seiten von Räumen umgeben. An Unterkünfte, Bäder und Stallungen schließt sich eine mehrschiffige, tonnengewölbte Halle an.

Infos

Info-Kiosk: Atatürk Cad., Tel./Fax 0384 511 43 60. Touren, Hotelvermittlung etc. über Reisebüro Kirkit Voyage (Atatürk Cad. 50, Tel. 0384 511 32 59, www.kirkit.com).

Übernachten

Viele kleinere Pensionen liegen in der Nähe der Hauptstraße, z. B.

Hotel mit Dorfplatz – **Sofa Hotel:** Orta Mah., Gedik Sok. 9, Tel. 0384 511 51 86, www.sofa-hotel.com. Das Sofa Hotel besteht aus 13 historischen Häusern am Hang in der Altstadt und ist liebevoll mit Antiquitäten ausgestattet. Das ganzjährig geöffnete Haus führt auch ein gutes Restaurant. Schöner Innenhof! DZ/F ab 150 TL.

Freundlich – **Kirkit Pension:** Atatürk Cad., Tel. 0384 511 31 48, www.kirkitpension.com. Die zentral gelegene Pension mit 17 Zimmern hat ein freundliches Ambiente und ist ganzjährig geöffnet. Hier steigen viele frankophone Gäste ab. DZ/F ab 140 TL.

Essen & Trinken

Anatolische Küche – **Bizim Ev:** Orta Mah., Baklacı Sok. 1, Tel. 0384 511 55 25, www.bizim-ev.com. In diesem gemütlichen Restaurant wird auf drei Stockwerken diniert. Die Küche bietet eine reichhaltige Auswahl an Fleisch- und Fischgerichten.

Nachgebaute Karawanserei – **Hanedan Kervansaray Restaurant:** Nevşehir Çevre Yolu, Tel. 0384 511 50 06, www.kapadokyahanedanrestaurant.com. Großes Mittelklasse-Restaurant im Nachbau einer Karawanserei mit komplett überdachtem Innenhof. Viele Bustouren machen hier Halt. Frühstück, Mittag-, Abendessen à la carte.

Einkaufen

Töpferei – **Chez Bircan:** Yukarı Mah., Kayıkçı Sok., Tel. 0384 511 35 58. Hasan töpfert hier seit 30 Jahren.

Aktiv

Reiten – **Akhal Teke Horse Center:** Aydınaltı Mah., Gesteriç Mevkii 21, Tel. 0384 511 51 71, www.akhal-tekehorsecenter.com. Der Reiterhof organisiert Kurztrips und mehrtägige Ausritte mit fachkundiger Begleitung. Tagestouren je nach Dauer zw. 80 und 450 TL.

Töpferkurse – **Chez Galip:** Posta Karşısı, Tel. 0384 511 57 58, www.chez-galip.com. Keramik, aber auch Töpferkurse unter fachkundiger Leitung. Als Kuriosität hat Galip ein veritables Haarmuseum in den Kellern seines Ladengeschäftes eingerichtet. Vor allem Damen müssen hier bei einem Besuch immer wieder Locken lassen.

Verkehr

Busstation im Süden der Stadt, häufig Fernbusse der Strecke Kayseri–Nevşehir; regionale Busse nach Göreme oder Ürgüp.

Nevşehir ▶K 6

Die Provinzhauptstadt **Nevşehir** liegt am westlichen Rand der kappadokischen Tuffsteinlandschaft. Bedauerlicherweise prägen heute zahlreiche Betonbauten das Gesicht einer Stadt, die ihre wirtschaftliche Bedeutung im Wesentlichen der Nähe zum touristischen Zentrum Göreme verdankt.

Die seldschukische **Zitadelle** auf dem Hügel über dem Ort kündet vom Glanz vergangener Zeiten (Di–So 8–12 u. 13–17 Uhr, 2 TL). Die Reste der historisch gewachsenen Stadtviertel befinden sich unterhalb dieses Burgbergs.

Ihren Namen und ihren Aufstieg verdankt die Stadt dem Großwesir Ahmets III., Damat İbrahim Paşa. Er baute den Ort im 18. Jh. während der sogenannten Tulpenzeit zu einer Art osmanischen Idealstadt aus und benannte ihn daher Nevşehir (Neue Stadt) um. Unter anderem stiftete er die **İbrahim Paşa Külliyesi** am Fuß des Burgbergs. In der Anlage von 1726 haben sich neben der Moschee auch die Medrese, eine Bibliothek, die Armenküche *(imaret)* und das Hamam erhalten.

Im **Nevşehir Museum** (Di–So 8–17 Uhr, Eintritt frei) an der Ausfallstraße nach Uçhisar sind Fundstücke aus der hethitischen, hellenistischen, römischen und byzantinischen Epoche zu besichtigen. Im Obergeschoss wird türkische Kunst gezeigt.

Infos

Info-Büro: Atatürk Bulvarı, neben dem Hospital, Tel./Fax 0384 **341 40 59**, www.nevsehir kultur.gov.tr/

Übernachten

In Nevşehir selbst gibt es keine empfehlenswerten Hotels; besser wird man im nahen Uçhisar oder auch in Göreme bzw. Ürgüp unterkommen. Etwas außerhalb liegt:

Gutes Motel – **Dinler Resort:** Mehmet Dinler Bulv., Tel. 0384 341 30 30, www.dinler.com. Großzügige Motelanlage 2 km Richtung Ürgüp mit hellen, funktionalen Zimmern. Mit Restaurant, Pool, Kinderspielplatz und Garten mit Wasserläufen. DZ/F ab 150 TL.

Essen & Trinken

Kebap im Grünen – **Nevşehir Konağı Restaurant:** Aksaray Cad. 46, Tel. 0384 212 79 79, www.nevsehirkonagi.com. Das Restaurant im Grünen serviert Vorspeisen und Grillgerichte.

Preiswert – **Sofra Restaurant:** Kayseri Cad. 23, Tel. 0384 341 43 33. Gehobene Garküche im Zentrum, in die auch Einheimische gern einkehren. Bodenständige Gerichte, Tontopfkebap, ein gutes Preis-Leistungsverhältnis und aufmerksames Personal.

Verkehr

Busstation am nördlichen Ortsrand, Gülşehir Cad. Fernverkehr nach Ankara, İstanbul, Mersin, Alanya, Antalya und İzmir.

Nevşehir Kapadokya Airport: Zwischen Nevşehir und Gülşehir gibt es einen kleinen Flughafen. Bislang wird er jedoch meist als Inlandsflughafen von İstanbul und Antalya genutzt und von Turkish Airlines, Anadolu Jet und Pegasus angeflogen. Weitere internationale Verbindungen aber nach Kayseri (s. S 480).

Kappadokien – das Umland

Jenseits des kappadokischen Kernlandes erstreckt sich zwischen den Bergen Erciyes Dağı und Hasan Dağı eine flache, steppenartige Hochebene. Die Erosion hat jedoch auch in dieser häufig baumarmen Region idyllische Oasen wie das Ihlara-Tal oder das Soğanlı-Tal geschaffen. Die Provinzhauptstadt Kayseri sowie die Städte Niğde und Kırşehir können auf eine wechselvolle Geschichte zurückblicken.

Von Ürgüp nach Soğanlı

Eine Fahrt von Ürgüp in den Süden Kappadokiens ist nicht nur wegen der zahlreichen historischen Sehenswürdigkeiten interessant, sondern auch wegen der vielen landschaftlichen Reize dieser Route. Die Strecke führt bis Taşkınpaşa durch das schöne Damsa-Tal, dessen fruchtbarer Boden landwirtschaftlich genutzt wird.

Mustafapaşa (Sinassos) ▶K 6

Kurz vor Mustafapaşa passiert man die **Sarıca Kilise,** die vor einigen Jahren mit viel Beton leider wenig sensibel restauriert wurde und im Inneren einfache Malereien des 10. bis 13. Jh. birgt.

An dieser Kreuzung liegt auch der Abzweig zur Einraumkirche **Pancarlık Kilise,** die in einen majestätisch wirkenden Felskegel gehöhlt wurde. Ihre kunsthistorisch bedeutenden Fresken stammen aus der Zeit der sog. Makedonenrenaissance (10. Jh.). In leuchtenden Grün-Rot-Tönen werden Szenen aus dem Leben Christi dargestellt. Mit einem Führer kann man auch zur **Tavşanlı Kilise** im benachbarten Tal gelangen, die ebenfalls Malereien des 10. Jh. besitzt.

Mustafapaşa hieß bis zur großen Umsiedlung 1923 noch **Sinassos** und war zu dieser Zeit hauptsächlich von Griechen bewohnt. Als diese nach dem Lausanner Abkommen 1923 ihre Heimat verlassen mussten, verfielen Häuser und Kirchen. Die Mitarbeiter der Touristeninformation (am Kreisverkehr) schließen die griechischen Wohnhäuser und Kirchen auf; sie führen auch gern zu Höhlenkirchen in den umgebenden Tälern.

In einem der historischen Häuser haben sich neben den Einbauschränken und Decken aus Holz auch Reste einer skurrilen Wanddekoration erhalten: Sie zeigt einen Zug mit Lokomotive, der durch das London des 19. Jh. rattert. Einige der Häuser wurden in gemütliche Pensionen oder Hotels mit nostalgischem Charme umgewandelt. Steigt man auf den kleinen Hügel über dem Dorf, überrascht dort der Anblick eines aus Glühbirnen gebildeten Atatürk-Bildnisses, das nachts über dem Ort leuchtet.

Griechische Kirchen

Beide tgl. 8–19, im Winter 8–17 Uhr, Eintritt 8 TL

Die **Aiyos Konstantinos-Eleni Kilesesi** am Dorfplatz ist Kaiser Konstantin und seiner Mutter Helena geweiht. Sie besitzt ein aufwendig skulptiertes Portal und ist mit Fresken aus dem Jahr 1895 ausgemalt.

Besonders interessant ist der Besuch der am Ortsrand gelegenen Kirche **Aiyos Vasilios,** die erst um die Wende zum 20. Jh. aus dem Fels gehöhlt wurde. Auf weißem Putz sind verschiedene Heilige abgebildet, die stilistisch die alte byzantinische Darstellungsweise fortführen.

STÄDTE UNTER DER ERDE: KAYMAKLI UND DERINKUYU

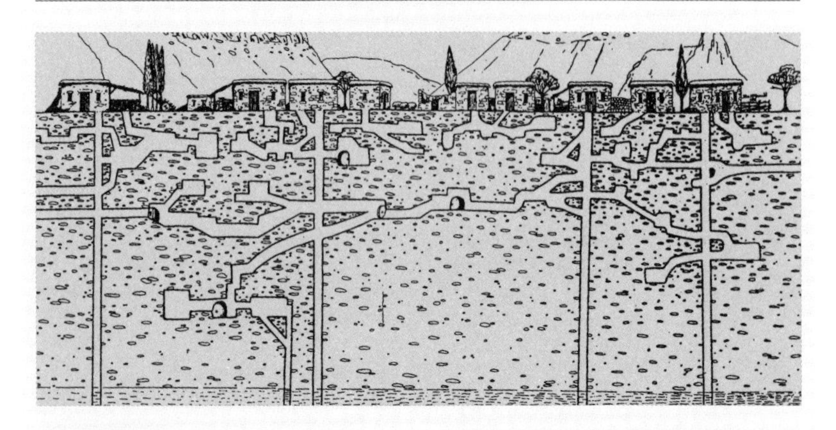

Tour-Infos

Start: Göreme
Länge: ca. 110 km, Mietwagenrundfahrt
Dauer: ca. 5 Stunden, geöffnet: tgl. 8–19, im Winter 8–17 Uhr, Eintritt jeweils 20 TL
Wichtige Hinweise: Taschenlampe und warme Kleidung mitnehmen

Schon die frühen Bewohner Kappadokiens haben die geologische Besonderheit ihres Siedlungsraums zu nutzen gewusst und ihre Städte nicht nur oberhalb der Erde errichtet, sondern auch unterirdisch in den Tuffstein gegraben. So entstanden fast 100 unterirdische Städte *(yeraltı şehri),* von denen die in Kaymaklı und Derinkuyu südlich von Nevşehir die beeindruckendsten sind. Früheste Erwähnung finden solche Städte in Xenophons ›Anabasis‹ (4. Jh. v. Chr.). In byzantinischer Zeit erfuhren die Anlagen ihre größte Ausdehnung. Die weit verzweigten Gänge schützten vor feindlichen Eindringlingen und boten bei konstanter Temperatur von ca. 10 °C ausgezeichneten Lagerraum.
1964 entdeckte man ca. 20 km südlich von Nevşehir in **Kaymaklı** ▶ K 6 den verborgenen Eingang zu einem Tunnel- und Raumsystem, dessen wirkliches Ausmaß bis heute noch abzusehen ist, da viele der abzweigenden Gänge verschüttet sind. Man nimmt an, dass bisher erst ein Zehntel der Anlage erforscht ist. Zurzeit können vier Stockwerke besichtigt werden. Der Besuch in diesem gut ausgeleuchteten Tufflabyrinth ist als Rundgang konzipiert (rote Pfeile führen in die Tiefe, blaue Pfeile wieder nach oben). Der Abstieg beginnt in den ehemaligen Stallungen auf dem Erdniveau. Der Durchgang zu den Untergeschossen konnte mit Rollstei-

nen von innen gegen Angreifer verschlossen werden. Am Weg reihen sich eine Kirche, Wohn- und Lagerräume sowie Werkstätten aneinander. Die Frischluftzufuhr erfolgte mittels eines ausgeklügelten Systems aus Zu- und Abluftschächten.
Ca. 10 km von Kaymaklı entfernt liegt **Derinkuyu,** die bislang größte unterirdische Stadt der Region. Wie in Kaymaklı handelt es sich um ein schier unüberschaubares Labyrinth von Gängen und Räumen auf mehreren Ebenen. Bis heute hat man acht Stockwerke bis in eine Tiefe von 40 m erschließen können. Der Rundweg ist gut beleuchtet. Eine Halle im siebten Untergeschoss weist einen kreuzförmigen Grundriss auf und kann daher als Kirche interpretiert werden. Die Wasserversorgung der Bewohner wurde durch unterirdische Zisternen gewährleistet.

Übernachten

Wie ein Pascha – **Gül Konakları (Rose Mansions):** Sümer Sok. 1, Tel. 0384 353 54 86, Fax 0384 353 54 87, www.rosemansions.com. Eine luxuriös im Stil des frühen 20. Jh. eingerichtete Hotelanlage in zwei schönen alten griechischen Steinpalästen, mit hübschem Garten und gepflegtem Hamam. Auch Königin Sofia von Spanien hat in den romantischen Baldachinbetten schon genächtigt. DZ/F ab 140 TL.

Romantisch – **Old Greek House:** Tel. 0384 353 53 06, www.oldgreekhouse.com. Hotel mit besonderem Ambiente, untergebracht in einem alten Griechenhaus mit Innenhof und hauseigenem Hamam. Die Zimmer sind einfach, jedoch teilweise mit altem Mobiliar eingerichtet. Das angeschlossene Restaurant bietet große Auswahl an leckeren türkischen Schmor- und Gemüsegerichten. DZ/F 140 TL.

Mazı Yeraltı Şehri ▸ K 6

Von Musafapaşa fährt man etwa 45 Min. über Ayvalı nach **Mazıköy** mit einer unterirdischen Stadt (s. auch S. 490). In der Antike hieß der Ort **Mataza;** die Gänge wurden in den Steilhang über dem heutigen Ort seitlich in den Tufffelsen getrieben. Mit einer guten Taschenlampe kann man Viehställe, Kelteranlagen, eine Kirche erkunden, die mit mächtigen Rollsteinen zum Schutz vor Feinden verschlossen werden konnten. Die tieferen Stockwerke, evtl. ähnlich tief wie in Kaymaklı, sind noch nicht erforscht, nur über Schächte mit Trittstufen geht es hinab.

Durch das Damsa-Tal

Südlich von Mustafapaşa liegt die **Damsa Barajı.** Zur regionalen Wasserversorgung hat man hier den Fluss Damsa auf einer Länge von 3 km zu einem See aufgestaut. Die schattigen Uferstreifen nutzen türkische Familien gerne für ein Wochenendpicknick.

Etwa 1,5 km hinter dem Dorf Cemil gelangt man zum ehemaligen, den Erzengeln geweihten griechischen **Archangelos-Kloster** (Keşlik Manastır). Die Höhlenbauten umfassen u. a. eine Kirche, ein Refektorium und einen Taufraum, dessen Becken von einem Baldachin überwölbt wird. Die Malereien der zweischiffigen Kuppelkirche sind stark geschwärzt und nur mit einer Taschenlampe noch ausreichend zu erkennen. Dargestellt sind Szenen der Marienlegende sowie der Kindheits- und Leidensgeschichte Jesu. Eine Inschrift bei der Malerei gegenüber dem Eingang verweist auf das Jahr 1912, was vermuten lässt, dass griechische Christen die Klosterkirche bis zu ihrer Vertreibung 1922/23 nutzten. Der kunsthistorisch bedeutendere Bau des Klosters ist die Stephanos-Kapelle aus dem 9. Jh., eine Einraumkirche mit Flachdecke, die ein triumphales Gemmenkreuz schmückt.

Hinter dem Dorf **Taşkınpaşa** verlässt man den Flusslauf des Damsa. Auf der linken Seite der Durchgangsstraße können im Ort noch die Reste eines Saray-Baus aus dem 14. Jh. besichtigt werden. In einem Felskegel am Hang etwas abseits der Straße bei Şahinefendi liegt die **Kırk Şehitler Kilisesi** (Kirche der 40 Märtyrer). Zwei tonnengewölbte Räume sind mit einer Dreierarkade voneinander geschieden. Die Malereien stammen aus dem Jahr 1216. Bemerkenswert ist die Darstellung von 40 Männern, die nur mit einem Lendenschurz bekleidet auf einem zugefrorenen See stehen. Die Szene beschreibt den Märtyrertod von 40 Legionären, die in der Nähe von Sebasteia (dem heutigen Sivas, s. S. 461) stationiert waren. Sie wurden vor die Wahl gestellt, zu erfrieren oder ihrem Glauben abzuschwören und sich im nahen Badehaus wieder aufzuwärmen. Nur einer wurde schwach. An seine Stelle tritt jedoch der Bademeister, der sich seines Gewandes entledigt, um sich zu den Bekennern zu gesellen.

Das Soğanlı-Tal ▸ K 6

Tgl. 8.30–17.30 Uhr, Eintritt 5 TL

Im zerklüfteten **Soğanlı-Tal** liegen zahlreiche sehr sehenswerte Felsenkirchen, die zwischen dem 9. und 13. Jh. entstanden sind. Noch vor der Einfahrt ins Tal kann die mit einfachem Lineardekor ausgestattete **Tokalı Kilise** besichtigt werden; in den Fels geschlagene Stufen führen zum unscheinbaren Eingang empor. Folgt man hinter dem Kassenhäuschen der nach rechts abzweigenden Straße, gelangt man zur **Karabaş Kilisesi** (13. Jh.). Sie war vermutlich Teil eines Klosterkomplexes und besteht aus einem Katholikon (Klosterkirche) und einem Parekklesion (Nebenkirche). Die Malereien sind stark geschwärzt, in der Altarapsis verweist die Apostelkommunion auf das Messopfer. Interessant sind zudem die Graffiti früherer Kappadokien-Reisender des 19. Jh.

Die **Yılanlı Kilise** ist eine einfache tonnengewölbte Kirche mit einem Parekklesion an der Südseite. Die Malereien der Kirche sind stark zerstört.

Auf der gegenüberliegenden Talseite erhebt sich die weithin sichtbare **Kubbeli Kilise.** Es handelt sich um eine aus einem einzelnen Felskegel gehöhlte kreuzförmige Kuppelkirche mit Nebenräumen. Der Eindruck einer freistehenden Kirche entsteht dadurch, dass die zylindrische Kuppel außen am Fels mit Quaderimitation und Zahnschnittgesims verziert ist. Das Innere weist noch, ebenso wie die Unterkirche, Reste von Malereien auf. Auch der Felskegel direkt gegenüber beherbergte eine Ober- und Unterkirche.

Die **Tahtalı Kilise** (oder Barbara-Kirche) mit kleiner Seitenkapelle und großer Halle liegt im nordwestlichen Tal von Soğanlı. Ausgestattet wurde die tonnengewölbte Einraumkirche durch den Offizier Basileios (1006 oder 1021 n. Chr.). Während die Kuppel mit einem Kreuz geschmückt ist, finden sich im Naos Szenen aus dem Neuen Testament. Die Apsis wird von einem majestätischen Christus eingenommen, in einer gesonderten Nische der Apsiskonche sind die Säulenheiligen Simeon und Daniel Stylites dargestellt. Für Kappadokien einzigartig ist die Darstellung der ›Siebenschläfer aus Ephesos‹. Die Bildnisse werden von gemalten Rahmen eingefasst, bei einigen sind sogar gemalte Nägel erkennbar.

Von Nevşehir nach Kırşehir

Eine Fahrt in den landschaftlich eher unspektakulären, da stark verkarsteten Norden Kappadokiens macht in Hacıbektaş mit alevitischer Frömmigkeit und in Kırşehir mit der Kultur religiöser Bruderschaften bekannt.

Gülşehir ▸ K 5

Der vermutlich im 11. Jh. entstandene Höhlenkomplex des **Açık Saray** bei Gülşehir wird neuerdings nicht als Kloster, sondern als eine Art Karawanserei gedeutet. Die Anlage mit Wohnhöhlen und pilzförmigen Tuffsteinformationen ist als Openair-Museum zugänglich (tgl. 8–19, im Winter 8–17 Uhr).

Die nahe, dem hl. Johannes geweihte **Karşı Kilise** oder auch **St. Jean Kilise** birgt Wandmalereien, die ins Jahr 1212 datiert werden können (tgl. 8–19, im Winter 8–17 Uhr, Eintritt 5 TL). Den Ort selbst überragt ein burgartiger Hügel mit zahlreichen Wohnhöhlen. Unterhalb des Felsens liegen die Gebäude der **Karavezir Seyyit Mehmet**

Paşa Külliyesi. Der kleine Stiftungskomplex um die Kuppelmoschee entstand 1779.

Hacıbektaş ▶ K 5

Bektaşiye Tekkesi

Tgl. 8–19 Uhr, Eintritt frei

Das **Bektaşiye-Kloster,** das Hauptkloster des Bektaşi-Ordens, bewahrt das Grab des 1337 verstorbenen Ordensgründers Hacı Bektaş Veli. Die von ihm gegründete Derwisch-Gemeinschaft spielte eine bedeutende religiöse wie politische Rolle im Osmanischen Reich und war für ihre liberale Rechtsauslegung bekannt. Obwohl der Orden durch Atatürk verboten wurde, hat der Ort nichts von seiner Mystik und Attraktivität für die frommen Pilger eingebüßt. Das Kloster, nun in ein Museum umgewandelt, dient heute noch alevitischen Gläubigen, die den Derwisch als einen der ihren betrachten, als viel besuchter Wallfahrtsort.

Im ersten Hof steht rechts ein großer Laufbrunnen, der Üçler Çeşmesi. Linker Hand befindet sich ein Hamam. Durch das ›Tor der Bäume‹ gelangt man in den zweiten Hof. Auf der rechten Seite steht der Löwenbrunnen, der heute noch als Reinigungsbrunnen genutzt wird. Links von der Armenküche (Aş Evi) befindet sich eine von Sultan Mehmet II. gestiftete Moschee. Gegenüber betritt man die Versammlungsräume der Derwische im Meydan Evi (›Hofhaus‹) mit dem Thron des *pir* oder *şeyh* (Ordensvorsteher). Gemalte Porträts und Fotos von berühmten Derwischen, Schrifttum und rituelle Gewänder illustrieren das Klosterleben.

Im dritten Hof liegt der Komplex mit der Türbe, die den Kenotaph des Hacı Bektaş Veli beherbergt. Eine kleine Sammlung zeigt u. a. ein frühislamisches Handschriften-Fragment, das Ali, dem durch die schiitischen Aleviten hochverehrten Schwiegersohn des Propheten Mohammed, zugeschrieben wird. Verlässt man den Bereich mit den Türben, gelangt man links zur Balım Sultan Türbesi, deren spitzes Dach von einer Derwischmütze bekrönt wird.

Teepause in einem kleinen Dorf

Hacıbektaş-Müzesi

Di–So 8–17 Uhr, Eintritt frei

Das örtliche **Museum** an der Ausfahrtstraße in Richtung Nevşehir bewahrt Funde aus der frühen Bronzezeit vom Siedlungshügel von Suluca-Karahöyük – Spuren einer ersten Besiedlung von Hacıbektaş. Die ethnografische Abteilung zeigt Schmuck, Bekleidung und Waffen aus osmanischer Zeit.

Kırşehir ▶ J 5

In **Kırşehir** nutzten bereits die Römer die an dieser Stelle entspringenden heißen Quellen. Die Thermalbäder verhalfen der ›Stadt in der Steppe‹ auch während der Seldschuken-Herrschaft zur Blüte. Es entstanden zahlreiche Sakralbauten sowie eine Zitadelle. Im 13. Jh. begründete Nasreddin Ahi Evran in Kırşehir die zölibatär lebende Ahi-Sekte, deren Mitglieder sich zu ehrlicher Arbeit und wohltätigen Werken verpflichteten.

Der **Burgberg** von Kırşehir ist die Keimzelle der alten Stadt. Bereits die Seldschuken erkannten seine günstige strategische Lage und errichteten dort eine Festung.

Das bedeutendste sakrale Bauwerk ist die am zentralen Platz gelegene **Cacabey Camii.** Sie wurde 1272/73 auf Geheiß des Emirs Cebrail ibn Bahaeddin Caca als Medrese errichtet und erst später in eine Moschee umgewandelt. Beeindruckend ist das aufwendige Portal in seldschukischer Tradition. Die mit Fayencen verzierte Türbe war als Grabmal für den Stifter bestimmt. Die Moschee besitzt vier Eyvane und ein weites Kuppelgewölbe. Im 13. Jh. war der Oculus der Kuppel offen und diente möglicherweise astronomischen Beobachtungen. Im Inneren achte man auf die kunstvollen Steinmetzarbeiten.

Überquert man die Hauptstraße, gelangt man zum **Melik Gazi Kümbeti,** dem einzigen Überrest einer Medresenanlage, deren Portal jetzt vor der Alaeddin Camii in der Nähe der Burganlage steht. Das Grab wurde um 1228 für Gazi Melik, den Stifter der Medrese, erbaut. Vom spitz zulaufenden Dach des achtseitigen Gebäudes laufen breite, dreieckige Zipfel aus Stein hinunter zur Basis, als sollte mit diesen das Pyramidaldach in der Erde verankert werden. Hier wird deutlich, dass die Architektur eines seldschukischen Kümbet wahrscheinlich von den Zeltformen nomadischer Turkstämme abgeleitet werden kann.

Die Thermen *(kaplıca)* im Süden von Kırşehir mit 50 °C warmen Quellen ziehen auch heute noch türkische Badegäste an, die sich Heilung von allerlei Gebrechen erhoffen. Die am Stadtrand gelegene Türbe des Aşık Paşa, eines islamischen Dichters und Mystikers, stammt aus der Zeit der Karamaniden (1333) und hat eine prachtvoll gestaltete Fassade mit Eingangsportal.

Übernachten

Thermalhotel – **Makissos Thermal & Spa Hotel:** Bağlarbaşı Mah., Şehit Kerem Aydın Cad. 49/51, Tel. 0386 240 40 40, www.makissos.com. Neues großes Haus mit vielseitigem Spa-Angebot. DZ/F ab 250 €.

Kayseri ▶ L 5

Cityplan: S. 497

Die historische Bedeutung von **Kayseri,** dem antiken Caesarea, als Zentrum von Theologie und Wissenschaft wurde durch den frühbyzantinischen Kirchenlehrer Basilius von Caesarea (gest. 379) begründet. Eine vergleichbare spirituelle Dimension behielt die Stadt auch unter den Seldschuken. In den zahlreichen Medresen unterrichteten bedeutende islamische Gelehrte, und die Stadt erlebte eine lang anhaltende Blütezeit. Von diesen Zeiten kündet im heutigen Stadtbild nur noch wenig. Als Provinzhauptstadt und Handelszentrum stark modernisiert und von einem großen Gürtel monotoner Hochhausbauten umgeben, musste die historische, bis 1915 noch stark armenisch geprägte, verwinkelte Altstadt nach und nach der Abrissbirne weichen. Hinter dem Hilton wurde erst vor einigen Jahren eine riesige Fläche planiert und als Stadtpark gestaltet.

Neben Maschinenbau und Landwirtschaft steht heute die Textil- und Möbelbran-

Die Zitadelle von Kayseri und der zentrale Cumhuriyet-Platz

che im Vordergrund der Industrieproduktion. Kayseri, Sitz der Erciyes Universität und eine Hochburg fundamentalistischer Gruppierungen, besitzt bis heute nur eine rudimentäre touristische Infrastruktur. Die Hotels und wenigen Restaurants werden zumeist von Geschäftsreisenden frequentiert. Und doch gibt es hier wirklich Sehenswertes.

Vom Cumhuriyet Meydanı mit dem Atatürk-Denkmal und dem Uhrturm aus dem 19. Jh. gelangt man zur **Çifte Medrese** 1 aus seldschukischer Zeit, heute das private Gevher Nesibe Museum für Medizingeschichte (Mi–So 8–17 Uhr). Die laut Inschrift 1206 durch Giyaseddin Keyhüsrev I. errichtete Medrese ist die älteste Medizinschule Anatoliens. Zwei Höfe (*çifte* bedeutet ›doppelt‹), d. h. Schule und Krankenhaus, wurden architektonisch miteinander verbunden.

Die angeschlossene **Türbe der Gevher Nesibe** besteht aus einem Oktogon mit Pyramidaldach und innerer Kuppel. Besonders interessant ist der Gebäudetrakt, in dem die Kranken gepflegt wurden. Entlang eines tonnengewölbten Ganges, dessen Decke in regelmäßigen Abständen mit Belüftungsschächten versehen ist, reihen sich Krankenzellen, die durch niedrige Türen zu betreten sind. Die Räume erhalten Luft und Licht durch Schächte in den Decken.

Zitadelle und Basar

Die seldschukische Zitadelle **İç Kale** 2 von Kayseri geht vermutlich schon auf byzantinische Zeit zurück. Es könnten Teile der Stadtmauer sein, mit der Kaiser Justinian Caesarea im 6. Jh. hatte umgeben lassen. Das an einigen Stellen mehrwandige Mauersystem bot

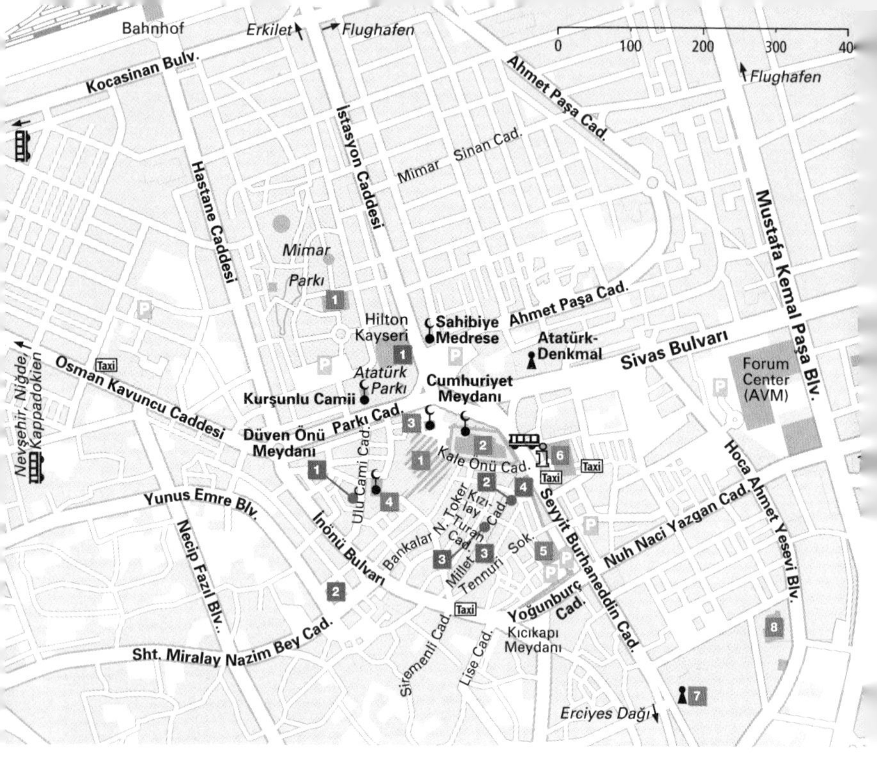

effektiven Schutz vor Eindringlingen. Während der äußere Ring heute weitgehend zerstört ist, ist die innere, mit Zinnen und 19 Türmen bewehrte Mauer noch intakt. Innerhalb der Mauern liegt rechts vom Haupteingang die Fatih Camii, die auf rechteckigem Grundriss im 15. Jh. errichtet wurde.

Der **Kapalı Çarşı**, ein modern renovierter überdachter Basar, schließt an die Zitadelle an. Davor erhebt sich als Kontrast zum riesigen Hilton Hotel die 1977 gebaute **Bürüngüz Cami** 3. Die traditionsreichen Kayseri-Teppiche werden hinter dem Basarbereich im **Bedesten** 1, einer überkuppelten Halle aus dem Jahr 1498, gehandelt.

In diesem geschäftigen Treiben bildet die seldschukische **Ulu Cami** 4 (auch Cami-i Kebir) einen Ruhepol. Sie ist bereits von Weitem an ihrem Ziegelminarett mit Keramikdekoration zu erkennen und liegt hinter dem Bedesten des Basarviertels auf tieferem Bodenniveau. Die Hallenmoschee mit zwei Kuppeln wurde 1142 unter Verwendung römischer und byzantinischer Kapitelle errichtet.

Güpgüpoğlu Konağı

Di–So 8–17 Uhr, Eintritt frei

Der **Güpgüpoğlu Konağı** 5, schräg gegenüber dem Atatürk Konağı, war ein herrschaftlicher Wohnsitz eines Großgrundbesitzers oder Händlers aus dem 18. Jh. Das Gebäude besteht aus dem abgetrennten Wohntrakt der Frauen *(haremlik)* mit großem vergitterten Balkon und dem Bereich für die Männer *(selamlık)*. Zusätzlich verfügt das Haus über ein kleines *hamam* (Bad) und eine nur im Sommer genutzte Außenküche. Die Anlage dient heute als Ethnografisches Museum.

Grabbauten der Seldschuken

Die **Hunat Hatun Külliyesi** 6 gilt als bedeutendster Komplex der Seldschukenzeit in Kayseri. Die Anlage wurde als Stiftung von Hunat Hatun, einer Frau des Sultans Alaed-

Kayseri

Sehenswert
1 Çifte Medrese
2 Zitadelle (İç Kale)
3 Bürüngüz Camii (Yeni Cami)
4 Ulu Cami (Cami-i Kebir)
5 Güpgüpoğlu Konağı
6 Hunat Hatun Külliyesi
7 Döner Kümbet
8 Kayseri Museum

Übernachten
1 Real House Hotel
2 Grand Eras Hotel
3 Turan Hotel
4 Sur Oteli

Essen & Trinken
1 Kale Roof Restaurant
2 Elmacuoğlu Kebap Salonu
3 Beyaz Saray

Einkaufen
1 Bedesten (Halıcılar Çarşısı)
2 Kayseri Park

Aktiv
1 Kadı Hamamı

---

din Keykubat I., errichtet und unter ihrem Sohn Keyhüsrev II. 1237/38 vollendet. Sie umfasst eine Hallenmoschee auf 48 Pfeilern mit der Türbe der Hunat Hatun, eine Medrese und ein Hamam. Während des Rundgangs besichtigt man auch die Türbe der Hunat Hatun mit deren Kenotaph und einer Mihrab-Nische (tgl. 9–17.30 Uhr, Eintritt).

Der **Döner Kümbet** 7 (Drehendes Grab) ist ein zwölfeckiger Grabbau, der um 1276 für die Prinzessin Şah Cihan Hatun errichtet wurde. Mit Flechtwerk ausgefüllte Arkaden gliedern die Fassade. Über der Tür bewachen zwei Sphinxe und ein Doppeladler den Eingang, die Felder daneben stellen jeweils eine Dattelpalme mit Adler dar. Die Palme gilt als Lebensbaum, der Adler symbolisiert die Seele auf ihrer letzten Reise.

Kayseri Müzesi

Di–So 8–17 Uhr, Eintritt 5 TL

Das **Kayseri-Museum** 8 zeigt Exponate hethitischer Kunst aus der Region rund um den Erciyes Dağı. Besonders bedeutend sind die Funde aus der assyrisch-hethitischen Stadtanlage von Kültepe und aus der Siedlung von Bünyan. Die berühmten hethitischen Felsreliefs von Develi und Fıraktın, die sonst nur in einer beschwerlichen Tagestour zu erreichen wären, ergänzen als Abgüsse mit dem originalen Torso einer Königsstatue aus Kululu (700 v. Chr.) das Panorama. Im Garten ist das berühmte Löwenrelief vom Göllüdağ, einer Bergsiedlung der Hethiter bei Niğde, zu sehen.

Infos

Info-Büro: Kağnı Pazarı 61, Tel. 0352 222 39 03, www.kayserikultur.gov.tr.

Übernachten

In Kayseri ist man auf Businesskunden eingerichtet, schöne Touristenhotels mit Flair sucht man vergeblich.

Modernes Ambiente – **Real House Hotel** 1: Kocasinan Bulv. 315, Tel. 0352 245 00 00, www.realhousehotel.com. Neues Haus, sehr modern, schick und edel eingerichtete Zimmer, mit angeschlossenem Restaurant. DZ/F ab 170 TL.

Tipp

PASTIRMA UND SUCUK

Die kulinarische Spezialität von Kayseri ist *pastırma*, eine Art Rauchfleisch aus luftgetrocknetem Rindfleisch. Ebenfalls im Basar nach überliefertem Originalrezept erhältlich: *Kayseri sucuk*. Die luftgetrocknete Hartwurstspezialität in einer pikanten Umhüllung scharfer Gewürze ist ebenfalls aus Rindfleisch.

Business-Hotel – **Grand Eras Hotel** 2: Şehit Miralay Nazım Bey Cad. 6, Tel. 0352 330 51 11, www.granderas.com. Das mit vier (türkischen) Sternen ausgestattete Haus in zentraler Lage bietet standardisierten Businesskomfort mit nicht allzu großen Zimmern und ist dabei etwas günstiger als das Hilton am Cumhuriyet Meydani. DZ/F um 150 TL.

Beim Teppichhändler – **Turan Hotel** 3: Turan Cad. 8, Tel. 0352 222 55 37. Ein eher einfacheres Haus im belebten Geschäftsviertel der Stadt, mit Dachterrasse. Die Besitzer haben unten einen gut sortierten Teppichladen, den alle Gäste zumindest ›besichtigen‹ müssen … (Man muss aber nicht kaufen!) DZ/F ab 130 TL.

Backpacker-Hostel – **Sur Oteli** 4: Talas Cad. 12, Tel. 0352 222 43 67. Backpacker-Hotel direkt an der Zitadelle, einfache Zimmer (eins nach vorn mit Aussicht nehmen!). DZ/F ab 75 TL.

Essen & Trinken

Fein mit Aussicht – **Kale Roof Restaurant** 1: Hilton Hotel, Cumhuriyet Meyd., Tel. 0352 207 50 00. Für ein feines Diner oder alleinreisende Frauen, die zum Abendessen ein ungestörtes Glas Wein favorisieren. Lokale und internationale Gerichte zu reellen Preisen. Hauptgerichte ab 25 TL.

Einfache Lokanta – Sie finden sich entlang der Millet Caddesi, z. B. **Elmacioğlu Kebap Salonu** 2, Millet Cad. 5, oder **Beyaz Saray** 3, Millet Cad. 8. Beide Lokale servieren bodenständige, echt türkische Traditionsküche, gute Kebaps. Hauptgerichte ab 12 TL.

Einkaufen

Die **Millet Caddesi** ist die Flanier- und Einkaufsmeile der Stadt mit zahlreichen modernen Läden, Boutiquen und Kebablokalen. Auch das noch traditionelle **Basarviertel** lädt zum Bummeln und Staunen ein. Neben Lederwaren, Schmuck und Textilien findet man alte Handwerke und Läden wie vor 100 Jahren.

Teppiche – **Bedesten (Halıcılar Çarşısı)** 1: Ulucami Cad., Burç Sok. In der osmanischen Markthalle haben heute vor allem die Teppichhändler ihre Läden. Zum Teppichkauf s. S. 64

Shopping Center – **Kayseri Park** 2: Eşref Bitlis Bulv. 10, Tel. 0352 223 30 30, www.kayseripark.com.tr. Modernes Einkaufszentrum mit Supermarkt, moderne Restaurants (int. Fast Food) sowie Elektronik- und Fotoläden und einem Kino.

Aktiv

Türkisches Bad – **Kadı Hamamı** 1: Cami-i Kebir Mah., Ulucami Cad. 20, Tel. 0352 231 26 12, www.kadihamami.com. Ein historisches, 1542 gegründetes Doppelbad nahe der Ulu Cami. Männer und Frauen baden getrennt, Männer bis 23 Uhr, Frauen bis 18 Uhr.

Verkehr

Busse: Kayseri ist ein Knotenpunkt des Busverkehrs, daher gute Verbindungen Richtung Ankara, Adana, Sivas, Gaziantep, Konya, Antalya. **Haupt-Busstation** (Otobüsü Terminalı) 2 km außerhalb vom Zentrum an der Straße nach Nevşehir. Zubringerbusse ins Zentrum bis Hunat Hatun Külliyesi (Aufschrift Merkez). Dolmuş-Busse von verschiedenen Plätzen der Stadt.

Bahnhof: am Ende der Hastane Cad.; Züge nach Ankara, Afyonkarahisar, Adana etc.

Flughafen: Der **Kayseri Erkilet Airport** liegt ca. 5 km nördlich der Stadt (www.kayseri.dhmi.gov.tr). Tgl. mehrere Flüge nach İstanbul, dazu Verbindung von İzmir (Pegasus), Antalya (SunExpress) sowie deutschen Flughäfen (SunExpress, Pegasus, Germanwings, TuiFly). Im Flughafen findet man einige internationale und lokale Autovermieter.

Von Kayseri nach Niğde

Von Kayseri aus ist die Provinzhauptstadt Niğde in einer Tagestour zu erreichen, wobei der mächtige Gipfel des Erciyes Dağı nie aus dem Blickfeld gerät.

İncesu ▶ K 6

Die Staße führt vorbei am Städtchen **İncesu** mit der ausgedehnten **Kara Mustafa Paşa**

Külliyesi, die der Großwesir Kara Mustafa Paşa 1660 stiftete. Kuppelmoschee und Medrese sind in einem ummauerten Hof zusammengefasst. Zur Anlage gehörten auch ein Hamam, eine Karawanserei und eine Ladenstraße, deren Räume heute noch als Werkstätten und Geschäfte genutzt werden.

Sultan Sazlığı

Zwischen den vier Orten Dörtyol, Yeşilhisar, Yahyalı und Develi erstreckt sich der **Sultan Sazlığı Milli Parkı,** eines der ökologisch wichtigsten Naturschutzgebiete der Türkei. Das Feuchtgebiet ist Heimat und Durchzugsgebiet für etwa 250 Vogelarten. In **Ovaçiftlik** werden Stakbootfahrten durch die südlichen Sümpfe angeboten. Neben Störchen und Watvögeln, Möwen-, Enten- und Schwalbenarten können hier mit etwas Glück während der Zugzeit im Frühling oder Herbst zudem Pelikane, Flamingos und Falken beobachtet werden. Ein kleines Museum führt mit etlichen präparierten Tieren die Artenvielfalt der Sümpfe vor. Ein hoher Beobachtungsturm in der Nähe des Museums bietet für Ornithologen einen guten Überblick über das weiträumige Gelände.

Eski Andaval und Eski Gümüş ▶ K 6

Gümüşler-Kloster: tgl. 9–13 u. 14–18.30 Uhr, Eintritt 5 TL, Dolmuş-Verbindung ab Niğde

In der Nähe von **Aktaş** stehen die Überreste der Konstantinsbasilika von **Eski Andaval** aus dem 5./6. Jh. n. Chr. Einst war die Kirche eine dreischiffige Basilika mit polygonaler Apsis, deren Seitenschiffe durch Pfeilerarkaden vom Mittelschiff getrennt wurden. An der von drei Portalen gegliederten Westwand und an der Nordwand des Mittelschiffes sind Überreste von Malereien einer späteren Ausstattungsphase zu erkennen.

Die nahe Ortschaft **Gümüşler** beherbergt die byzantinische Klosteranlage von **Eski Gümüş** aus dem 11. Jh. Die aus dem Fels gehöhlten Räume umschließen einen quadratischen Hof. Balkenlöcher im Gestein deuten auf eine überdachende Holzkonstruktion hin. Gegenüber dem Eingang liegt im Norden die Kirche und im Osten das Refektorium. Die Höhlen im Westen werden als Wohn- und Wirtschaftsräume interpretiert.

Die reich mit Wandmalereien ausgestattete Kreuzkuppelkirche wird durch eine Fassadengliederung mit Blendarkaden und ein skulptiertes Malteserkreuz geschmückt. Die Oberräume waren früher nur durch einen versteckten Tunnel erreichbar. Aufgrund dieser Sicherheitsvorkehrungen könnte es sich um eine Schatzkammer oder eine Bibliothek für kostbare Handschriften gehandelt haben. Die profanen Strichmalereien von Vögeln und anderen Tieren scheinen durch die Fabeln des Äsop inspiriert worden zu sein.

Niğde ▶ K 6

Cityplan: S. 501

In byzantinischer Zeit stand **Niğde,** vermutlich das hethitische Nakida, im Schatten des damaligen Bischofssitzes Tyana (heute Kemerhisar). Erst nach dessen Zerstörung durch die Arabereinfälle im 9. Jh. entwickelte sich Niğde im Zeichen des Islam zu einer bedeutenden Siedlung, die heute mit ca. 130 000 Einwohnern Hauptstadt der gleichnamigen Provinz ist.

Auf dem **Burghügel** inmitten der Altstadt von Niğde lag einst die **Selçuklu Kalesi** 1 **,** die seldschukische Festung, deren Reste nun die Kulisse für einen Park mit großem Teegarten bieten. Die Grünanlage wird von der im Norden liegenden **Rahmaniye Camii** 2 von 1747 und dem **Uhrturm** *(Saat Kulesi)* 3 malerisch eingerahmt.

Die **Alaeddin Camii** 4 **,** 1222/23 erbaut unter Sultan Alaeddin Keykubat I., ist eine der ältesten seldschukischen Moscheen Kappadokiens. Der robuste Außenbau mit zylindrischem Minarett ist aus schmucklosen, rötlich-gelben Sandsteinquadern. Das Portal wird von feingliedrigen Ornamentbändern und zwei Köpfen verziert, die als Personifikationen von Sonne und Mond gedeutet werden. Die Moschee überspannen drei Kuppeln, die die Raumteile mit der Mihrab-Nische betonen. Arkaden teilen den

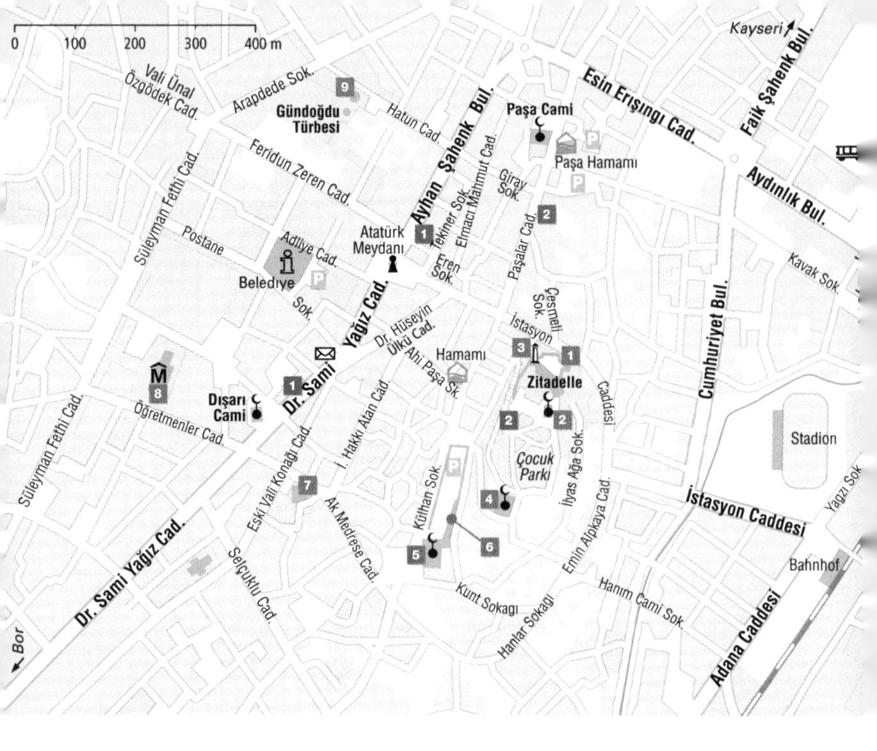

Innenraum in fünf Schiffe mit jeweils drei Jochen.

Eine Gründung des Mongolenfürsten Eretna ist die unterhalb des Burgberges liegende Hallenmoschee **Sungurbey Camii** 5 von 1335. Besonders eindrucksvoll sind die Portale mit Anklängen gotischer Maßwerkornamentik und die byzantinischen Spolienkapitelle im Innern. Benachbart ist der **Sungurbey Çarşısı** 6 aus dem 17. Jh., eine überdachte Ladenstraße mit Lagerhallen und Geschäftszeilen. Die meist verschlossene **Ak Medrese** 7 von 1409 erhielt ihren Namen ›Weiße Medrese‹ aufgrund ihres prachtvollen hohen Portals aus weißem Marmor mit Stalaktitenhalbkuppel.

Das **Niğde Museum** 8 an der Öğretmenler Caddesi informiert über die großen Ausgrabungen der Region: Acemhöyük (heute Yeşilova bei Aksaray) und Tyana/Kemerhisar. Prunkstücke sind phrygische Metallarbeiten und der Silbermünzschatz von Tepebağları (Di–So 8–12 u. 13–17 Uhr, Eintritt 5 TL).

Nördlich der Innenstadt stehen mehrere Grabmonumente, darunter der **Hüdavent Hatun Kümbeti** 9 (Hatun Caddesi). Dieser achteckige Grabbau mit sechzehneckigem Dach wurde 1312 für eine Tochter des Seldschuken-Sultans Rüknettin Kılıç Arslan II. errichtet und zeigt schönen Mukarnas-Dekor. Die östliche Seite ist durch aufwendige Ornamente besonders hervorgehoben. Seitlich der nördlichen Fensteröffnung erscheinen zwei Harpyien – Vogelwesen mit Menschenköpfen.

Infos

Info-Büro: Belediye Sarayı, Tel. 0388 232 33 92, www.nigdekultur.gov.tr.

Übernachten

Die Hotels der Stadt sind nicht besonders empfehlenswert. Als Tipp: Zimmer vorher genau anschauen!

Beste Adresse – **Grand Hotel Niğde** 1**:** Hükümet Meydanı, Tel. 0388 232 70 00, www.grandhotelnigde.com. Großes Kastenho-

Niğde

Sehenswert
1 Selçuklu Kalesi
2 Rahmaniye Camii
3 Uhrturm (Saat Kulesi)
4 Alaeddin Camii
5 Sungurbey Camii
6 Sungurbey Çarşısı
7 Ak Medrese
8 Niğde Museum
9 Hüdavent Hatun Kümbeti

Übernachten
1 Grand Hotel Niğde
2 Hotel Osmanbey

Essen & Trinken
1 Arısoylar Restaurant
2 Kale Çay Bahçesi (Teegarten)

---

tel im Zentrum, unverfehlbar an der Hauptstraße, aber eine zweckmäßige Übernachtungsmöglichkeit während einer längeren Mehrtagesfahrt. Mit Restaurant, Hamam und Sauna. DZ/F um 140 TL.

Einfach – **Hotel Osmanbey 2:** Paşakapı Cad. 27, Tel. 0388 23 50 00, www.hotelosmanbey.com. Solides neueres Haus, saubere und einfach ausgestattete Zimmer mit Teppichboden. DZ/F um 100 TL.

Essen & Trinken

Bessere Restaurants sucht man in Niğde vergeblich; im Zentrum beim Uhrturm finden sich kleinere, günstige **Lokanta,** allerdings wird kein Alkohol ausgeschenkt.

Traditionsküche – **Arısoylar Restaurant 1:** Dr. Sami Yağız Cad., zwischen Dışarı Cami und der Post, Tel. 0388 232 50 35. Gute Auswahl, auch mit Schmorgerichten und den typischen Grillspeisen.

Für eine Pause – **Kale Çay Bahçesi 2:** Kale Tepe. Für eine Besichtigungspause eignet sich der ruhige Teegarten auf dem Burghügel.

Aksaray und Umgebung ▶ J 6

Südlich des Tuz Gölü am Fluss Melendiz gelegen, war **Aksaray** bereits in der Antike ein wichtiger Verkehrsknotenpunkt; in byzantinischer Zeit hieß die Stadt Koloneia. Nach ihrer Zerstörung durch die einfallenden Turkstämme wurde die Stadt unter den Seldschuken im 12. Jh. wieder aufgebaut. Sultan Mehmet II. ließ im 15. Jh. Einwohner von Aksaray im eroberten Konstantinopel ansiedeln, und noch heute trägt ein İstanbuler Stadtteil den Namen der anatolischen Stadt. Neben Automobilindustrie und Handel spielt in Aksaray zunehmend auch der Tourismus eine Rolle, denn die Stadt ist ein guter Ausgangspunkt für Touren in das Ihlara-Gebiet unterhalb des Hasan Dağı und zu den Sehenswürdigkeiten entlang der alten Karawanenroute nach Konya.

Im Zentrum von Aksaray steht die aus Tuffsteinquadern errichtete **Ulu Cami** an der Hükümet Caddesi. Die fünfschiffige Hallenmoschee mit zwei Kuppeln wurde um 1431 fertiggestellt. Südlich davon erreicht man den zentralen Platz Aksarays, den **Hükümet Meydanı,** mit Verwaltungsbauten aus dem letzten Viertel des 19. Jh. im neuosmanischen Baustil.

Die **Zinciriye Medresesi** stammt aus der Zeit der Karamaniden-Herrschaft und wurde unter İbrahim Bey im Jahr 1336 erbaut. Das monumentale Tor wird in seldschukischer Architekturtradition von einer Mukarnas-Nische bekrönt. Innen ist ein kleines **Museum** eingerichtet, das ethnografische Objekte und archäologische Fundstücke aus der Region zeigt, darunter auch eine deutsche Kanone aus Krupp'scher Fertigung (Di–So 8–12 u. 13–17 Uhr).

Die aus seldschukischer Zeit stammende **Kızıl Minare Camii** (Moschee mit rotem Minarett) besitzt ein sehenswertes Ziegelminarett, das noch heute zahlreiche Reste der einst aufwendigen Dekoration mit blauen Fayencen-Kacheln aufweist. Im Volksmund heißt es aufgrund seiner gefährlich anmu-

Salz, soweit das Auge reicht – am Tuz Gölü

tenden Schräglage auch Eğri Minare (Schiefes Minarett).

Infos

Info-Büro: Kadıoğlu Sok. 1, Tel. 0382 212 46 88, www.aksaraykultur.gov.tr.

Übernachten

Business-Charme – **Kuzucular Park Hotel:** Taşpazar Mah., 868. Sok. 68, Tel. 0382 203 03 33, www.kuzucularparkhotel.com. Modernes, neues Businesshotel mit eleganten Zimmern, Restaurant auf der Dachterrasse, Fitness-Gym und Hamam. DZ/F ab 150 TL.

Im Grünen – **Ağaçlı Turistik Tesisleri:** Ankara Adana Asfaltı, Tel. 0382 215 24 00, www.agacli.com.tr. an der Ausfallstraße nach Ankara, beim Abzweig nach Nevşehir. Große moderne Anlage: Neben einem guten Restaurant das **Hotel Ihlara** in grünem Gartenareal mit Pool und Fitness-Studio. Die Zimmer etwas ›resopalig‹, aber Sanitärs okay. Campen kann man auch. Schwerpunkt sind hier Gruppenbusreisen. DZ/F um 120 TL.

Essen & Trinken

Traditionelle **Lokanta** an der Bankalar Caddesi und in den Gassen rund um die Post.

Sultan Han ▶ J 6

Tgl. 9–13, 14–16 Uhr, Eintritt 8 TL

Auf dem Weg nach Konya liegt 42 km hinter Aksaray der Ort Sultanhanı. Hier steht die Karawanserei **Sultan Han** aus der Seldschukenzeit, die Alaeddin Keykubat I. 1229 in Auftrag gab und heute eines der historischen Prunkstücke an der alten Karawanenroute ist, die von Konya nach Kayseri führte. Die vielen römischen und byzantinischen Spolien auch in den anderen Hanen längs der Handelsstraße lassen vermuten, dass sie auf alte römische Militärposten bzw. byzantinische Xenodochien (›Herbergen‹) zurückgehen. Die festungsartige Anlage des Sultan Han besteht aus Quadermauerwerk mit vorgelegten Halbsäulen und Pfeilern.

Das reich geschmückte, vorspringende Hofportal aus Marmor zählt zu den Meisterwerken seldschukischer Steinmetzkunst in Anatolien. Über dem Türsturz liest man die eingemeißelte Inschrift: »Die Herrschaft ist Gottes«. Mukarnas-Elemente schmücken die über der Tür liegende hohe Nische, die rechteckige Rahmung des Tors setzt sich aus breiten, besonders aufwendigen Mäander-, Zickzack-, Blüten-, Stern- oder Flechtwerkmustern zusammen. Im gepflasterten 44 x 58 m großen Innenhof fällt zunächst die über einem Sockel aus vier Bögen aufsteigende Mescit (Gebetshaus) auf. Auf der rechten Seite des Hofs erstreckt sich ein Laubengang mit zehn zur Hofseite geöffneten Räumen. Die Raumflucht auf der linken Seite ist zum Hof hin abgeschlossen, dort wurden die Reisenden, Kamele und Waren untergebracht.

Tuz Gölü ▶ H/J 5/6

Von Aksaray aus lohnt bei längerem Aufenthalt in Kappadokien auch ein Ausflug zum **Tuz Gölü** (›Salzsee‹), dem zweitgrößten Binnensee der Türkei (ca. 80 km bis Şereflikoçhisar). Mit einer Größe von 1500 km^2 erreicht er in Nordsüdrichtung eine Ausdehnung von 80 km, seine größte Breite beträgt 50 km. Erstaunlich ist dabei die geringe durchschnittliche Tiefe von 30 cm. Nur in einer schmalen Mittelrinne beträgt die Tiefe 1,5 m. Der Salzgehalt des Tuz Gölü liegt bei 31 bis 36 % und ist damit um fast 10 % höher als der des Toten Meeres.

Schon Römer und Byzantiner gewannen hier das weiße Gold. Sultan Murat IV. ließ 1639 bei Kaldırım im Norden der Halbinsel Büyükada einen Staudamm errichten, um die Salzgewinnung zu erleichtern. Heute befördert eine Schmalspurbahn das gewonnene Salz zu großen Salzbergen, anschließend wird es in einer der umliegenden Fabriken gereinigt und versandfertig gemacht.

 Selime und Ihlara-Tal

Kurz vor dem Ihlara-Tal (s. S. 504) sind die kleineren Tuffkegel in der Ortschaft **Selime** ▶ J 6, malerisch am Fuß eines Felsplateaus gelegen, mit einer Reihe von Kirchen durchsetzt, die jedoch ohne Führer nur schwer auffindbar sind. Die schroffen Gesteinsformationen kündigen bereits den canyonartigen Charakter des Ihlara-Tals an.

Oberhalb des Dorfs befindet sich, versteckt im Fels, eine der größten und besterhaltenen byzantinischen Klosteranlagen in Kappadokien, die heute **Selime Kalesi** genannt wird. Man betritt die Anlage über den zweiten Klosterhof, an dem links die Küche liegt: ein quadratischer Raum mit Rauchabzug und einem Ofen. Durch eine Vorhalle gelangt man auf der Ostseite des Hofes in einen großen Raum mit umlaufender Galerie, der einem Kreuzgang ähnelt. Ein Tunnel führt durch die Tuffkegel in weitere Räumlichkeiten, die u. a. mit einem monumentalen Deckenkreuz geschmückt sind.

MOTEL FÜR ROSS UND REITER

Der **Sultan Han bei Aksaray** ist eine der historisch bedeutendsten Karawansereien in Anatolien, die vor einigen Jahren aufwendig restauriert wurde. Sie vermittelt nun in neuem Glanz dem Betrachter viel von der interkulturellen Geschichte entlang der großen Handelsrouten in der Zeit der Seldschuken-Dynastie.

WANDERUNG IM IHLARA-TAL

Tour-Infos

Start: Ihlara ▶ J 6
Länge: ca. 10 km
Dauer: 4 Stunden
Planung: Für eine kürzere Besichtigung startet man am Eingang beim Dorf Ihlara (tgl. 8–18.30 Uhr, 10 TL). Eine ganztägige Wanderung ist auch von Selime aus möglich (etwa 10 km entlang dem Fluss nach Ihlara, von dort per Taxi zurück).
Wichtige Hinweise: Festes Schuhwerk tragen und Wasser mitnehmen! In Planung sind Aufzüge und Seilbahnen, um den Zugang zu den Kirchen zu erleichtern. Unbedingt auch nach steinschlagbedingten Schließungen fragen!

Hinter **Yaprakhisar** ändert sich das karge Landschaftsbild. Hier schneidet das Ihlara-Tal als tiefer Canyon in das baumlose Hochplateau ein. Zahlreiche Felsabbrüche haben seinen Hängen die charakteristische raue Form verliehen.
Der Canyon folgt dem kurvenreichen Flusslauf des Melendiz Suyu und heißt daher griechisch **Peristrema,** das ›gewundene Tal‹. Der Melendiz-Fluss ist klar und kühl; am Ufer spenden zahlreiche Pappeln und Weiden Schatten. Der fruchtbare Talboden wird in den breiteren Abschnitten im Norden des Canyons aufgrund der natürlichen Wasserreserven landwirtschaftlich genutzt. Daher war das Ihlara-Tal schon früh ein beliebter Siedlungsort, wie die vielen Höhlenwohnungen und Kirchen beweisen. Die volkstümlichen Namen der Kirchen wie ›Mit Kraut umwachsene Kirche‹, ›Duftende Kirche‹ oder ›Hyazinthenkirche‹ spiegeln diese enge Symbiose von Mensch und Natur noch heute wider.
Nach langem Abstieg bis zum Talboden stößt man rechter Hand zunächst auf die **Ağaçaltı Kilisesi,** die auf kreuzförmigem Grundriss aus dem Stein gehöhlt wurde. Im Zenit ihrer Trom-

penkuppel ist die Himmelfahrt in Begleitung von Propheten und Aposteln dargestellt. Weitere Bilder zieren die Wände: Daniel in der Löwengrube, die Verkündigung, die Geburt Christi und die Anbetung der Magier, die als ›Fremde‹ eine spitz zulaufende, sog. phrygische Mütze tragen. Die Fresken haben eine ganz eigene stilistische Note: Die einfachen Malereien heben sich mit reduzierter Farbigkeit in Rot, Grün und Gelb vom hellen Gipsputz ab.
Die **Pürenli Seki Kilisesi** (Mit Kraut umwachsene Kirche) wurde im 11. Jh. als Doppelkirche aus dem Fels gehöhlt. Die beiden Räume sind durch Pfeilerarkaden verbunden und mit Malereien in einem archaisierenden Stil geschmückt.
Auch in der weiter südlich gelegenen **Kokar Kilise** (Duftende Kirche) haben sich Fresken aus dem 11. Jh. erhalten. Im Tonnengewölbe breiten sich in leuchtendem Rot, Grün, Gelb und Weiß geometrische Muster aus, die spontan und unschematisch wirken. Im Mittelfeld des reich verzierten Gemmenkreuzes erscheint die segnende Hand Christi. Die Szenen der Vita Christi schließen auf den Wänden mit einem illusionistischen Vorhangfries ab. Im Gewölbe sitzen die Apostel und halten ihre aufgeschlagenen Bücher des Neuen Testaments. Sehr abstrakt wirkt der Stil dieser Fresken dadurch, dass die Figuren lediglich durch dicke Umriss- und Faltenlinien charakterisiert sind.
Aufgrund ihrer markanten Fassade ist die **Sümbüllü Kilise** (Hyazinthenkirche), die zu einer Klosteranlage gehörte, kaum zu verfehlen. Der Stil der Wandmalereien legt eine Entstehung im 10. Jh. nahe. Jenseits der Holzbrücke liegt die letzte noch deutlich ausgeschilderte Kirche auf dem Weg zum Dorf Belisırma: die **Yılanlı Kilise,** deren Name (Schlangenkirche) auf die Ikonografie des Weltgerichts mit Höllendrachen und Schlangen an der Westwand zurückgeht. Während die Sünder im Höllenfeuer schmoren, verheißt die Himmelfahrt in der Apsis Hoffnung auf Erlösung. Die Kirche wird mit ihrem gut erhaltenen Freskenschmuck in das 11. Jh. datiert.
In der Nähe liegt am Osthang der Felswand die **Karagedik Kilisesi** aus dem 11. Jh. Es ist eine Kreuzkuppelkirche mit vier Pfeilerstützen. Die Malereireste, u. a. selten dargestellte Szenen mit Salome und dem abgeschlagenen Haupt Johannes des Täufers, verblassen allerdings immer mehr. Die **Bahattin Samanlığı Kilisesi** ist eine Einraumkirche aus gleicher Zeit, in deren Tonnengewölbe die Kindheit Jesu bis zur Taufe bildlich erzählt wird.
Kurz vor Belisırma kann man über eine kleine Brücke den Melendiz überqueren. Folgt man dem Pfad den Hang hinauf, so stößt man dort auf die **Direkli Kilise** (Kirche mit dem Pfeiler). Vier mächtige, mit Heiligenbildern bemalte Tuffsteinpfeiler tragen Gewölbe und Kuppel. Bogenstellungen unterteilen den Raum in drei Schiffe. Die Apsis des Mittelschiffes birgt ein Bild der Deesis, der Darstellung des Erlösers Christus flankiert von Maria und Johannes dem Täufer in fürbittendem Gestus.
Der Rundweg führt zurück nach Ihlara an der historisch bemerkenswerten **Kırkdamaltı Kilisesi** vorbei. Deutlich ist die hoch oben in der Felswand liegende Kirche bereits an einem freiliegenden Fresko mit dem hl. Georg zu erkennen. Die Malereien an der Nordwestwand sind besonders interessant. In der Mitte steht der hl. Georg als Reiterheiliger, links nähert sich der Emir und Konsul Basileios Giagoupes, ein Christ, der dem Sultan in Konya als Vasall diente, in orientalischer Tracht mit Turban. Rechts bringt seine Frau Thamar, eine georgische Prinzessin, das Kirchenmodell. Die Inschriften nennen sowohl den Seldschuken-Sultan Masut II. (1282–1304) als auch den byzantinischen Kaiser Andronikos (1282–1328).
Diese ›multikulturelle‹ Darstellung macht deutlich, dass in Kappadokien auch noch über 200 Jahre nach der Schlacht von Mantzikert, nach der die türkischen Seldschuken die Herrschaft in Anatolien übernahmen, eine friedliche Koexistenz von Christen und Muslimen möglich war.

Der erste Hof wird im Osten von der Klosterkirche begrenzt. Diese **Kale Kilisesi** ist eine dreischiffige Basilika. Die Wandmalereien auf weißem Kalkputz sind durch einen Brand fast völlig zerstört, sodass nur wenige Szenen zu identifizieren sind (Kindheit Mariens; Leben Christi; Himmelfahrt). Auf der Westwand ließen sich die Stifter der Malerei darstellen: Eine große Figur (evtl. die Gottesmutter) legt einem Mann und einer Frau, die sich demütig nähern, segnend die Hände auf. Beide sind in kostbare Gewänder gehüllt, der Mann präsentiert auf der linken Seite ein Kirchenmodell. Honoratioren und Familienmitglieder begleiten die beiden. Im Süden blickt man auf den Wohntrakt der Mönche mit profanen Reliefdarstellungen und einer imitierten Kassettendecke im Obergeschoss.

Güzelyurt und die Kızıl Kilise ▶K 6

Bevor man den Ort Güzelyurt erreicht, öffnet sich von einer Anhöhe ein schönes Panorama: In der Ferne erheben sich die mächtigen Gipfel des fast immer schneebedeckten Hasan Dağı (3258 m). Ein kleiner Stausee und die festungsartige **Yüksek Kilise** (19. Jh.) runden die Kulisse im Vordergrund ab.

Die engen Gassen von **Güzelyurt,** einem Dorf, das viel vom ursprünglichen Charme bewahren konnte, erstrecken sich in das südliche Tal hinein. Sie laden vom belebten Dorfplatz aus zu einem ausgedehnten Spaziergang ein. In Güzelyurt lebte bis Anfang des 20. Jh. eine große griechische Gemeinde, wovon noch viele traditionelle Steinhäuser zeugen. In Gelveri, wie der Ort zuvor genannt wurde, errichteten die Orthodoxen 1896 die Kuppelkirche **Hagios Gregorios,** die heute als Moschee dient und über die ins Tal hinabführende Straße zu erreichen ist.

Hinter den letzten Häusern von Güzelyurt liegt in der Felswand die **Hacı Saadet Koç Kilisesi** mit Fresken aus dem 11. Jh. und die **Cafarlar Kilisesi** aus dem 9. Jh. Ein Band mit Flechtornamenten teilt das Tonnengewölbe.

Eine Pflasterstraße führt von Güzelyurt in das gut beschilderte **Manastır Vadisi.** In diesem ›Klostertal‹ sind mehrere Kirchen und Klostergebäude zu entdecken wie die **Fırıntaş Kilisesi** mit einer imposanten Blendnischen-Gliederung an der Außenfassade.

Sivrihisar

An die byzantinische Vergangenheit des von einer Burgruine überragten Dorfs **Sivrihisar** im Süden erinnert heute nur noch wenig. Allerdings lokalisiert man die spätantike Ortschaft **Arianzos** in dieser Gegend. Dort wurde 329 n. Chr. der Theologe Gregor von Nazianz (Gregorios Theologos) geboren. Nach Jahren des Lehrens und Predigens in Konstantinopel zog sich der Theologe auf sein anatolisches Landgut zurück, wo er Streitschriften und Gedichte verfasste.

Kızıl Kilise

Die Ruinen der **Kızıl Kilise** liegen auf einer einsamen Hochebene südlich von Sivrihisar. Architekturgeschichtlich gehört die ›Rote Kirche‹ zum Schönsten, das sich aus spätantiker Zeit an Sakralbauten in Kappadokien erhalten hat. An die quadratische Vierung schließen sich drei Kreuzarme und ein verlängerter Westarm mit Narthex an, der im Norden durch ein Seitenschiff begleitet wird. Dach und Gewölbe sind teilweise eingestürzt. Die Kuppel wird außen von einem achteckigen, durchfensterten Tambour eingefasst.

Das Baudekor und die Dominanz großer freier Mauerflächen ohne Pilastergliederung verweisen auf eine Entstehungszeit im 6. Jh. Die Freskenreste im Ostteil der Kirche stammen jedoch aus späterer Zeit, sie sind aber mittlerweile sehr verwittert.

Im Süden der Kızıl Kilise liegt ein ›heiliger‹ Brunnen. Die vielen Graffiti und eingeritzten Kreuze an der Mauer könnten darauf hindeuten, dass es sich um einen Wallfahrtsort mit dem Grab eines Heiligen gehandelt hat.

Gaziemir Yeraltı Şehri

Tgl. 8–18 Uhr, Eintritt 8 TL

Die **Gaziemir Yeraltı Şehri** nördlich von Güzelyurt ist eine weitere unterirdische Stadt.

Sie ist bislang zwar nur teilweise in den oberen Stockwerken – zugänglich, zählt von der Raumgestaltung her jedoch zu den größten bekannten Anlagen Kappadokiens. Sogar Kamele konnten hier untergestellt werden. Zudem ist Gaziemir die erst zweite unterirdische Stadt, in der überhaupt eine Toilette nachgewiesen werden konnte (die erste ist Tatların nördlich von Acıgöl). Beide Anlagen halten die Forscher weniger für eine Stadt, sondern eher für eine Art Kaserne und Karawanserei.

Infos

Kein **Info-Büro,** auf dem Hauptplatz informiert eine große Schautafel über die Sehenswürdigkeiten der Umgebung.

Übernachten

Himmlische Ruhe – **Karballa Hotel:** Çarşı İçi, Güzelyurt, Tel. 0382 451 21 03, www.karballahotel.com. Das Hotel eignet sich gut als Stützpunkt für Ausflüge in die Umgebung (z. B. ins Ihlara-Tal). Die tonnengewölbten Zimmer der ehemaligen Klosterschule im Ortskern bieten ein einmaliges Ambiente. Das Hotel organisiert auch sportliche Aktivitäten wie Mountainbiking, Trekking und Reiten. DZ/F 140–175 TL.

STANDQUARTIER GÜZELYURT

Zu Füßen des Hasan Dağı kann man in Güzelyurt die Seele baumeln lassen. Das ehemals griechische Gelveri ist sicher eines der schönsten Dörfer im Süden Kappadokiens und hat mit dem Karballa Hotel auch eine attraktive Unterkunft in historischen Gemäuern. Ganz viel Atmosphäre!

Gemütlich – **Hotel Karvalli:** Karvalli Cad. 4, Güzelyurt, Tel. 0382 451 27 36, www.karvalli.com. Hotel in historischem Stil mit einfach-landestypisch eingerichteten Zimmern. Die Terrasse des Restaurants bietet wunderbaren Ausblick. DZ/F um 110 TL, HP um 150 TL, für Gruppen ab 10 Pers. 60 TL/Pers.

Taloase in der Steppe: das Ihlara-Tal

Kulinarisches Lexikon

Allgemeines

Einen Tisch für zwei Personen, bitte!	*İki kişilik masa lütfen!*
Sie wünschen?	*Buyrunuz?*
Ich möchte …	*İstiyorum …*
Nicht scharf!	*Acı yok (adsche jok)!*
Wie viel kostet das?	*Bu ne kadar?*
Guten Appetit!	*Afiyet olsun!*
Prost!	*Şerefe!*
Bezahlen, bitte!	*Hesap lütfen!*
Wo ist die Toilette?	*Tuvalet nerede?*
Messer	*bicak (bidschak)*
Gabel	*çatal (tschatal)*
Löffel	*kaşık (kaschık)*
Teller	*tabak*

Kahvaltı	**Frühstück**
kahve	Kaffee
türk kahvesi, orta şekerli	Mokka, mittelsüß
çay	Tee
şeker	Zucker
ekmek	Brot
tereyağı	Butter
reçel	Konfitüre
bal	Honig
peynir	Käse
sucuk	Wurst
yumurta (-ler)	Ei (-er)
sahanda yumurta	Spiegelei
hiyar	Gurke
domates	Tomate
zeytin (-ler)	Olive (-n)

Mezeler	**Vorspeisen**
antep ezme	scharfes Püree aus Tomaten, Peperoni, Petersilie
arnavut ciğeri	gebratene Leberstückchen mit Zwiebeln
cacık	Joghurt mit Gurke, Dill und Knoblauch
çerkes tavuğu	tscherkessisches Hühnerfleisch in Sauce mit Walnüssen
çiğ köfte	scharf gewürzte Fleischbällchen aus rohem Hackfleisch und Weizenschrot
çoban salatası	gemischter Salat mit Tomaten, Gurken, Zwiebeln und Paprika
haydari	Püree aus Spinat, Schafskäse, Joghurt
humus	Kichererbsenpüree
mantı	türkische Ravioli mit kalter Joghurtsauce
mücver	geraspelte Zucchini, in Öl ausgebacken
patlıcan salatası	Auberginenpüree
patlıcan kızartması	frittierte Auberginenscheiben mit Knoblauchjoghurt
piyaz	Salat aus weißen Bohnen in Essig und Öl mit Zwiebeln
sigara böreği	Teigröllchen mit Schafskäse
su böreği	Pastete aus dünnem Teig mit Hackfleisch oder Käse gefüllt
tahin	Sesamcreme
tarama	Fischrogencreme
yaprak dolması	gefüllte Weinblätter

Çorbalar	**Suppen**
balık çorbası	Fischsuppe
düğün çorbası	›Hochzeitssuppe‹, mit Ei legierte Fleischsuppe
güzel hanım çorbası	Suppe mit Nudeln und Hackfleischbällchen
işkembe çorbası	Kuttelsuppe
mercimek çorbası	pürierte Linsensuppe
yayla çorbası	Reissuppe mit Joghurt

İzgaralar	Grillgerichte
adana kebap	scharf gewürztes Hackfleisch am Spieß
biftek	Beefsteak
bonfile	Filet
çöp şiş	kleine Fleischspieße vom Grill
döner kebap	Lammfleisch vom Drehspieß
iskender kebap	gegrilltes Fleisch auf Fladenbrot mit Joghurt
izgara köfte	gegrillte Fleischbällchen
pirzola	Lammkotelett
şiş kebap	Fleisch am Spieß
tavuk kebabı	Hühnchen vom Grill

Esas yemekler	Schmorgerichte
güveç türlü	Fleisch mit Gemüse geschmort
İzmir köfte	mit Kartoffeln und Tomatensauce geschmorte Hackfleischbällchen
kabak dolması	mit Hackfleisch gefüllte Zucchini
kuzu tandır	Lammfleisch im Tontopf
saç kavurma	auf dem Blech gegartes Lammfleisch
tandır	im Tontopf gegartes Fleisch
tas kebap	Rindfleisch mit Gemüse, wie Gulasch

Balıklar	Fisch
ahtapot	Oktopus
alabalık	Forelle
barbunya	Meerbarbe
çupra	Goldbrasse
dil balığı	Seezunge
istakoz	Hummer
karides	Krevetten
kefal	Meeräsche
kılıç balığı	Schwertfisch
levrek	Meerbarsch
midye	Muscheln
mercan	Rotbrasse
mürrekkep balığı	Tintenfisch
orfoz	Riesenbarsch
ton balığı	Thunfisch

Zeytinyağlılar	Gemüse
bulgur pilavı	Weizengrütze
pilav	Reis
karnıyarık (imam bayıldı)	vegetarisch gefüllte Auberginen
kabak kızartması	frittierte Zucchinischeiben mit Joghurt
zeytinyağlı fasulye	Bohnen in Olivenöl

Tatlılar	Süßspeisen
aşure	Trockenobst, Nüsse, Bohnen in sämiger Zuckersauce
baklava	mit Walnüssen oder Pistazien gefüllter Blätterteig
dilber dudağı	Brandteigküchlein, mit Sirup durchtränkt
dondurma	Speiseeis
elma tatlısı	gedünstete Äpfel mit Schlagsahnefüllung
hanım göbeği	Brandteigküchlein, mit Sirup durchtränkt
helva	türkischer Honig
lokum	aromatisiertes Gelee
şekerpare	Gebäck
sütlaç	Milchpudding

Meyvalar	Obst
elma	Apfel
karpuz	Wassermelone
kavun	Zuckermelone
kayısı	Aprikose
muz	Banane
şeftali	Pfirsich
üzüm	Weintrauben

Sprachführer

In den touristischen Gebieten wie der gesamten Mittelmeerküste zwischen Bodrum und Alanya kommt man auch ohne türkische Sprachkenntnisse sehr gut zurecht. Fast alle, die professionell mit den Touristen zu tun haben, sprechen ausreichend Deutsch und Englisch, dazu auch Russisch, Niederländisch etc. Im Inland sind Sprachkenntnisse jedoch deutlich seltener zu erwarten, sodass man einen ausführlicheren Sprachführer braucht, wenn man sich nicht nur mit den Händen verständigen will. Auf jeden Fall ist es durchaus nützlich, einige Brocken Türkisch zu beherrschen – und sei es nur, um die Ortsnamen auch richtig auszusprechen.
Das Türkische ist, anders als indoeuropäische Sprachen, eine ›agglutinierende‹ Sprache: Die grammatikalischen Formen werden durch Anhängen einer Vielzahl verschiedener Endungspartikel (Suffixe) an den Wortstamm gebildet. Dieser Umstand hat dem Türkischen nicht nur den Ruf eingebracht, eine Bandwurmsprache zu sein, sondern macht es auch äußerst schwierig, es zu lernen.
Wesentlich kompliziert wird die Bildung der Formen dadurch, dass die Suffixe mal mit, mal ohne Konsonant auftreten:
camii = Moschee *(cami)* + besitzanzeigende Nachsilbe
caddesi = Straße *(cadde)* + besitzanzeigende Nachsilbe
Oft passt sich der Vokal klanglich dem vorhergehenden an. Diese ›Vokalharmonie‹ folgt festen Regeln, im Wesentlichen der, dass der folgende Vokal nur um eine Stufe ›heller‹ (oder gleich hell) sein darf als der vorangehende:
Ankara'da = in Ankara
evde = im Haus
In bestimmten Fällen passen sich auch die Endkonsonanten der Hauptwörter an:
kitapta = im Buch
kitabım = mein Buch
Oder es wird zwischen Vokalsuffix und vorhergehendem Vokal ein Konsonant eingeschoben:
eve = nach Hause (Dativ)
Ali'ye = zu Ali (Dativ)

Aussprache

In der Regel wird auf der ersten Silbe betont, also *meydanı* statt *meydanı*, wie es Deutsche oft sagen. Auch einige Buchstaben sind im Deutschen unbekannt oder werden anders gesprochen:

c entspricht dsch
cami (Moschee) – dschami
ç entspricht tsch
kaç (wie viel) – katsch
e entspricht kurzem, offenen ä
evet (ja) – äwät
ğ – als Längung nach a, ı, o, u
dağ (Berg) – daa
– wie j nach e, i, ö, ü
değil (nicht) – dejil
h – wie in Hans zwischen Vokalen
postahane (Postbüro) – posta'hane
– wie in Macht hinter dunklem Vokal am Ende einer Silbe
bahçe (Garten) – bachtsche
– wie in ich hinter hellem Vokal am Ende einer Silbe
salih (fromm) – salich
ı wie das dumpfe e in gehen
halı (Teppich) – chale
j stimmhaft wie in leger
plaj (Strand) – plaasch
s stimmloses scharfes s wie in Wasser
su (Wasser) – ßu
ş wie in schnell
şelale (Wasserfall) – schelale
v – wie in Wut
ve (und) – wä
– hinter a wie au
pilav (Reis) – pilau
y wie in jagen
yol (Weg) – jol

z stimmhaftes s wie in Sonne
güzel (schön) – güsel

Allgemeines

Hallo	merhaba
Guten Tag	iyi günler
Guten Abend	iyi akşamlar *(iyi akschamlar)*
Gute Nacht	iyi geceler *(iyi gedscheler)*
Auf Wiedersehen (sagt der, der geht)	Allaha ısmarladık *(allaha esmarladek)*
(sagt der, der bleibt, wörtl. ›lächle‹)	Güle, güle *(gülä, gülä)*
ja	evet *(äwät)*
nein	hayır *(hajer)*
wahrscheinlich	heralde
Entschuldigung	pardon!
Keine Ursache	bir şey değil *(birschey dejil)*
In Ordnung, okay	tamam
Bitte	lütfen!
Bitte sehr!	buyurun *(büjrun)*
Danke Ihnen	teşekkür ederim! *(täschekür ederim!)*
Danke	teşekkürler
Wie geht es Ihnen	nasılsınız
Wie geht es dir	nasılsın
Wie geht's	naber
mir geht's gut	iyiyim
Ich verstehe nicht	anlamadım
Freund	arkadaş *(arkadasch)*
mein Lieber	asık *(aschek)*

Wichtige Floskeln

es gibt …	… var
gibt es …?	… var me *(warmä)* ?
… gibt es nicht	… yok
wo ist …?	… nerede *(närde)*
wie viel?	ne kadar?
wie lange?	ne zaman kadar *(näsaman kadar)*?
warum?	niçin *(nitschin)*?
wie spät ist es?	saat kaç *(sa'at katsch)*?
ich suche …	… arıyorum
es war sehr gut!	çok güzeldi *(tschok güseldi)*!
ich verstehe nicht	anlamıyorum
ich liebe dich	seni sevmiyorum

Adjektive

groß	büyük
viel	çok *(tschok)*
klein	küçük *(kütschük)*
heiß	sıcak *(sedschak)*
kalt	soğuk *(soh-uk)*
mittel	orta
alt	eski
neu	yeni
oben	yukarı *(jukare)*
unten	aşağı *(aschahe)*
weiß	ak, beyaz
grün	yeşil *(jeschil)*
blau	mavi
rot	kızıl *(kesel)*
schwarz	kara
schön	güzel *(güsel)*
gut	iyi
sehr gut	çok iyi
lecker	lezetli *(lesetli)*
schlecht	kötü
kaputt	bozuk *(bosuk)*
schnell	acele *(adschälä)*
langsam	yavaş *(jawasch)*
seltsam	acayıp *(adschajeb)*

Unterwegs

Haltestelle	durağı *(duraje)*
Bus / Kleinbus	otobüs / dolmuş (oder minibüs)
Ticket	bilet
Auto	araba
Reifen	lastik
Ausfahrt	çıkış *(tschekesch)*
rechts	sağda *(sahda)*
links	solda
geradeaus	dosdoğru *(dosdohru)*
zurück	geri
Vorsicht	dikkat
Auskunft	danışma
Toilette, WC	tualet

Telefon	telefon
Postamt	postane
Bank	banka
Bahnhof	istasyon, gar
Bus(bahn)hof	otogar oder garaj *(garasch)*
Flughafen	havalimanı (oder havaalanı)
Stadtplan	şehir haritası
Eingang	giriş *(girisch)*
Ausgang	çıkış *(tschekesch)*
geöffnet	açık *(atschek)*
geschlossen	kapalı
Kirche	kilise
Museum	müze
Strand	plaj *(plaasch)*
Brücke	köprü
Platz	meydan
Straße	cadde

Zeit

Stunde	saat *(sa'at)*
Tag / Tage	gün / günler
Woche	hafta
Monat	ay
Jahr	yil
heute	bugün
morgen	yarın *(jaren)*
morgens	sabahleyin
abends	akşamları *(akschamlare)*
vor / nach	önce / sonra
früh / spät	erken / geç *(gätsch)*
Montag	pazartesi
Dienstag	salı
Mittwoch	çarşamba
Donnerstag	perşembe
Freitag	cuma *(dschuma)*
Samstag	cumartesi
Sonntag	pazar *(basar)*

Einkaufen

Supermarkt	süpermarket
Markt	pazar *(basar)*
Markthalle	çarşı *(tscharsche)*
Geld	para
Kreditkarte	kredi kartı
zu teuer	çok pahalı *(tschok pachale)*
drei Stück	üç tane *(ütsch tanä)*
zwei Kilo	iki kilo
ein halbes Kilo	yarım kilo
eine Flasche	bir şişe *(schischä)*
drei Flaschen	üç şişeler
zwei Dosen	iki kutular
genug	yeter
noch mehr	daha çok

Essen und Trinken

Frühstück	kahvaltı *(kachwalte)*
Abendessen	akşam yemeği
Kellner	garson *(garsson)*
Serviette	peçete *(pätschtä)*
Kissen	yastık *(jastek)*
Messer	bicak *(bidschak)*
Gabel	çatal *(tschatal)*
Löffel	kaşik *(kaschik)*
Teller	tabak
Tasse	fincan *(findschan)*
Glas	bardak
zwei Gläser	iki bardaklar
Flasche	şişe *(schischä)*
Salz	tuz *(tus)*
Eis	buz *(bus)*
scharf	acı *(adsche)*
nicht scharf	acı yok *(adsche jok)*
vegetarisch	vejetaryan
süß	şekerli *(schäkärli)*
sauer	ekşi *(äkschi)*

Übernachten

Pension	pansiyon
Hotel	otel
Zimmer	oda
Dreibettzimmer	üç kişilik oda *(ütsch kischilik oda)*
zwei Personen	iki kişilik
eine Person	bir kişi
Schlüssel	anahtar
Toilette	tualet

Dusche	duş *(dusch)*
Handtuch	havlu
Bettlaken	çarşaf *(tscharschaf)*
Seife	sabun *(ssabun)*
Lampe	lamba
Gepäck	bagaj *(bagasch)*
Rechnung	hesap

Notfall

Hilfe	imdat
Polizei	polis
Notfallwagen	ambulans
Arzt	doktor
Zahnarzt	diş doktoru
Apotheke	eczane *(edschsanä)*
Krankenhaus	hastane
Unfall	kazan
Panne	ariza
sich verirren	yolonu şaşmak *(jolnu schaschmak)*

Zahlen

1	bir	20	yirmi
2	iki	21	yirmi bir
3	üç	25	yirmi beş
4	dört	30	otuz
5	beş	40	kırk
6	altı	50	elli
7	yedi	60	altmış
8	sekiz	70	yetmiş
9	dokuz	80	seksen
10	on	90	doksan
11	on bir	100	yüz
12	on iki	150	yüz elli
13	on üç	200	iki yüz
14	on dört	500	beş yüz
15	on beş	2000	iki bin
16	on altı	100 000	yüz bin
17	on yedi	200 000	iki yüz bin
18	on sekiz	1 Million	bir millyon
19	on dokuz		

Die wichtigsten Sätze

Allgemeines

Entschuldigen Sie!	*Pardon!*
Ich verstehe nicht.	*Anlamıyorum.*
Wie heißen Sie?	*Adınız ne?*
Ich heiße … !	*Benim adım … !*
Woher kommen Sie?	*Nerelisiniz?*
Wie geht's?	*Nasılsın? (per Du)?*
Sehr gut!	*Çok iyiyim*
Sprechen Sie Deutsch/Englisch?	*Bilir misiniz almanca/ingilizce?*
Wie spät ist es?	*Saat kaç?*

Im Lokal

Guten Appetit!	*Afiyet olsun!*
Prost!	*Şerefe!*
Ich möchte …	*İstiyorum …*
Gibt es …?	*… var mı?*
Wie viel kostet das?	*Bu ne kadar?*
Noch etwas Brot!	*Biraz daha ekmek!*
Es fehlt …!	*… gelmedi!*
Bezahlen, bitte!	*Hesap lütfen!*
Wo ist die Toilette?	*Tualet nerede?*

Auf der Straße

Wo befindet sich …	*… nerede bulunur*
Wo kann ich … bekommen?	*Nerede … bulabilirim?*
Wo ist die nächste Apotheke?	*En yakın eczane nerede?*
Welcher Bus geht nach …?	*…e (a) hangı otobüs gider?*
Wann fährt er los?	*Ne zaman kalkıyor?*
Bitte anhalten!	*Lütfen durun!*
Wir haben es eilig!	*Acelimiz var!*
Lassen Sie mich in Ruhe!	*Beni rahat bırakın*

Im Hotel

Kann ich ein Zimmer haben?	*Bir oda alabilir miyim?*
Die Toilette/Dusche geht nicht.	*Tuvalet/duş bozuldu.*
Einen Moment, bitte!	*Bir dakika, lütfen!*
Bitte um 6 Uhr wecken!	*Lütfen bizi altı'da uyandırın!*

Register

Register

Register

Abbildungsnachweis/Impressum

Abbildungsnachweis

AKG, Berlin: S. 43
Wolfgang Dorn, Isernhagen: S. 448
DuMont Bildarchiv (Ostfildern): S. 198/199 (Spitta); 200, 212/213, 235, 279, 290, 293, 300/301, 303, 314/315, 320, 324, 337, 346/347 (Wrba)
Getty Images, München: Titelbild (Lonely Planet)
Rainer Hackenberg, Köln: S. 13, 25, 27, 55, 60, 62, 65, 131, 133, 171, 173, 180, 181, 183, 340, 350, 375, 390, 393, 399, 401, 405, 410, 415, 427, 440, 479, 502
Huber Images, Garmisch: S. 161 (Johanna Huber); 81 u. (Liebrecht); 332/333 (Olimpio); 78, 203, 226/227, 238/239, 249, 265, 282, Umschlagsrückseite o. (R. Schmid); 67 M., 152/153 (Serrano); 471 (Huber)
laif Köln: S. 88 (Butzmann); 194 (Gallery Stock/Gürer); 93-o. (Gonzales); 74 u., (Gumm); 443 (Harscher); 317 (hemis.fr/Mattes); 469, 476, 480, 484/485 (Le Figaro Magazine/Eric Martin); 370 (Ogando); 93 u. (Schliack); 21, 51, 67 o., 110, Umschlagrückseite M. + u. (Schwelle); 118, 297, 493 (Tophoven); 47, 268 (Türemiş); 32 (Xinhua)
Hans E. Latzke, Bielefeld: S. 11, 35, 57, 85, 86, 125, 209, 261, 299, 344, 366, 383, Umschlagklappe vorn
Knut Liese, Ottobrun: S. 454
Look München: S. 67 u., 377 (AGE Fotostock); 109 (Ehn); 306 (JS/Schmitz); 113, 123 (Pompe); 135 (Travelstock44)
Mauritius Images Mittenwald: S. 29, 81 o. li., 432 (AGE Fotostock); 81 o. re., 83, 103, 105, 116, 149, 168, 208, 360, 380, 406, 421, 434, 446, 458, 464, 466, 507 (Alamy); 74 o. (Hackenberg); 254 (Higuchi); 52, 273 (imagebroker/Siepmann); 121 (imagebroker/Olf); 281 (imagebroker/Zegers); 475 (Mattes); 372 (Özdemir); 277 (Prisma); 167, 495 (Travel Collection); 39 (United Archives); 137, 188/189, 416 (Westend61)
Volker Ohl, Bonn: S. 127, 143
Bernd Weisser, Berlin: S. 177

Kartografie

DuMont Reisekartografie, Fürstenfeldbruck

Umschlagfotos

Titelbild: Teppichhändler in Kappadokien
Umschlagklappe vorn: Kaputaş-Strand bei Kalkan
Umschlagrückseite oben: Café im Szenestädtchen Alaçatı bei Çeşme

Hinweis: Autoren und Verlag haben alle Informationen mit größtmöglicher Sorgfalt geprüft. Gleichwohl sind Fehler nicht vollständig auszuschließen. Alle Angaben erfolgen ohne Gewähr. Bitte schreiben Sie uns! Über Ihre Rückmeldung zum Buch und über Verbesserungsvorschläge freuen sich Autoren und Verlag:
DuMont Reiseverlag, Postfach 3151, 73751 Ostfildern, E-Mail: info@dumontreise.de

3., aktualisierte und erweiterete Auflage 2016

Grafisches Konzept: Groschwitz/Tempel, Hamburg
Printed in China